纪念中国经济特区成立30周年丛书

纪念中国经济特区成立30周年丛书

大试验

——中国经济特区创办始末

钟坚　著

商务印书馆

2010年 · 北京

图书在版编目(CIP)数据

大试验：中国经济特区创办始末/钟坚著．—北京：商务印书馆，2010
（纪念中国经济特区成立30周年丛书）
ISBN 978－7－100－07221－2

Ⅰ.大… Ⅱ.钟… Ⅲ.经济特区－经济史－中国 Ⅳ.F127.9

中国版本图书馆CIP数据核字(2010)第108067号

大试验

——中国经济特区创办始末

钟坚 著

商 务 印 书 馆 出 版
（北京王府井大街36号 邮政编码 100710）
商 务 印 书 馆 发 行
三河市尚艺印装有限公司印刷
ISBN 978－7－100－07221－2

2010年9月第1版 开本 787×1092 1/16
2010年9月北京第1次印刷 印张 29 1/4
定价：54.00元

“纪念中国经济特区成立30周年丛书”编委会

总序

2008 年是中国改革开放 30 周年，2010 年是中国经济特区创办 30 周年。相隔有岁，但特区之建立与改革开放之推行有如孪生弟兄，相继着力，共推中国走向现代文明。若言中国新一轮现代化自改革开放始，其坚实之第一步，则从建立经济特区起。1980 年，党中央、国务院以非凡勇气建立经济特区，30 年过去，如今各级各类经济开发区已遍地开花，与当年的先行者——经济特区一道，映射中国经济发展之跫然足音。其中，尤以深圳经济特区最具代表性。特区的价值难以尽数，最重要莫过于其试验性。“摸着石头过河”，社会之变革无法在电脑上模拟，任何不慎都可能导致不菲的代价。特区之试验性，上至决策者的政令，下至创业者们义无反顾地“南下”，热血满腔，而前途难知。所幸家国有幸，大事得成。今日，经济特区的建设已是成绩斐然，堪称伟业。凡此种种，无须赘言。

先贤语：“三十而立。”30 年中，特区在争议声里昂然前行，以速度迅捷与财富累积彰显优势。30 年之后，昔日之茁壮少年已成长为成熟稳重的青年，提高城市现代化水平、注重社会综合协调发展成为摆在特区建设者面前新的课题。年岁的增加给了我们盘点的机会，角色的转换更需我们多加理性审视。回顾 30 年来之成就与缺陷，斟酌当下纠结之矛盾与困境，对于特区而言，此种反思与审视，大有裨益。30 年历程，固非一帆风顺，个中甘苦，非回顾，无以显其曲折与别致，面对当今，则无从知晓成就与困顿之所由来。“疏通知远，书教也”，贯通 30 年历史，恰可观其中之丰赡与缺漏，正可作今天与明日之风帆。而此举，于深圳大学，更是当仁不让之责任。

深圳大学作为深圳经济特区目前唯一一所综合性大学，本身即改革开放之产物。建校虽略晚于特区，但深圳大学自创立始，即秉承“脚踏实地、自强不息”之精神，与特区之发展同声气，为特区之进步尽心力。大学诸君虽身处“滚滚天下财富，岁岁人心浮动”之境地，但能力戒浮躁、潜心向学，自觉加强学养、恪守学范，以做真学问为研究之精义，以追求独立思想为著述之信仰，以回馈社会、造福人民为修学之旨归。历时二十七载，孜孜不倦，本套丛书即为研究成果之一束。

丛书以“纪念中国经济特区成立30周年”为统摄，既宏观中国，又微观深圳，以特区经济研究为主，兼及政治、文学、文化、传媒等社会发展诸方面的论述。各位著者均为学林翘楚，术有专攻，又多在深圳特区工作、生活有年，耳闻目睹鹏城扶摇之历程，切身感知特区变革之硕果，可谓学界中有实力亦最恰当之发言者。丛书之编纂，既为展示深圳大学特区研究这一特色学科之部分成果，更乃致贺深圳特区而立嘉年之薄仪寸礼。丛书本欲涵盖特区教育、法律、艺术等诸方面，但因另有他述，或限于条件，未能周全，亦存憾意。

雄关漫道，迈步从头。特区发展30年为一节，30年之后亦为一始。年初汪洋书记曾三问深圳：而立之年，立起了什么？迎接30年，深圳要做什么？未来30年，深圳要干什么？诚然，30年之中，成绩彪炳，但年岁日增，积年必有陈陋。如何总结过往，破旧立新，谋大格局，成大事业，领航未来，任重道远。

期冀本套丛书能引起关注、批评，并为特区之继续发展略尽薄力。

是为序。

章必功

2010年5月

目录 Contents

第一章
改革开放的关键抉择

我国经济特区的创办，是中共中央、国务院根据邓小平的倡导，在新的历史条件下，顺应世界政治经济形势发展的新趋势，在总结国内外经验教训的基础上，为推进改革开放和加速社会主义现代化建设而作出的一项重大决策。

第一节　历史出现新的重大转机

20 世纪六七十年代，国际形势发生了重大变化。中国共产党顺应这一历史潮流，在十一届三中全会上作出了把党的工作重点转移到经济建设上来、实行改革开放方针的历史性重大决策。中国经济特区的创办与建设，正是在我国实行改革开放政策和推进现代化建设的历史大背景下，作为改革开放的先行区和试验区而展开的。

和平与发展成为世界两大主题

中国经济特区的创办与崛起，是与当时我国所处的有利的国际环境密切相关的。新中国成立初期，客观上我国没有具备全面实现对外开放的环境和条件。到了 20 世纪下半叶，特别是六七十年代以来，世界历史的发展逐渐出现了重大的阶段性转变，世界性战争与革命周期已基本结束，国际形势的发展由对抗转入对话、由紧张趋于缓和，世界大战一时打不起来，而且有可能避免，争取和平、谋求发展成了时代的特征，和平与发展构成了当今世界的主题，世界历史进入了一个新的发展阶段。世界和平与发展的新态势，两种制度共存竞争的新格局，既为资本主义发达国家的再发展提供了有利的国际环境，又为发展中社会主义国家的起飞和现代化创造了新的发展契机。一是美苏之间的争霸，到20世纪70年代后期由于侵越战争失败、阿富汗战争陷入困境逐渐转为僵持的局面，世界大战的危险性大大减少。二是电子信息技术的广泛应用，标志着世界进入了高科技时代，世界各国的经济、信息联系和相互依赖性加强，无论哪一个国家都不可能在与世隔绝的状态下求得经济的繁荣与发展。三是西欧、日本得益于科技和管理体制创新，经济持续快速增长，成为发达国家的代表。亚洲"四小龙"（新加坡、韩国、中国的台湾和香港）经济获得持续高速增长，大步跨入新兴工业国家和地区的行列，成为发展中国家和地区的典范。四是东欧国家在20世纪50年代中期、60年代中期和70年代末期，先后掀起三次改革浪潮，尤其是匈牙利经济模式及其成果引起中国政府的高度关注。

世界新科技革命，也称作第三次科技革命，首先兴起于二战以后的美国。这次科技革命的一个重要特点，是将二战期间积累的本来服从于战争需要的军事技术转移到民用上来，使得原子能技术、信息技术、生物技术、空间技术等尖端技术得到快速发展并广泛应用。在原子能技术方面，1945年，美国成功试爆第一颗原子弹，标志着利用原子能时代的开始。1957年，美国西屋公司建成世界上第一个压水堆型商用核电站，苏联以及英法等国也相继建成了核电站。在信息技术方面，1946年，世界上第一台电脑ENIAC在美国宾夕法尼亚大学诞生。1958年，晶体管计算机出现。60年代中期以后出现了每秒运算千万次的集成电路，即第三代计算机。1971年世界上第一台以大规模集成电路做芯片的微型计算机在美国制成。与此同时，微型计算机和微处理机，家庭和个人用电脑迅速发展。在生物技术方面，1972年，美国科学家成功完成了世界上第一次DNA重组实验；1978年，世界上第一个试管婴儿在英国出生。在空间技术方面，1957年，苏联相继成功发射了两颗人造地球卫星。1969年，美国"阿波罗11号"飞船首次登月，1981年，美国"哥伦比亚号"航天飞机又成功发射。此外，新材料技术、海洋技术等也迅速发展。新科技革命的蓬勃兴起，使世界经济结构发生了重大变化，极大地改变了世界的面貌和人们的思维方式、行为方式和生活方式，也极大地推动了社会生产力的发展。在新科技革命的推动下，美国、日本、欧洲经济高速发展一直持续到1973年石油危机爆发，这个时期也被称作发达资本主义国家经济发展的第二个"黄金时代"。

20世纪80年代，资本主义国家都已经度过了两次大战后的经济恢复和重建阶段。主要资本主义国家由于把新技术、新工艺广泛地用于生产，开发了大量新产品并形成大量新产业，极大地发展了社会生产力。与此同时，它们又利用国际分工和国际交换，把大量商品打入国际市场，把大批剩余资本投放到发展中国家和地区。资本主义发达国家的经济出现了由于生产相对过剩而带来的滞涨和危机相间发生的情况，大量资本和技术找不到投放的场所。不少准工业化国家和地区，由于经济高速发展，在商品和资本两类输出上出现了与发达资本主义国家争夺市场的态势。此外，这些国家和地区又正处于产业结构从劳动密集型向技术知识密集型转移的过程，劳动密集型产业需要在世界其他地区寻找新的出路。这一方面可为我们大力发展进出口贸易，吸收利用国外资金、技术和管理经验，加快经济发展提供了重要的国际条件；另一方面对商品、资本、技术的输出国来说，自然也提供了新的、最广阔的市场。在这期间，中国周边原来一些比较落后的国家和地区，如中国香港地区与台湾地区、新加坡、韩国等，抓住机遇快速发展，利用西方发达国家向发展中国家和地区转移劳动密集型产业的机会，吸引外地资本和技术，利用本地的劳动力优势，适时调整经济发展战略，实现了经济起飞。弹丸之地的香港，经过 20 年快速发展，其经济发展竟居亚洲“四小龙”之首，拥有众多的世界之“最”。1977 年进出口总额达到 196 亿美元，而整个中国内地当年只有 148 亿美元。[1]20 世纪 50 年代，韩国的经济总量和中国的山东省差不多。但在随后的 20 年里韩国创造了著名的“汉江奇迹”。中国共产党正是抓住有利条件和发展机遇，不失时机地作出了改革开放和创办经济特区的重大决策。

随着国际形势的变化，中国对外关系得到极大改善。从新中国成立到 20 世纪 70 年代初期，以美国为首的主要资本主义国家，政治上敌视中国，经济上歧视封锁中国。这个时期，我国主要对社会主义国家开放，与资本主义国家的贸易往来和技术交流只能是个别的、小额的。从上世纪 60 年代开始，由于中苏关系恶化，苏联停止了对我国的一切经济技术援助，中国只能完全依靠自己的力量进行建设。特别是“文化大革命”10 年浩劫，由于“左”的路线和闭关锁国政策，使中国经济建设孤立于世界各国之外。“文化大革命”结束后，中共中央及时地调整了外交方针，实行全方位外交。中国领导人纷纷走出国门与世界接触。我国同日本、美国和西欧主要资本主义国家先后建立了正式的外交关系，从而排除了经济技术合作上的政治障碍。我国同苏联、东欧国家的关系也得到改善，同发展中国家和地区的经济关系也在不断发展。到

[1] 《港澳经济考察报告》1978 年 5 月 31 日。

1978年底，中国已与世界上116个国家建立了外交关系，这就为我国实行对外开放政策创造了一个有利的国际环境。正如1978年邓小平所说："我们坚持反对帝国主义、霸权主义、殖民主义和种族主义，维护世界和平，在和平共处五项原则的基础上，积极发展同世界各国的关系和经济文化往来，经过几年的努力，有了今天这样的、比过去好得多的国际条件，使我们能够吸收国际先进技术和经营管理经验，吸收他们的资金。这是毛泽东同志在世的时候所没有的条件。"[1]

落后让我们反思什么叫社会主义

中国要发展，除了必须有一个有利的国际环境之外，还必须有一个好的、宽松的国内环境。20世纪50年代末和70年代末，我国其实不乏发展的周边环境和国际机遇。但是我们没有抓住和利用，错失了20年历史发展机遇。当时正逢亚非拉民族解放运动风起云涌，亚非拉国家和地区的资本家，其中包括不少华裔巨富，纷纷将资金转入较为自由、稳定的香港避风。一时间，香港几乎成了"金港"，有大量游资急于寻找放贷和投资的出路，甚至到了存款者倒贴给银行利息的地步，使香港银行家不得不将沉积的资金以极低的利息贷出。目睹香港这种情况，我港澳工委负责同志即向广东省委汇报。1954年11月，广东省委将情况向正在广州视察的毛主席汇报，建议利用香港银行低息贷款，发展我国南方的工农业生产。毛主席指示：想法不错，写个报告，我把这个意见带回北京去商量。令人遗憾的是，报告呈上后，一直没有下文。原因其实很简单，当时我国的工作重点不在经济建设，而在阶级斗争。1957年声势浩大的"反右"斗争，接着是人民公社、大跃进，跑步进入共产主义，然后是"反右倾"，遭受三年自然灾害，接着又是"四清"运动，然后是"文化大革命"，"揪党内走资派"，"割资本主义尾巴"，"批林批孔"，"批邓"，"反击右倾翻案风"，一路下来，已是20多年过去了。20年意味着什么？在我们停滞和倒退之际，周边国家和地区，特别是东南亚国家和地区，正是在这20年中，利用机会加快发展本国和本地区的经济。20世纪60年代以来，一些发展中国家和地区在进行经济发展战略的转变时期，先后设立了出口加工区、自由贸易区和自由港等形式的经济特区，以此作为引进外资、发展进出口、增加就业的基地，带动经济的全面增长。特别是中国台湾地区和

---

[1] 《邓小平文选》第2卷，人民出版社1983年版，第127页。

韩国创办出口加工区的做法曾引起周恩来总理的极大关注。1972 年 4 月，周恩来在接见广交会代表时，询问了台湾产品对外加工出口获得巨大利润的情况，感慨地说：为什么台湾能搞，我们搞不了？我们这样伟大的人民，出口才比台湾多 10 亿，不值得骄傲。1973 年 6 月 29 日，周恩来在接见美国银行家洛克菲勒时说：我们过去不会运用银行。我很直率地说，这一点我们还赶不上台湾的严家淦。他对做生意、搞贸易有那么一套。引进美国、日本和其他国家的外资。进口原材料，然后加工，专门供出口。他还在台湾高雄划了一个像香港一样的自由港，不收税。这样，台湾的贸易额就大了。原来我很奇怪，它的贸易额为什么这么高？一调查，清楚了。它吸收一部分外资，这部分外资当然是支持它的。而且你知道，台湾的劳动力很便宜，比香港和日本的还便宜。[1]10 月 31 日至 11 月 3 日，周恩来和来访的澳大利亚总理惠特拉姆会谈时，又重提说：蒋介石在台湾省有一个高雄港是自由港，没有税，吸引外资带着原料去建厂，利用台湾的廉价劳动力、劳务费，然后把商品回销外国。这样吸引很多外资到台湾去投资。[2] 遗憾的是，当时中国大陆正处于“文革”时期，极“左”路线占据统治地位，根本不可能设立经济特区。特别是 1966 年开始的“文化大革命”，造成了长达 10 年的社会严重动荡，社会生产力受到严重破坏，国民经济到了崩溃的边缘。

从新中国成立以来，由于国际环境的变化和国内各种因素的影响，利用外资时断时续，几经沧桑。我们曾是世界上唯一的既无外债又无内债的国家，而且也以此为荣。但封闭使中国和世界的差距却越拉越大。1952 年，中国 GDP 总量占世界的比例为 5.2%，而到 1978 年下降为 5%。1948 年，中国人均 GDP 排在世界第 40 位，而到 1978 年则排在世界倒数第 2 位，仅是印度人均 GDP 的三分之二。根据世界权威的经济增长学家麦迪森研究计算，1952 年到 1978 年中国 GDP 的实际平均增长只有 4.7%，整个国家和人民的发展和生活水平，大多数发展和生活指标排在世界国家和地区 170 位以外，处于联合国有关部门和世界银行等组织划定的贫困线之下。这是封闭造成的代价。而我们看看周边国家和地区，经济社会发展却是另外一个景象。1960 年中国国内生产总值大体和日本相等，到 1980 年，只有日本的 25%，日本成了世界第二经济大国。与中国大陆同一文化圈的中国香港和台湾地区、新加坡和韩国，却同样以震惊世界的速度发展了起来，成为亚洲“四小龙”。邓小平说：“现在任何国家要发达起来，闭关自守都不可能。我们

[1] 《周恩来经济文选》，中央文献出版社 1993 年版，第 645—646 页。
[2] 《周恩来年谱》下卷，中央文献出版社 1997 年版，第 630 页。

吃过这个苦头，我们的老祖宗吃过这个苦头。”[1]“现在的世界是开放的世界。……三十几年的经验教训告诉我们，关起门来搞建设是不行的，发展不起来。……我们提出要发展得快一点，太快不切合实际，要尽可能快一点，这就要求对内把经济搞活，对外实行开放政策。”[2]“根据中国的经验，把自己孤立于世界之外是不利的。”[3]

粉碎“四人帮”，“文化大革命”结束，随后而展开的真理标准问题大讨论，为恢复中国共产党实事求是的思想路线创造了条件，能够正视中国与世界的差距，由此产生了极大的紧迫感。严峻的现实使邓小平等中央高层开始对“文革”这样的社会主义、对社会主义这样的“优越性”打出了沉重的问号。1977 年 12 月 26 日，邓小平在会见澳大利亚共产党主席希尔和夫人时指出：“怎样才能体现列宁讲的社会主义的优越性，什么叫优越性？不劳动、不读书叫优越性吗？人民生活水平不改善而是后退叫优越性吗？如果这叫社会主义优越性，这样的社会主义我们也可以不要。我们的潜力很大，加上认真学习外国经验，在学习外国东西的基础上加以创新。”[4]1978 年 3 月 10 日，邓小平在出席国务院第一次全体会议时指出：“什么叫社会主义，社会主义总是要去实现它的优越性嘛。它比资本主义好在哪里？每个人平均六百几十斤粮食，好多人饭都不够吃，28 年只搞了 2300 万吨钢，能叫社会主义优越性吗？”[5]这一连串问号，实际上是发出了重新认识“什么是社会主义、怎样建设社会主义”的强烈问号。其次，以经济建设为中心逐渐成为全党全国的共识，大家都在寻找一条尽快使中国实现现代化的道路。正像叶剑英当年所说：“现在，中国正处在一个重要的历史转折时期。国际形势对我们很有利，世界上大多数国家为了防止侵略战争，都希望有一个强大的中国。这有利于我们吸收外国的先进技术，来加速四个现代化的建设。从国内来讲，我们粉碎了‘四人帮’，全国人民从来没有像今天这样精神振奋，万众一心，迫切希望早日实现祖国的社会主义现代化建设。这是我们的事业将能取得成功的基本保证。我们应当不失时机地充分地利用这种国际和国内的有利形势，把中国社会主义现代化建设尽快地搞上去。”[6]

---

[1] 《邓小平文选》第 3 卷，第 90 页。
[2] 同上，第 64—65 页。
[3] 同上，第 202 页。
[4] 中共中央文献研究室编：《邓小平年谱（1975—1997）》，中央文献出版社 2004 年版，第 229 页。
[5] 同上，第 277 页。
[6] 《叶剑英选集》，人民出版社 1996 年版，第 493—494 页。

创办经济特区的理论渊源

创办经济特区，对于社会主义的中国而言尽管是一件新生事物，但是在马克思主义经典作家中仍然可以找到其理论依据。长期以来，由于对马克思主义的教条理解，再加上极“左”思想的干扰，在对资本主义及其与社会主义关系的认识上存在着一些误区，使我们曾在很长一段时期内拒绝吸收资本主义的一切文明成果，关起门来搞建设，使社会主义现代化建设错过了一些极好的机遇。其实充分利用资本主义已经取得的有益成果，既是落后国家无产阶级在夺取政权以后建设和发展社会主义面临的一个历史课题，又是马克思主义的一个重要观点。

在俄国十月革命之前，马克思曾论述了落后国家进行社会主义建设与吸收先进资本主义的一切肯定成果的相互关系。马克思在讨论落后的俄国的社会主义前途时，把资本主义比喻为一个使人类得到巨大发展但又使人类遭受巨大灾难的“卡夫丁峡谷”，并进而提出了落后的俄国跨越资本主义这一“卡夫丁峡谷”而直接向社会主义过渡的设想。但是，马克思严肃地指出，俄国要想不通过资本主义的“卡夫丁峡谷”，就必须吸收资本主义制度的“一切肯定成果”。他说：“如果俄国是脱离世界而孤立存在的，如果它要靠自己的力量取得西欧通过长期的一系列进化（从原始公社到它的目前状态）才取得的那些经济成就，那么，公社注定会随着俄国社会的发展而灭亡这一点，至少在我看来，是毫无疑问的。”[1] 马克思始终认为，自从资本主义世界体系形成以来，任何国家、任何民族都不可能在闭关自守的状态下得到发展。马克思指出：“由于机器和蒸汽的应用，分工的规模已使脱离了本国基地的大工业完全依赖于世界市场、国际交换和国际分工。”[2]“资产阶级，由于开拓了世界市场，使一切国家的生产和消费都成为世界性的了。……古老的民族工业被消灭了，并且每天都还在被消灭。……过去那种地方的和民族的自给自足和闭关自守状态，被各民族和各方面的相互往来和各方面的互相依赖所代替了。”[3] 可见，马克思显然把“吸取资本主义制度所取得的一切肯定成果”作为东方落后国家通过资本主义制度的“卡夫丁峡谷”的前提。列宁认为，在经济文化落后的国家向社会主义过渡和进行社会主义建设，必须

[1] 《马克思恩格斯全集》第 19 卷，人民出版社 1963 年版，第 444 页。
[2] 《马克思恩格斯选集》第 1 卷，人民出版社 1995 年版，第 166 页。
[3] 同上，第 276 页。

充分吸取和利用资本主义的一切积极成果和文化遗产。他认为，在落后国家建设社会主义，必须与资本主义国家发生各种联系，“在经济上极力利用、加紧利用和迅速利用资本主义的西方”[1]。列宁甚至给社会主义下了一个简短的定义：“乐于吸取外国的好东西：苏维埃政权 + 普鲁士的铁路管理制度 + 美国的技术和托拉斯组织 + 美国的国民教育等等等等 ++= 总和 = 社会主义。”[2] 列宁甚至认为：“社会主义实现得如何，取决于我们苏维埃政权和苏维埃管理机构同资本主义最新的进步的东西结合的好坏。”[3] 在中国社会主义建设初期，毛泽东也曾主张向外国学习。他在《论十大关系》一文中说：“我们的方针是，一切民族、一切国家的长处都要学，政治、经济、科学、技术、文学、艺术的一切真正好的东西都要学。”[4]“外国资产阶级的一些腐败制度和思想作风，我们要坚决抵制和批判。但是，这并不妨碍我们去学习资本主义国家的先进的科学技术和企业管理方法中合乎科学的方面。工业发达国家的企业，用人少、效率高，会做生意，这些都应当有原则地好好学习过来，以利于改进我们的工作。”[5] 遗憾的是，毛泽东的这一思想不但没有得到坚持、贯彻和运用，而且在很长一段时期内，我国把资本主义的文明成果都当作资本主义性质的东西拒之于门外，关起门来搞建设，贻误了许多社会主义建设的大好时机。

在新时期，我们党从世界政治经济的大格局出发，科学分析了现代资本主义发展及其与社会主义的关系，极大地丰富和发展了马克思主义经典作家关于利用资本主义建设社会主义的思想，创办了作为直接利用资本主义的资金、技术和信息等文明成果来建设社会主义的重要窗口——经济特区。

举办特区在国际上是有先例的

中国经济特区，是在借鉴世界其他国家和地区举办经济特区的经验基础上结合中国的实际创办的。在 20 世纪 70 年代初期，周恩来总理就曾经关注过台湾所设立的出口加工区和自由港。为了实现四个现代化，人们开始按照中共十一届三中全会的精

[1] 《列宁选集》第 4 卷，人民出版社 1972 年版，第 501 页。
[2] 《列宁文稿》第 3 卷，人民出版社 1978 年版，第 94 页。
[3] 《列宁选集》第 3 卷，人民出版社 1972 年版，第 511 页。
[4] 《毛泽东著作选读》(下册)，人民出版社 1986 年版，第 740 页。
[5] 同上，第 742 页。

神，解放思想，冲破长期以来经济工作旧框框的束缚，放眼世界，研究国外经济发展的新情况。世界上许多国家（地区）设置经济特区的做法，引起了人们的兴趣。1978年11月5—15日，邓小平访问了泰国、马来西亚、新加坡三个国家，他在新加坡特地考察了裕廊镇工业区（属于工贸型经济特区），详细地听取了裕廊镇管理局介绍了工业园区的建设情况。这也是邓小平对外国经济特区建设的唯一的一次难得的实地考察。1980年9月26日—11月7日，在联合国工业发展组织的邀请并资助下，国家进出口管理委员会副主任江泽民同志率领考察组9人访问斯里兰卡、马来西亚、新加坡、菲律宾、墨西哥、爱尔兰等6个国家，对9个出口加工区、自由贸易区、边境工业区进行了考察。1984年，邓小平曾经说，厦门实现自由港政策“在国际上是有先例的”[1]。谷牧同志后来回忆说：“当时世界上有80多个国家和地区，设立了500多个出口加工区、自由贸易区、自由港，有效地开展对外经济贸易和技术交流。这种经验启示人们思考：我国沿海某些地区，是否也可以借鉴这种做法，以加强国际经济交往，促进国内建设。”[2]1980年4月14日，广东省委副书记吴南生向广东省人大常委会报告设置经济特区和制定特区条例情况时也说：“我们所讲的特区，从某种形式和内容来说，有点类似世界一些国家和地区的‘出口加工区’，就是划出一块地方，引进外资，投资设厂，兴办各种出口工业。”“我们的经济特区是在人民政府管理的作为社会主义经济的补充的一种形式。我们采取这种形式，既借鉴了国际上经济活动的特点和经验，包括一些国家和地区举办‘出口加工区’的经验，同时根据中央关于大胆引进外资的指示精神和三个特区的实际情况，我们又有自己的考虑和打算。”[3]1980年8月21日，国家进出口管理委员会、国家外国投资管理委员会副主任兼秘书长江泽民同志受国务院委托，在五届全国人大常委会第十五次会议上作关于广东、福建两省设置经济特区和《广东省经济特区条例》的说明中指出：“这种经济特区吸收了世界上出口加工区的有益经验和通用做法，又有我国自己的特点。”[4]1981年7月19日，中共中央、国务院批转的《广东、福建两省和经济特区工作会议纪要》曾指出：“世界上许多国家的经验证明，特区是扩大出口贸易、利用外资、引进技术、发展经济的比

---

[1] 《邓小平文选》第3卷，第52页。

[2] 《谷牧回忆录》，中央文献出版社2009年版，第321—322页。

[3] 吴南生：《关于我省设置经济特区和制定特区条例的问题》，载广东省政协文史资料研究委员会编：《经济特区的由来》，广东人民出版社2002年版，第96—97页。

[4] 刘向东主编：《对外开放起始录》，经济管理出版社2008年版，第499页。

较成功的好形式。”

“经济特区”是中国的叫法，但并不说明世界其他国家和地区没有类似的经济特区，世界经济性特区的问世已有数百年的历史。1228 年至 20 世纪 50 年代，是自由港和自由贸易区发展时期。20 世纪 50 年代至 70 年代中期，是出口加工区发展时期。20 世纪 70 年代末至现在，是科技性、综合性和跨国性经济特区发展时期。经济特区的发展已经超越了自然地域范围、经济发展水平和社会制度的局限，成为世界的一种普遍经济现象。中国经济特区正是在借鉴了世界其他各国家和地区举办经济特区的做法和经验基础上而创办的。

第二节 邓小平第三次复出

邓小平是一位在政治上具有传奇色彩的伟大人物。他历经坎坷，经历了三次大起大落的政治磨难。邓小平的第三次复出，成为中国内政外交出现转机的关键。

邓小平经历三落三起

邓小平第一次起落发生在 20 世纪 30 年代初。1933 年，邓小平在江西中央苏区担任会昌中心县委书记，由于支持毛泽东的主张，反对王明的“左”倾路线，被打成“毛派”头子［即“邓（小平）、毛（泽覃）、谢（唯俊）、古（柏）”］，被撤销职务，发配到敌我交界的边远地区安乐县南村区当“巡视员”。1935 年初，邓小平复出，被任命为中共中央秘书长，并出席中央遵义会议。邓小平第二次起落发生在 20 世纪 60 年代中期。1966 年，“文化大革命”开始，邓小平担任中共中央总书记，由于与刘少奇一起极力扭转混乱局面，而被打成“党内第二号走资本主义道路的当权派”，又被撤销职务，长期监禁，后发配到江西南昌市郊的新建县拖拉机修配厂接受劳动改造。1973 年 2 月，邓小平第二次复出，恢复了国务院副总理职务。1974 年底，毛泽东评价邓小平“人才难得，政治思想强”。1975 年，经毛泽东提名，邓小平当选为中共中央副主席，并任中央军委副主席、解放军总参谋长。邓小平第三次起落发生在 20 世纪 70 年代中期。1975 年 1 月，周恩来总理病重期间，邓小平主持党、政、军日常工作，开始着手全面整顿，努力把国民经济搞上去，因而受到“四人帮”的攻击，被诬蔑为“天安门事件”的总后台。起初毛泽东对邓小平的工作是支持的，但后来因为不能容忍邓小平系统纠正“文化大革命”的错误，支持发动了“批邓反击右倾翻案风”运动。1976 年 4 月，邓小平在政治上第三次被打倒，又一次被撤销了党内外一切职务。

粉碎“四人帮”后，担任中共中央副主席的叶剑英元帅就郑重提出，应当尽快让邓小平出来工作。1977 年 3 月，在中央工作会议上，陈云、王震等老同志再次提出应该尽快恢复邓小平的领导职务问题，得到了党内大多数同志的支持。1977 年 7 月 16 日至 21 日，中共十届三中全会在北京召开，会议一致通过《关于恢复邓小平同志职务的决定》，决定恢复邓小平中共中央委员、中央政治局委员、中央政治局常委、中共中央副主席、中共中央军委副主席、国务院第一副总理、中国人民解放军总参谋长的职务。邓小平主动提出，协助华国锋主席、叶剑英副主席管科学、教育事业。邓小平第三次复出，重新走上党和国家的重要领导岗位，就成为了中国内政外交发生重要转变的基础。

邓小平极力倡导改革开放

1976 年“文革”结束后，中国处在向何处去的重大历史关头。党内外广大干部群众强烈要求纠正“文化大革命”的错误理论、方针和政策，彻底扭转十年动乱所造成的严重局面，迅速发展经济，使中国从危难中重新奋起。邓小平全力支持真理标准问题大讨论，发表了一系列有关要求解放思想、实事求是、改革开放的重要讲话，为中国共产党十一届三中全会召开作了重要的思想发动和准备。正如谷牧同志所说：“他面对十年“文革”浩劫造成的严重局势，在千头万绪中从端正思想路线入手，进行拨乱反正，反对‘两个凡是’，致力于把全党全国的工作重心由‘以阶级斗争为纲’转向经济建设，由因循成规转向改革，由封闭半封闭转向开放。”[1]

1977 年 7 月 23 日，邓小平与有关部门负责同志谈话时指出，我们国家 60 年代和国际上差距还比较小，70 年代就比较大了。要学习外国的先进技术。只有学到手了才能发展，才能赶超世界先进水平。[2]9 月 6 日，邓小平在会见美联社董事会代表团时又指出，我们历来的方针是自力更生为主，但并不是像“四人帮”解释的那样，什

[1] 谷牧：《小平领导我们抓开放》，载《百年潮》1998 年第 1 期。

[2] 中共中央文献研究室编：《邓小平年谱（1975—1997）》，第 164 页。

么东西都要自己搞，连世界上先进的东西都不接受。为什么不接受世界上先进的东西？这是人类共同的成果。[1]9 月 14 日，邓小平在会见日本新自由俱乐部访华团时指出：社会主义制度的优越性表现在它的文化、科学技术水平应该比资本主义发展得更快、更先进，这才称得起社会主义，称得起先进的社会主义制度。一切先进成果都是全人类共同努力的结果，就是资产阶级也懂得这个起码的常识，世界上先进的东西它都引进。你们日本就是这样。自力更生，要先靠自己的努力，靠自己的资源，但决不能排除世界上一切先进的成果。[2]9 月 25 日，邓小平会见德意志联邦共和国联邦议院国防委员会主席曼弗雷德·韦尔纳一行在回答中国加速现代化的重点时说：我们实现四个现代化，是要使用世界上的一切先进技术。搞现代化，理所当然不是拿落后的技术作出发点，而是用世界的先进成果作出发点。凡是我们需要的先进的东西，条件适合的，我们都愿意吸收。[3]9 月 29 日，邓小平在会见美籍华人作家韩素音时说：中国人是聪明的，再加上不搞关门主义，不搞闭关自守，把世界上最先进的科研成果作为我们的起点，洋为中用，吸收外国好的东西，先学会它们，再在这个基础上创新，那么，我们就是有希望的。我们还要吸收世界先进的工业管理方法，要搞科研，搞自动化。[4] 同日，邓小平在会见前来北京参加建国 28 周年庆祝活动的华人华侨、港澳台同胞旅行团部分成员时说：世界上最先进的成果都要学习，引进来作为基础，不管那些“洋奴哲学”的帽子。我们实行“拿来主义”。[5]10 月 23 日，邓小平在会见美中关系全国委员会代表团时指出：我们把吸收外国先进技术作为实现四个现代化的起点，不这样干才真正叫爬行主义。行政管理属于上层建筑，总是要不断改进的。[6]10 月 26 日，邓小平在会见法国地方大报集团访华团时进一步指出，由于我们还处于发展阶段，是发展中国家，特别是在经济贸易方面还要发展，我们不仅同法国而且同国际上的经济往来也会逐步发展。我们想把世界上一切先进成果统统拿到手，但我们历来考虑到自己的支付能力，我们接受延期付款的方式。[7]12 月 26 日，邓小平在会见澳大利亚共产党（马列）主席希尔和夫人时指出：怎样才能体现列宁讲的社会主义的优越性，什

---

[1] 中共中央文献研究室编：《邓小平年谱（1975—1997)》，第 196—197 页。
[2] 同上，第 200 页。
[3] 同上，第 205、206 页。
[4] 同上，第 210 页。
[5] 同上，第 211 页。
[6] 同上，第 228 页。
[7] 同上，第 229 页。

么叫优越性？不劳动、不读书叫优越性吗？人民生活水平不改善而是后退叫优越性吗？如果这叫社会主义优越性，这样的社会主义我们也可以不要。我们的潜力很大，加上认真学习外国经验，在学习外国东西的基础上加以创新。[1]

1978 年 1 月 20 日，邓小平在与法国总理雷蒙·巴尔会谈中指出：每个民族都有它的长处，也都有它的短处。我们主张促进同外国的科学、技术、文化交流，就是要取长补短，相互学习。这对双方都是有利的。[2]2 月 1 日，邓小平在成都考察时指出：我在广东听说，有些地方养了三只鸭子就是社会主义，养五只鸭子就是资本主义，怪得很！农民一点回旋余地都没有，怎么能行？农村政策、城市政策，中央要清理，各地也要清理，零碎地解决不行，要统一考虑。[3]3 月 10 日，邓小平在国务院第一次全体会议时指出：干社会主义，要有具体体现，生产要真正发展起来，相应的全国人民的生活水平能够逐步提高，这才能表现社会主义制度的优越性。我们存在的普遍问题是不会管理。[4]3 月 13 日，邓小平出席中共中央政治局会议，讨论《关于一九七八年引进新技术和进口成套设备计划的报告》，指出："同意成立进口新技术的班子。引进这件事反正要做，重要的是争取时间，要缩短从谈判到进口的时间。如果一个项目能缩短半年，就能得到很大的利益。"[5]3 月 18 日，邓小平在全国科学大会开幕式上的讲话中指出："科学技术是人类共同创造的财富。任何一个民族、一个国家，都需要学习别的民族、别的国家的长处，学习人家的先进科学技术。我们不仅因为今天科学技术落后，需要努力向外国学习，即使我们的科学技术赶上了世界先进水平，也还要学习人家的长处。"[6]4 月 19 日，邓小平出席中共中央政治局会议讨论《今后八年发展对外贸易，增加外汇收入的规划要点》时指出："政策放宽一点，可以多吸收一些。扩大进出口贸易问题，我已经说了多次，现在的问题是如何做得快一些好一些。政策上大胆一点，抢时间进口设备，是划得来的，得到的比付出的利息要多，问题是要善于去做。目前的时机是有利的。""粉碎'四人帮'以后，思想解放了，可以拿资本主义国家行之有效的办法为我们所用。要想一想，现在思想解放得够不够，到底有什么

---

[1] 中共中央文献研究室编：《邓小平年谱（1975—1997）》，第 250 页。

[2] 同上，第 257 页。

[3] 同上，第 261 页。

[4] 同上，第 277 页。

[5] 同上，第 279 页。

[6] 《邓小平文选》第 2 卷，第 91 页。

障碍，看看上层建筑、生产技术方面存在什么问题。有些事情不能总在北京转圈子，一拖就一两年，要尽快研究解决。”[1]5 月 7 日，邓小平在会见马达加斯加民主共和国政府经济贸易代表团时指出：“我们制定了明确的方针，要利用世界上一切先进技术、先进成果。”“我们要把世界一切先进技术、先进成果作为我们发展的起点。”“总起来说，人民的积极性调动起来了，又有一定的物质基础，有丰富的资源，加上利用世界的先进技术，我们实现四个现代化是有可能的。”[2]5 月 28 日，邓小平在会见阿尔及利亚总统特使阿卜杜勒·卡德尔·扎伊贝尔时指出：如果说六十年代前半期我们同世界技术上的发展有些差距，但不很大，那么这十多年则拉得很大。现在提出在本世纪末实现四个现代化的目标，这当然有很多重要的条件作为根据，其中一条就是要把世界最先进的技术吸收过来，作为我们发展的起点。[3]5 月 30 日，邓小平在同李强、叶飞、胡乔木等人谈话时说：为什么中国台湾和香港、韩国、新加坡这些地区和国家可以做到的，我们做不到？我们这样大的国家，只有这么一点点贸易量，不行，必须赶上。现在的国际条件对我们很有利。西方资本主义国家从它们自身的利益出发，很希望我们强大一些。这些发达国家有很多困难，它们的资金没有出路，愿意把钱借给我们，我们却不干，非常蠢。现在东方有四个“小老虎”：一个是韩国、一个是中国台湾、一个是中国香港、一个是新加坡。它们的经济发展很快，对外贸易增长很快。它们都能把经济发展得那么快，我们难道就不能吗？我们的脑子里还都是些老东西，不会研究现在的问题，不从现在的实际出发来提问题，解决问题。这样天天讲四个现代化，讲来讲去都会是空的。[4]6 月 2 日，邓小平在全军政治工作会议上的讲话中指出：“我们说的做的究竟能不能解决问题，问题解决得是不是正确，关键在于我们是否能够理论联系实际，是否善于总结经验，针对客观现实，采取实事求是的态度，一切从实际出发。”[5]“我们应该也只能采取实事求是、从实际出发、理论与实践相结合的方法，总结过去的经验，分析新的历史条件，提出新的问题、新的任务、新的方针。这样，我们的会议才能够解决问题，才能够解决得正确。”[6]6 月 10 日，邓小平在与卢

---

[1] 中共中央文献研究室编：《邓小平年谱（1975—1997）》，第 298 页。

[2] 《邓小平文选》第 2 卷，第 111 页。

[3] 中共中央文献研究室编：《邓小平年谱（1975—1997）》，第 316 页。

[4] 同上，第 318、320 页。

[5] 《邓小平文选》第 2 卷，第 113—114 页。

[6] 同上，第 118 页。

旺达总统朱韦纳尔·哈比亚利马纳会谈时指出：我国实现四个现代化的目标不是很容易的。我们清醒地估计了形势，是可以实现的，需要我们扎扎实实工作，也需要吸收国际上最先进的东西，而不应当关起门来建设。[1]7月10日，邓小平在会见美国科技代表团时说：中美两国进行科学技术交流具有重要意义。美国的科学技术，在很多领域比其他国家先进一些，我们愿意吸收你们的技术。我们现在需要向发达国家，包括你们学习。我们要吸收你们的资金、技术和引进设备，然后用我们的产品来偿还。[2]7月12日，邓小平在会见联合国教科文组织总干事阿马杜·马赫塔尔·姆博时说：打倒"四人帮"，算是一个解放，有条件吸收世界一切先进科学技术成果，勇敢地向国际上一切先进的东西学习。[3]

第三节　派出多路考察团出访取经

"文革"后期，我国在外交上欠账不少，各国领导人来访的不少，而我国领导人的回访却很少。所以"文革"结束后，安排了较多的国事访问。邓小平于1978年1月访问了缅甸和尼泊尔，9月访问朝鲜，10月下旬访问日本，11月访问泰国、马来西亚、新加坡，1979年1月访问美国。李先念于1978年3月访问菲律宾和孟加拉国，1979年初出访坦桑尼亚、莫桑比克、赞比亚、扎伊尔和巴基斯坦。华国锋于1978年5月访问朝鲜，8月至9月访问罗马尼亚、南斯拉夫、伊朗。国务院副总理方毅于1978年10月访问西德、法国。国务院副总理耿飚访问刚果、几内亚、马里、加纳、尼日利亚。1978年，是中国领导人出国访问的高峰，这一年有副总理、副委员长以上12位领导人先后20次访问了51个国家，同时也接待了30多个国家的领导人来访。通过这些访问，中国领导人的眼界一下子变得开阔了，尤其是对于中国与发达国家之间的差距感受更加强烈了。在日本的几天，邓小平曾感叹说："中国荒废了10年，在此期间，日本等其他国家进步了。因此我们落后了20年。"当他看到日本工厂生产汽车的能力是中国长春一汽生产能力的几十倍时说："我懂

[1] 中共中央文献研究室编：《邓小平年谱（1975—1997）》，第325页。
[2] 同上，第339、340页。
[3] 同上，第342页。

得了什么是现代化了。”[1]

中央高层实行开放的决心已经下定，他们思索和考虑的不是要不要开放，而是怎么搞对外开放。因此，迫切需要走出去，了解外部世界的发展情况。中国决策层就开始了有组织的对各国情况和经验的系统考察，以学习和借鉴西方发达国家的管理经验、苏联东欧国家的改革经验以及一些发展中国家和地区的发展经验。1977 年 7 月，国家计委向中央政治局作的关于引进的报告，首次提出“认真组织好出国考察工作”。1978 年 2 月，国家计划委员会在中央政治局作的关于经济计划的汇报要点中，提出了从 1977 年到 2000 年的 23 年设想，并制定了保证设想实现的 15 个重大政策和措施，其中就包括“有计划地组织干部到国外去考察”等措施。邓小平非常重视并大力支持为发展我国经济而进行的各类出访活动。1978 年 2 月 9 日，邓小平出席中共中央政治局讨论《政府工作报告（草稿）》经济部分的会议时指出：引进先进技术，我们要注意提高，这是一项大的建设。引进技术的谈判，要抢时间，要加快速度。对共同市场[2]，也要迅速派人去进行技术考察。对于共同市场，对于日本、美国，要专门成立一个班子，不干别的事，集中力量，专门研究。[3]2 月 16 日，邓小平在会见美国民主党参议员亨利 · 杰克逊时指出：“我们愿意引进世界上先进的技术和经验。我们不只派人到美国去考察，也派人到其他发达国家考察。这方面，愿意同我们合作的国家不少。”[4]1978 年 5 月 17 日，国务院成立引进新技术领导小组，负责研究制定引进国外先进技术的计划。

正是在邓小平的力促下，1978 年上半年起，中共中央、国务院不断派出代表团赴西方发达国家和港澳地区进行访问和考察，了解那里的经济发展水平和发展经济的经验。起初出国考察主要为了落实引进规划，继而派更多的干部出去看看，包括省市委书记、管工业的、管农业的、管财贸的以及一些工厂企业的领导，目的是开阔思想，看看国外有什么好的东西，联系自己作为借鉴。据资料显示，1978 年前后，在全国掀起了一股出国考察热潮。据当时的国务院港澳办公室统计，仅从 1978 年 1 月至 11 月底，经香港出国和去港考察的人员就达 529 批，共 3213 人，其中专程去港考察的有 112 批，共

[1] 虹霓：《中国经济特区的形成之路》，载《纵横》1999 年第 4 期。
[2] 共同市场，指西欧共同市场。
[3] 中共中央文献研究室编：《邓小平年谱（1975—1997）》，第 267 页。
[4] 同上，第 268 页。

824 人。[1] 特别是 1978 年 3—5 月间，党中央和国务院派出多路出国出境考察团，考察的对象主要是正在进行改革的社会主义国家以及西方发达国家和地区。3—4 月，以林乎加为团长的中国赴日经济代表团，考察战后日本经济发展的经验；以李一氓为团长，于光远、乔石为副团长的中共中央代表团访问南斯拉夫；以段云为组长的港澳经济贸易考察团，对香港、澳门进行实地调查研究；5—6 月，谷牧带领中国经济代表团访问法国、瑞士、比利时、丹麦、德国等西欧五国。[2] 这些考察团被称为中国即将开始大规模改革开放的“侦察兵”。中国高层的出访，一方面促进和加强了中国同世界各国的友谊与合作，争取了对中国有利的国际环境；另一方面开阔了中国高层的视野，加深了对国际形势的了解，看到中国面临的发展机遇，也强烈地感受到中国与发达国家和地区之间的差距正在加大，为调整内外政策和实行改革开放创造了条件。谷牧后来回忆说：“当时我理解，小平同志对于实行开放的决心已经下定，他正在思索和考虑的不是‘要不要开放’，而是‘怎么搞对外开放’。”[3] 华国锋同志于 2005 年接受采访时说：“当时我们听取了广东省的汇报，了解到有很多人偷渡到香港、澳门，甚至大队支部书记带头偷渡。因为港澳富，大陆穷。我们认为要避免这种情况，大陆要富起来。还有一个情况，当时计委汇报，按照全国增产棉花的数量，平均每人每年只够一条裤衩，而搞两套化纤（设备），平均每人每年就可以做一套衣服。我们就派人到港澳去考察，同时又派人去日本、欧洲考察。”[4] 这些出访活动，对于中国改革开放的酝酿和启动产生了直接的影响。

赴南斯拉夫、罗马尼亚考察

1978 年 3 月 11 日至 4 月 10 日，以李一氓为团长，于光远、乔石为副团长的中国

---

[1] 曹普：《新时期中国对外开放的“侦察兵”——记中央政府考察团西欧五国之行》，载《党史纵横》2000 年第 6 期。

[2] 其他重要的考察团还有：4—6 月，中国农业机械化代表团访问意大利、法国、英国和丹麦；5—6 月，中国农业代表团访问日本；5—6 月，中国基本建设代表团访问日本；7—9 月，中国农业代表团访问美国；8 月，中国林业代表团访问奥地利、罗马尼亚；8—9 月，中国农业代表团访问罗马尼亚、西德、法国；8—9 月，中国农业代表团访问加拿大；9—10 月，中国财经代表团访问南斯拉夫、罗马尼亚，中国农业代表团访问日本；10—12 月，袁宝华率国家经委代表团赴日本考察企业管理；11 月，国家计委代表团访问南斯拉夫，等等。参见张树军、高新民《共和国年轮：1978》，河北人民出版社 2001 年版，第 187—191 页。

[3] 谷牧：《小平领导我们抓开放》，载《百年潮》1998 年第 1 期。

[4] 《访问华国锋谈话记录》（2005 年 2 月 4 日），朱玉：《对外开放的第一块“试验田”——蛇口工业区的创建》，载《中共党史研究》2009 年第 1 期。

共产党党的工作者访问团前往南斯拉夫、罗马尼亚进行了访问和考察。[1] 访问团一共12人，还包括国家计委负责人罗元铮、外交部的于立煊等人。中央交给考察团的任务是实地考察、接触，然后向中央提出报告，说明南斯拉夫的基本状况，对于和南共联盟的关系是否恢复提出意见。[2] 南斯拉夫早在20世纪50年代，就摒弃了从苏联引入的计划经济模式，试行市场经济。过去我们一直批判它是修正主义。过去南共联盟与斯大林发生分歧时，中国共产党也中断了与南共联盟的关系。

访问团先后同南共联盟中央领导人、南中央党政机关和各共和国负责人以及著名专家学者交换了意见，其中比较重要的会见和座谈有11次。在南斯拉夫，访问团了解到南斯拉夫社会经济制度的特点是社会主义自治制度，自治制度的核心是企业工人自治。企业的工人大会是最高权力机关，它选出的工人委员会对企业进行管理，掌握生产、分配、人事、财务等权，经理对工人委员会负责。自治制度的基础是社会所有制。南共联盟认为，社会所有制不是国家所有制，也不是集体所有制，社会所有制的生产资料属于整个社会，为全体参加劳动的人所有。3月31日，访问团离开贝尔格莱德前往罗马尼亚访问。在罗马尼亚，访问团同罗马尼亚高级党校、社会政治科学院、历史和社会政治研究所、劳动部、全国科技委员会的负责人举行了会见和座谈，还参观了许多工农业单位。在经济体制方面，最引起访问团注意的是他们的劳动报酬制度。罗马尼亚不用工资这个概念，但是他们用劳动报酬这个概念。工人组织了劳动者代表大会监督工厂生产，厂长、经理、部长的工资与企业效益挂钩，考察这些人的指标也是由上一级来制定。访问团对南斯拉夫、罗马尼亚总的印象是，它们这些年发展得比我们快。4月10日，访问团回到国内。

赴南斯拉夫、罗马尼亚考察团访问归国后，向中央递交了《中国共产党党的工作者访问团对南斯拉夫考察的报告》。为切实做好考察工作，李一氓在出发前召集代表团研究考察提纲，回国后讨论考察情况，先后开会十几次，最后形成有10万字的考察报告及附件。为便于中央和有关部门全面了解南斯拉夫的情况，李一氓还及时组织翻译了访问南斯拉夫期间南斯拉夫赠送的介绍南共联盟情况的材料，总计约40万字。这份报告全面、客观地介绍了南斯拉夫政治、经济现状和改革措施。其中指出，南共

[1] 代表团团长李一氓，当时为中联部常务副部长，主持日常工作。副团长于光远，当时任国家科委副主任、中国社会科学院副院长兼马列所所长。副团长乔石，当时任中联部副部长。

[2] 于光远：《若干经济理论问题讨论的背景回顾》，载《领导者》2008年12月总第25期。

联盟把马列主义普遍真理与其具体历史、民族条件相结合，坚持了社会主义方向，又创造了以社会主义自治为中心的南斯拉夫独立自主进行社会主义建设的经验。在访问中，代表团专门就“社会计划和市场经济”问题与南共联盟社会计划委员会主席米·比罗夫进行了座谈。因此，《报告》的第六部分还专门写了对“社会计划与市场经济”的考察，对南斯拉夫放弃“中央集权的苏联式计划”，实行市场经济和社会计划相结合的改革措施作了具体的介绍，明确提出南斯拉夫属于社会主义国家，过去否认它是不对的。同样都是社会主义基本经济制度，但可以采取多种模式。因此，报告提议恢复中南两党之间的关系。

6月1日，华国锋同志主持了中共中央政治局会议，专门讨论这份《中国共产党党的工作者访问团对南斯拉夫考察的报告》，并肯定了其内容，指出：“南近几年来强调计划对经济发展的指导作用，通过自上而下层层协调，制定社会计划。同时，南仍实行市场经济，力求掌握价值规律。南主张以计划限制市场经济的自发势力，以市场经济弥补计划的局限性。”“南共联盟坚持了社会主义方向；发展生产资料的社会所有制；通过社会主义自治制度实行无产阶级专政，在坚决镇压一切敌对势力的同时，充分发扬无产阶级专政的民主的一面；发挥社会计划对国民经济的指导作用；贯彻实行社会主义的按劳分配原则。应当肯定，南斯拉夫是马列主义的党，南斯拉夫是社会主义国家。”[1] 过去我们把苏联社会主义作为唯一模式，而南斯拉夫的发展模式给了我们新的视野和启示。对南斯拉夫的访问和考察及其报告，对于中国共产党酝酿调整发展战略与思路，作出改革开放的历史性决策有重要的影响。于光远后来回忆说：“回国后代表团给中央写了一个报告。他们根据考察中了解的情况，提议恢复中南两党之间的关系。这个报告的基本内容在国务院务虚会上作了介绍。报告认为斯大林企图把苏联经济体制的模式强加给南斯拉夫，被铁托坚决拒绝，但南斯拉夫不失其为社会主义国家，南共不失其为走在社会主义道路上的党。我们过去跟着苏联否认南斯拉夫是社会主义国家是不对的。这个报告得到中央批准。访问后我们明确了一个认识：同样都是社会主义基本经济制度，可以有多种模式。我们认为这一点对于我国是有很大启发的。代表团访问南斯拉夫的这个报告，在随后召开的国务院务虚会上受到很大的重视。中共中央也肯定了这个重要的考察报告，把这个考察报告转发到各省市，传达到

[1] 《中央对外联络部关于中南两党恢复关系问题的宣传提纲》（1978年6月11日，中共中央转发）。中共中央党史研究室第三研究部：《邓小平与改革开放的起步》，中共党史出版社2005年版，第156—157页。

县团级。不过还有人对南斯拉夫是否是社会主义国家有某些怀疑，但大多数人赞同中央批准的代表团的观点。当然南斯拉夫实行的那一套社会自治制度，许多人表示不能接受。代表团也并没有主张要学南斯拉夫，但是我们认为任何国家都不应该盲目照搬别的国家的做法，而应该对他国的经验很好地研究。”[1]

赴日本考察战后日本经济发展

1978 年 3 月至 4 月，以时任中共上海市委书记、上海市革命委员会副主任（前国家计划委员会副主任）林乎加为团长、时任国家计委副主任段云为副团长的中国经济代表团一行 19 人到日本访问，考察战后日本经济发展的经验。这个代表团成员由国家计委、商业部、中国银行等国务院各部委的副主任、副部长，还有来自北京、上海、浙江、江苏等各省、市的有关部门领导组成。这次代表团出访日本的目的主要有：一是考察日本的经济状况，特别是工业发展状况；二是与日本探讨今后中日贸易发展的具体问题。在日本访问期间，代表团拜访了日本外务相园田、通产相河本、经济企划厅长官宫洋和日本银行总裁森永，并同日本进出口银行总裁澄田进行了多次交谈。代表团走遍了关东、关西和中部各地，参观和考察了钢铁、造船、机械、化学、轻工业、金融、流通等部门。2 月 26 日，代表团访日之前，中日两国签署了长期贸易协定。代表团与日方就延期支付的利率问题、从速撤销巴黎禁运协定、采取有效措施促进进口等问题进行了交流。5 月 31 日，代表团回国后向中央呈送了《中国经济代表团访日工作报告》。

1978 年 6 月 1 日，中共中央主席、国务院总理华国锋主持中央政治局会议，听取和讨论以上海市委书记林乎加为团长的赴日本经济代表团的汇报。汇报介绍了日本为什么能在一二十年间取得飞跃发展的原因：第一，大胆引进新技术，把世界上的先进东西拿到自己手上。1950—1975 年，日本共引进外国技术 2.6 万项，其中 20 世纪 70 年代前 5 年就超过 1 万项。他们引进技术后，迅速加以吸收消化、革新、创造，广泛运用并逐步出口。目前日本进口技术的金额仍然超过出口技术的金额。由于引进，节约了大量的摸索时间和研究经费，许多产品由落后一跃达到世界先进水平。第二，充分利用国外资金。日本企业的资金 70%—80% 来自银行贷款，主要来源有：国内存

[1] 于光远：《1978：我亲历的那次历史大转折》，中央编译出版社 2008 年版，第 54—55 页。

款；海外借款和发行债券；吸收外币存款。日本不惜付出较高的利息从国外借款，并善于加速流转，促进了生产，也增强了企业偿付贷款的能力。汇报提出：我们也要实行列宁所说的“在经济上极力利用、加紧利用和迅速利用资本主义的西方”，在保持国家主权的条件下，也可以灵活地运用国外资金，以辅助国内资金的不足。第三，大力发展教育事业和科学研究。汇报还建议：利用国外资金建设1亿吨能力的煤炭矿井，1000万吨的冀东钢铁厂，多搞几个有色金属矿，并保证1985年化纤和塑料产量各达到200万吨。这是第一次把运用国外资金的问题提到中央的最高层，但仍然不敢说直接借贷，而是提出引进设备技术项目的条件，“基本上是出了产品还钱”[1]。华国锋说：凡是中央原则定了的，你们就放开干，化纤搞200万吨，由计、经、建委落实。[2]

赴港澳地区进行经贸考察

1978年4月10日至5月6日，遵照中央领导关于充分利用港澳有利条件的指示精神，以国家计委副主任段云为组长的国家计委和外经贸部等有关领导组成的港澳经济贸易考察团，赴香港、澳门作了实地调查研究。中央要求写出有根有据、有开拓性见识的经济考察报告来。考察的目的很明确，就是要了解香港、澳门经济飞速发展的真正原因。考察组在港澳工委的指导和安排下，参观工厂、农场、工地、港口、鲜货市场和商店，同我驻港机构和少数爱国厂商进行了座谈，考察团返回途经广州时，又同习仲勋、刘田夫等广东省党政领导交换了意见。

考察组回到北京后，写出了《港澳经济考察报告》，经国务院副总理兼国家计划委员会主任余秋里签发，以国家计划委员会名义于5月31日报送党中央、国务院。该《考察报告》的主要内容有[3]：

一、港澳经济发展概况。香港和澳门的经济，近十年发展很快。香港被称为

[1] 《中国经济代表团访日工作报告》(1978年5月31日)，房维中未刊书稿第一分册。肖冬连：《中国改革初期对国外经验的系统考察和借鉴》，载《中共党史研究》2006年第4期。

[2] 国家计划委员会：《粉碎“四人帮”以后经济指导工作中的问题》(1980年11月15日)。程中原、王玉祥、李正华：《1976—1978年的中国》，中央文献出版社1998年版，第186页。

[3] 参阅《港澳经济考察报告》(汇报提纲，1978年5月30日)，国务院办公室参阅文件[1978]12号文。雷厉：《历史风云中的余秋里》，中央文献出版社2006年版，第197—203页。《段云选集》，山西人民出版社1987年版，第358—359页。

远东的贸易中心、金融中心和航运中心，澳门成为旅游中心。这两个地方，一没有耕地，二没有原料资源，过去经济上长期依赖转口贸易。六十年代以来，大搞进料加工和来料加工，先搞轻工、纺织、服装，发展到手表、电器、电子产品。工业的发展速度，在资本主义世界是很突出的。香港有些出口产品在国际上占有重要地位。服装、玩具、塑料花、手电筒、蜡烛五种商品，占世界出口第一位，半导体收音机、手表两种商品，占世界出口的第二位。

二、香港经济发展比较快的原因。香港和澳门的经济，近十多年发展很快。主要原因是：一是有充裕的资金来源。对外汇没有管制，各国游资大量进入。二是拥有较为廉价的劳动力。香港工人平均工资水平，相当于日本的三分之一和西德的八分之一。工资低、产品成本低，具有较强的竞争力。三是港澳属于“自由港”，购进原材料和技术设备比较方便。四是大力发展对外加工工业，利用外来资金和本地廉价劳动力，进口设备、原材料和半成品，大搞进料加工、来料加工，增加出口。这是港澳经济发展的主要途径。五是产销结合，产品适应性强。港澳许多工厂都是以销定产，按外来订单和样品组织生产。市场需要什么，生产什么，品种花色很多，变化很快，产品质量检查很严格，适应性很强。

三、建议利用港澳大力发展对外加工装配业务。港澳经济依靠大搞加工装配，十几年内，有了相当快的发展。加工工业的发展，带动了整个经济的增长。其他国家和地区依靠加工工业来发展经济的例子也很多。日本是这样，近十年来，南朝鲜（韩国）、新加坡和中国的台湾省也走这条路子。近几年，港澳地区地价飞涨，劳动力紧张，工资逐年提高，有些产品已难于同外地作竞争。不少厂商提出，愿意把产品转移到国内加工装配，由他们提供原材料、辅料、元器件和必要的技术设备。港澳地区有我们的贸易机构和金融机构，他们同当地厂商有着广泛的业务关系。我们应当充分利用港澳这一有利条件和贸易渠道，充分发挥我国劳动力多、工资低和某些设备有余等条件，大搞对外加工装配业务。技术不行和设备不足的，还可以采取补偿贸易办法，引进技术和设备，用产品归还，这样，可以不受某些原材料、资金和技术的限制，争取时间，很快地把生产搞上去，把进出口贸易搞上去，促进国民经济的高速发展。开展来料加工和装配业务要解决以下问题：(1) 工厂同订户直接见面，减少中间环节；(2) 不征收关税，不实行加成作价；(3) 加工费收入，单独结汇；(4) 加工费收入的外汇，留一部分给企业和地方使用。根据现在情况，建议加工费收入实行外汇留成办法，15%

留给企业，15%归地方掌握使用。开展来料加工装配，是一项新的工作，要大搞，要放手搞，要很快搞。

四、要切实把宝安、珠海两个基地建设好。考察报告吸收了广东省委提出的一些大胆建议，提出借鉴港澳经验，把靠近港澳的广东省宝安、珠海划成出口基地，力争经过三五年的努力，把宝安等地建成具有相当水平的对外生产基地、加工基地和吸引港澳客人的游览区。大办副食品生产基地，增加鲜活商品出口；积极发展建筑材料工业和加工工业；开辟旅游区，办好商业、服务业和文娱场所。为了把两个县尽快建设好，有必要实行某些特殊管理办法，建议把宝安、珠海两县改为两个省辖市（相当于地级市），派得力干部，加强领导力量。进出口直接与我驻港澳贸易机构联系，不再事事上报；两县所需原材料、设备由广东省负责，有困难的可以用贷款通过港澳进口，物资免税，手续简化；出口创汇部分留给当地；对到两地的港澳同胞和外宾只凭港澳居民证和护照，检查从宽，简化手续；恢复边境小额贸易和给渔民分一部分外汇。

1978年6月3日，中共中央主席华国锋主持中央政治局会议，中央和国务院领导同志听取和讨论了赴港澳经济贸易考察组的汇报。华国锋同志在听取了考察团的汇报后，代表中央政治局讲话。他说，这个报告，总的同意，凡是看准了的，就要抓紧落实，说干就干，把它办起来。有些要制定具体办法，要在执行中不断总结经验。[1]有些要进一步探讨，比如在宝安、珠海两个县搞出口基地，那里的工资问题、工厂摆法问题要研究。加工订货，进料加工，来料加工，原则定下来，发个文件，首先在上海、广州、北京、天津、青岛进行。[2]他表示赞成外汇地方分成，明年就搞，对出口基地问题要专门研究一次。随后，根据国务院领导的指示，国务院办公室将《港澳经济考察报告》作为参阅文件，印发广东省、广西壮族自治区、湖南省、江苏省、浙江省、山东省、北京市、上海市、天津市革命委员会、国务院有关部委和港澳工委。1978年7月15日，国务院发出了《开展对外加工装配业务试行办法》（国发[1978]139号文）。国家计划委员会成立了“对外加工装配办公室”，负责研究制定加工装配业务的具体规定，审批装配生产线的引进和中小型补偿贸易项目等。1979年

[1]　参阅《港澳经济考察报告》（汇报提纲，1978年5月30日）国务院办公室参阅文件[1978]12号文。
[2]　曹普：《谷牧与1978—1988年的中国改革开放》，载《百年潮》2001年第11期。

3月26日，国务院又下发《以进养出施行办法》。为此，我国的加工装配业务开始在广东、上海、天津、北京、江苏、山东、浙江、广西等沿海省、市、自治区逐步发展起来。可以说是在党的十一届三中全会前，酝酿对外开放的一次重要突破。特别是报告提出的关于把宝安、珠海划成出口加工基地的设想，是我国创办经济特区设想的最早渊源之一。

谷牧副总理率团出访欧洲五国

1978年5月至6月间，由国务院副总理兼国家基本建设委员会主任谷牧[1] 率领中国政府经济代表团正式访问了法国、西德、瑞士、丹麦、比利时等五个西欧国家。这是新中国成立以来第一次派遣的由一位国务院副总理率团访问西方发达国家。谷牧是新中国经济建设的一位杰出领导人，新中国成立后，谷牧先后担任过市长、市委书记，全面负责过国家计委、国家建委。1975年任国务院副总理后，兼管国家进出口方面的工作。谷牧率领的代表团有20多位同志组成，其中包括水利电力部部长钱正英、农业部副部长张根生、国家基本建设委员会副主任彭敏、北京市革委会副主任叶林、广东省革委会副主任王全国、山东省革委会副主任兼省计划委员会主任杨波，以及北京市主管工业的市委书记严明、广西主管工业的区委书记朱广权，还有李灏、王维澄、胡光宝[2] 等几位司局级干部，代表团成员身着统一颜色的中山装。外交部派了西欧司、礼宾司的有关同志负责咨询服务性工作。在这些成员当中，除谷牧外，还有王全国、李灏、胡光宝等同志都曾直接参与我国经济特区创办与建设。2000年12月谷牧同志在接受张根生采访时说：当时是谁提出组成这样一个代表团访问欧洲已记不清了，当时华国锋可能不敢先提出来，某副总理是不可能提出来的，但华国锋是赞成

[1] 1978年到1988年10年里，谷牧同志一直分管和具体负责我国的对外开放工作，是中央制定对外开放决策的重要参与者和组织实施的主要领导人，为我国的对外开放事业的起步和健康发展殚精竭虑，作出了重要贡献。1975年至1982年5月任国务院副总理。1979年8月后曾兼任国家进出口管理委员会和国家外国投资管理委员会主任、党组书记。1980年2月至1985年9月任中共中央书记处书记。1982年5月至1988年4月任国务委员。1988年4月当选为第十届全国政协副主席。

[2] 李灏同志当时是国家基本建设委员会办公厅主任，曾任谷牧同志的秘书。后来担任过国家基本建设委员会政策研究室主任、国家进出口管理委员会专职委员、国务院副秘书长、中共深圳市委书记和深圳市市长。王维澄当时任国务院办公厅调研室主任，曾任国务院总理办公室秘书，后任中共中央政策研究室主任和全国人大常委会法律委员会主任委员。胡光宝当时任谷牧同志的秘书，后任国务院特区办副主任、中共中央办公厅副主任。

和支持的。我记得回来后邓小平先叫我去作了简要汇报，邓是很重视的。2003年8月，张根生在采访华国锋同志时又问到此事，他问华国锋1978年派国务院考察团去西欧五国考察，是党中央谁先提出来的？华国锋说那时中央已明确以经济建设为中心，开始重视了解国外资本主义经济发展情况，这一年曾派两个代表团去西欧、日本考察，我提出来经中央讨论同意，并确定谷牧为团长。[1]

中央领导对这次出访非常重视。4月底，邓小平在北京饭店还专门听取谷牧、钱正英、彭敏等代表团成员汇报前往法国、瑞士、比利时、丹麦和西德访问的准备情况汇报。邓小平在谈话中强调："访问中，要广泛接触，详细调查，深入研究些问题。好的也看，坏的也看，看看人家的现代工业发展到什么水平了，也看看他们的经济工作是怎么管的。资本主义国家先进的经验、好的经验，我们应当把它学回来。"[2] 考察团在北京做了一个多月的准备工作，认真研究了法国、西德、瑞士、丹麦、比利时五国驻华使馆送来的本国材料，还邀请外交部的同志介绍五国情况。同时，还请著名国际事务专家宦乡介绍了西欧五国的情况，宦乡同志长期在欧洲多个国家出任过大使，并在联合国任过职，对国际经济很有研究，对西欧情况比较熟悉。

1978年5月2日，代表团从北京出发，一直到6月6日，先后访问了法国（巴黎、里昂、马赛）、西德（波恩、鲁尔、汉堡、巴伐利亚等）、瑞士（日内瓦、伯尔尼、巴塞尔、苏黎世等）、丹麦（哥本哈根、奥尔堡等）、比利时（布鲁塞尔、安特卫普等）等五国15个主要城市和80多个工厂、矿山、城市建设、码头港口、农场、市场、大学、科研单位和居民区等，会见了许多政界人士和企业家。通过参观访问，大体上看到了这五个发达的资本主义国家的工业、农业、交通运输业和科学技术的现代化水平，看到了五国社会各方面的变化。对于这次访问，谷牧在其回忆录中说：一个多月马不停蹄，紧紧张张。我想，国家花了外汇，我们应当尽量多看些，多学些。所到之处重点考察：(1) 这些发达国家工农业和科技的现代化水平；(2) 五六十年代其经济发展较快的原因；(3) 他们组织管理社会大生产的经验。[3]

这次出访，在以下三个方面给代表团留下了深刻的印象[4]：

第一，受到欧洲五国的热情而高规格接待。五国都非常重视中国的这次访问。

---

[1] 张根生：《听谷牧谈亲历的几件大事》，载《炎黄春秋》2004年第1期。

[2] 中共中央文献研究室编：《邓小平年谱（1975—1997）》，第305页。

[3] 参见《谷牧回忆录》，第294页。

[4] 同上，第295—297页。

法国、西德、丹麦、瑞士四国（比利时驻华大使因病未回国）驻华大使都回国迎接并陪同我代表团访问。访问第一站是法国，法国总理雷蒙·巴尔亲自到奥利机场迎接谷牧副总理一行，而且亲自主持了与谷牧副总理的会谈。法国总统亲切会见了谷牧副总理和代表团成员。第二站，西德，西德总理施密特在联合国开会，他特别安排副总理兼外长到机场迎接代表团。在比利时和丹麦，都是首相亲自迎接并主持会谈，比利时国王和丹麦王后在宫内会见并设宴款待代表团成员。在瑞士，同样受到高规格接待。谷牧后来回忆说："我本来以为，按照国际交往对等原则，我遇到的会谈对象可能是副总理一级的人物。可是所到国家，同我会谈的都是总统或总理级的人物。法国总统德斯坦、联邦德国总统谢尔、瑞士联邦主席里恰德，都会见我们，比利时国王、丹麦王后也见了。这不是我谷某人如何，而是他们重视与中华人民共和国发展关系。"[1] 代表团成员之一的杨波后来撰文说："一般外交惯例是，外国国家元首或政府首脑来访，大使才回国迎接并陪同访问，我们这次是副总理率领的代表团，他们的大使也提前回国迎接，这就充分表示各国政府对这次访问的重视。"[2]

第二，欧洲国家经济技术的发展令代表团成员眼界大开。欧洲经济的自动化、现代化、高效率，给考察团成员留下了深刻印象。代表团看到了五国在第二次世界大战后社会各方面的变化，也看到了中国在工农业生产、交通运输、教育科学技术以及企业管理等方面与他们的差距。一是国民经济高度现代化。第二次世界大战后，西欧资本主义国家的经济确有相当大的新发展。尤其科学技术日新月异，工农业生产、交通运输、通信手段广泛采用电子技术，现代化水平很高。而且，这五个国家国民经济的现代化，基本上是50年代中期至70年代初期的15至20年中实现的。在法国，看到一座8万千瓦的水电站，全部用电子计算机控制，节假日没有工人上班，照样运行发电。在马赛参观了索尔梅钢铁厂，该厂年产350万吨钢，职工只有7000人，当时武汉钢铁厂年产230万吨，职工6.7万人，相差近10倍。在西德，参观了鲁尔区一座年产5000万吨的露天煤矿，职工只有2000多名，其中矿山生产工人只有900人。我国阜新露天煤矿年产5000万吨煤，职工16万人，相差80倍。在瑞士，参观一个低水头水力发电站，装机容量为2.5万千瓦，职工只有12人。我国江西省江口水电站，

---

[1] 参见《谷牧回忆录》，第295—296页。

[2] 杨波：《开放前夕的一次重要出访》，载《百年潮》2002年第2期。

装机2.6万千瓦，职工却有298人，相差24倍。西欧国家交通运输量大，速度快，效率高。铁路、公路、海运、内河及航空运输，互相连贯配合，四通八达，现代化程度高。法国戴高乐机场，一分钟起落一架飞机，一小时60架；而北京首都国际机场半小时起落一架，一小时起落两架，还搞得手忙脚乱。西德共有公路47万公里，高速公路7000公里，占公路的2%，却负担了近1/3的公路运货量。港口建设规模不断扩大，装卸机械化水平越来越高，集装箱运输日益普及。西德的汉堡、比利时的安特卫普、法国的马赛，不管哪个港口，深水泊位超过我们的总数，年吞吐能力比我国任何一个港口吞吐量都大。农业现代化水平也相当高。他们的农业机械化程度很高，注重科学种田和科学养畜。从耕地、播种、施肥、中耕、除草、收割到初步加工，全部机械化。家畜、家禽饲养也逐步机械化、自动化，基本上消灭了手工劳动。各国都有农业顾问制度，讲究科学种田，规定多少户农民要有一个农业专家。特别重视培育、推广良种，如法国的哈地小麦、丹麦的长白猪、瑞士的褐牛，都是经长期研究培育出来的。丹麦有耕地4300万亩，农业劳动人口只有13万，占全国总劳动力的6%至7%，生产的粮食、牛奶、猪肉、牛肉，可供3个丹麦全国人口的需要。二是国民经济现代化的关键是科学技术的运用。（1）政府和大企业都设立专门机构，投入大量研究费用。瑞士只有600万人口，全国竟有500多个研究所，11所高等院校，政府支出的研发经费占国民生产总值的2.5%。（2）积极从别的国家引进先进技术和专利。比如当时法国、西德、比利时等都生产集成电路，大部分是从美国引进专利。法国核电站的反应堆用的是美国西屋公司的技术专利。（3）非常重视职业教育和技术培训，提高管理技能。教育事业很发达，全民族的科技水平较高。除大量高等院校和科研机构外，大的工厂都有专门培训学徒工的车间。瑞士有15所中等技校、8所技术夜校，每年有10万人在校接受技术培训。由于科学技术的进步和劳动生产率的提高，工人的工资和生活福利状况也有明显改观。所有这一切，展现出一幅现代化的模式和图景。三是重视企业管理，企业中各方面的负责人都是内行。连瑞士、丹麦等国，农庄主的儿子要接受父亲的遗产经营农庄，必须取得两种证明：一个是接受九年制国民教育外，还必须在农业技术学校取得国家发给的“绿色教育证书”；第二是必须在农庄劳动三年，其中一部分时间还必须在别人的农庄劳动。四是生产更加集中，生产更加社会化和国际化。五是利用经济技术优势，获得超额利润。六是实行改良主义和福利主义，形成了相对稳定的社会局面。七是工作效率高，时间观念强，招待宴会简朴，很少浪费。谷牧后来回忆说：“过去‘四人帮’搞闭关锁国，夜郎自大，吹嘘什么都是‘天下第一'，什么都是我们的好，走出国门一看，完全不是那么回事。"[1]"由于科学技术的进步和劳动生产率的提高，工人的工资和生活福利状况也有明显改观。这些国家的经济运作，政府对经济的调控和对社会矛盾的处理手段，都有些变化，已不是我们从苏联列昂节夫《政治经济学》上获得的那些老概念了。"[2]"改革开放初期，办了几个特区以后，我到欧洲看了 5 个国家，好多人家经常用的东西，我们知都不知道。回来以后我就说，我们如果还不改革开放，以后在这个世界上可能都呆不住了，可能还得被人欺侮若干年。"[3] 代表团成员之一、时任广东省副省长的王全国多年后提及这次出访，仍激动不已，他说："这次一个多月的出访考察，大家深感大开眼界，思想豁然开朗。我亲眼看到了西方的先进生产力和管理水平，看到了我们的不足，思想观念受到很大启发。原来我们没出去看，不知道外面有什么，以为资本主义就是腐朽没落的。一看，西欧完全不是那么回事。单举一个例子，那时他们就有计算机了，我们还什么都不知道。出去一看，真是大开眼界啊！国内的原有认识和在外面看到的反差非常之大。""还有一些印象也很深刻，比如制度方面，西欧五国地方政府权力也比较大，例如联邦德国，州一级的政府财权和人事权都比较大。"[4] 代表团成员之一，后来担任深圳市委书记、市长的李灏同志说："我们那个团里除了外交部一位欧洲司副司长外，没有一位有出国经历的，那 40 天里真是开了大眼界，拼命看，拼命吸收。""资本主义国家能够这样繁荣发达，现代科技发展能够这样迅猛，这是我们完全没有想到的！"[5]

第三，西欧国家对于同中国发展经济关系很有兴趣。由于中国是世界大国，资源丰富、人口众多、市场广阔，对于资本、技术和产品需要寻求出路的西欧发达国家而言具有巨大吸引力。在访问中，五国政府和民间都表达了同中国加强经济合作的强烈愿望，都想争着同中国做生意。在法国，谷牧副总理与巴尔总理会谈事先的准备先谈政治。巴尔总理当面就说，政治问题我不谈，只谈经济问题，政治问题总统谈。他还特别谈到中法贸易 1977 年为什么下降？后来法国总统接见谷牧副总理，也说，如果

---

[1] 曹普：《谷牧与 1978—1988 年的中国对外开放》，载《百年潮》2001 年第 11 期。

[2] 《谷牧回忆录》，第 295 页。

[3] 钟辛：《谷牧披露创办特区内情》，《人民日报》（海外版），2000 年 8 月 29 日。

[4] 《广东改革开放的开局——王全国访谈录》，载中共广东省委党史研究室编：《广东改革开放决策者访谈录》，广东人民出版社 2008 年版，第 239 页。

[5] 《老特区，新作为——访中共深圳市委原书记、市长李灏》，载《中国城市经济》2008 年第 1 期。

您有政治问题我愿意谈，如果没有政治外交问题，我们还是谈谈经济问题。结果根本没有谈到政治。会谈时，法国驻华大使对谷牧副总理说：听说你们要搞120个大项目（指我国五届人大确定的120个建设项目），法国愿意承担10个。在西德，经济问题谈得就更多了。在黑森州，副州长表示愿意提供200亿美元，存入我银行供我使用。在访问巴伐利亚州时，州长卡里在宴会上说：听说你们资金困难，如你们要用50亿美元，可以马上定下来，要用200亿美元，宴会后谈判一小时就可以签字。代表团从丹麦去西德，丹麦代首相在机场送行时说，你要到大国访问了，希望不要忘记我们小国，在发展经济合作上照顾一下小国。更有意思的是，代表团还没有回来，法国银行的董事长就到北京来了，他一来就提出了25亿美元的贷款计划。

代表团回到北京后，在谷牧同志的亲自主持下，经过全团成员历时半个月的闭门集体认真总结，反复讨论，最后写出一份比较长的报告，即：《关于访问欧洲五国的情况报告》，呈送党中央、国务院。后来中国社会科学院《经济研究参考资料》刊发了部分内容。该报告除了叙述有关外交谈判和西欧五国的情况外，主要内容还有：

一、通过这次访问，我们看到，我们现在达到的经济技术水平，同发达的资本主义国家比较，差距还很大，大体上落后二十年，从按人口平均的生产水平讲，差距就更大。我们一定要迎头赶上，改变这种状况。这次看了五国的情况，我们更加有信心了。任务虽然很艰巨，但我们是完全能够实现四个现代化的目标。

二、根据我们在国外的考察，感到以下几个问题需要进一步研究解决。

第一，关于加强对西欧工作问题。应当把欧洲当作争取第二世界的一个重点地区，进一步加强工作。要加强使馆工作，最好能在使馆设立经济参赞处。国内应指定一个机构，综合研究世界各主要资本主义国家的经济情况和问题。从这几个国家引进设备，应根据他们的技术专长进行适当分工，比如法国以电站设备，联邦德国以煤炭、化工设备，瑞士以精密仪器、农药设备，比利时以有色金属冶炼设备，丹麦以造船、水泥设备为重点。

第二，关于扩大进出口贸易问题。采用补偿贸易的办法，利用外国的资金、技术、设备，大规模地开发煤炭、石油、有色金属、非金属矿山，争取几年后有相当数量的燃料、原料出口，这样可以很快偿还引进技术设备所需的费用。放手大搞来料加工和装配业务，以进养出。学习技术，积累资金，逐步发展到自己制造。大力增产传统的出口产品。各省都可以因地制宜搞出口基地。建议实行外汇分成的办法，多出口产品多分外汇。在外贸体制上应给地方、各部以一定权力，允许有出口任务的企业直接与外商见面。简化出国人员的审批手续。建议引进设备今后更多地采用“买方贷款”的方式，建议中国银行在巴黎、法兰克福等地设立分行。

第三，关于发展科学技术问题。欧洲几个国家所以能够在一二十年时间内实现国民经济的现代化，科学技术起了关键作用。建议采取有力措施，迅速提高干部的管理水平和工人的技术水平。应多办中等技术学校，加强职业培训。要采取多种形式加强同国外的技术交流，尽可能多派留学生到国外学习。

第四，关于改进经济管理体制问题。欧洲各国的经济为什么发展快，一个重要原因是他们国家较小，中央与地方适当分开，办事机动灵活。我们的一个省市，比欧洲一些国家还大，可是省市管理经济的权限却很小，很少主动性，地方没有多少权力，许多事情都得跑到北京来解决。建议中央成立一个改革经济管理体制小组，吸收地方的领导同志参加，尽快研究提出改进办法。

第五，关于加强农业基础和两个先行的问题。欧洲五国的资源和能源都很贫乏，他们经济发展得快的一个重要因素，是农业这个基础比较好，电力、交通做到先行。我们应当切实加强农业科研教育，迅速地把良种试验中心和种子公司成立起来。建议制订《森林保护法》，切实加强造林、护林工作。采取更加果断的措施，加快开发水电，加快研究利用石煤、油母页岩等低质燃料，填补核能利用的空白，使电力真正先行。大力加强交通运输的建设，除加快港口、铁路建设外，要重视内河和公路建设，特别是要重视发挥长江及主要内河的作用，使交通运输真正成为国民经济的先行。

1978 年 6 月 22 日，代表团将《关于访问欧洲五国的情况报告》呈送到党中央、国务院主要领导，谷牧同志建议中央在近日安排听一次汇报。6 月下旬，邓小平就约谷牧谈话，听取谷牧率团出访欧洲法国、瑞士、比利时、丹麦、西德等五国的情况汇报，他在谈话中指示：引进这件事反正要做，重要的是争取时间，要缩短从谈判到进口的时间，一个项目能缩短半年就好，就是很大的利益。有几年可能借点钱，出点利息，这不要紧，早投产一年半载，就都赚回来了，但质量一定要选好，要先进的，这一点很重要。[1] 对此，谷牧曾在接受记者采访时说："访问回来后，邓小平先叫我去，向我详细询问了情况；然后由我亲自向中央汇报。"[2]

1978 年 6 月 30 日下午，中共中央主席、国务院总理华国锋在人民大会堂主持中共中央政治局会议，专门听取谷牧同志出访欧洲五国情况汇报。出席听取汇报的有叶剑英、李先念、乌兰夫、纪登奎、苏振华、吴德、陈锡联、聂荣臻、陈慕华等政治局委员和王震、康世恩副总理。汇报会开得很长，从下午 3 时 30 分开始，一直开到夜里 11 点。谷牧在汇报中着重讲了三点：

> 第一，第二次世界大战后，欧洲资本主义国家的经济确实得到了前所未有的大发展，尤其是科学技术日新月异，电子技术广泛应用，劳动生产率大大提高。和这些国家相比，我国大大落后了，形势咄咄逼人。这些国家的经济运行机制、政府对经济的调控和对社会矛盾的处理，有很多值得我们学习和借鉴。
>
> 第二，这些国家大都对华友好，由于资金过剩，技术要找市场，商品要找销路，因此都非常重视与中国发展经济贸易交往。只要我们做好工作，许多事情可以办成。
>
> 第三，在发展对外经济交往中，有许多国际上通行的办法，如卖方信贷（即延期付款）、买方信贷（我们买东西贷款付账，以后还贷）、补偿贸易（我们用外方提供的设备、技术组织生产，用产品补偿）、中外合作生产、吸收外国直接投资等等，我们都可以选择采用，以加速我国的现代化建设。

谷牧同志汇报后，中央政治局展开了讨论，华国锋、叶剑英、李先念、聂荣臻等中央领导同志都作了讲话或插话，他们认为，这次出访外边的情况看得比较清楚了，也讲明白了，该是下决心采取措施实行的时候了。[3] 叶剑英同志说："资本主义国家的现代化是一面镜子，可用来照照自己是什么情况，没有比较不行。出国考察，就是

---

[1] 中共中央文献研究室编：《邓小平年谱（1975—1997）》，第 335 页。曹普：《谷牧与 1978—1988 年的中国对外开放》，载《百年潮》2001 年第 11 期。

[2] 张根生：《听谷牧谈亲历的几件大事》，载《炎黄春秋》2004 年第 1 期。有学者撰文说，谷牧是向中央汇报后不久向邓小平汇报访欧五国情况，从史料考证看，应该是在这之前向邓小平汇报的，即在 6 月 22 日至 6 月 30 日之间的某日，邓小平约谷牧谈访欧五国情况的。

[3] 中共中央文献研究室编：《回忆邓小平》（上），中央文献出版社 1998 年版，第 156 页。

照镜子，解决我们自己的问题。”“西欧的政治经济形势，谷牧同志的汇报讲清楚了。”“我们同西欧几十年没有打过仗，没债可还。我国引进技术，重点在西欧。”[1] 李先念说：“要利用西欧这个力量，把先进的东西搞过来。”聂荣臻也说：“这次调查比较全面，可以说都看了。引进什么，从哪个国家进，应该拍板了。”主持汇报会议的华国锋指出：“今年我们国家召开了五届人大，提出了新时期的总任务。中国的现代化建设要立足国内，独立自主，自力更生，但还是要引进国外技术。计委、经委、建委、各部、省市同志，要到日本、东欧、美国、加拿大看看，很好地调查研究学习引进先进技术，对国外不了解不行。”“看来外出参观考察，是个很好的调查研究，开开眼界。学习、引进先进技术，对国外不了解不行。我们要坚持自力更生的方针，坚持农业学大寨、工业学大庆。同时，还必须引进先进技术。不这样，快不了，不能高速度。”[2] 他还说：“七月份就务起来，一面议，一面定了就办，看准了就要干。”[3] 华国锋要求：由谷牧组织这次出国考察的人员继续深入讨论，研究出几条有情况分析、有行动措施的意见，提到国务院务虚会上，以进一步统一思想。他还提出了四个问题，让各部门研究，作为召开国务院务虚会议研究的主题。一是怎样引进先进技术设备。引进工作很复杂。从哪些国家引进？主要是第二世界，也可以从美国引进一点，东欧一些国家也搞一点，还可以利用香港、澳门。总之，引进中文章很多，要动脑筋。二是企业管理包括工业管理问题。考察了这些国家，对我们有启发。外国企业管理确实有些好经验值得借鉴。现在我们的上层建筑确实不适应，非改革不可。企业领导干部要定期考核、训练、考试，办好办坏一个样，赚钱赔钱一个样，这样下去不行。非生产人员要严格控制，科技人员要增加。必须贯彻各尽所能、按劳分配的原则，一定要按劳动的数量、质量进行分配。要利用价值法则，加快资金周转。三是计划平衡问题。十年规划有了，这是需要的，起了很大作用。这个规划是 1975 年国务院务虚会上提出的，先念同志主持作了修改，有一点气魄，对全国、全世界影响很大。但是要随着情况和我们认识的发展，不断修改、调整、充实，不是固定死了。引进要加快，思想要解放一点，再排排队。既要积极，又要考虑国内可能性。四是出口贸易。这是个大题目，除了扩大出口增加外汇以外，还要增加非贸易外汇收入。这么大的引进计

---

[1] 曹普：《新时期中国对外开放的“侦察兵”——记中央政府考察团西欧五国之行》，载《党史纵横》月刊 2000 年第 6 期。《谷牧与 1978—1988 年的中国对外开放》，载《百年潮》杂志 2001 年第 11 期。

[2] 朱玉：《李先念与一九七八年的国务院务虚会议》，载《中共党史研究》2005 年第 1 期。

[3] 同上。

划，必须考虑外汇收入。李先念在讲话中指出：组织人员出国考察回来汇报，这也是调查研究，是很重要的调查研究。我们还比较落后，不要打肿脸充胖子。要利用西欧这个力量，把先进的东西引进过来。他着重提出要解决几个平衡问题：一是外交路线的平衡；二是国内平衡问题；三是引进要同国内机械制造平衡；四是技术力量问题；五是外汇平衡。决定了的事，就要行动，就去干。进了设备，借了钱，是要还账的。中间包括体制问题，同志们提了些意见。过去几年外汇少，不打歼灭战行吗?！总之，进步的事我赞成。汇报会结束后，国务院立即紧张地进行务虚会议的准备工作。这对即将召开的国务院务虚会议解放思想，发扬民主，探索实现四个现代化的路子和举措，无疑也产生了重要影响。华国锋还说：原来认为22年很快就过去了，一考察，日本搞现代化只有13年，西德、丹麦也是十几年。今年我们起步是3000万吨钢，日本起步时只有2200万吨钢。我们可以赶上去。现在法国已提出二十几亿美元供我使用，实际上还可以多，50亿也可以。西德提出200亿，日本更积极。要想开一点，谈判时间过长不行，要早点把项目定下来，把大单子开出来，然后一批一批地去搞。[1] 谷牧后来还回忆说：访问回来后，由我亲自向中央汇报，当时所有的老帅都参加了，我汇报中提到了国外利用搞“加工区”、“自由贸易区”等形式引进外资，发展工业和外贸出口后，叶帅、聂帅、徐帅先后发言说：“谷牧同志到国外也看了，也说清楚了，过去我们只知道说自力更生，为什么外国能搞加工贸易，引进外资，而我们就不能搞呢？我看我们也应该搞。”几个老帅都很支持，中央领导人大多数赞成，包括华国锋。[2] 华国锋同志鼓励说，凡是中央原则定了的，你们就放开干。[3]

对于这次出访，谷牧在后来的回忆中说：“报告真实地反映了中国在结束‘文化大革命’以后，一批计划经济时代成长起来的专家型干部在初次访问欧洲发达国家时的真实观感，以及出于强烈的责任心，而给中央提出的一系列（虽然尚不成熟）的重要建议，这些想法后来大多不断被完善、逐渐被采纳，并体现在以后党中央、国务院的文件中，体现在我国不断改革开放的丰富实践中。”[4] 广东省原省革委会副主任、代表团成员之一的王全国后来在接受采访时曾说：“访问对我国改革开放起到很大的

---

[1] 参阅程中原、王玉祥、李正华：《1976—1978年的中国》，中央文献出版社1998年版，第186—187页。

[2] 张根生：《听谷牧谈亲历的几件大事》，载《炎黄春秋》2004年第1期。

[3] 李正华：《伟大历史转折的1978年》，载《当代中国史研究》2004年11卷第3期。

[4] 《谷牧回忆录》，第296页。

推动作用。汇报不久，国务院召开了务虚会议，访问对这次会议决策起了很重要的作用。”[1] 山东省原革委会副主任、代表团成员之一的杨波后来撰文也说：“可以这样说：这次对西欧五国的访问，加上同年其他几个代表团的出访，对党的十一届三中全会明确制定对内改革对外开放的总方针起了应有的作用。谷牧副总理以后兼任国务院新成立的国家进出口管理委员会的主任、国家外国投资管理委员会的主任，一直分管按邓小平同志意见新设立的经济特区的工作，恐怕也不是偶然的吧！”[2] 李灏同志后来将谷牧访欧成果总结为三个方面：第一个突破是承认中国落后发达国家 20 年，必须开放；第二是在引进技术设备的同时，也应当利用外资，迅速发展自己；第三是提出了体制变革。[3] 谷牧同志的秘书、后来担任国务院特区办公室副主任的胡光宝曾说：这次出访，为后来紧抓不舍的“一个中心，两个基本点”打开了思路，为创办经济特区以至沿海地区对外开放，提供了不少可借鉴的东西。[4]

这次出访考察及其他重要出访，可以说对中央高层酝酿和启动改革开放的起步过程起到重要的推动作用。特别对于中央决策高层及时了解世界发展变化和看到自己的落后不足，最后作出改革开放的重大决策起到了促进作用。1978 年 6 月 23 日，邓小平在会见罗马尼亚驻华大使格夫里列斯库时还说：“我们派了许多代表团到欧洲和日本去考察，发现我们可以利用的东西很多，许多国家都愿意向我们提供资金和技术，条件也不苛刻，从政治、经济角度对我们都有利，为什么不干呢？国际条件有利，国内条件也有利，只要下决心干，就可以加快建设速度。”[5]1978 年 9 月 4 日，邓小平在会见朝鲜国立交响乐团时指出：现在大量吸收国际先进技术，也利用它们的资金。这没有危险，本身不会损害我们的社会主义制度，只能为我们的社会主义制度服务。到国外参观后，发现我们差得太远了。现在确实要学习，而且要善于学习。比如科研方面，有很多课题需要研究。关起门来不行。把世界上的先进成果作为我们发展的起点，这才不会把我们实现四个现代化的目标变成空话。[6]1978 年 9 月 12 日，邓小平在朝鲜同金日成会谈时指出：“我们一定要以国际上先进的技术作为我们搞现代化的

[1] 《广东改革开放的开局——王全国访谈录》，中共广东省委党史研究室编：《广东改革开放决策者访谈录》，第 239 页。
[2] 杨波：《开放前夕的一次重要出访》，载《百年潮》2002 年第 2 期。
[3] 《谷牧：中国开放的“操盘者”》，载《三联生活周刊》2009 年第 43 期。
[4] 倪振良：《最高决策：中国经济特区创办始末》，载《炎黄春秋》1993 年第 6 期。
[5] 中共中央文献研究室编：《邓小平年谱（1975—1997）》，第 329 页。
[6] 同上，第 369 页。

出发点。最近我们的同志出去看了一下，越看越感到我们落后。什么叫现代化？五十年代一个样，六十年代不一样，七十年代就更不一样了。”[1]

第四节　召开国务院务虚会

1978年7月6日至9月9日，经华国锋提议、中央政治局常委会同意，国务院务虚会在中南海怀仁堂报告厅召开。会议主题是总结新中国成立以来的历史经验，研究如何加速我国现代化建设的步伐。会议从头至尾由中共中央副主席、国务院副总理李先念同志主持，会议断断续续开了两个月零三天。国务院副总理余秋里、康世恩、耿飚、谷牧、王震、陈慕华全都出席会议，还有国务院重要部门的主要负责人，共47人，加上工作人员约六七十人。一般每天只开半天会，半天各自回单位工作。会议属于务虚性质，不作决定，会议要求各单位都交书面发言，但开会时鼓励大家畅所欲言，各抒己见。会议期间，袁宝华、张劲夫、胡乔木、姚依林等36位同志发言，李一氓、谷牧分别介绍了考察南斯拉夫、罗马尼亚和西欧五国的情况。这些发言大胆地涉及了以往发展中存在的种种弊端和问题，提出了一系列改革开放的思想和措施。华国锋、叶剑英、邓小平、李先念都很重视这个会议，华国锋在23次会议中只有一两次没有参加，在会上发言和插话至少有13次。[2]会议结束时，李先念作总结讲话。会议提出要组织国民经济的新的跃进，要以比原来设想更快的速度实现四个现代化，强调要放手利用国外资金，大量引进国外先进技术设备。会议还讨论了经济管理体制的改革问题，指出今后在经济领导工作和管理工作中，一定要坚持摆脱墨守行政方式的老框框，放手发挥经济手段和经济组织的作用，一定要改变手工业式、小农经济式甚至封建衙门式的管理方式，坚决实行专业化，发展合同制，贯彻按劳分配；一定要保障工业企业的必要的独立地位，适当扩大它们的经济自主权。会议简报发中央政治局常委、在京政治局委员和参加会议的同志。

谷牧同志在会上报告了访问欧洲五国的情况，提出了对外开放的若干意见。他特别强调，我国要老老实实承认落后了，与世界先进水平拉开了很大的距离。我们怎么

[1] 中共中央文献研究室编：《邓小平年谱（1975—1997）》，第372—373页。

[2] 李正华：《中国改革开放的酝酿与起步》，第342页。

赶上国际先进水平，怎么搞现代化，怎么把速度搞快些？很重要的一条就是狠抓先进技术的引进、消化、吸收。国际形势提供了可以利用资本主义世界的科技成果来发展我们经济的机会，一定要抓住它。1975 年小平同志就提出要加强技术引进、增加外贸出口的政策，现在应当认真组织实施，加强引进。在发展对外经济关系上，必须解放思想，多想点子，开拓路子，绝不能自我封闭，自我禁锢，贻误时机。[1] 对于会上讨论访问西欧五国的报告，于光远后来回忆说："谷牧率中国政府代表团访问西欧五国，回国后写了一份报告拿到这个务虚会上。这个材料在会上也引起注意。那个报告不再像过去那样，对西方国家的经验采取完全排斥的态度，而认为西方国家的好经验有不少值得我们借鉴。我还记得，谷牧在报告中讲到法国的农场主不能把自己的农场随便传给自己的儿子去经营。为了保证农场经营得好，政府规定，如果儿子要经营父亲的农场，必须在农业学校毕业，而且在毕业之后在不是自己父亲的农场实习两年，取得考核及格的证书才行。这使得大家知道资本主义国家有一些很好的制度。"[2]

胡乔木同志于 7 月 28 日在会上代表中国社会科学院和国务院研究室作了《按照经济规律办事，加快实现四个现代化》的长篇发言，他提出只有把社会主义制度的优越性同发达的资本主义国家的先进科学技术和先进管理经验结合起来，把外国经验中一切有用的东西和我们自己的具体情况、成功经验结合起来，我们才能够迅速提高按照客观规律办事的能力，才能够加快实现四个现代化的步伐。要发挥中央、地方、企业和个人四个积极性。必须尊重客观规律，必须进行一系列的经济改革，逐步建立起一套适应现代化需要的管理制度和管理方法。他还提出了推广合同制、发展专业公司、加强银行的作用、发展经济立法和经济司法等四方面的具体建议。[3] 胡乔木同志的发言，会议出了简报，邓小平、李先念同志看后都很赞赏，提出让他署名发表。[4] 这篇发言稿经过两次重大修改后于 1978 年 10 月 6 日在《人民日报》头版发表，在国内外引起了强烈反响，被认为在经济理论方面为中国吹响了改革开放的号角。

9 月 9 日，李先念在会上作了长篇总结讲话。[5] 李先念的这篇讲话在总结建国 28 年来经济建设的经验教训，认真分析我国国情的基础上，不同寻常地提出了改革经济

[1] 《谷牧回忆录》，第 307—308 页。
[2] 于光远：《1978：我亲历的那次历史大转折》，中央编译出版社 2008 年版。
[3] 《胡乔木文集》第 2 卷，人民出版社 1993 年版。
[4] 朱佳木：《我所知道的十一届三中全会》，当代中国出版社 2008 年版，第 38 页。
[5] 1978 年 9 月 30 日，中央转发了这个讲话，并准备在即将召开的中央工作会议上进一步讨论这个讲话。

管理体制，实行对外开放政策的思想主张。李先念指出，要改变经济落后状况，必须解决三个问题：一是解决思想问题；二是经济管理水平低；三是技术落后，科学文化水平低。关于改革，李先念提出：在本世纪末把我国建设成为社会主义的现代化强国，这是一场根本改变我国经济和技术落后面貌，进一步巩固无产阶级专政的伟大革命。这场革命既然要大幅度地改变目前落后的生产力，也就必然要多方面地改变生产关系，改变上层建筑，改变工农业企业的管理方式和国家对工农业企业的管理方式，改变人们的活动方式和思想方式，使之适应于现代化大经济的需要。要坚决地摆脱墨守行政层次、行政区划、行政权力、行政方式而不讲经济核算、经济效果、经济效率、经济责任的老框框。掌握领导和管理现代化工农业大生产的本领。必须勇敢地改造一切不适应生产力发展的生产关系和不适应经济基础要求的上层建筑，放手发挥经济手段和经济组织的作用。我们现在要进行的这次改革，一定要同时兼顾中央、地方和企业的积极性，一定要考虑大企业和大专业公司的经济利益和发展前途，努力用现代化的管理水平尽可能适应高速发展工农业的需要。关于对外开放，李先念讲道："目前国际形势对我们有利，现在世界上的绝大多数国家都希望我国强大繁荣。欧、美、日等资本主义国家，经济萧条，要找出路。我们应有魄力、有能力利用它们的技术、设备、资金和组织经验，来加快我们的建设。我们决不能错过这个非常难得的时机。自力更生绝不是闭关自守，不学习外国的先进事物。为了大大加快我们掌握世界先进技术的速度，必须积极从国外引进先进技术设备。这比关起门来，样样自己从头摸索的爬行主义，要快不知多少倍。"[1] 如此明确、大胆的思想主张，已不仅仅是一般性的设想，而是对中国未来发展道路的展望。这说明，新的方针政策已经在当时的党中央领导集体中开始酝酿。1978 年 9 月 20 日，邓小平在天津视察工作时就李先念在国务院务虚会上的讲话稿的修改一事，致函李先念："林乎加同志说，他觉得报告强调集中统一多些，讲地方（包括一部分权力下放到企业）不足些，请参考。"[2]1978 年 9 月 30 日，中央转发了这个讲话，并准备在即将召开的中央工作会议上进一步讨论这个讲话。1978 年 10 月 7 日，国务院下发《关于印发国务院务虚会发言的通知》（国发 [1978]207 号，以下简称《通知》），《通知》指出："国务院务虚会精神的传达贯彻，以李先念同志的总结讲话为准。各部委的发言，是在讨论问题的过程中，提出来的各

[1] 李先念：《在务虚会上的讲话》（1978 年 9 月 9 日），《李先念文选》，人民出版社 1989 年版。

[2] 中共中央文献研究室编：《邓小平年谱（1975—1997）》，第 388 页。

种设想，虽然有它的不成熟、不完整之处，但对于研究怎样加快我国社会主义的四个现代化的速度这样一个主题，很有参考价值。”于光远评价说，国务院务虚会“可以看作党的高级领导人开始重视改革的一个具有标志性的事件”[1]。

这次会议，是党的十一届三中全会前中国高层酝酿研究改革开放的一次重要会议。这次国务院务虚会，明确地提出了实行改革开放政策的主张，并在随后召开的全国计划会议上成为中央决策。1978 年 9 月 5 日—10 月 22 日，国务院召开全国计划会议，安排 1979、1980 年的经济计划。会议确定，为适应实现四个现代化的需要，在经济工作中，必须实现三个转变：从上到下，都要把注意力转到生产斗争和技术革命上来；从那种不计经济效果、不讲工作效率的官僚主义的管理制度和管理方法，转到按照经济规律办事，把民主和集中很好结合起来的科学管理的轨道上来；从那种不同资本主义国家进行经济技术交流的闭关自守或半闭关自守状态，转到积极地引进国外先进技术，利用国外资金，大胆地进入国际市场上来。“三个转变”的提出，实际上标志着在改革开放的原则问题上达成了一致，标志着关于经济体制必须改革的酝酿已经成熟。可见，这次务虚会，为即将召开的中央工作会议和十一届三中全会作了准备，对党和国家工作重点的转移和改革开放决策的形成产生了直接的影响。

邓小平虽没有参加这次务虚会，但在这期间他在不同场合多次讲到改革开放和把工作重点转移到经济建设上来的问题。1978 年 7 月 10 日，邓小平在会见美国科技代表团时说：中美两国进行科学技术交流具有重要意义。美国的科学技术，在很多领域比其他国家先进一些，我们吸收你们的技术。我们现在需要向发达国家，包括向你们学习。我们要吸收你们的资金、技术和引进设备，然后用我们的产品来偿还。[2]7 月 12 日，邓小平在会见联合国教科文组织总干事阿马杜·马赫塔尔·姆博时说：打倒“四人帮”，算是一个解放，有条件吸收世界一切先进科学技术成果，勇敢地向国际上一切先进的东西学习。[3]8 月 5 日，邓小平在会见利比亚代表团时指出，我们希望有二十年的和平时期，好好搞建设。我们希望安定二十年，有一个安定的国际环境，来发展我们的经济，增加人民的收入。[4]8 月 6 日，邓小平在会见奥地利中国研究会代表团时指出，吸收外国的技术，一般采取过去很多国家采取的方式，实行国际交往，

---

[1] 陈敬：《经济理论 20 年——著名经济学家访谈录》，湖南人民出版社 1999 年版，第 10 页。
[2] 中共中央文献研究室编：《邓小平年谱（1975—1997）》，第 339、340 页。
[3] 同上，第 342 页。
[4] 同上，第 352 页。

吸收外国好的东西来发展自己。用银行贷款的方式也可以，用这样的方式来购买我们需要的设备和技术，用其他方式也可以。[1]8 月 31 日，邓小平在会见泰国立法会议员代表团时指出，我们至少还需要二十二年的和平时间。因为我们需要这个时间来实现我们已经制定的政策，实现四个现代化。[2]

第五节　邓小平发表“北方讲话”

1978 年 9 月 8 日，邓小平以中共中央副主席、国务院副总理的身份，率中国党政代表团参加朝鲜民主主义人民共和国成立 30 周年庆祝活动后，于 9 月 13 日，乘专列途经丹东回国。邓小平没有直接返回北京，而是在 9 月 13 日至 20 日到东北三省、天津市等地进行了一次非同寻常的视察。邓小平此次北方之行先到本溪，短暂停留后便直达黑龙江省大庆，随之，先后来到哈尔滨、吉林省长春市，再到辽宁的沈阳市、鞍山市，前往天津市。在北方视察期间，邓小平发表了著名的“北方讲话”。这是邓小平为推动历史转折而作出的一次重要努力。

9 月 13 日，邓小平乘坐专列抵达本溪火车站时短暂停留，辽宁省和本溪市党政负责同志到火车站迎接邓小平。邓小平在接见省市负责同志时谈了对外开放方面的一些重要意见。他说，现在就是要好好向世界先进经验学习，不然老是跟在人家后面爬行。你们在国内是比较好的，但是同发达国家比，还是落后的。要到发达国家去看看，应当看看人家是怎么搞的。过去我们对国外的好多事情不知道。[3]

9 月 14 日晚，邓小平乘坐专列来到哈尔滨。9 月 15 日早饭后，邓小平在黑龙江省委招待所会议室会见了黑龙江省党政军主要负责同志。当时，由于黑龙江省委第一书记杨易辰正率领中国农业代表团到美国访问，由主持省委工作的省委书记李力安向邓小平汇报了工作。邓小平边听汇报边进行询问。汇报结束后，邓小平作了重要指示，他说，按劳分配政策值得研究，不能搞平均主义。平均主义害处太大了。从总的状况来说，我们国家的体制，包括机构体制等，基本上是从苏联来的，人浮

---

[1]　中共中央文献研究室编：《邓小平年谱（1975—1997）》，第 353 页。

[2]　同上，第 363 页。

[3]　同上，第 373 页。

于事，机构重叠，官僚主义发展。办一件事，人多了，转圈子。有好多体制问题要重新考虑。总的说来，我们的体制不适应现代化，上层建筑不适应新的要求。过去讲发挥两个积极性，无非中央与省市，现在不够了，现在要扩大到基层厂矿，要加强基层企业的权力。[1]

9月15日午饭后，邓小平便乘专列离开黑龙江前往吉林省视察。9月15日晚，邓小平专列到达吉林省长春市。9月16日上午，邓小平听取了吉林省委常委的工作汇报，然后就高举毛泽东思想旗帜，坚持实事求是原则等问题作了重要谈话。他指出：“大家知道，有一种议论，叫做‘两个凡是’，不是很出名吗？凡是毛主席同志圈阅的文件都不能动，凡是毛主席同志做过的、说过的都不能动。这是不是叫高举毛泽东思想呢？不是！这样搞下去，要损害毛泽东思想。毛泽东思想的基本点就是实事求是，就是把马列主义的普遍原理同中国革命的具体实践相结合。”[2]“所谓理论要通过实践来检验，也就是这样一个问题。现在对这样的问题还要引起争论，可见思想僵化。”[3]“世界天天发生变化，新的事物不断出现，新的问题不断出现，我们关起门来不行，不动脑筋永远陷于落后不行。”“我们是社会主义国家，社会主义制度的优越性的根本表现，就是能够允许社会生产力以旧社会所没有的速度迅速发展，使人民不断增长的物质文化生活需要能够逐步得到满足。按照历史唯物主义的观点来讲，正确的政治领导的成果，归根结底要表现在社会生产力的发展上，人民物质文化生活的改善上。如果在一个很长的历史时期内，社会主义国家生产力发展的速度比资本主义国家慢，还谈什么优越性？我们要想一想，我们给人民究竟做了多少事情呢？我们一定要根据现在的有利条件加速发展生产力，使人民的物质生活好一些，使人民的文化生活、精神面貌好一些。”[4]“中央如果不根据现在的条件思考问题、下决心，很多问题就提不出来、解决不了。”[5]邓小平说：现在摆在我们面前的问题，关键还是实事求是、理论与实际相结合、一切从实际出发。这是政治问题，是思想问题，也是我们实现四个现代化的现实问题。一切从实际出发，我们的事业才有希望。[6]邓小平还说：“我们要好好

[1] 中共中央文献研究室编：《邓小平年谱（1975—1997）》，第376页。
[2] 《邓小平文选》第2卷，第126页。
[3] 同上，第128页。
[4] 同上。
[5] 同上，第127页。
[6] 中共中央文献研究室编：《邓小平年谱（1975—1997）》，第377—378页。

学习，到国外去看一看，看人家怎么管理。”“要引进人家的技术，就要学习人家的管理方法，完全按它的管理方式生产。”[1]

9 月 16 日午后，邓小平乘专列来到辽宁。9 月 17 日上午，邓小平听取了辽宁省委常委的工作汇报。邓小平边听汇报，边询问，边谈指示意见。最后，邓小平又专门就解放思想、实事求是和开动脑筋，从实际出发，提出问题、解决问题等作了重要指示。下午，邓小平视察了沈阳军区，听取了中共沈阳军区常委的工作汇报，并就军队搞好揭批林彪、“四人帮”运动的标准问题作了重要指示。邓小平指出：全党全国范围的问题，昨天在长春概括地讲了一下，中心是实事求是，理论与实践相结合，一切从实际出发。我们要根据现在的国际国内条件，敢于思考问题，提出问题，解决问题。千万不要搞“禁区”。“禁区”的害处是使人们思想僵化，不敢根据自己的条件考虑问题。有一般，也有特殊，大量的是特殊，重要的是要根据自己的特殊情况考虑问题。马克思主义认为，归根到底要发展生产力。我们太穷了，太落后了，老实说对不起人民。我们现在必须发展生产力，改善人民生活条件。要提倡、要教育所有的干部独立思考，不合理的东西可以大胆改革，也要给他这个权。[2]“什么叫高举毛泽东思想的旗帜呢？就是从现在的实际出发，充分利用各种有利条件，实现毛泽东同志提出、周恩来同志宣布的四个现代化的目标。”[3]

9 月 18 日上午，邓小平在辽宁省委负责同志陪同下，乘坐专列来到了鞍山。邓小平下车后没有休息，就直奔鞍山炼铁厂。邓小平一边听炼铁厂厂长介绍情况，一边询问企业生产和工人工作、生活等情况，还随时谈了一些指示意见。午后，邓小平重点听取了鞍钢的工作汇报。其间，邓小平不时询问和插话。汇报结束后，邓小平发表了重要谈话。他指出：“世界在发展，我们不在技术上前进，不要说超过，赶都赶不上去，那才真正是爬行主义。我们要以世界先进的科学技术成果作为我们发展的起点。我们要有这个雄心壮志。”[4]“引进先进技术设备后，一定要按照国际先进的管理办法、先进的经营办法、先进的定额来管理，也就是按照经济规律管理经济。一句话，就是要革命，不要改良，不要修修补补。”[5]“社会主义要表现出它的优越性，哪能像现

---

[1] 中共中央文献研究室编：《邓小平年谱（1975—1997）》，第 377 页。

[2] 同上，第 380—381 页。

[3] 《邓小平文选》第 2 卷，第 128 页。

[4] 同上，第 129 页。

[5] 同上，第 129—130 页。

在这样，搞了二十多年还这么穷，那要社会主义干什么？我们要在技术上、管理上都来个革命，发展生产，增加职工收入。”[1]“要加大地方的权力，特别是企业的权力。”“要提高我们的技术水平、管理水平，没有一点创造性不行，企业没有自己的权力和机动性不行。”“现在我们的上层建筑非改不行。”[2]

9月19日，邓小平自辽宁沈阳乘专列前往天津。9月20日，在天津邓小平听取了天津市委常委的工作汇报，并就天津的经济工作，特别是对外贸易，企业管理制度、分配制度改革和解决“文化大革命”遗留问题等作了重要指示。他说：我走了几个地方，一再讲就是解放思想，开动机器，不要当懒汉，要从实际出发。现在不能搞平均主义。毛主席讲过先让一部分人富裕起来。[3]在谈到引进技术要改革企业管理问题时，邓小平说：凡是这样的工厂，管理要按人家的方法，这个对我们来说叫革命。搞来料加工，引进新技术，要大批组织。从上海、天津、广东搞起，几百个成千个搞起来，搞富搞活。为什么大家等着，等着就搞死了。[4]9月21日，邓小平自天津返回北京。至此，邓小平结束了视察东北三省和天津市的北方之行。

邓小平结束北方之行后还发表了一次重要谈话和一次重要讲话。10月10日，邓小平在会见西德新闻代表团时指出：“中国在历史上对世界有过贡献，但是长期停滞，发展很慢。现在是我们向世界先进国家学习的时候了。”“我们过去有一段时间，向先进国家学习先进的科学技术被叫做‘崇洋媚外’。现在大家明白了，这是一种蠢话。我们派了不少人出去看看，使更多的人知道世界是什么面貌。关起门来，故步自封，夜郎自大，是发达不起来的。”[5]“六十年代前期我们同国际上科学技术水平有差距，但不很大，而这十几年来，世界有了突飞猛进的发展。差距就拉得很大了。同发达国家相比较，经济上的差距不止是十年，可能是二十年、三十年，有的方面甚至是五十年。”[6]“要实现四个现代化，就要善于学习，大量取得国际上的帮助。要引进国际上的先进技术、先进装备，作为我们发展的起点。”“你们问我们实行开放政策是否同过去的传统相违背。”“我们引进先进技术，是为了发展生产力，提高人民生活水平，是

[1] 《邓小平文选》第2卷，第130页。
[2] 同上，第131页。
[3] 中共中央文献研究室编：《邓小平年谱（1975—1997）》，第387页。
[4] 同上，第387页。
[5] 《邓小平文选》第2卷，第132页。
[6] 同上，第132页。

有利于我们的社会主义国家和社会主义制度。至于怎么能发展得多一点、好一点、快一点、省一点，这更不违背我们的社会主义制度。”[1]10 月 11 日，邓小平在中国工会第九次全国代表大会上的致词中说：“我们一定要把揭批‘四人帮’的斗争进行到底。但是同样很明显，这个斗争在全国范围内已经取得决定性的胜利，我们已经能够在这一胜利的基础上开始新的战斗任务。”[2]“现在党中央、国务院要求加快实现四个现代化的步伐，并且为此而提出了一系列政策和组织措施。中央指出：这是一场根本改变我国经济和技术落后面貌，进一步巩固无产阶级专政的伟大革命。这场革命既要大幅度地改变目前落后的生产力，就必然要多方面地改变生产关系，改变上层建筑，改变工农业企业的管理方式和国家对工农业企业的管理方式，使之适应于现代化大经济的需要。”[3]“各个经济战线不仅需要进行技术上的重大改革，而且要进行制度上、组织上的重大变革。”[4]“我们工人阶级也要虚心学习各国工人阶级的斗争经验，学习他们的先进科学技术，来加速实现我国的四个现代化。”[5]邓小平这个讲话对国内形势做了重要判断，明确指出了揭批“四人帮”的运动已经结束，要把工作重点转移到新的战斗任务即经济建设和改革开放上来。

邓小平 9 月的北方之行所发表的一系列振聋发聩的重要讲话，实际上就是改革开放前夕的一场思想总动员。这个谈话为随后召开的党的十一届三中全会作了思想上、政治上的重要准备。1980 年 11 月，胡耀邦在党的一次全会上讲到老同志的贡献时说：“1978 年 9 月份，小平同志在东北提出了全党工作着重点的转移，为三中全会的方针，为今后党的工作方针，作出了决策。”[6]1982 年 9 月 18 日，在过了四年之后，邓小平在陪同朝鲜劳动党金日成总书记前往成都访问途中谈到 1978 年 9 月的北方之行期间所发表的北方谈话。他说，“粉碎‘四人帮’以后，当时主持中央工作的同志坚持‘左’的政治路线，又提出了错误的思想路线，叫做‘两个凡是’。”“我出来以后，提出毛泽东思想的精髓是实事求是，从此开始了实践是检验真理的唯一标准问题的讨论。当时有一些人抵制这个讨论。1978 年 6 月我在全军政治工作会议上讲了一篇话。

[1] 《邓小平文选》第 2 卷，第 133 页。
[2] 同上，第 135 页。
[3] 同上，第 135—136 页。
[4] 同上，第 136 页。
[5] 同上，第 139 页。
[6] 《三中全会以来重要文献汇编》（上册），人民出版社 1982 年版，第 745 页。

以后我从你们那里访问回来，在东北三省沿途又讲这个思想路线问题。经过差不多一年的讨论，到1978年底召开了十一届三中全会，批评了‘两个凡是’，提出了‘解放思想。开动脑筋’的口号，提倡理论联系实际，一切从实际出发，肯定了实践是检验真理的唯一标准，重新确立了实事求是的思想路线。只有解决好思想路线问题，才能提出新的正确政策，首先是工作重点的转移，还有农村政策、对外关系政策，以及相应的一整套建设社会主义的政策。”“我在东北三省到处说，要一心一意搞建设。国家这么大，这么穷，不努力发展生产，日子怎么过？我们人民的生活如此困难，怎么体现出社会主义的优越性？‘四人帮’叫嚷搞‘穷社会主义’、‘穷共产主义’，胡说共产主义主要是精神方面的，简直是荒谬之极！”“不努力搞生产，经济如何发展？社会主义、共产主义优越性如何体现？我们干革命几十年，搞社会主义三十多年，截止一九七八年，工人的月平均工资只有四五十元，农村的大多数地区仍处于贫困状态。这叫什么社会主义优越性？因此，我强调提出，要迅速地坚决地把工作重点转移到经济建设上来。十一届三中全会解决了这个问题，这是一个重要的转折。从以后的实践看，这条路线是对的，全国面貌大不同了。”[1] 今天不少学者认为，邓小平1978年的“北方讲话”与1992年的“南方讲话”有着相同的历史地位，充分体现了邓小平在重要的历史关头所发挥的关键作用。

第六节　十一届三中全会开启历史新纪元

召开中央工作会议

1978年11月10日—12月13日，中央在北京京西宾馆召开中央工作会议，参加会议的有各省、市、自治区和各大军区负责人等共200多人。11月10日，中共中央主席、国务院总理华国锋主持开幕式并讲话。他代表中央政治局宣布这次会议的议题主要有三项：（1）讨论如何进一步贯彻执行以农业为基础的方针，尽快把农业生产搞上去的问题。会议上要印发和讨论《关于加快农业发展速度的决定》和《农村人民公社工作条例（试行草案）》两个文件的讨论稿；（2）商定1979、1980年的国民经济计划的安排。

[1] 《邓小平文选》第3卷，第9—11页。

关于这个问题，全国计划会议已经进行了讨论，并且为这次会议准备了一个文件，也要发给大家：(3) 讨论李先念在国务院务虚会上的讲话。华国锋同时宣布了中央政治局的一个决定，在讨论上面这些议题之前，先讨论一个问题，这就是：要在新时期总路线和总任务的指引下，从明年1月起，把全党工作的着重点转移到社会主义现代化建设上来。这是一个关系全局的问题，是这次会议的中心思想。[1] 可以说，这次中央工作会议既是国务院务虚会和全国计划会议的延续，又是十一届三中全会的准备会。

中央工作会议一共开了三次全体会议，其余时间是分成东北、华北、西北、华东、中南、西南六个大组进行讨论的。在这次会议上，经邓颖超建议，中央给会议印发了《香港地区、新加坡、南朝鲜、台湾地区的经济是怎样迅速发展起来的》、《战后日本、西德、法国经济是怎样迅速发展起来的》、《罗马尼亚、南斯拉夫的经济为什么能高速发展》和《苏联在二三十年代是怎样利用外国资金和技术发展经济的》等四份专题材料。同时，会议还印发了有关部委代表团出国考察的一些报告，供与会代表参阅。会议开始后，陈云在分组会议中指出：发展安定团结是保证党的工作重点顺利转移的关键。为此要解决“文化大革命”中遗留的一大批重大问题和一些重要领导人的功过是非问题，引起了与会代表共鸣。会议很快脱离了原先预定的会议议题，一些重大的历史遗留问题、关于真理标准争论的问题、关于中央人事的调整问题、健全党内民主的问题、工作重点的转移问题等成为会议讨论的焦点。会议原准备开20多天，结束后隔一段时间再开十一届三中全会。由于情况发生了变化，原定会议时间不得不几度延长，12月13日闭幕式还开了两天，到12月15日结束，实际开了36天。开得如此之长的中央工作会议，在中国共产党的历史上是绝无仅有的。在中央工作会议召开期间，李先念在会见外国客人时表示，可以外商出资金、设备来建工厂，我们用产品偿还，还可以考虑合股经营工厂。12月15日，外贸部部长李强宣布，取消不许外商在中国投资的禁区。[2]

1978年11月5日，邓小平出访泰国、马来西亚、新加坡等三个国家，直到14日才回国，所以他没有参加中央工作会议的开幕式。但是邓小平回到国内后，很快就把注意力放到会议上了。他几次召集胡耀邦、胡乔木等谈自己讲话稿的修改，还在许多场合发表了一系列重要谈话。11月16日，邓小平还专门约胡乔木同志谈中共中央工

[1] 经邓小平同志提议，中央政治局决定。

[2] 李正华：《中国改革开放的酝酿与起步》，当代中国出版社2002年版，第273—274页。

作会议上的讲话稿的修改问题，11 月 19 日完成的修改稿，主要阐述了工作重点转移的意义和怎样实现转移问题，其中提出要解放思想，调动一切积极因素，改革不适应生产力需要的生产关系和上层建筑。[1]11 月 21 日，邓小平与其他中央领导同志一起听取了中央工作会议各组召集人的汇报，并发表讲话。11 月 26 日，邓小平在会见日本访华团时指出：现在不但中央的领导，地方的领导也一样，都一心一意要搞四个现代化。现在我们的方针是，尽量吸收国际先进经验，引进资金和技术，加速我们的发展。这个方针现在才能实行，在这方面我们全党全民是一致的。[2]11 月 27 日，邓小平与其他中央领导同志一起再次听取了中央工作会议各组召集人的汇报，并发表讲话。邓小平说：会议要开紧凑些，不要开得太长。对计划，这个多少，那个多少，不要多去讨论，大体差不多就行，主要把体制、大政策定下来就行了。[3]

12 月 2 日，邓小平约见胡耀邦、胡乔木、于光远，谈在中共中央工作会议闭幕会上的讲话稿问题。根据中央工作会议上出现的新问题，提出讲话稿的主要内容要转到反映真理标准问题、发扬民主问题、团结一致向前看的问题和经济管理体制问题上。此前邓小平还亲笔拟出七个方面的讲话提纲：一、解放思想，开动机器；二、发扬民主，加强法制；三、向后看为的是向前看；四、克服官僚主义、人浮于事；五、允许一部分先好起来；六、加强责任制；七、新的问题。[4]12 月 5 日，邓小平约见胡乔木、于光远、林涧青，谈在中共中央工作会议闭幕会上的讲话稿问题，再次就讲话稿的主题、内容、文字和结构发表意见。他谈道：要解放思想，开动机器，一切向前看，否则四个现代化就没有希望。[5]12 月 9 日，邓小平再次约见胡乔木、于光远、林涧青，继续谈他在中央工作会议闭幕会上讲话稿的修改问题。

12 月 13 日，会议举行闭幕式，华国锋、叶剑英、邓小平分别作了讲话。华国锋在讲话中就“两个凡是”问题作了自我批评，承认“这两句话考虑的不够周全”，“在不同程度上束缚了大家的思想，不利于实事求是地落实党的政策，不利于活跃党内的思想”。他宣布，会后召开党的十一届三中全会，进一步确定全党工作转移的方针和任务。叶剑英讲了三条意见：一、要有好的领导班子，特别是中央委员会要有

[1] 中共中央文献研究室编：《邓小平年谱（1975—1997）》，第 432 页。
[2] 同上，第 336—337 页。
[3] 参阅程中原、王玉祥、李正华：《1976—1978 年的中国》，中央文献出版社 1998 年版，第 230 页。
[4] 中共中央文献研究室编：《邓小平年谱（1975—1997）》，第 445—446 页。
[5] 同上，第 448 页。

好的领导班子；二、要发扬民主，加强法制，人大常委会要尽快担负起制定法律、完善社会主义法制的责任；三、勤奋学习，解放思想。他指出："我们进行社会主义现代化建设，不仅是大大提高社会生产力，而且是从经济基础到上层建筑的一场深刻的革命。"[1]

12月13日下午，邓小平作了题为《解放思想，实事求是，团结一致向前看》的重要讲话。讲话共分四个问题[2]：

一、解放思想是当前的一个重大政治问题。他指出：解放思想，开动脑筋，实事求是，团结一致向前看，首先是解放思想。只有解放思想，我们才能正确地以马列主义、毛泽东思想为指导，解决过去遗留的问题，解决新出现的一系列问题，正确改革同生产力迅速发展不相适应的生产关系和上层建筑，根据我国的实际情况，确定实现四个现代化的具体道路、方针和措施。一个党，一个国家，一个民族，如果一切从本本出发，思想僵化，迷信盛行，那它就不能前进，它的生机就停止了，就要亡党亡国。只有解放思想，坚持实事求是，一切从实际出发，理论联系实际，我们的社会主义现代化建设才能顺利进行，我们党的马列主义、毛泽东思想的理论也才能顺利发展。从这个意义上说，关于真理标准问题的争论，的确是个思想路线问题，是个政治问题，是个关系到党和国家的前途和命运的问题。干革命、搞建设，都要有一批勇于思考、勇于探索、勇于创新的闯将。

二、民主是解放思想的重要条件。他指出，解放思想，开动脑筋，一个十分重要的条件就是要真正实行无产阶级的民主集中制。当前这个时期，特别需要强调民主。因为在过去一个相当长的时期内，民主集中制没有真正实行，离开民主讲集中，民主太少。现在我国的经济管理体制权力过分集中，应该有计划地大胆下放，否则不利于充分发挥国家、地方、企业和劳动者个人四个方面的积极性，也不利于实现现代化的经济管理和提高劳动生产率。应该让地方和企业、生产队有更多的经营管理的自主权。为了保障人民民主，必须加强法制。国要有国法，

---

[1] 《叶剑英选集》，人民出版社1996年版，第501—502页。

[2] 中共中央文献研究室编：《邓小平年谱（1975—1997）》，第450—451页。邓小平：《解放思想，实事求是，团结一致向前看》，《邓小平文选》第2卷，第140—153页。

党要有党规党法。我国有这么多省、市、自治区，一个中等的省相当于欧洲的一个国家，有必要在统一认识、统一政策、统一计划、统一指挥、统一行动之下，在经济计划和财政、外贸等方面给予更多的自主权。

三、处理历史遗留问题为的是向前看。他指出：这次会议，解决了一些过去遗留下来的问题，分清了一些人的功过，纠正了一批重大的冤案、错案、假案。这是解放思想的需要，也是安定团结的需要。目的正是为了向前看，正是为了顺利实现全党工作重心的转变。我们的原则是“有错必纠”，凡是过去搞错了的东西，统统应该改正。“文化大革命”已经成为我国社会主义历史发展中的一个阶段，总要总结，但是不必匆忙去做。有些事要经过更长一点的时间才能充分理解和作出评价。

四、研究新情况，解决新问题。他指出：尤其要注意研究和解决管理方法、管理制度、经济政策这三方面的问题。在管理方法上，要特别注意克服官僚主义。如果现在不实行改革，我们的现代化事业和社会主义事业就会被葬送。我们要学会用经济方法管理经济。自己不懂就要向懂行的人学习，向外国的先进管理方法学习。不仅新引进的企业要按人家的先进方法去办，原有企业的改造也要采用先进的方法。在全国统一方案拿出来以前，可先从局部做起，从一个地区、一个行业做起，逐步推开。中央各部门要允许和鼓励它们进行这种试验。试验中间会出现各种矛盾，我们要及时发现和克服这些矛盾。在管理制度上，要特别注意加强责任制。在经济政策上，要允许一部分地区、一部分企业、一部分工人农民，由于辛勤努力成绩大而收入先多一些。生活先好起来，影响左邻右舍，带动其他地区、其他单位的人们向他们学习，使整个国民经济不断地波浪式地向前发展，使全国各族人民都能比较快地富裕起来。这是一个能够影响和带动整个国民经济的大政策。建议同志们认真加以考虑和研究。

中央工作会议的召开，为开好随即召开的十一届三中全会作了充分准备，创造了有利条件。邓小平在闭幕式上的这篇重要讲话，不仅为这次中央工作会议作了总结，而且为随即召开的党的十一届三中全会提供了指导思想。这篇讲话实际上成为随后召开的十一届三中全会的主题报告。1997 年 9 月 12 日，江泽民同志在中共十五大报告中高度评价了邓小平的这篇讲话，他说：“1978 年邓小平《解放思想，实事求是，团结一致向前看》这篇讲话，是在‘文化大革命’结束以后，中国面临向何处去的重大历史关头，冲破‘两个凡是’的禁忌，开辟新时期新道路、开创建设有中国特色社会主义新理论的宣言书。”[1]

这里需要特别提出的是，邓小平这篇讲话的有关精神，为后来中央作出让广东、福建在对外经济活动中先走一步和试办出口特区的重大决策埋下了伏笔。当时在作记录的经济学家于光远回忆说：关于“允许一部分企业、地区、社员先好起来”，这是邓小平突出提出的一个观点。第一个政策就是“要使一部分地区搞得好一些，比较富一些”。他还计算了一下，如果有 5% 的县，5% 的人口，搞得比较富，全国就有 100 个县，4000 万人，相当于一个不小的国家，如果有 10% 的县和人口那就是一个大国了。他开了一张他估计有可能先好起来的 19 个地区的单子，其中首先提到的就是广东的深圳，可见他很早就注意到这个地方了。他认为那儿可以先富起来的条件是可以开展外贸工作。他考虑的不只是地区，也考虑个人。个人当然是与地区相联系的。他说搞得好的、快的地区，可以提高工资待遇，这也是个大政策。他说的第二个政策便是“权力下放”，邓小平还讲权力下放是个“大政策”。[2]

实现历史性大转折

1978 年 12 月 18 日至 22 日，中国共产党十一届三中全会在北京京西宾馆举行。出席会议的有 290 人，其中中央委员 169 人，候补中央委员 112 人，列席 9 人。其中出席会议的中央政治局委员、候补委员 26 人。全体与会人员除中央主席、副主席外，共分华北组、东北组、华东组、中南组、西南组、西北组等 6 个组。十一届三中全会，是新中国成立以来党和国家历史上具有决定意义和深远影响的一次重要会议。从此，党的指导思想和我国社会主义事业开始实现从“以阶级斗争为纲”到以经济建设为中心，从封闭或半封闭到对外开放，从墨守成规到各方面改革的三个根本性转变。会议特别指出：“现在，我们要根据新的历史条件和实践经验，采取一系列新的重大经济措施，对经济管理体制和经营管理方式着手认真的改革，在自力更生的基础上积极发展同世界各国平等互利的经济合作，努力采取世界先进技术和先进设备，并大力

---

[1] 江泽民：《高举邓小平理论伟大旗帜，把建设有中国特色社会主义事业全面推向二十一世纪》，《中国共产党第十五次全国代表大会文件汇编》，人民出版社 1997 年版，第 10—11 页。

[2] 于光远：《1978 我亲历的那次历史大转折》，中央编译出版社 2008 年版，第 227 页。

加强实现现代化所必需的科学和教育工作。”[1] 这次全会标志着党重新确立了马克思主义的思想路线、政治路线和组织路线，实现了新中国成立以来党的历史上具有深远意义的伟大转折，开创了中国社会主义现代化建设和改革开放的新的历史时期，并开始形成以邓小平为核心的第二代中央领导集体，揭开了社会主义改革开放的历史序幕。

以中国共产党十一届三中全会为起点，结束了 1976 年 10 月以来党的工作在徘徊中前进的局面，开始了进行社会主义现代化建设的伟大历史转折。江泽民同志曾指出："十一届三中全会，是新中国成立以来我党历史上具有深远意义的伟大转折。党在思想、政治、组织等领域的全面拨乱反正，是从这次全会开始的。伟大的社会主义改革开放，是由这次全会揭开序幕的。建设有中国特色社会主义的新道路，是以这次全会为起点开辟的。当代中国的马克思主义——邓小平理论，是在这次全会前后开始逐步形成和发展起来的。十一届三中全会是一个光辉的标志，它表明中国从此进入了社会主义事业发展的新时期。”[2] 胡锦涛同志也指出："1978 年 12 月 18 日，也就是 30 年前的今天，党的十一届三中全会隆重召开。这次会议，实现了新中国成立以来我们党历史上具有深远意义的伟大转折，开启了我国改革开放历史新时期。从此，党领导全国各族人民在新的历史条件下开始了新的伟大革命。”[3] 这为中国经济特区的创办奠定了思想政治基础。

---

[1] 《中国共产党第十一届中央委员会第三次全体会议公报》，《三中全会以来——重要文献选编》，人民出版社 1982 年版，第 5 页。

[2] 江泽民：《在纪念十一届三中全会召开二十周年大会上的讲话》（1998 年 12 月 18 日），人民出版社 1998 年版，第 1—2 页。

[3] 《胡锦涛在纪念改革开放 30 周年大会上的讲话》，2008 年 12 月 18 日。

第二章
经济特区的酝酿与决策

1978 年 12 月，党的十一届三中全会作出了将全国工作重心转移到经济建设上来、实行改革开放，加速社会主义现代化建设的重大决策，拉开了全国改革开放的序幕。任何社会变革都需要有一个突破口，中国推进改革开放和现代化建设同样需要突破口和排头兵。由于中国地域广大，发展极不均衡情况复杂，改革开放和现代化建设的推进只能从局部做起，从点到面，取得经验，然后向全国推广。在十一届三中全会前后，中央和广东、福建两省上下互动，酝酿利用毗邻港澳、华侨众多的优势，在对外开放中“先走一步”。

第一节 试办出口商品基地

20 世纪 70 年代后期的广东，其经济实力居全国后列。广东改革开放前后，一些边境地区偷渡外逃的问题十分突出。与香港一河之隔的宝安县，由于长期受“左”倾思想影响，边境地区以“阶级斗争为纲”，大搞“政治边防”，长期忽视经济建设，致使经济社会发展缓慢，边境秩序混乱，人员外逃严重。宝安县与香港山水相连，是一个工业基础和技术力量极为落后的农业县。1979 年，宝安县常住人口 31.41 万人，其中户籍人口 31.26 万人，农业人口占 91.72%，原来的深圳镇仅有 3 万余人。[1] 国内生

---

[1] 中共深圳市委组织部组织处、中共深圳市委宣传部党员教育处编：《深圳特区 20 周年基本知识学习资料》，2000 年 8 月，第 6 页。

产总值19638万元，人均国内生产总值只有606元，地方预算内财政收入1721万元，[1]每年都要靠国家财政补贴。由于经济发展落后和财政收入有限，致使教育、文化、卫生等各项事业发展也十分落后。由于特殊的地理位置，加上不同时期的各种因素的影响，宝安外逃人数长期居广东省之首。根据有关资料显示，从1952年至1979年，宝安县共有外逃11.93万人次，其中逃到香港累计6.02万人。这期间出现了四次大逃港风潮：（1）1957年，外逃6039人，逃出4951人；（2）1962年，外逃15100人，逃出12411人；（3）1972年至1974年，外逃5083人，逃出2728人；（4）1978年至1979年，外逃54719人，逃出17456人。宝安县的不少村庄，男劳力全部跑光，仅留下妇女、小孩和老人。当时流传的所谓客家山歌很能说明当时的状况："宝安只有三件宝，苍蝇、蚊子、沙井蚝。十屋九空逃香港，家里只剩老和小。"宝安县40多万亩水田约10万亩抛荒。"逃港风潮"一直成为困扰当地政府的严重政治社会问题。由于宝安、珠海两地毗邻港澳，边境逃港问题十分严重，成了中央和广东省一些领导深入基层调研的重点。后来创办深圳、珠海出口基地和经济特区的设想正是发轫于此。

邓小平复出首站来到广东

1976年12月至1977年春，财政部部长张劲夫同志到宝安县调研，他在县委书记方苞陪同下视察了罗芳、莲塘、沙头角、皇岗、福田、渔民村等边境社队，宝安县委向他反映边境偷渡问题和社队干部希望上级批准恢复边境小额贸易和过境耕作的建议。他赞同宝安县委的意见，并说云南边境也有此要求，答应回北京向中央、国务院领导同志反映宝安的情况和宝安干部群众迫切希望开放搞活的要求。

1977年9月29日，邓小平在一份反映深圳口岸对外接待工作日益繁忙，进出境人数不断增加的问题的材料[2]上批示："先念、登奎同志：这样事情需要国务院具体抓一下，绝非深圳一处问题，所有口子都要管好，设置专业职工，严格规章和奖惩制度，如何？"[3]这个南方边陲小镇深圳首次进入了邓小平的视野。

1977年11月，国务院财贸办公室主任姚依林同志受党中央、国务院领导委托，

[1] 深圳市统计局编：《深圳统计信息年鉴》（2000），中国统计出版社2001年版。
[2] 人民日报社总编室编印：《情况汇编》。
[3] 中共中央文献研究室编：《邓小平年谱（1975—1997）》，第212页。

来调研处理香港同胞对深圳口岸工作的反映。宝安县委书记方苞陪他视察了边境村镇，向他汇报了“文革”前后边境经济政策的变化及影响，宝安县委向他建议把宝安建设成向香港提供鲜活食品的外贸生产基地。他很赞成宝安县委的看法和建议，答应回京后向党中央、国务院领导报告。在此前后，国家外贸部领导郑拓彬、贾石和广东省负责人刘田夫、王首道、王全国、寇庆元、范希贤、曾定石、李建安等同志也先后到宝安蹲点、调研，了解宝安经济社会发展情况，他们表示支持把宝安建设成为供应香港、澳门鲜活农副产品的出口商品生产基地。[1]

1977 年 11 月 11 日至 20 日，邓小平把广东作为复出后首次视察全国的第一站。中共中央副主席、全国人大常委会委员长叶剑英，中共中央政治局委员、中央军委常委苏振华，中共中央委员、中央军委委员、中共中央军委秘书长罗瑞卿与他同行。由于刚刚摆脱 10 年“文革”动乱，经济发展水平同毗邻的香港差距很大，一些边境地区的农民外逃出港的问题十分突出，边防部队防不胜防。当听取韦国清、王首道等广东省委负责人汇报这一情况时，邓小平认为，“看来最大的问题是政策问题。政策对不对头，是个关键。这也是个全国性的问题。过去行之有效的办法，可以恢复的就恢复，不要等中央”[2]。邓小平说：“这是我们的政策有问题。”“此事不是部队能够管得了的。”[3]“逃港，主要是生活不好，差距太大。”[4]他指出：“过去许多行之有效、多年证明是好的政策要恢复。”“哪些好的要恢复，省里自己定的，现在就可以恢复。”“说什么养几只鸭子就是社会主义，多养几只就是资本主义，这样的规定要批评，要指出这是错误的。”[5]在谈到外汇问题时说：“‘文化大革命’前，全国侨汇在三亿美元，现在广东就有四亿多。所以搞外汇有很多门路，多搞点外汇，争取进口些大设备。”“供应香港、澳门，是个大问题。你们要提个方案，把情况作个分析，如实反映情况，说清楚你们负担的是什么任务、遇到了什么问题，哪些可以自己解决，哪些要中央解决。比如，搞几个现代化养猪场、养鸡场。宁肯进口一点粮食养猪养鸡，以进养出，赚回钱来。生产生活搞好了，还可以解决逃港问题。”[6]在谈到口岸工作问题时

---

[1] 参见方苞：《深圳经济特区初创时期的实践与认识》，载深圳市人民政府编：《崛起的深圳》，海天出版社 2000 年版。

[2] 中共中央文献研究室编：《邓小平年谱（1975—1997）》，第 238—239 页。

[3] 《邓小平在一个边陲小镇留下两个谜》，载《人民日报》海外版，2000 年 10 月 14 日。

[4] 中共中央文献研究室编：《邓小平年谱（1975—1997）》，第 238 页。

[5] 同上。

[6] 同上。

说："你们是第一个口岸，然后才是上海、天津等地方。深圳每年光兑换外币就三千多万美元，可是还用打算盘的办法，花点钱买几个小计算机嘛。广东、福建还有个侨务政策问题，中央侨委建立后还要研究。"最后，邓小平指出："你们的问题相当集中，比较明确，要写个报告给中央，把问题分析一下，什么是自己要解决的，什么是需要外省和中央解决的，看来中心的问题还是政策问题。"[1] 离开广州后，邓小平在四川、在北京又反复讲一句话。他说：我在广东听说，养三只鸭子就是社会主义，养五只鸭子就是资本主义，我看荒唐得很！可见我们的农村政策要变，要改革。中央文献研究室主任冷溶同志曾说过："他点了三把火，第一把火就在广东点的；第二把在四川点的；第三把才是在东北点的。所以，邓小平提出改革开放的起点，广东就是个起点。"[2] 这为后来中央批准广东、福建两省先行一步和创办经济特区埋下了历史伏笔。

在这里不得不提到 1961 年的一件事情。那年秋天，新华社记者连云山到深圳和香港了解宝安县大逃港的情况。他通过调查了解到，为什么这么多人逃到香港，主要是被生活所迫，没有办法，不跑过去就会被饿死。连云山写成了四篇内参，向中央反映大逃港的真实情况，并提出在深圳边界一带，东西从大鹏到蛇口，南北从深圳河到樟木头设优惠区，在优惠区内取消统购统销，解散食堂，取消一切票证，退回互助组，给予各种政策优惠，争取物价与香港大致相等，免除一切赋税，给农民自主权，自由买卖，自谋生路。

1977 年 11 月，叶剑英在广东听取中共广东省委汇报，谈到边境的经济发展时，他肯定地说："在珠海、宝安搞出口商品基地比较好。姚依林同志和我谈话时，他同意在这些地方进口粮食发展养猪、养鸡业。……我看，这样做好。"[3] 叶剑英肯定和支持了广东搞出口商业基地的思想。

1978 年 3 月 15 日至 24 日，国家计委宋一民司长、外贸部基地局杨威局长率领国家计委、外贸部、中国人民银行、国家进出口总公司及其驻香港五丰行等单位和广东省外贸厅组织联合工作组到宝安、珠海两地实地调研建供港澳鲜活农副产品生产基地问题。工作组除参观当时创汇高、成本低的出口传统产品生产基地外，还下到社队跟干部座谈，并制定生产和出口的年度计划和三五年规划，研究落实这些计划的政策、

---

[1] 中共中央文献研究室编：《邓小平年谱（1975—1997）》，第 239 页。

[2] 中共广东省委、中共中央文献研究室编：《永远的春天》解说词，《南方日报》2004 年 8 月 18 日。

[3] 吴健民：《创办珠海特区五年的回忆》，广东人民出版社 1998 年版，第 8 页。

措施。初步计划调减宝安粮食种植面积5万亩及相应的粮食征购任务，用以养“三鸟”、生猪、塘鱼和种果菜，外贸部门答应增加出口配额。当时形成了会议纪要，上报广东省革委会和国务院审批。

习仲勋受命南下主政广东

1978年4月3日，中共中央任命习仲勋为中共广东省委第二书记、省革命委员会副主任。此时的习仲勋已是65岁高龄的老人了。在这之前的2月24日至3月8日，习仲勋作为特邀委员出席第五届全国政协委员会第一次会议。会议选举邓小平为第五届全国政协主席。习仲勋当选为全国政协常委。与此同时，第五届全国人大第一次会议也在北京举行，叶剑英当选为全国人大常委会委员长，习仲勋列席这次会议。这是习仲勋同志被审查、关押、监护达16年之后的重新出山。会议期间，叶剑英元帅见到习仲勋，不禁愣住了问道："仲勋同志，你备受磨难，身体竟这么好！"[1]这时，叶剑英、华国锋、邓小平等考虑到中共中央政治局委员、全国人大常委会副委员长、身兼数职的韦国清，已经调到北京担任解放军总政治部主任，同时还兼任广州军区第一政委、广东省第一书记、广东省革委会主任。他在北京军务政务繁忙，广东的工作实际上无暇顾及。而广东是祖国的南大门，战略位置相当重要。因此，准备派习仲勋这位资格老、级别高、领导工作经验丰富的大员坐镇广州，由他来主持广东省的日常工作。其实，新中国成立初期，习仲勋就担任中共中央西北局第二书记。1952年，习仲勋被调进北京担任中共中央宣传部部长兼政务院文化教育委员会副主任。1953年后担任政务院秘书长、国务院秘书长。1956年，在党的八大上当选为中共中央委员。1959年后，担任国务院副总理兼秘书长，负责国务院常务工作。1962年因所谓"《刘志丹》小说问题"，遭康生诬陷，被关押、审查长达16年之久。

1978年3月，叶剑英与华国锋、邓小平交换意见后，中央决定派习仲勋南下广东，出任省委书记。在习仲勋南下广东之前，华国锋、叶剑英、邓小平、李先念、汪东兴和中央其他领导人都接见了他。叶剑英交代他：广东是祖国的南大门，战略位置相当重要。那里的问题比较复杂，还有大量的冤假错案。希望他团结好本地和外地干部，妥善解决广东的历史遗留问题，率领广大干部群众，把广东的各项工作搞上去。

[1] 参见习仲勋：《痛悼敬爱的叶帅》，载《人民日报》1986年10月31日。

邓小平也接见了习仲勋，他鼓励习仲勋大胆工作，要放手干，中央会全力支持他的工作。习仲勋后来回忆说："我已有16年没有工作了，一出来工作就来到了祖国的南大门广东，觉得任务很重，心里不大踏实。当时，中央几位领导同志，特别是小平、剑英同志都找我谈话，要我大胆工作，来了要放手干。"[1]

4月6日，在中共广东省委四届一次全体会议上，韦国清当选为中共广东省委第一书记，习仲勋当选为第二书记，焦林义当选常务书记，王首道、刘田夫、李坚真、郭荣昌、王全国、吴南生当选为省委书记。习仲勋在会上很动感情地说：他由北方水土养育了大半辈子，现在到了广东，要靠南方水土养育下半辈子。4月11日至5月8日，叶剑英来到广东视察工作和休息。习仲勋向叶剑英汇报了广东工作的初步设想。叶剑英听后以六言相赠："深入调查研究，稳妥制定计划；及时报告中央，按步执行实施；分清轻重缓急，注意保密安全。"[2]8月，叶剑英委托中共中央秘书长胡耀邦写信给习仲勋并省委各同志，转告他的几句话："仲勋同志去广东后，大刀阔斧，打破了死气沉沉的局面，工作是有成绩的。我们完全支持仲勋同志的工作。如果同志们感到有问题，希望直接找仲勋同志谈。"由此可以看出，叶剑英元帅对家乡建设的关心和对习仲勋同志及省委给予的支持和厚望。

习仲勋主政广东，成为广东率先走上改革开放之路的关键。学者卢荻曾认为：广东若非习仲勋，很难说有广东改革开放的先走一步。习仲勋有老一辈革命家的威信和地位，和中央关系熟稔，便于沟通，而中央也对其有足够信任。中央支持、群众拥护，加上以习仲勋为班长的广东省委的提议，上下互动，方成大事。

深圳、珠海分别建市

1978年4月19日，邓小平出席中共中央政治局会议讨论《今后八年发展对外贸易，增加外汇收入的规划要点》时指出："政策放宽一点，可以多吸收一些。扩大进出口贸易问题，我已经说了多次，现在的问题是如何做得快一些好一些。政策上大胆一点，抢时间进口设备，是划得来的，得到的比付出的利息要多，问题是要善于去

---

[1] 《习仲勋同志视察深圳、珠海时的讲话》，载《中央书记处同志听取广东工作汇报的谈话纪要》，中共广东省委办公厅编：《中央对广东工作的指示汇编（1986—1987年）》，第262—263页。

[2] 参见习仲勋：《痛悼敬爱的叶帅》，载《人民日报》1986年10月31日。

做。”“要想一想，现在思想解放得够不够，到底有什么障碍，看看上层建筑、生产技术方面存在什么问题。有些事情不能总在北京转圈子，一拖就一年，要尽快研究解决。广东搞出口基地，要进口饲料，应该支持，试一试也好嘛。”[1]“以进养出，进口多少，出口多少，要一桩一桩地算，加强经济核算，加强管理。”“我们总要有点鼓励，精神的鼓励和物质的鼓励，先从外贸做起。今天会议批准这个报告。”[2]

1978年4月10日至5月6日，受国务院委派，国家计委和外经贸部组织港澳经济贸易考察组，对香港、澳门地区进行实地调查研究。考察组回到北京后写了一份《港澳经济考察报告》。该报告提出：可借鉴港澳的经验，把靠近港澳的广东宝安、珠海划为出口基地，力争经过三五年努力，在内地建设成具有相当水平的对外生产基地、加工基地和吸引港澳同胞的游览区。该报告有关内容有：

一、建议将宝安、珠海两县改为两个省辖市（相当于地级），派得力干部加强领导力量。这两地的经济、文化建设可由广东省和港澳工委共同组成领导小组（以广东为主），进行具体领导。

二、两地的农业，从“以粮食为主”逐步转到“以经营出口副食为主”的轨道上来。办好副食品生产基地，增加鲜活商品出口。要求优质、高产、多品种。港澳市场什么时候要，什么时候送。每年上交给省里的5000多万斤粮食、1000多斤食油的任务，给予逐年减少，差额由国家补给。从事副食品生产的集体农场社员的口粮，由国家供应。饲养业的饲料，由国家进口粮食，加工成混合饲料解决。

三、积极发展建筑材料工业和加工工业。根据当地条件和港澳市场的需要，有计划地搞一些中小型工厂。不要动不动就铺开大摊子。

四、开辟游览区，办好商业、服务业和文娱场所。吸引港澳居民过来度假游览，要在宝安、珠海开设较大的百货商店，出售轻纺产品、土特产品和工艺美术品，提供生活服务和文化娱乐服务。随着工农业生产的发展，人民生活水平将有显著提高，职工工资要考虑实行一定的边境补贴。

五、两县的市政建设等投入，每年由国家拨款5000万元，三年共1.5亿元。另外，通过港澳银行外汇贷款1亿美元投入建设。贷款以后，用当地收入分年归还。

---

[1] 中共中央文献研究室编：《邓小平年谱（1975—1997）》，第298页。

[2] 同上，第298—299页。

六、相应给予两县基建工程兵人力的支援。

七、宝安、珠海未来均按小型城市设计。例如，到 1982 年，宝安发展到 50 多万人口，珠海发展到 20 多万人口。

八、在宝安、珠海建市后，给予一些特殊的政策支持。这包括：(1) 在统一计划安排下，两市对商品收购出口和基地建设所需材料及设备的进口，可直接同我驻港澳贸易机构联系，有直接批准权，不再事事经过上报审批。(2) 两地开设供应入境旅客的专门商店，由驻港澳贸易机构经营，商品供应和销售，视同出口港澳。(3) 驻港澳贸易机构支持两市生产所需要的材料、设备，允许从两市出口创汇中扣还。上述物资进口，免征关税。(4) 三年以内，除了归还贷款之外，两个县所收的税收和利润暂不上交，留给当地。出口沙、石的外汇收入，全部留给当地。(5) 简化对来两地游览的港澳同胞、华侨和外籍人士的检查手续，缩短检查时间。(6) 恢复 1967 年废止的边境小额贸易，允许边境村民和当地渔民保留一点外币作机动使用。(7) 两地来料加工装配所运进的原料、材料、辅料、元器件和设备，一律免征关税。(8) 加工费收入，单独结汇。今后外汇贷款，也必须单独开户，以便银行监督和直接归还贷款。加工费收入的外汇，15% 留给企业，15% 归地方使用，70% 上交国家。

1978 年 5 月，国家计委副主任李人俊突然到宝安调研，听取了关于外贸基地建设规划的汇报，同时传达了中共中央副主席、国务院副总理李先念的批示："无论如何要把宝安的经济建设好。不建设好就是死了也不甘心……"[1]

1978 年 6 月 3 日，中央政治局听取了赴港澳经济贸易考察组的汇报。当汇报到在宝安、珠海建立出口基地时，中共中央主席华国锋说："这个我感兴趣。就在那里养牛、养猪、养鸡、养鱼，省得从外地运。从黑龙江运牛到香港，经过这么远的路途，途中喂水、喂料跟不上，那牛还不瘦？""把宝安、珠海搞好，不单是个经济问题，还有个政治问题，人都跑出去了，还荒了地。广东是祖国的南大门，宝安、珠海是大门口，人跑要拦，但光靠拦不行，总是要把生产搞上去。"李先念说："针织、家具、电子表，还是尽量在广东搞，那里有基础。宝安、珠海主要搞农、林、牧、副、渔，搞砖、瓦、沙石。"华国锋还说："这样出去考察好，汇报中提到的问题，这次听一

[1] 刘中国主编：《记事——深圳经济特区 25 年》，海天出版社 2006 年版，第 2 页。

听，不能马上批准。有些意见我很赞成，有些要进一步探讨。比如在宝安、珠海两个县建设出口基地，那里的工资问题、工厂的摆法要研究。从广西、福建调上山下乡知识青年去，要慎重。广东还有 30 万人没有安置。两个汇报总的精神我很赞同。加工订货，进料加工，来料加工，原则定下来，具体问题还要研究，最好搞个文件，经过讨论，发下去执行，首先在上海、广州、北京、天津（李先念插话：还有青岛），把来料加工搞起来。”“总的意见，参观以后，看准了的东西就要动手去干，不要议而不决，决而不行。看准了，就要抓落实，把它办起来。”[1]

1978 年 6 月，国家计委副主任段云到广东考察工作，落实中央领导同志的批示。他在广州市听取了宝安县县委负责人方苞、李新亭有关外贸出口基地建设规划和建设情况的汇报，反映资金困难。段云同志答应国家从每年卖海沙所取得收入的 1/3，即每年约 400 万港元留给宝安县，用于外贸基地建设，发展若干荔枝园、建养猪场和养鸡场。这样，每年出口给霍英东的 400 万港元海沙收入，就成了宝安最初建外贸出口基地的启动资金。

1978 年 6 月 20 日，中共广东省委召开常委会议，由省委第二书记习仲勋主持。常委学习了中共中央主席华国锋，副主席邓小平、李先念在中央政治局讨论《今后八年发展对外贸易、增加外汇收入的规划要点》时的指示和中央政治局同志听取赴日本经济代表团、赴港澳经济贸易代表团汇报时的指示。常委会认为，党中央对广东十分关心，给予很大支持。我们必须认真贯彻，抓紧落实，切实搞好对外加工装配业务和宝安、珠海两县的建设，决不辜负党中央的殷切希望。常委会研究了省财办主任胡广恩等人提出的关于宝安、珠海两县的体制等问题。常委会认为，宝安、珠海两县建设问题，目前可组织一个班子，在省委、地委统一领导下，与地、县一起研究制订规划。会议决定，为搞好对外加工装配业务和宝安、珠海两县的建设，由分管经济工作的省委常委、省革委会副主任李建安主持召集省有关单位开会研究，提出方案，经省革委会批准后落实，重大问题由省委讨论决定。这次会议，是广东省委在“文革”结束后首次研究宝安、珠海问题的会议。

1978 年 6 月 23 日，广东省革委会副主任李建安和刚从外地调来广东任职不久的

---

[1] 中央领导同志听取段云汇报后的谈话，1978 年 6 月 3 日。《25 年开放史》，载《南风窗》2005 年 4 月 4 日。《中央政治局听取赴日本经济代表团、赴港澳经济贸易考察组汇报时的指示》（记录稿），参见朱玉：《对外开放的第一块“试验田”——蛇口工业区的创建》，载《中共党史研究》2009 年第 1 期。

省革委会副主任黄静波联名向中共广东省委上报了《关于搞好宝安、珠海边防县建设和外贸出口的意见》。常委会后第二天，李建安雷厉风行，立即召集省直有关委、办、局的负责人，研究如何抓好宝安、珠海两个边防县建设和外贸出口工作的落实问题。该报告提出，对两县实行省、地双重领导，省有关部门对两县建设可直接进行领导；在省计委内成立"宝珠建设办公室"，定期开会，及时研究解决两县建设中的问题，同时也提出了建立农副产品出口基地、进出口物资、工业交通建设、来料加工、引进生产线、搞好城镇建设和发展旅游业等意见，建议有计划地组织有关部门负责人赴香港、澳门进行考察。广东省委基本上采纳这一方案。习仲勋和广东省委根据广东的特点，并且研究了亚洲"四小龙"经济腾飞的成功经验，着手筹建大规模出口基地。

1978 年 7 月 5 日至 10 日，习仲勋同志在省委书记王全国、《南方日报》副总编辑张汉青等同志的陪同下前往宝安考察。习仲勋到任后第一次到地市县考察，就选择了逃港最严重的宝安县。习仲勋一行考察了罗芳、莲塘、沙头角、皇岗等边境地区，参观了来料加工厂，就如何搞好生产、发展经济、改善群众生活和制止非法外流等问题，征询干部群众意见。宝安县委书记方苞向他汇报了过境耕作、小额贸易和过境探亲等问题，希望省里支持宝安发展小额贸易。习仲勋当即指示要落实政策，大力发展经济，提高群众生活水平，尽快缩小宝安与香港的差距，并强调要建立供应香港的外贸商品基地，引进外资办厂，也可以搞来料加工。习仲勋指出："这是我第一次来宝安，总的印象是香港九龙那边很繁荣，我们这边就冷冷清清，很荒凉。一定要下决心改变这个面貌，要在全党统一认识，要尽我们最大的努力，逐步缩小和香港的差距。"[1]"农民负担很重，群众偷渡的主要原因是政策问题，只要政策对头，经济很快可以搞上去，偷渡问题就解决了。""当前存在的问题，主要是旧的框框多，特别是林彪、'四人帮'的干扰破坏，许多本来是正确的东西也不让搞，不敢搞，比如过境耕作问题，让香港资本家进设备采沙石出口、收入两家分成问题，吸收外资搞加工业问题，恢复边境小额贸易问题。""同意你们提的办法，过去'文化大革命'搞错的现在都要改正过来。""只要能把生产搞上去的，就干，不要先去反他什么主义。他们是资本主义，但有些好的方法我们要学习。""外贸基地规划好了就要干，讲求实效。"他还说："沙头角怎么搞上去，你们要优先考虑。一条街两个世界，他们那边很繁

[1] 《习仲勋主政广东》，中共党史出版社 2007 年版，第 73 页。

荣，我们这边很荒凉，怎么体现社会主义的优越性呢？一定要想办法把沙头角发展起来。”[1] 他鼓励宝安干部：“说办就办，不要等。”[2] 他还说：“你们有什么具体问题就找田夫、全国同志。”[3] 对于宝安提出的问题，习仲勋指示省委、省革委会尽快落实。7 月中旬，广东省革委会批复同意宝安提出的过境耕作的问题。同年冬，广东省革委会批准了宝安县过境兴办养鸡场。次年 1 月，广东省委、省革委会又批准了恢复边境小额贸易，搞活边境经济开始有了转机。

1978 年 7 月 15 日，国务院颁布《中华人民共和国中外合资经营企业法》，这是中国第一部利用外资的法律，该法律鼓励发展“三来一补”和加工装配业务。

1978 年 8 月，习仲勋和广东省委派省计委副主任张勋甫（主任由省长兼任）同志带领省外贸局、商业局、省经委、计委一批干部，分成两个调查组，前往深圳和珠海调查这两个地区的现状及前景，研究能否在这两个地方分别建立以生产出口产品为主的边境城市。调查组经过一个月的调查，整理出一份报告。报告建议，把深圳与珠海由县改为市，并提出了某些发展措施，如减少水稻面积，搞多种经营，发展商品经济。报告还认为，照此发展，其建设速度将不会低于香港。报告提出，要在三至五年内把宝安、珠海两县建设成为具有相当水平的工农业结合的出口商品生产基地、吸引港澳游客的旅游区、新兴的边防城市。广东省委、省革委会听取工作组汇报后，对举办出口商品生产基地进行了反复讨论和论证，并在领导层中形成了一致的意见。

1978 年 9 月，为加快建立宝安、珠海外贸基地，广东省委决定由省计委副主任张勋甫和省建设委员会副主任吴健民分别担任宝安、珠海两地的主要负责人。习仲勋特派省委常委、省农办主任薛光军去征求吴健民同志的意见。10 月初，习仲勋分别找张勋甫、吴健民谈话。习仲勋说：前段时间，中央派港澳考察组到港澳进行了考察，他们经过多次研究，建议将宝安、珠海建成两个出口基地。因此要求将宝安、珠海两县改为省辖市。省委同意这个建议。现在正着手筹组这两市的领导班子。在张勋甫、吴健民分别表示愿意赴任时，习仲勋向他们表示，省委一定会全力支持他们。[4]

1978 年 10 月 23 日，广东省革命委员会向国务院呈送了《关于宝安、珠海两县外贸基地和市政建设规划设想的报告》（粤革发 [1978]160 号文），指出：“两县地处珠江

---

[1] 参阅《习仲勋主政广东》，第 74 页。

[2] 同上，第 72、73 页。

[3] 参阅《“大特区”“小特区”：影响深圳命运的决策》，载《南方都市报》2008 年 10 月 19 日。

[4] 参阅《习仲勋主政广东》，第 231、232 页。

口，近海靠山，毗邻港澳，与九龙、新界、澳门相连。”“发展出口商品生产，尤其是出口鲜活商品，开展来料加工、装配业务，条件十分有利，是任何地方都比不上的，把宝安、珠海建设好，对扩大对外贸易和国际交往，发展旅游，促进边防地区经济建设，巩固社会主义祖国南大门，具有重大的政治意义和经济意义。”该报告提出：“在三五年内把宝安、珠海两县建设成为具有相当水平的工农业结合的出口商品生产基地，成为吸收港澳游客的旅游区，成为新型的边防城市。”为此该报告提出了四项主要措施：（1）加速农业生产发展；（2）大办农副产品生产基地；（3）积极发展来料加工、装配业务和建材工业；（4）增辟游览点，办好商业服务业和文娱场所，发展旅游事业。该报告还提出，省委决定将两县建成相当地级的中等城市，配备强有力的领导班子，由省、地双重领导[1]。为及时研究处理两县建设问题，省委决定由王全国同志负责，省财办胡广恩同志协助，省计委、农办、建委、工交办、财办等部门有一副主任负责这方面工作，在省计委成立两县建设办公室。抽调干部、技术人员、工人支援两县建设。给两市以相应的权限，并在经费、投资、商品分配等方面给予照顾。而且规定，从 1978 年至 1982 年五年间，除归还贷款外，两个县所收的税收和利润暂不上缴，留给当地用于扩大生产。这是广东改革开放先走一步的萌芽。

1979 年 1 月 8 日，广东省委书记王全国在广州主持召开了“关于宝安、珠海建设问题”会议，主要研究两市工业基建问题。对于两市的建设方针，会议提出“两市建设，必须重点抓好农业，迅速发展农业生产，在此基础上，积极发展加工工业和旅游业”。会议决定省计委与有关部门研究确定的两市 1979 年建设项目，可先行下达。所需投资和材料，由省财政局和物资局预拨一部分，争取时间，加速两市的建设。决定电厂、输电线路、公路等专业性建设项目的设计任务，由省有关主管局承担，并帮助两市组织一个小型设计队伍（宝安 30 人，珠海 20 人），扩大两市基建队伍（宝安从现有的 700 人增至 1500 人，珠海从现有的 400 人增加至 1000 人），所需的施工机械设备，由省建委和省计委帮助解决。会议要求省设计院应把两市建设项目的设计优先安排，尽快完成设计；决定在两市分别扩大水泥厂和建立水泥砌块厂；决定对两市干部、职工恢复边防补贴，将来实行边防新的工资制度后，工人的补贴可以取消。

[1] 原珠海市委书记吴健民曾问主持省革委会全面工作的省革委会副主任刘田夫：为什么提“中等城市”，由省、地双重领导？而不是中央文件所说的“省辖市”？刘田夫解释说：本意是省辖市，考虑到原属惠阳、佛山两地委，在建市过程中，要更好地取得地委的协调、支持，所以采取双重领导，过渡一下。今后的报告，你们可以直接送省委，同时抄送地委。参见吴健民：《创建珠海特区五年的回忆》，广东人民出版社 1998 年版，第 21 页。

会议还决定，外商客户与有关工厂进行来料加工、装配和进行补偿贸易的运输活动，其运货车辆、司机、业务技术人员来往入境手续、活动范围等，授权两市制订办法管理。公安、边防、海关要注意了解情况。决定延长深圳、拱北边境开闸时间。同时，会议还就与港澳的通讯问题、来料加工和补偿贸易等的外汇收入分成问题进行了初步研究。[1]

1979 年 1 月 13 日，广东省革命委员会向国务院报送请示报告，提出积极发展宝安、珠海地区成为工农业相结合的出口商品生产基地，成为吸引港澳游客的游览区，发展对外贸易，巩固祖国南大门，要求将宝安县改为深圳市，珠海县改为珠海市，属省辖市建制。为加强对宝安、珠海地区生产建设的领导，建立出口基地，发展对外贸易，1 月 23 日，中共广东省委决定：一、将宝安县改为深圳市[2]，珠海县改为珠海市。这两个市均为省辖市，分别由省和惠阳、佛山地区实行双重领导。二、成立中共深圳市委和珠海市委，任命张勋甫同志为深圳市委书记，方苞同志为深圳市委副书记；任命吴健民同志为珠海市委书记，麦庚安同志为珠海市委副书记。三、以上决定，先在内部宣布执行。待国务院正式批准这两个市的行政区划后，再对外公布。3 月 5 日，国务院批复了广东省革委会报告，下发《关于广东省设置深圳、珠海市的批复》（国发 [1979]63 号文），同意：一、将宝安县改设为深圳市，以宝安县的行政区域为深圳市的行政区域，市革命委员会驻深圳；二、将珠海县改为珠海市，以珠海县的行政区域为珠海市的行政区域，市革命委员会驻香洲。深圳、珠海两市的设立，这是广东省根据中央和邓小平的指示，在实行对外开放这一国策过程中迈出的勇敢的第一步。

1979 年 1 月 8 日至 25 日，中共广东省委召开常委扩大会议，传达学习党的十一届三中全会、中央工作会议和邓小平同志讲话精神，联系广东实际，解放思想，划清是非界限，拨乱反正，总结经验教训。宝安县委书记方苞在会上发言反映“文革”破

[1] 参见吴健民：《创建珠海特区五年的回忆》，第 70—71 页。

[2] 1979 年 1 月广东省委发出宝安撤县建市的通知，3 月 5 日，获国务院批准。深圳建市后第一次常委会就研究市名叫宝安市好还是深圳市好的问题，最后确定叫深圳市。选择“深圳”原因是深圳比宝安在国际上的知名度高，许多外国人都知道深圳离香港很近，就在罗湖口岸一带。同时，深圳有深水的意思，广东和香港人都认为水是好兆头，是发大财的地方，市委常委将新市名上报广东省和中央，经国务院批准后正式公布。参见南兆旭编著：《深圳记忆：1949—2009》，深圳报业集团出版社 2009 年版，第 262 页。1979 年 1 月 6 日，广东省革委会和交通部上报中央的《关于我驻香港招商局在广东宝安县建立工业区的报告》时还称“宝安市”。可见最初有将“宝安县”改为“宝安市”的设想，否则就不会在正式文件中使用“宝安市”这个名称。

坏边境经济政策以及干部、群众对恢复边境经济政策和改革开放的强烈要求，同时还分别向习仲勋、刘田夫同志提出恢复和扩大过境耕作、边境小额贸易等建议。会议明确提出："要充分利用毗邻港澳的有利条件，引进先进技术，吸收外资，大搞加工装配、补偿贸易，发展旅游事业。对这些事情，要解放思想，敢于实践，要大胆地搞，放手地搞，努力增加外汇收入，用以加速广东的现代化建设。"[1] 会议期间省革委会副主任黄静波受省委、省革委会委托和宝安、珠海两县代表共同研究。方苞和分管此项工作的李广镇副县长一起研究并就地起草了报告。2 月，广东省革委会正式批复，同意边境社队自产的农副产品和海淡水产品在完成国家任务后作为小额贸易出口，所得外汇 40% 留给社队，用于进口生产资料和生活必需品自用。深圳农村非边境地区社队的同类产品，也可按上述办法交由外贸公司代办出口，所得外汇 40% 留给社队。[2]

1979 年 1 月 17 日，邓小平在人民大会堂福建厅同工商局著名人士胡厥文、胡子昂、荣毅仁、古耕虞、周叔弢进行亲切座谈，在座的中共领导人有乌兰夫、纪登奎、陈慕华、谷牧等。邓小平恳切地请这些办实业的行家献计献策。他说："党的十一届三中全会决定把工作重点转移到社会主义现代化建设上来。过去耽误的时间太久了，不搞快点不行。""我们正在搞建设，门路要多一点，可以利用外国资金和技术，华裔也可以回来办工厂，吸收外资可以采取补偿贸易的方法，也可以搞合营，先选择资金周转快的行业做起。"[3]

1979 年 2 月 14 日，国务院批转广东省革命委员会《关于宝安、珠海两县外贸基地和市政建设规划的报告》（国发 [1979]38 号文），原则上同意广东省提出的关于宝安、珠海两县外贸基地和市政建设的规划设想，指出："抓紧时机把两县建设好，对于充分利用港澳，发展对外贸易，发展国际交往和开展旅游服务事业，加速边防地区的建设，无论政治上、经济上都有重要的意义。""国务院深信，经过三五年的努力，实现中央领导同志的指示，把宝安、珠海两个县建设成为具有相当水平的工农业结合的出口商品基地，建设成为吸收港澳游客的游览区，建设成为新型的边防城市，是完全可能的。"国务院甚至还提出："除了初步规划外，为方便港澳同胞看病就医，还可扩建医院、药店；吸收港澳同胞和华侨的资金，合建工厂、农场和其他事业，也可试

[1] 《省委召开四届二次常委扩大会议，贯彻三中全会和中央工作会议精神》，见《南方日报》1979 年 1 月 28 日。

[2] 参见方苞：《深圳经济特区初创时期的实践与认识》，载深圳市人民政府编：《崛起的深圳》，海天出版社 2000 年版。

[3] 中共中央文献研究室编：《邓小平年谱（1975—1997）》，第 471 页。

办。”“总之，凡是看准了的，说干就干，立即行动，把它办成、办好。”[1]4月5日，广东省革委会将《国务院关于宝安、珠海两县外贸基地和市政建设规划设想的批复》印发全省各地，要求认真贯彻执行。国务院就有关政策批复如下：

一、今后三年，宝安、珠海两县外贸基地和市政建设国家预算内投资1.5亿元，由国家计委按建设进度分年专项拨给广东省，广东省负责包干建设，1979年3500万元。预算内基建投资用钢材、木材和水泥，由国家物资总局随投资分年专项分配。两县建设所需汽车150辆，由国家物资总局分年专项拨给。

二、两县扶持外贸基地可以使用银行外汇贷款。贷款指标和具体项目，由省提出方案同中国人民银行、外贸部商定。

三、两县为扩大农副产品出口而减少粮食种植面积，影响到粮食征购，可按照实际情况调减两县粮食征购基数。

四、两县国营农场和社、队农场生产的良种猪和育肥鸡，全部卖给国家的，在改善经营管理，提高饲养技术，降低成本的情况下，仍然发生亏损的，可以由省里有关部门规定，在一定时期内实行按收购价格给予价外补贴。

五、两县发展外贸和旅游事业需要增加的劳动指标，由国家劳动总局纳入年度劳动计划，分期分批安排。

六、为支持两县加快外贸基地的建设，从1979年起至1981年，两县的税收和利润除了归还贷款外，三年以内，暂不上缴，留给当地，用于经济建设和各项事业开支。

1979年2月26日，刘田夫主持召开了专门解决珠海建市与澳门有关一些具体问题的会议，省革委会的李建安、范希贤、黄静波等领导和澳门方面的柯平、甄成寿、秦介夫等参加了会议，省有关部门和珠海市负责人参加了讨论。会议研究了澳门经珠海到广州的公路改造、珠海与澳门合作新建珠海市电厂、珠海增加对澳门供水的加压站建设、澳珠通讯电话等问题。同时，还对珠海市的减少粮食种植面积1.5万亩、分3年减免粮食任务、中央投资拨款同宝安的比例分配、外汇贷款以及省的拨助项目落实等问题作了明确的规定。

---

[1] 广东省政协文史资料研究委员会编：《经济特区的由来》，广东人民出版社2002年版，第465页。

1979年3月6日，中共深圳市委为落实中央建立出口商品基地的指示精神，颁布了《关于发展边防经济的若干规定》，决定大力发展农村商品基地，开展补偿贸易，鼓励社员养猪，办集体鸡场、鸭场，开展边境小额贸易，边沿社队农产品在完成征购任务后可由外贸公司组织直接出口。这是深圳市对外开放的第一个政策性文件，也是成立深圳市后解决偷渡逃往香港的第一个文件。与此同时，深圳市委和市革委会还请来香港五丰行经理、德信行经理、九龙海关关长、边检站站长和中国人民银行等单位负责人商量研究，决定将边境地区共13个社、镇开辟为“先富区”，占全市社、镇总数的47.8%，面积是327平方公里，后来深圳经济特区的范围就是在这个基础上提出来的。

1979年3月20日，广东省革委会批复同意恢复边境小额贸易，并新增加皇岗、盐田、沙鱼涌、南澳4个出口点。4月1日，珠海市全线恢复小额贸易。5月1日，深圳市革委会向广东省革委会呈送一份请示报告，提出：要充分发挥深圳毗邻香港的优势，加速发展鲜活农副产品出口；重点引进外资兴办工商企业，允许客商独资、合资或合作经营；开辟和扩大旅游区，利用外资兴建旅游宾馆，积极发展旅游业；建议简化口岸出入境手续，与香港互通旅游车，开设外币商店，代销外国厂商产品等。广东省革委会副主任刘田夫主持召开了一次工作会议，就深圳市革委会报告中提出的几个问题进行了讨论，议定了如下事项：（1）原则上同意在深圳市范围内划出一块地方出租给外商，由外商投资建设工厂、旅馆、旅游区，但出租要有个年限，要按照我国规定的政策法令进行管理和收税。可以先搞试点。可考虑采取投标办法，谁价高租给谁。具体办法即向国务院写报告。（2）同意在深圳市开设外币商店，外汇分成问题待中央通知后再定。（3）深圳市提出建旅游别墅，同港商合作经营旅游业，开放梅沙、赤湾两个口岸接待游客，向外贷款兴建宾馆问题，原则上都可以搞。旅游宾馆可以建，但高级宾馆或别墅少搞些，要面向中下层游客，多搞一些收费较低的旅馆或宾馆，吸引更多的香港同胞和旅客回来度假和旅行。贷款兴建宾馆要少搞或不搞，因我们还没有经验，偿还贷款没有把握。关于开放梅沙、赤湾两个口岸供游客前来游览、游泳、度假问题，请深圳市提出具体办法，报请中央有关部门审批。深圳市应建立一个旅游管理机构。（4）对与外商、港商合办企业征税问题，由深圳市具体写个报告，然后报中央有关部门审定。[1] 这些决定是在中央批准广东、福建实行特殊政策、灵活

[1] 政协广东省委员会办公厅、广东省政协学习和文史资料委员会编：《广东经济特区的创立与发展》，中共党史出版社2007年版，第15—16页。

措施之前作出的，其意义非同凡响。

1979 年 9 月 26 日，国家外贸部批复，同意深圳、珠海边境社队恢复小额贸易后，用所得外汇的 40% 进口生产资料和生活必需品。对进口拖拉机、机械工具及其配件等生产资料，凭市革委会证明免税放行。对进口重点物品，应从严掌握，并照章纳税。对其他生活必需品，在一定的时间和限定的品种和额度内进口的，可予免税。

与此同时，广东省在毗邻港澳的珠海、宝安、东莞、顺德等市县开展了公私合营和来料加工装配业务。到 1978 年底，广东与外商签订 151 项加工装配协议和合同，涉及 98 种产品，总金额达 1.5 亿美元。1979 年第一季度，就签订了 45 个项目，总金额 0.45 亿美元。[1] 广东的动向引起了邓小平同志的注意。1979 年 1 月 17 日，邓小平在同工商界领导人胡厥文、胡子昂、荣毅仁等谈话时明确提出："可以利用外国的资金和技术，华侨、华裔也可以回来办工厂。吸收外资可以采取补偿贸易的办法，也可以搞合营，先选择资金周转快的行业做起。"[2] 这个时候，一份关于香港厂商要求到广州开设工厂的来信[3] 引起了邓小平的高度重视。邓小平在这份来信摘报上批示："这件事，我看广东可以放手干。"[4] 对此，中共广东省委书记王全国后来说："经过十一届三中全会，我们感到不改革开放不行了。小平同志的这个批示，对我们是很大的启示和鼓舞。我们就从广东的实际出发，分析广东的特点，提出广东的改革开放应该先行一步。"[5]

建立外贸出口基地和深圳、珠海建市，是广东省根据中央确立的打开国门、实行对外开放这一国策，冲破闭关自守或半闭关自守状态所迈出的勇敢的第一步。吴南生同志曾撰文谈到国发 [1979]38 号文件，说："文件的规划设想，60 年代时中共中央中南局已提出过。现在有些人常以此与办特区相提并论。其实从文件中看，就知道这是搞外贸基地，是计划经济的一种措施。与办经济特区'以引进外资为主，以实行市场经济为主'是不一样的。"[6] 我们认为，当年提出建设外贸基地，当然不是指经济特区，但与随后提出创办经济特区设想的思路是相连的。类似设想，中共中央中南局早

[1] 《广东改革开放的开局——王全国访谈录》，参见中共广东省委党史研究室编：《广东改革开放决策者访谈录》，第 237 页。

[2] 中共中央文献研究室编：《邓小平年谱（1975—1997）》，第 471 页。

[3] 刊登在中共中央办公厅信访处编印的《来信摘报》上。

[4] 程中原、王玉祥、李正华等著：《1976—1981 年的中国》，第 433 页。

[5] 余玮、吴志菲：《特区开始创造一个新的奇迹》，中国共产党新闻网 2008 年 2 月 20 日。

[6] 广东省政协文史资料研究委员会编：《经济特区的由来》，第 465 页。

在20世纪60年代就曾提出过，但没有实行。不过，在1979年2月国务院有关批转文件中明确提出："吸收港澳同胞和华侨的资金，合建工厂、农场和其他事业，也可试办。"这与过去的提法是不同的。广东省后来提出的在深圳、珠海、汕头设立出口特区，与此前的这一设想不无关系。换句话说，创办经济特区设想的酝酿，不是1979年，而是更早。

第二节 中央批准创办蛇口工业区

在中央和广东省正在酝酿、决策把宝安、珠海建设成为外贸出口基地的同时，交通部香港招商局与广东省向中央提出由香港招商局在毗邻香港的广东宝安县蛇口举办对外工业区的设想。香港招商局是中国招商局的一个分支机构。中国招商局是李鸿章1872年建立的，是中国创办最早、规模最大的航运企业。抗日战争期间，中国招商局总部设在香港。1950年，香港招商局驾驶13艘商船起义，归交通部领导。招商局总部设在上海，香港招商局成为交通部驻香港的机构。

袁庚出任香港招商局负责人

1977年5月9日至29日，叶飞访问北欧四国，外事局副局长袁庚随行。他与袁庚交换了对香港招商局发展的看法。叶飞说："香港招商局大有可为，我们要把这个老牌中国企业搞兴旺起来。"[1] 他当时有意让袁庚去干这个事业。1978年春，香港工委的梁威林到北京向中央汇报工作，叶飞派交通部的袁庚、杨战去列席旁听。梁威林在汇报中谈了招商局的情况，说招商局受了"文革"的影响，分为两派，很乱。建议交通部派干部去香港加强招商局的工作。1978年6月，交通部党组讨论充分利用招商局问题，经叶飞建议，决定派袁庚去香港招商局。随即叶飞找袁庚谈话，问他愿不愿到香港招商局去打开局面。袁庚当即答应，但表示要先过去看看，做点调查研究。为此，叶飞派袁庚赴香港，检查招商局工作，进行广泛调查研究。叶飞指示袁庚认真

---

[1] 《叶飞传（1914—1999）》，中央文献出版社2007年版，第889页。

考察，了解这个机构能否有用？能用到什么程度？[1]拿出一套让招商局走出困境的办法来，供交通部党组研究决定。1978 年 6 月 27 日，交通部在国务院会议上提出充分利用香港招商局的问题。叶飞等汇报说：现在国家对设在香港的招商局利用得很不够，交通部计划今后要通过招商局，充分利用香港的资金、技术，来为国家的社会主义建设服务。利用招商局的有利条件，在香港创建一个航运公司，实行单独经营，单独核算，目的是为国家赚外汇，除了经营海上运输外，还可以在香港创办一批与航运有关的工厂，如修理厂、钢丝绳厂、尼龙缆厂、配件厂等，发挥香港这个阵地在资金、技术、管理方面的优势，既为国家海运服务，又把生意做到境外去，为国家赚取外汇，搞扩大再生产。中共中央副主席、国务院副总理李先念说："这样做好呀，外贸部为什么不在香港设几个工厂？"六机部部长柴树藩说："我们提了好久了，外贸部不敢答应。"李先念说："对香港，我的意思是要放手利用，现在连苏联都在香港建厂，我们为什么不搞？我的意见，不光交通部这几个厂可以搞，还可以搞他几十个厂。香港是我们的嘛，搞一百个厂也不算多。毛主席以前讲过，我们对香港要长期打算，充分利用。现在长期打算是长期打算了，就是没有充分利用，交通部开这个头是好的。"最后李先念对叶飞说："我看交通部有点希望，你这个部长当起来有点味道了！"[2]

1978 年 8 月初，袁庚完成在香港的调研工作返回北京。8 月 10 日，袁庚向交通部党组和叶飞部长作了详细汇报。汇报的基本精神有：香港招商局很有发展前途，现在招商局已有干部职工和船员 6000 人，下属机构包括两个远洋运输公司，香港友联修造船厂、新加坡船务代理公司、海通物料公司、远东验船公司等，都具有一定的竞争力，成为交通部在香港航运中心的重要支柱，而且摸索出了一些发展业务的经验。交通部党组听取汇报后一致认为，我们应该冲破思想束缚，放手大干，争取时间，加快速度，适应国际市场的特点，走出门去搞调查研究，做买卖，办企业。

1978 年 9 月，交通部党组决定，由第一副部长曾生兼任香港招商局董事长，交通部外事局局长袁庚担任招商局常务副董事长，常驻香港主持招商局日常工作。袁庚根据交通部党组对招商局工作所制定的方针和措施，以交通部党组的名义执笔起草了一份向党中央、国务院的请示报告——《关于充分利用香港招商局问题的请示》。9

[1] 叶飞：《招商局大有可为》，载《福建党史月刊》2008 年第 1 期。

[2] 《叶飞传（1914—1999）》，第 879 页。

月22日，叶飞主持交通部党组会议，讨论上报中央的《关于充分利用香港招商局问题的请示》。10月9日，经叶飞签发，交通部党组向党中央、国务院呈报了《关于充分利用香港招商局问题的请示》（[78]交党字36号文），提出香港招商局今后的经营方针是“立足港澳、背靠国内、面向海外、多种经营、买卖结合、工商结合”。为此，“我们应当冲破束缚，放手大干，争取时间，加快速度，适应国际市场的特点，走出门去搞调查、做买卖，凡是投资少，收效快，盈利多，适应性强的企业可以争取多办”。“经营这些企业的资金来源，我们本着自力更生的精神，不向国家要投资。主要是就地筹集资金，依靠扩大发展业务，采取‘滚雪球’的办法；或向银行贷款（包括向外资银行抵押贷款）；也可试行发行股票和有价证券，多方设法吸收港澳和海外的游资。”“对这些企业，要加强管理，实行独立核算，自负盈亏。建议：改革上层建筑，简化审批手续，确定招商局就地独立处理问题的机动权；授权可以一次批准招商局动用当地贷款500万美元的权限，从事业务活动；授予可以批准从港澳派去海外进行业务活动的人员，不必再报国内审批。简化往来人员签证手续。[1]10月11日，叶飞在上海与袁庚、江波等谈买船问题。10月12日，叶飞在上海主持交通部党组会议，四位副部长出席会议，袁庚和江波列席会议，专门讨论充分利用香港招商局问题。当袁庚谈到要突破一些原来国家规定旧框框的问题时，叶飞说：“这个问题看来要到国务院去提，不提不行。不突破这一步，就寸步难行。”[2]叶飞在会上说要赶快搞个拆船公司，香港搞一个，内地搞一个。袁庚说：前几年招商局曾要在香港搞拆船公司，因为香港地皮太贵，没有搞成。我看在靠近香港的广东大鹏湾可以搞一个。叶飞当即指示袁庚：“这个，你一到广州就可以和广东谈。”会后，叶飞又找袁庚谈，把袁庚在大鹏湾建拆船公司的设想再扩大一点，让袁庚和广东省负责同志商谈一下，由招商局在广东大鹏湾地区划一块地方建一片工业区，地皮和劳动力用广东省的，资本和技术、设备用香港的，企业所获利益，两方分享，是否可以。[3]1978年10月12日，中共中央副主席、国务院副总理李先念便对这一报告进行了批示：“请华主席、叶、邓、汪副主席，纪登奎、余秋里、康世恩同志阅批。拟同意这个报告，只要加强领导，抓紧内部整顿，根据华主席‘思想再解放一点，胆子再大一点，办法再多一点，步子再

[1] 香港招商局编：《广东省深圳特区招商局工业区文件资料汇编》第1集，1981年版，第3—6页。

[2] 交通部党组1978年10月12日上海会议记录。

[3] 参阅《叶飞传（1914—1999）》，第892页。

快一点'的指示，手脚可放开些，眼光可放远些，可能比报告所说的要大有作为。妥否，请阅示。"10月14日，中共中央主席华国锋、副主席叶剑英、邓小平、汪东兴和国务院副总理纪登奎、余秋里、康世恩也很快圈阅并批准这份报告。10月24日，中央正式批准了交通部党组的这份报告。就从现在的眼光来看，当年交通部的思想是很解放的，而国务院领导批复这份请示报告的速度更超出一般人想象，招商局要"放手大干"的申请三天即获中央批准。其时，中央领导人正想在毗邻港澳建"出口基地"，而招商局的这份报告无疑在一个最为关键的时刻抓住了这个机遇。

1978年10月18日，袁庚赴香港出任招商局常务副董事长，作为交通部在香港的总负责人，驻香港主持招商局日常工作。袁庚成为香港招商局第29代掌门人。而此时的袁庚，已经是一位61岁的老人了，可谓是临老受命。叶飞后来曾撰文说："在部党组讨论向党中央、国务院送呈《关于充分利用香港招商局问题的请示》的报告时，我说了一点看法：'往香港派的干部，是要懂得做买卖，懂得广东话，懂得资本主义经营方式的人，否则是要吃亏的。既然派袁庚去，就要授予袁庚在香港工作的权力，他有权就地处理，不要事事请示。不能'驭将于千里之外'，'驭将'必败。什么事都要请示，在香港早晚币价都有变化，那还行！我们在香港的摊子很大，行政上都归招商局，袁庚同志总负责，就是大老板，就在香港能拍板。只有涉及重大方针政策要请示部里，其他业务工作，不要事事请示。经营方面凡能赚钱的都办，要跳出交通部的范围。不光从交通部的角度，要从国家的角度出发。体制完全改变，单立户头，独立核算，自负盈亏，就是和国内断线，不上缴财政，利滚利，滚雪球，这样才能越滚越大，实际上就是利用香港为国家赚外汇，只是不是通过财政部，由交通部自己上交。""有人说我交代袁庚，除掉妓院、赌场两项不能干，什么赚钱都可办，其实，看党组会议的记录，我当时是这样说的：'你去以后，可以看哪个赚钱就可以干，如盖旅馆办餐厅赚钱，你可以搞。只要看准了就可以干。授你权，就是这个方针。"[1]

李先念划出整个南头半岛

袁庚上任后第一件事就是传达中央指示，研究落实办法。当时的招商局在香港只有一个仓库、一幢小楼和一个很小的修船厂。根据当时国际市场的特点，袁庚认准招

---

[1] 叶飞：《招商局大有可为》，载《福建党史月刊》2008年第1期。

商局要发展成为一个多元化的大型跨国集团公司，必须要做到两条：一、必须扩大船舶的修造业务；二、必须增加中流作业的能量。但要做到这两点，都必须有场地来建设一个后勤服务基地或加工区。可是，袁庚很快发现，香港的土地竟然比黄金还贵，当时在香港难以找到一块物美价廉的土地。当时香港繁华地带的地价，仅次于日本东京银座，每平方英尺 1.5 万元港币。郊区工业用地也要每平方英尺 500 元港币以上。袁庚想过到澳门去，并在香港调研期间专门到澳门进行了考察，了解到澳门电力不足，港口水浅，其实也难以发展起来。[1] 袁庚在香港调研时，曾注意到一个现象，就是招商局的船不经过任何检查，也不用办手续，可以直接进出香港码头，在内地与香港之间往来非常方便。由此，袁庚和招商局的同事们萌生了在与香港隔水相望的宝安县建立一个出口加工基地的想法。其实早在 1978 年 4 月，国家计委和外贸部港澳经济贸易考察团向国务院提交的《港澳经济贸易考察报告》就建议：把靠近香港和澳门的宝安和珠海划为出口基地，力争三五年里建设成为对外生产基地、加工基地和吸引港澳客人的旅游区。

1978 年 11 月 22 日，袁庚带领张振声、梁鸿坤等人北上广州，与广东省革委会副主任刘田夫[2] 商谈在广东省沿海邻近香港边境地区筹建招商局工业区的问题。会谈在广东省革委会小会议室里进行。刘田夫当时分管全省的工业，和袁庚是老相识，是两广纵队的老战友。参加会议的还有省革委会副秘书长陆荧、省革委会办公厅副主任杨青山、省外贸局局长冯学彦、省计委加工装配办公室副主任王奇、李逊等同志。袁庚介绍了党中央、国务院批准交通部党组关于充分利用香港招商局，准备在香港多办企业的情况，但因为香港地皮太贵，劳动力也贵，交通部党组、叶飞部长考虑把原拟建在香港的大部分企业移到香港和广东边界的广东一边。这样既可以免受香港地皮贵、劳动力贵之苦，大大降低生产成本，又可以利用香港和国际市场的资金、技术、设备、管理经验和产品销售诸方面的便利，还可以为广东解决一部分就业问题。这与广东正在酝酿的建立出口加工基地的想法不谋而合。此时，广东省在思考如何利用毗邻港澳优势发展广东经济的问题，正在着手把宝安、珠海两县建设成为具有相当水平

[1] 鞠天相：《争议与启示：袁庚在蛇口纪实》，中国青年出版社 1998 年版，第 28—29 页。

[2] 刘田夫，四川广安人。新中国成立后历任中共广东南路地委书记、南路军分区政委，中共广东粤西区委第一书记，中共中央华南分局组织部第一副部长，中共广东省委工业部部长，中共广东省委常委，广东省副省长兼秘书，中共广东省书记处候补书记、书记，广东省交通战线革委会主任、党委书记，广东省革命委员会副主任，中共广东省委书记，广东省省长，中共第十二届、十三届中央顾问委员会委员。

的工农业结合的出口商品生产基地，成为吸收港澳游客的旅游区，成为新型的边防城市。听完袁庚的陈述后，刘田夫当即表示鼎力支持，说你们有什么困难尽管提出来，我想办法解决。双方原则上同意在广东省大鹏湾一带选择适当地方，作为招商局发展工业区用地，该工业区将由招商局参考香港的做法进行经营管理。双方商定，此事在交通部部长叶飞同志下个月出国考察经香港到广州时再作进一步商讨和决定。袁庚对刘田夫说："曾生同志曾经向我交代，在广东宝安筹建工业区之事，如果刘田夫同志支持就干，不支持就不干。"刘田夫同志说："这是大好事，有利于国家和广东现代化建设，我当然支持！"[1]

1978 年 11 月 17 日至 12 月 12 日，叶飞与国家经委副主任郭洪涛率团出访荷兰、西德、比利时三国，考察了鹿特丹、安特卫普、汉堡等六大港口。叶飞在访欧期间，接到香港招商局电报，要叶飞和国家经委副主任郭洪涛返回途中，在香港作短暂逗留，听取香港招商局工作情况汇报。12 月 14 日，叶飞、郭洪涛一行抵达香港。16 日下午和晚上，听取招商局汇报。袁庚说，我们有这样一个想法，我们要在香港搞个工业区很困难，因为没有地皮，如果我们在靠近香港的宝安蛇口公社能够搞一个就非常好。叶飞同志听后，表示非常同意，说要马上跟广东省共同签署一个文件上报中央。郭洪涛也说："你们的设想和规划很好，按中央指示办吧，在广东大鹏湾一带划个工业区，广东省会同意的。你们两家向中央写个报告。你们还可以把这里，当作交通部的技术后方，内地搞不了的在这里搞，内地培训不了的到这里培训，这个工业区可以成为交通部的一个基地。"[2] 为了解袁庚本人及其计划是否可行，叶飞还迅速派一个四人工作组赶赴香港招商局进行调查。调查组回到北京后向交通部党组汇报招商局新班子的调查情况，主要有两条：一是招商局可以而且应该发展航运以及与航运有关的工业；二是香港无地可用，只有在内地，在广东发展。之后，叶飞又派四人工作组之一的孙绍先到宝安蛇口进行调查。

1978 年 12 月 18 日，在香港逗留五天后，交通部部长叶飞和国家经委副主任郭洪涛抵达广州，在广东省省委招待所与刘田夫进一步商谈筹建工业区问题。参加商谈的还有专程从北京赶到广州的交通部第一副部长、招商局董事长曾生，广东省革委会副

[1] 刘田夫：《蛇口的开发和深圳特区的早期建设》，载全国政协文史和学习委员会编：《经济特区的建设》，中国文史出版社 2009 年版，第 17 页。

[2] 《叶飞传（1914—1999）》，第 894 页。

主任王全国，招商局负责人金石、张振声等。这次会谈主要是讨论工业区的选址、初期用地面积、原材料、产品购销和境外技术人员进出工业区的手续，初期所需非技术工人数额等问题。首先由金石汇报了招商局筹建工业区的设想，并提出了要请广东省解决的问题：(1) 初期筹建工厂用地 10—15 万平方米；(2) 原材料进口用成品出口免税放行，工厂聘用的国外技术人员进入工业区时要简化签证手续，给予较长的居留权；(3) 初期所需的非技术工人 800—1000 名及以后随着生产发展需要增加的工人，请省革委会抽调安排。刘田夫当即表示：除第二点省革委会无权允诺外，一、三两点都好解决。具体问题省革委会指定陆荧、曾定石同志与招商局金石、张振声同志商谈。叶飞建议由交通部和广东省根据商谈情况，联合向中央写报告。关于工业区的选址，招商局提出拟到毗邻香港的宝安县沙头角、蛇口、大鹏湾三个公社实地察看，然后根据三地的地理、经济条件及水电供应情况再作决定。王全国提出：搞工业区，要有配套设备，包括水、电、码头、道路和相应的福利、文化、医疗设施等。关于工人工资问题，金石说：最好实行按劳分配、多劳多得原则，实行计件工资。工资以不超过二百元人民币为原则（包括工人福利金及生产奖金），由招商局以外币付给广东省换取人民币发给工人。省革委会领导同志认为可以照此办理。[1]

1978 年 12 月 21 日至 23 日，袁庚派金石带领张振声、朱士秀、陈松等 6 位同志在广东省革委会办公厅彭鹏、宝安县革委会副主任杨克的陪同下，先后到宝安县的蛇口公社、大鹏湾公社和沙头角盐田地区作实地察看。12 月 24 日下午，招商局金石、张振声到广州向广东省革委会副主任刘田夫同志汇报了他们在宝安三地实地察看的情况，他们认为选择蛇口兴建工业区有下列有利条件：一是靠近电网，用电问题较易解决；二是有白泥水库供应饮用水，淡水不足时可建渠道引进沙河水；三是占用农田不多；四是靠近蛇口镇，较易解决生活供应问题；五是水陆交通较便利。缺点有：一是海滩水浅，离岸二百米处涨潮水深仅 5 米。退潮时水深仅 3 米；二是距离养蚝场仅 2 公里，要注意防止海水污染，在建厂时必须解决污水处理问题。刘田夫同志同意招商局选择蛇口地区开设工业区。他说："招商局是交通部驻香港的机构，不是资本家。对充分利用香港招商局问题，交通部已有文件，且经中央批准。应放手让招商局干，先干起来再说，然后总结经验，进一步发展。招商局干起来了，对地方也是一个很好

[1] 香港招商局编：《广东省深圳特区招商局工业区文件资料汇编》第 1 集，第 47—49 页。

的促进。”[1] 陆荧、王奇、魏震东等参加了这次会议。

1978 年 12 月 26 日，袁庚带领张振声、朱士秀、梁鸿坤、陈松、许康乐等人搭乘招商局海燕 8 号交通艇前往宝安蛇口公社作实地考察。1978 年之前的蛇口是农民、渔民、蚝民共居的小镇，全镇人口不足千人。1979 年新年期间，根据叶飞、曾生、刘田夫、王全国等商定的事项，招商局的张振声、梁鸿坤同志和广东省革委会的陆荧、杨青山、彭鹏同志一起商谈和起草向中央提交的《关于我驻香港招商局在广东宝安县建立工业区的报告》。1 月 3 日，招商局经过反复斟酌修改完成报告初稿。1 月 5 日上午，交通部副部长兼招商局董事长曾生同志审阅了这一文件草稿并作了修改。下午，文件送到省革委会，刘田夫当即审阅签批：“拟同意，请全国同志、定石同志阅示。”1 月 6 日，广东省革委会副主任王全国、曾定石先后审阅该文件草稿，签批：“同意。”1 月 9 日，由广东省革委会将《关于我驻香港招商局在广东宝安县建立工业区的报告》草稿铅印为正式文件，并盖上省革委会印章（文件签发日期为 1979 年 1 月 6 日）。1 月 10 日，叶飞签发《关于我驻香港招商局在广东宝安建立工业区的报告》（粤革发[1979]4 号文，以下简称《报告》），加盖了交通部印章后呈报李先念副总理、国务院并报党中央。这份报告的主要内容有：

一、招商局初步选定在宝安蛇口公社境内建立工业区，这样既能利用国内较廉价的土地和劳动力，又便于利用国外的资金，先进技术和原材料，把两者现有的有利条件充分利用并结合起来，对实现我国航运现代化和促进宝安边防城市工业建设，以及对广东省的建设都将起积极的作用。

二、招商局工业区的建设工程项目有：货箱（集装箱）制造厂、钢丝绳厂、玻璃纤维厂、拆船厂和氧气厂等 5 个厂。占地约 300 亩，需用劳动力，第一期 1000 名，今后发展到 3000 名，由广东省安排解决。

三、这一工业区可作为宝安市区[2] 的一部分。但工业区的建设和管理，由招商局负责。按照“参照香港特点，照顾国内情况”的原则进行管理。工业区的党政工作、治安管理、生活供应等由广东省宝安市负责。

四、工业区第一期建设由招商局投资人民币 7000 万元至 1 亿元（约 2 亿至 3

[1] 香港招商局编：《广东省深圳特区招商局工业区文件资料汇编》第 1 集，第 49—50 页。

[2] 当时广东省委已决定将宝安县改为省辖市，可能起初定名为“宝安市”。实际上后来宝安县改为深圳市。

亿港币）。所需建筑材料和设备，由招商局负责。产品以出口为主。利润按三七分成，即广东占三成，招商局占七成（包括与外商合作的分成）。

五、工业区拟从1979年上半年踏看测量设计，下半年开始建设，1980年上半年建成投产。

六、这一工业区进口建设施工设备、建筑材料、生产用的原材料、燃料和该工业区工人的生活必需品等免税放行。招商局在这一工业区聘请来的外国技术人员和招商局来往的工作人员，出入边境签证手续应从简，具体办法另订。[1]

1979年1月26日，叶飞给李先念副主席去信，请他抽空听取袁庚汇报并给予指示。叶飞的信写道：

李副主席：

去年十一月至十二月我访问西欧荷、比、西德三国结束后，在返国时经过香港，在香港停留了五天，看了一下在香港的招商局所属单位，并听取了航委同志汇报，他们的工作正在开展，局面已开始打开，正如您的批示所说的，确实是大有可为，大有希望。袁庚同志（招商局副董事长、港澳工委航委书记）现已由香港回京度春节并汇报招商局工作情况，知道您对香港招商局工作很关心，希望您能抽一个空听取袁庚同志汇报并给予指示。我由香港回国经广州时，已与广东省委商妥在广东宝安地区建立一个招商局的工业区，我部已和广东省革委会联名写了一个报告呈国务院，请您审阅，如可行，望即批示，就可以动手去干了。

顺致敬礼，并贺春节！

叶飞

1月26日[2]

这份报告和叶飞同志的信立即引起了中共中央副主席、国务院副总理李先念同志的高度重视。他与谷牧副总理进行了认真研究，决定请交通部副部长彭德清、香港招商局副董事长袁庚到他那里去，当面商议这个报告。

---

[1] 广东省政协文史资料研究委员会编：《经济特区的由来》，第275—276页。

[2] 涂俏：《袁庚传：改革现场（1978—1984）》，作家出版社2008年版，第49页。

1979年1月31日（大年初四）上午，中共中央副主席、国务院副总理李先念和国务院副总理谷牧在中南海李先念办公室接见了交通部副部长彭德清、香港招商局副董事长袁庚，并听取了关于招商局建立蛇口工业区问题的汇报。李先念首先询问了招商局的有关情况，袁庚将招商局的历史及现状作了汇报，说如今全部资产仅剩1.3亿元，已到了非变革不能生存的地步。当袁庚汇报到要把香港的有利条件（资金、技术）和内地的有利条件（土地、劳动力）结合起来时，李先念说："现在就是要把香港外汇和内地结合起来用，不仅要结合广东，而且要和福建、上海等连起来考虑。"接着，李先念说："交通部就是要同香港结合起来，搞好国内外的结合，可以创造外汇，要把远洋船队管理好，要为外贸服务，要耐心些，他们（指某某部）对你们意见就少了。我想不给你们钱买船、建港，你们自己去解决，生死存亡你们自己管，你们自己去奋斗。""交通部生意还可以做大一些，国内外结合起来，很好。国内投资是一个方面，更主要的是利用外资，你们有了个路子，现在路子开了。"[1]

袁庚从灰色的文件夹中拿出一张香港出版的香港地图展开来，细心地指着地图请李先念副主席看，说："我们想请中央大力支持，在宝安县的蛇口划出一块地段，作为招商局工业区用地。"李先念看着这幅香港地图，拿起红铅笔在地图上南头半岛的根部用力画了两根线条，并在地图上宝安县南头半岛一带，重重地画了一个圆弧说："给你一块地也可以，就给你这个半岛（指南头以南的半岛，36平方公里）吧！""你要赚外汇，要向国家交税，要和海关、财政、银行研究一下，不然你这一块地搞特殊，他们是要管的。'普天之下，莫非王土'嘛！"李先念给的几十平方公里的整个南头半岛袁庚不敢要，只要了半岛尖上一块名为蛇口的2.14平方公里，开发用地约300亩。李先念当年画了圈的那张香港地图的照片，今天仍在招商博物馆的墙上。上面清晰可见铅笔和红色的水笔画出的两道面积迥异的版图。

当袁庚汇报到和银行、海关没有什么关系时，李先念说："剩下就是要缴税的问题。广东拿了百分之三十，其实就是缴税。"

李先念问谷牧："对招商局这个报告你看怎么办？"谷牧回答说："你批原则同意，我去征求他们（有关部）的意见好了。"当袁庚汇报时，谈到《报告》中关于免

---

[1] 《李先念副主席、谷牧副总理听取关于招商局建立工业区汇报纪要》，中共广东省委办公厅粤办字[1979]14号文。广东省政协文史资料研究委员会编：《经济特区的由来》，广东人民出版社2002年版，第277—279页。香港招商局编：《广东省深圳特区招商局工业区文件资料汇编》第1集，1981年1月，第11—12页。

税进出口问题是根据国务院颁发的《开展对外加工装配业务试行办法》第四条规定而提出来的，现在只要中央点个头，在《报告》上面签个字，（这块地皮）价值就大大提高了。李先念说："好，我批。"接着他就在报告上批示：

拟同意。请谷牧同志召集有关同志议一下，就照此办理。

李先念

一九七九年一月三十日

为什么不敢要李先念给他的整个南头半岛？后来，蛇口与深圳发生土地之争时，有人重提此事，认为当初没有将整个南头半岛要下来是一个大错误，但袁庚却不这样认为。1984 年 3 月 28 日，袁庚在中央书记处扩大会议（沿海部分城市座谈会）作了题为《蛇口的改革尝试探索》的发言中谈道：我们向先念、谷牧同志汇报开发蛇口工业区的构思，先念、谷牧同志听了很感兴趣，要把整个蛇口半岛给我们。当时由于思想不够解放，只要了现在的 2.14 平方公里的"弹丸之地"。1984 年 6 月 28 日，袁庚在沿海部分开放城市经济研讨会上作了题为《我们所走过的路》的发言中说：1979 年初，我们带着开发蛇口的蓝图到北京去向中央汇报。先念和谷牧同志听取了汇报，很感兴趣，允许我们利用自己利润的极小部分，到蛇口开发工业区，同意把蛇口所在的南头半岛全都划给我们。我们那时没有这个胆量，只要了 2.14 平方公里。2004 年夏，袁庚在接受记者涂俏采访时说，李先念给他整个南头半岛，他只敢要蛇口 2.14 平方公里、开发用地约 300 亩这么个范围。他说，我当时怎么敢要整个南头半岛呢？我要这么一小块蛇口，也是蛮大的一块土地了。国家能够给予一个企业这么大的自主权，作为一个领头人，我是要负责任的。开发一平方公里土地，时价将近 1 亿元，国家不给投资，全靠企业自筹，对一个资金仅有 1.3 亿的驻港企业来说，并非易事。这不是我们想不想要的问题，而是一个敢不敢要的问题。袁庚坦承：我没那么大的胆量。[1] 晚年袁庚回忆当年，检讨自己有"三大遗憾"，不敢吃下约 36 平方公里的南头半岛，为其第一大遗憾。同时，袁庚还谈道：1978 年底筹建工业区时，在交通部的决策层里，就有人不以为然，说："什么工业区，还不是为了广东省搞的。将来广东省一口吃掉

[1] 涂俏：《袁庚传：改革现场（1978—1984）》，第 53 页。

了，人财两空，看你如何交代。简直是不误正业！”[1]

这里值得探讨的问题，就是当年李先念为什么没有同时召见广东省的负责人？随后，谷牧同志召集有关部门负责人商定如何落实李先念的批示，为什么也没有广东省的负责人参加？该报告是由广东省革委会和交通部联合呈报的，而且署名排序上广东省排在前面。在当时两次中央高层会议上，为什么没有广东省的同志参与？这是体制问题造成的，还是当时一时疏忽造成的？

谷牧牵头落实李先念批示

1979 年 2 月 2 日上午，谷牧副总理召集国务院有关部委负责人会议，研究如何落实李先念副主席在广东省革委会和交通部报送国务院《关于我驻香港招商局在广东宝安县建立工业区的报告》上所作的批示。参加会议的有国家计委段云、顾明，国家建委彭敏，外贸部刘希文，人民银行乔培新、卜明，财政部王丙乾，交通部彭德清、袁庚、江波等人。在中南海谈妥后，只隔了一天，谷牧就召集开会落实，足见谷牧办事的及时和高效。

谷牧同志在会议上指出：“现在议一议香港招商局在蛇口办厂的问题。香港招商局原来设想在香港设厂，受条件限制，他们已和广东省委商量好，要在我靠近香港一边蛇口地区开设工厂，在这里设厂当然要得到特殊待遇。除了地方行政按国内的一套以外，在经济上要闹点‘特殊化’，就是要享受香港的待遇，进出自由。”“他们的分成办法是给广东省三成，给资本家三成，招商局得四成，就是我们合起来占七成。”他接着说：“根据小平同志的意见，广东、福建可以更放开一些。先念同志一月三十一日听了交通部的汇报后做了批示：‘拟同意。请谷牧同志召集有关同志议一下，就照此办理。”谷牧同志还说：议的结果要写个报告。

谷牧先请袁庚同志把主要问题向大家说一下。袁庚简略地介绍了前天向李先念同志和谷牧同志汇报的情况。袁庚从香港招商局 107 年的历史对比，以及香港英资财团、华人财团的发展说明我们在 50 年代中期失去利用香港低息资金的机会造成的损失。袁庚说：目前香港中区地价之高仅次于东京银座，每平方英尺要 15000 元港币，郊区工业用地每平方英尺也要 500 元港币以上，因此，要完成中央领导在《关于充分

[1] 宋晓明、刘蔚主编：《追寻 1978 年——中国改革开放纪元访谈录》，福建教育出版社 1998 年版，第 528 页。

利用香港招商局问题的报告》上的批示所赋予的任务有不少困难。银行利息高，劳动工资高。我们在反复分析和研究了香港的经济情况之后向叶飞部长作了汇报，并与广东省委交换了意见，就是要充分利用广东省毗邻港澳的土地和劳力，又利用香港及外国的资金、技术、图纸、资料、专利、全套设备，将两者结合起来；这样我们就有了内地和香港的有利因素，排除了在香港办厂的不利因素，这是任何香港财团都不能和我们竞争的。这个问题后来经过叶飞部长和广东省委共同商定了方案，即《报告》的内容。进出口交税问题要中央定才行。（谷牧插话说："也就是要'自由化'。"）土地、行政、企业主权全是国家的，广东省派行政管理人员。以企业利润分成来说，我们和广东省合共可以控制70%。工厂的管理完全用香港的办法办。由招商局管理，产品从香港出口偿还外债和外商投资。劳动力由广东省解决。工人工资，原则上参照香港，照顾内地，不超过200元人民币（包括职工公共福利等）。这个工业区的建成不用财政部、银行一个钱，要求财政部10至15年免税，以后全部交给国家。袁庚还说：我们第一期上马的有五六个厂，如拆船厂、钢丝绳厂、油漆厂、无线电导航装配厂及玻璃钢厂等。目前用地300亩，在960万平方公里国土上，这是微不足道的。

财政部王丙乾说：其他没有什么意见。关于纳税问题，你们说有竞争性，又说按香港办法管理，是否可以考虑，不按内地办法而按香港的办法收税。在香港你们怎么纳税的，你们也怎么向国家交税。袁庚说：我双手赞成这个意见。香港为什么在近十年之内工业发展得这么快，主要是因为它是自由港，进出口都免税，吸收了大量外资、技术、人才。我们在香港纳的只有所得税。我赞成按我们招商局向港英当局的纳税办法向财政部纳税。谷牧插话说："要是这样，广东省就不能拿百分之三十了。"

外贸部刘希文说："第一，对这样办无意见。第二，目前看来，你们的产品只是为了满足交通远洋船的需要，还涉及不到外贸的问题，以后你们出口多了，就涉及外贸的管理问题，这个问题以后再说。关于海关进出口税问题可以给予优惠。具体怎么办，我要回去和海关商量一下。"

国家计委段云说：我们本来早就想把珠海和宝安两个县开放。谷牧插话说：广东不仅两个县可以搞，广东、福建很多地方都可以搞。段云接着说：我看说用香港的办法管不妥当，我的意见是要比内地放宽一些就是了。谷牧说：那个地方（指蛇口）就是要特殊化嘛。按文件办理。

国家计委顾明说：一、那个地方主要应以出口为主，外销还外债，国家不给钱；二、在国内销要按照国内进口办法，要纳税；三、参考几个国家的自由贸易区，要搞出一个法律来，这样就可以统一了；四、要按经济规律办事，要搞独立核算，要少干预为好。工资福利不能过高，也要有一套办法。一般在自由贸易区有所得税，所以要纳所得税。这样，地方就不能拿 30%，外汇工资广东不能全捞去。

谷牧最后说：“不要再议论了，原则已定，大家要支持，总共就 300 亩这样一块地方。交通部先走一步，试一下，现在就这样‘照此办理’起来。”他还对袁庚说：“你回去和习仲勋、刘田夫同志商量，继续搞，不要说按香港的办法办，实际上也不能按内地办法办。要给你们方便，不怕你们多赚钱。小平同志认为不仅宝安、珠海县可以搞，广东、福建的其他县也都可以搞。”[1]

当天谷牧将讨论情况书面报告李先念副主席。报告说，关于招商局在宝安建立工业区问题，大家一致表示支持，认为原则上可先按交通部、广东省提出的办法搞起来，具体问题在执行中逐步完善。讨论中大家提出的意见是：(1) 税收问题。袁庚要求 10 年内免税，财政部同志的意见是，参照香港的办法收税，这样可以促进企业不断地加强经济核算，提高经营管理水平。(2) 利润分成问题。与会者一致认为，如果广东省利润分成 30%，则其他收入如所得税、工人工资差额等，应全部上缴国家。(3) 产品销售问题。这些企业产品销售方向以出口为主，如果内销，则应按国内办法收税。(4) 进出口关税问题。报告中提出工业区进出口物资免缴关税。外贸部的同志认为，这个问题涉及有关海关管理的一些具体规定，拟与交通部研究，订出合适的办法。2 月 3 日，李先念副主席对这一报告批示：“拟可以办。”余秋里、王任重、李强也圈阅同意。[2]

这次会议所涉及的问题看似简单，其实涉及一个国家和地区举办经济特区的一系列复杂问题，包括管理体制、税收优惠、立法保障、发展方向等问题。而这些都是我们过去从未遇到过的问题，解决这些问题也还没有任何经验。这些问题也是随后深圳、珠海、汕头、厦门等经济特区创办中所要遭遇和解决的问题。

1979 年 2 月 8 日，刚从北京飞抵广州的袁庚在广东省革委会小会议室向广东省有关负责人刘田夫、李建安等传达了李先念副主席的批示和谷牧副总理在研究落实上述批示的会议上的讲话精神。专程从香港赶来的香港招商局负责人郭玉骏、张振声、

---

[1] 《谷牧副总理召集国务院有关同志开会研究落实李副主席同意招商局建立工业区批示的简报》，中共广东省委办公厅粤办字 [1979]14 号文。广东省政协文史资料研究委员会编：《经济特区的由来》，第 280—283 页。

[2] 朱玉：《对外开放的第一块“试验田”——蛇口工业区的创建》，载《中共党史研究》2009 年第 1 期。

许智明、梁鸿坤等列席了会议。陆荧、杨青山等同志也参加会议。刘田夫听完传达后当即说：中央批了就好办了，可以先筹备。一定要把香港的办法与我们的人力和地利结合起来。先实践，从实践中定出具体办法来。招商局办事很快，希望把工业区搞成功。接着双方着重谈了工业区的供水、供电问题。刘田夫说：供水、供电由广东省负责，发电燃油有困难可以由招商局进口燃油，到时油算油价，电算电价，或者将香港供给广东的电力首先供给蛇口工业区，这一具体工作由省电业局负责。供水则由宝安市负责，也可以由招商局和他们分别签订合同，有困难则找省里解决。袁庚说：交通部已派出一名总工程师带领 30 多人到蛇口实地勘察，将会很快搞出总体规划和“三通一平”（通水、通电、通车、平整土地）工程的方案。希望省里也有个专门班子抓工业区。袁庚提出可否立即把中央批示的精神向宝安市和各县负责同志传达。刘田夫表示：中央正式文件下来后，省革委会将召开正式会议进行传达和贯彻落实，同时将发个文件为工业区解决劳动力抽调、粮食供应等问题。目前，可以把中央批示的精神先向宝安市委和各县县委传达。2 月 10 日，招商局张振声、许智明同志前往深圳，向中共宝安市委张勋甫、方苞、贾华等同志传达了李先念副主席的批示和谷牧副总理的讲话精神。刘田夫后来接受采访时回忆说：“我听了传达，感到国务院会议给我们提供了几个重要的信息：一是中央早就想把宝安、珠海开放；二是要参照外国自由贸易区搞出一个法律来；三是小平同志认为不仅宝安、珠海县可以搞，广东、福建的其他县也都可以搞。”[1] 习仲勋和刘田夫同志认为李先念副主席、谷牧副总理的指示很重要，因此以省委办公厅粤字办 [1979]14 号文，下发《李先念副主席、谷牧副总理听取关于招商局建立工业区汇报纪要》和《谷牧副总理召集国务院有关同志开会研究落实李副主席同意招商局建立工业区批示的简报》，这对后来广东向中央提出先走一步和试办特区，具有重要的启发和促进作用。

1979 年 1 月 31 日，李先念在报告上的批示，标志着中共中央、国务院正式批准了香港招商局在广东省宝安县蛇口建立工业区的设想。在内地划一块地方，由驻港企业按香港方式来经营，在过去不仅没有做过，连想也没有人想过，现在却放手干起来了。这比 1979 年 3 月 5 日国务院批准广东省把宝安县改为深圳市要早 35 天，比 1979 年 7 月 15 日中央作出举办出口特区的决策早六个半月，比 1980 年 8 月 26 日深圳经

[1] 《勇当改革开放的排头兵——刘田夫访谈录》，载广东省委党史研究室编：《广东改革开放决策者访谈录》，第 108 页。

济特区正式成立早一年零七个月。可以说，这是中央作出创办经济特区决策的一个前奏。对此，袁庚同志于 1984 年 6 月 28 日在沿海部分开放城市经济研讨会上作了题为《我们所走过的路》的发言中说：那时还没有特区，深圳特区是半年后才决定成立的，所以我们是先走了一步。实际上招商局所搞的蛇口工业区就是国外和境外所搞的出口加工区，属于经济特区发展的一种模式。而且是由一家企业来独立开发和经营，这也是世界经济特区开发管理的一种模式。如把蛇口工业区纳入经济特区的范畴的话，那么中央作出创办经济特区决策的时间应该是 1979 年 1 月。随后开始建设的蛇口工业区，实际上是中国创办的第一个出口加工区。

第三节　广东、福建要求先走一步

中央作出让广东、福建两省在改革开放中先行一步和试办特区的决策并不是偶然的，而是在十一届三中全会前后中央与广东、福建两省上下互动的结果。

广东、福建酝酿先走一步

1978 年 6 月，广东省委书记王全国随谷牧访问欧洲五国回到广东后，向习仲勋同志作了汇报，习仲勋决定由王全国向省委常委汇报。王全国向省委常委作了汇报后，根据省委意见，又于 7 月 8 日在广州市的中山礼堂向出席省扩大会议的省直机关、广州市处级以上干部 300 多人进行了传达。据王全国后来回忆说：省委领导和其他干部听了传达，反应强烈。有些同志说，只要改革国家高度集中的计划管理体制，充分发挥地方和企业的积极性，利用广东沿海的有利条件，广东的现代化建设一定可以高速度前进。省里许多领导同志也认识到，广东省的人口、面积比欧洲一些大国还要多、还要大，可是省里管理经济的权限却很小，难以发挥主动性。国家实行高度集中的计划经济体制，许多事情都得跑到北京去解决。往往解决一个问题，要跑许多部门，等上几个月还没有结果。因此，要求中央放权的呼声，在那段时间显得很强烈。[1]1978 年 10 月，参加全国计划工作会议的福建省代表提出了“突破中间，武装两头”的设

---

[1] 《广东改革开放的开局——王全国访谈录》，载广东省委党史研究室编：《广东改革开放决策者访谈录》，第 240 页。

想，即利用海外华侨多的特点，把轻工业搞上去，扩大对外贸易，以促进农业和重工业加速发展。[1]

1978年10月初，福建省派出由省革命委员会副主任张遗带队的考察组赴香港考察，在香港参观了13个工厂及家禽饲养场、超级市场等，以及集装箱码头，召开了各种座谈会。考察组回到福州后，向福建省委提出，应该充分利用香港来发展我省国民经济，可通过香港转口，打开国际市场，发展对外贸易，争取现汇，利用香港引进先进的技术和设备，积极扩大对港贸易，发展本省独特的产品出口，扩大轻工产品贸易，做好原材料和机电产品、水产品出口等。同时要大胆运用国际通用做法，发展对外贸易。同华侨、外商做生意、办企业，搞进料加工、来料加工、来样加工、装配业务和补偿贸易，搞保本定息和合股办企业等。[2]

1978年10月，广东省委接到中共中央办公厅关于准备召开中央工作会议的通知。广东省委书记习仲勋对参加这次会议非常重视，先后四次主持召开常委会，研究起草关于广东工作问题的汇报材料，其中就讲到希望中央能给广东更大的支持，同时多给地方处理问题的机动余地。

1978年11月10日至12月15日，习仲勋与分管工交工作的省委书记王全国及分管农业工作的省委常委薛光军参加了在北京召开的中央工作会议。习仲勋于11月8日在中南组分组会议上，向中央作了题为"关于广东工作问题的汇报"的长篇发言，汇报的主要内容是关于抓纲整风和广东如何大干快上的问题。他要求中央根据广东特点，给广东更大的支持，同时给地方更大的自主权，让广东吸收外资，引进先进设备和技术，加强与港澳的合作，调动华侨建设祖国的积极性，以便更快地发展广东经济。他提出："在生产布局上，要大胆发挥广东的特点，广辟生产门路，把经济工作做活做好。""这里又毗邻港澳，华侨众多，只有政策对头，多做工作，可以成为建设广东的一个有利因素。"习仲勋提出："从广东来看，要大干快上，当前面临的困难还很多，其中主要的是粮食压力大，电力、燃料紧张，钢铁等原材料供应不足……同时，我们也希望中央能给广东更大的支持，同时多给地方处理问题的机动余地。比如农业机械化，如果中央允许我们吸收港澳、华侨资金，从香港引进一批先进设备和

---

[1] 《福建省代表关于改进经济管理体制的意见》（1978年10月），中共中央党史研究室第三研究部编：《邓小平与改革开放的起步》，中共党史出版社2005年版，第410页。

[2] 中共中央党史研究室第三研究部编：《中国沿海城市的对外开放》，中共党史出版社2007年版，第85—86页。

技术，购进电力，进口部分饲料，就可以一方面先把国营农场、畜牧场、淡水养殖场等武装起来，作为示范，培养人才，取得经验……”习仲勋甚至大胆进言：“建议中央考虑：鉴于广东与港澳来往密切，希望能允许广东在香港设立办事处，加强调查研究，与港澳厂商建立直接联系；凡是来料加工、补偿贸易等方面的经济业务，授权广东决断处理，以减少不必要的层次和手续。”他甚至建议国家把海南的开发作为重点，大力发展橡胶、剑麻等热带作物。[1] 王全国就国民经济比例失调和体制改革问题作了发言，他指出：不破不立，首先你得破，方才能立，不能闭关自守了，要改革开放，而且已经到了不搞不行的地步。[2] 在会上福建省委第一书记廖志高在发言中提出，要充分利用福建华侨多的有利条件，积极而又稳妥地吸收侨资、侨汇，引进先进技术和设备，大力发展进出口贸易，促进福建工农业生产建设的发展。福建省革命委员会主任马兴元也提出，从福建实际出发，充分发挥地区特点和有利条件，利用侨乡这一特殊条件，计划成立“华福公司”，大量吸收外资，引进先进技术和设备，放手大搞出口贸易，为发展福建经济闯出一条路子来。只要中央同意我们就可以大胆干。为此，要求中央解决一些具体问题，即：引进侨资办厂的管理体制和政策问题；外贸分成应适当放宽，多给地方一点；开放港口和加强码头建设问题，建议开放福州马尾港和厦门港等。[3] 广东和福建两省领导的意见和建议，引起了中央的重视。这实际上成为广东、福建要求中央放权，让广东、福建在改革开放中先行一步的先声。12 月 11 日，在中央工作会议期间，中共中央决定韦国清不再兼任广东省的领导职务，任命习仲勋同志为广东省委第一书记、省革委会主任，杨尚昆同志为中共广东省委第二书记、省革委会副主任，兼广州市委第一书记、市革委会主任。12 月 18 日至 22 日，习仲勋同志列席了中共十一届三中全会，并在全会上增补为中共中央委员。

1978 年 12 月 18 日开始召开党的十一届三中全会，其间，于光远曾向当时的广东省委书记习仲勋提出在深圳修建类似香港元朗广告上那种住宅。于光远后来回忆说：“在三中全会期间，我忽然想起了一件本来想做的事，那就是为了修建中国社会科学院的大楼，我们派了杜千全副秘书长去香港考察。回京后他带回一份关于九龙元朗一

[1] 习仲勋：《广东的建设如何大干快上》，这是习仲勋同志在中央工作会议上关于广东工作情况的汇报的一部分，载《习仲勋文选》，中央文献出版社 1995 年版，第 274—285 页。

[2] 《改革开放，先行一步——访原广东省委书记王全国》，载宋晓明、刘蔚主编：《追寻 1978——中国改革开放纪元访谈录》，第 561 页。

[3] 中共中央党史研究室第三研究部编：《中国沿海城市的对外开放》，中共党史出版社 2007 年版，第 86 页。

个房地产商的卖房广告。这个广告引发了我的一个想法：在深圳修建类似元朗广告上那种住宅，再把这些住宅卖给九龙的居民，同时放宽罗湖边境对成为这些住宅主人的香港、九龙的人的进出境限制，简化手续。这样，深圳土地由于离市场远近而产生的级差地租与香港九龙挂起钩来，能够大大提高深圳的地租，使得我们成为社会主义的'地主'，坐得其利。"“习仲勋当时是广东省委第一书记，有一天晚上，我去他的房间谈了我的想法，他听了很感兴趣，让当时的广东省委书记焦林义——他没有参加中央工作会议，但是出席了三中全会会议——带了秘书来找我，听我的意见并做记录。后来我得知习仲勋、焦林义回广东后，把我的意见向下做了转达。我的建议是深圳建立特区的来源之一。当然这是一件与三中全会没有关系的事情，我讲这件事，只是表明那时我比较空闲了，而在中央工作会议期间，我是不会想到去做这样的事情的。"[1]

十一届三中全会后，习仲勋同志便立即赶回广东，并首先向省委常委、省革委会副主任传达了会议精神，并研究贯彻落实问题。1979 年 1 月 8 日至 25 日，习仲勋在广州越秀宾馆主持召开了广东省委常委扩大会议，会议的主题是传达和贯彻中央工作会议和十一届三中全会精神，联系广东实际，研究如何实现党的工作重点转移到社会主义现代化建设上来。会议主要是由习仲勋同志向大会传达中央工作会议和十一届三中全会精神。习仲勋在总结发言中指出："广东一定要把工作着重点转移到社会主义现代化建设上来。""我省毗邻港澳，对于搞四个现代化来说，这是很有利的条件。我们可以利用外资，引进先进技术设备，搞补偿贸易，搞加工装配，搞合作经营。中央领导同志对此已有明确指示，我们要坚决搞，大胆搞，放手搞，以此来加速我省工农业生产的发展。""要充分利用广东的有利条件，冲破旧的条条框框，提出新倡议，采取新措施，尽快使广东出现一个新面貌。"[2] 广东省委书记、省革委会副主任王全国在会上谈了体会，并结合广东实际，就如何贯彻会议精神提出了初步设想。他指出："广东毗邻港澳，华侨众多，在当前大好国际国内形势下，大有可为，我们应当做得更活些、更放手些，拥有 5500 万人的广东，难道还赶不上一个台湾地区，赶不上一个南朝鲜？""应当组织力量进行调查研究，作出规划，包括上层建筑，向中央报告，在全国体制未解决之前，要求在广东作些特殊规定，放给更大的权力。对外经济技术交流的必要建设，如电力、燃料、交通运输，要求中央给予支持。可以设想，如果工

[1] 于光远：《1978 我亲历的那次历史大转折》，中央编译出版社 2008 年版，第 242—243 页。
[2] 习仲勋：《在省委四届二次常委扩大会议上的总结发言》，1979 年 1 月 25 日。

业上放手大搞公私合营、加工装配、补充贸易，农业上运用外资、技术和国际市场，建立发展一批农业、畜牧、水产品基地，再能搞成几个大的引进项目，如大的乙烯、钢铁厂，大的火电站以及相应的交通运输建设，广东的经济将会很快发展起来，人民的收入将更显著提高，将会为国家作出更大的贡献。”[1] 习仲勋和广东省委其他常委都赞同这个建议，并决定由王全国组织有关部门进行专题研究，向省委提出报告。这次中共广东省委常委扩大会议明确提出：“要充分利用毗邻港澳的有利条件，引进先进技术，吸收外资，大搞加工装配、补偿贸易，发展旅游事业。对这些事情，要解放思想，敢于实践，要大胆地搞，放手地搞，努力增加外汇收入，用以加速广东的现代化建设。”[2] 会后要求省委领导分头到各地调查研究。常委会期间，即 1 月 19 日，杨尚昆抵达广东到任。第一书记习仲勋向大家介绍说：“尚昆同志是我们党的老前辈了，是老同志，老领导，在广东安排他这个位置有点屈就。”[3] 杨尚昆和习仲勋是延安时期的老相识，转战陕北时，习仲勋在西北野战军任副政委，与时任中央后方委员会副书记的杨尚昆经常接触。新中国成立后，习仲勋先后任国务院秘书长、副总理，和中共中央办公厅主任杨尚昆同志工作联系很密切。1979 年 3 月 24 日，广东省委决定杨尚昆就任中共广州市委第一书记兼市革委会主任。此时的杨尚昆已经是 72 岁的高龄了。这样，习仲勋、杨尚昆分别担任中共广东省委一、二把手，相互支持相互配合，把广东工作搞得有声有色。

1979 年 1 月，中共福建省委召开工作会议，传达十一届三中全会精神，讨论如何把党的工作重点转移到社会主义现代化建设上来。此后不久，中共福建省委第一书记廖志高和省革委会主任马兴元在作了大量调查研究，听取了各方面的意见之后，根据福建省拥有的发展农业生产的潜力和“山、海、侨、特”的优势，而基础工业相对薄弱的实际状况，提出了发展福建经济实施“突破中间，武装两头”的战略设想。大家认为，福建的优势：一是华侨多，二是轻工业比较发达，全省轻工业产值的比重占总产值的 70% 以上。应该在这两个优势上做文章。就是说要集中力量大力发展轻工业，同时依靠华侨拓展海外市场，扩大对外贸易，用轻工产品出口赚回来

[1] 王全国：《参与制定广东特殊政策前后》，参见《习仲勋革命生涯》，中共党史出版社、中国文史出版社 2002 年版，第 532 页。《广东改革开放的开局——王全国访谈录》，中共广东省委党史研究室编：《广东改革开放决策者访谈录》，广东人民出版社 2008 年版，第 242 页。

[2] 《省委召开四届二次常委扩大会议，贯彻三中全会和中央工作会议精神》，载《南方日报》1979 年 1 月 28 日。

[3] 孟红：《重返政坛之初的杨尚昆》，载《福建党史月刊》2007 年第 7 期。

的外汇，从国外买回先进设备，用来武装农业和基础工业这“两头”，使福建的工农业逐步实现现代化，这就叫做“突破中间，武装两头”。福建省的这个设想得到中央领导同志的肯定。1979 年 4 月 4 日，中共福建省委下发《关于认真贯彻中央 [1979]7 号文件积极开展侨务工作的意见》，提出要充分调动归侨、侨眷和国外华侨的积极性，为社会主义现代化建设作贡献。决定尽快开放厦门、福州两港口，开辟厦门直达香港的快轮航线。

吴南生提出办出口加工区

1979 年 2 月 3 日起，广东省委常委扩大会议后，习仲勋、杨尚昆、王全国、郭荣昌、吴南生等省委同志带领工作组陆续分赴各地，参加地、县、市召开的干部大会，传达党的十一届三中全会精神，并就地调查研究，帮助各地迅速组织春耕生产。

1979 年 2 月初[1]，按照广东省委的分工，省委书记吴南生同志带领广东省委工作组到了汕头地区传达党的十一届三中全会精神，开展调查研究工作。他出席了汕头地委常委扩大会议，并在 2 月 12 日至 19 日的汕头三级干部会上作了讲话。

吴南生祖籍汕头，但此次踏进汕头，家乡父老乡亲的寒酸，令他感到震惊。他看到汕头一片凄凉的景象，满街满巷都是人，到处都是用竹子搭建的房子。很多由于备战随工厂迁移内地的汕头人和上山下乡知青从江西、海南等地回来，没有地方住，只能住在临时搭建的竹棚里。城市基础设施很差，经常停电，晚上一片漆黑。因为缺水，环卫工人也无法工作。吴南生甚至气愤地说：如果有哪个电影制片厂，要拍摄国

[1] 关于吴南生到汕头的具体时间有多种说法：陈宏在其《1979—2000 深圳重大决策和事件民间观察》说吴南生是“1 月 16 日”到汕头去的，参阅该书第 9 页。廖琪撰写的《庄世平与经济特区的创办》一文中，也是说吴南生是 1 月到汕头去的。卢荻撰写的《广东经济特区的拓荒者吴南生》一文，也说“这次吴南生在汕头待了两个多月”，因为吴南生是 2 月 28 日回到广州的。如果待了两个多月的话，应该 1978 年 12 月底到的汕头。许多采访吴南生写的回忆录，很多也说吴南生扎在汕头待了两个多月。这显然与事实有出入。杜桂芳在其《历史性的崛起——汕头经济特区的创建及其特色》一文说：“1 月底，广东省委书记吴南生奉命带领省委工作组专程到汕头传达中共十一届三中全会精神。在为期 7 天的地委常委扩大会议上，与会者就如何做好工作重点的转移等问题，进行了认真细致的探讨和研究。”（见全国政协文史和学习委员会编：《经济特区的建设》，中共文史出版社 2009 年版）从历史考证看，吴南生应是 2 月 1 日至 2 月 8 日之间的某一天到达汕头的。2 月 3 日是广东省委安排下去调研的开始时间。2 月 2 日至 2 月 8 日是汕头地委常委扩大会议的时间，前后召开 7 天。吴南生在 2 月 21 日，给习仲勋、杨尚昆和省委的信中谈道，汕头地委常委扩大会议于 2 月 8 日结束。我来得晚些，仅参加总结。说明吴南生应早于 2 月 8 日到了汕头。从以上史料考证看，吴南生最有可能在 2 月 5 日至 2 月 7 日的某一天去的汕头。

民党反动派黑暗统治的镜头，就请到汕头来。这个在近代历史上颇有影响的商贸城市，当时却是一片萧条穷困景象。家乡满目疮痍的景象，令吴南生深受触动，让他夜不能寐。吴南生这次到汕头时间比较长，先后参加了汕头地委常委扩大会议，各县、市三级干部扩大会议，对汕头当时的落后状况有了较深的了解，也同许多同志反复探讨了发展汕头经济的路子。这段时间，海外和港澳也有些实业家和熟人回来，吴南生与他们进行了交谈，讨论有什么比较快的办法可以改变汕头的落后状况。许多同志、朋友对此提出了不少宝贵意见。[1] 经过调查研究和座谈讨论，吴南生了解到，尽管汕头条件较好，但由于多种原因，汕头经济并不发达，甚至还非常落后。吴南生分析了汕头发展经济的有利条件，在与汕头地委负责同志的商讨中产生了一个大胆的设想：能否效仿国外和周边地区的一些做法，在汕头划出一块地方，彻底开放，办出口加工区，利用外资发展经济。

对此，吴南生后来回忆说：“汕头是我的家乡，是一个开放比较早的城市，五口通商的时候就已经开始了。不知怎么搞的，连恩格斯的著作里都写着：‘其他的口岸差不多都没有进行贸易，而汕头这个唯一有一点商业意义的口岸，又不属于那五个开放的口岸。’汕头在解放初期和香港的差距并不大。30 年过去了，特别是经过‘文化大革命’，眼前的这座城市真是满目凄凉，比我们小孩子的时候都还穷啊！那段日子睡不好觉，闭上眼睛就想：我们当年豁着性命扛起枪杆闹革命，可不是为了换取眼前这样一副江山啊！我当初的想法，和大家一样，觉得非变不可。不同的是我海外的联系比较多，知道外边的情况多一点。一般来说，广东干部都有这个特点。那时，叶剑英元帅在广东住，他对广东的情况也比较了解，他跟我讲，南生啊，我们的家乡很穷啊，你们有什么办法没有？要多想办法！这些对我们都是很大的启发。我问过许多人有什么办法没有？有一位朋友对我说，你敢不敢办像台湾那样的出口加工区？敢不敢办像自由港这类的东西？如果敢办，那最快了。他说，你看新加坡、中国香港和台湾地区……他们的经济是怎样发展的！他一说，我恍然大悟：要改革，就必须有体制上的改革。但因没有经验，可以先突破一点。这是多年的实际工作经验。所以我最初提的意见，就是划出一定的地方，减税收，简化手续，打破条条框框，下放权力，彻底开放。就是要突破计划经济的束缚，把市场经济引进来。”[2]

[1]　参见吴南生：《经济特区的创立》，载《广东党史》1998 年第 6 期。

[2]　《解析广东经济特区酝酿过程：邓小平定下特区名》，载《南方都市报》2008 年 4 月 8 日。

2月21日晚上9时，吴南生在汕头给当时的省委第一书记习仲勋、省委第二书记杨尚昆和省委发了一份1300多字的电文[1]，据实报告到汕头调研的情况。这份电报的主要内容有：

仲勋、尚昆同志并报省委：

汕头地委常委扩大会议于2月8日结束。我来得晚些，仅参加了总结。各县、市三级干部会议22日可基本结束。经与地委商定，请县委书记和地、省工作组负责人于23日到汕头市来碰个头，着重检查各项政策的贯彻执行情况，解决当前生产和工作中的一些紧迫问题。

……

后来，我还同地区有关部门的同志研究了利用外资发展经济和扩大对外贸易的问题。汕头市解放前是我国重要港口之一，货物吞吐量最高年份达400多[2]万吨，海上的客运达35万人。汕头地区劳动力多，生产潜力大，对外贸易、来料加工等条件很好，只要认真落实政策，调动内外积极因素，同时打破条条框框，下放一些权力，让他们放手大干，这个地区生产形势、生活困难、各方面工作长期被动的局面，三五年内就可以从根本上扭转。我们已拟定了一个初步意见，待报省委研究。这里就不详细谈了。

对于当前工作中存在的一些问题，将在2月23日召开的碰头会上和地委、汕头市委以及各县委的同志进一步商讨解决。各方面的问题，待回后再详细报告。我预计月底赶回广州。

请指示，并致

敬礼！

南生

1979年2月21日晚9时

2月28日下午，吴南生返回广州。晚上，广东省委第一书记习仲勋到吴南生家

[1] 《吴南生同志给省委的报告》（1979年2月21日），载广东省政协文史资料研究委员会编：《经济特区的由来》，广东人民出版社2002年版，第183—185页。

[2] 据考证，吴南生这个数字有错，汕头港货物吞吐量历史上最高年份应是600多万吨。

中，与吴南生交换了意见。

1979年3月3日，广东省委书记习仲勋主持召开省委常委会议，吴南生汇报了自己的想法。他说："现在老百姓的生活很困难，国家的经济已到了崩溃的边缘了，我们应该怎么办？我是喜欢下象棋的人，懂得先走一步，叫做'先手'，就先掌握主动权。现在要贯彻三中全会的决定，我主张广东先走一步。"[1] 先走一步的那个"子"怎么下呢？吴南生提出应当拿出一个地方对外开放。先划出一块地方，用各种比较优惠的政策来吸引外资，把他们先进的东西引到我们这个地方来。吴南生提出，这个地方最好从汕头开始，可以在汕头建一个像台湾搞的那样的出口加工区。他说："我提议广东先走一步。在汕头划出一块地方搞试验，用各种优惠的政策来吸引外资，把国外先进的东西吸引到这块地方来。因为：第一，在全省来说，除广州之外，汕头是对外贸易最多的地方，每年有一亿美元的外汇收入，搞对外经济活动比较有经验。第二，潮汕地区海外的华侨、华人是全国最多的，约占我国海外华人的三分之一。其中许多是在外面很有影响的人物，可以动员他们回来投资。第三，汕头地处粤东，偏于一隅，万一办不成，失败了，也不会影响太大。"[2] 他主动提出："如果省委同意，我愿意到汕头搞试验。如果要杀头，就杀我好啦！"[3] 吴南生提出的建议，得到了省委常委们的一致赞成。习仲勋指出："要搞，全省都搞。先起草意见，4月召开中央工作会议时，我带去北京。"[4] 广东省委常委会在讨论时一致同意这一设想，并且认为广东不单是在重要侨乡汕头办出口加工区，在毗邻港澳的深圳、珠海也可以进行试验。

广东省委在广泛调查研究的基础上，按照三中全会关于解放思想，开动脑筋，发扬民主，实事求是，团结一致向前看的方针和把党的工作重点转到经济建设上来的重大决策，认真思考如何从广东的实际出发，把"四化"建设搞得快一些，如何充分发挥广东的特点和优势，使广东在全国的改革开放中先走一步。广东省委经过认真讨论，认为商品经济在珠江三角洲地区有一定的基础，加上毗邻港澳，华侨众多，搞外贸和引进，条件比内地哪一个省都好。但由于旧的经济体制把我们的手脚捆得紧紧的，使广东不能发挥自己的长处和优势。这一问题必须很好地解决。习仲勋、杨尚昆

---

[1] 参阅政协广东省委员会办公厅、广东省政协学习和文史资料委员会编：《广东经济特区的创立与发展》，第21页。

[2] 广东省政协文史资料研究委员会编：《经济特区的由来》，第325—326页。

[3] 《习仲勋主政广东》，第236页。

[4] 同上。

和广东省委其他同志经过认真讨论，认为根本出路还是希望中央给广东放权，抓紧当前有利的国际形势，让广东充分发挥自己的优势，在四化建设中先走一步。[1]

1979年3月21日，陈云在政治局会议上说："要找增加外汇收入的来源，要把它看作一个很大、很重要的题目。光靠农产品出口创汇数量不大，要多找门路，旅游、资源出口、补偿贸易、合作生产、加工定货都可以搞。"[2]1979年3月29日，邓小平在会见港督麦理浩谈到内地偷渡香港的情况时指出："现在应该采取两个途径解决：一方面采取一些措施，减少一些人进入香港，减轻香港的压力；另一方面，香港要鼓励私人资金来广东进行投资，提供更多的就业机会。从长远来看，随着我们经济的发展，这个问题能够逐步得到解决。"[3] 邓小平这个讲话，意义深远。

广东提出试办贸易合作区

1979年4月1日下午，广东省委书记杨尚昆主持召开省委常委会议，出席会议的有习仲勋、刘田夫、王全国、吴南生、龚子荣、薛光军、杨应彬，列席会议的有黄静波、范希贤等省革委会以及有关部门负责人，会议主要内容是讨论由省委常委、秘书长杨应彬组织班子撰写的《关于广东经济工作的汇报材料》（以下简称《汇报材料》）。因为，该年春节过后不久，广东省委就接到中央办公厅的通知，说中央准备召开工作会议，要求广东起草准备向中央汇报的材料。该《汇报材料》主要内容：一是介绍广东的主要情况。二是提出省委的想法。提出：要充分利用广东毗邻港澳、华侨众多这个有利条件，积极开展对外经济技术交流，大力发展外贸，发展旅游事业，促进工农业发展，为国家提供更多的外汇。要加快建设深圳市、珠海市及开发海南岛和发展旅游事业的步伐。三是请求中央解决的几个问题：第一，请求中央对调整整个国民经济早日作出统一部署。第二，请求中央减轻广东粮食任务，在现行45亿斤征购任务的基础上，减少3亿公斤。第三，为了充分发挥广东在发展对外经济技术交流和外贸方面的有利条件，请求中央给广东必要的权力，凡属地方性的这类问题，授权广东处理；外汇方面给予较多的机动，外汇提成希望从现在的6%增至10%，侨汇物资供应

---

[1] 《习仲勋文选》，中央文献出版社1995年版，第480、481页。

[2] 《陈云文选》第3卷，人民出版社1995年版，第254页。

[3] 中共中央文献研究室编：《邓小平年谱（1975—1997）》，第501页。

请中央大力支持。第四，请求中央大力帮助广东解决电力、燃料、交通运输问题。常委会就《汇报材料》进行了充分讨论和研究，提出了具体修改意见。

1979 年 4 月 2 日下午，在广东省委书记杨尚昆主持下，省委再次召开常委会议，出席会议的有习仲勋、刘田夫、王全国、吴南生、龚子荣、薛光军、杨应彬，列席会议的有黄静波、范希贤、汤国良、张汉青、王焕等 24 人。会议主要内容就是讨论由省委书记王全国组织有关部门起草的关于开展对外经济技术交流的汇报材料。根据省委常委会的决定，由王全国组织有关部门研究了关于充分利用广东有利条件，开展对外经济技术交流问题，准备于最近赴京向中央作专题汇报。省委常委们听取了由广东省对外经济联络办公室起草的《充分利用广东有利条件开展对外经济技术交流》汇报材料。这份汇报材料提议向中央提出几点请求和建议：一是改革现行管理体制，给地方多一些权限。二是外汇收入扩大地方分成比例，广东 1978 年收入外汇 20 亿美元以上，留给地方使用的只有 4%。三是充分利用外资，搞综合补偿等形式，解决广东电力、燃料、交通等薄弱环节，请中央大力支持和帮助。四是划定贸易合作区，吸引外商来广东投资设厂。当前，国际上出口加工区，遍及欧、亚、非、中东和拉美等三十几个国家和地区。我们建议运用国际惯例，将深圳、珠海和汕头（岩石、达濠）三地划为对外加工贸易区。五是解决资金、材料、劳动力等的供应渠道。六是建立广东驻港澳专办业务的机构，建议组织广东驻港澳机构，专办对外来料加工装配、技术设备引进等相关业务。七是尽快制定有关规章制度和法律，改革不合理的规章制度，同时要改革、简化各种手续，减少关卡，提高办事效率。八是建议地方外汇进口物资权限下放到省，目前的管理体制，地方进口的急需物资，往往从填卡到进口，少则半年，多则一年至二年，请求中央允许地方外汇由地方自行办理进口。这份汇报的许多内容和设想都被后来的 1979 年中央 50 号文件所吸收，成为中央 50 号文件的重要素材。[1]

听完汇报后，各位省委常委进行了热烈的讨论。吴南生提议向中央提出如何把广东搞活的问题。他说：一是广东的位置。国家如何在物质、技术、旅游方面为广东创造些条件。30 年来没有考虑这些问题，国家把钱拿走了。现在要以几年时间，使广东能发展这些东西，以后为国家提供更多的外汇。中国台湾和香港地区、新加坡为什么

[1] 广东省对外经济联络办公室：《充分利用广东省有利条件开展对外经济技术交流》，1979 年 4 月 1 日。《省委常委会议记录》，1979 年 4 月 2 日下午，参见广东省政协文史资料研究委员会编：《经济特区的由来》，第 186—188 页。

发展这么快？它本身引进了这些条件，才能发展。从全国看，最有利是广东。二是从广东说压力很大。搞了30年搞成这个样子，说人家是反动统治都搞成那样。这是个压力，不改变不行。从国家经济，外面压力说。印尼也很快上来了。习（仲勋）、杨（尚昆）在这里，还搞不上去，那怎么办？习仲勋说："就是。广东这么好的条件，再不上去，作为一个党员心也不安。"[1] 吴南生说："从广东位置，国家要求与华侨要求，要求我'先走一步'。提几个大的要求，搞几年。有了初步经验，如认为可行，全国可推广。""要中央下个决心，让广东先走。至于体改，不知要等到哪年。"他还说："只要中央答应，很快可以搞起来。不要求全国作规定，只要求给广东特殊规定。""外面有很多人力、物力可帮我搞的，是间接可利用的力量。他们在外面已经组织起来。"[2] 大家认为，从广东所处的地理位置，国家对广东的要求和海外华侨的期望，希望我们能先走一步，如同下棋一样先走一步。常委会认为："这次赴京汇报，中心是要求中央允许广东在开展对外经济技术交流方面先走一步。为此要求中央多给广东一点权（审批权）和钱（外汇）。汇报中，要讲清广东的有利条件，先走一步可以为全国提供经验；先让地方松动一些，将来中央拿的外汇可能更多一些；广东市场长期紧张，不给我们一定的权力和外汇，这个现实问题就解决不了。要讲清我们的要求和大的措施，争取中央同意我省先走一步；否则能解决几个具体问题也好。"[3] 考虑到在即将召开的中央工作会议之前来不及正式写出报告，常委会决定由将赴京出席会议的王全国向中央口头汇报，省对外经济技术联络办公室整理的汇报材料，也可带去，供与有关部门商谈时用。会议另一项内容就是杨应彬等人根据上次常委会意见，修改形成了《关于广东经济工作的情况、想法和要求》，当天发给到会常委和省革委会副主任。常委会决定不再讨论，由杨应彬按习仲勋所提意见进行修改，送习仲勋审定；其他常委和副主任如有修改意见，可直接告诉杨应彬。[4] 在这次常委会上，一项特别重要的成果就是正式提出了在深圳、珠海、汕头设立对外加工贸易区的设想。当时，广东省委对在深圳、珠海、汕头搞出口工业区的名称一时还定不下来，叫"出口加工区"，会与台湾的名称一样，叫"自由贸易区"，又怕被认为是搞资本主义，叫"贸易出口

---

[1] 《改革开放的排头兵——刘田夫访谈录》，载中共广东省委党史研究室编：《广东改革开放决策者访谈录》，第93页。

[2] 参见广东省办公厅第一秘书处：《省委常委会会议决定事项》，1979年4月4日。

[3] 载中共广东省委党史研究室编：《广东改革开放决策者访谈录》，第243—244页。

[4] 参见广东省办公厅第一秘书处：《省委常委会会议决定事项》，1979年4月4日。

区”，那又不像，所以就暂定名为“贸易合作区”。习仲勋认为试办贸易合作区富有新意，决定将这一大胆设想在中央工作会议期间向中央领导作口头汇报。

这两次省委常委会是广东省酝酿改革开放先行一步和试办特区过程中的非常重要的两次会议。习仲勋同志后来回忆说：“我和杨尚昆同志以及省委其他同志经过认真讨论，确认根本的出路还是希望中央给广东放权，抓紧当前有利的国际形势，让广东充分发挥自己的优势，在四化建设中先走一步。”[1] 刘田夫也回忆说：“4 月 1、2 日省委召开的这两次常委会议，是以习仲勋为‘班长’的广东省委在广泛调查研究的基础上，根据中共十一届三中全会的精神，解放思想，开动脑筋，群策群力，集思广益的产物。”[2]

1979 年 4 月 3 日，国务院副总理陈慕华由外交部副部长陈灿明陪同视察了深圳市。

在出席中央工作会议之前，习仲勋和吴南生看望了正在广州的叶剑英元帅，向他汇报了省委关于落实中共十一届三中全会的精神，如何充分利用外资和现有的条件，搞补偿贸易，搞加工，搞合作经营及广东先行一步的意见。叶剑英元帅听后非常高兴，表示支持，说：你们要快些向小平同志汇报。[3]

第四节 邓小平倡导创办特区

创办经济特区决策的形成，是中央与广东有效互动的结果，其中邓小平起到了极为关键的倡导作用。邓小平于1984年曾说过：“办经济特区是我倡议的，中央定的。”[4]

广东、福建要求先走一步

1979 年 4 月 5 日至 28 日，中共中央在北京召开专门讨论经济建设问题的工作会议，参加会议的有中央党政军机关主要负责人和各省、市、自治区第一书记和主管经济工作的书记，共计 190 人。广东省委第一书记、省革委会主任习仲勋，广东省委书记、省革委会副主任王全国参加了会议。习仲勋被指定为中南组的召集人之一。4 月

[1] 《习仲勋文选》，第 481 页。
[2] 中共广东省委党史研究室编：《广东改革开放决策者访谈录》，第 95 页。
[3] 同上，第 216 页。
[4] 同上，第 171 页。

5日，中共中央副主席、国务院副总理李先念代表中央在开幕式上作了重要讲话。他全面分析了当时的经济形势，论述了调整经济的必要性，提出了国民经济实行“调整、改革、整顿、提高”的新八字方针。同时指出，我们一定要从自己的实际出发，走出一条在社会主义制度下实现现代化的中国式的道路。

4月7日上午，习仲勋主持中南组会议。王全国、周光春、廖承志先后发言。王全国代表广东在中南组向中央汇报了广东如何利用有利条件为国家多创外汇等措施，以及广东政治、经济情况和干部群众的思想情况，重点谈了当前主要是中央权力过于集中，地方权力过小，企业缺乏自主权，对外经济技术交流统得过死，提出现行管理体制问题。他指出：“首先要解决在中央集中领导、统一计划下，中央和地方分权的问题。这么大的国家，这么大和复杂的经济规模，一切集中于中央，是办不好的。主要问题还是权力过于集中，地方权力过小。这个问题不解决，扩大企业的自主权也是难以解决的。因为地方没有多大权力，还有什么权力分给企业呢？总之我们地方迫切要求进行体制改革，使地方在中央统一计划下，省、市、自治区真正有一级计划、财政、物资，能够进行综合平衡，因地制宜地发挥自己的长处，为国家作出更多的贡献。”习仲勋插话说：“不仅经济体制，整个行政体制上也要考虑改革。中国这么大的国家，各省有各省的特点，有些事应该根据各省的特点来搞。这也符合毛主席讲的大权独揽，小权分散的原则。”[1]

4月8日下午，中南组继续讨论李先念的报告，湖北省委书记赵辛初主持会议，习仲勋、段君毅作了发言。华国锋、李先念、胡耀邦等中央领导同志出席中南组会议，并作插话。习仲勋在发言中说：“有一个重要的问题，搞什么样的现代化，不能离开中国的社会经济的基础和条件。也就是说，我们只能搞中国式的现代化，走自己的现代化道路；学外国，只是借鉴人家的经验和引进先进科学技术。前段有一阵风，好像外国什么都好，他们什么都愿意帮我们的忙。其实并不是这么回事。还是要从中国的国情和基础出发，不能买一个现代化，也不能照搬一个现代化。”“中央决定用三年时间进行调整，使我们的计划工作，方针、政策、措施，更加符合中国的客观实际，是十分正确和必要的。”“只要方针正确，措施得力，办法切合实际，困难一定可以克服，我们一定可以边调整边前进。”

---

[1] 《王全国同志在中央工作会议中南组的发言》，1979年4月7日，参见中共广东省委四届三次常委扩大会议文件之一。

在谈了如何搞好调整后，习仲勋话锋一转，说："有一个问题提出来，三中全会公报指出：'现在我国经济管理体制的一个严重缺点是权力过分集中，应该有领导地大胆下放，让地方和工农业企业在国家统一计划的指导下有更多的经营管理自主权'；还明确指出，要充分发挥中央部门、地方、企业和劳动者个人四个方面的主动性、积极性、创造性。这是很正确的，很受拥护的。这次先念同志的讲话，没有这样明确指出权力过于集中的问题，没有讲这个'严重缺点'，而是一般地讲要发挥中央和地方积极性，这个原则是正确的，但当前的主要倾向是什么，应明确。从实际工作看，我认为仍然是权力过于集中，这个问题并没有解决。经济管理体制问题，就是集权与分权的问题，要处理好这个关系。现在地方感到办事难，没有权，很难办。这个问题，光讲原则也不行，还要具体化一些。希望这次会议上能够改革经济管理体制问题，定出若干条，以便有所遵循。"习仲勋接着说："广东临近港澳，华侨众多，应充分利用这个有利条件，积极开展对外经济技术交流。这方面，希望中央给点权，让广东先走一步，放手干。看来，在计划、财政、外贸、外汇、物资、对外经济技术交流等方面，都有正确处理中央和地方的关系问题。'麻雀虽小，五脏俱全'，作为一个省，是个大麻雀，等于人家一个或几个国。但现在省的地方机动权力太小，国家和中央部门统得过死，不利于国民经济的发展。我们的要求是在全国的集中统一领导下，放手一点，搞活一点。这样做，对地方有利，对国家也有利，是一致的。当然，有一条原则，中央给了权，我们就要很好运用，真正搞好，对整个国民经济有利。"此外，习仲勋还谈到侨汇和旅游外汇分成问题，提出提高地方分成比例。他说："只要放活一点，广东可以给国家贡献更多外汇。这些都牵涉到体制问题，要很好解决。"[1]

当习仲勋讲到希望中央给点权，让广东先走一步，放手干的时候，中共中央主席华国锋问习仲勋："你们想要什么权？"习仲勋说："如果广东是一个独立国家，可能几年就搞上去了，但是现在的体制下，就不容易上去了。"[2]在当时的政治气候下，一个省伸手向中央要权，要特殊政策，是要冒着多大的政治风险啊。这充分体现了习仲勋巨大的政治勇气和政治责任感。特别是在中共中央副主席、国务院副总理李先念在场的情况下，指出了李先念讲话中的不足，更是难能可贵。由于中共中央主席华国

---

[1] 《习仲勋同志在中央工作会议中南组的发言》，1979年4月8日，参见中共广东省委四届三次常委扩大会议文件之一。

[2] 参见《习仲勋主政广东》，第242页。

锋、中共中央副主席李先念和中共中央政治局委员胡耀邦等在场参加讨论，广东先走一步的要求，第一次反映到中央最高领导层中去了。

4月10日，王全国在中南组会议上就如何利用广东有利条件为国家多创外汇的问题作了发言。他指出："广东临近港澳，华侨众多，面向东南亚，在开展经济技术交流，发展外贸和旅游业方面，具有很多有利的条件。""我们要求国家在这方面能给广东一些必要的自主权，让广东先走一步，多干一点。广东完全有条件为国家创造更多的外汇，并通过开展对外经济交流，促进四个现代化建设。"接着王全国汇报了广东经济发展情况，并列举了当前广东碰到的困难：第一，现在的外贸管理体制和规章制度，不能适应对外经济技术交流发展的需要。审批权都在中央。国家统得过多，一报一批手续烦琐，效率很低。第二，农业落后，加上内外贸矛盾，许多农副产品出口数量下降。第三，电力、燃料、交通运输紧张，目前已影响到加工装配和出口任务的完成，如不解决，将严重影响对外经济技术交流的开展。第四，市场供应紧张，随着外贸、旅游、侨汇的迅速增长，市场压力更大，城市公用事业、服务性设施增加存在很大困难。第五，外汇收入分成给地方的比例太小，很难把外贸做大、做活。王全国接着说："以上存在的问题，并不是不可以解决的。只要改革外贸管理体制，中央放手一些，让地方搞活一些，情况就会完全不同。我们有信心通过对外经济技术交流，发展外贸和旅游事业，到一九八五年，搞到一年为国家创汇四五十亿美元。""我们请求中央考虑广东在对外贸易方面的特殊情况，对开展对外经济技术交流的审批权限适当下放，对外汇分成更多地予以照顾，对资金、物资安排给予大力支持，使广东能因地制宜，充分利用本省的有利条件，把外汇做得更活一些、更大一些，为国家多作贡献。"紧接着王全国根据省委常委会的讨论结果，提出了四个方面的要求和建议：

一、改革现行管理体制，将引进外资和技术搞地方建筑材料、农业及农工联合企业、水产捕捞和养殖、地方交通等项目的补偿贸易、合作经营的审批权限下放到省，加工装配业务则全部下放省审批。改变外贸独家经营的体制，给地方一定的经营外贸的权力。边境小额贸易应予恢复，由省掌握。

二、外汇收入扩大地方分成比例，使地方有周转余地，以便地方利用外汇发展农业，建立农副产品出口基地；解决电力、燃料、交通运输问题；解决市场供应和城市建设中的配套问题。办法有两种：一是以1978年外汇收入为基数，在5年或3年内，增长部分中央和地方对半分成，其中侨汇按金额分成，留给地方

10%；一是增加各种外汇收入的分成比例，具体建议如下：(1) 外贸出口，属中央统配的商品，地方留成10%；部管产品，地方、企业留成30%；地方商品留成50%。(2) 侨汇，赡家侨汇地方留成30%；建筑侨汇地方留成40%。(3) 外币兑换收入的外汇，因所换人民币绝大部分在我省投放，建议地方留成30%，用于进口供应市场。(4) 外轮供应及港口外汇留成比例，现行留地方20%，建议恢复"文革"前的办法，全部留给地方。(5) 旅游外汇，近几年内全部留给地方，用以为发展旅游事业打好基础。(6) 对外加工装配缴费，现在是中央分70%，地方和企业分30%，建议改为对半分成。(7) 补偿贸易、合作经营，偿还设备款后，出口产品外汇实行中央和地方对半分成。(8) 外币商店外汇收入，地方留成60%，作为保证进货周转之用。(9) 边境小额贸易，恢复"文革"前办法，外汇全归地方。

三、划定工业加工区，吸收外商来广东投资建厂。建议运用国际惯例，将深圳市、珠海市和汕头市划为对外加工贸易区，并把作为潮（州）梅（州）和闽西南出海口岸的汕头市，辟为进出口岸，促进全省经济的发展，为国家创造更多的外汇。

四、相应解决开展对外经济技术交流所需的国内配套的资金、材料和劳动力指标。办法：一是由省编报计划，国家逐年给予安排；一是由银行逐年给予人民币和外汇贷款。[1]

4月17日，王全国在会议上就如何统一思想认识和进一步落实调整、改革的措施部署作了第三次发言。他在会议上提出"调整方案结合省的实际不够，为了使之更能切合实际，希望允许地方作些调整，中央项目允许地方在行业内调整，地方项目允许地方统筹安排，打破行业界限调整，希望会议期间国家计委及有关部门同我们专门谈一次，具体研究落实计划指标"。对经济体制改革，他说：广大干部群众迫切要求改革，希望这次会议，一是对于整个体制改革，包括中央与地方分权，实行计划调节与市场调节相结合，扩大企业自主权等，明确此原则，会后迅速组织力量调查研究，中央各部门和地方派人参加，国庆节前提出方案；二是把能够马上改革的先定下若干条。[2]

[1] 《中央会议简报》第13期（1979）。参见《王全国同志在中央工作会议中南组的发言》，1979年4月10日，参见中共广东省委四届三次常委扩大会议文件之一。

[2] 参见中共广东省委党史研究室编：《广东改革开放决策者访谈录》，第246页。

福建省委第一书记廖志高等听说广东提出在对外开放先走一步的建议，他们认为福建华侨不少，又面对台湾，他们要求比照广东，希望中央对福建省也实行特殊政策。

邓小平说，就叫特区嘛

4月17日，中共中央政治局召集中央工作会议各组召集人汇报会议，华国锋、邓小平等中央领导出席了会议，听取了习仲勋、林乎加等同志的汇报。习仲勋在汇报中说：广东临近港澳，可以发挥这一优势，在对外开放上做点文章。“我们省委讨论过，这次来开会，希望中央给点权，让广东能够充分利用自己的有利条件先走一步。”他再次讲：“广东要是一个‘独立国’的话，现在会超过香港。”[1] 他要求中央“允许在毗邻港澳的深圳、珠海以及属于重要侨乡的汕头，各划出一块地方，单独进行管理，作为华侨港澳同胞和外商的投资场所，按照国际市场的需要组织生产，初步定名为‘贸易合作区’”。[2]

华国锋就习仲勋提出的“希望中央给点权”问题说：“要放给权，明确提出来。”“小平提的问题今后谷牧到广东研究一下如何解决。珠（海）、宝（安）要研究搞加工区，深圳沙子，现华润（有限公司）包了，不让搞。要搞起来。仲勋同志说，广东要是一个国家，早搞上去了。……要进行体制改革，广东可以搞一个新的体制，试验进行大的改革。”[3]“广东可以先走一步，中央、国务院下决心，想给广东搞点特殊政策，与别的省不同一些，自主权大一些。”[4]

邓小平在插话中说，新加坡吸收外资开厂，利润收入百分之五十可以拿到，还有劳务收入、税收。广东、福建有这个条件，搞特殊省，利用华侨资金、技术，包括设厂。[5] 只要不出大杠杠，不几年就可以上去。美国人问我，你们这样搞会不会变资本主义？我说，我们赚的钱不会装到华国锋同志和我们这些人的口袋里，我们是全民所

[1] 张汉青：《习仲勋在广东改革开放中》，参见《习仲勋革命生涯》，中共党史出版社、中国文史出版社 2002 年版，第 549 页。

[2] 参见《习仲勋主政广东》，第 242—243 页。

[3] 广东省政协文史资料研究委员会编：《经济特区的由来》，第 192 页。

[4] 周茉：《中国经济特区创办发展的高层内幕》，载《当代经济》2001 年第 1 期。

[5] 《“英雄一世，坎坷一生”的习仲勋》，中国共产党新闻网。

有制，社会主义变不了资本主义。如果广东这样搞，每人收入搞到1000至2000元，起码不用向中央要钱嘛。广东、福建两省8000万人，等于一个国家，先富起来没有什么坏处。[1] 小平同志还不时插话说道："中央没有钱，可以给些政策，你们自己去搞。""杀出一条血路来！"[2]

各个小组会议发言后，谷牧同志向邓小平同志汇报说：广东省委提出要求在改革开放中"先行一步"，划出深圳、珠海、汕头等地区，实行特殊的政策措施，以取得改革开放、发展经济的经验。但是，这些地方该叫什么名称才好？原来有"贸易合作区"、"出口工业区"等等，都觉得不合适，定不下来。小平同志很赞成"先行一步"的做法。他说："就叫特区嘛！陕甘宁就是特区。"当天晚上，谷牧同志晚餐后散步到中南海东南角，又见到小平同志。一见面邓小平就问："谷牧，今天上午我说的话你听明白了吗？广东那几个地方就叫'特区'。"谷牧说："明白了。"当天晚上，谷牧同志给习仲勋打电话，告诉他这一消息。第二天，习仲勋来找谷牧同志，问："叫做'特区'了，那以后广东还管不管？是不是直接由中央管？"谷牧同志说："不是，还是由广东管。"谷牧同志把小平同志的意见，向中央作了报告。于是中央工作会议定下了"出口特区"这个名称。[3] 对于这次会议，习仲勋同志在1992年7月为《改革开放在广东——先走一步的实践与思考》所写的《序言》中写道："1979年4月的中央工作会议期间……党中央对广东的工作极为关心和支持，批准了广东省委关于在改革经济管理体制方面让广东先走一步的要求，同意广东搞一个新的体制。在这次会议上，我知道邓小平同志对改革开放的决心很大，说这次'要杀出一条血路来'，充分表达了我们党搞中国式的社会主义现代化的决心。"[4]

会议期间，邓小平同志向中央提议批准广东、福建两省提出的要求。中央工作会议为此正式讨论了这一重大问题，并形成《关于大力发展对外贸易增加外汇收入若干问题的规定》[5]，决定对广东、福建两省实行特殊政策、灵活措施，并在广东的深圳、珠海、汕头，福建的厦门等地试办出口特区。该文件指出："为了调动爱国华侨、港澳同胞参加祖国社会主义建设的积极性，更有效地利用他们的资金、技术和设备，发

---

[1] 中共中央文献研究室编：《邓小平年谱（1975—1997）》，第506页。

[2] 同上，第398、510页。

[3] 广东省政协文史资料研究委员会编：《经济特区的由来》，第556—557页。

[4] 林若等著：《改革开放在广东——先走一步的实践与思考》，广东高等教育出版社1992年版。

[5] 这是1979年4月中央工作会议文件，于1979年8月3日以国务院国发[1979]202号文件正式下发。

展我国出口商品生产，在沿海少数有条件的省市，划出一定地区，如广东省深圳、珠海、汕头，福建省厦门，上海市崇明岛等单独进行管理，作为华侨和港澳商人的投资场所。深圳、珠海两地可以先行先办。其他有条件的省市可以成立华侨投资公司，吸收建设资金，加快地区经济的发展速度。在出口特区，根据国家政策法令，允许华侨、港澳商人直接投资办厂，也允许某些外国厂商投资设厂，或者由地方同他们兴办合资企业，要按照国际市场的需要组织生产，向国家缴纳税收，产品专门供应出口。”“要充分发挥广东、福建两省的有利条件。广东、福建两省临近港澳，华侨众多，发展对外贸易的条件十分有利。中央决定，对这两省要采取特殊政策和灵活的措施，让他们在开展对外贸易，增加外汇收入，加速发展地方经济方面有更广阔的活动余地，为国家四个现代化作出更大的贡献。有关具体政策和措施，另行规定”。可以说，至1979年4月，中央已作出了在深圳、珠海、汕头、厦门，甚至在上海崇明岛试办出口特区的初步决策。

会议结束时，主持会议的华国锋建议说：“小平同志提出的问题，会后由谷牧同志到广东、福建去研究一下如何具体解决，广东可以搞一个新的体制，试验进行大的政策。”[1]

第五节　谷牧奉命筹办出口特区

谷牧率工作组考察粤闽两省

1979年4月中央工作会议期间，中央决定派主管对外开放工作的国务院副总理谷牧同志带领工作组到广东、福建考察，和两省省委一起研究，共同起草实行特殊政策、灵活措施和试办出口特区的文件。4月21日，在获悉中央明确决定后，习仲勋和王全国就让当时也在北京的省委副秘书长张汉青打电话回广东省委、省革委会，通报了中央工作会议的精神，说谷牧同志将带一工作组于五一后来广东，研究如何贯彻，要求做好必要的准备。[2]

---

[1] 张湛彬：《石破天惊》，中国经济出版社1998年版，第442页。

[2] 张汉青同志北京来电（1979年4月21日下午5时半电话记录），参见广东省政协文史资料研究委员会编：《经济特区的由来》，第189—190页。

1979年4月23日，由留在广东的中共广东省委第二书记、省革委会副主任杨尚昆主持，召集中共广东省委常委及有关部门负责人会议，会议研究向谷牧副总理汇报的内容和贯彻中央工作会议精神的计划，成立以省委书记吴南生为首的广东省特区筹备组。会议决定由刘田夫同志主持文件起草工作，并专门成立了由王全国、曾定石同志牵头的起草文件小组，具体负责《汇报提纲》和《关于试办深圳、珠海、汕头出口特区的初步设想》等文件起草工作。

1979年5月3日，刚回到广东的习仲勋主持召开省委常委会议，传达中央工作会议精神，研究如何召开省委扩大会议问题。习仲勋说："搞什么式的现代化？不能离开中国实情，只能搞中国式的现代化，要走出一条中国式现代化道路来，小平说要'杀出一条血路来'。""中央对体制问题，特别是广东的体制改革非常关心。谷牧来，我们要作好汇报。到底咋搞，要好好准备，把大的盘子定下来。这也是从全局出发，20多个省、市也总要有先有后的上。我们挑的担子很重，但很光荣。要好好搞。"[1] 5月14日至26日，广东省委召开常委扩大会，这次会议扩大到省、地、县三级。会议期间，习仲勋向到会同志传达了中央工作会议的精神，并将他向中共中央政治局常委所作的汇报，作了简要说明。他说："党中央对广东的工作极为关心和支持，批准了广东省委关于在'四个现代化'中先走一步的要求，同意搞一个新的体制。""这个问题对我们广东来说，是关系重大的事。""党中央已派谷牧同志来，专门研究这个问题。下一步，谷牧同志和省委要向中央汇报，待中央做出决定后，我们坚决贯彻执行。"[2]

1979年5月初，为迎接谷牧副总理率领的中央工作组的到来，广东省委、省革委会认真做了许多准备工作。5月5日，起草文件小组完成《关于试办深圳、珠海、汕头出口特区的初步设想》初稿，送省党政领导班子成员修改，习仲勋、杨尚昆、刘田夫、王全国、范希贤、曾定石等领导多次进行了修改。10日，习仲勋主持召开省委常委会进行了集体讨论。13日，起草文件小组根据大家意见三易其稿，最后修改定稿。

广东省委就兴办出口特区，初步提出了如下设想：

---

[1] 省委常委会议记录（1979年5月3日），参见广东省政协文史资料研究委员会编：《经济特区的由来》，第190—193页。

[2] 习仲勋在省委四届三次常委扩大会议上的讲话（1979年5月26日），参见广东省政协文史资料研究委员会编：《经济特区的由来》，第194—197页。

一、试办特区的地点范围。初步确定：深圳、珠海、汕头三个市，划为出口特区。第一步先在深圳市西部，南头至蛇口一带，珠海市湾仔、拱北、香洲一带和汕头市岩石（或郊区）、达濠一带，作为出口特区试点。并设置划定特区界线的标志，进行单独管理。经过试办，取得经验后，逐步扩大。

二、特区建设的投资原则。根据国家政策法令，在特区内，允许华侨、港澳商人直接投资办厂，也允许某些外国商人投资设厂，或由地方同他们举办合营企业，同时引进外国的先进的技术和设备，给予优惠的条件，利用当地的劳动力，比较集中地从事加工出口业务。并利用筹集的资金，进行市政建设。

三、特区的水电、道路、交通、邮电、旅馆、医院、餐厅、娱乐场所等公用设施建设，中央安排一定的投资（目前要求中央先拨给一定的开办费）或贷款，搞好基础工作，节省外汇。

四、特区的外商投资办厂，经过双方谈判，就投资项目、生产规模、投资金额和管理分工等，达成协议后，受国家法律保障。外商办厂的限期，初步考虑，15至20年内不收归为国有。

五、特区内交纳土地、厂房租金、水电费、旅游收入、劳动工资收入、税收以及公用设施商业利润等非贸易外汇收入，五年内不上缴，用于发展生产和市政建设。外商完税后所得利润，允许汇出。

六、特区劳动力问题，可以成立劳动服务公司，负责当地实际所需的劳动调配、安排，不受国家劳动指标的限制。

七、对特区的生产企业，实行优惠税制。凡在特区内的设备、物资进口或成品出口，减免关税。另一种意见，参考台湾的办法，投产后三年或五年内豁免利润所得税；或者按投资金额多少，区别不同的免税期限，原则上投资大的减免利润所得税的期限长一些。请中央考虑迅速制定有关税法。

八、特区工资制度。大体上要低于香港，高于国内，可定一个幅度（技术工人包括基本工资、奖金和福利。每人每月最高收入不超过人民币180元）。

九、特区的外汇流通问题。外币可以在指定的外币商店或者其他服务性单位使用，不能在特区通用。我方在外资企业和合营企业人员，其所得外币工资上缴，折付给人民币。个人获得奖金部分可给予少量外币，在外币商店购买商品。

十、特区的管理。设特区管理处，在国家未制定统一办法前，建议授权广东省委、省革命委员会暂先参照国际惯例，处理有关行政和商务事宜。并建立海关、商检、检疫、边检、银行、邮电等机构，就地办理人员、物资进出手续和外汇业务。对于特区内电讯联络问题，请中央有关部门迅速作出相应规定。

十一、对在特区内的外商出入问题，参照国际贸易区的办法制定细则。要简化审批手续。我方核定的商务人员，可给予一年内多次往返的签证。

十二、特区生产企业厂房建设地址，要划出一定范围。土地租用，另行制定办法。建议中央有关单位尽快提出一些立法和章程（如投资法、劳动法等）。

这份文件，是广东省第一份专门关于经济特区建设问题的文件，它涉及了特区建设的基本问题，如特区的选址、立法、基础设施建设、优惠政策、劳动力、管理体制等。同时这也是“特区”一词第一次在正式的文件中出现。当然，由于历史和思想的局限，在这份文件中，也有关于“15 至 20 年内不收归为国有”、“特区工资制度……每人每月最高收入不超过人民币 180 元”等在今天看来不可思议的内容。这也从一个侧面反映了我国经济特区的创建是一个不断探求的艰辛过程。

1979 年 5 月 10 日，邓小平在会见美国商务部部长朱厄妮塔·克雷普斯时说：“我们经济调整本身，是为了使经济发展得更快，更好地利用外国先进技术和资金。还有一个要利用好，就是人才。技术人才、管理人才，这也是我们的缺口。”“经济调整，并不影响我们大量而不是少量地吸收国际资金和引进先进技术及设备。”[1]5 月 16 日，邓小平在会见日本时事通讯社代表团时再次谈到这个问题。他说：“国际上很关心中国提出的经济调整问题。人们提出疑问：这个调整是不是改变了我们四个现代化的方针？是不是改变了我们的经济开放政策？所谓开放，是指大量吸收外国资金和技术来加速我国的四个现代化建设。可以明确地说，这个调整方针是为了更加稳妥和更快地实现四个现代化，更好地执行我们四个现代化的方针和政策。我们除了吸收国际资金、先进技术外，还要学习国际上的管理经验。”[2] 邓小平反复地强调，经济调整不会也不应影响对外开放政策的推进。

1979 年 5 月 11 日至 6 月 5 日，中共中央、国务院根据邓小平的意见，委派主管对外开放工作的国务院副总理谷牧同志带领中央工作组到广东、福建考察，谷牧同志同两省领导人一起研究制订对广东、福建两省实行特殊政策、灵活措施和试办特区的

---

[1] 中共中央文献研究室编：《邓小平年谱（1975—1997）》，第 513 页。

[2] 同上，第 514 页。

方案，并指导两省起草向中央的请示报告。工作组成员包括国务院进出口工作领导小组办公室副主任甘子玉，国家计委副主任段云，外贸部副部长贾石，财政部副部长谢明，国家建委副秘书长、政策研究室主任李灏以及物资部、海关总署、外汇管理总局等部门的同志，一共有十几位同志。谷牧来广东、福建之前，邓小平、李先念等中央领导人专门找他谈话，叶剑英也对这件大事很关心。[1] 邓小平叮嘱谷牧：要杀出一条血路来。不要怕局部出现资本主义，解决局部的问题我们有经验。[2] 谷牧及中央工作组在广东 18 天，同习仲勋、杨尚昆、刘田夫、吴南生、王全国、曾定石、梁湘等同志座谈讨论，先后看了广州、深圳、珠海和佛山、中山、汕头等地，约见港澳工委书记王匡同志到广州交换了意见。当时，叶剑英元帅正好在广东，谷牧专门去向他作汇报，听取他的指示。

1979 年 5 月 11 日，谷牧副总理带领的工作组抵达广州，住进广东省委招待所珠岛宾馆。5 月 14 日，谷牧及工作组在珠岛宾馆听取了广东省委的详细汇报并作了指示。参加汇报的广东省领导有：习仲勋、杨尚昆、刘田夫、王全国、曾定石。广东省委的汇报内容，与习仲勋、王全国之前在参加中央工作会议上的汇报内容大体相同[3]，主要有以下四个方面：

一、广东的基本情况，包括面积、人口、自然资源、华侨港澳同胞、工农业生产、外贸出口和财政收入等方面的情况。

二、广东国民经济当前存在的突出问题：(1) 农业发展缓慢。(2) 燃料动力不足，交通运输紧张。(3) 市场供应紧张，压力越来越大。(4) 现行管理体制统得过多、过死，不利于扩大对外经济技术交流的发展。(5) 装配加工、补偿贸易等国内配套的资金、材料、劳动力安排，无法落实和保证供应，一些必要的改建、扩建生产设施跟不上，不能适应经济的发展。

三、建议和要求：(1) 多生产、多出口换汇率高、收汇多的农副产品、鲜活商品，发展轻工业和轻型加工工业，向高级精密产品的方向发展。(2) 地方

---

[1] 张汉青：《习仲勋在广东改革开放中》，载《习仲勋革命生涯》，中共党史出版社、中国文史出版社 2002 年版，第 550 页。

[2] 刘向东主编：《对外开放起始录》，经济管理出版社 2008 年版，第 7 页。

[3] 刘田夫：《蛇口的开发和深圳特区的早期建设》，载全国政协文史和学习委员会编：《经济特区的建设》，中国文史出版社 2009 年版，第 17 页。

建筑材料的出口，某些有色金属及其加工制品的出口。(3) 大搞加工装配、补偿贸易、合作经营；建立出口特区，允许华侨、外商投资建厂。(4) 进一步落实华侨政策，改善侨汇物资供应，积极争取外汇，积极发展旅游事业。

四、初步设想：(1) 改革经济管理体制，扩大地方权限。(2) 扩大外汇收入的地方分成比例。(3) 试办出口特区，进行单独管理，利用外商资金、技术和设备，发展我国出口产品。(4) 补偿贸易、来料加工等需由国内配套的少量基建投资和三大材料，建议由建设银行和中国银行发放贷款。今年先拨给基建专款贷款1亿元，外汇贷款1亿美元。(5) 帮助和支持广东克服国民经济中的薄弱环节，改变农业的落后面貌，扭转电力、燃料和交通运输的紧张状况。

谷牧副总理认真听取了广东省委的汇报后，作了重要指示。他说："全国的体制要改革，广东更要改革快一些。广东发展快一些，意义重大。""中央最近的那些决定，决不翻案。要杀出一条血路，创造经验。广东要比那些决定更开放些。""要改革体制，就要研究如何搞计划经济和按经济规律办事，实行计划经济与市场调节相结合。""你们和港澳打交道，基本上按照他们的办法去做。我们搞特区，还是在中央、省委的领导下，变不了资本主义。""总之，思想要解放一点。"他甚至还谈到文件起草的结构和内容，他说："第一部分，讲解决这个问题的必要性，讲清楚解决这个问题的根据和道理。""然后一条条写广东的体制要解决的问题。正面讲要实行什么体制。""最后专门讲一条当前要给广东解决的具体问题，如电、煤、石油、铁路、运输等。"他还特别强调："还有许多立法工作要做。"[1]

按照谷牧副总理的指示，广东省委、省革委会委托王全国、曾定石与中央工作组的甘子玉、李灏同志一道研究起草文件，杨立、秦文俊、赵君泽等广东省的同志也参与了起草的具体工作。

5月14日，谷牧在刘田夫的陪同下前往深圳市视察。工作组住在深圳最好的招待所，这个招待所是二层楼，除三个有卫生间的房间外，其他都用公共卫生间，周围环境很差。工作组在深圳实地进行了考察，特别是还沿着深圳河沿线进行了察看，听取

[1] 谷牧：《关于起草广东实行特殊政策、灵活措施的文件的几点意见》(1979年5月14日)，广东省委办公厅编：《中央对广东工作的指示汇编（1979—1982年）》，第9、10页。

了当地干部群众的意见。在从深圳回广州的路上，工作组参观了几个为港澳商人搞加工的电子厂，听了负责同志的介绍。并专门实地考察了香港招商局蛇口工业区。谷牧在深圳考察时指出："从香港引进技术，搞来料加工，利用我们廉价的劳动力，很有前途"，"光靠旅游、来料加工赚外汇不行，要到港澳市场、国际市场上去闯。""我们搞特区，是在党中央、国务院领导下，变不了资本主义；划出深圳、珠海为特区，在国家大政方针下，坚持社会主义、开放这两点是稳妥的，一定要把深圳、珠海这两个开放点搞好。"[1] 他还说："现在往那边跑得多，将来一定往我们这边来的多。我们大家共同努力。"[2]5 月 16 日，谷牧在刘田夫的陪同下又前往珠海市视察。他们先乘车到达顺德，下午抵达中山县翠亨村，参观了孙中山先生的故居。晚上，谷牧同志听取了刘田夫和珠海市委书记吴健民的汇报。谷牧说："对比之下（与港澳比），我们落后了。""看了你们这里的形势，更加觉得中央下决心解决广东的体制问题十分必要。如果现在再不下决心，就像孙中山所说的，我们确实是在'睡觉'了。我们不能再'睡觉'了，要'醒'过来，来一个大转变。先从小范围搞起，这没有多大危险性。""现在中央下决心解决广东的体制问题，比各省市更开放一点，使广东发展更快一点。广东面临港澳，划深圳、珠海为特区，在国家统一的大政方针下，坚持社会主义道路，不能搞联邦，不能搞资本主义。但可以考虑你们特殊的一些做法，基本的做法可以比其他省更活一些。""现在要求广东搞快一点，也是为全国体制改革探索经验。""我们想通过广东吸取经验，解决全国的问题，来考虑全国的体制改革。""按现在设想，开放深圳、珠海这两个点，是稳妥的。在体制上就算出点问题也没关系，我们准备它出点小毛病，大的毛病不会出。我们有中央统一的方针、政策，我们为什么不能把深圳、珠海两个开放点搞好呢！"谷牧甚至预言："你们广东可以充分利用沿海的条件，发展为东方大工业区，现在是港澳郊区，将来发展起来要超过港、澳，到本世纪末，要使港澳离了你们（珠海、深圳）就寸步难行，只要我们不'睡觉'，不发生'四人帮'事件，不受大的破坏，到本世纪末保证可以赶上它们。"[3] 谷牧还对深圳、珠海的城市规划和边防向后撤等问题作出了明确指示。

5 月 20 日，谷牧和中央工作组在珠岛宾馆再次与广东省委、省革委会的习仲勋、

[1] 曹普：《谷牧与 1978—1988 年的中国对外开放》，载谢春涛主编：《改革风云》2005 年版，第 146 页。
[2] 陈宏：《1979—2000 深圳重大决策与事件民间观察》，长江文艺出版社 2006 年版，第 8 页。
[3] 谷牧：《现在是觉醒的时候了》（1979 年 5 月 16 日），载中共广东省委办公厅编印：《中央对广东工作指示汇编（1979—1982 年）》，第 14—17 页。

杨尚昆、刘田夫、王全国、曾定石等人交换起草文件的意见。谷牧发表了重要讲话，主要谈了四个方面的问题：

一、中央决定广东先走一步，搞快一点，是完全正确的。广东也完全有这个条件。港澳离我们这么近，港澳的绝大多数居民是广东人，他们的生活依赖我们，离不开我们。他们那里已没有发展余地。所以，广东的同志，要努一把力。广东从香港引进技术、搞来料加工，利用我们廉价的劳动力，很有前途。我们应当很有信心利用港澳的条件，加快我们的建设步伐。第一目标是50亿美元的外汇收入，要争取超额。第二个目标，就是要把这几年来被日本、中国台湾地区夺去的香港市场夺回来，三年不成五年也可以。第三要赶超港澳（出口水平）。

二、中央对广东实行大包干。包干基数，可按去年的实绩或今年的实绩，五年不变，到八五年要作出贡献。外贸出口增长部分的外汇，中央和省三七分成。除了铁路、邮电、港口、军工、海关等以外，干干净净大包干。

三、加快发展步伐。除了政策、体制以外，还要很快赶上国内外的先进工业水平，要到港澳市场、国际市场上去闯，根据商品经济的规律安排市场，以尽快适应港澳市场的需要。

四、你们要有信心要有决心执行中央这个决定。但做起来也不简单。因此，要做好准备，稳步前进。他还特别强调，在意识形态问题上要有准备。还有走私问题要警惕，坚决打击。他说，路子是对的，将来出点乱子也难免。要加强领导。思想阻力不会少，干部思想不易统一。[1]

5月24日至25日，谷牧一行前往汕头视察调研，参观了汕头市工艺美术展览馆、抽纱一厂、超声电子仪器厂和岩石、中山公园等，听取了汕头地委书记刘俊杰等领导的汇报，并作了重要指示。[2] 谷牧说，中央已决定在广东实行新体制，从各方面给地方自主权。划深圳、珠海、汕头三个特区，采取一些更宽大、别人不能享受的待遇，

[1] 谷牧：《关于起草广东实行特殊政策、灵活措施的文件的几点意见》（1979年5月14日），载中国广东省委办公厅编：《中央对广东工作的指示汇编（1979—1982年）》，第9、10页。

[2] 汕头市地方志办公室编：《汕头大事记》（下），第157页。

更放手让你们利用港澳和华侨的有利条件，搞点特殊的政策。对于如何适应中央的要求，谷牧指出：要抓住汕头的特点，总结历史的经验，从现实出发，实事求是，按照中央指示作出具体规划。他还指出，新中国成立这么多年没有什么大发展，汕头港历史上最高吞吐量达到600多万吨，现在才100多万吨，要进行研究，吸取经验教训。汕头的超声波电子仪器、渔网、抽纱、瓷器、工艺品很好，都可以大量地发展。市区、港口规划要考虑工农业、外贸发展的需要。关于海上捕捞，谷牧强调汕头要重视发展鳗鱼。他还指出要降低成本，提高产品质量，使产品成倍地增长，以提高产品在国际市场上的竞争能力。在谈到对外开放方面，谷牧说，同外国人、侨胞谈判，从中央到地方大家都还没有经验，没有与外国人打交道的实践。因此，我们的领导班子要从战争中学会战争。[1]

对于汕头办特区，有个小插曲值得一提。按照中央工作会议的精神，中央决定要在深圳、珠海、汕头、厦门、上海崇明岛试办出口特区。但是，谷牧同志到广东后却说汕头办特区的条件不够，只办深圳、珠海特区。据吴南生后来接受采访时回忆说："在这期间，谷牧同志和我个别交谈。他说，中央有个意见，汕头办特区的条件不够，只办深圳、珠海，你的意见怎样？我说，谷牧同志，如果不在汕头办特区，我也不负责办特区了。不是因为汕头是我的故乡，而是办特区的建议是在汕头酝酿开始的，海外和港澳的朋友们都知道。不办了，我就失掉信用了。一个没有信用的人是不能办特区的！谷牧说，啊，要讲信用！我明白了，那么，推迟办行不行？我说，行。这就是中央决定缓办汕头特区的内情。"[2] 对于这点，我们认为是可信的。因为，在谷牧广东之行的前几次讲话中，只提到划定深圳、珠海为特区和深圳、珠海两个开放点，只字没有提到汕头设立特区的问题。如果没有吴南生的争取，汕头也许会就像上海的崇明岛一样，被排除在特区之外。原汕头市委书记林兴胜同志在接受专访时曾说："我认为，中央决定在汕头设立经济特区，有其特殊意义，也是吴南生同志极力向中央陈情争取的结果。"[3] 谷牧当时为什么认为汕头不具备办特区的条件？而汕头经济特区后来的发展，似乎也印证着一些什么呢？对于这一点，很值得研究和总结。当然从中央最后确定给予汕头首批创建特区地位之日起，谷牧便尽力支持和关心汕头特区的建设和

[1] 中共汕头市委党史研究室编：《中国经济特区的建立与发展》（汕头卷），中共党史出版社1996年版，第27页。
[2] 《解析广东经济特区酝酿过程：邓小平定下特区名》，载《南方都市报》2008年4月7日。
[3] 参见中共广东省委党史研究室编：《广东改革开放决策者访谈录》，第638页。

发展，只要汕头有一点成绩，谷牧就给予肯定、鼓舞。在1979年至2002年的23个年头里，谷牧同志先后到过汕头特区10次，还三次在北京专门主持会议讨论汕头特区事宜。林兴胜同志于2009年在接受采访再次谈道："汕头特区的顺利创办，除了原省委书记吴南生的积极争取之外，与谷牧同志对汕头的关心和支持是分不开的。"[1]

1979年5月29日，谷牧一行前往福建。在福建的8天里，谷牧及中央工作组除在福州与福建省的负责人廖志高（中共福建省委第一书记、省革委会主任）、马兴元（中共福建省委书记、省革委会副主任）、郭超（省委书记）、毕际昌（省革委会副主任）等同志讨论外，在从广东去福建途中看了漳州、厦门、泉州等地，沿途与这几个地方的同志一道分析那里的经济发展条件，研究规划目标和重要措施，讨论如何改革经济体制，增强地方经济活力，加强对外经贸工作，增收外汇，增加先进技术的引进。在福州，谷牧及工作组全体成员听取了福建省委、省政府的详细汇报，了解了福建利用侨资、侨汇和发展外贸出口等情况。谷牧同意福建省委对福建情况的基本分析，认为福建全省干部群众应该把握有利时机和条件，迅速动员起来，解放思想，开动脑筋，群策群力，艰苦奋斗，使福建的国民经济发展得更快、更好。谷牧及工作组同志与福建省的领导一起，共同研究了福建如何充分发挥有利条件，充分利用侨资、外资，发展对外贸易，加快国民经济发展的政策措施和改革体制等问题。[2]

谷牧及中央工作组经过对广东、福建的实地考察，并同两省的有关同志进行了深入讨论后，大家一致认为，中央把广东、福建两省作为改革开放的试点的决策是正确的，也是有条件的。但是中央部门与地方的同志也存在不少分歧，有时不免争得脸红脖子粗。地方的同志埋怨中央部门揽权太多，甚至出口点鸡毛蒜皮的东西、修个厕所的钱都要审批；刚进机关门不久的大学生，一个人掌握几个省的计划项目和财政收支的生杀大权，说砍就砍；有的事地方争一争，就说是"地方主义"。中央部门的同志强调：国家资源、财力有限，为了集中力量办一些关系全局利益的大事，必要的集中统一是需要的。首先是财政、外汇改革的问题。中央有关部门和地方都同意实行大包干，当时在江苏等省实行的财政包干已取得良好效果。但是，如何包干、具体基数如何计算等，则存在明显分歧。地方的同志希望对地方宽松一些，包干基数定得低一

[1] 《深情怀念"特区建设总工程师"——我市老同志追忆谷牧同志支持创建汕头特区往事》，载《汕头日报》2009年11月17日。

[2] 参见《谷牧回忆录》，第347—348页。王盛泽：《谷牧与福建的改革开放》，载《政协天地》2004年第5期。

些。部里的同志强调国家的承受能力，尽可能紧一点。地方希望按前三年的平均数确定基数，而中央部门的同志则提出以1978年或者1979年的实际收支作基数。计算外汇基数更麻烦些，争论更多。就计划、外贸、企业管理权下放到什么程度，物资、商业体制如何改，都有过激烈的争论。每当有的发言过分出格的时候，谷牧副总理都要给予批评、指正，以掌握讨论的正确方向。谷牧说：总的原则是要体现邓小平同志提出的"给予地方更多的自主权"。部里同志的思想要更解放一些，地方同志也要有全局观念。算账宜粗不宜细。大家要同心协力，共同为改革开放闯出一条路来[1]。经过反复讨论协调，最后形成了关于创办经济特区的以下四点思路：

一、广东、福建两省经济发展潜力大，但新中国成立后30年间不是国家建设的重点省份，工业和基础设施与京、津、沪、辽比较，相对落后，优势未能很好发挥。要发挥两省的经济优势，加快经济发展，就必须对经济体制进行改革，改变过分集中的计划经济体制，扩大两省管理经济的权限，调动地方的积极性。要在中央统一领导下实行经济计划以省为主安排、实施。

二、这两省都是重要侨乡，具有发展对外贸易活动的优势和条件，在对外贸易、吸收外资、引进技术等方面，应赋予这两省较多的机动权，在国家计划中单列一块，使其发挥地缘、人文优势，先行一步。

三、两省加速建设所需资金，主要由地方自筹，国家给予照顾支持。具体办法是一定年限内对两省实行财政大包干，划分收支，定额上交，把新增的收益较多地留给地方，增强地方自筹建设资金的能力。

四、在毗邻港澳的深圳、珠海和海外华侨华人众多的汕头，还有面对台湾的厦门，各划出一块地方，实行更优惠的政策，吸收外资，发展对外加工装配、举办出口基地，以扩大对外出口贸易，加速建设速度。[2]

在广东、福建两省实行特殊政策、灵活措施方面定了以下四条：

一、经济计划以省为主，赋予这两省较多的机动权。下放计划、外贸、

[1]　刘向东主编：《对外开放起始录》，经济管理出版社2008年版，第8—10页。

[2]　参见谷牧：《小平同志领导我们抓对外开放》，载《回忆邓小平》（上），中央文献出版社1998年版。

企业管理等权限。除铁路、港口、邮电、民航、海关、银行和国防科研、国防工业等企事业单位外，其他一般都交由省管理；计划以省为主制订，纳入全国计划；省里可根据自己的具体情况，自行安排劳动力、奖金提成比例；设立投资公司，吸收外资，自借、自用、自还；凡不涉及全国综合平衡的加工装配、补偿贸易和合资经营项目，由省自行审批；省内生产出口的商品，可在本省口岸自行直接成交出口；地方外汇进口物资作价和自产自销的商品作价，由省决定；可在港澳设立外贸业务机构，承办本省业务。

二、财政上划分收支，新增收益较多地留给地方。改革统收统支的财政、外汇管理体制，实行包干制。外汇以1978年的实绩为基数，财政以1979年的实绩为基数，从1980年开始，广东省五年内除外贸出口收汇增长部分上缴中央三成外，财政和其他各项外汇收入的增长部分，全部留给省里，由省内综合平衡，包干安排。福建省由于经济基础较差，实行定额补贴五年。

三、物资、商业体制适当运用市场经济的作用。以1978年为基数，从1980年起五年内保证基数内的物资、商品调出调入；少调或超调部分，由省与国家有关部门商定，用人民币或外币进行结算。

四、在深圳、珠海、汕头、厦门各划出一定区域办出口特区，优惠税率，吸引外资，发展出口商品的生产。[1]

按照上述思路，谷牧及中央工作组帮助广东、福建两省分别起草了向中央请示的政策性报告。

1979年6月1日，中共中央副主席叶剑英接见在广州参加省委召开的三级干部会议的地、市、县委书记，对广东工作作了重要指示，他特别强调要认真搞好经济体制改革。广东作为全国的试点，搞好了，可以推动全国、促进全国。

1979年6月6日，广东省委向党中央、国务院上报了《中共广东省委关于发挥广东优势条件，扩大对外贸易，加快经济发展的报告》，《报告》包括五个方面的内容：一是扩大对外贸易、加快经济发展的优越条件；二是初步规划设想；三是实行特殊的经济管理体制；四是试办出口特区；五是切实加强党对经济工作的领导。在报告里，广东省还希望中央帮助其解决在化肥、电力、燃料和交通运输等方面存在的突出困

---

[1] 刘向东主编：《对外开放起始录》，第60—61页。

难。广东省委在报告中提出，三个特区建设也要有步骤地进行，先重点抓好深圳市的建设。报告还提出："特区内允许华侨、港澳商人直接投资办厂，也允许某些外国厂商投资办厂，或同他们兴办合营企业和旅游事业。""特区的管理原则是，既要维护我国的主权，执行中国的法律、法令，遵守中国的外汇管理和海关制度；又要在经济上实行开放政策。外商办厂受我国的法律保障；特区需要进口物资和出口产品，实行减免税制；外商所得的合法利润，在交纳各项税款之后，可以按有关规定汇出；简化人员的出入手续；特区设中国银行的机构，可同中国银行港澳分行直接往来，开立账户，办理结账手续；特区的工资，可高于全国和广东省的平均水平；我方在外资企业和合营企业的人员，其所得的外币工资上缴，按特区的工资标准，付给人民币。具体的管理办法，要根据上述原则，尽早制定细则，并建立海关、商检、检疫、边检、银行、邮电等机构，办理有关业务。""特区建设，要搞好总体规划，搞好基础设施，如供水、供电、道路、码头、通讯、仓储等。所需投资，采取财政拨款、银行贷款和吸收外商资金等办法解决。在发展步骤上，要先搞加工装配、轻型加工工业和旅游事业等，逐步积累资金，再兴办加工程度高的项目。"广东省委的报告还提出："试办出口特区，涉及面广，政策性强，搞得好坏都在国内外起很大影响，我们缺乏必要的知识和经验，请中央有关部门加强领导，给予帮助。并拟邀请国内有关专家，来我省参与规划和制订办法等工作"。

1979 年 6 月 9 日，福建省委向党中央、国务院上报了《中共福建省委、省革委会关于利用侨资、外资，发展对外贸易，加速福建社会主义建设的请示报告》，《请示报告》包括五个方面的内容：一是福建加快经济发展的有利条件；二是发展规划设想；三是体制政策；四是请国家支持在一九八二年以前解决的几个问题；五是加强党的领导。福建省委在报告中提出了建立厦门出口特区的要求："厦门出口特区的设立和办法，按照中央的有关规定办。"

中央决定创办出口特区

谷牧率领工作组结束在广东、福建的调研工作后，紧接着赶到杭州，分别向陈云、李先念两位中央领导同志作了汇报。他们对提出的方案都表示赞同。谷牧副总理回到北京后，将与广东、福建两省达成的一致意见写成书面报告上报党中央、国务院，同时印报华主席、各副主席、政治局在京同志、各副总理、财经委员会各同志。该报告指出：经与广东、福建两省初步商定，在深圳、珠海、汕头、厦门的适当区域，试办特区。深圳、珠海可先走一步。特区内允许华侨、港澳商人直接投资办厂，也允许某些外国厂商投资办厂，或同我们兴办合营企业和旅游事业等。特区的管理原则，既要维护我国的主权，执行我国的法律、法令，遵守我国的外汇管理和海关制度；又要在经济上实行开放政策。比如，外商投资办厂受国家法律的保障；对所需的进口物资和出口商品，实行优惠税制；外商所得合法利润，可按规定汇出；简化人员出入境手续；银行可同中国银行港澳分行直接往来；工资可以适当高些等。实际上就是海关后移。具体管理细则，委托广东省拟定。因为这个问题比较复杂，也还得请一些国内的有关专家详细论证，提出具体方案。[1] 除了书面报告外，谷牧副总理还当面向几位中央领导同志作了汇报。谷牧向邓小平汇报时说，准备划出办区的四块地方，国外有的叫"出口加工区"，有的叫"自由贸易区"，有的叫"投资促进区"等等，我们究竟叫什么合适？邓小平同志再次明确指出：还是叫特区好，陕甘宁开始时就叫特区嘛！[2]

1979 年 6 月 23 日，中共中央、国务院召开会议，专门听取了谷牧副总理带领工作组到广东、福建帮助两省研究落实中央对两省实行特殊政策和灵活措施及试办特区的决策的情况汇报，参加会议的有在京的党中央、国务院领导、各有关部委负责人、两省党政主要负责人。与会同志一致同意所提出的政策措施。关于出口特区，会议提出可先在深圳、珠海两市试办，待取得经验后，再考虑在汕头、厦门设置的问题。会议决定，对两省的报告予以批转，确定对广东、福建两省实行特殊政策、灵活措施和试办出口特区。

1979 年 6 月 23 日，中共中央主席华国锋在五届全国人大二次会议广东代表团讨论会上讲话时说："中央、国务院下决心，想给广东搞点特殊政策，自主权大一些。同志们提出，中央也同意在深圳、珠海搞特区，搞成特区可能发展快一些。因为广东和别的省不一样，它有特殊的有利条件：广东是祖国的南大门，面对港澳，实现四个现代化，广东能够发展得快一点。我派谷牧同志去那里，他专门作了些调查研究，听取了省领导和各方面意见，回来后给中央写了个报告。"[3]

1979 年 6 月 29 日，广东省委书记习仲勋到珠海市检查工作。他在珠海市干部大

---

[1] 参见刘向东主编：《对外开放起始录》，第 60—61 页。

[2] 《谷牧回忆录》，第 348—349 页。

[3] 深圳市史志办公室编：《中国经济特区的建立与发展》（深圳卷），中共党史出版社 1997 年版，第 52 页。

会上发表讲话时指出："珠海由县改市，不是单纯名称的改变，而是要将珠海建成一个特区。这种特区，不是引进澳门的制度。我们坚持的，仍是社会主义制度。"[1]

1979 年 7 月 1 日，五届全国人大二次会议审议通过了《中华人民共和国中外合资经营企业法》。这部法律是谷牧副总理根据邓小平的指示主持制订的，前后经过深入调研，用了近半年的时间制订完成。这是我国第一部利用外资的法律，至此，我国吸收外资有了法律保障。

1979 年 7 月 17 日，姚依林同志将《中共中央、国务院批转广东省委、福建省委关于实行特殊政策和灵活措施的两个报告》的印刷清样，批请中央政治局委员、中共中央秘书长兼中央宣传部部长胡耀邦同志批示。7 月 18 日，胡耀邦阅后给中共中央主席华国锋同志写了一封短信，建议在文件标题和文中多处加上"对外经济活动"，建议给其他省市委发一份，因为该文件原发至单位是"中共广东、福建省委、省革委会，中央、国务院各有关部、委、局"。华国锋同志很快圈阅并批示：同意发各省一份。胡耀邦同志写的这封信的内容是：[2]

华主席：

口头上讲"特殊政策"是一种简化的说法，写在中央文件上，恐引起党内外误会，经与谷牧、依林同志商量，前面加了一个"对外经济活动"的限制词。

这个文件是否也可发其他省市委一份？这对他们也可起思想上的鼓舞和启发作用。请考虑。（谷牧同志要求快发）

胡耀邦

7.18

1979 年 7 月 19 日，中共中央以中发 [1979]50 号文件发出《中共中央、国务院批转广东省委、福建省委关于对外经济活动实行特殊政策和灵活措施的两个报告》，文件决定在深圳、珠海、汕头和厦门试办特区。该文件落款时间是 1979 年 7 月 15 日，实际上此时文件尚未签批完成，在随后党中央、国务院领导签批过程中，又作了修

[1] 参见《习仲勋主政广东》，第 255 页。吴健民：《创办珠海特区五年的回忆》，第 80 页。
[2] 李岚清：《突围：国门初开的岁月》，第 90 页。

改，直到7月19日才正式发出。这个发出日期也印在了文件的后面。[1]

中央50号文件指出："广东、福建两省靠近港澳，华侨多，资源比较丰富，具有加快经济发展的许多有利条件。中央决定对两省对外经济活动实行特殊政策和灵活措施，给地方以更多的主动权，使之发挥优越条件，抓紧当前有利的国际形势，先走一步，把经济尽快搞上去。这是一个重要的决策，对加速我国的四个现代化建设，有重要的意义。""在闽、粤两省执行特殊政策过程中，各有关方面难免出现一些复杂情况，中央、国务院拟随时组织一个协调小组，随时了解闽、粤两省执行政策的情况，适时协调有关方面的关系，适时解决矛盾，使这个对外经济活动的新的特殊的政策得到顺利的进行。"

中央决定对广东、福建两省在对外经济活动中实行特殊政策和灵活措施，50号文件指出："两省提出的初步规划设想，是可行的。""两省报告所建议的经济管理体制，即在中央统一领导下实行大包干的办法，中央和国务院原则同意试行。"其主要内容有：

一、计划体制以地方为主，实行"条块结合，以块为主"，生产、基建、技术、财政、物资、外贸、商品流通、劳动工资、科技、旅游、文教卫生等各项计划，均以省为主制订。实行企事业下放，除铁路、港口、邮电、民航、海关、银行和国防科研、国防工业等以外，全部下放给省管理。

二、财政体制实行大包干，划分收支，定额上交（或补贴），五年不变。广东每年上缴中央财政为12亿元，福建每年补助1亿元，以后年度到时另议。增收部分归省自行安排支出，不再向中央另外要钱。

三、扩大外贸权限。在国家统一对外贸易方针指导下，由两省分别自行安排和经营本省的对外贸易，成立省外贸公司，承办口岸进出口业务。凡不涉及全国综合平衡的加工装配、补偿贸易和合资经营项目，由省自行审批。外贸出口收汇，以1978年实绩为基数，增收部分上缴中央三成，余额留地方使用。

四、搞活金融体制。要在国家统一政策、规定和计划的安排下，给地方以适当的机动权。两省的外汇收支，由省制订计划，自行安排，报中央备案。两省可

[1] 中共广东省委办公厅编：《中央对广东工作的指示汇编（1979—1982年）》，第18—20页。

设立投资公司，吸收侨商和外商投资，自借、自用、自还。拨给两省一定额度的人民币和外汇贷款，由省审批，择优放贷。

五、物资、商业实行新的经济体制，适当利用市场的调节。以1978年为基数，保证国家的调出和调入，其余由省灵活统筹安排。

六、在物价、劳动工资方面，扩大省级的权限。两省可以自定省内自销产品的价格，劳动力安排不受国家劳动指标和工资总额的限制。奖金的提成比例，可略高于全国的水平，给地方以灵活性。

七、两省报告中所提铁路、港口、电力等问题，应积极设法解决，由国家计委会同有关部门研究安排。

对于试办出口特区，中央50号文件指出："关于出口特区，可先在深圳、珠海两市试办，待取得经验后，再考虑在汕头、厦门设置的问题。""特区的管理原则是，既要维护我国的主权，执行中国法律、法令，遵守我国的外汇管理和海关制度，又要在经济上实行开放政策。"其具体政策主要有：

一、特区内允许华侨、港澳商人和外国厂商直接投资办厂，或同他们兴办合营企业和旅游等事业。

二、外商投资办厂受我国法律的保护；特区需用的进口物资和出口商品，实行优惠税制；外商所得的合法利润，在缴纳各项税款之后，可按有关规定汇出；简化人员出入的手续。

三、特区设中国银行的机构，可同中国银行港澳分行直接往来，开立账户，办理结账手续。

四、特区的工资，可高于全国和两省的平均水平。我方在外资企业和合营企业的人员，其所得外币工资上缴，按特区的工资标准，付给人民币。

五、具体管理办法，要根据上述原则，尽早制定细则。并建立海关、商检、检疫、边检、银行、邮电等机构，办理有关业务。

中央50号文件的下发，标志着中央正式作出了创办深圳、珠海、汕头、厦门四个特区的战略决策，由此正式拉开经济特区创办的历史序幕。谷牧在其回忆录中说："这是一项重大决策，是'对外开放'、'对内搞活'的重要部署。""后来举办特区与两省逐步实现特殊政策、灵活措施并列为我国实行改革开放的重要部署。”[1]

第六节　从出口特区到经济特区

中央设立对外开放前沿指挥部

1979年7月，中央下发的50号文件指出：“在闽、粤两省执行特殊政策过程中，各有关方面难免出现一些复杂情况，中央、国务院拟随时组织一个协调小组，随时了解闽、粤两省执行政策的情况，适时协调有关方面的关系，适时解决矛盾，使这个对外经济活动的新的特殊的政策得到顺利的进行。”

实际上，在这之前，我国对外开放工作主要由国务院新技术引进领导小组和国务院进出口领导小组来抓。为统一领导新技术引进工作，1978年5月18日，中共中央批准国务院成立新技术引进领导小组，由时任中共中央政治局委员、国务院副总理兼国家计委主任余秋里任组长，副组长是当时国家计委的副主任顾明。该小组的任务主要是统筹提出新技术和成套设备的引进计划，搞好综合平衡；向中共中央、国务院提出有关引进的方针、政策和建议；组织引进计划的实施，进行督促检查，总结交流各方面的经验；组织有关方面研究、消化和发展引进的新技术等。另外，还要完善相关引进法规，使引进工作有根据、有保证。

为了加强对外经济贸易的领导，1979年3月，国务院下发《关于成立进出口领导小组的通知》（国发[1979]73号文），决定成立国家进出口领导小组[2]，由中共中央政治局委员、国务院副总理兼国家计委主任余秋里同志任组长，方毅、王震、陈慕华、王任重、谷牧、康世恩等几位副总理任副组长。小组成员有：李强（外贸部部长）、韩光（国家建委副主任）、张劲夫（财政部部长）、李葆华（中国人民银行行长）、陈国栋（国务院财贸小组副组长）、袁宝华（国家经委副主任）、顾明（国家计委常务副主任）、段云（国家计委副主任）、洪学智（国务院国防工业办公室主任）。领导小组

[1] 《谷牧回忆录》，第350页。

[2] 1979年2月24日，谷牧修改并签发《中共中央、国务院关于成立国务院进出口领导小组的通知》（代拟稿）：“印送先念、秋里、任重同志审批后上报。”

负责审议有关的重大方针、政策、规划等事项，谷牧同志全权负责日常领导工作。国务院进出口领导小组下设进出口工作办公会议，由谷牧同志主持，有关部门主管负责同志参加，处理比较重要的日常工作。办公会议下设办公室，由顾明同志任主任，甘子玉（国家计委副主任）、周建南（兼）、崔群（兼）、卜明（兼）任副主任。办公室还聘请一批法律、国际金融、会计等方面的顾问。中央同时规定，国务院有关部委和各省、市、自治区都应成立进出口领导小组，由第一或第二把手任组长，工作上受国务院进出口领导小组领导。

1979 年 7 月 20 日，谷牧副总理签发并向中央呈报《关于筹组进出口管理委员会和外国投资管理委员会的请示报告》。“李（先念）副主席审阅后印报华主席、各副主席，政治局在京同志，各副总理，财经领导小组各同志。”李先念副主席及其他中央领导很快圈阅同意。同日，中共中央主席、国务院总理华国锋向全国人民代表大会常务委员会提出：为加强对外国投资的管理，建议成立中华人民共和国外国投资管理委员会；为加强对进出口、外汇平衡和引进新技术的管理，建议成立中华人民共和国进出口管理委员会，提名谷牧副总理兼两个委员会主任。7 月 30 日，谷牧副总理向全国人大常委会作了《关于筹组进出口管理委员会和外国投资管理委员会的说明》。同日，第五届全国人大常委会第十次会议审议通过了《全国人民代表大会常务委员会关于设立外国投资管理委员会、进出口管理委员会和任命名单的决定》，决定成立中华人民共和国外国投资管理委员会和进出口管理委员会，具体负责对外开放有关问题的实施，加强对外经济贸易的管理，任命谷牧兼任两委主任。这两个机构是正部级单位，实际工作范围很大，跨了经济和外交两个领域不说，国家进出口的政策、范围和数量都要由这两个部门拿出意见。但最实际的任务，是具体负责国家对外开放工作。而对外开放工作中，其中一项十分重要的工作就是指导和负责特区建设。

1979 年 8 月 23 日，中共中央、国务院下发《关于进出口管理委员会、外国投资管理委员会的任务和机构的通知》（中发 [1979]60 号文），该文件指出，这两个委员会，是一个机构，两个名称（出口管理委员会简称“国家进出口委”；外国投资管理委员会简称“外资委”），直接对中央负责。撤销原国务院新技术引进领导小组和进出口领导小组。两委具体承担贯彻实施对外开放和试办特区战略部署的职责。具体来说，这两个委员会的主要任务、机构设置和工作要求如下：

一、进出口管理委员会和外商投资管理委员会的主要任务。一是会同有关部门制订发展进出口贸易、技术引进、利用外资，以及对外经济合作的方针、政策、条例、规章，研究总结经验，改革有关管理体制。二是会同国家计委，审议和制订我国进出口、技术引进、经济合作、外汇收支的长期规划和年度计划，协调有关方面的工作，检查督促计划的实施。三是组织有关部门和各省、市、自治区采取有力措施，扩大出口，增加外汇收入。四是根据中外合资经营企业法，组织制订实施条例和有关管理办法，组织有关部门审批合营企业的协议、合同和章程。五是统筹管理各部门、各地方引进先进技术、利用外国资金和进口设备的工作。督促检查有关方面掌握、消化、研究和发展引进的先进技术，以提高国内的制造能力和技术水平。六是审议我国与外国政府间的长期经济合作或长期贸易协定、协议，报请国务院批准。

二、进出口管理委员会和外商投资管理委员会由谷牧同志兼任主任，顾明（兼）、汪道涵[1]、周建南、马宾[2]、甘子玉（兼）、贾石（兼）、卜明（兼）同志为副主任。两个委员会成立统一的党组，上述同志均为党组成员，谷牧同志任书记，顾明、汪道涵同志为副书记。外国投资管理委员会还可以考虑选任一些党外人士为委员或副主任。

三、这两个管理委员会的编制应力求精干，干部人数控制在200人以内。下设：办公厅、综合局、外资管理局、出口管理局、技术引进管理局、条法局、调研室、顾问室。

四、建议国务院有关部委和各省、市、自治区指定一位主要负责同志亲自抓引进技术、利用外资和扩大出口的工作，设立相应的办事机构，工作上受进出口管理委员会和外国投资管理委员会的指导。各部委、省、市、自治区已建立的进出口领导小组和办事机构，如可以承担上述工作，不必另设机构。

五、抓好当前的几项主要工作。会同计委落实今年和拟订明、后年的引进项目计划；制订引进项目的申请报批程序及管理办法；研究改革有关外贸管理体制并组织实施；根据中外合资经营企业法，组织草拟有关配套法规、条例；研究广

[1] 1980年5月27日，因中央另有任用，国务院免去汪道涵国家进出口管理委员会和外国投资管理委员会副主任的职务。

[2] 1981年1月12日，国务院免去马宾国家进出口管理委员会副主任的职务。

东、福建两省外贸的试点工作经验；召开京、津、沪三市研究扩大出口的规划和措施；大抓各部（包括军工各部）的出口创汇工作；立即着手筹备，争取秋后召开全国进出口工作会议。

六、两个管理委员会工作要高效率，严要求，办事认真负责，时间分秒必争。对合营企业协议、合同、章程在三个月内批复；对各部、各地方有关文电应做到有问必答，有文必复，准确及时，处理国内文件时间，一般也不得超过10天。

1979年11月26日，经中央领导同志批准，国务院副总理兼对外经济联络部部长陈慕华参与国家进出口委和外资委的工作，并任顾问。1980年1月30日，国务院任命邱纯甫、谢北一兼国家进出口管理委员会和外商投资管理委员会副主任，荣毅仁兼顾问，季崇威为专职委员。1980年2月10日，国务院任命时任第一机械工业部外事局局长江泽民同志为国家进出口委和外资委副主任，兼秘书长、党组成员。1980年4月3日，国务院任命时任冶金部综合计划局长周宣城同志为国家进出口委员会副主任。1980年7月14日，国务院批准国家进出口管理委员会成立国际经济管理学院。1980年9月11日，国务院任命时任对外经济联络部副部长魏玉明同志为国家进出口委和外资委副主任。1980年10月，李灏同志到国家进出口委任专职委员兼调研组长。1980年12月，国务院下达通知规定：今后我国同西方国家的经济合作和有关混合委员会以及这些国家向我国提供援助的工作，统一由国家进出口委归口管理，组织协调。1981年8月15日，国务院任命曾任外交部副部长的卢绪章同志为国家进出口委和外资委副主任。李灏、方晓、罗抱一同志曾为国家进出口管理委员会和外商投资管理委员副秘书长。其中，国家进出口委副主任江泽民分管特区工作。

1981年9月1日，中共中央、国务院作出《关于加强对外经济贸易工作统一领导和归口管理的决定》（中发[1981]34号文），批准成立国家进出口委党组，实行对全国对外经济贸易工作的统一领导和归口管理。它的主要任务是：贯彻执行中共中央、国务院关于对外经济贸易工作的方针、政策和指示，组织推动和检查各有关单位认真做好各项对外经济贸易工作，配合我国外交政策，更好地为调整和发展国民经济、加快实现四化服务。归口管理单位有外贸部、外经部、海关总署、外汇管理总局、商检总局、中国银行、国家贸易促进会、国际信托投资公司。同时归口管理和协调国务院其他部门和各省、市、自治区以及我驻外机构有关对外经济贸易方面的工作。谷牧同志任进出口委党组书记，汪道涵、周建南同志先后任副书记，刘宁一同志为纪委书记。党组成员有：陈慕华、魏玉明、江泽民、周宣城、卢绪章、刘宁一、郑拓彬（外经部部长）、卜明（中国银行行长）、顾明（国家计委副主任）、甘子玉、邱纯甫（国家经委副主任）、谢北一（国家建委副主任）。

根据发展需要，两个管理委员会又增设了政府贷款办公室、加工贸易办公室、学院筹备处、国际经济合作局。顾问室与调研室合并，任务不变，对内是一套机构，工作统一安排，对外仍分别使用两个名称。成立纪律检查组，直属两委领导。后来任中共中央政治局常委、国务院常务副总理的李岚清同志曾任政府贷款办公室负责人。两委先后聘请下列著名人士为特约顾问：陈慕华（副总理）、荣毅仁（中信公司董事长、总经理）、雷任民（曾任外贸部第一副部长、时任中信公司副董事长、副总经理）、刘宁一、孙起孟、缪云台、古耕虞、刘念智、钱昌照、孙越崎、虞效忠、王兼士、经叔平、李文杰、柯费兰、爱德乐（美国友人、经济专家），由谷牧副总理签发聘任证书。

国家进出口管理委员会和外国投资管理委员会成立不久，各省、市、自治区很快建立了相应的机构。全国除青海省由外贸局行使进出口委的职能外，其他地区都成立了进出口委或进出口领导小组办公室，一般由省委书记（当时设有第一书记）或副省长任主任，陕西、云南由党政一把手兼任。

这样，国家进出口委、外资委担负起具体负责我国对外开放和创办经济特区的工作，并在其中发挥着重要的指挥、组织和协调作用。2008 年 8 月 2 日，江泽民同志在北戴河休息时与李岚清、魏玉明、李灏、刘向东同志谈话时指出："当年，在谷牧同志具体指挥下，国家进出口委、外资委在对外开放方面做了不少开拓性的工作。""概括起来，当年国家进出口委、外资委抓对外开放工作，主要有四个方面：一是创办经济特区，二是发展对外贸易，三是利用外资，四是引进先进技术和管理经验。比如，当年抓创办经济特区，现在看来对整个改革开放起了重要作用。"[1] 李岚清同志在其著作《突围：国门初开的岁月》一书中也指出："国家进出口委实际上是在党中央、国务院领导下推行对外开放战略部署的'参谋部'。""在两年多的时间里[2]，国家进出口委在调查研究的基础上，组织起草了涉外政策、法规、条例、规定等一系列文件，

[1] 江泽民：《关于对外开放起始录书稿的谈话要点》（2008 年 8 月 2 日），参见刘向东主编：《对外开放起始录》。

[2] 1982 年 3 月 8 日，第五届全国人大常务委员会第 22 次会议决定，国家进出口管理委员会、对外贸易部、对外经济联络部、国家外国投资管理委员会合并，设立对外经济贸易部，任命国务委员陈慕华兼任对外经济贸易部部长。同日，国务院任命郑拓彬、魏玉明、贾石、吕学俭为对外经济贸易部副部长。

多次召开解决重大问题的全国性、区域性的会议，对打开对外开放初期方方面面的局面，发挥了重大的作用。”“我作为曾经在国家进出口委工作过的一员，深深感到，这个机构之所以能发挥这样重大的作用，首先是邓小平等中央领导的信任和支持和有以谷牧同志为‘班长’的高水平的领导集体。”[1] 周建南同志后来也说：“这是一个非常难得的集体，大家虽然来自四面八方，但却是齐心协力，干实事的。”[2] 这些评价，我们认为是客观和中肯的。

广东省设立特区主管机构

在中央决定广东在对外开放中先走一步后，中共广东省委为加强对经济工作的领导，成立了由省委书记刘田夫、王全国、吴南生组成的三人小组，负责落实中央 50 号文件精神，吴南生还被要求将主要精力放在特区方面。同时成立广东省经济工作办公会议，成员包括：刘田夫、王全国、吴南生、薛光军、范希贤、王静波、李建安、曾定石（八人小组），拥有决策权，刘、王、吴三人总负责。今后有关特区筹建的联系、请示，就找八人小组。

1980 年 4 月 23 日，中共广东省委常委会议决定，成立广东省经济特区管理委员会，该委员会由 11 位同志组成。1980 年 5 月 4 日，中共广东省委和省革委会任命广东省委书记吴南生兼任广东省经济特区管委会主任、党组书记，副省长王宁、曾定石兼副主任、党组副书记，秦文俊任副主任。广东省经济特区管委会在省委、省政府的直接领导下，负责筹划经济特区的各项工作和统一管理，并直接经营深圳经济特区。1980 年 6 月 12 日，中共广东省委任命吴南生兼任中共深圳市委第一书记和市革命委员会主任。1981 年 5 月，中共广东省委任命梁湘为广东省经济特区管委会第一副主任。1982 年 1 月，中共广东省委任命黄施民为广东省经济特区管委会副主任、丁励松为秘书长。广东省经济特区管理委员会办事机构，设五个处（室），即对外联络处、规划建设处、财政金融处、经济研究处和办公室，人员编制 40 名。同时，该机构也是广东省经济特区发展公司的办事机构，一个单位，两块牌子。广东省经济特区管理委员会下设发展公司董事会、特区顾问委员会。广东省经济特区管理委员会行使以下

---

[1] 李岚清：《突围：国门初开的岁月》，第 72、97 页。

[2] 杨求淳：《谷牧：特区建设的总工程师》，载《新华日报》2009 年 9 月 19 日。

职权：（1）制定特区发展计划并组织实施；（2）审核、批准客商在特区的投资项目；（3）办理特区工商登记和土地核配；（4）协调设在特区内的银行、保险、税务、海关、边检、邮电等机构的工作关系；（5）为特区企业所需的职工提供来源，并保护职工的正当权益；（6）举办特区教育、文化、卫生和各项公益事业；（7）维护特区治安，依法保护特区内人身和财产不受侵犯。

1980 年 4 月，中共珠海市委书记吴健民主持召开常委会民主生活会，会议决定由副市长李长青负责筹建特区的工作。1980 年 10 月 28 日，广东省经济特区管理委员会珠海市办事处成立，吴健民兼任主任，与珠海市委一起负责特区的筹建工作。1981 年 12 月 16 日，广东省珠海经济特区管理委员会成立，由珠海市委书记吴健民兼任特区管理委员会主任。特区管理委员会下设办公室、人事室、设计室、口岸办公室、计财部、工商行政管理部、税务管理部、九洲港务管理局、建设公司、商业服务公司、发展公司、进出口公司、水电服务公司、劳动服务公司、公安分局。1983 年 1 月 15 日，何海接任珠海经济特区管理委员会主任。随着特区范围的扩大，从 1984 年起，管委会原设的各个机构分别归属市各主管部门、特区管理委员会正副主任由珠海市政府正副市长担任。特区管理委员会下设办公室，作为特区管理委员会的职能部门，内设秘书行政科、进出口管理科、统计科、计划科、调研科、报关业务科，处理特区有关业务工作。

1980 年 8 月 29 日，广东省经济特区管理委员会汕头市办事处成立，与汕头地委、市委一起负责特区的筹建工作。1981 年 10 月 8 日，中共广东省委批准刘峰任中共汕头市委副书记兼汕头经济特区管理委员会主任。11 月 14 日，广东省汕头经济特区管理委员会正式成立，对特区内各方面工作实行全面领导。由中共汕头地委常委、汕头市委副书记刘峰任管理委员会主任。管理委员会下设办公室、工商管理部、规划建设部、财务部，并设立汕头经济特区发展公司、特区进出口公司、劳动服务公司、农业发展联合公司、特区旅游公司。随着特区范围的扩大，特区管理委员会几经调整，增设各有关职能部门及下属单位。1983 年，设立汕头经济特区公安局、劳动人事局、驻深圳办事处、驻广州办事处、驻香港联络部。原工商管理部、财务部、规划建设部改为工商行政管理局、财政局、规划建设局。1984 年，成立汕头经济特区公用事业室。1985 年成立汕头经济特区经济发展局和经济技术信息研究所。1986 年增设汕头经济特区计划委员会、审计局、人事局、编制委员会、对外事务办公室、物价局、龙湖行政管理局、驻北京联络处。原劳动人事局改为劳动局，公用事业室被撤销。1987 年，成立汕头经济特区科学技术委员会、体制改革办公室、监察局、国土局、贸易发展局，计划生育委员会。

汕头经济特区管理委员会负责人名单

时间	职务	姓名	任职时间
1981.10—1991.10	主任	刘峰	1981.10—1988.7
		吴波	1988.7—1991.10
	副主任	杨峰	1982.1—1986.8
		郑旭初	1982.1—1983.10
		陈序藩	1983.10—1986.8
		陈作民	1983.11—1986.8
		方克森	1984.7—1991.10
		李焕然	1986.8—1991.10
		麦友直	1986.8—1991.10
		郑茂生	1987.8—1991.10
		李景熙	1989.10—1991.10

中共汕头经济特区委员会负责人名单

时间	职务	姓名	任职时间
1981.10—1991.10	书记	刘峰	1983.10—1990.4
		吴波	1990.4—1991.10
	副书记	李焕然	1986.8—1991.10
		陈序藩	1986.8—1991.10
		吴波	1988.7—1990.4
	委员	杨峰	1983.10—1986.8
		陈序藩	1983.10—1986.8
		方克森	1984.8—1991.10
		李景熙	1986.9—1991.10
		杨辟明	1988.11—1991.10
		郑茂生	1987.8—1991.10
		林启东	1989.3—1991.10

福建省设立特区主管机构

为进一步加强对本省进出口工作和引进工作的领导，1979 年 6 月 29 日，中共福建省委决定成立福建省革委会进出口领导小组，由省委书记马兴元兼任组长。1979年9月，为了加强对外工作，中共福建省委决定成立对外工作领导小组，由伍祥洪、张遗、毕际昌、陆自奋、赵宗信五人组成，指定刚刚增补为省委书记的伍祥洪为组长。

1980年1月22日，福建省委、省政府决定撤销福建省革命委员会进出口领导小组及办公室，成立福建省人民政府进出口办公室。进出口办公室为福建省政府负责对外经济工作的专门机构，统一管理并积极开展进出口贸易，利用外资侨资、技术引进和进出口设备等积极开展对外经济活动。由福建省委书记、副省长郭超任办公室主任，毕际昌、张遗、侯林舟、郭亮如任副主任。1980年9月2日，福建省厦门经济特区管理委员会党组成立，直属中共福建省委领导；由厦门市委书记陆自奋任党组书记，张继中任副书记。1981年8月29日，福建省厦门经济特区管理委员会党组改为中共福建省厦门经济特区委员会。陆自奋、邹尔均先后出任中共福建省厦门经济特区委员会书记，吴星峰、王一士、邹尔均、江平等先后担任中共福建省厦门经济特区委员会副书记。1984年9月，中共厦门经济特区委员会与中共厦门市委合并，经济特区党委被撤销。

1980年11月26日，中共福建省委、省政府正式组建福建省厦门经济特区管理委员会，与厦门市政府平级，直属福建省政府领导，任命福建省委书记、副省长郭超任管委会主任，陆自奋（厦门市委书记）、张继中（福州市委书记）、向真（厦门市委副书记、厦门市副市长）、宗干（福建省基本建设委员会副主任）为副主任。管委会设一室四处，即办公室、人事劳动处、工商管理处、建设处和财经处，从省、市抽调而来的30多名干部，集中办公。1981年8月29日，中共福建省委任命福建省副省长王一士兼任厦门经济特区管委会主任，厦门市市长邹尔均、副市长江平等任副主任。1983年1月，由邹尔均担任厦门经济特区管委会主任。1984年9月1日，厦门经济特区管理委员会和厦门市政府合并。机构合并后，中共厦门市委和厦门市人民政府行使地方和特区的双重职能。厦门经济特区管理委员会下设顾问委员会，王普厚（厦门市科委主任）任顾问委员会主任、陈永灿（厦门大学经济学院教授、经济地理专家）、汪慕恒（厦门大学南洋研究所教授、菲律宾问题专家）、何启拔（厦门大学南洋研究所教授、新加坡问题专家）、李慈仁（厦门大学南洋研究所副教授、泰国问题专家）、魏嵩寿（厦门大学外贸系主任、教授）、林星汉（厦门市建设委员会高级工程师）等10多位专家作为顾问委员会委员。

福建省厦门经济特区管理委员会负责人名单

时间	职务	姓名	任职时间
1980.9—1984.9	主任	郭超	1980.11—1981.7
		王一士	1981.7—1983.1
		邹尔均	1983.1—1984.9
	副主任	张继中	1980.9—1981.8
		吴星峰	1981.8—1983.1
		王一士	1981.8—1983.1
		邹尔均	1981.8—1983.1
		江　平	1983.10—1984.9

中共福建省厦门经济特区委员会负责人名单

时间	职务	姓名	任职时间
1980.9—1984.9	书记	陆自奋	1980.9—1983.1
		邹尔均	1983.1—1984.9
	副书记	张继中	1980.9—1981.8
		吴星峰	1981.8—1983.1
		王一士	1981.8—1983.1
		邹尔均	1981.8—1983.1
		江　平	1983.10—1984.9

中央要求下决心大搞快搞

1979 年 8 月 27 日，刘田夫主持召开广东省经济工作办公会议，专门研究贯彻 50 号文件办特区的问题。会议决定：一是协调各经济口各战线的工作关系，及时解决各战线之间不能协调解决的问题；二是立即研究和制定贯彻中央 50 号文件的措施，如经济体制的改革、各项经济政策、扩大出口贸易和旅游事业的规划，拟订对外经济活动的方案、法律、条例等。办公会议确定刘田夫、王全国、吴南生管全面，王全国以对内为主，参与对外经济活动，侧重抓计划、工交、基建工作。吴南生负责对外经济活动，侧重抓章程条例的制定、经济体制改革和旅游工作，薛光军侧重抓农业工作，范希贤侧重抓财贸工作，曾定石侧重抓计划工作，王静波除负责省政府日常工作外，还协助刘田夫处理经济工作。

1979 年 9 月 6 日，谷牧副总理在访问日本东京举行的记者招待会上宣布：“中国决定在接近香港、澳门地区的深圳市和珠海市设立特区，欢迎香港澳门同胞以及外国朋友到这些地方合资也好，独资也好，开办各种企业、事业，对这两个特区的经营管理，我们将采取比内陆地区较为开放一些的办法。”[1]

1979年9月9日，福建省委在福州召开工作会议，讨论研究贯彻执行中共中央关于福建对外经济活动实行特殊政策，灵活措施的精神，着重解决思想认识、经济规划、体制等问题。

1979年9月13日至21日，中共广东省委召开地委书记会议。9月18日，刘田夫就如何贯彻中央50号文件，特别是就如何实行经济体制改革问题在会上作了发言，他指出要实行对外开放，加强对外经济活动，就必须对内进行经济体制改革，两者是相辅相成、相互促进的，对内进行经济体制改革是关键。9月21日，习仲勋在会上作了总结发言。[2] 他指出：“中央决定对广东实行特殊政策，灵活措施，这一方面是省委向中央‘要权’要来的；另一方面，也是更重要的一方面，是中央从搞好四个现代化建设出发，对体制改革所作出的一个具体的、又是重要的决策。我国现行的经济管理体制，基本上是苏联的那一套模式，用行政办法搞经济，集中过多，统得过死，实践证明不改革不行，不改革十分不利于搞四化，所以这是势在必行的事情。中央为什么同意广东在经济管理体制改革中先走一步，那是因为我们有毗邻港澳、华侨众多这个有利条件。所以我们一要求，中央领导同志很重视，很快就表态同意。这件事情的实质，就是中国如何搞好体制改革，以适应四化的需要。如果我们广东不提，中央也会提出来。广东要从全国的大局出发，把这件事搞好。现在不是搞不搞的问题，也不是小搞、中搞。而是要大搞，快搞，不能像小脚女人走路。全国除广东、福建这种形式的试点外，还有其他形式的试验，目的都是为了探索改革经济体制的规律。形势逼人，我们要全力以赴，一定要在如何把对外经济活动搞活和办好特区等方面闯出一条路子来，作为全国的参考。”“在态度上我看要有‘三要’和‘三不要’：第一，要有决心有信心，不要打退堂鼓；第二，要有胆识，勇挑重担，不要怕犯错误，怕担风险；第三，要有务实精神，谦虚谨慎，不要怕出风头，不要怕否定自己。特别是我们各级领导干部，拼老命也要把广东这个体制改革的试点搞好。要下这个决心，即使是

---

[1] 孙孺：《关于广东设置经济特区的理论与实际》，载《学术研究》1980年第4期。

[2] 这篇讲话，应体现了9月20日谷牧同志与习仲勋、广东省委交换意见的精神。因为习仲勋这个讲话内容与谷牧22日的讲话有相同之处。

可能犯错误，也要干。”“要有闯劲，要当孙悟空，解放思想，敢于创新，敢于改革，只要不背离四项基本原则，就可以大胆试验，不要等。”“当我们开步走的时候，困难会很多，阻力会很大，甚至还可能挨一点骂，要有这个精神准备。现在重要的问题是要迅速行动起来，要抢时间，时间就是速度。但目前上层建筑很不适应，官僚主义严重，非下决心改变不可。我相信，在中央的领导下，只要我们认真对待，努力工作，50 号文件一定能贯彻执行好，我们一定会在经济管理体制改革的试验中，走出一条路子来。”[1] 习仲勋的这个讲话即使放到 30 年后的今天，仍然发人深省。作为一个在“文革”中挨过整的老干部，实在难能可贵，表现了其极大的政治责任感和政治勇气。

1979 年 9 月 20 日，谷牧同志陪同丹麦女王玛格丽特乘专机由广西桂林抵达广州。当天，习仲勋和广东省委向谷牧汇报了广东贯彻执行中央 50 号文件的情况，并研究了广东是小搞、中搞还是大搞的问题。21 日，深圳市委书记张勋甫和珠海市委书记吴健民就试办特区问题向谷牧作了汇报。22 日，谷牧与习仲勋、杨尚昆、刘田夫、王全国、吴南生和省革委会负责同志谈话。

在回答习仲勋等提到的是小搞、中搞还是大搞的方针问题时，谷牧说：我看不能有第二个方针，只能下决心大搞快搞。在目前起步时搞得慎重些，想得周到些、细致些，力争不出大毛病，出点小毛病则是免不了的。中央就是要广东先行一步，要广东大搞，小脚女人小步走就起不了这个作用。中央给予广东、福建两个省的文件发出后，京、津、沪非常羡慕，他们要求有广东、福建的一半权力，后来开了一次三个市的会议。广东非得快马加鞭不可，要抢时间走在全国前面。广东除了要把本身的经济很快搞上去之外，还负有创造经验、闯路子的任务。这次我到日本跑了一趟，觉得国际形势也不允许我们按兵不动或小搞。现在形势逼人，思想、作风、做法都要适应新的形势，紧紧跟上。广东工作重点的转移，和其他地方不一样，他们转上四个现代化建设就行了，你们不光是四个现代化建设，还有对外经济活动实行特殊政策、灵活措施，要跑得更快，不仅两个特区，还有全省先走一步。

对于特区怎么搞法，谷牧说：昨天两市汇报讲的，特区的范围划得大一点，小一点是次要问题，主要是特区的内容。如何搞，要很好地听听港澳爱国人士、资本家的意见。这些人，将来可以请来做我们的顾问，要请他们提意见。我们不懂，就要虚心学习，学习他们的经验。搞什么样的特区？要立法，要搞出几条来。这件事主要靠省

---

[1] 《习仲勋同志在地委书记会议上的总结讲话》，1979 年 9 月 21 日。

里搞。省要请几个方面的人，搞社会科学的、搞经济的、搞政法的专家，还要请港澳的人来，开几次会，一起研究，搞出几条。你们省开人代会，在政府工作报告中要讲你们的特区究竟是什么样的特区，大杠杠要讲几条。国外的朋友说，老朋友讲的话不能不相信，但没有法不行。你们搞特区，也要立法，要组织力量突击搞出来。你们搞，北京派专家来帮助。第一是要立法；第二是要有实际行动，拿样板来说话、宣传，不能光说不办。先干起来，行动起来，它本身就起了宣传作用。我讲的意思，是要抓紧立法。什么叫特区，定几条，特殊政策的内容是什么？两个特区怎么搞？省人大开会时政府工作报告要讲。一个搞立法，一个搞几个样板，通过实践不断地总结经验，不断地充实。总的有若干条法，还要有很多单项的法，总的法要报北京，单项法由省里定。

对如何加强对外经济工作，谷牧说：现在外面接头这么多，广东省执行中央50号文件，思想上、组织上、上层建筑、组织机构、部门与部门之间的关系以及领导作风，如何适应新的形势，怎么跟上。昨天听深圳、珠海两市的汇报，你们还是原来的一套。现在中央批准广东实行特殊政策、灵活措施，省的上层建筑不改，还是按照过去的那一套不行。我看这套东西要改。我同意你们成立的田夫、全国、南生同志三人小组，三个同志真正管对外的是吴南生同志。你们说成立对外经济工作委员会，要很快搞起来，对上就这一个机构，对省的对外经济工作实行一元化领导。对外经委解决不了的问题，再提交给省委。田夫同志他们三个人要形成拳头，深圳、珠海两个特区请示的问题，你不能像我也搞十天，你三天就要解决，最多不能超过五天。我昨天听张勋甫、吴健民同志汇报，他们也心中无数，讲不清楚。你们事情多，就要下决心。你们面对港澳，面对世界，都找上门来了，港澳家喻户晓，你们得下这个决心。你们的两个特区，全省对外经济活动实行特殊政策和灵活措施，要有点孙悟空的精神，受条条框框束缚不行，要改。我在北京讲，孙悟空翻筋斗翻不到哪里去，我们有马列主义、毛泽东思想，有社会主义这个如来佛，孙悟空翻不出如来佛这个手掌。京津沪三个市说，现在不怕如来佛，就怕唐僧的紧箍咒。“僧是愚氓”，唠唠叨叨，又听猪八戒的一些话。你们要大干，要有孙悟空的精神，要搞活。当然，这么大个省要搞个体制也不容易，不是一天的事。但总要搞，路是人走出来的。两个特区步子要大些，不断地总结经验教训。你们的两个特区，班子要组织好，工作作风要改变。贯彻中央50号文件，必然会遇到很多问题，文件也没有写这么多，那么具体，碰到什么问题就抓紧解决什么问题。不要拖，时间就是速度，解决问题的办法要得力些。

对于特区建设需要解决的几个具体问题，谷牧说：南生同志的意见好，搞电、修高速公路的问题，都可以考虑用外资搞。要敢于用港澳的钱修电站、修公路，可以向香港卖电收钱，收养路费。要利用外资搞，包括修公路、水电站。听了两市的汇报，当前有些问题要解决，修友谊餐厅要马上批准搞。来的人，先有地方住、有饭吃、有地方玩，不要像现在没地方住，吃大锅饭。这是第一步。华侨新市，也一步一步搞嘛。华侨新市要赶快定。如果建筑力量不够，全国几十万建筑力量，中央可以帮忙。总之，要先上一批项目。两个市的城市规划要抓紧搞，否则东搞一下、西搞一下，东一块、西一块，弄得乱七八糟，不可收拾。现在是一张白纸，好画画。风景区不要搞工厂。[1]

谷牧的这次重要谈话，一方面涉及创办特区大的方针、原则问题，如特区探路使命问题、大搞快搞速度问题、特区立法、特区统一高效管理问题等；另一方面还涉及一些特区建设的具体问题，如特区的规划、基础设施建设引用外资等，对于特区的筹办工作具有重要的指导作用。可以说，更加坚定了广东省委加快落实中央 50 号文件精神和创办特区的信心和决心。刘田夫后来在接受采访时回忆说："谷牧这次谈话，使我们更明确了广东先走一步的重要意义和实施办法，并鼓励我们要学孙悟空，打破条条框框的桎梏，大胆创出一条新路。"[2] 吴南生后来在接受采访时说：他（指谷牧）还说："办特区，就看你们广东的了，你们要有点孙悟空那样大闹天宫的精神，受条条框框束缚不行。"习仲勋当场就说："南生，你去当中国的孙悟空吧！"[3] 当吴南生表示同意后，中共广东省委决定由吴南生具体负责广东三个特区的规划和筹建工作。

1979 年 9 月 25 日，刘田夫在珠岛宾馆主持召开省经济工作小组办公会议。出席会议的有省委、省革委会的领导吴南生、范希贤、曾定石和陆荧、秦文俊、杨立同志，深圳、珠海市的张勋甫、吴健民、何海同志以及省有关经济工作部门的严尚民、王奇、梁骥、何明、左本彬、王桂英、杨可忠等同志。会议听取了深圳市委书记张勋甫和珠海市委书记吴健民分别就两市对外经济工作的汇报，专门讨论了深圳市、珠海市的经济建设问题，决议了有关事项，主要有：(1) 为适应开展对外经济活动的需

---

[1] 谷牧：《关于执行中共中央、国务院批转广东省委、福建省委关于对外经济活动实行特殊政策和灵活措施的两个报告的若干问题》(1979 年 9 月 22 日)，中共广东省委办公厅编：《中央对广东工作的指示汇编（1979—1982 年)》，第 41—49 页。

[2] 参见中共广东省委党史研究室编：《广东改革开放决策者访谈录》，第 103 页。

[3] 同上，第 218 页。

要，原则上同意深圳市、珠海市的政治、经济工作，由省直接抓，经济计划单列，由省直接下达。此事提请省委常委会决定执行。(2) 适当下放对外经济活动的若干权限。两市的来料加工装备项目，不需要引进设备，或者引进设备在100万美元以下，三年内可以用工缴费偿还的，可以由深圳、珠海两市革委会负责审批。引进设备在100万美元以上的由省审批。(3) 根据中央1979年50号文件关于深圳、珠海两市设立加工特区“采取比内陆地区较为开放的一些办法”的精神，省有关部门应结合自己的业务情况，迅速就设立特区的有关事项，提出具体措施和意见，由省统一制定管理细则、办法，以适应对外经济活动发展的要求。会议还就两市报批的若干项目，以及华侨、外籍人和港澳同胞向内地投资是否宣传等问题提出了处理意见。[1]

1979年9月25日至28日，习仲勋、杨尚昆赴京出席中共十一届四中全会。四中全会后，习仲勋接着又参加了中共中央于10月3日至10日召开的省、市、自治区党委第一书记座谈会。10月3日，习仲勋等向中央领导汇报了广东的工作。中央领导都支持广东按50号文件规定放手搞，有些账算得不太准，中央同意协商解决。10月4日，邓小平在座谈会上指出：“我提议充分研究一下怎样利用外资的问题。我赞同陈云同志那个分析，外资是两种，一种叫自由外汇，一种叫设备贷款。不管哪一种，我们都要利用，因为这个机会太难得了，这个条件不用太可惜了。”“我们现在如果条件利用得好，外资数目可能更大一些。”“利用外资是一个很大的政策，我认为应该坚持。至于用的办法，主要的方式是合营，某些方面采取补偿贸易的方式，包括外资设厂的方式，我们都采取。”“我认为，现在研究财经问题，有一个立足点要放在充分利用、善于利用外资上，不利用太可惜了。”[2] 会议期间，习仲勋与杨尚昆向邓小平汇报工作。10月17日，中共广东省委召开常委会，习仲勋在传达十一届四中全会和省、市、自治区党委第一书记座谈会精神时说：“广东搞特殊政策问题，临走前向小平谈了，他的意见同意快一点，宽一点，台湾统一后还不是特区？香港收回后还不是特区？1937年陕甘宁就是特区。是我们中国的地方就是了。”[3]10月24日，习仲勋在地市委书记会议上传达四中全会和省、市、区第一书记会议精神时又说：“邓小平要我们放手搞，不要小手小脚，只要不丧权辱国，能够把经济快点搞上去，就放手搞。他还说深圳、

[1] 政协广东省委员会办公厅、广东省政协学习和文史资料委员会：《广东经济特区的创立与发展》，第16页。
[2] 《邓小平文选》第2卷，第198、199页。
[3] 《广东原省委书记吴南生访谈改革开放三十年》，载《南方都市报》2008年4月8日。

珠海划两块地方，就叫特区好。”[1]

1979 年 9 月 28 日至 10 月 5 日，广东省委书记吴南生带领省委副秘书长秦文俊、外经部门的王文义等同志到深圳，走访了沙头角、蛇口和几个边防口岸，与深圳市委主要负责人边看边议，就特区的选点和规模等方面交换了意见，先后听取了市委和海关部门的汇报，约请港澳工委叶枫和南洋商业银行董事长庄世平先生进行商谈。通过广泛调查研究和认真听取各方面意见，吴南生与深圳市委就如何解决深圳市今后建设的问题取得了一致意见。吴南生回到广州后，于 10 月 24 日向省委呈送了《关于加快深圳建设必须解决的几个问题》[2] 的报告。吴南生这份报告的主要内容有：

一、深圳目前总的状况。麻烦事不少，困难不少，多年来由于生产建设没有抓上去，群众收入分配水平很低，与香港新界边沿一线农民收入差距越拉越大，偷渡外逃的人越来越多，田园大片丢荒，集体经济问题严重。但是深圳又有紧靠港九之利，大量的土地、劳力和资源就在外商的眼皮底下，对国际和香港的投资者有着很大的吸引力。到今年 9 月中旬止，前来洽谈生意的有 361 户。可见，只要我们大胆放手，政策对头，因势利导，切实抓紧工作，不仅可以尽快改变目前的落后状况，并可多创外汇，引进技术、装备，加快建设步伐，在企业的经营管理上也必将提供有益的经验。深圳市总面积 2020 平方公里，耕地 54 万亩，总人口 33 万，其中农村人口占 90%，原来的深圳镇仅有 3 万余人，可以说没有什么工业基础和技术力量。现在笼统地把它称为市，或者称为特区，显然都是不妥当的。而在深圳划市之后，市委重点抓什么，经济发展如何规划，对于这个带根本性的问题，众说纷纭，莫衷一是；加上“外逃风”的不断袭击，使这个市的工作十分凌乱、被动。我们在与市委负责同志的交谈中，感到解决这个问题极为重要，好像一盘棋，首先是布局，这是解决“先走一步”的首要问题。

二、大体上确定深圳经济区划。根据建设需要和发展趋势，确定深圳经济区划：一是农业区，以办好农副产品出口基地为重点，搞好农业，搞好边防工作。

[1] 《习仲勋主政广东》，第 258—259 页。

[2] 吴南生：《关于加快深圳建设必须解决的几个问题》（1979 年 10 月 24 日），参见广东省政协文史资料研究委员会编：《经济特区的由来》，第 205—213 页。

二是加工特区（建议定名为出口特区），除正在兴建的蛇口工业区外，还拟在福田公社划定地段建设工业特区，在沙头角公社试办农工商联合企业的实验区。吴南生特别提到，当前深圳市委工作任务十分繁杂，特别是农业，其胆子比其他县还重要。因而往往顾此失彼，显得十分忙乱。为了更好地加强对农业的领导，有必要恢复县的建制，另组建县领导班子，专心抓农业生产和边防工作，使市委有可能集中主要精力抓好工业、城市建设和对外经济工作。

三、提出建设深圳的12个问题。(1) 关于农业生产问题。(2) 发展旅游业。首先把市区规划好、整顿好，尽快修建一些旅馆、饭店，解决吃住问题。我们同意市委意见，可以同外资合作兴建宾馆、餐厅和娱乐场所，几个项目都已同意批准。此外，拟在梅沙、赤湾等地开辟海水游乐场。(3) 建立福田出口加工区。初步设想，在福田公社划出3000多公顷的一块地段。暂定25年至30年的土地试用期，每年每平方米约50至100元人民币作为土地使用费。(4) 蛇口工业区地租价格。占地1000亩，投资1.6亿港币，预计明年9月以前按照“六通一平”的要求建好，提供给外商投资建厂。当前的问题主要是地价没有定下来，影响同外商的谈判。招商局的同志认为省里定价偏高，对外商缺乏吸引力。建议按招商局的要求。每年每亩土地上缴广东省4000元港币，从“六通一平”完成后开始征收。(5) 建立沙头角实验区。(6) 废旧物资进口和处理问题。(7) 要下决心尽快改善进出口旅客的管理。(8) 在深圳市内多开设几间外币商店，代销国内外商品。(9) 货物进口和边境小额贸易问题。(10) 深圳水库的管理问题。管理权应下放给深圳市。输港水费分成应重新确定。(11) 外驻深圳机构的管理问题。(12) 对于藏在货车内偷渡外逃的人，必须严肃处理。

1979年10月16日，新加坡实业家罗新权及香港工商界人士汤秉达等提出建设汕头特区的建议。当时由香港华侨领袖庄世平先生陪同罗新权先生到了汕头，并对汕头进行考察，提出了土地成片开发的建议。

1979年10月17日，深圳市委就深圳市建制问题向广东省委请示，要求将深圳市从现有建制调整为一市一县建制，在市的范围内，恢复宝安县建制，撤销6个区。年初国务院将宝安县改为深圳市后，全市建立6个区，分管21个公社、两个镇，只建立6个区委，没有行政机构。1979年11月26日，中共广东省委、广东省革委会下发《关于深圳市和珠海市体制的通知》，《通知》决定：一是将深圳市和珠海市原来由省和惠阳、佛山地区双重领导的体制改为地区一级的省辖市，直属省领导，以利于特区筹建工作。二是深圳、珠海两市的工业、农业、交通、基建、财贸、文教、卫生、劳动、物资等计划，从 1980 年 1 月 1 日起同惠阳、佛山地区分开，由省直接下达。

1979 年 10 月 19 日，中共福建省委批复省委统战部、省计委、福建投资企业公司、省外贸局、省侨办，同意在香港设立香港华闽公司，作为省委、省革委会派驻香港的办事处，受福建省委和港澳工委双重领导。

1979 年 10 月 28 日，香港工商界人士黄振辉在香港《大公报》社长费彝民陪同下来到广州，商谈在深圳开辟新市区的事宜。中共广东省委书记杨尚昆、吴南生接见了他们。

将出口特区改称经济特区

1979 年 10 月 31 日，广东省委书记吴南生主持召开出口特区工作座谈会，讨论研究创办特区的有关方针、政策和做法。深圳、珠海、汕头三个市的市委书记以及省直有关部门的负责同志参见了会议。这次会议讨论了特区名称问题。小平同志定下特区之名，大家都很高兴，但是叫什么特区呢，又颇费脑筋了。这时从北京传来了反对的声音说：陕甘宁是政治特区，不是经济特区。反对者的声音，给正在筹建特区的广东省委和省委书记吴南生以启发。吴南生同志回忆说：1979 年 4 月中央工作会议后，“要办特区了”的消息传布得很快，我们当然很高兴。可是，北京有另一个声音说：陕甘宁是政治特区，不是经济特区。这话有道理，因为陕甘宁确实是政治特区。我们从这里得到启发，那就叫经济特区吧！在会上，大家都觉得改称“经济特区”较好，“经济特区”这个名称与中央要举办的特区的初衷最贴近。根据会议讨论的情况，筹备组为省委草拟了向中共中央、国务院呈报的《关于建立出口特区几个问题的汇报提纲》[1]，建议把“出口特区”的名称改为内涵更为丰富的“经济特区”。

1979 年 11 月 6 日至 12 月 18 日，叶剑英在广东，住在广州南湖宾馆。习仲勋、李坚真等省委领导前往宾馆向他汇报请示工作。叶剑英在接见他们时指出：党的十一

---

[1] 1979 年 12 月 12 日，广东省委向中央上报了《关于建立出口特区几个问题的汇报提纲》，广东省政协文史资料研究委员会编：《经济特区的由来》，第 214—223 页。

届三中全会确定的中心任务转移到经济建设上来，今后我们将要集中精力进行现代化建设。中央将给广东特殊政策，进行改革开放。中央将在广东建立深圳、珠海、汕头经济特区，以进行新的经济体制试验。

1979 年 11 月 20 日至 12 月 18 日，中共中央、国务院在北京京西宾馆召开全国进出口会议，谷牧副总理主持会议，各省和中央各部委有关方面负责人参加了会议，会议历时一个月，后期又召开筹建特区的专题汇报会议。广东的王全国、吴南生、范希贤、秦文俊，福建的郭超和中央各有关部、委、办等 20 余人参加了会议。这次会议的主要内容，按谷牧副总理的话说，主要是：谈中央 50 号文件下发以来，广东、福建两省贯彻执行的情况，有什么经验，碰到什么问题，要中央帮助你们解决哪些困难，明年有什么打算。

12 月 17 日，吴南生代表广东省委向中共中央、国务院汇报了广东省筹备建设特区的情况。吴南生汇报的主要内容有：

一、对建立特区的一些想法。建立特区必须采取一快二宽的方针。快，就是既然看准了，就要立即动手，不要拖拖拉拉，犹豫不决。争取时间，奋斗十年，把深圳、珠海、汕头三个特区都建设成为初具规模的现代化工业基地。快的前提在于宽。宽，就是要按照中央所讲的特殊政策和灵活措施的精神，给投资者比亚洲一些国家和地区所设立的出口加工区具有更优惠的条件，为投资办厂提供尽可能多的方便，千方百计把外资、技术、设备引进来。

二、关于特区的名称问题。将“出口特区”，改称“经济特区”好。特区固然要以办工厂企业为主，但也要搞楼宇住宅和其他经济事业，比如在深圳特区，拟规划工业区、科学技术研究区、住宅区以及商业、行政和文化区。因此，把“出口特区”改为“经济特区”，其含义会更确切些。

三、特区的初步规划。深圳、珠海、汕头三个地方，条件各不相同，特区规划也各有侧重，各具特点。深圳紧靠港九，交通方便，对外资吸引力大，是我们办特区的重点。特区拟设在福田公社范围内，总面积约 38 平方公里。根据这里的地形特点和发展需要，规划工业区、住宅区各 11 平方公里；科技研究区、商业行政区各 2 平方公里；道路 8 平方公里；此外莲花山作为园林区，4 平方公里。珠海特区，拟设在拱北海关的东西两侧，各划出一块地方建立特区，共约 4 平方公里。其投资方案与投资来源，正与何贤、马万祺等人在酝酿进行中。汕头市建立特区问题，中央指示放后一步，现在看来，可提早动手规划。

四、关于筹建特区急需解决的几个问题。一是特区的勘测、规划和设计，明年初要着手进行，力求明年上半年拿出图纸，下半年开始施工。二是深圳特区的施工力量，除我省调派外，工程兵根据谷牧同志意见，已派人来商谈承担“三通一平”基础工程和其他部分建设，省委极表欢迎。三是三个特区建设起来后，对外关系将会更加密切，人员来往和货物运输都会大量增加，需要解决交通、电讯和简化出入境手续等一系列问题。

五、关于特区条例的几个重要的政策问题。特区条例从今年8月开始起草，至今修改了11次。经过反复交换意见，并参考有关资料，斟酌修改，形成现在这个稿子。我们对外面情况不熟悉，思想上的框框又不少，反映在条例中总是同国际上举办出口加工区的做法距离很大，外国朋友看了都摇头，说我们的条例对投资者不是“鼓励法”，而是“限制法”。

六、特区的组织领导问题。特区的组织领导应该有别于国内企业通常的组织体制和管理办法。没有一个灵活的、高度集中的、有很权威的体制，特区建设就不可能搞好。省委研究提出三个特区都要设立特区发展公司，公司设董事会和顾问委员会。特区还要设立行政管理机构，在所在市的政府领导下，把区内的公检法、各项公共事业和其他行政工作管起来。

在听取汇报后，谷牧副总理讲了三点意见：

一、中央批转广东、福建两省对外经济活动实行特殊政策和灵活措施，是对两个省经济工作的全面要求。贯彻中央50号文件，是两个省委的中心议题，不能光是指定几个同志去管对外经济活动。省委要反复研究、领导全省各级党组织贯彻执行。两省对外经济活动实行特殊政策和灵活措施，不仅是搞特区，而且要利用外资，使两个省的工农业生产和整个经济活起来，比其他省更繁荣。广东、福建两省不仅对外经济活动要先行一步，国民经济在调整、改革、整顿、提高等方面都要比各省市先行一步。要求你们在明年一二月份里，提出用特殊政策、灵活措施发展你们工农业生产和经济的全面规划来，三月份我们到广东、福建找一个地方开会，两个省可以比一比。希望你们用两个月的时间搞出个全面规划来，我们带个班子去评论。

二、广东的三个特区，现在还只是初步规划，要开步走，可以按你们的意见去做。特区人口不能太多。特区规划要有远见，多搞几个点，城市中间搞绿化，漂漂亮亮的。我刚才听到珠海搞东、西、中三个小特区，受到启发。当然，深圳可以搞大一点，但不要太大。深圳搞特区的路子，我很感兴趣。日本神户就是这个路子（指利用外资搞基建）。要充分利用外资、侨资。你们的手脚要放开一点，尽量利用外资搞。可以利用外资修桥、修路，通过收养路费、过桥费偿还。珠海到广州的公路要过四次渡，不修不行。深圳至广州的高速公路可以搞。条例需省代会通过，还要报国务院批准。这是个立法问题。我们可以组织专家审查一下，看在对外方面有没有闹笑话的地方。

三、我原来讲过，一开始难免出点乱子。现在对广东反映很厉害，广州市黑市买卖港币。广东、福建要以很大的决心，把对外经济工作的班子搞起来，作为省委的参谋，出谋划策。我与深圳、珠海两个市的干部接触过，他们有积极性，但经济工作不在行，汕头的更不行，要采取措施训练干部。习仲勋同志讲过，如果广东是个独立国，保险发展快。现在基本上半独立了，要看你们的戏了。中央一些部门思想解放不够，我们继续做工作，你们的筋斗也要翻起来。[1]

12 月 19 日，谷牧副总理再次召集广东、福建的同志进行座谈。广东省委书记、副省长王全国谈了广东核电站建设的问题和广东需要 2 亿人民币贷款的问题，希望中央给予大力支持。谷牧说可以考虑和研究。

中央召开广东、福建两省会议

1979 年底，国务院副总理谷牧受中共中央、国务院委托，前往特区指导筹办工作。11 月 23 日，谷牧副总理在广东省委书记吴南生的陪同下，再次视察汕头，就汕头创办特区做进一步的实地调研。1979 年 12 月 11 日至 13 日，中共中央政治局委员、国务院副总理王震率领国防工办主任洪学智及其下属各部的领导近 20 人，来到深圳经济特区作实地考察。王震一行下榻在条件非常简陋的招待所里，与大家一起在用

[1] 《谷牧同志听取广东、福建两省负责同志汇报时的讲话》，中共广东省委办公厅编：《中央对广东工作的指示汇编（1979—1982 年）》，第 50—53 页。

铁皮刚刚搭建的食堂里吃饭。王震听取了中共深圳市委书记张勋甫同志的汇报。当张勋甫说到深圳市是新成立的市，城市规划很重要，但是我们缺少这方面的人才和力量时，王震当即表示："这方面我们可以支持你们，回去后就抽调设计人员。"王震鼓励深圳市领导说："办特区是中央的决定，是新生事物，一定要搞好。现在你们已经做了不少工作，有了自己的设想和打算，这些都是好的。办特区没有先例，只有你们按照中央的指示去做，相信一定能够办好。"接着王震又视察了招商局蛇口工业区。[1] 王震说到做到，在他离开深圳后不到一个月，就为深圳抽调了 100 多名城市规划设计人员。可以说，王震是除谷牧副总理外，最早来到深圳经济特区视察的国家领导人之一。

1979 年 12 月 17 日，广东省委第一书记、省革委会主任习仲勋在广东省五届人大二次会议上所作的《广东省政府工作报告》中指出："在深圳市、珠海市、汕头市划出一定区域设置经济特区，实行特殊管理和开放政策。鼓励外国人、侨商、港澳同胞在特区内单独投资或与我合资经营企业，生产的产品到国际市场销售。特区在经济上按照国家的有关规定，给外商以优惠条件、自主经营，为外商投资设厂提供方便。"[2] 大会决定将广东省革命委员会改为广东省人民政府，选举习仲勋为省长，杨尚昆、刘田夫、王全国、孟宪德、王宁、李建安、黄静波、梁威林、郭棣华、杨康华、曾定石任副省长。按照省委的分工，由习仲勋负责省委全面工作，杨尚昆负责广州市全面工作，刘田夫负责省政府全面工作。

1979 年 12 月 26 日，吴南生同志专门接见广州地区新闻单位和港澳地区参加广东省人大二次会议报道的记者，谈了经济特区的问题的看法和意见，阐述了对当时举办什么样的特区、如何举办特区以及所面临的一些问题。第一，当时所设想的特区，像国外和台湾的加工出口区，除深圳较大外，其他两个特区面积较小。第二，特区主要搞工业，要吸引外资设厂，提高生产力；第三，特区要快要宽，要给条件和政策，不要犹豫不决；第四，特区建设面临许多阻力，特别是思想观念和意识形态方面的阻力，必须改革，冲破条条框框。

1980 年 1 月 25 日，时任中央政治局委员、中共中央秘书长兼中央宣传部部长的

---

[1] 《王震传》，人民出版社 2008 年版，第 587 页。

[2] 习仲勋：《广东省政府工作报告》（1979 年 12 月 17 日），广东省档案馆编：《广东改革开放三十年重要档案文献》（1），中央档案出版社 2009 年版，第 47 页。

胡耀邦，在广东省委秘书长杨应彬的陪同下第一次到珠海视察。胡耀邦同志询问了珠海市的发展规划和港澳的一些情况，很注意珠海与香港的交通问题。他强调要解放思想，充分利用毗邻港澳的有利条件，把经济工作搞上去。

1980 年 1 月 28 日，中共中央政治局委员、全国人大常委会副委员长彭真视察深圳特区。

1980 年 3 月 22 日至 23 日，国务院副总理谷牧在国家计委副主任段云、甘子玉，财政部副部长田一农陪同下视察了深圳特区和蛇口工业区。谷牧指出：去年中央发出的 50 号文件，决定对广东、福建两省实行特殊政策、灵活措施，这在我们党的历史上还是第一次作出这样的决定。经过七八个月的实践，我们应该认真总结一下贯彻执行情况和经验，研究工作中出现的一些问题并把它解决掉。比如特区，到底搞成什么样？去年广东的同志写了几条，我们觉得太抽象。当时让我们写得具体些，但也写不清楚，只能在实践中总结经验，不断改善。[1]

1980 年 3 月 24 日至 30 日，受中共中央、国务院委托，谷牧副总理在广州主持召开了广东、福建两省会议。广东省党政负责人习仲勋、杨尚昆、刘田夫、吴南生，福建省党政负责人马兴元、郭超等同志和国务院有关部门及港澳工委的负责同志参加了会议。这次会议主要是检查总结中央 1979 年 50 号文件的执行情况，讨论研究当前的问题和措施。会前，国家进出口委副主任江泽民同志带领一个先遣组前往广东调研。

3 月 24 日，谷牧副总理在广东、福建两省汇报会上首先发表讲话。谷牧说：这次会议，是广东、福建两省的同志来总结研究贯彻中央 50 号文件的情况和出现的问题。50 号文件是去年 7 月 15 日批发的。而提出这个问题是在去年 4 月中央工作会议上，并在会上决定两省的对外经济活动采取一些同其他省不一样的特殊政策和灵活措施。这在我们党的历史上还是第一次作这样的决定。也可以讲，这是在经济体制改革上的大胆尝试。这个决定，现在看来，我们认为是完全正确的，也是切实可行的。这是一个崭新的问题。我们过去没有这样的实践，也没有这样的经验。因此，在贯彻 50 号文件过程中，工作初步展开后，出现一些不同看法，是正常现象。因为过去没有经验。现在回过头看，50 号文件本身有些问题写得不具体，没有交代得很清楚。当时，只是把两省贯彻中央的决策中一些初步设想的问题提了出来。比如特区，到底搞成什么样？去年广东的同志写了几条，有一两页纸，我们觉得太抽象，当时让我们写得很

[1] 刘中国主编：《记事深圳经济特区 25 年》，第 12 页。

具体也不可能做到，只能在实践中总结经验，不断改善。当时我们在北京也预想过，不要出大的问题，出点小毛病也是不可避免的。我们同广东、福建省委的同志都是这样讲的。一年来的实践表明，我们取得的收获是很大的，但是也出现不少问题。所以，这次会议的任务，就是要把前一段的工作很好地总结一下。在执行50号文件的过程中，有什么经验、出现什么问题，都要毫不含糊地提出来，大家交换意见，求得解决，找出正确的措施、办法来。会议的开法，先听两省同志的汇报发言。我们先听听两省的同志有什么意见，听过后概括一下，理出几个问题，然后一个一个问题展开讨论。对那些不解决就不能前进的问题，要统一思想认识，提出解决办法，作出决定来，有的是要报请中央批准后才有效，有的在不违背中央大的原则下在这里就可以定下来。新华社香港分社的负责同志也来了，要准备作个发言。中央各部来的同志班底很硬，各部、委、局和银行等单位都有负责同志来了。会议开的结果，要把讨论议决的问题，一项一项记录下来，取得什么成绩，存在什么问题，怎样解决，写成若干条纪要。总的决心、指导思想，是怎样更有利于四个现代化建设。要利用国际有利条件，利用港澳有利条件，利用广东、福建两省华侨多、想为家乡建设作贡献等积极因素，使两省经济建设发展快一些，两省问题解决得好，必然为全国经济体制改革闯出新路子，提供经验。

在会议上，习仲勋和刘田夫详细汇报广东贯彻执行中央50号文件的情况。港澳工委书记王匡介绍了很多外面的情况，还特别谈到外国游客的很多意见。参观内地的人要求多带点东西，但是我们限制得很死。香港不少人认为，特区的性质是香港新界的延伸。特区的地价要有个合理的考虑才好。他还说，特区建设要注意广州的地位。我倒想说，深圳特区是广州的延伸。谷牧插话说：我从来都说，要注意老的工业基地。引进资金和技术，不仅用来建设特区，还要带动广州、福州、厦门等一些工业城市。特殊政策可以适用于闽、粤两省，不能仅注意深圳、珠海而丢下广州。当然，首先要搞好特区。[1]吴南生汇报了广东试办特区的初步规划和设想以及特区条例起草情况。他说，这段时间已经研究写出《广东经济特区暂行条例》，对有关税收、土地使用期限、工资制度等初步作出原则规定，待省人大常委会审查通过后报国务院和全国人大常委会审定。他还具体谈到特区基础设施投资，请求以无息贷款形式给予支持，要求特区土地使用收入应当归当地用于特区建设。他还就土地使用期限、地

[1] 吴健民：《创办珠海特区五年的回忆》，第96—97页。

价和电讯改革等问题谈了自己的看法。[1] 国家计委副主任段云提出，不一定避开原来的乡镇来建特区。特区还是利用原来的城镇条件来建为好，不一定要新划一块，围起来，这样用钱多。他表示，对于蛇口，他就有这个想法。国家进出口管理委员会副主任江泽民提出，一定要搞好特区的总体规划，希望集中力量搞好一个深圳。不赞成中央各部委都到深圳设厂。特区主要是利用外资。他还反映外商嫌我土地使用费定得高了，而所得税定12%偏低了，香港所得税率是17%。特区中使用的货币还是人民币为主。可多设些外币商店和外汇兑换处兑换外汇券。[2] 福建省的负责人也作了工作汇报。

最后，谷牧对会议讨论作了总结。他指出：特区一定要办，而且一定要办好。道理很简单，我们要利用当前世界上有利的形势，引进外资和技术，引进管理经济的经验。而划出一块地方，采取更加灵活一点的措施，以形成更大的吸引力，取得这些资金、技术和管理经验，这对于两省，对于全国，都有好处。王匡谈港英方面传言深圳要变成香港的延伸，他说这不可能。我们得到的，是外资来了，技术来了。特区经济发展了，而特区有强大的党的领导，有全国做后盾，我们管得了，不怕。谷牧说，邓小平说，建设新开放区，外商最强调的是交通、电讯，还有水和电，这是根本问题。这些基础设施没有准备好，投资者不会来。[3] 谷牧说，广东办特区，搞两个三个也好，但是要集中力量重点办好深圳。珠海不是取消，你们有力量就搞。不能按内地的习惯去管理特区，不然，没有人会来的。关于建立特区的设想，广东这次谈得进一步具体化了，但是，发展下去，肯定还有许多情况是我们所想不到的。我并不反对福建搞琅岐岛特区，只是好多问题都要论证落实。[4] 从现有史料看，这时的福建省委对厦门特区还没有什么概念，反而提出建立福州琅岐岛特区的问题。这显然不识时务，是省会城市本位主义在作怪。厦门经济特区后来发展欠佳，在起步阶段就存在对中央决策执行力不到位的问题。谷牧还说，当前强调，要制订出统一的特区规划。明确特区主要是吸收侨资、外资进行建设，这是必要的。关于制订特区的对外优惠政策和要求中央给予特区的特殊政策，这些，你们研究提出意见来，要报国务院批准。谷牧还特别指出：我们的方针是从小到大，从低到高。可以考虑市的建制和特区的建制一

[1] 吴健民：《创办珠海特区五年的回忆》，第97页。
[2] 同上，第97—98页。
[3] 同上，第98页。
[4] 同上，第98—99页。

致起来，特别是深圳和珠海，还是统一在一个领导机构中为好。可见，谷牧副总理抓住的问题非常准，实际上深圳、珠海、汕头和厦门的后面建设与发展都遇到这个体制问题。

会议对两省贯彻执行中央50号文件的情况进行了讨论，肯定了两省的工作成绩，也提出了存在的问题，研究提出了实行特殊政策、灵活措施和试办特区的一些重要政策。重新核定广东每年财政上交10亿元，比中央50号文件原规定的12亿元少2亿元，福建每年补贴1.5亿元，比中央50号文件原规定的1亿元多0.5亿元。同时采纳了广东省提出的建议，同意将“出口特区”名称正式改为“经济特区”。3月30日，在广泛讨论研究的基础上，形成了《广东、福建两省会议纪要》，主要包括8个方面的内容：（1）调整农业发展方针；（2）抓紧解决能源和交通运输问题；（3）大力发展对外贸易；（4）改进海关管理，简化出入境手续；（5）资金信贷给予必要支持；（6）搞好市场安排和物资供应；（7）积极稳妥地抓好经济特区的建设；（8）切实加强领导。会议最后集中大家的意见，明确提出了特区发展的以下指导性政策和建议：

> 一、试办经济特区，必须采取既积极、又慎重的方针。根据目前两省的财力物力可能，广东应首先集中力量把深圳特区建设好，其次是珠海。在深圳特区建设上同意省所划定的范围，一定要作好总体规划，分片、分期进行建设。汕头、厦门两个特区，可先进行规划，作好准备，逐步实施。福建省提出搞琅岐岛特区，要慎重对待，先作可行性研究。
>
> 二、在建设步骤上，先搞好水、电、道路、通讯等基础设施，为吸引侨商、外商投资创造条件。投资项目要尽可能符合经济特区发展规划的要求。整个建设要认真搞好总体规划，做到心中有数，打主动仗。两省外汇贷款配套和深圳特区基础设施建设所需的人民币贷款，由中国人民银行和建设银行解决。
>
> 三、经济特区建设，要充分利用现有基础，先上那些投资少、见效快、收效大的项目。在发展加工出口工业的同时，有条件的，要逐步发展住宅、旅游等事业。
>
> 四、经济特区主要是吸收侨资、外资进行建设。中央各部门、各地区，除经批准可在特区经营少数中外合资企业外，一般不准在特区办企业，广东省要从严把关。一些单位去深圳、珠海占地，打乱了建设部署，应立即制止。有些部门和地方，经过批准，可派少数人员驻深圳进行对港澳及国外商情的调查和联系业

务。由进出口管理委员会尽快制订具体办法。

五、为吸引侨商、外商来特区投资，可适当降低企业所得税税率和土地使用费收取标准。所得税、土地使用费和工资可略低于港澳。所得税率初步定为15%。土地使用年限应根据不同情况灵活掌握。经济特区海关，在管理上实行"内紧外松"的原则。特区所需的机器设备、零部件、原材料等生产资料允许免税进口；生活用品原则上以国内供应为主，经过批准，可以征税或减免税进口。

六、经济特区的管理，在坚持四项基本原则和不损害主权的条件下，可以采取与内地不同的体制和政策。特区经济活动主要实行市场调节。

七、两省要进一步把工作着重点和领导精力转移到抓经济建设上来，抓50号文件的贯彻执行，抓新体制的试验。主要领导要亲自抓，特区的领导要委派省级干部担任。

八、特区的活动不得违反我国法律。抓紧立法工作，两省已拟订出一些条例草案。原则同意广东省起草的《广东经济特区暂行条例》。中央有关部门要抓紧审查修改，报国务院或人大常委会审批，尽快下达。[1]

1980年5月16日，中共中央、国务院批准《广东、福建两省会议纪要》（中发[1980]41号文）。中央批示指出："一年来的实践证明，中央决定广东、福建两省在对外经济活动中，实行特殊政策和灵活措施，是正确的。两省工作有很大进展，成绩是显著的。""由于全国的经济体制还没有作大的改革，广东、福建两省试行新体制的过程中，出现一些问题，是难免的。这是前进中的矛盾。我们的任务就是要认真地及时地总结经验，研究新情况，解决新的问题。中央认为，这次会议总结的经验和提出的措施是可行的，要认真贯彻落实。""希望中央有关各部门和两省加强协作配合，共同努力，把这项工作做得更好。"[2] 中央41号文与50号文相比，又前进了一步。经济特区的综合性建设方向得到进一步明确，经济特区的政策也得到进一步明确和具体化。谷牧同志后来说："在我们社会主义国家里举办经济特区，马列主义经典里找不到，是史无前例开创性的社会经济实验。因此，会上对特区建设的方针作了详细的研究。"

---

[1] 《广东、福建两省会议纪要》（1980年3月30日），中共广东省委办公厅编：《中央对广东工作的指示汇编（1979—1982年）》，第62—71页。

[2] 《中共中央、国务院〈关于广东、福建两省会议纪要〉的批示》（1980年5月16日），参见中国广东省委办公厅编：《中央对广东工作的指示汇编（1979—1982年）》，第60—61页。

“通过这次会议，把中央举办特区的构想初步具体化了。”[1]

1980 年 4 月 27 日，中共中央副主席、全国人大常委会委员长叶剑英由广东省副省长王宁、叶选平，省委秘书长杨应彬陪同视察了深圳经济特区。

1980 年 6 月 12 日，中共广东省委决定，吴南生兼任中共深圳市委第一书记、市革命委员会主任。张勋甫任常务书记，秦文俊、黄施民、方苞、贾华任市委书记，丁励松任市委常委兼秘书长，黄施民、贾华、舒成友任市革命委员会副主任。6 月 19 日，广东省委在广州举行省、市直属机关处以上党员报告会，由省委常委、秘书长杨应彬宣读中央 41 号文，省委书记、副省长刘田夫代表省委作报告，阐述对中央 41 号文件的认识和贯彻意见。刘田夫在报告中提出：重点建设好深圳经济特区。特区的许多章程、办法，可以在深圳先搞出来试行，为珠海、汕头提供经验。

[1] 《谷牧回忆录》，第 325—326 页。

第三章

经济特区的筹备与创办

1979年7月中央下发50号文件后，广东、福建两省和国家进出口委在国务院副总理谷牧同志的直接领导下，开始了深圳、珠海、汕头、厦门四个特区的筹办工作，包括开展划定特区范围、起草特区条例和制订特区规划等工作。

第一节　经济特区的选址与范围

特区的选址与范围确定，是筹办经济特区的一项重要工作。从世界经济特区发展来看，特区选址是否恰当、科学，是特区建设最后能否取得成功的一个重要因素。特区选址包括两个方面：一是大的区位选择；二是具体区位的选择，即特区范围的确定。而特区范围确定的，又与该特区本身的定位有很大关系。在此只涉及最早的一批经济特区选址问题。在我国第一批四个经济特区中，珠海、汕头、厦门三个特区是按照出口加工区模式来选址的，所以开始确定的范围较小。而深圳从开始就按照综合性特区的模式来选址的，所以从一开始确定的范围就较大。

关于特区地点的选定

1979年2月，谷牧同志在召集国务院有关部委讨论建立蛇口工业区时就曾传达说："小平同志认为不仅宝安、珠海县可以搞，广东、福建的其他县也都可以搞。"1979年4月，中央工作会议文件——《关于大力发展对外贸易增加外汇收入若干问题的规定》

提出："在沿海少数有条件的省市，划出一定地区，如广东省深圳、珠海、汕头，福建省厦门，上海市崇明岛等单独进行管理，作为华侨和港澳商人的投资场所。"可见，当时特区选址范围是在少数沿海有条件的省市，并列举了广东的深圳、珠海、汕头，福建的厦门，还有上海崇明岛。在广东提出试办出口特区后，中共辽宁省委第一书记任仲夷也向中央提议在大连办特区。中共中央主席华国锋表示同意，并很快派谷牧副总理到辽宁考察，后因中央在广东、福建搞特区和因此处条件不成熟而搁置。7月，中共中央、国务院批转了广东、福建两省省委关于在对外经济活动中实行特殊政策和灵活措施的报告，决定先在深圳、珠海两市划出部分地区试办出口特区，待取得经验后，再考虑在汕头、厦门设置特区。可见，当时设立经济特区主要着眼点是为港澳商人和华侨开辟集中投资的场所。而且在建设步骤上，有先有后，先建设深圳、珠海，然后再建设汕头、厦门。特别强调先把深圳特区建设好，以便集中力量，取得经验。

中央之所以首先选择在广东、福建两省创办经济特区，主要是因为两省具有扩大对外贸易、加快经济发展的有利条件。一是两省靠近香港、澳门、台湾，地理位置好，国际交往十分方便。港澳同胞500多万人大多数是广东籍的，港澳居民不少也是福建籍的。广东、福建两省与港澳的经贸关系密切，有利于利用港澳台市场、资金、技术和管理经验。二是两省华侨众多，有利于利用侨汇、侨资。广东、福建是侨乡，广东旅居海外的华侨和外籍华人800多万人，福建有500多万人，海外华侨与归侨人数分别居全国第一、第二位。全国有华侨2000多万人，其中广东、福建共有1300多万人，占全国华侨总数的65%。另外两省还有归侨、侨眷1500多万人。这是两省的最大特点和优势。三是历史上就是重要的对外贸易口岸。深圳是中国南方对外交通的重要陆路通道，汕头和厦门是中国南方的重要海运港口，交通比较发达，加上侨乡影响，与海外联系比较密切，具有较强的商品意识和开放意识，对外面的信息比较了解。四是地理条件好，两省气候温和，作物生长周期短，有发展热带和亚热带作物的良好条件。资源也有一定优势，有发展出口土特产品的条件。五是两省长期处于海防前线，经济发展受到影响，居民外逃现象十分严重，迫切需要加快发展经济。经济发展起来后，对于巩固边防，对于香港、澳门回归祖国，大陆与台湾的统一，也会产生积极影响。另外，广东、福建两省在计划经济时期都不是重要的工业区，由于是边防前线，国家重点项目投资极少，经济总量在全国来说不占重要地位，无足轻重。所以即使试验失败也不会产生太大影响。中央决定在广东、福建建立深圳、珠海、汕头、厦门4个经济特区，是两省实行特殊政策和灵活措施的重要组成部分。当时之所以确定四个经济特区，“主要是从地理条件考虑的。深圳毗邻香港，珠海靠近澳门，汕头是因为东南亚国家潮州人多，厦门是因为闽南人在外国经商的很多”[1]。1980年9月28日中央印发的《中央书记处会议纪要》指出：中央在广东、福建两省实行特殊政策和灵活措施，目的是要充分发挥广东、福建两省的优势，使广东、福建先行一步富裕起来，成为全国“四化”建设的先驱和排头兵，为全国社会主义经济建设和体制改革探索道路，积累经验，培养干部。

从地理条件看，上海市的崇明岛与大陆自然隔离，同时毗邻上海市，交通条件较好，工业和人才基础较强，应该说办特区是有一定条件的。但上海市崇明岛最后却被中央排除在特区设立范围之外。我们认为，这是与当时中央领导层内部对试办特区存在不同意见有直接关联的。

1981年12月22日，中央召开省、自治区、直辖市党委第一书记座谈会。当时不少省市都向中央要求试办经济特区，陈云坚决不同意。陈云说：“广东、福建两省的深圳、珠海、汕头、厦门四个市在部分地区试办经济特区（广东不是全省特区，福建也不是全省特区），现在只能有这几个，不能增多。”“当然，来料加工，合资经营，现在许多地方也在做，但不能再增加特区。搞来料加工不能把我们自己的产品挤掉了。”“广东、福建两省的特区及各省的对外业务，要总结经验。现在还没有好好总结。”陈云明确表示：“像江苏这样的省不能搞特区”，“江浙一带历史上是投机活动有名的地区。坏分子的活动都熟门熟路”。他指出：“既要看到特区的有利方面，也要充分估计到特区带来的副作用。例如：人民币与外币同时流通，对人民币不利，会打击人民币，因人民币‘腿短’，外币‘腿长’。”“现在第一位的任务是认真总结经验。”[2] 1982年1月25日，陈云邀请国家计委主任姚依林、副主任宋平、柴树藩、李人俊、房维中，到中南海家中座谈时，又指出：“现在搞特区，各省都想搞，都想开口子。如果那样，外国资本家和国内投机家统统出笼，大搞投机倒把就是了，所以不能那么搞。特区第一位的问题是总结经验。”[3] 可以看出，陈云当时对试办特区态度比较谨慎。他不反对试办经济特区，但要求注意特区带来的负面影响，坚决不主张扩大特区的范围，特别不赞成在中国的经济心脏——江浙地区办经济特区。陈云同志的这个讲

[1]《邓小平文选》第3卷，第366页。
[2]《陈云文选》第3卷，第306—307页。
[3] 同上，第311页。

话，也就打消了其他地区要求办特区的想法。

邓小平在对外开放上一直持积极乐观态度。他反复强调要抓住机遇，尽量多利用外国的资金、技术和管理经验。特别是他对地方的开放积极性一直是采取支持和鼓励的态度。1980 年 11 月，邓小平对即将赴任广东省委第一书记的任仲夷和广东省省长的梁灵光说："特区不是仅仅指深圳、珠海那几块地方，是指广东、福建两个省。单搞那一点地方不行，中央讲的是两个省。你们要充分发挥这个有利条件。对于搞特区，你们要摸出规律，搞出个样子来。"[1] 上世纪 90 年代初，邓小平为 80 年代没有在上海设立经济特区不止一次地表示过遗憾。1990 年 2 月 13 日，邓小平同朱镕基谈到建议开发浦东时说："你们搞晚了。但现在搞也快，上海条件比广东好，你们的起点可以高一点。从八十年代到九十年代，我就在鼓动改革开放这件事。胆子要大一点，怕什么。"[2]1990 年 3 月 3 日，邓小平在与江泽民、杨尚昆、李鹏谈话时指出："浦东开发晚了，但还来得及。"[3]1991 年 1 月 27 日至 2 月 20 日，邓小平在上海视察工作时再次指出："浦东开发至少晚了五年。浦东如果像深圳经济特区那样，早几年开发就好了。""如果当时就确立在上海也设经济特区，现在就不是这个样子。十四个沿海开放城市有上海，但那是一般化的"，"抓紧浦东开发，不要动摇，一直到建成。我们说上海开发晚了，要努力干呀！"[4] 实际上，正是在邓小平的积极推动下，中国经济特区得到极大发展，原有经济特区范围得到扩大，创办了海南大特区、浦东新区和滨海新区等，经济特区从一种形式发展到多种形式，从沿海发展到内地。当然我们也要看到，有些经济特区由于选址不当，开发建设效果不佳。

对于经济特区选址，中共中央总书记江泽民后来多次讲到这个问题。1990 年 11 月 27 日，江泽民在深圳召开的经济特区座谈会上说：现在，我们还面临着另一个问题。这就是一讲开放大家就要一起放，你能为什么我不能？我到中央后感觉到，一说研究某个政策，三十个省市都想要，这就没有办法了。全国的发展有个不平衡的问题，这是肯定的。最近还去了满洲里。满洲里也提出要建一个特区。到大连，他们也

---

[1] 《先走一步真先走：任仲夷访谈录》，载中共广东省委党史研究室编：《广东改革开放决策者访谈录》，第 10—11 页。《以改革推动对外开放，以开放促进体制改革——梁灵光访谈录》，中共广东省委党史研究室编：《广东改革开放决策者访谈录》，第 147 页。

[2] 中共中央文献研究室编：《邓小平年谱（1975—1997）》，第 1308 页。

[3] 上海市地方志办公室编：《上海人民政府志》，上海社会科学院出版社 2004 年版。

[4] 中共中央文献研究室编：《邓小平年谱（1975—1997）》，第 1328 页。

提出大连为什么不能成立特区？新疆也说，它有欧亚大陆桥，已经通车了嘛，应该办特区。我的意思是特区还是现在这四个，加上海南。就是在这五个特区也还有个不平衡性。要求每个特区都是同样的规模，一样的速度，这是绝对不可能的。我们应该扎扎实实地继续把现有的五个经济特区办好。[1]1994 年 6 月 18 日，江泽民在视察珠海特区时又说：全国有许多地方都要求办特区，我是不赞成，我说特区就这几个！比如大连、满洲里再到西北、乌鲁木齐都变成特区，那中华人民共和国不就变成特区国了吗？都特了以后就不特了。特区就只能是这五个，别的地方不要再变成特区。前年，小平同志在上海说过这样的话，意思是当时搞特区的时候应该把上海划进去。上海的同志就说，浦东是不是也要搞特区。我说不行，你们要全面领会小平同志的南方讲话精神。浦东还是叫开发区，不能叫特区。我就一个一个地讲原因。深圳为什么叫特区，香港就在它对面，假使 1980 年那么一个边陲小镇不搞特区，到 1997 年我们对香港恢复行使主权了，两边一比较，就显示出经济上的反差，你们珠海是面对澳门，1980 年我来时还是个小渔村、小县城，现在是什么样了，大不一样了。所以搞特区有利于澳门 1999 年回归。还有汕头，它是个大侨乡，有 600 万海外潮汕华侨。还有厦门，它遥望台湾。最后加上海南，因为它是个海岛，面积 3.4 万平方公里，台湾是 3.6 万平方公里，只比台湾小一点，但经济落后得多，因而也要搞特区。因此说，设立五个特区都有它的道理。而且，我看特区还是要继续保持它的特。[2] 江泽民同志很明确：一是设立经济特区是要有条件的；二是反对全国不讲条件“一窝蜂”办特区。

深圳特区范围的划定

中央作出举办特区的决策后，广东省委指示广东省特区筹备组（经济特区管理委员会）和深圳市委研究、酝酿划定深圳特区的范围。1979 年 5 月，广东省在《关于试办深圳、珠海、汕头出口特区的初步设想》文件中提出：第一步先在深圳市西部，南头至蛇口一带作为出口特区试点。[3]

1979 年 9 月 28 日至 10 月 5 日，广东省特区筹备组的吴南生、秦文俊等同志到

---

[1] 《江泽民同志在五个经济特区座谈会上的讲话》，深圳市委办公厅编：《中央领导同志视察深圳讲话资料汇编》。
[2] 《江泽民同志在广东考察期间的讲话要点》，深圳市委办公厅编：《中央领导同志视察深圳讲话资料汇编》。
[3] 广东省政协文史资料研究委员会编：《经济特区的由来》，第 205—206 页。

深圳，同深圳市委主要负责同志一道调查研究，就经济特区的选址和规模问题交换意见。最后大体确定了深圳经济区划为：(1) 农业区，以办好农副产品出口基地为重点，搞好农业，搞好边防工作。(2) 深圳市区和以深圳水库为主的旅游区。(3) 出口特区，除正在兴建的蛇口工业区外，还拟在福田公社划定地段建设工业特区，在沙头角公社试办农工商联合试验区。这一方案是关于特区选址的最初方案。

1979 年 10 月 24 日，吴南生在向省委呈报的《关于加快深圳建设必须解决的几个问题》中指出：加工特区（建议定名为出口特区），除正在兴建的蛇口工业区外，还拟在福田公社划定地段建设工业区，在沙头角公社试办农工商联合企业的实验区。关于福田出口加工区，初步设想，从中划出东西长 10 公里，南北宽约 3 公里，总面积 3000 多公顷的一块地段。加工区占地 3000 公顷，其规模比菲律宾的巴丹加工区（1209 公顷）还要大。10 月 26 日，广东省委书记吴南生在接见来自广州地区新闻单位和港澳地区参加省人大二次会议报道的记者说：所谓特区，就是在深圳一个叫莲花山的地方，大约一个公社，准备划 38 平方公里，搞特区。38 平方公里是个什么概念呢，就等于香港和九龙加起来那么大。要搞一个香港九龙不是那么容易的。但是我们要努力。有人批"有条件上，没有条件创造条件也要上"，不要批了。特区主要搞工厂，不是像香港那样搞商业，要有利于提高生产力，离开发展生产力是不行的。有一个香港商人，要来搞个跑马场。我说，去他的！主要搞工厂，搞花园式的。搞特区最大的利益是把国外先进技术、设备引进来，培养出一大批技术先进的工人，生产力就会大大提高了。比如韩国、中国台湾地区、新加坡都是这样，他们叫加工区，其实是特区。

1979 年 10 月 31 日，吴南生主持召开了有深圳、珠海、汕头三市领导和省直有关部门参加的出口特区工作座谈会，随后负责起草了准备向中共中央、国务院汇报的《关于建立经济特区几个问题的汇报提纲》，进一步提出了深圳经济特区的建设方案。深圳特区，拟规划工业区、科学技术研究区、住宅区以及商业、行政和文化区。特区拟设在福田公社范围内，总面积 38 平方公里。规划工业区、住宅区各 11 平方公里；科技研究区、商业行政区各 2 平方公里；道路 8 平方公里。此外，莲花山作为园林区 4 平方公里。

1979 年 12 月 17 日，谷牧副总理在听取广东、福建两省负责同志汇报时的讲话中说：特区人口不能太多，全世界都感到搞大城市的路子走不得。当然，深圳可以搞大一点，但不要太大了。[1]

1980年3月15日，吴南生在向中共中央、国务院呈报的在广州召开的两省和特区工作会议上的汇报草稿中指出：深圳特区面积38平方公里，今年准备开辟5平方公里的用地。

由此可见，深圳特区范围还是按照38平方公里的“小”特区的方案来运作的。

举办经济特区是一个新生事物，深圳特区范围到底划多大为好，谁也没有经验。当时有以下几种意见：

第一种意见主张把特区范围划得小一点，提出在深圳市靠近香港新界的地方划出一小块无人区建立特区，用铁丝网围起来。理由有：（1）参照海外兴办出口加工区和自由贸易区的经验，面积一般在1平方公里左右。比如台湾高雄面积只有0.7平方公里，楠梓0.9平方公里，台中0.23平方公里，马来西亚的岑六拜0.4平方公里，韩国马山0.16平方公里等。当时亚洲较大的是菲律宾的巴丹自由贸易区，占地也只有7.35平方公里，工业用地为3.65平方公里。（2）把特区的范围划小，搞完一个再搞一个，这样起步时投资小，见效快，有大的失误也不会造成大的影响。（3）海外大多数出口加工区和自由贸易区面积都比较小。（4）特区范围大难于管理，怕出现群众性偷渡走私，造成混乱，给国家带来损失，影响全局。

第二种意见主张要办大特区，提出最好把全市都划为特区，实行市、区合一。其理由有：（1）办特区不是短期行为，填满一小块，再搞一小块，块与块之间隔着非特区，不利于城市全面规划建设，也不利于管理服务。（2）只划出一小块地方，工厂盖满了怎么办？特区不只搞两三年，难道填满了再划一块？划得大些，有利于特区一、二、三产业引进外资，特别是有利于引进掌握先进技术和资金雄厚的外资企业。（3）划得大些，有利于特区经济、政治、文化、教育、科学等事业的全面发展，也与综合性经济特区相适应。（4）不要“怕”字当头，应有杀出一条血路来的勇气和胆略。

但是，大多数人都不赞成这两种方案，认为前一种方案会使中心城区和特区建设分离，将引起许多矛盾，造成人力、物力和财力分散，不利于特区与城市建设的三通一平；不利于综合改革试验，不利于吸引外国财团投资规模较大的项目；不符合中央有关办特区的总的指导思想和要求。而后一种方案特区范围则太大，特区与非特区之间的管理线过长，不利于加强管理，容易发生走私贩私和非法越境外流问题。特

---

[1]　参见中共广东省委办公厅编：《中央对广东工作的指示汇编（1979—1982年）》，第52页。

别是我们没有经验，一旦发生严重走私贩私和非法越境外流而未能有效控制时，就会给反对办经济特区、反对改革开放的人提供借口。经过反复调查研究和酝酿磋商，最后形成了第三个方案。这一方案吸收上述两种意见的有益成分，又排除其不足之处；既要充分利用有利地形，以便于加强管理，又要具有相当面积，使特区发展有较大的空间。这一方案把靠近香港的边境，依据梧桐山、塘朗山脉和深圳河的走势，划出深圳特区。这样划分，特区有足够大的发展空间，有 100 平方公里左右的平原和丘陵地带。深圳毗邻香港，不仅工农业可大力发展，还可发展商贸业。把大、小梅沙划入特区，还可以发展旅游业。同时将蛇口工业区划入特区范围，以促进其发展。这样深圳特区的范围东从大鹏湾的背仔角起，往西南延伸到蛇口、南头公社的一甲村，北靠大山，南临香港新界，形成一个东西长 49 公里，南北最宽为 7 公里的狭长地带，面积为 327.5 平方公里。这样划，有利于把深圳经济特区建设成为工、商、农、牧、住宅、旅游等多种行业全面发展的综合性特区，第一、第二、第三产业并举，经济、政治、文化等各项社会事业全面改革试验，引进外资可形成较大规模和声势，对影响全国和树立中国改革开放的形象有重大作用，同时也利于在城市整体规划、建设上进行通盘考虑，避免走弯路。

广东省委领导习仲勋、刘田夫同志等经过认真考虑，赞成把深圳经济特区划得大一些，同意了第三种意见。中央及谷牧副总理也同意这一方案。吴南生后来曾谈到，香港南洋商业银行董事长庄世平先生为我们收集了全世界各个自由贸易区、边境工业区、出口加工区的各种条例、资料。没有这些资料，我们很难了解外面的世界，更难以研究、规划特区条例和制订特区规划。深圳特区面积原计划 38 平方公里，后来了解到美国与墨西哥边境工业区很大，才下定决心把深圳与香港毗邻的地方，全都划成特区。[1]

当然持不同意见的人又提出质疑，说全世界也找不出这么大的特区，如果按照这么划分法，深圳市 2.4 万居民都被划进去，连同沙头角、南头、蛇口等地，整个特区内有近 10 万人口。特区政府要养活这么多人都成问题，哪还有多少精力去引进、发展呢？又有人提出了一个折中的意见，主张经济特区只包括广深铁路线以西的部分罗湖区和上埗区，有 2.4 万居民的旧城在其外，这个方案比第一个方案大，比第二个方案小，但仍然没有解决如何防止走私的问题。消息传出后，深圳市居民都极力反对。还

[1] 全国政协文史和学习委员会编：《经济特区的建设》，第 91 页。

有人提出，特区应包括整个宝安县。这样划分显然过大，无法管理，没有得到支持。

据时任深圳市政府副秘书长、二线建设工程副指挥长舒成友回忆说："最初的方案划分特区面积很小，仅 60 平方公里。为科学确定特区的面积，根据中国海洋直升机公司先后 3 次航测的图样和深圳一带的地理特征，以梧桐山、羊台山脉的大岭古、打鼓嶂、大洋山等山脊画线，1980 年 8 月确定特区面积为 327.5 平方公里。"[1]

原中共深圳市委第一任市委书记张勋甫后来在接受采访时说：对于特区面积也有很多争论，1979 年 7 月 15 日国务院下达文件，正式通知深圳试办特区，并要求划出特区范围。经过实地察看，最后经市里反复讨论的范围为：东起背仔角，西至南头一甲村，东西长 49 公里，北沿梧桐山、羊台山分水岭，南至深圳河，南北宽约 6.5 公里，总面积 327.5 平方公里，实际上就是最开始的"先富区"面积。当时省特区办不同意这个方案，说深圳搞这么大的特区规划不现实，不是一般的大，而是大得无边，比全世界特区的总面积还大，他们就是想在福田无人区办一个像汕头、珠海大小的 6 平方公里全封闭的加工区，周围用高墙围起来，加工区里原本住的人也要搬出去。张勋甫等人就跟省特区办说，深圳特区比延安时期"陕甘宁"小得多，杀出一条血路来推广到全国，特区是全国的特区，6 平方公里这么小怎么杀？省特区办来电话说：你们比"陕甘宁"有政治野心。我们说没有政治野心，只是想按小平同志讲的办特区，在经济上"杀出一条血路"来，推广到全中国。[2] 对此，我们没有进行历史考证。但这足以说明，在当时特区范围确定上分歧很大。这主要是因为大家都没有经验，出现分歧也是正常的。

1980 年 8 月 21 日，国家进出口管理委员会、国家外国投资管理委员会副主任兼秘书长江泽民同志在五届全国人大常委会第十五次会议上作了关于在广东、福建两省设置经济特区和《广东省经济特区条例》的说明，专门谈到深圳经济特区范围问题。他指出：目前国内的财力物力也有限。因此，要采取既积极又慎重的方针。准备首先集中力量把深圳经济特区建设好，其次是珠海、厦门、汕头经济特区。深圳市（即原宝安县）行政区划为 2020 平方公里，将其大、小梅沙到福田、蛇口这一狭长地段共 327.5 平方公里划为经济特区，其中 229.5 平方公里为山地，是很好的自然屏障，实际使用面积为 98 平方公里。

---

[1] 《特区最初方案仅 60 平方公里——舒成友回忆特区二线建设的前前后后》，载《深圳特区报》2010 年 3 月 11 日。

[2] 《深圳首任市委书记张勋甫：小平撑腰杀出条血路》，载《南方都市报》2008 年 1 月 29 日。

1981年5月4日，中共深圳市委向广东省委提交《关于深圳经济特区范围和管理的请示报告》,《报告》提出“深圳特区的范围，拟以行政区域为基础，按山脉走向，群众的历史习惯，方便管理和能不划进就不划进的原则”，确定为“东起大鹏湾背仔角，往西南延伸至蛇口、南头公社一甲村的海岸边界线以北，北沿梧桐山、羊台山脉大岭古、打鼓嶂、嶂顶、九尾顶、髻山、大洋山以及沙湾、独树村、白芒大队以南的狭长地带，总面积327.5平方公里。”

1981年12月24日，广东省人大常委会致函广东省人民政府：《深圳经济特区行政管理暂行规定》经省五届人大常委会第十三次会议通过，确定深圳经济特区范围为327.5平方公里，要求在此范围内按照本暂行规定进行管理。

1983年9月至1984年8月，经国务院、广东省政府批准，特区内先后设立五个管理区：(1) 沙头角管理区（原沙头角公社、盐田公社），65平方公里；(2) 罗湖管理区（原附城公社、深圳镇），74.2平方公里；(3) 上埗管理区（原福田公社后改为福田），68.8平方公里；(4) 南头管理区（原南头公社），108.1平方公里；(5) 蛇口管理区（原蛇口公社和蛇口工业区），11.4平方公里。

其实，特区范围大小，是与其本身的定位有关系的。海外的出口加工区一般功能比较单一，并且采用封闭式管理模式，所以面积比较小。而我们所设置经济特区的经营范围比较广，带有综合性。就深圳特区而言，主要发展工业，同时也发展旅游，经营商业、服务业，建设住宅和农牧、养殖业生产基地等。所以，特区的范围需要划得大些。1980年9月4日，广东省经济特区管理委员会负责人在接受记者采访时说：“经过近一年的探索，三个特区的规划比开始的构想都更具规模，更切实际。以深圳特区为例，原来考虑在福田公社划出一定区域作为特区，经过各方面专家一年来的探讨，作出各种方案比较以后，初步确定的深圳特区规划范围是东起大小梅沙，西至南头、蛇口，面积300多平方公里。其中规划为城市建设用地约98平方公里。整个特区的建设，将采取‘总体规划，分区分期实施’的步骤来进行。”[1] 对于深圳经济特区范围的划定，谷牧在其回忆录中是这样说的：“当时就考虑到深圳毗邻香港，是我国南方陆路外运的重要通道，对外经济联系的条件最好，有可能发展最快，有意划得大些，并且依据山川地形和设置管理线的需要，划了327.5平方公里。在此之前，1979年2

[1] 《广东省经济特区管理委员会负责人就经济特区条例有关问题发表讲话》，载《广州日报》1980年9月4日。广东省政协文史资料研究委员会编：《经济特区的由来》，第107页。

月，国务院批准交通部香港招商局在蛇口投资办的2平方公里的工业区，也作为一部分划入深圳特区。”[1]

珠海特区范围的划定

1979年5月，中共广东省委向中央呈报的《关于试办深圳、珠海、汕头出口特区的初步设想》对珠海特区选址提出初步设想：珠海市湾仔、拱北、香洲一带，作为出口特区试点。并设置划定特区界限的标志，进行单独管理。经过试办，取得经验后，逐步扩大。可见，当时的设想为以后珠海特区范围扩大留下伏笔。

1979年10月26日，广东省委书记吴南生在接见来自广州地区新闻单位和港澳地区参加省人大二次会议报道的记者时说：珠海人口多，准备搞4平方公里，搞的是三个小特区。1979年12月，广东省委向中央呈报的《关于广东建立经济特区几个问题的汇报提纲》就珠海的特区设置指出：鉴于珠海地形、人口分布等条件的限制，经与市委研究，拟在拱北海关东西两侧，各划一块地方建立特区，共约4平方公里。其建设方案与投资来源，正与何贤、马万祺等人在酝酿进行中。

后来经过实地探勘，反复讨论，珠海市委初步拟定了以拱北口岸为中心的四片既可连接又可独立进行活动的特区范围为：东片0.7平方公里，以关闸村为中心；中片1.2平方公里，以水湾至九洲港为重点；西片2.74平方公里，以下湾围为中心；南片2.1平方公里，以湾仔为中心，共6.74平方公里。珠海市委考虑到港口的扩大，还希望九洲岛等两岛也划入特区。这样需要共划入11平方公里。

1979年12月17日，谷牧副总理在听取广东、福建两省负责同志汇报时的讲话中说：我们要搞小城市，特区规划要有远见，多搞几个点。我刚才听到珠海搞东、西、中三个小特区，受到启发。[2]12月下旬，广东省委书记吴南生到珠海特区检查工作。吴南生与珠海市负责人在谈到特区范围时介绍了台湾出口加工区占地情况，说对外面各种特区经营的办法我们都可以借鉴。对于珠海经济特区范围的确定，他不主张在湾仔一带搞特区。他认为，就是东、中、西片的面积也仍然可以小一点，

---

[1]《谷牧回忆录》，第327页。

[2] 参见中共广东省委办公厅编：《中央对广东工作的指示汇编（1979—1982年）》，第52页。

从小到大。[1]1980 年 6 月 7 日，中共广东省委第一书记习仲勋和副省长梁威林在珠海视察工作。习仲勋说："要把农、工、商一定搞好，珠海就是特区，先搞哪里后搞哪里，这是个布局问题和步骤问题。"[2] 这样，珠海市委又组织各方面负责人具体勘查了特区中、西、东三片（南片暂不列入）的范围和村庄，就发展规划布局再次作了研究。

1980 年 6 月，中共珠海市委召开常委会，讨论珠海经济特区范围。负责特区筹办工作的市委常委、市管委会副主任李长青在会上提出了三个方案：一是根据省委书记习仲勋 6 月 7 日晚在听取珠海筹建特区情况汇报后讲的意见，建议将珠海特区按市行政区域定为特区范围；二是如果认为市行政区域范围大太，岛屿多，难于管理，可以考虑以东、西两个边防检查站为界，检查站内为特区，检查站外为非特区；三是根据国家公安部、省公安厅规定，东海边银坑蚝场以南、西以上冲以南，包括香洲、前山一部分地区，南屏、湾仔一带是国防边境线，建议以边境线为界，划为特区范围。市委常委们对这三个方案进行了反复讨论。主管城市建设的领导，提出海滨公园是珠海人民的活动场所，不同意划入特区范围。主管市旅游的领导，反对将石景山旅游中心划入特区，只能从吉大以南排水渠为界。香洲区的领导，反对把香洲、吉大、前山划为特区。拱北区的领导，反对将拱北围基、北岭划为特区。吴健民最后总结提出：特区范围，从小到大，逐步扩大，现在先按大家意见，靠沿海边境范围划为特区。会议决定重新规划特区范围。

珠海市委、市政府又重新规划了特区范围，提出了新方案。新方案将大姑嵋、大小草堂、石花山、板嶂山、炮台山、石角咀、湾仔、西银坑以及大小马骝洲划为特区范围，绘制成地形图，包括山脚海边在内总面积十多平方公里，可用面积 6.81 平方公里。

1980 年 7 月 8 日，中共珠海市委再次召开常委会，讨论珠海特区范围问题。经过常委会集体讨论，最后审定通过 6.81 平方公里为特区范围，上报广东省经济特区管理委员会审批。7 月 16 日，珠海市委常委、市管委会副主任李青赴广州向省委书记吴南生详细汇报了珠海市委关于特区范围讨论的情况和珠海经济特区范围的地形图说明。吴南生阅后表示，先按市委常委会决定和规划的范围实施。最后，广东省委、省

[1] 吴健民：《创办珠海特区五年的回忆》，第 94 页。
[2] 全国政协文史和学习委员会编：《经济特区的建设》，第 352 页。

政府批准了珠海特区 6.81 平方公里的范围。

1980 年 8 月 21 日，国家进出口委副主任江泽民在五届全国人大常委会第十五次会议上所作的关于在广东、福建两省设置经济特区和《广东省经济特区条例》的说明中指出：珠海市行政区划为 654 平方公里，将其中 6.8 平方公里规划为经济特区。

1980 年 10 月，珠海经济特区正式划定 6.81 平方公里（按 25 米等高线以下和大潮出水地面计算）。所划定的珠海特区位于珠江海口西岸，是呈半月形的狭长地带，靠山面海，港湾较多，陆地从东到西长 12.6 公里，南北最宽处为 2.37 公里。特区分为东、中、西三个互不相连的部分：东部是吉大区，2.63 平方公里；中部是拱北区，3.12 平方公里；西部是湾仔区，1.06 平方公里。

汕头特区范围的划定

1979 年 5 月 12 日，广东省委在向中央呈报的《关于试办深圳、珠海、汕头特区的初步设想》的“试办特区的地点范围”中写道：第一步汕头市岩石（或郊区）、达濠一带，作为出口特区试点。1979 年下半年，汕头市革委会成立特区筹备小组，开始着手进行特区的选址、勘探等工作。1979 年 12 月 12 日，吴南生在其代表广东省委向中央呈报的《关于广东建立经济特区几个问题的汇报提纲》中说道：汕头市建立特区的问题，中央指示放后一步，现在看来，可提早动手规划。这个特区，规划在市区东面的珠池肚，面积约 6 平方公里。1979 年 10 月 26 日，广东省委书记吴南生在接见来自广州地区新闻单位和港澳地区参加省人大二次会议报道的记者时说：汕头先搞 4 平方公里，与深圳不一样——是增加地皮，搞围海，围 100 万亩，便是围 20 万亩也不简单，种甘蔗，就等于 20 万吨糖，加上造纸、酒精，配上去搞起来，就很可观了。可见当时，汕头特区是准备在汕头市东边围海造地建设，面积在 4 至 6 平方公里。1980 年 3 月 15 日，吴南生代表中共广东省委向中共中央、国务院呈报的在广州召开的两省和特区工作会议上所作的《关于经济特区筹备情况的汇报提纲》中说：汕头特区拟先搞 1 平方公里，正在规划中。

汕头经济特区选点时，最先曾考虑过三个方案：一是汕头港北岸市东郊的珠池塭一带；二是汕头港南岸达濠岛南端的广澳村一带；三是介于市区和珠池肚之间的龙湖村一带。1979 年，汕头市有关部门提出达濠岛南端的广澳和市东郊的珠池塭两处可供考虑。当时因广澳远离市区、基础设施投资额大、难以上马被否定。而珠池塭经地质钻探调查，地势低，地质软，基础设施建设投资大难以解决。因此，汕头经济特区地址迟迟未能确定。后来，市特区筹备工作组的同志，经过进一步调查研究，提出了在龙湖村西北侧建设特区的建议。

1980 年 4 月 1 日至 5 日，根据谷牧副总理的指示，国家进出口管理委员会副主任江泽民带着一个小组到汕头、厦门等地进行调研。当时汕头地委曾提出建设 30 平方公里的特区方案。江泽民同志认为，开始规模不宜过大，以起步快、见效快为好。如果选址到珠池肚，必须修筑一道大海堤，以便阻挡海潮。另外因地势低洼，建设用地需要大量填土。而这些在当时经济非常困难情况下是不能办到的。

1980 年 7 月 12 日至 14 日，广东省委书记吴南生到汕头指导特区选址工作。按照中央关于汕头要发挥老工业基地作用、充分挖掘现有潜力、兴办出口加工区的要求和节省投资的原则，吴南生同中共汕头地委、市委负责同志等一起，经过细致的调查研究和反复比较论证，最后确定了龙湖村方案，即划出汕头市东北郊龙湖村西北角 1.6 平方公里的沙丘地带作为出口特区的范围。为什么选址龙湖村建立特区？这主要是因为龙湖村地势较高，地质较好，靠近市区，生活服务设施和供电、供水容易解决，具有投资省、上马易、收效快的优点。这里靠近东墩水厂（1.7 公里）、东墩变电站 (1.3 公里)、汕头港口 (7 公里) 和外砂飞机场（17 公里），可依靠老市区的工业基础和配套基础设施，较快地形成一个良好的投资环境。同时该区址西南边有一条宽 20 米的小溪河，可以作为天然界河。

1981 年 5 月 10 日，广东省委书记吴南生向中央汇报，提出在汕头市东郊龙湖设立特区。9 月 17 日，中共汕头地委召开地委常委扩大会议，讨论试办特区的指导思想、方针和任务，提出试办汕头经济特区的方向：一是要建立经济特区加工区，发展加工区，发展新的农业科学技术，发展旅游业，发展转口贸易；二是要改造原有的老企业，充分发挥老企业的作用，通过办加工区，带动原有企业的改造，促进经济特区的发展。10 月 16 日，中共汕头地委、汕头地区行政公署向中共广东省委、省政府呈报了《关于办好汕头经济特区的请示报告》，提出在汕头市郊区龙湖村周围划出 1.6 平方公里，建立汕头经济特区。

1981 年 11 月 21 日，中共广东省委、省人民政府以粤发 [1981]75 号文批转汕头地委、行署《关于办好汕头经济特区的请示报告》，正式批准汕头经济特区总体规划面积 1.6 平方公里，地点在龙湖村的西边，西南面以排水沟为界，东面以国防路为界，北面到化肥厂以南。另外港口预留区 1.7 平方公里，农业发展区 19.3 平方公里。

厦门特区范围的划定

1979年7月，中央下发[1979]50号文件后，福建省委、省革委会开始考虑特区选址问题。按照50号文件的精神，中央决定在厦门市划出一定区域试办出口特区。但是对经济特区是否办在厦门有过不同意见。这样，福建省委、省革委会在福州市和厦门市同时进行了经济特区的选址调研和论证。福建省委、省革委会甚至把福州市琅岐岛设立特区问题放到优先考虑的地位。我们不知道这是对中央文件精神的理解不到位，还是省会城市的本位观念在作怪。我们认为，这对厦门经济特区后来发展至少产生了滞缓的负面作用。

福建省委开始是主张把出口特区设在福州市的琅岐岛。琅岐岛地处闽江口，全岛面积52平方公里。琅岐岛与马尾港毗邻，可建深水码头，万吨海轮可以就岛靠岸。与福州市区相距约30公里，可依托福州市的工业和交通基础。当时香港妙丽集团对此很感兴趣，其负责人多次到福建洽谈，到琅岐岛现场进行考察，并形成正式的建设规划报告，提出由它筹集资金，统一规划，分期进行各种基本设施建设，满20年将出口加工区的基本设施分批无代价地移交给福建。福建省委、省革委会对此进行了多次研究，认为在琅岐岛建设出口工业特区，具备比较有利的条件，可以形成一个相对独立的出口工业特区。当时认为琅岐岛还是一个尚待开发的岛，把整个岛屿建成特区，可能既有南北地方平衡的因素，同时也有与内地较隔绝，便于管理的考虑。但是，福建省委、省革委会忽视了一个重要因素，就是中央之所以决定在厦门试办出口特区，就是要利用以厦门为中心的众多闽南籍海外华侨的有利条件，同时还有个直接对台的考量。而这些因素，福州的琅岐岛不具备。在有条件的地方还未先发展的情况下，福建省委、省革委会就在考虑省内经济发展南北平衡的问题，显然犯了经济发展的节奏性错误。

1979年9月26日，中共福建省委、福建省革委会向中共中央、国务院呈报了《关于福建省琅岐岛出口工业特区建设的报告》，提出在福州市的琅岐岛建立出口工业特区。该报告提出：建立琅岐岛出口工业特区管理委员会，直属省政府领导，作为一级政权组织，负责管理有关特区行政、建设、生产的一切事宜。由香港妙丽集团负责整个出口工业特区基本设施建设资金的筹集和建设工作，本省则提供基建所需的土地、建筑工人、建筑材料、电力、水以及生活副食品、粮食等。基本设施建成后，由妙丽集团招来外商、侨商前来办厂，厂方使用基本设施，应向集团交付费用。妙丽集团定期向地方财政缴纳地租，地租每三年调整一次，区内工厂生产所需的原材料、燃料、半成品、工具、设备等的进出口，以及产品的出口，一律免税。应该说，这个设想还是具有建设性的，但是福建省和香港妙丽集团显然把问题想得过于简单，实际上当时福州市的琅岐岛并不具备开发开放的条件。特别是中央要求在厦门试办出口特区，厦门特区的选址还没有着落，而你却先把出口特区设在福州琅岐岛的报告报上来了。即使琅岐岛有条件设置出口特区，也有打乱中央战略部署之嫌，况且当时还有人指责“把整个琅岐岛卖给人家，这不是搞殖民地吗？”[1] 建设琅岐岛出口工业特区的结果可想而知。1980 年谷牧副总理在广州召开的广东、福建两省会议上说：我并不反对福建搞琅岐岛特区，只是好多问题都要论证落实。[2]1980 年 5 月 16 日，中共中央、国务院关于《广东、福建两省会议纪要》的批示指出，“汕头、厦门两个特区，可先进行规划，作好准备，逐步实施。”“福建省提出搞琅岐岛特区，要慎重对待，先做可行性研究。”最后，福建省关于在福州市琅岐岛建立出口工业特区的设想未能作进一步论证和实施。

1979 年 9 月，谷牧副总理率工作组到福建进行考察后，与福建省领导初步商定，将特区设在厦门湖里地区。但是，这时福建省委仍坚持在福州市琅岐岛搞出口特区，并向中央呈报了申办报告。1980 年 3 月，谷牧在广州主持召开的广东、福建两省会议上，要求做好厦门特区的前期规划，慎重对待搞琅岐岛特区。这等于基本上否定了福建省委关于在福州市琅岐岛设置出口工业特区的要求和设想。至此，福建省委、革委会开始把办特区的主要注意力放到厦门。福建省委、省政府领导廖志高、马兴元、郭超等先后多次到厦门就特区选点和范围进行实地调研，并同厦门市委、市政府负责人陆自奋、邹尔均等多次进行研究，还邀请冶金部北京钢铁设计总院和交通部水运规划设计院专家对特区的选点和工程规划提出意见。对于厦门特区的选址曾有两个方案：一是设在厦门岛外的大陆海沧杏林一带的马峦地区；二是设在厦门岛内西北部的湖里地区。经过 3 个月的调研论证，最后确定在厦门岛西北部的湖里地区划出 2.5 平方公里建设特区。湖里三面临海、腹地同东渡禾山相连，地理位置优越，交通便捷。湖里距市区仅 5 公里，背靠福厦公路，前依东渡港码头，可充分依托老市区（当时的市区仅限于中山路、思明路周边）和原有的基础设施。同时，湖里地区多为山坡，占耕地

---

[1] 《伍洪祥回忆录》，中共党史出版社 2004 年版，第 748 页。
[2] 吴健民：《创办珠海特区五年的回忆》，第 98—99 页。

少，拆迁量不大，而且地质条件好，挖填土方少。

1980年4月1日至5日，根据谷牧副总理的指示，国家进出口委副主任江泽民同志带着一个小组到汕头、厦门、福州等进行调查研究，他们考察了厦门的湖里区和福州的琅岐岛。他们认为琅岐岛是个荒滩孤岛，基础设施条件太差，不宜开发，最后选择了厦门的湖里区。

1980年7月10日，中共福建省委、省人民政府向中共中央、国务院呈报了《关于建设厦门经济特区的报告》（闽委[1980]综字109号文）。该报告提出在厦门建设经济特区的有利条件及初步规划设想。该报告主要内容有：一、建设厦门经济特区的有利条件。（1）位置适中，对外资、侨资有较大吸引力。（2）有老城市可以依托。（3）交通比较方便，水、电、通讯有较大改善。（4）厦门气候温和，有良好的海水浴场，还有许多名胜古迹，是发展旅游业的好地方，也有利于特区的建设。二、报告提出了初步规划设想。特区选在岛内的湖里，约2.5平方公里。拟先安排开发1.1平方公里。请求党中央、国务院批准正式开始厦门经济特区的建设工作，争取在5年内建成一个初具规模的经济特区。

1980年7月22日，福建省委书记郭超和厦门市委书记陆自奋等赴京向国家进出口委专门汇报特区规划情况。国家进出口委副主任江泽民同志接待了他们。7月28日，江泽民同志写信给谷牧副总理，认为厦门办特区的基础设施条件及其他一些基本条件还是好的，拟同意他们先在1.1平方公里的范围内先搞起来。谷牧副总理很快就圈阅同意江泽民同志的意见。

谷副总理：

福建省委书记郭超同志和厦门市委书记陆自奋同志等，于二十二日来我委介绍了厦门市特区规划。特区选点厦门本岛湖里丘陵地带约二点五平方公里范围。该地区便于隔离好管理。廖志高、马兴元等省委领导同志均去现场进行了察看，计划先在一点一平方公里内进行场地准备和四通一平、建设职工住宅等基础工程，分期建设十六万平方米标准厂房，供出售或出租给客商用。所需投资一亿二千万元，除省拨款投资一千五百万元作开办费外，其余利用贷款和出售、出租厂房等收益解决。特区的规划由北京钢铁设计总院等单位做了大量工作，业已拟就了规划意见书，并经省委省人民政府多次讨论，认为条件已基本具备，目前开始建设的时机是有利的，争取五年内建成一个初具规模的特区，请求中央、国务院批准。

福建省准备成立福建厦门特区管理委员会，领导该特区，直属省委领导，厦门市第一书记兼任管理委员会党组书记，省委并拟增派一名省级干部加强特区管委会领导。港澳工委郭峰同志、华润公司张先良同志都去了福建，一致表示对厦门特区给予支持。

我们进行了研究，认为厦门办特区的基础设施条件及其他一些基本条件还是好的，拟同意他们先在一点一平方公里的范围内先搞起来。

以上意见妥否，请批示。

郭超同志请您能够安排一个时间听取他们的汇报，可否，请示。

江泽民

一九八〇年七月二十八日

1980年10月7日，国务院下发《对福建省关于厦门经济特区的批复》（国函[1980]字88号文），正式批复福建省人民政府，同意在厦门岛西北部的湖里地区划出2.5平方公里的土地，设置厦门经济特区。首期先开发1.1平方公里。《厦门经济特区条例》应参照全国人大常委会已批准的《广东省经济特区条例》实施，所得税应与广东一致，即按15%执行。国务院要求在搞好总体规划的基础上，首先要建好基础设施，充分利用现有的有利条件，有步骤地分期建设，以取得较好的经济效果。

湖里位于厦门岛西北部的禾山乡，濒临东渡港，背靠福厦公路，距市区仅5公里，具有投资省、起步快的优势。特区的规划者因地制宜，决定在湖里划出2.5平方公里兴办出口加工区。另在湖里西南部划出4.5平方公里作为生活配套区。福建省人民政府批准了这个方案，同时确定委托北京钢铁设计总院为总体设计单位。湖里，位于厦门岛西北角，东、西、北三面临海，港区开阔，水深不淤，海岸线长，地理位置优越，交通便捷，是建设经济特区的理想之地。湖里由此成为厦门经济特区的发祥地。据原厦门市副市长、原厦门特区管委会第一任副主任江平后来回忆说：当年，厦门是海防前线，岛上哪有什么像样的基础设施，很封闭，经济也很弱，而福州也在积极争取。最后，经省委、省政府反复比照后，考虑到厦门有几个优势：与东南亚华侨联系比较多，容易吸引外商；湖里离老市区比较近（当时的市区仅限于中山路、思明路周边），可以依托老市区和原有的基础设施；湖里多为坡地，占良田少，不会对农业造成影响等。[1]

[1] 林海峰：《为何把经济特区安在厦门湖里》，载《福建之窗》2009年9月2日。

对于厦门特区的选址与范围确定，谷牧副总理在其回忆录中是这样说的："在福建省办特区究竟办在哪里，曾经历多次酝酿比较。最初定在厦门，后来又有人提出办在福州闽江口的琅岐岛上。该岛的条件是便于管理，但缺乏淡水，基础设施全无，一切得从头做起，距福州老城区较远，不便于依托，耗费投资大。经过反复比较之后又定在厦门。在厦门是办在厦门岛上的湖里村一带，还是办在大陆上的杏林区，又经历了一段时间的论证才定下来，所以敲定的时间迟了些。"[1]

第二节　制定《广东省经济特区条例》

广东省负责起草特区条例

中共中央、国务院批准设立特区后，在中央的指导和支持下，广东省委立即着手试办特区的筹备工作，而且首先抓了特区条例的起草和制定工作。实际上，1979 年 4 月，中央工作会议决定广东试办出口特区时，吴南生就开始同海外的朋友们不断探讨特区建设的问题。海外朋友对他说，你中国是没有法的。无法可依，无规可循，要人家来投资，谁敢来？吴南生感到当务之急就是要起草拟定一个由国家最高立法机构审议批准的有权威的法规。特区要同国际市场打交道，我们不能在试办特区问题上开国际玩笑。[2]1979 年 5 月 12 日，广东省委在上报中央的《关于试办深圳、珠海、汕头出口特区的初步设想》中，建议中央有关单位尽快提出一些立法和章程（如投资法、劳动法等）。广东的建议很快得到中央和谷牧副总理的肯定和支持。1979 年 5 月 14 日，谷牧副总理在广东指导起草广东实行特殊政策、灵活措施文件时就说："还有许多立法工作要做"[3]。1979 年 6 月，谷牧率中央工作组到广东、福建两省调研回到北京后，向中央书面报告提出：具体管理细则，委托广东省拟定。1979 年 9 月 20 日，谷牧在广州同广东省委负责同志谈话时指出："搞什么样的特区？要立法，要搞出几条来。这件事主要靠省里搞。省要请几个方面的人，搞社会科学的，搞经济的，搞政法的专

---

[1]　《谷牧回忆录》，第 329 页。

[2]　参见中共广东省委党史研究室编：《广东改革开放决策者访谈录》，第 221—222 页。

[3]　谷牧：《关于起草广东实行特殊政策、灵活措施的文件的几点意见》，参见中共广东省委办公厅编：《中央对广东工作的指示汇编（1979—1982 年）》，第 10 页。

家，还要请港澳的人来，开几次会，一起研究，搞出几条。国外的朋友说，老朋友讲的话不能不相信，但没有法不行。你们搞特区，也要立法，要组织力量突击搞出来。你们搞，北京派专家来帮助。我讲的意思，是要抓紧立法。什么叫特区？定几条，特殊政策的内容是什么？两个特区怎么搞？总的有若干条法，还要有很多单项的法，总的法要报北京，单项法由省里定。”[1]1979 年 12 月 17 日，谷牧副总理在北京召开全国进出口会议上又指出：“条例要省代会通过，还要报国务院批准。这是个立法问题。我们可以组织专家审查一下，看在对外方面有没有闹笑话的地方。”[2]

1979 年 8 月，《广东省经济特区条例》起草工作正式启动。起草工作由广东省委书记吴南生总负责。起草工作首先从两个方面入手：一是从理论上端正对特区的认识。在社会主义条件下办特区，把国外资本引进来，让人家赚取利润，这符合不符合马列主义路线？为此，起草组的同志查阅了大量马列经典著作，编写了一本《马克思、列宁论对外经济政策》，发现马列主义的基本观点，从来都不认为社会主义经济与资本主义经济是绝缘的。社会主义经济应是在资本主义经济充分发展的基础上建立起来的，它将批判资本主义的不合理的因素，同时继承它的合理因素，并利用资本主义所创造的物质财富来建设和发展社会主义经济。但是事实上，首先建立起社会主义制度的国家俄国，却不是高度发展的资本主义国家。所以列宁特别强调要吸收资本主义国家的先进科学技术和有用的管理经验。如果我们早些年即实行列宁的政策，大胆引进外资和技术，认真学习人家有益的管理经验，并且同我国丰富的人力物力资源很好地结合起来，我们的社会主义经济建设就一定能够以比现在快得多的速度向前发展。[3]二是学习和借鉴国外的有关经验。在起草过程中，尽可能翻阅有关资料，并邀请有关学者专家、有关部门负责人和港澳经济界人士多次举行座谈会。8 月 15 日，吴南生主持召开座谈会，邀请广东省哲学社会科学研究院、省委党校、中山大学、暨南大学部分学者研究起草特区条例。8 月 21 日，又邀请港澳经济界及有关人士 45 人举

---

[1] 谷牧：《关于执行〈中共中央、国务院批转广东省委、福建省委关于对外经济活动实行特殊政策和灵活措施的两个报告〉的若干问题》（1979 年 9 月 20 日），中共广东省委办公厅编：《中央对广东工作的指示汇编（1979—1982 年）》，第 43—44 页。

[2] 《谷牧同志听取广东、福建两省负责同志汇报时的讲话》（1979 年 12 月 17 日），中共广东省委办公厅编：《中央对广东工作的指示汇编（1979—1982 年）》，第 52 页。

[3] 吴南生：《关于我省设置经济特区和制定特区条例的问题》（1980 年 4 月 14 日），载广东省政协文史资料研究委员会编：《经济特区的由来》，第 95 页。

行座谈会。筹备组通过香港南洋商业银行董事长庄世平先生[1]、香港大公报社社长费彝民先生等，收集了不少世界各地出口加工区和自由贸易区的资料。筹备组对这些从海外收集起来有关法规进行了分析，借鉴它们有关经济特区立法的经验和做法。特别是曾就下列问题反复征求意见和斟酌：一是经济特区管理问题，即要不要跳出国家现行的管理体制之外，赋予经济特区更大的自主权。二是经济特区优惠政策问题，如何制定适度的优惠政策，做到在税收、劳务、地价等方面比临近地区有更强的吸引力。由于受到中央和省有关职能部门反对，条例最初稿中曾定为30%企业所得税，几乎比香港高一倍。征求意见时，大家认为定得太高，没有吸引力。三是一些传统观念的问题，例如说到“地租”，往往使人联想到过去“殖民地”、“租界”、地主收租之类的称谓，最后经过研究，只好用“土地使用费”取代“地租”两个字。

1979年12月17日，吴南生代表广东省委向中共中央、国务院汇报了广东省筹备建设特区的情况，其中特别谈到关于特区条例的几个重要的政策性问题：一是关于特区的土地使用年限。上次向谷牧副总理汇报时，曾提到25年又25年，原以为大致差不多了，但香港的一些同志和朋友仍有不同意见，要求定得更长一些。我们所订土地使用年限，比别的国家和地区都要短。经过反复考虑，最后定为50年。二是关于土地使用费（包括租金、地税、行政管理费），条例没有具体规定，原则上要低于亚洲一些国家和地区的地租。由于广东的三个特区的地理位置不同，不能一律作价，汕头、珠海应比深圳定得低些。所以，在条例中未作具体规定，拟由各特区自行制定具体办法。三是关于税收。特区的进出口税和工商税一般都要豁免，问题是利润所得税如何定得适当些。我们的特区条例规定为12%，还可酌情减免。开始定低一点有好处，可以引导投资者早投资，办大厂，加快建设步伐。四是关于劳动工资、福利等问题，条例都没有明文规定。我们打算同外商签订协议时，只规定各工种的最低工资标准，高的可以不限，奖励也不限制。采取这样灵活措施比较有利。条例是个总的章程，还要根据条例所定原则，逐个制定一系列的具体实施办法。这项工作还没有来得及做，当前正在收集国外有关资料，组织力量着手进行。[2]

---

[1] 根据廖琪撰写的《庄世平传》记载，庄世平充分利用他在经济界的影响和关系，四处收集国际上有关自由贸易区、出口加工区的各类资料。1979年3月中旬，有关台湾出口加工区各种法规的全套资料，由庄世平直接传到吴南生手上。同年4月6日，又转来菲律宾、新加坡、斯里兰卡等国家创办出口加工区的各类资料。

[2] 吴南生：《关于广东建立经济特区几个问题的汇报提纲》，载广东省政协文史资料研究委员会编：《经济特区的由来》，第214—223页。

《广东省经济特区条例》初稿完成后，除送交省委和省革委会多次讨论和审定外，还多次邀请了一些海内外知名人士开会座谈会征求修改意见，多次向谷牧副总理汇报。前后经过了 11 次修改，最后形成《广东省经济特区条例（草案）》。

1979 年 12 月 27 日，广东省第五届人民代表大会第二次会议，审议并原则通过了《广东省经济特区条例（草案）》。之后，按照省委研究的意见又作了一次修改（即第十二次修改）。这次修改的主要内容有：一是在特区土地使用期 50 年后面加上“必要时可以延长”一句。二是增加“设立广东省经济特区管理局”的条文。三是特区发展公司董事会人选，原草案是“由省人民政府提名，报国务院批准”，修改为“由省人民政府批准”。三是将特区企业所得税税率定为 12%。接着，广东省又向谷牧副总理和国务院工作组汇报特区条例的修改稿，经过讨论修改后最终形成《广东省经济特区条例（草案）》(即第十三次修改稿)。

1980 年 4 月 14 日，受省长习仲勋的委托，广东省委书记吴南生向广东省五届人大常委会第三次会议，汇报广东省设置经济特区和制定条例的问题。吴南生着重说明了条例起草的经过以及设置经济特区的设想和有关的一些问题。一是条例起草的经过。二是对建立经济特区的想法。第一，设置经济特区，是充分发挥广东省毗邻港澳、华侨众多的优势，充分利用外资为四化建设的一项重要措施。第二，我们的经济特区是在人民政府管理下的作为社会主义经济补充的一种形式。既借鉴一些国家和地区举办出口加工区的经验，又有我们自己的考虑和打算。深圳特区举办的事业是综合性的，珠海、汕头情况有所不同，但大体上也应向这个目标努力。三是办特区要采取的方针。省委的意见是必须采取“一快二宽”的方针。四是在社会主义条件下办特区，把国外资本引进来，让人家赚取利润，这符不符合马列主义路线？我们认为，坚持平等互利原则的经济合作，是符合马列主义路线。五是关于特区条例的几处比较重要的修改。吴南生最后汇报说：条例第六章附则规定条例由广东省人民代表大会通过后，报国务院批准。我们同中央来的同志研究，认为办特区是件大事，特区条例的立法程序要尽可能完善些，所以在这次修改条例时，改为报全国人大常委会批准。[1]

《广东省经济特区条例》作为一个地方性法规，由广东省人大通过即可。《条例》

---

[1] 吴南生：《关于我省设置经济特区和制定特区条例的汇报》，载广东省档案馆：《广东改革开放三十年重要档案文献》(1)，中国档案出版社 2008 年版。

草案原规定由广东省人民代表大会通过后，报国务院批准。但后来考虑到，办特区是件大事，《条例》如由全国人大立法通过，则具有更高的权威性，对开展工作有利。广东省委书记吴南生同志将这一想法向谷牧副总理汇报，他提出，特区条例，这个法一定要拿到全国人大去通过。谷牧副总理表示支持。同时，吴南生也向正在广东视察工作的叶剑英委员长汇报，请求全国人大安排审议《广东省经济特区条例》，叶帅表示支持。叶帅回到北京后叫办公室主任王守江同志打电话给吴南生，说北京同志说，全国人大常委会从没有讨论过地方条例的先例，那怎么办？吴南生请王守江转告叶帅：特区是中国的特区，在广东举办，所以广东的特区条例是中国的特区条例，我们是社会主义国家，要搞特区，没有全国人大常委会通过、正式授权，是无法创办的。再次请求全国人大常委会安排审议《广东省经济特区条例》。叶帅说：明白了。[1] 广东省的请求终获同意。

1980 年 3 月底，谷牧在广州主持召开的两省工作会议上就指出：特区立法，要经过全国人大常委会审批。[2] 显然，这时，中央已经同意，将《广东省经济特区条例》交由全国人大常委会审批通过。4 月 22 日，广东省第五届人大常委会第三次会议通过修改后的《广东省经济特区条例》，报全国人大常委会审批。条例内容包括总则、注册和经营、优惠办法、劳动管理、组织管理、附则等六个部分。吴南生于 1980 年 6 月 2 日在广东省经济特区管理委员会第一次会议上说："条例起草，费的时间和精力最多。开始收集研究资料，一次又一次地座谈讨论，征求多方面的意见，以后又多次向中央有关负责同志汇报，提交省人大讨论通过，省人大常委审议，前后写了十五次稿子，直到 5 月 8 日才定下来，正式上报中央。"[3]

江泽民为特区条例作说明

1980 年 6 月，国务院责成国家进出口管理委员会牵头组织对特区条例进行研究和修改。7 月 7 日，国家进出口管理委员会副主任江泽民主持召开了讨论特区条例和有关特区问题的座谈会，广东省经济特区管理委员会副主任秦文俊同志、福建省的蔡长

---

[1] 广东省政协文史资料研究委员会编：《经济特区的由来》，第 334 页。

[2] 吴健民：《创办珠海特区五年的回忆》，第 99 页。

[3] 吴南生：《在特区管理委员会第一次会议上的讲话》（1980 年 6 月 2 日），广东省政协文史资料研究委员会编：《经济特区的由来》，广东人民出版社 2002 年版，第 237 页。

今同志各持本省的特区条例赴北京参加了座谈会。国家进出口管理委员会条法局和有关部门审议时，否定了福建省的草案，以广东省人大 4 月审议通过的《广东省经济特区条例》为蓝本，逐字逐句地斟酌修改。原来条例规定了最低工资，限下不限上，反复研究，把最低限制取消了，采取由外商企业和职工签订合同的办法，解决劳动工资问题。关于特区企业所得税率问题，有关部门坚持认为要统一税率，15% 的税率低了。江泽民同志说：没有区别就没有政策，没有重点就没有政策，特区重点是特，应跟国内其他地区有所区别。[1] 最后统一了意见，确定把特区企业所得税率定为 15%。最后形成一个六章二十条的法规文件，并及时报国务院审定后，提请全国人大常委会审议通过。7 月 12 日，国家进出口管理委员会副主任江泽民、周宣城主持会议，邀请有关单位负责人讨论提交全国人大常委会审议的《广东省经济特区条例》，会议通过了《条例》内容。

1980 年 8 月 8 日至 12 日，国家进出口管理委员会副主任江泽民同志率工作组对深圳、珠海经济特区的筹建进行全面考察和指导，并为在全国人大常委会就经济特区条例说明作准备。

1980 年 8 月 21 日，叶剑英委员长主持第五届全国人大常委会第十五次会议，谷牧副总理列席会议。国家进出口管理委员会、国家外国投资管理委员会副主任兼秘书长江泽民同志受国务院委托，在会上作了关于在广东、福建两省设置经济特区和《广东省经济特区条例》的说明。[2] 其主要内容有：

> 一、设置经济特区的依据和经济特区的性质。去年七月即着手筹备在广东省深圳、珠海、汕头和福建省厦门划出一定区域，设置经济特区。先开始在深圳筹建。这种经济特区吸收了世界上一些出口加工区的有益经验和通用做法，又有我国自己的特点。这是在社会主义制度下，在特定地区内，鼓励和利用外国投资、加快经济发展的一种特殊方式。广东、福建两省毗邻香港、澳门和台湾，港澳台同胞和华侨很多，对外资、侨资具有特殊的吸引力，在两省的特定地区设置经济特区，有其独特的有利条件。经济特区采取与内地不同的体制和更加开放的政

---

[1] 参见李岚清：《突围：国门初开的岁月》，第 133 页。刘向东主编：《对外开放起始录》，第 66 页。

[2] 《江泽民文选》第 1 卷以 1980 年 8 月 21 日江泽民同志在五届全国人大常委会第十五次会议上所作的关于在广东、福建两省设置经济特区和广东省经济特区条例的说明《设置经济特区，加快经济发展》为开卷篇。

策，充分利用国外的资金和技术，发展工业、农业、畜牧业、养殖业、旅游业、住宅建筑业、高技术研究制造业和其他行业。由于它比一般出口加工区的范围要广一些，是综合性经济事业，所以定名为经济特区，以资区别。

二、经济特区组织管理的基本原则。经济特区管理必须维护我国主权。土地属中华人民共和国所有。经济特区的企业和个人的活动必须遵守我国法律、法令和有关规定。外商在经济特区内投资必须经过审查批准，服从我国政府管理。两省设立经济特区管理委员会，在省人民政府直接领导下，行使政府职权，对经济特区实行统一管理。经济特区设双重海关，实行内紧外松的原则。

三、对经济特区企业的优惠政策。江泽民说，经过一定的批准手续，允许外资独自经营企业；允许国外银行和保险公司设立分支机构；免征货物进出口关税；享受比内地中外合资企业较低的税率，也略低于港澳的税率；简化出入境手续，方便往来；外汇管理适当放宽，客商的合法利润和外籍职工的工资收入在缴纳各种税款后，允许通过经济特区的银行汇出。对经济特区企业的场地使用费、使用年限等，都作了较内地中外合资企业更优惠的规定。

四、经济特区建设的实施步骤。目前国内的财力物力也有限。因此，要采取既积极又慎重的方针。准备首先集中力量把深圳经济特区建设好，其次是珠海、厦门、汕头经济特区。四个经济特区的建设，都要先做好总体规划，分步实施。

五、由于我们办经济特区缺少经验，一下子拿不出一个总的经济特区条例来，因此先搞一个《广东省经济特区条例》。该条例已经广东省第五届人民代表大会通过。在国务院讨论通过之前，国家进出口管理委员会曾邀请有关部门和广东省的同志对条例进行了多次研究，并作了必要的修改。

1980年8月26日，第五届全国人大常委会第十五次会议决定：批准国务院提请审议的《广东省经济特区条例》。《条例》包括六部分：总则、注册和经营、优惠办法、劳动管理、组织管理、附则。《条例》规定："为发展对外经济合作和技术交流，促进社会主义现代化建设，在广东省深圳、珠海、汕头三市，分别划出一定的区域，设置经济特区。特区鼓励外国公民、华侨、港澳同胞及其公司、企业，投资设厂或者与我方合资设厂，兴办企业和其他事业，并依法保护其资产应得利润和其他合法收益。"《条例》集中反映了经济特区在经济上对外开放的程度和发展经济的特殊办法，概括起来主要有：（1）在维护中国主权和利益的前提下，鼓励外商投资，坚持平等互利的原则，保障投资者的合法权益；（2）对投资者给予特殊的优惠；（3）实行一套适应特区性质和要求的管理体制。《广东省经济特区条例》的批准、公布，完成了设置经济特区的国家立法程序，奠定了经济特区的法律地位，使经济特区及其一些原则性的政策、措施获得法律上的肯定。这也标志着中国经济特区的正式诞生，并有了法律保障。深圳经济特区就是以 1980 年 8 月 26 日这一天作为自己的诞生日。根据资料记载，会后江泽民回到单位时说：叶剑英同志主持会议，就问大家，“材料都看了，也讨论了，我看可以试行吧，怎么样？”大家就举手通过了。[1]

与此同时，为吸引外资，国家有关立法步伐也加快了。1978 年 10 月，美国通用汽车公司到中国谈合资经营时，提出的唯一要求是，希望中国政府公布法律后，投资双方可依法办事。1979 年 7 月 1 日，全国五届人大二次会议通过《中华人民共和国中外合资经营企业法》。1980 年 7 月 26 日，国务院颁布《中外合资经营企业登记管理办法》、《中外合资经营企业劳动管理规定》和《关于中外合营企业建设用地的暂行规定》。1980 年 9 月 10 日，全国五届人大三次会议通过《中华人民共和国中外合资经营企业所得税法》。这些法律与《广东省经济特区条例》一起，初步奠定了经济特区发展的法律体系。

第三节　“蛇口模式”及其影响

中国对外开放和经济特区建设起步最早的是蛇口工业区。蛇口工业区是 1979 年经国务院批准，香港招商局利用一部分利润留成五年不上缴及一部分银行贷款，独资开发和独立经营的对外开放工业区，也是中国第一个对外开放的工业区，从某种意义上说，蛇口工业区也是中国第一个经济特区（相当于国外的出口加工区，后来我国设立 60 多个）。

工业区规划与起步建设

1979 年 1 月 12 日，袁庚在香港招商局扩大会议上宣读了广东省革委会、交通部

[1] 刘向东主编：《对外开放起始录》，第 67 页。

联合呈报国务院《关于我驻香港招商局在广东宝安建立工业区的报告》，并宣布将成立蛇口工业区建设指挥部，负责蛇口工业区筹建工作。1月8日至18日，香港招商局雇请香港技术人员前往蛇口进行地形、水质、地质等测量工作，同时对海域进行探测工作，并绘制了工业区草图。蛇口工业区位于深圳市西面30公里的蛇口半岛（南头半岛），背山面海，自然环境良好，西依珠江口，东临深圳湾，与香港新界的元朗和流浮山隔海相望，水路距香港元朗6海里，距香港中区20海里，距澳门24海里，距广州80海里，有公路与广深线相连；有25公里长的海岸线和狭长的腹地；有蛇口湾、赤湾和妈湾可建深水、浅水码头，具有开发建设外向型工业区的优越区位和自然条件。

1979年2月11日，交通部派出34人组成的工作组前来蛇口实地勘察，认真研究了工业区第一期基建的各个项目。该工作组建议工业区建设应包括7个方面的内容：(1) 修公路；(2) 建码头；(3) 筑堤岸；(4) 平整土地；(5) 加固水库；(6) 供水；(7) 供电。2月18日，香港招商局与广东省公路勘察规划设计院、交通部四航局正式签订蛇口工业区“三通一平”（通水、通电、通车和平整土地）设计委托书。该委托书主要内容为：由广东省公路勘察规划设计院负责从深圳市南头至蛇口公社第五湾公路（全长8公里）的勘察设计工作，规定在两个月内交付上述设计文件；由交通部第四航务工程局承担工业区陆域、水域的测量和钻探工作，以及码头、航道、平整土地、排水排洪、供水供电、厂区道路等设计工作，规定在四个月内交付上述设计文件。

1979年3月，香港招商局成立发展部，主要负责蛇口工业区的政策拟订、外资引进及内外联系。同时，香港招商局参照新加坡、马来西亚、罗马尼亚、南斯拉夫等国的出口加工区、自由贸易区的条例、法令和合资经营办法，结合蛇口工业区的特点和香港商人提出的意见，初步制订《香港招商局蛇口工业区投资暂行条例（草案）》，作为同客商洽谈的依据。

1979年3月17日，深圳市与香港招商局经过会谈达成一致意见：蛇口工业区的用地暂定蛇口冰厂以西至第五湾，约占荒地1000亩。同意将赤湾划给香港招商局作旅游区，面积另算。同意香港招商局在蛇口工业区成立地产公司和劳动力服务公司。4月1日，香港招商局蛇口工业区筹建指挥部成立，主要负责蛇口工业区的筹建工作。接着工业区筹建指挥部检查了工业区第一期工程（修建码头、港池、航道）的勘探、测量工作。5月30日，广东省革委会印发《关于香港招商局蛇口工业区海关边防管理试行办法》。6 月，各地基建工程施工队伍相继抵达蛇口。

1979 年 7 月 8 日，为打通五湾至六湾间的通道，开始炸山填海，蛇口工业区基础工程正式破土动工，轰隆隆的开山炮炸醒了沉睡的蛇口，这被称作是中国改革开放的“第一炮”。

1979 年 7 月 20 日，香港招商局蛇口工业区建设指挥部正式成立，张振声任总指挥，许智明、郑锦平、林运生任副总指挥，全面负责工业区基础设施工程建设、劳动力招聘、后勤保障等事宜。蛇口工业区建设指挥部召开干部会议，明确工作任务：搞好“三通一平”的组织指挥工作；建立劳动服务公司，登报招考工人，择优录取；筹建一批单身职工宿舍和生活设施。指挥部与交通部第四航务局签订合同，由该局承包工业区的航道、码头、五湾土地平整工作。公路工程由广东省公路局承包。随后，第一期基础工程的勘测设计工作基本结束。工业区首次制订总体规划，将基础工程扩至“五通一平”（通水、通电、通车、通航、通电讯和平整土地）。

1979 年 8 月 16 日，九龙海关在蛇口工业区设立办事处，按广东省革命委员会《关于香港招商局蛇口工业区海关、边防管理办法》，对进出口的货物进行监管。对建筑材料、机械设备、生产所急需的原材料及生活供应品，准予免税进口，凭招商局证明放行。

1979 年 11 月 18 日，由广东省委书记吴南生主持，广东省副省长曾定石、中共深圳市委书记张勋甫、招商局代表金石在广州签署了《广东省、深圳市、招商局关于经营蛇口工业区的内部协议》，明确工业区定名为“招商局蛇口工业区”，其范围包括蛇口公社冰厂以西至五湾，使用土地约 1000 亩。其经营管理由招商局负责，边防、治安、海关、银行、邮电、文教、卫生等行政管理工作由深圳市负责，此外还在土地使用费、税收、用工制度、工资、外汇管理、电力供应、供水、粮食供应等问题达成了协议。蛇口工业区由此成为深圳经济特区的一个组成部分。

蛇口工业区建设是从基础工程做起的。以通航为中心，逐步铺开通车、通水、通电和通信工程。1980 年 10 月，蛇口工业区重新组建建设指挥部，袁庚亲自任总指挥，刘清林、郭日凤、许智明、杜庭瑞任副总指挥。蛇口工业区大规模基础工程建设进入施工高峰期。1981 年 5 月 7 日，蛇口工业区“五通一平”（通水、通电、通航、通车、通讯和平整土地）工程竣工，并交付使用。

码头港口建设。1979 年 8 月，由交通部四航局第二工程处承建的长达 600 米的五湾顺岸式码头工程破土动工。1981 年 4 月 22 日，国务院批准深圳特区招商局蛇口工业区码头对外国籍船舶开放，各主管部门要在工业区设立海关、边防、卫生、检疫、港务监督等机构。1981 年 5 月 7 日，蛇口港建设第一期工程竣工，五湾码头交付使用，初步具备开办航运业务的条件。1981 年 11 月 20 日，停航 31 年的香港至蛇口客运线得以恢复，香港油麻地小轮公司一艘 60 座飞翔船首航蛇口港。1982 年 2 月 16 日，菲律宾籍远洋货轮“维沙亚斯号”驶抵蛇口港，这是靠泊蛇口港区的第一艘外轮。1982 年 3 月 21 日，国务院批准建设赤湾深水港。5 月 25 日，国务院决定赤湾石油后勤基地的开发工作由南山开发公司全权负责。8 月 15 日，赤湾港第一期建设工程动工。1983 年 4 月 28 日，赤湾第一座万吨级顺岸式码头建成。1983 年 5 月，蛇口港区西段南海油田专用码头建成。1983 年 7 月 15 日，蛇口港与珠海九洲港通航。1983 年 12 月 10 日，蛇口港与广州港通航。此后，蛇口港区至中山、汕头、澳门、梧州、海口等港口的航线相继开通。1983 年 9 月 25 日，国务院批准蛇口港客运码头正式对外开放，成为国家正式口岸。1983 年，蛇口港吞吐量达到 50 多万吨。1984 年 4 月，在 600 米顺岸式码头西侧兴建 460 米长的可供万吨轮船靠泊的深水突堤码头。1984 年底，赤湾港区第二座码头动工兴建，海上救捞基地、危险品装卸专用码头也在建设中。至此，蛇口港已成为深圳特区水运交通的枢纽。

电讯建设。1980 年 7 月 14 日，香港招商局与香港大东电报公共公司达成协议，由大东公司负责供应并安装设于蛇口工业区的电话交换机及连接蛇口至深圳的微波通讯系统，但是邮电部门持有异议。1980 年 8 月 8 日，国家进出口委员会副主任江泽民专门率工作组来到蛇口，协调解决工业区遇到的通讯问题。江泽民指出：“通讯是个大问题，和外商合作建厂，通讯不便是不行的。”“蛇口工业区为了适应和外商合营的需要，自己筹钱建设由蛇口经深圳通香港的微波电话，是好事情，一定要支持。”[1] 回到北京不久，江泽民就接到胡耀邦对蛇口工业区建设的重要批示。1980 年 9 月 3 日，新华社刊出题为“蛇口工业区建设中碰到的几个‘卡脖子’问题”的国内动态，胡耀邦在其清样上批示：

谷牧同志：中央现在决心坚决反对各种形形色色的官僚主义，特区是否有卡脖子的官僚主义，是否有拦路打劫的官僚主义，建议你抓住这个“麻雀”，弄个水落石出，必要时制裁一点人（最好是采取经济制裁），否则不但官僚主义克服

[1]　胡政主编：《招商局与深圳》，花城出版社 2007 年版，第 63 页。

不了，四化遥遥无期。

谷牧将此事转交江泽民处理。9月12日，国家进出口委召集会议，由江泽民主持，邮电部、外贸部、海关总署、深圳市委等单位的负责人，以及招商局驻京办事处有关人员参加了会议。会上，江泽民传达了胡耀邦的批示，然后就反映的蛇口工业区建设中碰到的问题进行讨论。在江泽民的直接过问下，1981年8月13日，蛇口工业区微波通讯站正式建成，并与香港通话。这个通讯站引进了美国较先进的600路中距微波通讯设备和1000门由电脑控制的自动交换机。1984年9月，蛇口工业区通过卫星电视设备成功接受来自同步卫星的电视信号。1985年12月，蛇口工业区专用通讯网并入深圳市程控交换机网，从蛇口可直拨深圳、广州、香港，可转接国内电话、国际电话和电传通讯，还可接通海上钻井平台的无线电话。

供电建设。1979年底，蛇口工业区变电站土建工程开始。1980年11月，第一期输变电工程竣工，一座11万伏、3.15万千瓦的变电站交付使用。1982年3月，工业区开始进行第二期、第三期工程建设。至1983年，香港变电站3台11万伏、3.15万千瓦变压器并入广东省电网。1985年7月，国务院批准招商局与香港中华电力公司合作，由香港中华公司投资7000万港元，铺设海底电缆，向蛇口每天供电42万度。1986年11月，香港中华电力通过海底电缆正式向蛇口供电，至此蛇口用电紧张的问题得以彻底解决。

供水建设。与供电问题同步解决的是供水问题。原来考虑的白泥湾的白泥水库由于库容较小，无法解决工业区的用水问题。于是选择西丽水库作为工业区第一水源。西丽水库离蛇口只有13.8公里，库容达2600万立方米，水源充足，水质优良，地势略高于蛇口，沿途无山阻隔，便于施工。1980年6月，一条直径80厘米的地下水管道从西丽水库铺设到蛇口，开始正式供水。1981年7月，日处理2万吨水的工业区自来水厂建成投产。此外，1983年还重点抓了配套重点工程污水处理厂的建设与投产，日处理污水2万吨。

蛇口工业区经过5年的建设，由昔日一个荒凉贫瘠的小渔村，逐步开发建设成为一个高楼林立、风景优美的现代化海港工业城区。至1984年底，工业区已开发平整土地2.56平方公里，完成建筑面积86.9万平方米，其中工业建筑38.4万平方米，职工住宅22.1万平方米，其他建筑26.4万平方米。建成10多幢工业标准厂房。蛇口一、二湾填海工程已基本完成，开发土地面积30万平方米、海岸线900米。随着外资企业的进驻，一批与之配套的生活、娱乐设施也相继动工兴建。碧涛中心、华苑酒家、南山宾馆、南海酒店、海上世界、宋少帝墓、林则徐铜像、四海公园、海滨浴场、四海体育场等相继建成，一批别墅、住宅区、商场、学校、培训中心、图书馆、展览馆、幼儿园、医院、剧场、影院及其他文化体育娱乐设施也纷纷落成。开设了中资和外资银行，开办了水陆运输机构和旅游公司，加强了绿化、交通建设与治安管理。1984 年 7 月，广东省政府批准蛇口工业区面积扩大为 16.81 平方公里，其中含岛屿面积 5.41 平方公里。

率先进行改革开放试验

蛇口工业区是深圳经济特区乃至中国改革实验的先行者。蛇口工业区在开发与建设过程中，以提高工作效率、经济效益和社会效益为基本出发点，进行了一系列大胆、超前的改革探索和试验。

第一，管理体制改革。蛇口工业区一开始着手管理体制改革，削弱行政干预，变政府对企业的直接控制为间接控制，建立了适应外向型工业发展的管理体制。1979 年 4 月 1 日，招商局蛇口工业区筹建指挥部成立。1979 年 7 月 20 日，招商局蛇口工业区建设指挥部正式成立，下设办公室、人事科、物资供应科、财务科、总务科、工程科、水电科，全面负责工业区基础设施工程建设、劳动力招聘、后勤保障等事宜。1980 年，将指挥部扩充为办公室、人事管理处、房地产管理处、港口管理处和秘书、总务、财务、接待、人事、劳资、安全技术、房产、规划、工程、物资等科及电站、微波站、水厂。1980 年 10 月，蛇口工业区重新组建建设指挥部，实行分线管理，在工业区党政机构正式建立之前，代行其职权。1981 年 9 月，再次调整机构，成立办公室、总工程室、总会计室。1984 年 4 月 4 日，正式组建蛇口工业区党委，同时改工业区建设指挥部为工业区管理委员会。1984 年 7 月，广东省政府批准设立蛇口管理局，下辖招商局蛇口工业区、中国南海开发公司和蛇口渔工贸发展总公司 3 个经济实体，在公安、税收、工商管理、进出口物质、劳动管理、电讯管理等方面，管理局有相对独立的自主权。1985 年 4 月，工业区颁布《管理委员会组织暂行条例》，《条例》规定工业区是香港招商局下属的独立核算、自负盈亏的企业。管理委员会是工业区最高管理机构。蛇口工业区的机构改革有四个特点：（1）按照精简、高效的原则，设置和完善管理机构。1979 年 7 月，正式成立蛇口工业区建设指挥部，其主要任务是组织和管理基础工程的建设，机构设置的重心主要放在“建设”上，如工程、规划、房产等科。1983 年后，工业区转入经营管理阶段，重新组成工业区党委、管理委员会，机构设置重心放在“管理”上，如增设了企业室、公用事业室等。随着南海石油的开发，工业区管理委员会增设了南海石油服务办公室。工业区党委、管理委员会干部配备实行定员制。(2) 实行官商分开，官办官的事，商办商的事，不以行政手段干预企业的业务。管理委员会下设 13 个专业公司，实行管委会领导下的经理负责制，独立核算，自负盈亏。对合资、独资企业实行董事会领导下的经理（厂长）负责制，并通过经济杠杆、经济法规进行干预和调节。工业区成立了律师事务所和会计事务所。(3) 工业区机构设置没有固定模式，也不搞内地的上下对口的机构。(4) 机构改革与干部制度、工资制度等项改革有机结合起来。[1]

第二，基建管理改革。1979 年 7 月，蛇口工业区建立时，就采用与内地做法不一样的邀请承包方式，即选择施工单位，议定工程价格，签订经济合同。1980 年初，蛇口工业区对中瑞工程有限公司和华益铝厂的基建工程，在全国率先采用工程招标的办法。此后，工业区的主要工程项目都是采用招标方式发包的，把工程交给中标的施工企业，有关工程质量、造价、竣工时间以及奖罚条件等通过签订和执行承包合同来保证，从而大大降低了工程造价，加快了建设速度，提高了建筑质量。1984 年，蛇口工业区正式颁布实施《工程招标管理办法》。1979 年，第四航务工程局二处在承建蛇口港 600 米顺岸式码头工程时，打破惯例，实行定额超产奖励制度，在施工中把产量、质量、安全、节约等指标同职工的经济利益挂钩，实行超产提成增加付酬。这一基建管理中的分配制度改革在后来得到普遍推广。

第三，人事干部制度改革。蛇口人事干部改革的主要内容有：(1) 实行公开招聘招考。蛇口工业区改革干部调配方法，实行组织部门与用人单位相结合，采用招聘、考核相结合的方式调配和使用干部。从 1981 年开始，蛇口工业区多次到北京、上海、武汉、广州等地，采用组织推荐、自荐、公开登报招贤，经过笔试、口试和组织考察等方式，选拔了一批优秀人才到蛇口工作。1982 年 3 月，蛇口工业区向中组部请示，要求破例同意在各重点大学及各地公开招聘人才。谷牧当日即批示表示支持。(2) 加强干部培训。1981 年至 1984 年，蛇口工业区共举办了企业干部培训班、会计人员训练班、干部文化训练班等各类培训班。此外还举办了一些短期文秘、翻译、英语训练

---

[1]　参考黄振超、陈禹山编：《希望之窗：深圳特区招商局蛇口工业区的经验》，光明日报出版社 1984 年版。

班，英语、日语夜校等。通过培训，提高了干部的文化素质和企业管理水平。(3) 实行聘任制。1983 年 5 月开始，蛇口工业区对直属单位和各专业公司的主任、经理等中层干部的任用，由过去上级委任，改为管委会聘用。具体做法是先由群众评议、民主推荐，再经组织考核、党委会审定，然后由管委会聘用。聘书中包括相应的职责、职权、待遇、解聘、续聘等五项内容。受聘人在一年任期内，要进行一次群众信任投票，得不到半数以上信任票者不再续聘。(4) 建立干部考核档案，以此作为对干部晋升、加薪、表扬、批评，甚至降职或解聘的依据。(5) 冻结干部原有的级别，根据工作需要和本人实际能力重新聘用或安排工作。1983 年 4 月，《蛇口工业区党委、管委会工作报告》提出：从现在开始，将废除干部职务终身制。干部原职务、级别记入本人历史档案，在工业区工作仅作参考。实行干部聘任制，每年进行一次信任投票，每两年改选一次，坚决取消“铁椅子”。蛇口工业区推行的干部制度改革破除了干部职务终身制，有利于提高干部素质、转变干部作风和不断发现人才，极大地调动了干部工作的积极性、主动性和创造性。

第四，工资制度改革。蛇口工业区建设初期，按照“低于香港，高于内地”的原则，率先进行了工资制度改革。1983 年 12 月，蛇口工业区打破分配大锅饭，实行基本工资加岗位、职务工资加浮动工资的工资改革方案。工业区 13 家直属公司和 5 个职能室、医院、学校、保安部等单位实行岗位职务工资制。中外合营企业参照工业区直属单位工资制度进行了相应的工资改革。蛇口工业区直属企业的工资由三部分组成，即基本工资、岗位或职务工资和浮动工资。基本工资包括职工当时享有的国家等级工资、边防补贴和副食补贴，按国家 10 类工资区的标准支付，以维持职工最基本的生活需要。岗位、职务工资体现不同岗位或职务的劳动差别，工资随着岗位、职务变动而变动。浮动工资根据企业的经营效果和职工本人的劳动贡献大小来评定，不固定，不封顶，上下浮动，把职工的个人利益直接与企业的经营成果联系起来。实行高工资、少补贴政策，取消了内地普遍实行的住房、水电和燃料补贴以及交通费、洗理费等补贴。建立正常的考核升级制度，职工工资原则上每年调整一次，年终给职工发放一个月的双薪。建立随着生产发展和生活消费物价指数上升而相应增加工资的制度，以保证职工收入随着发展而提高或不因物价上涨而降低。

第五，住房制度改革。蛇口工业区实行统一的规定、统一的办法，并由房地产公司统一经营管理职工的住房，逐步做到居者有其屋。1981 年，在全国率先采用按住房造价加管理费计租的办法。对住宅一律实行按质按量论价，由职工自由选租，租金按建造成本，以25年折旧收回的原则计算。租金是浮动的，可以逐年调整增长。职务级别同住房面积脱钩，领导干部没有多要住房的特权，多要房多付钱。1984年，进一步深化住房制度改革，改为租售结合、以售为主，鼓励企业、职工个人买房，按优惠价向职工出售住宅。制订了三种售房价格：(1) 优惠价（房子本身的建筑造价）；(2) 成本价（建筑造价＋公共设施造价＋土地开发费＋管理费）；(3) 商品价（成本价＋利润＋税款）。工业区规定，符合购房资格的双职工按优惠价购房，单职工住宅一半面积按优惠价，另一半按成本价，企业单位购房按商品价。住房面积人均不超过16平方米。采用银行抵押贷款，分期付款购房的办法。1985年2月6日，深圳市政府颁发《深圳经济特区行政事业单位干部职工住宅商品化试行办法》。

第六，社会保障制度改革。1980年，蛇口工业区劳动服务公司与中国国际海运集装箱公司签订协议，明确规定中集公司要为其雇员向劳动服务公司支付相当于其工资额1/3的福利费、医疗费、养老金及其他费用。1981年开始，蛇口工业区全面推行社会劳动保障制度，对参加社会劳动保险的所有员工提供免费医疗、被解雇和被辞退期间的基本生活费用和退休金等方面的社会保障。其基本做法是：辖区内企业按职工工资的20%向劳动服务公司缴纳劳动管理费，平均每人每月150港元，劳动服务公司将其中55%作为职工退休金，其余45%用作职工的医疗费、集体福利费、工会活动费等，以逐步实现职工劳动保险社会化。1982年起，工业区制定统一内外资的劳动费的收费标准：各企业为所雇佣的中方员工每人每月交纳150港元，其中退休金占55%，医疗费占15%，集体福利费占10%，工会活动费占5%，劳动服务公司管理费15%。1984年，工业区劳动管理费收费标准由每人每月150港元调整为160港元。1985年10月，蛇口社会保险公司成立，这是我国第一家由企业创办的社会保险机构。公司成立后，对社会保险劳动管理费的收费标准再度进行调整，由每人每月160港元增至170港元，其中退休养老金占67.5%，医疗费占15%，福利费占5%，待业费占2.5%，管理费占10%。首次开办了待业保险基金。同时，工会活动经费不再列入社会保险，而由工会按工会法规征收。

第七，观念变革。蛇口工业区在开发与建设过程中，大胆冲破旧有的价值观念，努力倡导与市场经济相适应的种种新观念，如时间观念、效率观念、竞争观念、市场观念、价值观念、信息观念、平等观念、信用观念、职业道德观念、民主与法制观念，其中最有影响的是提出了“时间就是金钱，效率就是生命”、“空谈误国，实干兴邦”、“技术至上，质量第一”、“知识就是财富，信息就是生命”等口号。这些观念变革曾引领我国改革开放风气之先。

蛇口工业区从“试管婴儿”起步，历经“以企代政、政企合一”的发展阶段，1987年蛇口工业区成立招商局蛇口工业区有限公司，并逐步推进“还政于政”。目前，公司已发展成为一家以房地产开发为核心产业，以土地经营、风险投资、公共设施、客运、酒店为主营业务的大型国有企业。蛇口工业区作为我国第一个没有纳入国家计划，没有国家拨款，自筹资金，自担风险进行国土开发的工业区，为国家改革开放所作的探索和努力，弥足珍贵，意义深远。蛇口早年的改革探索，每一项改革推行都很艰难，蛇口厉行改革的人都是如临深渊，如履薄冰。这些新的举措，强烈撞击着人们的传统思想观念，冲击着当时国家的计划体制。招商局蛇口工业区创办不久，其建设成就和改革经验就被世人所瞩目，蛇口因此被视作中国的“希望之窗”、改革的“试管”、开放的“模式”，在国内外产生了广泛而深远的影响。“蛇口模式”与“深圳速度”一起，被誉为中国经济特区最靓丽的两道风景。1981年6月17日，《人民日报》发表了《深圳蛇口工业区建设速度快》的文章，将蛇口工业区的办法和经验，称之为“蛇口方式”，后来在对外广播中被翻译为“蛇口模式”，引起海内外的广泛关注。1982年，有关方面把蛇口模式概括为5个方面：(1) 从艰苦的基础工程做起，为外商创造良好的投资环境。(2) 按经济规律办事，为投资者提供优惠条件，用经济手段与科学方法从事建设和经营管理。(3) 加强领导，精简机构，政企分开，官商分开，官办官事，商办商事，权力下放。企业拥有充分自主权，政府不干预企业内部事务。(4) 依法办事，按照国际商业惯例行事，重合同，守信用。(5) 内外结合，善于利用香港和外国的充裕资金和先进技术，积极引进外资，结合国内丰富的人力和土地资源，发挥优势，扬长避短，发展外向型经济。凤凰网在其“新中国60年经济史记人物列传”专栏是这样评价袁庚的：“袁庚，花甲之年出任深圳蛇口工业区掌门人。执掌蛇口港的十几年里，袁庚披荆斩棘，突破了僵化的计划经济体制，打碎了‘大锅饭’，引入了市场经济。这一突破迅速催生招商局、平安、中集等一批优秀企业。袁庚引领的民主直选、言论自由，在‘文革’后的沉闷社会中犹如一声惊雷。他是那个年代的智者，他的改革思想简单明晰，知行合一。袁庚是充满激情的先行者，他睿智而无畏，引导了那个时代的潮流。”[1]

蛇口工业区的建设一直得到中央和省市领导的支持和关注。邓小平、江泽民、胡

---

[1] 凤凰网：http://finance.ifeng.com/。

锦涛、胡耀邦、叶剑英、李鹏、万里、王震、谷牧、杨尚昆、薄一波、廖承志、王首道、胡乔木、邓颖超、李瑞环等中央领导同志先后视察过蛇口工业区。邓小平先后两次到蛇口视察工作。谷牧同志从1980年到2002年，曾先后19次来到蛇口考察、指导。他的脚步几乎踏遍了蛇口这片热土。此外，新加坡总理李光耀、挪威首相科勒·维洛克、坦桑尼亚总理萨利姆、英国前首相希思、柬埔寨国家元首西哈努克亲王、马来西亚总理马哈蒂尔、赞比亚总统卡翁达、古巴领导人卡斯特罗以及香港总督麦理浩、香港富商李嘉诚、霍英东、胡汉辉、包玉刚等先后访问过蛇口工业区。一个小小的工业区，能够引起中外政要如此关注，这在历史上是绝无仅有的。1980 年 2 月 26 日，谷牧副总理在广东、福建两省汇报会上指出："关于特区的基本建设，我看了蛇口工业区，觉得有可取之处。他们基本上是按经济规律办事。""一定要把蛇口工业区先办好，从中摸索一些经验。"[1]1980 年 5 月 12 日，中共中央副主席、全国人大常委会委员长叶剑英视察蛇口工业区，并为其题词："香港招商局蛇口工业区"。1981 年 11 月 23 日，在全国五届人大常委会第 21 次会议上，国家进出口管理委员会副主任江泽民向常委们特别介绍了蛇口工业区。他介绍说："由交通部招商局经营开发的蛇口工业区，在各特区的建设中一直处于领先地位。""他们的经验，一是招商局有较大的自主权，从工程勘察、规划、设计蓝图、银行贷款到对外谈判、签约都能自主，不像现在国内的管理体制那样，层层请示汇报。二是按经济规律办事，工业区指挥部与施工单位一律以招标方式，建立合同关系；工业区的企业对企业董事会负责，由企业决定自己的经营业务，招商局不予干涉。招商局在蛇口的办事机构，按照政、企分开的原则，设置了独立核算、自负盈亏的各种专业公司，大大提高了办事效率和经济效果。""蛇口的管理方式，为改革现行的管理体制提供了有益的经验。"[2]1984 年 1 月 26 日，邓小平视察蛇口工业区，并为蛇口明华轮题词："海上世界。"1984 年 2 月 24 日，邓小平在与中央领导谈话时指出："深圳的建设速度相当快……深圳的蛇口工业区更快，原因是给了他们一点权力，500 万美元以下的开支可以自己做主，他们的口号是'时间就是金钱，效率就是生命'。"[3]1984 年 7 月 30 日，国家主席李先念为光明日报出版社出版的介绍蛇口工业区改革经验的《深圳特区招商局蛇口工业区的经验》一书题

[1] 《谷牧在广东、福建两省汇报会上关于特区问题的小结》（关于蛇口部分），载香港招商局编：《广东省深圳特区招商局蛇口工业区文件资料汇编》，1981 年 1 月。

[2] 胡政主编，张后铨编著：《招商局与深圳》，第 133—134 页。

[3] 《邓小平文选》第 3 卷，第 51 页。

签书名“希望之窗”。1985年12月25日，国务院特区办公室赴蛇口调查组写出报告《一个办得较好的外向型工业区》，指出蛇口工业区坚持用经济办法管理，务求经济效益；坚持“三个为主”的方针，建立外向型经济结构；坚持“四化”干部标准；坚持干部以身作则。其实所谓的蛇口模式，其核心的因素就是指摆脱了企业变成行政机构的附属物的政企不分的机制，让企业能真正自主，运用经济手段进行建设，运作以经济效益为依归。可以说，蛇口工业区的建设与改革的经验为深圳经济特区乃至中国的改革开放起到了重要探路试水的作用。1994年7月28日，原国务院副总理谷牧为纪念蛇口工业区创办15周年题词：“中国改革开放的排头兵。”

第四节　经济特区规划与起步建设

规划也是经济特区筹办必须先行的一项重要工作。中央从一开始就非常重视经济特区的规划工作。1979年7月，经中共中央、国务院批转的《广东省委、福建省委关于对外经济活动实行特殊政策和灵活措施的两个报告》指出：“特区建设，要搞好总体规划。搞好基础设施，如供水、供电、道路、通讯、仓储等。”“拟邀请国内有关专家，来我省参与规划和制定办法等工作。”1979年9月22日，谷牧副总理在广州指出：两个市（指深圳、珠海）的城市规划要抓紧搞，否则东搞一下、西搞一下，东搞一块、西搞一块，搞得乱七八糟，不可收拾。现在是一张白纸，好画画。1980年5月，中共中央关于《广东、福建两省会议纪要的批示》指出：同意深圳特区建设所划定的范围，一定要做好规划，分片、分期进行建设。汕头、厦门两个特区，可先行进行规划，做好准备，逐步实施。在建设步骤上，先搞好水、电、道路、通讯等基础设施，为吸引侨商、外商投资创造条件。1980年8月，国家进出口委副主任江泽民在向全国人大常委作设置经济特区等问题的说明时指出：“把平整土地和水、电、道路、通讯等基础设施建设搞好，为吸引外资创造条件。”1982年8月，中共中央书记处书记、国务院副总理谷牧在国务院召开的汕头、厦门汇报会上提出特区规划的指导思想是：从实际出发，按照客观规律办事，突出重点，量力而行，积极稳妥，留有余地，循序渐进。

规划工作最主要的是特区本身的定位和功能区划。深圳、珠海既是特区，也是新设立的市，所以特区规划与城市规划联系在一起。汕头、厦门分别是广东省、福建省的第二大城市，特区规划与老市区联系在一起。由于四个经济特区客观条件和中央的要求不同，所以它们起步建设的情况和时间也各有差异。

深圳特区规划与起步建设

1979 年初，深圳建市后，就开始了城市规划工作。当时，深圳市委认为，将深圳建成一个面积为 10 平方公里，有 10 万居民工作、生活的小型城市。当时城市规划的范围主要是老城区周围，广深铁路线两侧。1979 年 10 月，广东省和深圳市对深圳经济区进行规划：（1）农业区；（2）深圳市区和以深圳水库为主的旅游区；（3）出口特区。1980 年 5 月开始，抽调了中央有关部门、广东省和兄弟省市十多个设计院的工程技术人员 100 多人，组成一个庞大的规划设计团，先实地考察深圳全貌，然后分成若干工作机构，借鉴国外和香港先进城市的规划设计理念，进行总体规划，分组、分片、分段设计并通过多种方案的比较，精心绘制了深圳经济特区的未来蓝图。深圳经济特区的总体规划按地形和功能划分为东、中、西三大片，共 18 个功能区，拟综合发展工业、旅游业、房地产业、商业和其他各项事业。具体规划如下：（1）东片：包括沙头角、盐田和大小梅沙，面积 62.8 平方公里，主要发展旅游、住宅、商业。大、小梅沙背山面海，海滩广阔，计划辟为大型旅游区；沙头角镇计划发展成为一个小型商业中心，并开辟进出口通道；盐田计划建成以种养业为主的生产基地。（2）中片：包括莲塘、罗湖城、旧城区、上埗、福田、车公庙、香蜜湖、农科中心等，面积 140.23 平方公里，为特区规划的重点。其中罗湖小区是出入境旅客集散地，计划建成商业服务区；深圳水库附近规划为居住旅游区；上埗、皇岗、福田一带，地势平坦、交通方便，为深圳特区的腹地，计划与港商合作，成片开发，建成以电子、轻纺、建材工业为主体，有市政、商业、科学、教育、文化设施配套的综合发展区；旧城区计划改造成既与现代化城市和谐协调，又富有我国南方风格的新街区。（3）西片：包括蛇口、沙河、后海、西丽水库、赤湾港区、南油、南头和原宝安县城综合发展区，面积 124.47 平方公里，以工业为主，港口、旅游综合发展。蛇口工业区由招商局经营，主要兴建钢铁、有色金属、机械、食品、游艇制造、油漆、制氧等工业，兼营商业、地产、旅游等。沙河工业区由省华侨投资公司经营，现有电子装配、汽车修配、家具制造、毛织等厂。南头综合发展区准备与港商合作综合开发，发展住宅、商业和科学文化事业。计划在南头赤湾建深水港和南海石油后勤基地。整个特区建设，将采取“总体规划，分区分期实施”的步骤来进行。1980年6月，完成制订《深圳市城市建设总体规划》的方案和总图，并依据总图进行道路、桥梁、给水、排水、防洪、园林、电力、电信、煤气、口岸等各项专业规划设计。城市规划总面积50平方公里，近期（1990）人口规模50万人，发展目标以工业为主，同时发展贸易、农业、旅游业。

1979年深圳建市后，就拉开了城市建设的序幕。1980年8月，深圳经济特区正式成立后，开始了大规模城市基本建设。深圳市委、市政府确立了“规划一片、开发一片、投产获益一片”的建设方针。特区建设初期，重点抓了罗湖、上埗24平方公里城区和福田新市区30平方公里的道路、供水、供电、电讯、排污、排洪、供气和平整土地等“七通一平”基建工作。

按照原先的打算，首先开发的是上埗或福田的土地，即先开发福田区靠近香港新界的几平方公里土地，同时在皇岗（落马洲）建一个口岸，有的港商也有意投资福田区的开发，但是当时的港英当局对开辟这个口岸一直没有表态。很显然，没有进出境口岸，先开发福田区就没有条件。也有人提出，先开发上埗区或解放路以北的地区更为有利，花同样多的钱可以办更多的事。1980年7月27日，一场特大暴雨把罗湖一带淹成一片汪洋泽国，于是兼任深圳市委第一书记吴南生等决定从开发罗湖开始，先把水治住，否则难以建设特区。罗湖小区海拔只有2米，一下大雨，这里便成了真正的“湖”，来深圳的香港同胞和海外侨胞这时就只能挽起裤脚蹚过积水进出火车站。这样，既可扩大火车站和口岸的地域，为将来兴建联检大楼和通关桥梁提供土地，又可利用开挖山上土石方填高罗湖铁路东至文锦渡路的低洼地带，使其变成不受水淹、可建高层楼宇的“黄金用地”。7、8月间，在深圳市总体规划方案中就拟定了罗湖口岸改造规划方案。但是随后却围绕是否先开发罗湖的问题，引发了一场激烈的争论大战。赞同派认为，罗湖毗邻香港，是一片旺地，黄金地段，可先开发作为商业性用地，引进外资，开发房地产及商业，用来还贷付息，积累资金，并可改变国门面貌。反对派认为，罗湖地势低洼，年年发大水，开发罗湖，无疑是“抛钱落水”，劳民伤财，得不偿失，还不如将这些钱用来搞农田基本建设。他们提出为什么不先开发地势平坦的上埗？中共广东省委书记兼深圳市委第一书记的吴南生却支持了工程师们的意见。他说：“罗湖是外商进入国门后的第一站，关系到深圳乃至中国的形象。我们要成功地进行招商引资，一定要先拿下罗湖。搬掉罗湖山，土方正好来填平那些洼地，岂不是一举两得？现在要赶快做出决策，否则耽误了时间。雨季一到，想干也干不成了。”[1]

8月8日，时任国家进出口管理委员会副主任兼秘书长的江泽民来深圳考察。当天上午，正好赶上了一场暴雨。罗湖口岸到处是水，许多香港女市民将高跟鞋举在脑袋上，站在浑浊的水里等火车。陪同江泽民考察的中共深圳市委副书记秦文俊刚要汇报开发罗湖的问题，江泽民就开玩笑说：“不必了，老天爷已经给你作了汇报了。”8月25日晚至26日晚，吴南生在新园铁皮房主持市委常委会，听取了规划工作组的工作汇报，经过讨论，最后深圳市委还是决定立即动工，把妨碍火车站和罗湖口岸进一步发展的罗湖山搬掉，垫高罗湖小区的低洼地，为大规模开发建设打下基础。在常委会上没有人提出反对意见。9月12日，罗湖山搬山工程正式开工。但此后，深圳市委内部却有人用市委名义发电报给省委，状告开发罗湖是瞎指挥。市委一位书记还以“罗湖搬山填土未经常委会讨论”为由，多次下令停工。由此引发了一场后来被称为“罗湖风波”的轩然大波。[2]

刚到广东任省委第一书记的任仲夷同志经过多方调查后在深圳市委常委会议上说：“建设中要听工程人员和专家的意见，你们意见不一致，为什么不很好听工程人员和专家的意见呢？”“搬罗湖山，是特区第一个大工程，你们今后要做的大事还很多，要讲团结。”[3]1980年12月8日至10日，国务院副总理谷牧在任仲夷和江泽民的陪同下，视察了深圳特区。搬掉罗湖山的方案得到了正在深圳视察工作的谷牧、江泽民同志的赞同和支持，也得到广东省主要领导的支持。1980年12月12日，江泽民同志在参加广州召开的广东省常委会会议上曾说道：“就四个特区来讲，比较艰巨的是深圳。发挥利用香港的作用，首先是深圳。我们叫经济特区，也是特别的，不完全是出口加工区。”“特区和外面总是不一样，边防、海关设置，都要考虑怎么办。所以，对深圳要引起足够的重视。”“30年的南大门，一下雨就泡在水里。我8月份去，就泡在水里，香港来的人，高跟鞋、丝袜子都泡在水里，罗湖、文锦渡，无论如何都要搞好。”[4]“把罗湖开发出来，再搞上埗，先小后大，就可以把外资吸引进来。一个

---

[1] 《开发特区，首战罗湖》，载《深圳特区报》2000年8月26日。

[2] 参见《舒成友同志给任仲夷同志的信》（1980年10月24日），广东省政协文史资料研究委员会编：《经济特区的由来》，第522—528页。

[3] 《吴南生：经济特区是怎样杀出一条血路来的》，载《南方日报》2008年4月7日。

[4] 《开发特区，首战罗湖》，《深圳特区报》2000年8月26日。参见中共广东省委党史研究室编：《广东改革开放决策者访谈录》，第223—226页。

罗湖、一个文锦渡，无论如何都要先搞好。”[1]1982 年 4 月 3 日，谷牧同志在深圳视察时还说：“搬罗湖山，填高罗湖小区，这个决心下得好，填得对。”

在谷牧、江泽民同志的大力支持下，广东省委对建设深圳特区，首先搬掉罗湖山，填高罗湖区统一了认识，一场开发罗湖的战役在罗湖桥北侧打响了，“罗湖风波”也就这样平息下来。今天看来，当年深圳市委内部关于是否首先搬掉罗湖山引起的争议和矛盾，我们认为主要还是思想认识上的问题，不存在谁就绝对正确或者谁就绝对错误的问题。因为当时全国改革开放刚刚起步，对于举办特区更是没有任何经验，出现这样或那样的意见分歧也就在所难免了。

搞开发，首先需要建设资金。而当时最缺的就是资金。当时，中央赋予特区的只有特殊政策，特区建设所需的资金只能由特区自己想办法解决。当时吴南生同志和工程师们经过测算，开发罗湖 0.8 平方公里，每平方米 90 元搞“五通一平”，要 7000 万元。开发后，可以拿出 40 万平方米土地作为商业用地。每平方米土地收入 5000 元港币左右，总计可以收入 20 亿港元左右。那时的深圳，一片生荒地，谁也不会来投资。这就需要一批建设启动资金。于是，吴南生找到谷牧同志，提出没有“酵母”做不成面包。深圳现在还没有条件向国外贷款，能不能给点国家贷款，作为“酵母”？谷牧当即答应可以帮助要点贷款，并询问用途及还贷办法。接着，广东省向中央正式提出，请求批准一笔银行贷款作为深圳特区建设的启动资金。在谷牧、江泽民等同志的关心和反复协调下，国家先后给了深圳 3000 万元贷款。不到一年的工夫，建设者们就搬掉了罗湖山 130 万方土，把 0.8 平方公里的低洼地整整垫高了 1.07 米，完成“五通一平”（通路、通水、通电、通电讯、通排污管道和平整土地，后来又发展到“七通一平”）。这一带日后成为高楼林立、万商云集的罗湖中心商业旺区。1981 年 11 月 23 日，深圳经济特区发展公司与香港合和发展中国（深圳）有限公司签订合同，合作开发福田新市区，由此拉开了深圳特区大规模基础设施和文化等其他公共设施建设的序幕。

深圳特区利用中央批准的 3000 万元银行贷款和深圳部分财政投入作为“酵母”，进行土地开发，为外商兴建工业、商业、金融、旅游、住宅等服务设施提供土地，然后收取土地使用费，边投资边收益，通过借鸡生蛋和滚雪球的办法，不用国家投资，解决了不断扩大的基础设施建设所需的资金。深圳的第一块土地出租协议，签订于

---

[1] 参见中共广东省委办公厅编：《中央对广东工作的指示汇编（1979—1982 年）》，第 326 页。

1980 年的 1 月 1 日。第一个吃螃蟹的香港商人名叫刘天竹，由他出资开发东湖丽苑，利润三七开，中方得七。出租土地，这在当时的内地可谓“大逆不道”。共产党的国土怎么可以出租给资本家？当时一位叫骆锦星的房地产局干部翻遍马列原著，终于在《列宁全集》中查出列宁引用恩格斯的一段话来：“住宅、工厂等，至少是在过渡时期未必会毫无代价地交给个人或协作社使用。同样，消灭土地私有制并不要求消灭地租，而是要求把地租——虽然是用改变过的形式——转交给社会。”来自全国各地的基建队伍超过 10 万人，其中包括 2 万多名基建工程兵，参与了特区早期建设，为特区初创作出了巨大贡献。

珠海特区规划与起步建设

1979 年 5 月，珠海市开始建市总体规划工作。6 月，珠海市总体规划经珠海市委常委会讨论修改并一致通过后上报广东省政府。后来又制订了珠海经济特区的社会经济发展规划，1980 年 10 月，经广东省人民政府批复实施。这轮规划范围包括香洲、吉大、拱北、前山、南屏、湾仔地区，规划面积十五六平方公里；城市性质定位为“具有相当水平的工、农、渔业相结合的出口商品基地、风景游览区和新型的边境城市”；城市布局为“五朵金花式”组团结构，分香洲、吉大、拱北、前山和湾仔（南屏）五个组团，沿海岸线呈带状分布。1981 年由特区建设公司编制了与市区总体规划相衔接的“珠海经济特区总体规划”，对特区性质定位为“兼营工、商、住宅、旅游、科研等多种行业的综合性特区”，规划面积 6.81 平方公里，规划 1995 年人口规模 8.79 万人。珠海特区一开始是按照出口加工区的模式来规划的，把本来范围不大的特区，又划为东、中、西三个部分，并做好隔离设施的准备，把原来人迹罕至的荒山野岭、滩涂和居民区住地隔离开来，设想在远离居民住地的地方进行建设。当时的规划指导思想是：（1）重点依托港口、口岸及交通方便的地方；（2）小片开始，不可贪大；（3）避免特区范围容纳太多原来的乡镇人口；（4）可以不安排在特区内的设施和建筑物，尽量不安排到特区范围内去建，减少特区占地。

1980 年 10 月，珠海经济特区完成初步规划。珠海特区总体规划按地形和功能划分为东、中、西三大片，共 6 个功能区，其发展方向是：以工业为重点，带动商业、旅游、住宅，适当发展一些鲜花、高档蔬菜、畜牧业、奶牛等农业项目，逐步建成一个经济综合发展的经济特区。具体规划如下：（1）东部是吉大区，2.63 平方公里，发展轻工业；(2) 中部是拱北区，3.12 平方公里，以发展工业为主，适当安排住宅和商业；(3) 西部是湾仔区，1.06 平方公里，与澳门隔水相望，以发展旅游住宅为主，适当安排轻纺、电子工业。用地计划是：工业用地 251.9 万平方米，占总面积的 37%；商业、服务业、住宅用地 115.7 万平方米，占总面积的 17%；旅游业 129.45 万平方米，占总面积的 19%；文教卫生、行政、消防、治安管理等公共设施，用地 40.85 万平方米，占总面积的 6%；道路、绿地 142.99 万平方米，占总面积的 21%。

当时提出的建设方针是："量力而行，稳步前进，突出重点，分散开放"。要求初建阶段使东部初具规模，中部动手开发，西部作开发准备，为此而进行基础设施建设，并按照特区规划，集中力量完成 22 项配套工程。珠海特区建设是从旅游设施起步的。1980 年 2 月，珠海特区破土动工兴建中国第一家中外合作旅游企业——珠海石景山旅游中心，并于当年 8 月建成开业。此后，又相继兴办珠海宾馆、珠海度假村、九洲城旅游观光购物村、滨海公园、珠海游乐场等其他中外合资旅游企业，同时开始了供水、供电、港口、道路、通信、排水、排污等其他基础设施的建设。

汕头特区规划与起步建设

1980 年 1 月 22 日，中共汕头市委、市革委会从市城建局、建工局调 6 名工程技术业务干部，组成汕头经济特区筹备组，着手研究特区选址、勘探、规划等工作。1981 年 8 月 20 日，汕头经济特区规划建设办公室聘请北京钢铁设计研究总院规划组来汕，两家单位联合编制特区总体规划。联合规划组按照"因地制宜，注意实效，各有侧重，节省投资"的原则，重点规划 1.6 平方公里的龙湖出口加工区，相应编制市区老企业改造、港口预留区、农业控制区、旅游业等规划。1981 年 9 月 17 日至 18 日，中共汕头地委召开常委扩大会议，研究制定发展汕头经济特区全面规划和加快经济特区建设的问题，会议提出了汕头经济特区的初步规划包括 2 个区和 4 个公司：(1) 龙湖加工区，总体规划面积 1.6 平方公里，地点在汕头市龙湖村西南面，目前先划出 0.2 平方公里进行建设。龙湖区之西，划出市区 0.8 平方公里，建设职工生活区。(2) 港口区，总体规划面积 1.7 平方公里，地点在龙湖村以南、渔港以东，建设仓库，包装、全区抽纱、陶瓷等大宗出口商品并启运出国。(3) 农业发展联合公司，范围包括汕头市郊"五七"公社和金砂区一部分以及澄海县下埔河以西一部分地方，总面积 10 平方公里，建设蔬菜、花木、猪、鱼、虾、"三鸟"出口基地，计划先办一些小型试验场和种苗场。(4) 旅游公司，把妈屿岛、岩石桃花涧、达濠青云岩以及潮阳县海门莲花峰，东、西岩划为经济特区旅游点，建设住房和旅游别墅。(5) 经济特区发展公司。(6) 劳动服务公司。会议指出，汕头市区原有企业凡以生产出口产品为主的，经过改造，可以作为特区企业，享受特区待遇。

1981 年底，完成《龙湖出口加工区的总体规划》，该规则提出了“开发一片，建成一片，投产一片，获益一片”的建设方针，将 1.6 平方公里的出口加工区分为 5 个小片区，根据先地下后地面、先小后大的原则，自南向北分期开发。首期开发 0.2 平方公里，依次开发第二片 0.24 平方公里，第三片 0.47 平方公里。规划到 1992 年建成。产业发展规划分两期进行：第一期主要发展能耗少、污染少、收益快的劳动密集型加工企业；第二期发展技术档次高和规模较大的轻工、电子类产品及五金、精密机械等。规划建设标准厂房 20 万平方米，拟吸收外资 3.8 亿美元，设置 250 家工厂，安排职工 5 万人。

此外，汕头经济特区管理委员会从实际出发，还规划了港口预留区和农业发展区。港口预留区位于龙湖加工区南端，一直延伸到海岸线，占地 1.7 平方公里，主要规划建设客运货运码头、仓库、包装场地、少量加工企业以及其他配套设施，作为特区发展交通运输与储运进出口物资之用。农业发展区位于港口区东边，占地 10 平方公里，是一片沿海岸线的低洼地，主要是发展出口农业，即引进优良品种和先进技术、化肥、农药，主要种植蔬菜、花果等经济作物，发展水产养殖和畜牧业。汕头特区的起步建设是从道路建设开始的。1980 年 10 月 1 日，汕头特区连接市区的主要干道——金砂路开始兴建。1981 年，香港长江实业有限公司董事局主席李嘉诚捐巨资在汕头兴建汕头大学，并于 1983 年开始招生。1982 年 3 月 18 日，汕头经济特区龙湖加工区基础设施开始动工兴建，开始“五通一平”(通道路、通水、通电、通排污管道、平整土地) 的建设，汕头经济特区建设由此拉开序幕。

厦门特区规划与起步建设

1981 年 4 月 11 日，国务院副总理万里视察厦门，并召开解决厦门交通运输和经济特区建设问题的会议。1981 年 11 月，厦门特区管理委员会开始着手特区总体规划。该规划的重点有：一是湖里工业区总体规划；二是全市范围内的配套工程，包括机场、码头、自来水、道路等综合规划。两个规划先后经福建省政府批准实施。湖里工业区规划由西向东分两期建设：（1）第一期先开发 1.1 平方公里；（2）第二期开发 1.5 平方公里。同时，在湖里工业区的东部、南部规划建成一个 4.5 平方公里的生活区。此外，也设计规划了特区服务的重点工程。厦门特区起步建设是湖里工业区与全市配套工程同时进行。配套重点工程主要包括东渡新港、高崎国际机场、通讯设施、跨海输电工程和岛外引水工程等。在国家进出口委的协调下，由中国人民银行为厦门特区解决了开发性低息贷款 5000 万元，同时福建省和厦门市自筹了 3000 万元建设资金和 3000 万元低息贷款，作为建设启动资金。经过一年多的筹备，1981 年 10 月 15 日，厦门经济特区湖里出口加工区正式破土动工，搞“五通一平”（通水、通电、通讯、通邮、通车和平整土地），接着开展航空港、海港、通信、供电、供水和道路等基础设施的建设，拉开了厦门经济特区建设的序幕。特别是厦门高崎国际机场建设使用科威特阿拉伯基金会 2200 万元优惠贷款，1982 年 1 月动工，1983 年 10 月正式通航，书写了厦门特区建设初期非常精彩的一页。厦门高崎国际机场是我国第一个由地方自筹资金建设的机场，也是我国运用外国贷款建设的第一个机场。

第五节　江泽民率团考察国外特区

随着各特区先后开工建设，谷牧副总理认为：特区到底怎么个办法？如何才能办好？单在国内研究有局限性，得出去看看，开阔眼界。为了吸取国外不同类型的出口加工特区的经验，经与联合国开发总署谈妥，决定由国家进出口委副主任江泽民带队，于 1980 年 9 月下旬派一个 9 人考察组去新加坡、菲律宾、马来西亚、斯里兰卡、巴西、墨西哥等 6 国进行考察。为此，国家进出口委专门向广东省政府、福建省政府、财政部税务总局、全国人大常委会法制委员会、外贸部等发出《关于出国考察出口加工特区事由》（进出口委综字第 [1980] 40 号文），要求上述单位派员参加出国考察。

拟定出国考察提纲

1980 年 9 月 26 日—11 月 1 日，应联合国工业发展组织的邀请并在其资助下，由国家进出口委组团到斯里兰卡、马来西亚、新加坡、菲律宾、墨西哥、爱尔兰考察特区发展情况。国家进出口委主管特区工作的副主任江泽民担任出口加工特区考察组组长，成员由有关市委书记、市长和财政、税务、法律专家等9人组成：陆自奋（厦门市委书记、市人大常委会主任）、秦文俊（广东省经济特区管理委员会副主任、深圳市委书记）、黄施民（深圳市委书记、市革委会副主任）、李国有（全国人大法制委员会副处长）、陈君秀（国家财政部税务局科长）、吴金全（厦门市委科员）、孟广年（国家外贸部国际贸易研究所人员，兼翻译）、华雁（国家进出口委综合局副处长）。联合国还派了一个顾问凯瑞·克斯诺先生陪同考察，他是西德人，是在访问途中赶到的。整个行程是按照联合国工业发展组织所拟定的路线、国别和时间进行的。原打算出访的国家还有巴西，后来换成了爱尔兰。考察组临行前还专门拟定了《考察提纲》，其主要内容有：

一、考察的国家：新加坡、马来西亚、菲律宾、斯里兰卡、墨西哥、巴西六个国家。

二、考察的主要内容

1.这些国家设立出口加工区或自由贸易区（以下简称特区）的现状，在特区建设中出现过什么问题？现在还存在什么问题？特别是在独立自主与吸收外资，维护主权与发挥外资作用方面采取些什么主要措施？

2.这些国家特区发展的规划及方向，采取了哪些优惠办法吸引外资和引进先进技术？

3.怎样利用特区，使之达到收汇多或者出口创汇高的目的？这些办法，在其本国和国际惯例上都有哪些区别？实际效果如何？

4.特区行政管理情况

(1) 特区行政机构的设置、职能、权限；

(2) 特区的法律、法令和有关规定；

(3) 特区的基础工程建设资金由谁负责？如何规划管理？

(4) 特区的治安管理等。

5.特区的经济管理情况

(1) 特区的外资企业、合资经营、补偿贸易、来料加工、产品销售等政策规定、实施办法；

(2) 特区的土地出租或使用、所得税的征收、劳动工资法等政策的实施情况；

(3) 特区的金融、市场等管理办法；

(4) 墨西哥与美国接壤地区建立加工特区的特点以及防止人员外流的情况和效果。

考察组出发前还发生了一个小插曲，那就是斯里兰卡一个在野党驻北京人员知道国家进出口委要派考察组到斯里兰卡考察出口特区。于是来到国家进出口委，要求见负责人和并与其对话。国家进出口委的外资局局长冯天顺和华雁同志接待了他。他认为斯里兰卡执政者搞的出口加工区是殖民地经济，工人受到残酷剥削，极不人道，而且外国有治外法权，这是卖国政策。他建议考察组不要去斯里兰卡访问，否则会助长执政党的嚣张气焰。中方向他说明，我方是应联合国工业发展组织邀请出访的一个学习考察组，不是中国政府代表团，请他能够谅解，结果意见未能达成一致。直到 11 月中旬，考察组回到北京后的一天，他再次造访了国家进出口委，提出抗议。[1]

绕地球一周考察国外八特区

1980 年 9 月 26 日，考察组从北京出发。第一站是泰国，参观考察一天后，转赴斯里兰卡科伦坡。被安排住环球宾馆，听说每个房间一天 30 美元，而联合国工业发展组织预算在斯里兰卡的费用是每人每天 47 美元，吃、住、行在内包干使用。江泽民同志觉得太贵，要求联合国工业发展组织的代表另找住处。最后搬到一个叫“DURO”的旅馆，每个房间只要 11 美元。在斯里兰卡期间，实地考察了康堤出口加工区，与斯里兰卡国家出口发展局进行了座谈，听取斯里兰卡海关总署署长、联合国驻斯代表以及我国驻斯使馆有关情况的详细介绍。10 月 2 日，考察团抵达马来西亚，实地参观和考察 3 天。10 月 5 日，考察团到达新加坡，实地参观和考察 4 天。之后到菲律宾、中国香港，又经日本、美国、英国到了墨西哥、爱尔兰，最后到达奥地利维也纳联合国工业发展组织总部参加有关出口加工区经验交流报告会。有的专家对发展中国家办出口加工区持有不同意见。不少专家认为发展中国家搞出口加工区得不偿失，只能接受被发达国家淘汰的低级产品，赚取外汇也少得可怜，并列举了印度出口加工区失败的

[1] 参见李岚清：《突围：国门初开的岁月》，第 120 页。刘向东主编：《对外开放起始录》，第 67—68 页。

例子。也有部分专家认为可以解决发展中国家的就业和赚取外汇。这样考察组对斯里兰卡、马来西亚、新加坡、菲律宾、墨西哥、爱尔兰等6国的“8个出口加工区（即：斯里兰卡的柯吐奈亚投资促进区、马来西亚的雪兰莪自由贸易区、新加坡的裕廊工业区、菲律宾的巴丹出口加工区和马丹出口加工区、墨西哥的提华纳自由区和华雷斯边境区出口加工区工业的‘工业公园’、爱尔兰的香农自由区）”。进行了实地考察，还借途经瑞士日内瓦的机会，邀请联合国组织的10多位专家举行了两天的座谈讨论。实际上考察组先后到达或经过12个国家和地区，与这些国家和地区主管出口加工特区和地方当局举行了27次会谈，访问了22家工厂，还接触了一些投资者和企业管理人员，听取了他们对有关出口加工特区的经验介绍和反映。

这次出访考察前后历时38天，收获甚丰。这次考察的对象，有的叫出口加工区，有的叫自由贸易区，有的叫边境自由区，还有的叫自由港。它们创办的历史有长有短，规模有大有小，管理水平有高有低，发展成效有好有差。其中新加坡的裕廊加工区和爱尔兰的香农自由贸易区给考察组成员留下了深刻的印象。新加坡通过建立自由港和裕廊加工区，引进外资，发展出口工业，使一个缺乏资源、国内市场狭小的岛国经济全面发展。爱尔兰的香农自由贸易区成为其中西部地区工业发展的火车头，带动作用十分显著。大家勤问勤记，还收集了大量资料。回国后，在江泽民同志主持下，大家进行了认真讨论和总结。大家一致认为，通过这次考察，获得了不少有益于我们建设经济特区的知识和经验。考察组归国后，向党中央、国务院提交了考察报告，并报送中央领导同志。可以说，这次考察，为我国创办经济特区收集、积累了可以借鉴的第一手材料。

归纳五条经验提出四项建议

在考察报告中，考察团将国外经济性特区建设的基本经验归结为五条：第一，必须有完备的立法手续和明确的法律条令。第二，一般均直属中央政府，并成立一个高效的管理机构。第三，必须搞好总体规划，搞好基础设施。第四，必须大力培训工人，提高技术知识水平。第五，优惠条件和争取外资的办法。当然，也看到有的国家的出口加工区存在某些不足。他们得出的基本看法是：无论国家穷富、无论实行何种经济制度，用建立经济特区的特殊办法来利用外资、引进技术、进口设备，促进经济繁荣，提高国际竞争力，是一条十分重要的途径。

在考察报告中，考察组对我国经济特区的建设提出了四点政策性建议：

第一，考察组认为，从出国前在国内接触到的情况看，要搞好两省经济特区的建设，最重要的是统一认识。《广东省经济特区条例》虽经全国人大常委会批准公布了，但是对于为什么要设立特区，搞什么样的特区，它有什么好处，又有哪些弊病，等等，党内党外人士尚不一致。考察报告建议党中央、国务院组织经济界和理论界的同志，对特区问题作一番研究，从理论上澄清一些问题，回答一些问题。一方面统一党内外的思想认识，同时为做实际工作的同志提供理论武器，以坚定他们的信心。

第二，要明确规定深圳、珠海、汕头、厦门 4 个经济特区的性质和具体方针政策。这个问题不明确，特区的建设就很难起步。根据 4 个特区的不同情况和所处的位置，考察报告建议深圳特区参照菲律宾的巴丹自由贸易区和墨西哥边境自由区的经验，作为自由贸易区性质的经济特区来建设；珠海、汕头、厦门 3 个特区以出口加工区为主，同时发展一些住宅、旅游等事业。深圳特区先开发罗湖区和上埗工业区，原定的 327.5 平方公里作为远景规划，先小后大，逐步开发。但深圳海关、边防则应以建立自由贸易区性质的经济特区为目标，按照前松后紧的方针，调整部署。其他 3 个特区仍按原定范围，着手规划建设。

第三，特区的领导关系和经济体制应进一步明确。深圳特区任务重，规模大，必须给予特区管理机构必要的权力。对特区的经济体制，考察报告建议：特区的财政可以单列户头。国家拨给特区的基建投资由特区掌握使用；银行的基建贷款由特区负责偿还，特区的收入开头几年可用于特区建设。特区可以不执行国家现行外汇管理办法。中国银行允许特区开设外汇户头，特区外汇存款应当计息并允许自由提取、使用。特区企业所需的职工，原则上就地招聘，管理和工程技术人员可在全省、全国招聘，国家劳动总局及有关部门给予支持。特区外资企业职工的工资，按企业规定的标准全部发给职工本人，同时取消粮食、副食品、医疗、住房和边防补贴，外资企业的职工可采取交纳个人所得税（税率另定）的办法。深圳特区可以按海关规定，征税、减税、免税从香港进口消费品，在特区范围内供应，由国营商业或特区经营，一般不允许外资介入，少数必须介入的，最好也采取与我合资经营的方式。经济特区的物价，实行市场调节为主。特区内的国家干部和职工，基本工资照发，另加特区津贴费，原有的住房、医疗补贴和劳保福利暂时不变。

第四，要抓紧经济立法。考察报告建议，请广东省经济特区管理委员会制定特区条例的实施细则，以及有关海关、外汇、出入境手续、土地使用费、劳动工资等管理条例的草案，报请国务院审批。[1]

可以说，这次考察意义非同凡响。这是在联合国工业发展组织的安排和资助下，中国政府第一次专门派出考察组对国外经济特区进行实地考察，零距离地接触国外的经济特区，了解国外经济特区的最新发展情况及其主要做法，开阔了眼界，获得了知识，增长了经验，为完善我国刚刚起步的经济特区的政策法规提供了有力的国际经验的支持，同时也进一步增强我们创办经济特区的决心和信心。考察组在其考察报告中所提出的政策建议，大部分在后来的有关决策和实践中被采纳和实施。考察组提出的建议在今天看来也是是非常大胆的，比如说提出按照自由贸易区的模式建设深圳经济特区的建议，等等。[2]

江泽民同志对这次出访考察一直记忆犹新，后来曾多次谈及这次考察。1990 年 6 月 23 日，江泽民同志在视察深圳经济特区听取深圳市负责同志汇报工作时的讲话中讲道："办特区，是小平同志作的决策，他是改革开放的总设计师。实事求是地讲，有两条我可以说：一条我是参加创建最早的人之一。另外，我们考察了全世界的特区，也是历史性的。在座的跟我去过的是秦文俊同志。我们绕地球一周，历时五十天。"[3]6 月 27 日，江泽民同志在五个经济特区座谈会上再次谈道："当时谷牧同志要我带一个小组，配一个西德顾问到国外去考察，今天在座的秦文俊同志也一同去了。我们去了斯里兰卡、马来西亚、新加坡、菲律宾，经过香港再到洛杉矶、墨西哥的莫沙拉、华来兹再到墨西哥城，又经过纽约再到伦敦、香农，最后到日内瓦，几乎绕地球转了一圈。我们回来后，了解一些东西，比如保税仓库，无论是高级还是比较低级的加工区都是有的。""像斯里兰卡这样落后的国家，它也搞保税仓库，为了吸引投资者，有什么优惠政策他们都讲得清清楚楚，办事效率也较高。效率最快的是新加坡"。[4] 1990 年 9 月 10 日，江泽民同志在接受香港《紫金》杂志记者采访时再次谈到这次考察："这些国家举办经济特区有很多好的经验，第一，立法比较健全，涉外法规成龙配套，可操作性强。第二，有一个开发的总体规划，然后一片一片由小到大地干。第三，管理体制比较灵活，地方和企业都有很大的自主权，办事效率高。第四，注重人才培

[1] 参见李岚清：《突围：国门初开的岁月》，第 119—123 页。刘向东主编：《对外开放起始录》，第 67—69 页。

[2] 李岚清：《突围：国门初开的岁月》，第 123 页。

[3] 深圳市档案馆编：《中央领导视察深圳特区讲话汇编》（1995），第 96—97 页。

[4] 《江泽民同志在五个经济特区座谈会上的讲话（1999 年 11 月 27 日）》，载中共深圳市委办公厅编：《党和国家领导人视察深圳讲话资料汇编》（上），第 384—385 页。

训。第五，有优惠政策。通过这次考察，获得了不少有益于我们建设特区的知识和经验。1981年5月，我们曾经开过一次会，专门研究特区建设中的具体问题，当时做出的一些决定，就是借鉴了那次考察所得。”[1] 美国传记作家库恩在其《他改变了中国：江泽民传》一书中曾写道：“代表团返回以后，江泽民和他的小组准备了一份开拓性的报告。考虑到‘文化大革命’的梦魇仍历历在目，报告中的建议确实是大胆的。其中包括的政策有允许地方政府授权减免税收、转让土地和保留外汇等。另外，报告建议允许外资企业按其自身意愿雇用和解聘工人。对一个共产党国家来说，这些观点，只有党的最高领导机构中央政治局才有权批准。”[2] 李岚清同志在其《突围：国门初开的岁月》一书中也指出：“这次考察为特区的建设和制定系统的特区政策提供了重要的参考和依据，获得党中央、国务院的充分肯定，其主要建议被作为重要措施加以实施。”[3]

第六节 经济特区在非议中前行

中央召开广东专题会议

1980年2月23日至29日，中共中央召开了十一届五中全会，决定重新设立中共中央书记处，会议增选胡耀邦、赵紫阳为中央政治局常委。选举胡耀邦为中央委员会总书记，选举万里、王任重、方毅、谷牧、宋任穷、余秋里、杨得志、胡乔木、胡耀邦、姚依林、彭冲11人为中央书记处书记。邓小平指出：“书记处今后工作的重点是放在经济工作，管四个现代化。”[4]3月17日，中央决定撤销国务院财政经济委员会，成立中央财政经济领导小组，赵紫阳任组长，余秋里、方毅、万里、谷牧为小组成员。4月16日，五届全国人大常委会第十四次会议任命赵紫阳为国务院副总理。8月30日至9月10日，五届全国人大三次会议召开，会议决定：接受华国锋辞去国务院总理职务的请求，任命赵紫阳为国务院总理；接受邓小平、李先念、陈云、徐向前、

---

[1] 江泽民1990年9月10日答香港《紫金》杂志记者问。引自罗木生：《中国经济特区发展史稿》，广东人民出版社1999年版，第51页。

[2] [美] 库恩（Kuhn，R.L.）：《他改变了中国：江泽民传》，上海译文出版社2005年版。

[3] 参见李岚清：《突围：国门初开的岁月》，第123页。

[4] 邓小平在中共十一届五中全会各组召集人汇报会上的讲话记录，1980年1月26日。

王震、王任重辞去国务院副总理职务的请求，任命姚依林、万里、陈慕华等为国务院副总理。补选彭冲、习仲勋、杨尚昆为全国人大常委会副委员长。广东省主要领导同志赴北京参加了五届全国人大三次会议。随后，习仲勋还参加了中央召开的各省、市、自治区第一书记会议。

中央十分关心广东省贯彻落实1979年50号文件和试办经济特区的情况。1980年9月24日至25日，中共中央新任总书记胡耀邦同志在中南海勤政殿主持召开了中央书记处第五十二次会议。参加会议的中央领导同志有万里、姚依林、谷牧、王任重、王鹤寿（中央纪律检查委员会第二书记）等，广东省委第一书记、省长习仲勋同志，省委书记、副省长杨尚昆同志，省委书记、副省长刘田夫同志参加了会议。会议专门听取了广东省的工作汇报，并就如何在广东实行特殊政策、灵活措施和试办特区问题进行了认真讨论。特别是谷牧作为中共中央、国务院分管对外开放工作的领导，作了重要发言，既是工作汇报，也是工作指示。这是中央1979年发出50号文件后，中央党政主要领导同志第一次集体研究广东工作和试办特区的问题。

9月24日上午，广东省委负责人习仲勋、杨尚昆、刘田夫向中央书记处作了关于广东工作的汇报，提出扩大广东改革的权限、粮食生产、外汇管理、进口生产资料海关减免税和尽快解决广东能源、铁路交通等问题。当刘田夫讲到改革方面可否给广东大一点权限时，习仲勋、杨尚昆向中央提出给广东以更大的自主权，允许广东参照外国和亚洲“四小龙”的成功经验，大办出口特区，以便加速广东经济发展建议时，想不到与会的一位中央书记处书记当场大泼冷水。他说，广东如果这样搞，那得在边界上拉起7000公里长的铁丝网，把广东与毗邻的几个省隔离开来。习仲勋、杨尚昆和刘田夫听罢，大为惊讶。很显然，他是担心国门一旦打开之后，资本主义的东西会如洪水猛兽一样涌进来，因此，才产生用铁丝网将广东与闽、赣、湘、桂诸省区隔离开来的想法。刘田夫后来多次谈到此事，他说：“就广东而言，因内地群众与香港居民的生活水平差距越来越大，逃港的人员越来越多，社会主义制度的优越性无法显示出来。唯有对内改革，对外开放，吸收外国的资金、技术和先进管理经验，积极发展生产，改善人民生活，才是唯一的出路。虽然这位中央书记处书记不赞成，但我们的大胆构想，得到中央许多领导人的赞同和支持。”[1]

9月25日上午，中央书记处继续开会，中央书记处书记、国务院副总理谷牧同志

---

[1]　参见中共广东省委党史研究室编：《广东改革开放决策者访谈录》，第223—226页。

首先发言，他讲了四点：

第一，广东如何进一步搞活的问题。他说："这两年到广东去了几趟。五十号、四十一号文件，都是根据中央的指示，同广东、福建的同志一起搞的。我认为，广东省委贯彻中央五十号、四十一号文件，实行特殊政策、灵活措施，做了不少的工作，工作也是有成绩的。""广东要实行特殊政策、灵活措施，要先走一步，要先富裕起来，要办几个特区，不简单，难度还很大。""回过头来讲，中央为什么要在广东采取特殊政策、灵活措施，甚至划出几块地方搞特区？我的看法，所以下这个决心，主要是让广东在体制改革方面，探索新的经验。另外，广东是中国的南大门，是我们对外开放的一个橱窗。广东在体制改革方面，把国民经济搞活，先富起来，无论从经济上、政治上讲，都有积极意义。"

接着，谷牧谈到广东先走一步面临的困难，他说："广东的同志提出特殊政策'特殊'在哪里？灵活措施'灵活'在哪里？感到困难很多。'特殊'不起来。这一年多来，中央各部门确实有毛病，本来不应管的一些具体的事，也去管。如蛇口的工程，通知人家奖金不准超过两个月，积极性一下就掉下来。他们是搞计件工资，积极性很高，你管这些干什么？我一听就叫纠正过来。"（胡耀邦插话说："有些司局长脑子发霉，没有工作做，不搞调查研究，而是搞发号施令为主，有人专门干这种事。"）谷牧接着说："这权交给广东了嘛，你管得着吗？中央各部没有人在学习、贯彻五十号、四十一号文件，甚至脑子里没有这东西，还是老一套；另一方面，广东完全可以顶，有文件为凭嘛。"胡耀邦又插话说："京剧《孙安动本》里那个定国公徐龙，手上有明太祖所赐黑虎钢锤嘛！"意思是既然有中央的文件为凭，广东在实行特殊政策方面胆子就要大一点，鼓励广东大胆实践。谷牧接着又说："关于特殊政策，从经济上看，在现在有这两条也不简单了：第一是财政收入只交十亿，还有二十多亿归广东安排；第二是外贸三七分成，按今年外汇收入算，广东可分得四亿七千万美元。""我认为。广东同志在实行特殊政策方面胆子要大一点，学孙悟空翻几个筋斗，可以多做点事情。江苏没有这个特殊政策，但搞得比你们活。"

第二，特区建设究竟怎么搞法。谷牧说："现在港澳对我们特区反映很多。特区问题，按原来设想的老路不行。最近黄耀武的女婿黄振辉对我讲，他主张特区采取综合开发方式，你广东不要出一个钱，你地皮就是钱，出点劳务就是钱，包给我就行了；如果你不放心，参加点股份也好。""资本家有他的路数，我们就是没有这路数。交给他办有什么不好？他这个人有雄心壮志，他提出可以不理香港，要我们自己搞个飞机场，这样一搞香港九龙着急了。他有点办法。”“我说，你的办法我还要征求广东、深圳的意见，他说就怕你们商量商量半年就过去了。我看深圳的开发要走这条路。没有任何危险，从开始建设就可以有收入，我们一个钱不花，可以分到 40%。”“蛇口的建设经验可以吸取，日本神户的建设就是没有花多少钱。”由此可见，谷牧同志的思想是非常解放的。

第三，广东当前最要命的是燃料、动力。他说：“过去答应的，我们还认账。”

第四，干部问题怎么办？他说：“广东搞特殊政策、灵活措施，就得准备干部。省里、特区的领导都要内行的人，三通一平完成。人家外商来了，谁去同他们合营办厂？干部问题全国都存在，广东更迫切。”[1] 从这个时候起，中央为了适应广东、福建两省实行特殊政策、灵活措施和试办特区发展的需要，已开始考虑调整和充实广东、福建两省及特区领导的问题。

中央书记处书记、国务院副总理姚依林接着作了发言。他说：“我觉得广东很多问题需独立来考虑。比如财政，你拿十亿给中央，其他的怎么用，要独立考虑。外汇也是如此，如何用得最经济、合理，我没研究。打个比方，广东是个独立国，习仲勋同志是总统，你这个国家如何发展？有几个步骤？除了一些自己不能解决的问题，如铁路、海运、煤炭、港口外，剩下的都要独立来考虑。既然要搞，独立性就要大一些。”“广东能源、交通问题比较大，要解决。”[2] 姚依林说得很明白，中央给这个权力，广东除了自己不能解决的外，其他都要自己独立想办法解决。

中央书记处书记、国务院副总理万里同志接着说：“广东有很多华侨，会经商，有钱，别省没有这个条件，你们放开搞，十年内，搞个发达的地区出来。这也有个培养干部的问题，你们搞好了，就是为国家培养了搞经济的干部。上海、广东先发达起来，内地就有个样子。”“广东哪方面的条件都比新加坡、菲律宾、台湾地区好，现在就看我们的政策、本事怎么样。”[3]

接着中共中央政治局常委、国务院总理赵紫阳和中共中央总书记胡耀邦分别作了讲话。胡耀邦主要讲了四点：

第一，情况我不熟悉。这次中央书记处讨论，不是讨论广东的政治路线问题，这

---

[1] 《中央书记处同志听取广东工作汇报的谈话纪要》，参见中共广东省委办公厅编：《中央对广东工作的指示汇编（1979—1982 年）》，第 97—101 页。

[2] 同上，第 101、102 页。

[3] 同上，第 102 页。

方面中央对广东是很信任的；这次讨论是广东在经济上如何发挥优势，是在特殊政策上面。中央的决心是很大的，中心是希望广东先富起来，成为全国实行四化、搞富裕、文明的先驱者、排头兵。深圳特区，有成绩，有困难。刚开始嘛，但我们要有长远想法，还是首先在干部中解决问题。头一个，是怎么使干部振奋精神，同心同德。

第二，广东要搞特殊政策，灵活措施，必须解放思想；要搞特殊政策，没有特殊的创造力就办不到。要有一股闯劲。在深思熟虑的基础上有股闯劲，提出措施来。要开动机器，要有魄力。广东要拿出一套政策、措施出来，开头难免有些乱子，不要紧。你们自己的特殊政策、灵活措施，如果受到中央部门的限制，我们同你们站在一边，这合理嘛！要教育干部，解放思想，拿出办法来。

第三，要把经济搞上去，广东还遇到不少特殊困难。如能源、交通。解放思想，要放在最关键的问题上，深入调查研究，弄清楚了，快刀斩乱麻，不要顾虑太多。

第四，搞特区，是学资产阶级经营的本事，不是学他们的生活方式，不是学他们的意识形态。[1]

9 月 28 日，中央印发了《中央书记处会议纪要》（中央书记处会议纪要第 50 号文）。该《纪要》主要内容有以下四点：

一、在广东、福建两省实行特殊政策和灵活措施，中央是下了决心的，目的是要充分发挥广东、福建两省的优势，使广东、福建先行一步富裕起来，成为全国“四化”建设的先驱和排头兵，为全国社会主义经济建设和体制改革探索道路，积累经验，培养干部。中央要求广东充分利用和发挥本地优势，尽快把广东的经济搞活，闯出一条道路，使广东成为我国对外联系的枢纽。

二、所谓特殊政策和灵活措施，一是增大地方的权力，一是广东、福建两省对外更加开放。中央确定的这个政策是不会变的。这就要求省委的思想更加解放，在深思熟虑、周密计划的基础上，发挥创造力和闯劲，以很大的魄力去打开局面。要有远大的眼光，面向全国，面向全世界，路子要想得宽一点、远一点。在一些关键问题上，要组织专门班子，深入调查研究，看准之后，要快刀斩乱麻，大胆去干。在某些重大建设项目上，例如铁路、海运、煤炭等，中央要对

[1]　《中央书记处同志听取广东工作汇报的谈话纪要》，参见中共广东省委办公厅编：《中央对广东工作的指示汇编（1979—1982 年）》，第 105—108 页。

广东给予必要支持，但是，更多的问题要依靠广东利用自己的优势，独立自主地去解决。广东省有权独立自主地使用自己的资金。中央对广东财政实行大包干制度，财政每年上交10亿元，外汇三七分成（中央三，广东七），暂定五年不变。中央授权广东省，对中央各部门的指令和要求采取灵活办法。适合的就执行，不适合的可以不执行或变通办理。

三、实行特殊政策和灵活措施，必须有一批具有经济工作经验、精明强干、勇于创新的干部。

四、我们一定要做好政治思想工作，增强我们的队伍抵抗腐蚀的能力。

中央书记处召开这次会议非同寻常，意义深远。一是广东实行特殊政策、灵活措施和试办特区正处于起步阶段的关键时期，迫切需要中央给予进一步指示。二是这是胡耀邦刚刚上任不久，第一次召开广东工作专题会，有利于中央主要领导熟悉这项工作和保持有关政策的连续性。三是中央重申了对广东、福建两省和试办特区的政策不变，要求广东更加独立自主地去思考和解决问题，更大胆地去干去闯，甚至还容许广东对中央各部门的指令可以灵活处理。可见中央对广东工作的用心良苦。习仲勋说："广东可以更加大胆地去干、去闯了。"[1] 刘田夫后来说："这是习仲勋、杨尚昆临离开广东、调回中央工作之前，为广东争取到的一把尚方宝剑。据我所知，中央书记处对广东召开专题会议，这是新中国成立以后第一次，这说明中央对广东工作寄予十分殷切的希望。"[2] 我们也看到，广东的工作又一次走在了福建省的前面。

1980年10月11日，中共广东省委在广州召开全省地、市委书记座谈会，会议传达了中央的指示精神。中共广东省委第一书记、省长习仲勋参加会议并发表讲话。他强调这次会议的重要性在于讨论中央给予广东特殊政策后广东该如何发展，一定要统一思想、鼓足干劲，把措施拿出来。要立志改革，办好特区。高度重视抗腐蚀问题。

---

[1] 《广东省改革开放是如何启动的》，载陈冠任：《共和国高端记事：17个省、自治区和直辖市改革启动纪实》，中共党史出版社2009年版，第290页。

[2] 参见中共广东省委党史研究室编：《广东改革开放决策者访谈录》，第124页。

任仲夷南下主政广东

1980年底至1981年初，为进一步加强广东、福建两省工作和特区工作，中央对广东、福建两省和深圳经济特区的领导班子进行了调整。1980年11月10日至12月5日，中共中央召开政治局扩大会议，会议决定由胡耀邦同志主持中央政治局和中央常委工作，由邓小平主持中央军委工作。

1980年10月，中共中央就决定了要调辽宁省委第一书记任仲夷接任广东省委第一书记职务，轻工业部部长梁灵光任省委书记兼广州市委第一书记，省委书记刘田夫负责省政府工作。任仲夷在辽宁时因平反“文革”时期的张志新冤案、带头支持真理标准讨论而名重一时。在任仲夷和辽宁省委一班人的领导下，短短两三年的工夫，辽宁大地显示出一派勃勃生机。任仲夷无论从思想理论上，从胆略气魄上，从领导艺术上，都表现得卓越非凡。让他到广东挑起改革开放先走一步的重担，可谓是理想的人选。后来采访者曾问到任仲夷，说您长期在北方工作，对祖国南大门广东不熟悉，是谁向中央提议将您调到广东来的？任仲夷说：“听说是当时的国务院主要负责人（即指赵紫阳总理）。一是他原来在广东担任主要领导职务时间长，熟悉广东省的情况，对广东有特殊的感情，希望我能团结广东外来干部和地方干部，将经济发展快一些；二是他当时接任华国锋担任国务院总理才几个月，需要一些思想解放、敢闯敢干的干部，充分利用中央赋予广东的特殊政策、灵活措施，迅速开创局面。”[1] 中央之所以派梁灵光到广东任职，这跟他的经历是有关系的。梁灵光是福建人。新中国成立后，梁灵光历任厦门市第一任市长、市委书记，福建省工业厅厅长兼省财委副主任、省委工交部部长。1956年任福建省委常委、省革委会副主任。梁灵光有丰富的经济工作经验和在沿海省市工作的经验。

1980年10月的一天，中共中央总书记胡耀邦接见了任仲夷，他对任仲夷说：你曾要求在大连办特区，这不可能，但中央决定调你到一个有特区的地方去工作，就是广东。任仲夷对胡耀邦说：广东省委第一书记、省长习仲勋，广东省委第二书记兼广州市委第一书记杨尚昆两位领导能否留一位在广东继续做“一把手”。胡耀邦说：他们两位都不能留，另有任用。不久，习仲勋同志从广东打电话给辽宁省委第一书记任仲夷，催他快点到广东上任。任仲夷向习仲勋提出：你留在广东，我当你的副手。习

---

[1] 《先走一步真先走：任仲夷访谈录》，载中共广东省委党史研究室编：《广东改革开放决策者访谈录》，第8页。

仲勋说，还是你当第一把手。到此时，任仲夷明白，当时中央已经决定调习仲勋、杨尚昆两位同志回中央工作，并决定由他和梁灵光同志接替他们。[1]

1980 年 10 月 31 日至 11 月 6 日，任仲夷、梁灵光赴广东上任前，中央领导同志叶剑英、邓小平、李先念、胡耀邦、万里、韦国清、姚依林、谷牧等先后找他们俩谈话，面授机宜，给予鼓励和指导。叶剑英说：广东是个好地方。教育比较发达，水运条件好，华侨多，他们对建设祖国很热心。珠江口已经钻探出石油。广东有些山区，要靠山吃山，向建设山区进军。要搞好外来干部和地方干部的关系。叶剑英亟盼家乡早日脱贫，对任、梁二人寄予厚望。接着，邓小平在住处接见任仲夷、梁灵光，交谈了一个多小时。邓小平说：特区不是仅仅指深圳、珠海那几块地方，是指广东、福建两个省。单搞那一点地方不行，中央讲的是两个省。你们要充分发挥这个有利条件。对于搞特区，你们要摸出规律，搞出个样子来。我们搞特区国内国外都没有经验，还是要摸着石头过河。邓小平继续说：广东的情况很复杂，老案不要再提了，搞不清楚，过去的事情就算了。他还说：一个地区工作好不好靠政策，政策对头，工作就好做，政策不对头，工作就做不好。[2] 广东的工作，也要从抓政策入手，调动积极性。

中共中央总书记胡耀邦也接见了任仲夷、梁灵光。胡耀邦说：广东的条件是好的，广东的潜力非常大。有一首民谣："千海万海，不如北海；千州万州，不如廉州。"我也写了一首打油诗："千州万州广州好，山水林田都是宝，四五规划巧安排，人平千元跑不了。"也就是，经过第四个五年计划，国民收入达到平均每人 1000 元是完全可能的。毛主席曾讲过成都武侯祠一副关于如何治蜀的对联。我现在写给你们："能攻心，则反侧自消，自古知兵非好战；不审势，即宽严皆误，后来治蜀要深思。"我把下联换了一个字赠给你们，即"不审势，即宽严皆误，后来治粤要深思。"胡耀邦继续说：以前的问题，各人都有一本辛酸账。过去的事情就过去了，今后看干部，就是要看你的成绩，看你的作风是正还是不正。干部不管是本地的还是外来的，老的还是新的，只要工作有成绩就是好干部。工作松松垮垮，慢慢腾腾，像打太极拳似的不行，要打少林拳。胡耀邦还画龙点睛地指出：要弄清楚广东的困难是什么，关键是哪里，目前有能源、运输问题，农业问题，但根本困难是干部思想不一致。[3]

---

[1] 《先走一步真先走：任仲夷访谈录》，载中共广东省委党史研究室编：《广东改革开放决策者访谈录》，第 9 页。
[2] 同上，第 147 页。
[3] 《先走一步真先走：任仲夷访谈录》，第 11—12 页。

国务院总理赵紫阳对广东问题作了具体指示。中共中央书记处书记、国务院副总理万里也接见任仲夷、梁灵光。他说：你们要解放思想，放手把经济搞上去，闯出一条新路。你们犯了错误也不要紧，国务院负责。你们先走一步，犯错误对全国来说也是有意义的，可以吸取教训。你们要把广东的经济搞得更好些，各部的规定不符合广东情况的，你们可以不执行。要强调稳、准、快，中心是发展经济，改善人民生活，把经济搞上去。抓好这个中心，怎么说怎么有理。[1]

副总理谷牧在接见任、梁两人时说：特区一些建设可以包给外商，我们不用出钱，只出地皮和劳动力，收税分成。珠海应当建几个大旅馆，吸引澳门的一些赌客来住宿和休息，我们有利可图。广东应当把港、澳副食供应包下来。可以在广东建核电站，吸收外资进行铁路建设。[2]

副总理姚依林在接见任、梁两人时说：广东困难不少。政治上，主要是干部思想不一致，有些干部工作不安心。经济上，燃料动力、交通运输和粮食问题很大，靠国家给予很大支援有困难，主要得靠自己解决。广东在经济上就受这三个问题的制约。所以，广东今后能发展多快，值得探讨，不要有盲目性。[3]

韦国清在接见任、梁两人时说：广东粮食不过关，人口多，土地少，生产不稳定。广州市供应紧张，物价昂贵。过去黄永胜提出不吃外省的东西，弄得很紧。汕头非常困难。海南岛很荒凉，树砍得多，水土流失严重。所以，光笼统讲优势，不具体分析不行。广东外汇多，如何用好是个问题。[4]

从这次对广东省领导班子的人事安排看，足见中央对广东工作和特区工作的高度重视。甚至可以说是：高看一眼，厚爱三分。任仲夷同志曾说："我和灵光同志到广东上任之前，中央那么多领导人接见我们，做了那么多的重要指示，这是我以前从来没有遇到过的，可见中央对广东改革开放工作先走一步和试办经济特区是多么重视和关心。我深感自己肩上的担子十分重。"[5]梁灵光同志也说："那时中央决定习仲勋和杨尚昆同志调回北京去，另有任用。让我们两个接替工作，那个时候刚好是广东改革

---

[1] 《先走一步真先走：任仲夷访谈录》，第 12 页。

[2] 任仲夷：《进一步解放思想，让广东先行一步》（1980 年 11 月 18 日在广东省市局以上干部会议上的讲话），载张岳琦、李次岩主编：《先行一步——改革开放篇》，第 1—15 页。

[3] 《进一步解放思想，让广东先行一步》，第 1—15 页。

[4] 同上。

[5] 《先走一步真先走：任仲夷访谈录》，第 12 页。

开放起步。”“临行前，叶剑英、邓小平、李先念、胡耀邦、万里、韦国清、姚依林、谷牧等中央领导同志先后接见我们，并作了具有指导意义的重要讲话。”[1]11 月 8 日，任仲夷、梁灵光抵达广州。

1980 年 11 月 15 日，中共广东省委在广州中山纪念堂举行干部大会，广州地区党政军和各方面负责人出席了会议。习仲勋同志在会上传达了中共中央 11 月 9 日的决定：习仲勋、杨尚昆同志调中央工作，免去他们担任广东省的党内外职务；任仲夷同志任中共广东省委第一书记，梁灵光同志任广东省委书记兼广州市委第一书记。[2]新任广东省委第一书记任仲夷向大会传达了邓小平、胡耀邦、叶剑英等中央领导人接见他们时对广东工作所作的最新谈话的内容，并作了讲话。任仲夷主要讲了三点：第一，我们必须按照中央领导同志的要求，切实加强党的团结，加强干部队伍的团结。他说：我们所有的同志，不管过去有过什么毛病，相互有过什么恩怨，只要现在拥护党中央的路线、方针、政策，并且努力工作，就是好同志。在这个大前提下，大家都应当捐弃前嫌，团结起来，同心同德进行社会主义现代化建设。第二，必须按照中央领导同志的要求把广东的经济进一步搞上去，把人民生活进一步搞好。他说：要把经济搞上去，必须发挥广东的优势。广东的优势不光是自然条件好，中央批准广东实行特殊政策和灵活措施，这本身就是一个优势。所谓特殊政策和灵活措施，表现在两个方面：一是中央授权广东独立自主地解决问题，增大了地方的权力；二是允许广东对外更加开放，要使广东成为国家对外联系的枢纽和橱窗。我们的思想必须适应实行特殊政策和灵活措施的新情况。中央给了我们这样大的权力，现在就看我们敢不敢用这个权力。我们应当大胆地使用它，并且学会善于使用它。总之，特殊政策要真特殊，灵活措施要真灵活，先走一步要真先走，不然还是空的。第三，必须按照中央领导同志的要求，切实改进作风，加强和改善党的领导。党委不能像过去那样包揽一切，管得那么细，那么死，而必须善于抓大事，善于调动各方面的积极因素。[3]1980 年 3 月，广东省五届人大三次会议召开，刘田夫正式接替习仲勋当选为广东省省长，增补梁湘、杨德元、刘俊杰为副省长。根据中央的安排，任仲夷主要抓省委工作，刘田夫主要抓省政府工作，梁灵光主要抓广州市的工作。由此，广东进入了一个由任仲夷主政

---

[1] 《先走一步真先走：任仲夷访谈录》，第 146—147 页。

[2] 《南方日报》1980 年 11 月 16 日。

[3] 《先走一步真先走：任仲夷访谈录》，第 12—14 页。

的时期。1981 年 6 月，在中共十一届六中全会上，习仲勋被增选为中央书记处书记。1982 年 9 月，在中共十二届一中全会上，习仲勋当选为中共中央政治局委员，中央书记处书记，负责中央书记处的日常工作。1981 年 7 月，杨尚昆出任中央军委秘书长，主持军委日常工作。1982 年 9 月，杨尚昆在十二届一中全会上出任中央军事委员会常务副主席兼秘书长。1988 年 4 月，杨尚昆在七届人大一次会议上当选为国家主席。

习仲勋主政广东不到三年的时间里，正是党的十一届三中全会召开前后的转折时期。习仲勋同志，没有辜负中共中央和邓小平、叶剑英等人的重托和厚望，也没有辜负广东人民的殷切希望，为广东改革开放事业作出了卓越贡献。广东省委负责编撰的《习仲勋主政广东》一书是这样评价习仲勋的："他坚决贯彻党的十一届三中全会精神，解放思想，敢想敢干敢闯，大胆实践，开拓创新，在领导广东拨乱反正、平反冤假错案，推进经济体制改革，落实各项政策，增强党和人民的团结，调动各方面的积极性，实现党的工作重点转移和广东改革开放先走一步，成功创办经济特区等方面，发挥了关键性的核心作用。"[1] 中共中央对习仲勋同志在广东的工作给予了高度评价：

> 他坚决支持"实践是检验真理的唯一标准"的讨论，拥护党中央关于解放思想、实事求是的思想路线，大刀阔斧地拨乱反正，全力平反冤假错案，妥善解决历史遗留问题。落实各项政策，增强了团结，稳定了局势。他团结省委"一班人"，坚决贯彻执行党中央关于把工作重点转移到经济建设上来的重大决策，率先向党中央提出充分利用国内外的有利形势，发挥广东的特点和人文地理优势，让广东在改革开放中先走一步的请求，得到了邓小平同志的赞同。1979 年 7 月，党中央、国务院正式批准广东在改革开放中实行特殊政策、灵活措施和创办经济特区，为广东的改革开放奠定了基础，使广东成为中国改革开放的窗口、综合改革的试验区和排头兵，为国家实行对外开放政策提供了宝贵经验。习仲勋同志在这个历史进程中，表现出了解放思想、实事求是、开拓创新的革命胆略，为广东的改革开放事业和经济特区建设作出了重大贡献。[2]

任仲夷、梁灵光到任后，高度重视特区建设。1980 年 11 月 23 日至 24 日，任仲

---

[1] 《习仲勋主政广东》，第 313 页。
[2] 《习仲勋同志生平》，载《人民日报》2002 年 5 月 31 日。

夷、梁灵光就驱车前往深圳、珠海特区考察。任仲夷在珠海时指出：如何把特区搞好，中央已经讲得很清楚了，大政方针、指导思想都有啦，权也给啦，现在就看我们如何运用这些权，敢不敢用这些权、会不会用这些权。[1]12 月 8 日至 10 日，任仲夷、吴南生又陪同国务院副总理谷牧到深圳、珠海考察。经过深入调查和认真考察，任仲夷、梁灵光认为，要认真搞好特区，为广东、也为全国作出示范，特区的步伐要加快，应当大干一场。但是，他们很快就发现深圳市委领导班子不够团结和协调，与邓小平提出"杀出一条血路来"的要求和中央对广东在对外开放中先走一步的急切期望尚有差距。回溯历史，当年深圳市委内部存在的分歧主要表现在两个方面：一是"罗湖风波"造成了市委内部的严重分歧。二是在经济特区管理体制上存在分歧。按照中央和广东省的安排，深圳经济特区由广东省经济特区管理委员会直接经营，广东省经济特区管理委员会常驻深圳市。1980 年 6 月，广东省委书记、广东省经济特区管理委员会主任吴南生兼任中共深圳市委第一书记，原市委第一书记张勋甫改任常务书记，秦文俊、黄施民、方苞、罗昌仁、贾华任市委书记，丁励松任秘书长。吴南生当时提出，深圳市委、市政府不管特区，由省经济特区管理委员会来管，市委、市政府迁出特区，并派人去布吉选点新建市委、市政府办公楼和宿舍。原市委、市政府的办公楼和宿舍留给广东省经济特区管理委员会用。这样，引起了深圳市委内部的强烈反应，不少领导干部表示反对。有领导提出，省经济特区管理委员会是省人民政府的一个机构，代表省政府对特区实行统一领导。深圳市委是一级党委，深圳特区必须在市委统一领导下进行工作。[2] 这些重大分歧，严重影响到深圳市委主要领导之间的团结，影响到市委班子的战斗力。对此，任仲夷说："我长期在省、市地方第一线工作，深知精兵强将的作用。我觉得，开发国内前所未有的经济特区，必须有一批脚踏实地、真抓实干的'开荒牛'才能打开局面。"[3] 梁灵光也说："我和任仲夷刚到广东履新一个星期后，就一起到深圳考察，特区起步之初面临的困难之大，让我们俩颇为吃惊，最让我们揪心的还在于特区的领导班子不够协调团结。"[4] 对此谷牧后来在广州也曾谈

---

[1] 张岳琦、李次岩主编：《先行一步：改革开放篇》，第 183 页。

[2] 《市委常委会纪要》（1980 年 10 月），载陈宏：《1979—2000 深圳重大决策和事件民间观察》，长江文艺出版社 2006 年版，第 57—58 页。

[3] 《先走一步真先走：任仲夷访谈录》，第 15 页。

[4] 《以改革推动对外开放，以开放促进体制改革——梁灵光访谈录》，中共广东省委党史研究室编：《广东改革开放决策者访谈录》，第 165 页。

到，他说："珠海那个班子不错，生龙活虎，满有生气。深圳这个班子做了不少工作，考虑事情有个路子了。但干部的团结问题不解决不行，影响工作太大。"[1] 任仲夷、梁灵光与刘田夫、吴南生等人商量，认为靠深圳原来班子打不开局面，更别说领导大家"杀出一条血路来"，决定马上对深圳市领导班子进行调整。任仲夷等认为，吴南生同志在兼任深圳市委第一书记、市长期间，为深圳特区制订了发展蓝图，打下了基础，但他是省委书记，应调他回省委，让他加强对广东三个特区的指导工作。任仲夷等经过反复挑选，认为调广州市委第二书记梁湘出任深圳市委第一书记兼市长最为合适。梁湘是军人出身，新中国成立之前即随叶剑英南下接管广州。他不仅是一位具有开拓精神的实干家，还十分熟悉城市管理和经济工作，更重要的是他身上充满着一种改革的激情和干事的热情。当时，梁湘刚从中央党校学习回来。新中国成立后梁湘一直都在广州工作，不想离开广州。他明确表示不去深圳，愿意继续留任广州。不过任仲夷并没有放弃，经过任仲夷等人反复做工作，希望他去深圳，并表示省委会全力支持他的工作。梁湘最后同意到深圳市去工作。他提出要从广州等地派些骨干。任仲夷、刘田夫、梁灵光几位主要领导全力支持他。1981 年 2 月 20 日，中共广东省委任命梁湘为中共深圳市委第一书记。1981 年 10 月，中共广东省委文件通知，深圳市委常委由梁湘、周鼎、周溪舞、方苞、罗昌仁、刘波、林江 7 人组成。其中，市委书记梁湘兼任市长，市委副书记周鼎兼任副市长，周溪舞和罗昌仁任副市长。1981 年 11 月，中共广东省委任命梁湘为深圳市市长。同时，中共广东省委先后从茂名、佛山、广州等地，把周鼎（之前任茂名市委副书记）、周溪舞（之前任佛山地委副书记、地区行署副专员）、邹尔康（之前任广州市荔湾区委书记）、甄锡培（之前任广州市越秀区区长）等调入深圳任职，使深圳市委、市政府领导班子得到加强。而此时的梁湘，已经是 62 岁的老人了。

同时，中共广东省委又再次明确：有关经济特区的重大决策和重要人员的调动由省委第一书记任仲夷把关，其他事项继续由刘田夫、王全国、吴南生组成的三人小组处理。

---

[1]《谷牧同志在广东省委常委会议上的讲话》（1980 年 12 月 12 日），参见中共广东省委办公厅编：《中央对广东工作的指示汇编（1979—1982 年）》，第 121 页。

项南受命主政福建

福建是中央确定的改革开放的两个先行省份之一，实行特殊政策、灵活措施。可十一届三中全会开过两年了，“左”的势力在福建却依然是根深蒂固，各项工作徘徊不前。中央认为，福建省委并没有把中央给予的特殊政策用足用活，行动明显落后于广东，步子迈得太慢。这主要表现在：一是1978年的真理标准问题讨论没有在全省范围内展开；二是在落实农业生产责任制方面，省委不搞包产到户；三是清查冤假错案工作出现“闽中地下党案件”的错误。四是在实行特殊政策、灵活措施和试办特区方面动作缓慢。这些与中央关于广东、福建先走一步和试办特区的设想和初衷差距甚大，更遑论什么“先行一步”了。福建广大干部群众普遍存在不满情绪，一些闽籍爱国华侨还给中央写信，呼吁派出得力干部到福建主事。曾担任过厦门市长的邹尔均曾说：“改革并非一帆风顺。厦门特区虽然仅2.5平方公里，但创办初期相互扯皮，以致1979年立的项耽搁了两年多时间还没有起步。”[1]火车跑得快，全靠车头带。福建的班子建设问题摆上了中央的议事日程。

在调整完广东省的领导班子后，中央马上开始着手调整福建省的领导班子。中央对广东省委主要领导进行调整，原因是当时广东省的两位主要领导习仲勋、杨尚昆要上调中央工作。而福建的情况则完全不同，主要是由于福建省委主要负责人工作不力。中央经过反复调查研究，决定对福建省委班子按照下列方式进行调整：一是鉴于福建情况的特殊性，安排一个过渡期，即省委第一书记廖志高暂时不动，增派一位省委常务书记，主持日常工作。二是新任常务书记由文职官员担任，此人应是坚定执行中央改革开放政策，既熟悉经济工作，又有开拓创新精神的干部。三是考虑到此时福建省的党政主要领导均不是福建人，当地干部群众对这种安排反映强烈，海外华侨也有怨言，新任的省委常务书记最好是福建籍的。中央之所以这样考虑，主要原因是，福建省现任主要干部中，大多数人是解放时的南下干部，他们与福建地方干部多年的关系始终未能协调。福建省华侨遍及海外，他们想回乡投资，也希望有熟悉经济的福建人担任省里的领导。

1980年10月间，胡耀邦主持召开中央书记处会议，其中一项重要议题是讨论担任福建省委常务书记的人选问题。在会上，福建籍的中央书记处书记、副总理方毅

---

[1] 《改革是特区的魂——访厦门市原市长邹尔均》，载《中国城市经济》2008年第3期。

提议说："我看有一个人去比较好，项南同志，他去比较合适，符合这几个条件。"[1]另一位福建籍中央书记处书记彭冲也表示赞同，他说："项南是红小鬼出身，我看他去合适。"[2]项南是福建省闽西连城县人，父亲是福建省党组织创始人之一的项兴年。新中国成立后，项南担任过安徽共青团省委书记、华东团工委副书记，1957 年调任团中央书记处书记，成为胡耀邦同志的助手。1961 年，调任八机部办公厅副主任，后任农机局局长。20 世纪 50 年代被划为"右派"，下放到农村劳动。"文革"期间再度受到关押和批斗。1970 年，项南恢复工作，历任一机部农机局局长，一机部党的核心小组成员、副部长。1979 年，出任农机部副部长、党组副书记。"文革"结束后，项南先后率团到美国、欧洲和澳大利亚考察先进国家的农牧业技术与管理经验，回国后如实向中央领导汇报了发达国家的真实情况。他向华国锋同志汇报说："欧美发达国家的三大差别比我们小。有些经验值得借鉴。"他从东西方对比中，加深了对社会主义的反思，他得出了"我们从观点到体制都必须改革"的结论。万里、余秋里、王任重等都曾分管过农委口，对项南也很熟悉，支持他去福建工作。最后，会议决定由项南担任福建省委常务书记，主持福建工作。会后，中央书记处和胡耀邦同志向政治局常委做了汇报，邓小平、李先念等常委明确表态同意调项南同志到福建工作。

1980 年 11 月 1 日，中央书记处书记万里代表党中央找项南谈话。万里说："福建南下干部很多，做了大量工作。但是福建是侨乡，现在的省委书记和省长都不是福建人，当地干部群众有反映，一些海外华侨感到遗憾。根据目前的实际情况，中央考虑派你去福建工作。不知你的意见如何？"[3]项南回答说："我没有意见，服从中央安排。"但他又接着说："我虽然是福建人，但是离开福建多年，对福建的情况不太熟悉。"万里说："这没有关系，多调查研究，多听取各方面的意见就是了。""搞好福建的工作，关键是要解放思想，勇于开拓新局面。有错误，我们担。"[4]11 月 2 日，中央书记处书记彭冲同志又与项南同志交代去福建工作的一些问题。12 月 9 日　中共中央决定项南任福建省委委员、常委、常务书记。12 月 11 日，中组部部长宋任穷同志正式找项南谈话，他谈了中央的决定后，对福建的工作提出了三点意见：一是要处理好南下干部和本地干部的关系，但不能急，慢慢来。关键是提拔当地优秀年轻

---

[1]　陈冠任：《共和国高端记事——17 个省、自治区和直辖市改革启动纪实》，中共党史出版社 2009 年版，第 246 页。

[2]　同上。

[3]　同上，第 247 页。

[4]　同上。

干部。北方干部在当地已经生儿育女，调回来困难多，宜就地安排。二是首先要抓农村，2400多万人安定下来，才能谈其他建设。这里主要是把政策放宽，闽西北、闽西应当允许包产到户。三是林木使用权要确定下来，要划分一部分给个人种和砍伐。同日，中组部正式通知农机部：任命项南为中共福建省委委员、常委、常务书记；免去其农机部副部长、党组副书记的职务。12月16日，项南列席中央工作会议。

1980年12月18日，中共中央总书记胡耀邦同志在中南海怀仁堂召见项南，中组部部长宋任穷同志和副部长陈野苹同志陪同。宋任穷说："中央已经决定，派你到福建去工作。今天耀邦同志约你来谈去福建工作应该注意的问题。"胡耀邦说："先听听项南同志的想法。"项南说："到福建工作我没意见。""万里同志跟我谈工作的时候，说需要派熟悉福建情况的同志去当地工作。我是福建人，但是很小就离开家乡了，新中国成立后也没有在福建工作过，不会讲福建话，对福建情况也缺乏了解……"胡耀邦说："那更好呀，这样更超脱嘛。"宋任穷接话说："调你去福建工作，是中央经过慎重考虑后决定的。"胡耀邦接着说："福建是中央批准的实行特殊政策、灵活措施的省份之一，工作非常重要。但是我现在看来，福建的工作还比较落后，改革开放的步子比较迟缓，与中央的要求有差距，与先行一步的省份也不相称。希望你到福建以后，能坚决执行党的十一届三中全会提出的路线、方针和政策，把各项工作抓上去，争取让福建在不远的将来有较快的发展。为官一任，要弄清省情。要多做调查研究，对福建省的情况有个清醒的认识，抓住特点和优势做文章。""福建从明清以来，就是一个缺粮的省份，土地少，人口多，山区多，海岸线辽阔，因此决不能放松粮食生产，同时必须狠抓多种经营。"胡耀邦对项南强调，此去福建一定要注意三个问题：一是生产责任制在福建怎么落实，可能会遇到什么阻力，要采取什么措施；二是福建干部的团结问题，怎样做到外来干部与本地干部合作共事，不再出现这样那样的问题，使福建较快地出现一个安定团结的局面；三是福建的经济如何起飞，要采取哪些重大决策和措施。他嘱咐项南："要紧紧依靠福建的干部群众，认真解决好这几个问题，处理好福建的历史遗留问题，勇于开创新局面。"[1]12月19日，项南把谈话内容报告了福建省省长马兴元。根据项南后来回忆："1980年的冬天，中央领导同志把我找到中南海，说福建省是一个侨乡，有几百万华侨在海外，但是福建省的省委书记，福建省的省长，没有一个是福建人，华侨感到很遗憾。所以中央考虑，要找一个福建

[1] 陈冠任：《共和国高端记事——17个省、自治区和直辖市改革启动纪实》，第248—249页。

籍的同志，会讲福建话的，了解福建情况的人，到福建去主持工作。”[1]

1981 年 1 月 12 日，项南乘坐特快列车离开北京，南下福建赴任。14 日到达福州。1 月 15 日，福建省委召开干部会议，会上廖志高介绍了项南与大家见面。此时，福建省委书记，除第一书记廖志高以外，还有马兴元、金昭典、伍洪祥、李正亭、郭超、许亚，加上常务书记项南，共 8 人。根据中央安排，廖志高离开福建到上海休养，由项南主持福建省委工作。1 月 20 日，项南出席福建省党代会，并作了题为《谈解放思想》的报告。项南说：中央决定给福建更多一点自主权，可以执行特殊政策、灵活措施，可以更多地利用外资，发展外贸，使福建的经济能力比邻省发展得活一点、快一点。如果我们不纠正“左”的错误，思想还不如邻省解放，放宽政策还不如邻省坚决，各种措施还不如邻省灵活，甚至中央文件规定了的东西，还在那里评头论足，不敢执行，那我们能把经济搞活，把福建省建设好吗？为此，我建议经常问一问自己：特殊政策，特殊在哪里？灵活措施，灵活在哪里？各地区、各部门、各单位都应当好好想一想这个问题。他指出，要坚定不移地贯彻落实党的十一届三中全会的路线，尤其是把端正党的思想路线和组织路线作为首要任务，从思想上、组织上保证改革开放政策在福建的贯彻落实。[2]1981 年 3 月 11 日，项南在福建省直机关干部会议上作了题为《厦门特区非搞不可》的讲话，呼吁全省上下支持厦门特区的工作。

由此，项南开始了由他主政福建五年的不平凡岁月。1982 年 2 月 3 日，中共中央决定免去廖志高福建省委第一书记职务，调任中共中央组织部顾问，任命项南为中共福建省委第一书记。为了进一步充实福建省委的工作，中央于 1982 年 7 月又调江苏省常务书记胡宏任福建省委常务书记。1980 年底至 1986 年初，项南主政福建期间，大力推进改革开放政策，坚定落实农村联产承包责任制；积极引进外资，改变福建基础设施落后的面貌；他敢于向中央要权，支持厦门特区的探索。1984 年春，邓小平视察厦门特区时，项南大胆向小平进言：将厦门经济特区从原来的 2.5 平方公里扩大到厦门全岛，并提出将厦门建成“自由港”。这些建议在中央国发 [1985]85 号文件中基本上被采纳。1986 年初，项南在“晋江假药案”风波中离任返回北京。

---

[1] 《南方都市报》2008 年 7 月 21 日。

[2] 项南：《谈解放思想——在省党代表大会上的讲话》（1981 年 1 月 20 日），参见中共福建省委宣传部、福建省档案局编：《福建省改革开放三十年重要文献选编》（上），福建人民出版社 2008 年版。

谷牧要任仲夷亲自抓特区

1980年12月8日至10日，国务院副总理谷牧、国家进出口管理委员会副主任江泽民等一行13人，在广东省委第一书记任仲夷、省委书记吴南生陪同下，视察深圳经济特区，深圳市委对工作作了汇报，其中“罗湖风波”是汇报的重点问题之一。这已是谷牧第三次视察深圳，也是该年谷牧第二次到深圳视察。在深圳，谷牧等还分别找了海关、边防部队、边检、对外经济和城市建设设计部门的干部座谈，还找了三个区委书记座谈。

12月10日，谷牧一行到达珠海，先听取了珠海市委关于特区的汇报，并对特区工作作了指示。谷牧说：你们谈的许多问题，有的是北京的事，但大部分是省里的事，要由省来解决。中央与你们有关系的，无非是海关、邮电、银行等几个部门的问题，我们回北京帮助你们解决，由江泽民同志抓一下。大量的是省的问题，我们也帮你们促一下，同省的领导谈一谈。我准备建议省委最近安排你们两个特区的同志到省里开个会，全面讨论一下特区建设的问题，然后订出几条，让大家有个统一的认识。两个特区建设刚刚开始的时候，省里应在财力、物力上给予支持，我看比较现实的办法是在政策上开明一些，放手让他们去干，要钱、要物没有，要政策明确几条。现在世界上几乎所有特区都是由国家直接管起来的。我们国家太大，特区主要靠省里管。我建议省里至少一个季度要开一次会来研究特区的问题，无非是统一认识，确定哪些问题应该解决怎么解决。两个特区怎么搞，要有统一认识。基础工程建设，靠上面给钱有困难，但可以给点权，由你们同外商打交道，利用外资来搞，翻筋斗。我在深圳没有谈，今天在这里谈一下。第一，现在给你们的权给得不够，包括北京有关部门，对你们的支持也不够，你们要权、要支持有道理。第二，给你们权，给你们更加特殊的政策和更加灵活的措施以后，你们也要尊重上级，尊重各个部门领导的意见。如果把同上面的关系弄得很紧张，对你们也不一定好。特区不仅要尊重有关部门的意见，还要同相邻的县把关系搞好。[1]

12月12日，谷牧、江泽民出席在广州召开的中共广东省委常委会会议。上午谷

---

[1] 《谷牧同志在珠海视察时的讲话》（1980年12月10日），参见中共广东省委办公厅编：《中央对广东工作的指示汇编（1979—1982年）》，第113—116页。深圳市史志办公室编：《深圳市大事记》（1979—2000年），海天出版社2001年版，第18页。

牧副总理首先谈了对深圳、珠海两个特区的观感。他说：深圳半年多没去，珠海一年多没去。这次去，两个地方的工作有很大进展，有些情况，我看后感到满意。深圳城市规划搞得不错。搞特区，第一步必须有个好规划，否则就乱了。从建设进度看，珠海发展得蛮快。珠海很漂亮，以后能成为一个很好的旅游城市。深圳西沥水库旅游区，搞了一些小帐篷，香港的人来住一个晚上，很高兴。看来，这几个点空气好，风景好，很有吸引力。我和王全国同志到过欧洲，他们的风景名胜还没有我们好，一片草地，晒晒太阳，也成了个旅游点。资本主义世界，拥挤得不得了。这次看了，感到深圳、珠海完全可以先走一步。三个点，现在是两种不同的做法。蛇口是招商局投资，组织力量，统一开发。基本上是由官方贷款，独家经营。深圳其他地区和珠海主要是合资经营的办法。根据港澳条件，我看用合资办法这个路子好。因为国家没有多少钱，用我们银行的贷款来开发很慢。我们就是出地皮、出劳力，他们出钱。这可能是个正确的办法。全世界搞特区，最难的是开始阶段。要搞“三通一平”。你条件不具备，三年内都无人来。这是总的观感。归纳起来，上下干部对广东实行特殊政策、灵活措施，搞好特区的信心颇大，有个路数了。这证明中央下的决心是对的，应当坚定不移地贯彻下去。在这样两个没有工业基础的地区，搞这个事不容易。现在存在的问题：一是立法问题。立法问题工作量很大，要放手让下面搞，大量的事由省里定，只有少量的、要以国家名义立法的报国家定。二是特区大规模的建设工程很快就要展开，既要有城市规划，也要有一支建筑队伍，要有一支主力部队，设计能力、技术水平，都是一流的。深圳应该有在全国是第一流的基建队伍。[1]

谷牧继续说：特区是特殊中的特殊，还要“特”起来。特区建设，对整个国家的经济建设，体制改革，怎么把经济搞活，会提供和积累好经验，一定要下决心搞好。要通过特区把资本主义的东西摸清楚，看哪些对我们是有用的。广东有几块特区，别的省都很羡慕。省里各部门应该支持特区。给政策，给权，使他们能放手工作，不要事事通过这里通过那里。这方面的支持非给不可，否则还叫什么特区？有些事情特区自己就可以解决，要给这个权。[2] 谷牧说到做到，在珠海答应的事情立即

[1] 《谷牧同志在广东省委常委会议上的讲话》（1980 年 12 月 12 日），参见中共广东省委办公厅编：《中央对广东工作的指示汇编（1979—1982 年）》，第 119—122 页。

[2] 同上。

就兑现，帮两个特区向省里要权。谷牧接着说：我有个意见，要明确政策，放手支持，给权。要允许他们犯错误，打屁股也不能随便打，犯了错误总结经验嘛。办特区，从建党以来没有这个经验，要让大家去闯。最大的错误是不敢动，不敢闯！建议省委最近开个会，以后一个季度开一次特区会议，了解情况，再提出若干条，统一各部门的思想，给予大力支持。[1] 从这里，即使从今天的角度看，谷牧同志的思想都是非常解放的。同时谷牧同志具有高超的领导艺术。经济特区之所以能够发展到今天这样，并且涌现出一批影响全国的改革家，跟这位思想解放、作风务实、艺术高超的指挥者是分不开的。

最后，谷牧说：那天我捡了仲夷同志的一句话，在深圳大讲了一通。仲夷同志说：要想特区搞好，就要反对三个“特”：反对特权，反对特殊化，反对特殊党员。你们这个地方天天同资本家打交道，不要特区建设还没有头绪，你自己家里就先“化”、先“特”起来。这不行，搞不好会有一批干部垮掉。战斗堡垒首先从市委开始，领导干部要言教、身教，自己带好头，绝不能开口子。开了一个小口子，以后就是一个洞。[2]

12 月 12 日下午，谷牧在听取了广东省委书记、副省长王全国关于广东省 1980 年国民经济计划执行情况的汇报后，又作了讲话。他说：广东办特区是在全国提出基建项目要退够前一年多提出来的，不能刚开了个头就收回去。中央 50 号、41 号文件不变，坚决执行。刘田夫说：还有中央书记处会议纪要。谷牧接着说，就是这个精神，中央书记处会议纪要也不变。任仲夷说：这几条没有了，就没有特殊政策、灵活措施，没有特区。接着，任仲夷同志汇报了特区建设情况。他说，建设特区不单是为了国家挣几个外汇，更重要的是取得先走一步建设特区的经验，取得改革体制，搞好经济工作，实行计划调节与市场调节相结合，以及党应如何领导经济工作等一系列的经验。深圳、珠海要搞特区，没有比特殊政策和灵活措施更特殊一些的政策是搞不起来的。省对特区要放宽政策，给特区更大的权力；同时把特区工作摆到重要的议事日程上。当任仲夷谈到要按照谷牧提出的要求，进一步加强对特区工作的领导时，谷牧幽默地打了个比方：“加强对特区工作的领导，除你讲的外，很重要的一条，就是要讲建设特区的重要性、重大意义。你们是‘独立王国’、‘半独立王国’，你就是‘国

[1] 《谷牧同志在广东省委常委会议上的讲话》（1980 年 12 月 12 日），第 123—124 页。
[2] 同上，第 124—125 页。

王'。从世界各国的情况看，凡是搞特区的地方，都是那里的总统、国王或总理亲自抓。我看要动员各部门重视特区建设，定期研究，其中最重要的一条，就是你这个'国王'、'总统'要亲自抓。"[1] 任仲夷当即表示，一定按谷牧副总理提出的要求，亲自抓特区工作。

特区建设遭遇"调整"期

正当以任仲夷、项南挂帅的粤闽两省领导班子分别准备带领两省人民甩开膀子大步走的时候，两省实行特殊政策、灵活措施和试办特区工作却遭遇新情况。一方面，随着特区建设逐步展开和外资的不断进入，不少人对特区开始怀疑起来，甚至出现了不少非议和责难。虽然有中央的文件，但并没有消除党内的不同意见。按照传统的观念，社会主义应当是以公有制为主体，实行计划经济。然而，经济特区却是以吸引外资为主，实行市场调节。由此产生了一个观念上的难题："经济特区究竟姓'社'还是姓'资'？"有人说："特区是搞香港化，搞资本主义。"也有人说："特区不就是过去的租界吗？"更有人说："特区除了国旗是红色的外，已经没有社会主义的味道了。"另一方面，中央决定对国民经济进行重大调整，压缩基建战线，将许多建设项目下马，对部分企业实行关停并转，并且要求"退够"。这时有人提出要收回原给广东、福建的部分特殊政策。早在1979年4月中央召开的工作会议上，李先念同志作《关于国民经济调整问题》的讲话，会议针对国民经济比例严重失调的情况，决定从1979年起，用3年时间对国民经济实行"调整、改革、整顿、提高"。1979年6月，全国五届人大第二次会议正式通过了八字方针，并把落实这一方针，作为打好四个现代化建设的第一战役来对待。1979年9月18日，陈云出席国务院财经委员会会议，他针对当时有人对调整方针抱有怀疑这一问题时说：经济调整是必要的，并不是多此一举，基本建设投资必须是没有赤字的。1979年10月，李先念在各省、市、自治区党委第一书记座谈会上代表中共中央政治局常委再次强调：明后两年的经济工作，调整是关键。大中型基本建设项目该减则减，不要再犹豫。另一方面，认真做好停建、缓建项目的善后工作。

1980年12月16日至25日，中共中央在北京召开工作会议，中心议题是讨论经

---

[1] 《谷牧同志在广东省委常委会议上的讲话》(1980年12月12日)，第126—127页。

济形势和国民经济的调整工作，涉及广东办特区的问题。16日，在开幕式上，陈云以《经济形势和经验教训》为题作了讲话，发表了“十四条意见”。陈云说：在自力更生为主的条件下，借一些不吃亏的外债，引进有利的技术，是必要的。但对外国资本家在欢迎之中要警惕。利用外资和引进外资和引进技术，这是我们当前的一项重要政策措施，不过要头脑清醒。调整意味着某些方面的后退，而且要退够。不要害怕这个清醒的健康的调整。我们要改革，但是步子要稳。因为我们的改革，问题复杂，不能要求过急。开始时步子要小，缓慢而行。[1] 从其讲话中可以看出，陈云虽然也认为经济体制改革的必要性和打破闭关自守政策的正确性，但是要服从调整的需要。李先念在闭幕式上也作了讲话。陈云 、李先念的讲话，都没有涉及广东、福建两省执行调整方针可不可以“特殊”的问题。

会议期间，陈云同志在会上，读了一封由4个青年人写给中央领导的关于经济调整的来信，信中提出了所谓“缓改革，抑需求，重调整，舍发展”的12字方针，这份材料是由邓力群主持的中央书记处研究室印发的。后来据考证，这四位青年人是翁永曦、黄江南、王岐山、朱嘉明，他们因提出“抑需求，稳物价；舍发展，求安定；缓改革，重调整；大集中，小分散”24字方针而备受陈云同志的赞赏。[2] 这12字方针与中央原来所确定的“调整、改革、整顿、提高”的十二字方针有很大的出入。广东省委第一书记任仲夷同志在会上发言说：信的出发点是好的，但药方下得不对。什么叫“缓改革”？正是由于过去思想保守，不肯和不敢进行改革，改革的步子太慢，才在经济上出现了许多问题。“抑需求”？社会的需求、人民群众对物质、文化需求的不断增长是必然的和正常的，只能逐步地积极地去解决，逐步地去满足，特别在当时情况下，不应当再强调抑制群众的需求。调整是必要的，但“舍发展”就不对了。中央对广东实行特殊政策、灵活措施，办特区，就是希望广东先走一步，发展得快一点。如果按照“十二字方针”办，特别是要“缓改革”、“舍发展”，广东怎么能先行一步呢？我认为至少在广东，改革不能缓，发展不能舍，而是改革要坚持，发展要加快。不搞改革，舍掉发展，一切都谈不上，也是与小平同志的指示相违背的，与中央原来给广东的指示精神相违背的。[3]

---

[1] 《陈云文选》第3卷，第276—282页。

[2] 陈子明：《关于八十年代——文化思想派别等的通信——陈子明致徐友渔》，载《领导者》2009年第28期。

[3] 《先走一步真先走：任仲夷访谈录》，第23页。

在中南组讨论会上，广东省委第一书记任仲夷针对特区“香港化”、“特区就是租界”之说为特区作了辩护。他说：我们之所以办特区，完全是为了我们自己的利益。而不是为了外国人的利益。进行一些自愿互利的经济合作，是以不损害我们的主权为前提条件的。为了我国的利益，才给了与我们进行合作的那些人一定的利益。主权完全在我们手里，那里的财政、警察、军队都是我们的，执行我国的法律。这有什么危险呢？没有什么危险！办特区，确实给我们带来好处。以与香港一街之隔的沙头角公社为例，全公社当时人口 1300 人。新中国建立以来往香港外流的 2600 多人，等于两个沙头角。前几年每年外流 120 多人。从 1979 年开始，外流大大减少，到了 1980 年不仅没有人走，以前去香港的人还有些要回来。[1] 任仲夷以事实告诉与会同志，完全应当解除顾虑和担心。[2]

12 月 25 日，在会议闭幕式上，邓小平发表了题为《贯彻调整方针，保证安定团结》的重要讲话。在谈到改革开放问题时，邓小平指出：“这次调整，是不是要改变三中全会以来的方针、政策呢？绝不是。”“为了保证这次调整的顺利进行，我们必须坚定不移地继续执行三中全会以来的一切行之有效的方针、政策、措施。”[3]“要继续在独立自主、自力更生的前提下，执行一系列已定的对外开放的经济政策，并总结经验，加以改进。”在谈到经济特区建设的问题时，他明确表示：“在广东、福建两省设置几个特区的决定，要继续实行下去。但步骤和办法要服从调整，步子可以走慢一点。”[4] 邓小平的意思很明确，调整要搞，而且要到位，但是要为改革开放和发展经济服务。也就是说，党的十一届三中全会以来所确定的方针、政策不能改变，中央关于广东、福建两省实行特殊政策、灵活措施和试办特区的政策不能改变。这对于刚刚起步和处于非议之中的经济特区来说，无疑是一个巨大的支持。

1980 年 12 月 24 日下午，在中央工作会议期间，中共中央总书记胡耀邦主持召集广东、福建省委负责同志，就广东、福建两省实行特殊政策、灵活措施问题进行了座谈。万里、姚依林、谷牧、杨尚昆、任仲夷、项南、马兴元同志出席了会议。会议听取了任仲夷、杨尚昆、马兴元同志的工作汇报，进一步明确了经济特区发展的方向、性质和政策。1981 年 1 月 21 日，中共中央办公厅以中办发 [1985]5 号文转发了这次

---

[1] 《先走一步真先走：任仲夷访谈录》，第 18 页。

[2] 同上。

[3] 《邓小平文选》第 2 卷，第 357—358 页。

[4] 同上，第 363 页。

座谈会的纪要。会议指出，一年多来，广东、福建两省实行特殊政策、灵活措施，已经深入人心，并已初见成效。实践证明：中央给予在广东、福建实行特殊政策、灵活措施的决策是正确的，以后要继续贯彻执行中央[1979]50号、[1980]41号文件和中央书记处会议纪要第50号文件的精神，把广东、福建的特区搞得更好。纪要还指出：现在是调整时期，中央拿不出很多钱来支援广东、福建，而且还要广东、福建对国家多作点贡献。因此，广东、福建两省实行特殊政策、灵活措施的步子要稍慢一点。以后在前进过程中，也可能因为出点什么问题要收缩一下，调整一下，但是，中央在广东、福建实行特殊政策、灵活措施的方针是不动摇的。会议指出，把广东、福建的特区工作搞好，真正把中央决定的特殊政策和灵活措施执行好，既要把经济搞活，又能坚持四项基本原则，抵制资产阶级腐朽思想和西方资本主义社会风气的侵蚀，关键在于坚持党的领导。我们搞的是经济特区，不是政治特区。会议还确定了几项具体政策：（1）广东、福建要千方百计充分利用外资。有些企业、事业的建设，可以全部利用外资，我们出地皮，出劳力。（2）要及时提醒中央各有关部门，把贯彻执行中央有关广东、福建实行特殊政策、灵活措施的政策，真正当作自己的职责来办，对广东、福建的特区多加关照，多加支持。（3）水产公司要搞渔贸统一，既是捕捞公司，又是贸易公司。（4）坚决打击走私活动。（5）坚决简化各种审批手续，有的审批权可以下放到省。[1]。

1981年1月9日至17日，中共广东省代表会议在广州举行。1月16日，任仲夷在会上作了题为《经济要调整，政治要安定》的总结讲话。他指出，特区建设要在搞好规划的基础上抓紧进行。许多改革问题，要深入研究，抓紧解决。涉及主要问题的，要立法。单有改革而无具体的法令、条例作保证，侨商和外商来投资时不放心。[2]

1981年1月24日，中共中央党校范若愚、阮明等学者考察了深圳特区。2月2日，他们向中共中央总书记胡耀邦呈交了《广东深圳的特区建设问题》的报告，报告认为深圳文化、教育、科学、宣传阵地十分薄弱，建议在抓特区经济建设的同时，认真抓好特区的思想文化建设，如建电台、电视台、创办报纸、建立高等院校、设置科学院特区分院，加强文艺团体，加强党校建设等。胡耀邦在报告上批示"要积极去办"。据此，深圳市政府后来决定兴建科学馆、博物馆、电视台、图书馆、大剧院、深圳大

[1] 中共中央办公厅转发《广东、福建实行特殊政策、灵活措施座谈会纪要》（1981年1月21日），参见中共广东省委办公厅编：《中央对广东工作的指示汇编（1979—1982年）》，第128—131页。

[2] 任仲夷：《经济要调整，政治要安定——在中共广东省代表会议上的讲话》（1981年1月16日），参见广东省档案馆编：《广东改革开放三十年重要档案文献》（1），第122页。

学、体育中心、新闻中心等 8 大文化设施。

1981 年 4 月 11 日至 16 日，中央书记处书记、国务院副总理万里到广东视察工作。4 月 11 日，万里同志在广州听取了广东省委对经济工作的汇报，并发表了讲话。广东省委任仲夷、刘田夫、梁灵光、王全国、李建安、曾定石等负责同志参加汇报。刘田夫说，建议中央考虑对两省实行特殊政策、灵活措施的问题，还要向各部反复讲清楚，在作出重大措施前，同两省多商量，听取意见，再作规定。万里说：有些部门只会一刀切，没有变通灵活、从实际出发的本事。……调整期间，改革还要搞，调整放慢步子，若把生产搞死，就不好了。[1]4 月 14 日，万里副总理在任仲夷陪同下视察深圳特区，听取了吴南生、梁湘的工作汇报。当汇报到城市总体规划时，万里说，建设一个新城市，首先要把总体规划搞好，总体规划批准了，就是法律。不准乱盖房子。基建要按程序办事，先地下，后地上，先把道路系统定下来，然后就定地下管线。新加坡建设得很漂亮，深圳应当搞得更漂亮一些，要建设一个真正现代化的、科学性的新城市。当汇报到罗湖小区土地使用费达到 5000 万港币一平方公里时，万里说，资本主义国家就是靠搞房地产发大财，实际上是级差地租，可以大搞。当汇报到特区政策要放宽，做到“真特殊、真灵活、真先走”，就可以不要中央投资，建设起一个新城市时，万里说：你们要当好“皮包公司”，靠“两皮”，地皮加嘴皮。任仲夷补充说：还要加一“皮”，自己内部不要扯皮。最后，万里说：办特区，允许你们创新，允许你们犯错误。办特区的目的，就是要用特殊的政策、特殊的方法，促进经济的发展。凡是阻碍经济发展的东西，都要改革。[2] 万里同志 1981 年的这个讲话，今天看来都不过时，仍然具有指导意义。

1981 年 5 月 18 日，中共广东省委第一书记任仲夷主持召开省委常委会，专门研究特区和对外经济问题。任仲夷在会上专门就特区问题发表讲话。他讲了五点意见：(一) 需要进一步宣传办经济特区的重要意义。办特区是实施 50 号文件的一项重要内容。中央把它作为全党的任务。那么，对于我省来说，更是重要任务，我省各部门更要给予极大的关心和支持。世界上没有任何一个地方由于办特区而变成殖民地，没有这样的先例。恰恰相反，只有掌握主权才能办特区。办特区是对主权的运用，是行

---

[1] 参见中共广东省委办公厅编：《中央对广东工作的指示汇编（1979—1982 年）》，第 142 页。

[2] 参见中共广东省委办公厅编：《中央对广东工作的指示汇编（1979—1982 年）》，第 143、144 页。深圳市史志办公室编：《深圳市大事记》（深圳卷），海天出版社 2001 年版，第 22 页。

使主权的表现。我们的特区是在共产党和人民政府领导下的实行特殊政策的小块地方，它执行的是我国的法律、法令和有关规定。我看，只要按照中央的决定和指示办，就可以放心，不会损害我们的主权。（二）特区一定要“特”。特区如果不“特”，就达不到办特区的目的。特区要真正“特”起来，我看最关键的有两条：一是海关免税（除个别品种外，绝大部分进出口商品免税）；二是进出比较自由（客商以及他们的企业所需要的物资、资金，进出都比较自由）。世界上的特区，都不同程度地具有这些特点。这些特点也可以概括为两个字：开放。为了使特区真正“特”起来，我们必须真正解决上述两个方面的政策问题，并要注意研究香港和澳门的某些政策。（三）特区建设一定要脚踏实地，从实际出发。建设区域，要一片一片地搞，逐步扩大。特区的法律、条例、规定，各项细则，也只能逐步完善。有些规定的制订，要从发展上考虑，注意留有余地。（四）办特区要进一步解放思想。就是把视野放宽些，想得更远些，步子迈得更大些。对港澳，我们既要充分利用与它们毗邻的有利条件，又不能完全靠它。在建设项目方面，既不嫌弃小的，也要敢于搞比较大的。不仅要与中小资本家打交道，还要敢于和国际垄断资本集团和跨国公司打交道。（五）要适应特区的情况，加强特区管理。特区管理委员会，今后还要继续发挥作用。但在具体执行中，应当注意进一步处理好管委会和市委、市政府的关系。特区市政府的机构，不能照搬内地的一套，要适应特区经济的特点，适应市场调节和外资企业的特点，更灵活、更精简，更有效率。省各部门对特区也不能像对其他地方那样管。我们办的是经济特区，但对文化、教育方面的建设也必须重视，并及早下手抓。学校必须办好，电视、广播要尽快建起来。[1]

制定特区10项政策措施

1981 年 5 月 27 日至 6 月 14 日，国务院在北京召开了对经济特区来说具有深远意义的广东、福建两省和经济特区工作会议。会议由谷牧同志主持，参加会议的有广东省的任仲夷、刘田夫、吴南生、梁湘、曾定石，福建省有项南、马兴元、郭超、张遗、侯林舟[2] 和国务院有关部、委、总局和港澳工委的负责同志，以及经济理论界的

---

[1] 张岳琦、李次岩主编：《先行一步：改革开放篇》，广东人民出版社 2000 年版，第 189—194 页。

[2] 侯林舟时任福建省出口办副主任。

同志，邀请了钱俊瑞[1]、许涤新、薛暮桥、古念良等多位经济学家。参加会议的共有54个单位，136人。为开好这次会议，会前中央各部门和两省的同志，都做了大量的准备工作。国家进出口委、中央组织部、劳动总局、海关总署和中国人民银行的一些负责同志会前都带领工作组进行了大量调查研究，为会议作了充分的准备。在国家进出口委主持下，理论界、经济界的一些专家薛暮桥、许涤新、范若愚、钱俊瑞、古念良等同志从理论上探讨和论证了设置经济特区的必要性和可行性。国家进出口管理委员会副主任周建南同志专程到深圳、珠海等地进行了为期20天的调查研究，掌握了大量的第一手资料。国家进出口管理委员会副主任江泽民同志率团出访6个国家，考察出口加工区、自由贸易区的发展情况和建设经验。我驻外商务机构还收集了不少有关国家和地区经济特区的法规、条例，作为参考。

在会上，广东、福建两省负责同志反映，自从中央提出在广东、福建两省实行特殊政策、灵活措施和试办特区以来，始终有人对两省实行特殊政策忧心忡忡：一怕滑入资本主义道路；二怕乱了国民经济全局；三怕犯错误；四怕给经济特区更大的进出口权，会打乱传统的出口老客户、老渠道和造成进出口的失控。中央某些部门对两省的做法持怀疑态度，生怕两省越了轨，因此顾虑重重。国务院各部委不少文件都加上一句："广东、福建不例外"。[2] 广东的任仲夷、刘田夫同志，福建的项南同志与到会的同志交换意见，一致认为，中央还没有给我们真特殊、真灵活、真先走的东西。因此，任仲夷与项南同志在会上提出，能不能定出几条杠杠：第一，不走资本主义道路；第二，坚持四项基本原则；第三，坚决完成中央规定的任务；第四，不做特殊党员；第五，执行统一对外政策。在这几条大原则下，中央就不要管死我们，放手让我们去闯。休会期间，刘田夫开玩笑地对国务院有关部、委、总局负责人说："中央各部委不少文件都加上一句'广东、福建不例外'，在这几条大杠杠下，你们把我们忘掉好啦。"项南说："你们不用文件束缚我们，就谢天谢地了。让我们放手去闯，我们可以发展得更快一些。"[3]

6月10日，任仲夷在会议上率先发言，他尖锐地提出：广东、福建两省实行特殊

---

[1] 晚年他不顾年迈体弱，深入经济特区调查，参加沿海开放城市和其他省市发展战略的讨论，主持编写《论改革》、《论对外开放》等重要著作。

[2] 中共广东省委党史研究室编：《广东改革开放决策者访谈录》，第127—128、20页。李岚清：《突围：国门初开的岁月》，第124—125页。

[3] 参见陈冠任：《共和国高端纪事——17个省、自治区和直辖市改革启动纪实》，第292—293页。

政策、灵活措施，它究竟是两省的事，还是全国的事？现在不能只讲特，关键在于两省如何特！我们需要明确的，是先制定相关法律法规，还是先开步走？我们认为，抓经济特区工作，应该是对外开放，对内放宽，对下放权。6月11日，项南在会上发言，他有针对性地指出：这次会议应在中央50号文件的基础上继续前进，加以突破，而不是原地踏步，更不能在50号文件的基础上退下来。会上对一些战略性的问题议论不深，矛盾揭得不够，清理“左”的思想影响也做得不够。会议需要继续深入，解放思想。项南还着重谈了几点意见。第一，特殊政策特到什么程度。在目前条件下，福建对华侨和外国资本的吸引力不如广东，更不如香港、澳门。因此，福建应该采取比广东、港澳更加优惠、更具有吸引力的政策。具体说，有“三个要干”，即：外商和我们双方都有利的，我们要干；外商有利，我方无利也无害的，我们要干；外商有利，我方吃点小亏，但能解决我们的就业等问题的，我们也要干。请国务院在原则上予以认可。第二，要扩大地方自主权。现在，是到了扩大社会主义民主、扩大地方自主权、扩大企业自主权的时候了。只要中央给了权，我们就可以通过特殊政策和灵活措施搞到钱，解决资金短缺这个长期困扰我们的大问题。[1]

谷牧同志在会议上作了两次重要讲话。他说，会议的目的是总结中央、国务院颁布50号文件以来我们执行的情况、经验和解决当前存在的思想问题和工作问题。对于拿出两个省实行特殊政策、灵活措施，在两省划四块地方搞特区，有没有不同的看法呢？在大的方针上，现在还没有听到有的同志公开反对这件事情。有些同志怀疑这件事情，多少有点怀疑这做法行不行，这听到了。而对这件事有不同的理解，到底如何搞，则有明显的不同看法。我三月到福建待了个把礼拜，项南同志对我说：“我到福建以来，我要他们调查，中央要两省实行特殊政策、灵活措施，究竟特殊在哪里？灵活在哪里？要他们举一些实例。我调查的结果，没有一条特殊、灵活的东西。这是由于我们思想解放不够，执行不够，所以现在看不出有特殊、灵活的东西。”任仲夷同志也跟我讲过，他在广东省干部会议上讲过，要真特殊，真灵活，真先走。这也可以听出一点味道，就是还没有“真”。很明显，省里同志的语言和北京各部的语言摆出来一对照，可以看出看法有不一致的地方。两省同志毫不含糊地对国务院、对各部委在执行50号文上有不满的意见。国务院各部委不少文件都加上一句“广东、福建不例外”。中央书记处在不久以前的一次会议上检查了这个事。胡耀邦

[1] 《原福建广东省委第一书记：不把特区当“租界”》，南方网。

同志说，你们是否指定一个机构来把这个关，凡有这个“不例外”的就给拉下来。这个问题，会上大家可以讨论。到底我们怕的、担心的、有顾虑的、要预防的、反对的，是什么？除了这几条，放手给两省干，究竟有什么危险？大家来提点意见。两个省的同志很形象、又很挖苦地说，在几条大杠杠下，你们把我们忘记好了。我想，忘了不好，我们要经常想到两省，帮助两省，各部门、各方面都要经常想着帮助两省执行特殊政策、灵活措施，使它进展得更好些。对于这个话题，1988 年 3 月 6 日，谷牧同志在深圳特区视察工作时再次说道：我们是不是可以考虑一下，即使特区也得照办的事情，在中央各部的文件，特别是人大常委会的文件上，不要再来个特区不再例外的提法。特区不再例外，那叫什么特区？人家就搞不清楚了。特区就是要例外，多作贡献是例外，向你多要点也是例外嘛！为什么叫特区？特区就是要特一点嘛！设这个“窗口”就是要它来探索改革开放经验嘛！要它走在改革开放的前面嘛！不例外怎么办？[1]

接着谷牧同志讲了他对这个问题的四点看法：

第一，50 号文件所提出的问题，是在我们党的历史上、国家历史上从来没有过的。这是新事情，我们没有这方面的经验，没有这方面的知识。因此，在执行中产生不同看法，有不同意见，是正常的现象，不要认为是不好的事情。对这新事物，在没有经验的情况下，允许有不同的看法。

第二，这些不同的认识，不同的看法，应通过总结，统一起来，否则会妨碍我们的工作。中央下决心让两省实行特殊政策、灵活措施，办特区，不是简单的事情。这不光是两省离港澳近，华侨多，先搞活，富起来，对国家有好处，不仅如此，实际是中国经济管理体制非改不可。特殊政策执行的结果，肯定可以摸索到不仅对两省行之有效，而且对全国也可以推广的、成功的经验。这对下一步体制改革可发挥很大的作用。

第三，我认为 50 号文件某些方面写得过了，写得不大恰当的地方可能有，如果有，我们的会议可以改。现在还是思想解放不够，该做的没敢大胆去办。我们是继续放，不是收。这不是我个人的意见，这是国务院、书记处领导同志交换意见时大家一致的意见。中央绝不会走回头路，绝不会不要 50 号文件。中央一直支持我们搞改革。我们的会议就本着这精神来讨论问题。我们彼此都可以尖锐地提出批评与自我批评，

---

[1] 《谷牧同志在听取深圳市领导同志汇报工作时的谈话要点》（1988 年 3 月 16 日），参见深圳市委办公厅编：《党和国家领导人视察深圳讲话资料汇编》。

从理论上、实践上展开来谈。我们的会议应达到这样的目的：总结经验，得出措施，继续前进。[1]

第四，要下决心，思想更解放一点，格调更高一点。把若干大杠杠定下来，在这个前提下放手让两省去闯。闯不出来，是两省没本事；闯好了，对全国有意义。只要财政方面不要向上伸手，其他在自主权方面，在政策方面，放手让两省干。部门有的同志对我讲，两省有本事要向外打，打出局面来，出点问题也不怕。

这次会议在谷牧同志主持下开得很民主、很成功。这次会议检查总结了贯彻落实中央 [1979]50 号、[1980]41 号文件的情况和经验，讨论了两省对外经济活动实行特殊政策、灵活措施和设置经济特区的有关问题，研究提出了进一步落实的措施。会议形成的《广东、福建两省和经济特区工作会议纪要》。在印发会议纪要时，有人提出要在这个纪要后附一个附件，该附件就是一篇题为《旧中国租界的由来》的文章。该文章分析了上海是如何在一个糊涂道台的手里沦为租界的。对此，谷牧说："沦为租界的原因不在一个道台。一个道台算得了什么，吴道台不行可以换张道台，张道台不行还有李道台嘛！关键是因为清政府腐败无能、国力衰微。"面对深圳"变色了"的风言风语，谷牧问道："农民还种地吗？"答曰："种"；又问："工人还做工吗？"答："做"；再问："学生还念书吗？"再答："念。"谷牧笑曰："那你还怕什么？"[2]

1981 年 7 月 19 日，中共中央、国务院以中发 [1981]27 号文件进行了批转。这次会议主要解决了 3 个问题：

第一，解放思想，统一认识。会议认为广东、福建两省实行特殊政策、灵活措施和设置经济特区，不仅对两省经济的繁荣，对全国经济的发展，都具有重要的意义，而且在政治上也有利于稳定港澳人心，争取台湾回归祖国。(1) 试办经济特区是有充分理论根据的，这就是列宁关于利用外国的资金、技术和管理经验为社会主义服务的思想；(2) 办特区是利用外资，引进技术，发展经济，促进四化的一种特殊形式；(3) 特区办好了，可以起到稳定港澳人心、促进台湾回归祖国的作用；(4) 办经济特区与过去的"租界"、"殖民地"有本质的区别。会议认为，试办经济特区，是两省实行特殊政策的一项重要内容，是执行开放政策、吸收外资的一种特殊方式。有些同志

---

[1] 谷牧：《在广东、福建两省和经济特区工作会议上的讲话》(1981 年 5 月 27 日)，参见中共广东省委办公厅编：《中央对广东工作的指示汇编 (1979—1982 年)》，第 152—160 页。

[2] 刘向东主编：《对外开放起始录》，第 69—70 页。

有疑问：特区会不会变成租界，是不是殖民地？会议认为，这些疑问是没有根据的。我国特区是经济特区，不是政治特区。特区内全面行使我国家主权，这和由不平等条约产生的租界、殖民地在性质上根本不同。特区是我们学习与外国资本竞争、学习按经济规律办事、学习现代化经济管理的学校，是为两省甚至全国训练和造就人才的基地。会议认为，两省实行特殊政策、灵活措施和建设特区，是关系到我国经济建设全局的大事，中央各部门和两省的责任都很重。要进一步贯彻落实中央[1979]50号、[1980]41号和这次会议提出的政策措施，坚定不移地把各项工作继续推向前进，继续推进两省经济体制改革，一定要把经济特区建设好。

第二，进一步明确两省政策的主要内容。在统一认识的基础上，会议进一步明确了两省实行特殊政策、灵活措施的主要内容有：（1）对外更加开放，包括积极利用侨资、外资，引进适用、先进技术和科学管理方法，扩大对外贸易；（2）对内政策更加放宽，包括在社会主义经济的领导下允许多种经济成分并存，更好地运用价值规律和各种经济杠杆，把经济搞得更活；（3）扩大两省的权力，包括经济、人事、地方立法权和企业自主权等。会议一致认为，在坚持以下几条大杠杠的情况下，要充分发挥两省发展经济的自主权，放手让两省去干：（1）坚持四项基本原则；(2)遵守党和国家统一的大政方针；（3）服从国家统一计划的指导和全国综合平衡；（4）完成国家下达的任务；（5）坚持统一对外。商定实行条块结合，以省为主的计划体制；财政上继续实行大包干办法；两省银行分行要起地方银行作用；对外经济贸易要有较大的自主权。两省可根据国家的有关法规和对两省实行特殊政策、灵活措施的规定，制订适合本省情况的地方性法规或条例，颁布执行，报全国人大常委会及国务院备案。

第三，制定经济特区10项政策。会议在统一认识的基础上，参照国外办特区的经验，制订10条适合特区性质和要求的政策措施：

> 一、特区的规划和建设要因地制宜，注意实效，各有侧重地发展。深圳、珠海的特区应建成兼营工、商、农、牧、住宅、旅游等多种行业的综合性特区。厦门、汕头的特区目前应建成以加工出口为主的、同时发展旅游等行业的特区。特区要抓紧拟订全面的社会经济发展规划。特区的建设首先要搞好基础设施，由小到大，逐步发展，量力而行。
>
> 二、海关对特区进口的货物、物品，给予特殊的关税优惠。但通过特区运往

内地的货物、物品，应按一般进口的规定办理。

三、简化入出境手续，方便人员往来。各特区都有权通知签证机关办理来该特区的外国人和华侨入境签证。

四、改革劳动工资制度，特区企业职工一律实行合同制，企业有权自行招聘、试用、解雇。

五、特区的对外贸易在国家统一政策指导下自主经营，并可代理外贸部不统一经营并经各省、市、自治区批准的进口业务。

六、特区的货币目前为人民币为主，外币限制在指定的范围内使用。允许我在港澳注册的银行到特区设立分支机构，并有步骤地有选择地批准外资银行来特区设立分支机构。国家外汇管理总局在特区设立国家外汇管理分局。

七、积极筹措特区建设资金。资金来源主要靠利用外资，尽量吸收侨资及港澳的资金，同时适当放宽对贷款的限制。深圳、珠海两市的财政收入可到1985年不上交。特区外汇收入单列，超过1978年基数的增收部分，用于特区建设，5年内不上缴。特区土地开发的收入可全部留用。

八、特区的机场、海港、铁路、电讯等企事业，应允许特区引进外资，由特区自营或与外资合营，自负盈亏。

九、为了加速发展特区的各项建设事业，必须制订特区的各项单行法规。建议全国人大常委会通过议案，授权广东、福建两省人大常委会制订所属特区的单行法规，并向全国人大常委会及国务院备案。

十、特区的管理机构，应按照精简、高效的原则设置，并赋予充分的权力，使之能独立自主地处理问题，协调各方面的关系。

会议授权广东、福建两省和经济特区，“凡是符合党的路线 、方针 、政策，对两省和全国的经济调整和发展有利的事，就要大胆放手去干”。这次会议较好地协调了中央有关部委和两省之间的关系，基本满足了广东、福建两省提出进一步松绑放权的要求，并且为经济特区建设确定了一个制度和政策框架。这是在经济特区创办史上非常重要的一次会议：一是统一了对特区的认识；二是明确了4个特区发展模式，深圳、珠海为综合型经济特区，汕头、厦门为加工型经济特区；三是制定经济特区建设的具体政策。会议还特别提出，要深入持久地开展反腐蚀斗争。要加强缉私力量，建立健全必要的制度，堵塞各种漏洞，把集中打击走私活动与日常的缉私工作有机地结合起来。谷牧同志在其回忆录上这样说："这 10 条意见，是对中央作出举办特区决策以后的有关各项方针政策的集成和发展，对举办特区的指导思想、基本操作规程、重要的政策性措施、正确处理内外关系、内部权益分配等问题，构筑了总体框架。从那时起 20 多年的时间里，尽管具体规定有了不少调整，尽管有些方面发展了，有些方面停止执行了，但总的看，各项工作基本上还是按这个框架进行的。它对特区的建立与发展起了重要作用。"[1]

调整经济特区管理体制

随着特区建设逐步推进，对经济特区管理上的问题逐渐暴露出来。主要是特区管理委员会与特区所在的市委、市政府关系不协调，出现了矛盾。为进一步推进经济特区建设和实施改革试验，中央和省开始着手对经济特区管理体制进行调整。

全国人大通过的《广东省经济特区条例》规定：广东省经济特区管理委员会行使以下职权：（1）制订特区发展计划并组织实施；（2）审核、批准客商在特区的投资项目；（3）办理特区工商登记和土地核配；（4）协调设在特区内的银行、保险、税务、海关、边检、邮电等机构的工作关系；（5）为特区企业所需的职工提供来源，并保护职工的正当权益；（6）举办特区教育、文化、卫生和各项公益事业；（7）维护特区治安，依法保护特区内人身和财产不受侵犯。深圳特区由广东省经济特区管理委员会直接经营管理；珠海、汕头特区设立必要的办事机构。但是特区所在城市都有地方一级党政机构。由于两者职责有重叠，在实际运作过程中必然会出现矛盾。1981 年 5 月 18 日，任仲夷在中共广东省委常委会上就指出：特区管理委员会，在特区创办过程中做了大量工作，成绩应当肯定，今后还要继续发挥作用。但在具体执行中，应当注意进一步处理好管委会和市委、市政府的关系。特区管理条例上规定的管委会的权力，大部分可以通过市委、市政府去具体执行。遇到重大建设项目和重大问题，特区市政府定不了的，特区管委会就行使自己的职权，代表省人民政府予以审批和解决。

1981 年 7 月 19 日，中共中央、国务院批转的《广东、福建两省和经济特区工作会议纪要》明确提出：深圳特区应成立特区人民政府，归省直接领导；恢复宝安县建制，辖原深圳市属的农村，归深圳特区领导。其他 3 个特区分别设立特区管理委员会，归所在市人民政府领导。两省的特区管理委员会是省领导特区工作的综合机

[1] 《谷牧回忆录》，第 331 页。

构，省政府各职能部门对特区的要求，应通过省特区管理委员会统一下达。为了维护特区治安和加强边境管理，特区的公安工作必须大力加强。特区公安局或分局，受当地政府和上级公安机关双重领导，其人员编制应多于内地，所需设施应纳入特区规划。对于经济特区与所在市的关系问题，到 1984 年 12 月 17 日，谷牧同志在汕头还对任仲夷说：特区体制放到市委领导下的体制，能否考虑有所改革？今天不作定论。省属市下面的特区是说不清楚的。现在可以，发展起来势必会有问题，怎么解决？我出个题目。[1]

根据中央会议的精神，广东省经济特区管理委员会办公地点由深圳撤回省里（广州）。深圳经济特区的工作移交给深圳市人民政府领导。1981 年 8 月 21 日，中共广东省委书记集体办公会议作出《关于深圳特区领导班子配备等问题的会议纪要》。深圳经济特区的政治待遇和广州市相同，领导干部逐步按广州市的规格配备。特区党委、政府的机构设置和编制问题，按精简、高效原则，由省委组织部和省编委研究确定，实行党政分工，官商分开。政府机构设置不应要求与省政府对口。这样深圳由一个地级城市跃升为副省级城市。1981 年 10 月 20 日，中共广东省委发出《关于任命中共深圳市经济特区委员会、广东省深圳市经济特区人民政府领导班子成员的通知》，任命梁湘同志为中共深圳市经济特区委员会书记和深圳市经济特区人民政府市长。1982 年 12 月 21 日，国务院正式批准恢复宝安县建制，隶属深圳市领导，管辖大鹏、葵涌等 16 个公社和光明华侨畜牧场。这样深圳市委市政府把主要精力放在了深圳经济特区建设上。实际上上述“深圳市经济特区人民政府”这一名称和机构名不正言不顺，经济特区毕竟只是深圳市的一部分，不是一级地方政府。虽然在当时不失为解决特区管理委员会与所在市委、市政府之间的矛盾的权宜之计，但是不符合基本法理。所以，10 月 24 日，深圳市革命委员会向广东省政府呈送《关于深圳市经济特区人民政府名称问题的请示》，12 月 21 日，广东省政府复函，经国务院批准同意定名为“深圳市人民政府”。所以到了 1982 年 1 月，中共深圳市经济特区委员会、深圳市经济特区人民政府就已分别改称为中共深圳市委员会、深圳市人民政府。这样，深圳经济特区建设问题完全纳入到深圳市委、市政府工作之中。当然，广东省经济特区管理委员会是省人民政府主管全省经济特区工作的综合办事机构，对全省经济特区工作起指导协调作用。1983 年 8 月 6 日，深圳市委批准成立中共蛇口区委员会和蛇口区管理局，袁庚任蛇口区委书记。1988 年 10 月 2 日，国务院批准深圳市

[1] 参见中共广东省委办公厅编：《中央对广东工作的指示汇编（1983—1985 年）》，第 247 页。

在国家计划（包括财政计划）中实行单列，赋予其相当于省一级的经济管理权限。

1981年12月16日，经广东省批准，成立珠海经济特区管理委员会，与珠海市对外经济工作委员会合署办公，由中共珠海市委书记吴健民兼任主任，由一名副书记或副市长任经济特区管理委员会副主任，分工专抓经济特区工作。下设办公室、人事室、设计室、口岸办公室、计财部、工商行政管理部、税务管理部、九洲港务管理局、建设公司、商业服务公司、发展公司、进出口公司、水电服务公司、劳动服务公司，公安分局。1983年1月15日，何海任珠海经济特区管委会主任。此时，特区管理委员会作为珠海市的“五套班子”之一而存在。1984年底，珠海特区管理委员会并入珠海市委市政府，实行两个牌子一套人马。新体制主要内容有：(1)市委、市政府集中力量建设经济特区。(2)市长兼任经济特区管理委员会主任，有一副市长任特区管理委员会常务副主任。(3)市计委、建委、财办、公安、海关等有关单位主要负责人各有一人为特区管理委员会委员。(4)市政府设两个办公室，第一办公室是负责政府日常事物，第二办公室专门受理特区管理委员会日常事务，作为特区管理委员会的职能部门，协助正副市长（正副主任）工作，处理特区的工作业务。(5)市政府各战线、各委办局可以设立对口公司在特区内，通过经济实体开展业务活动。(6)加快特区基础设施建设，迅速改善投资环境。(7)特区建设的重点在工业。(8)在特区外地方所办企业，报省批准，争取享受特区优惠政策。[1]

根据中共中央、国务院中发[1981]27号文件的精神和指示，1981年11月14日，成立广东省汕头经济特区管理委员会，下设办公室、经济特区发展公司、特区进出口公司、劳动服务公司、农业发展联合公司、特区旅游公司，由中共汕头地委常委、汕头市委副书记刘峰任管理委员会主任。汕头经济特区管理委员会，对特区内各方面工作实行全面领导。1983年10月，中共汕头经济特区委员会正式成立。党委会设立组织部和纪律检查委员会。刘峰担任书记，1986年增补陈序藩、李焕然为副书记。1986年，成立中共汕头经济特区直属单位委员会，负责特区直属单位的党务工作。1987年成立政策研究室。1983年10月，汕头经济特区顾问委员会成立，由庄世平任主任，汤秉达、倪克屏任副主任。1984年9月，汕头特区管委会在香港聘请21位工商各界人士为顾问，成立汕头特区香港顾问团。以后，又相继在北京、澳门、加拿大、上海等地成立顾问组。汕头经济特区先后聘请顾问77人，其中海外44人，国内33人。

---

[1]　吴健民：《创办珠海特区五年的回忆》，第296页。

1985年7月，为进一步理顺经济特区管理体制，中共广东省委明确规定，汕头经济特区党委和管理委员会，可按低于市委、市政府半级的规格配备干部，并参加省委、省政府召集的相应会议，经济特区的公安、财政、税务、工商、银行、劳动等机构可直接同省有关部门建立联系。后来随着汕头经济特区扩大到全市，实际上中共汕头市委、市政府已经行使地方和特区的双重功能，汕头市人民政府办公室同时挂汕头经济特区管理委员会办公室的牌子。1986年5月20日，国务院批准汕头市享受沿海开放城市待遇。1991年，汕头经济特区范围扩大到234平方公里，几乎覆盖整个汕头市区。1991年11月，汕头市人民政府增挂"汕头经济特区管理委员会"的牌子，行使政府和经济特区管理委员会的双重职能。

1980年11月26日，中共福建省委、省政府正式组建福建省厦门经济特区管理委员会，与厦门市政府平级，直属福建省政府领导，任命福建省委书记、副省长郭超任管委会主任，陆自奋（厦门市委书记）、张继中（福州市委书记）、向真（厦门市委副书记、厦门市副市长）、宗干（福建省基本建设委员会副主任）为副主任。管委会设一室四处，即办公室、人事劳动处、工商管理处、建设处和财经处。1981年8月29日，中共福建省委任命福建省副省长王一士兼任厦门经济特区管委会主任，厦门市市长邹尔均、厦门市副市长江平等任副主任。1983年1月，由邹尔均担任厦门经济特区管委会主任。1984年9月1日，厦门经济特区管理委员会和厦门市政府合并。机构合并后，中共厦门市委和厦门市人民政府行使地方和特区的双重职能。1988年4月18日，国务院批准厦门市在国家计划中实行单列，赋予其相当于省一级的经济管理权限。1994年，国务院批准厦门成为副省级市。

1982年3月8日，第五届全国人大常务委员会第二十二次会议决定，国家进出口管理委员会、对外贸易部、对外经济联络部、国家外国投资管理委员会合并，设立对外经济贸易部。此后，经国务院副总理谷牧同志提议和国务院主要领导同意，成立国务院办公厅特区工作组，由何椿霖任特区工作组组长。原来想命名为特区办公室，后确定叫特区工作组，隶属国务院办公厅编制序列。1984年7月16日，国务院发出《关于设立国务院特区办公室的通知》，决定设立国务院特区办公室，作为国务院办事机构。其主要任务是：根据中央和国务院的指示沿江拟订举办经济特区、广东福建两省实行特殊政策与灵活措施、海南岛开发建设和沿海城市进一步开放的有关方针、政策，督促检查执行情况，协调、解决执行中可能出现的矛盾；调查、研究世界各国举办经济开发区、出口加工区等方面的情况和经验；承担中央和国务院有关对外开放工作方面的其他交办事宜。内设机构有：秘书局、经济特区司、沿海和沿江地区司、沿边和内陆开放地区司、综合司、研究室和机关党委。其前身国务院办公厅特区工作组同时撤销。由何椿霖同志任特区办公室主任，胡光宝、张弋同志任副主任。谷牧同志还根据党中央、国务院的有关指示，把有关部门分管特区有关业务的负责同志组织起来，建立了联合办公的会议制度，以及时协调和解决特区建设中的一些问题。经常参加这个办公会的成员有：国家计委甘子玉、国家经委王磊（后为马仪）、经贸部魏玉明、财政部谢明（后为田一农）、商业部姜习、中国人民银行刘鸿儒、中国银行丁朝宗、海关总署高祚、国务院副秘书长吴庆彤等同志。[1]

1983年6月14日，中共广东省委、省政府发出《关于加强特区工作领导的通知》，决定广东省试办经济特区的工作，由梁灵光（省长）、吴南生（省委书记）、叶澄海（省委常委）三人主管，有关业务工作，由省政府管理。建立广东省经济特区办公室，由叶澄海兼任主任。经济特区办公室的主要职能是：及时掌握情况、总结情况，帮助各经济特区解决工作中的问题，组织草拟经济特区的经济法规，调整引进外资和技术的具体政策措施；配合省有关部门审议经济特区的总体规划和年度计划，审核中央规定的受限以上的投资项目，协调、审批经济特区企业产品内销事宜。1981年8月8日，中共福建省委决定成立经济小组，由马兴元、郭超、许亚、王炎、张遗、侯林舟、赵宗信组成。马兴元任组长，负责及时研究和解决福建省有关经济工作包括特区工作中的问题。同时，福建省人民政府相应地建立了特区办公室。

授予两省特区立法权

随着特区建设不断推进，迫切需要加快特区有关立法。1980年12月10日，国务院副总理谷牧在视察珠海经济特区时就说："按照全国人大常委会通过的《特区条例》，你们的权力不小，很多事情可以自己办。但条例只作了一些原则的规定，具体执行上还要有很多立法和规则制度。这些都要你们提出来，该怎么办就怎么办，有的要报到上面去批。要抓立法，有的由北京有关方面批，大量的是由省里来批。"[2]1980

---

[1] 《谷牧回忆录》，第341页。

[2] 《谷牧同志在珠海视察时的讲话》（1980年12月10日），参见中共广东省委办公厅编：《中央对广东工作的指示汇编（1979—1982年）》，第114页。

年12月12日，谷牧副总理在广东省委常委会议上讲话再次指出：根据《特区条例》还要制订具体条例、单行法、补充规定等，这是很大量的工作。多年来，我们习惯于党委讨论，定下几条，可是外商、华侨、港澳同胞他们的看法不是这样，他们要求有明确的“法”，没有“法”，他们就不来。立法工作工作量很大，要让下面放手搞，大量的由省里定，只有少量的、要以国家名义立法的报国家定[1]。1981年1月9日至17日，中共广东省代表会议在广州举行。任仲夷在会上作了题为《经济要调整，政治要安定》的总结讲话。他指出，特区建设要在搞好规划的基础上抓紧进行。涉及主要问题的，要立法。单有改革而无具体的法令、条例作保证，侨商和外商来投资时不放心。[2]1981年1月21日，中共中央办公厅转发的《广东、福建实行特殊政策、灵活措施座谈会纪要》也指出：同时要抓紧立些有关的法律。1981年7月19日，中共中央、国务院批转的《广东、福建两省和经济特区工作会议纪要》指出：为了加速发展特区的各项建设事业，必须制订特区的各项单项法规。建议全国人大常委会通过议案，授权广东、福建两省人大常委会制订所属特区的单项法规，并向全国人大常委会及国务院备案。两省要根据国家的授权，组织专门班子，在充分调查研究的基础上，尽快制定各种地方性的单项法规和实施条例，按这些法规条例来加强管理，逐步做到有法可依，执法必严，保证各项工作的顺利进行。

1981年11月4日，国务院正式向全国人大常委会提交《国务院关于提请全国人民代表大会常务委员会授权广东省、福建省人民代表大会及其常务委员会制订所属经济特区的各项单行经济法规的议案》，建议全国人大常务委员会授权广东省、福建省人大及其常务委员会依据《中华人民共和国宪法》原则，参照《中华人民共和国地方各级人民代表大会和地方各级人民政府组织法》第6条规定精神，制订经济特区的各项单行经济法规，并报全国人大常委会和国务院备案。

1981年11月20日至26日，第五届全国人民代表大会常务委员会第二十一次会议在北京举行。11月23日，国家进出口管理委员会副主任江泽民受国务院的委托在第五届全国人大常委会第二十一次会议上，向委员们作了《关于授权广东省、福建省人民代表大会及其常务委员会制订各该省的经济特区单行经济法规决定》的说明。首先，江泽民汇报了经济特区成立以来的发展情况。他说：自去年8月26日第五届全

[1] 《谷牧同志在珠海视察时的讲话》(1980年12月10日)，第121—122页。
[2] 卢荻、刘坤仪：《任仲夷主政广东》，载《百年潮》2000年第4期。

国人大常务委员会批准通过《广东省经济特区条例》，并经广东、福建两省公布后，引起了国外和港澳地区工商界人士的强烈反响和极大重视，纷纷前往各经济特区考察和洽商业务，使经济特区的对外经济活动更为活跃，并取得了一些可喜的成绩和效果。接着江泽民又分别介绍4个经济特区发展情况。其次，江泽民汇报了授权两省立法的必要性。他说：虽然取得了显著成绩，但由于已通过的《广东省经济特区条例》还只是个原则性的规定，有许多具体的政策和法令尚未公之于世，如特区企业的登记注册、劳动工资、土地租用及入境出境管理等，还没有单行法规，致使不少外商仍抱观望的态度。同时，在特区工作的人员也因为没有具体的法规和实施细则，在对外活动和处理各项事务中，无章可循，致使放不开手脚和口径不一，处于被动的局面。因此，尽快地制定和颁布经济特区的各项单行经济法规，已成为当务之急。为使经营方式适应经济特区面向国际市场和利用外资的特点，必须通过一套经济特区单行经济法规进行管理。由于缺乏经验，现在制订全国统一的经济特区各项经济法规，困难较多，宜授权广东省、福建省自行制订。这样既便于结合经济特区的实际情况，又便于以后补充和修改，并为制定全国经济特区各项单行经济法规积累经验。为此，根据《中共中央、国务院批准〈广东、福建两省和经济特区工作会议纪要〉的通知》，建议全国人大常委会通过《关于授权广东、福建两省人大常委会制订所属经济特区的单行经济法规的议案》。江泽民还指出：在制订各项单行经济法规时，必须依据我国宪法的原则，做到“四个坚持”，符合我们国家的性质，坚持社会主义方向。要参照国家已有的法律、政策、法令、政令制订出适合经济特区特点的经济法规。两省要注意听取国务院主管部门的意见，以便取得更好的效果。[1]

1981年11月26日，五届全国人大常委会第二十一次会议审议通过了《关于授权广东省、福建省人民代表大会及其常务委员会制定所属经济特区的各项单行经济法规的决议》，会议认为，这项建议有利于经济特区的建设顺利进行；能够使特区的经济管理充分适应工作需要，更加有效地发挥经济特区的作用，决定授权广东省、福建省人民代表大会及其常务委员会，根据有关的法律、法令、政策规定的原则，按照各省经济特区的具体情况和实际需要，制定经济特区的各项单行经济法规，并报全国人

---

[1] 江泽民：《〈关于授权广东省、福建省人民代表大会及其常务委员会制订各该省的经济特区单行经济法规决定〉的说明》（摘要）（1981年11月23日），参见香港招商局编：《广东省深圳特区招商局蛇口工业区文件资料汇编》（第2集），1982年2月。

大常委会和国务院备案。

广东省人大在制订经济特区单行法规中先走一步。深圳市于1981年成立了特区立法工作组。1981年3月18日，在广东省经济特区管理委员会主持下，深圳特区和广东省有关部门一道研究，草拟了《外籍人员、华侨、港澳同胞进出经济特区管理暂行规定》、《广东省经济特区海关对进出口货物监管暂行规定》、《深圳经济特区土地管理暂行规定》、《广东省经济特区企业登记管理暂行规定》、《广东省经济特区企业劳动工资管理暂行规定》、《深圳特区内部管理暂行规定》等8个单行法规草案，报广东省人民政府审查。1981年11月17日，广东省第五届人民代表大会常委会第十三次会议，通过了《广东省经济特区入境出境人员管理暂行规定》、《广东省经济特区企业劳动工资管理暂行规定》、《广东省经济特区企业登记管理暂行规定》和《深圳经济特区土地管理暂行规定》等4个单行法规，从1982年1月1日起施行。1983年11月15日，广东省第六届人民代表大会常务委员会第四次会议作出《关于授权省人民政府批准深圳经济特区调整土地使用费收费标准的决定》。1984年1月11日，广东省六届人大常委会第五次会议通过《深圳经济特区技术引进暂行规定》和《深圳经济特区涉外经济合同规定》，1984年2月8日，由广东省政府颁布实施。1984年1月18日，广东省政府批准《深圳经济特区企业登记管理细则》，2月9日由深圳市政府颁布实施。1984年12月25日，深圳市政府颁布《深圳特区土地使用费用调整及优惠减免办法》。

福建省有关经济特区立法从1981年底开始着手，也先后制订了有关法规。1982年3月11日，福建省第五届人大四次会议审议通过《福建省厦门经济特区条例》。1982年3月31日至4月5日，福建省第五届人大常委会第十四次会议，审议通过了《福建省厦门经济特区企业登记管理规定》、《福建省厦门经济特区土地使用的规定》、《福建省厦门经济特区劳动管理规定》3个单行法规。1984年7月14日，福建省第六届人大常委会第八次会议原则通过《厦门经济特区条例(修改草案)》，审议通过《厦门经济特区入境出境人员管理规定》、《厦门经济特区企业登记管理规定》、《厦门经济特区劳动管理规定》、《厦门经济特区土地使用管理规定》、《厦门经济特区技术引进规定》、《厦门经济特区与内地联合的规定》等6个单行法规。1985年8月30日，福建省第六届人大常委会第十四次会议通过了《厦门市环境保护规定》。为适应特区发展，厦门从1990年起着手陆续修订了上述6个特区法规。

随着经济特区的发展，全国人大又先后授予海南、深圳、厦门、珠海、汕头等特区立法权，使有关经济特区立法加快，适应了经济特区不断发展的需要。1988年4月，七届全国人大一次会议通过关于建立海南经济特区的决议，授权海南省人大及其常委会，根据海南经济特区的具体情况和实际需要，遵循国家有关法律、全国人大及其常委会有关决定和国务院有关行政法规的原则制定法规，在海南经济特区实施。1992年7月，七届全国人大常委会第二十六次会议通过关于授权深圳市制定法规和规章的决定。1994年3月，八届全国人大二次会议通过关于授权厦门市人大及其常委会和厦门市政府分别制定法规和规章在厦门经济特区实施的决定。1996年3月，八届全国人大四次会议通过关于授权汕头市和珠海市人大及其常委会、市政府分别制定法规和规章在各自的经济特区实施的决定。

走私风潮带来大冲击

关闭几十年的国门初开，不免泥沙俱下。实行对外开放政策后，由于法规和管理没有跟上，经济领域的不正之风和违法乱纪行为逐渐泛滥起来，当时最突出的是走私贩私活动。特别是广东、福建实行特殊政策后，走私活动十分猖獗。在暴利引诱下，有些人不顾党纪国法铤而走险，更多的人是不了解党的政策，走私贩私。个别沿海地方，甚至出现了渔民不打鱼，工人不做工，农民不种地，学生不上学，一窝蜂似的在公路沿线、街头巷尾兜售走私货的现象。

1981年1月，国务院发出《关于加强市场管理，打击投机倒把和走私活动的指示》。广东、福建、浙江等省采取了一些反走私活动，使有些地方公开走私活动有所收敛。3月27日，国务院、中央军委又发出《坚决打击走私活动的指示》（国务院、中央军委[1981]6号文），《指示》提出：在走私严重的地区，各级领导必须保持清醒的头脑，充分认识反走私斗争对于巩固安定团结和保障社会主义现代化建设的重要意义，正确执行党和政府的有关政策，把这个斗争领导好，组织好。8月3日，中共中央、国务院下发《批转〈东南沿海三省第二次打击走私工作会议纪要〉的通知》，《通知》指出：走私之所以发展到泛滥的地步，主要是有些领导干部对走私的危害性和打击走私的必要性认识不足，加上我们的一些管理制度不严，思想政治工作薄弱，给走私分子内外勾结以可乘之机。各级干部对此必须保持清醒的头脑，对走私、贩私活动进行坚决打击，绝不允许以任何理由容忍、姑息。

开放之初，广东、福建两省省委、省政府就对走私贩私问题有所警惕，但由于对打击经济领域中严重犯罪活动缺乏经验，防范措施跟不上，无论缉私队伍、缉私装备和管理措施都不适应，加上沿海部分地区有些干部对走私贩私的严重性和危害性认识不足，有的甚至想乘机捞一把，因此给海内外不法分子以可乘之机，沿海地区出现了前所未有的走私浪潮。1980 年 7 月 13 日，中共广东省委、省政府就发出了《关于坚决打击走私和投机倒把活动的指示》。1981 年 3 月、8 月，广东省委又分别召开两次打击走私工作会议，传达贯彻国务院召开的东南沿海三省打击走私工作会议的精神，组织了两次全省性的打击走私贩私的行动，并着重抓了两件工作：一是狠抓提高各级、各部门领导和干部对反走私斗争重要性的认识。二是加强领导，组织海上、陆上打击活动。省和沿海地区地、市、县、公社都成立了打击走私领导小组和办公室。1980 年 5 月 2 日至 9 日，中共福建省委召开政法工作会议，会议强调要加强党对整顿治安工作的领导，认真落实综合治理措施，从重从快打击处理严重危害社会治安的刑事犯罪分子，狠狠打击重大走私、投机倒把犯罪活动，争取社会治安情况的根本好转。9 月 20 日，中共福建省委、省人民政府召开第二次打击走私工作会议，强调坚决把沿海走私和贩私活动打下去，要求各级领导迅速集中力量，打击大犯、要犯，对首犯、惯犯要从快从严判处。几个月内，中央连发三道指令，要求坚决打击走私贩私活动。广东、福建两省也相继采取一些措施，打击走私贩私。但是由于两省反走私经验不足，防范措施跟不上，走私贩私活动没有得到有效遏制，甚至还有越演越烈的趋势。这就引起中央高层的极大关注。

1981年11月，中纪委派调查组进驻深圳，此时以蛇口和罗湖为头阵的深圳特区建设刚刚进行了两年。调查组的报告先用 90 个字对特区的情况作了简单肯定，然后就开始罗列“特区建设中暴露出许多严重问题”，最后结论为：经济特区“外币充斥市场，宗教迷信活动加剧，淫秽物品大量流进，暗娼增多，台湾反动宣传加紧渗透，港台电视也占领了阵地，特区几乎成了不设防的城市。”

1981 年 12 月 14 日，邓小平在中央纪委整理的《广东、福建一些单位和干部继续从事走私贩私活动》的简报上作批示并转胡耀邦：“这类事，为什么总处理不下去，值得深思！我建议由中纪委派一专门小组进行彻底追究，越是大人物、大机关，处理越要严、要重。”[1]

1982 年 1 月 5 日，胡耀邦在《港澳同胞反映的问题》材料上批示：“此件转仲夷

[1]　中共中央文献研究室编：《邓小平年谱（1975—1997）》，第 791 页。

同志。坦白地说，党风不正，广东在人们心目中是在前列的，请省委一定要抓住不放。譬如深圳，那里的党组织就要自上而下发动全体党员发誓搞好，搞好了就为全党争了光，争了气。”[1]

1982年1月5日，陈云在中央纪委信访室一份简报中批示：“我主张要严办几个，判刑几个，以至杀几个罪大恶极的，并且登报，否则党风无法整顿。”[2]并将该文批给胡耀邦、邓小平、李先念。该简报刊载了一篇题为《广东一些地区走私活动猖獗》的文章，上面披露了广东省一些干部利用开放之机，进行走私贩私和倒买倒卖的问题，反映少数领导干部带头走私，一些部门、企业，甚至一级党组织也走私贩私等。同日，邓小平阅陈云批转的《广东一些地区走私活动猖獗》一文，并在陈云的批语中“并且登报”前面加写：“雷厉风行，抓住不放”8个字。[3]其他几位中央政治局常委都先后作了批示，同意陈云同志的意见。

1982年1月11日，中共中央书记处召开会议，讨论邓小平、陈云等中央政治局常委关于要打击严重走私贩私、贪污受贿等违法犯罪的批示。同日，中共中央就打击严重走私贩私、贪污受贿等违法犯罪活动向全国各地发出中共中央《紧急通知》。《通知》指出：对于这个严重毁坏党的威信，关系我党生死存亡的重大问题，全党一定要抓住不放，雷厉风行地加以解决。对于那些情节严重的犯罪干部，首先是占据重要职位的犯罪干部，必须依法逮捕，加以制裁，有的特大案件的处理结果还要登报。决定派习仲勋、余秋里、彭冲、王鹤寿等中央领导同志立即去广东、福建、浙江、云南等省走私贩私最为严重的省，传达中央常委的批示，并采取紧急措施，开展打击走私贩私、贪污受贿等经济领域中违法犯罪活动的斗争。军队系统，由杨尚昆、杨得志、韦国清同志召开相应的会议，保证全军坚决带头贯彻执行中央常委的批示。中央要求其他各省、市、自治区党委，也要重视这方面的问题，并采取相应措施。

1981年1月14日，任仲夷主持召开中共广东省委常委会议，宣读了中央的《紧急通知》。接着专程到广东的中央纪委常务书记王鹤寿、中央纪委书记王从吾传达了胡耀邦、邓小平、陈云、李先念等同志的指示和中央书记处的指示精神。王鹤寿代表

---

[1] 王硕：《特事特办：胡耀邦与经济特区》，载《炎黄春秋》2008年第4期。

[2] 1986年，经陈云同意，将这一批语的文字修改为：“对严重的经济犯罪分子，我主张要严办几个，判刑几个，以至杀几个罪大恶极的，雷厉风行，抓住不放，并且登报，否则党风无法整顿。”见《陈云文选》第3卷，人民出版社1995年版，第273—274页。

[3] 中共中央文献研究室编：《邓小平年谱（1975—1997）》，第796页。

中央指出：广东党内的不正之风，走私贩私、贪污受贿之风，是非常严重的，居全国的前列。同时，王鹤寿也指出：这不是对广东整个工作的评价。广东各方面的工作，工业、农业、对外贸易等方面的工作成绩还是很大的。我们是在肯定成绩的前提下，指出广东的党风，特别是经济领域方面的不正之风的严重性。[1] 经过讨论，省委决定成立由李坚真、寇庆延、王宁、范希贤、杨德元等 5 人小组（后常委会又决定增加省委常委、秘书长杨应彬为领导小组成员，组成 6 人小组），负责抓好贯彻中央《紧急通知》的工作，特别是抓经济领域大案要案查处的领导和协调工作。1 月 18 日，广东省委召集正在参加地、市委书记和省直机关局以上领导干部开会，宣读了中央《紧急通知》，王鹤寿又传达了中央的指示并作了讲话，任仲夷代表省委作了关于贯彻执行中央《紧急通知》、坚决打击经济犯罪活动的讲话。任仲夷在会上强调：中央指出的广东党内和干部存在的问题，完全符合广东的情况。我要求全省的党员、干部，对广东省党风方面存在的严重问题，要有一个清醒的认识。各级党委在贯彻落实中央《紧急通知》这个大的原则问题上，要同中央保持一致，要态度鲜明，立场坚定，不能稍有含糊和手软。要把重点放在打击走私贩私、贪污受贿等经济犯罪上。反对走私贩私、贪污受贿的犯罪行为，纠正党内不正之风，必须坚持以教育为主的方针。[2]1 月 29 日至 2 月 2 日，任仲夷主持召开省委常委会议，逐个讨论 8 个重大的经济案件的处理意见。2 月 4 日，省委先后两次向党中央发出了贯彻《紧急通知》情况的电报。2 月 10 日，中共广东省委又召开会议，专门听取贯彻中央《紧急通知》的汇报。任仲夷指出：抓经济大案要案既要雷厉风行，又必须实事求是。

中共福建省委、省政府也采取更加有力的措施，坚决打击走私贩私等违法犯罪活动。1981 年 1 月 13 日，中共福建省委常委召开会议，学习讨论中央《紧急通知》，初步检查干部中走私贩私、贪污受贿、违法犯罪的情况。1 月 15 日，专程到福建的中央政治局委员彭冲在福建省直机关各厅局党组书记会议上，传达了中央常委批示、中央《紧急通知》和书记处对贯彻批示的意见，并讲了几点意见。当天，在项南的主持下，福建省委常委又专门作了具体部署。项南认为这是端正党风、带好民风的问题，提出社会上的走私贩私并不可怕，可怕的是我们的队伍、干部被腐蚀了，值得警惕。但他也特别强调，我们反对贪污受贿是坚决的，实行对外开放也是坚决的，决不能以前者

---

[1] 参见张岳琦、李次岩主编：《先行一步：改革开放篇》，第 253、260 页。
[2] 同上，第 253 页。

来否定后者。彭冲同志指出，福建在实行特殊政策、灵活措施和对外活动方面，基本上还没有迈开步子，这方面工作不是搞过了头，是大大不够，中央现在要刹住走私贩私这股风，不是说不要特殊政策、灵活措施，不要搞特区，不要搞对外开放。项南重申：我们不能因此缩手缩脚，不敢做工作。工作中出点毛病，没有经验，是可以理解的，但贪污受贿，为自己的私利，不顾国家的利益，那就不能原谅，要坚决打击。

1982 年 2 月 11 日至 13 日，中央书记处在北京召开广东、福建两省座谈会。中央书记处同志、国务院负责同志，中央军委和中央纪委负责同志、各有关部门负责同志和两省省委常委同志，共 68 人出席会议。中共中央总书记胡耀邦主持会议，会议中心议题是如何更坚决、更有效地贯彻执行中央有关打击走私贩私的指示和精神。广东省党政负责人任仲夷、刘田夫、梁灵光、李坚真、郭荣昌、吴南生、寇庆延、梁湘、薛光军、王宁、杨应彬、陈越平、黄静波、熊飞、杜瑞芝、薛焰、范希贤、杨德元等 18 人被召进京，参加中央召开的广东、福建两省负责人座谈会。只留下吴泠西、王全国分别主持省委、省政府工作。广东省委、省政府负责人几乎全部都被召到北京开会，这在历史上是绝无仅有的。

2 月 11 日，胡耀邦在广东、福建两省座谈会开始时首先发表讲话，然后广东、福建两省负责同志作了工作汇报。胡耀邦开宗明义地说：为什么开这个会？是为了讨论有效地打击走私贩私、贪污受贿问题。之所以找两省的同志来，主要因为两省是走私的重要通道，又实行特殊政策、灵活措施，又有特区，有许多认识问题、政策问题需要研究，如果混淆了界限就会搞乱。[1] 接着，广东省的任仲夷、刘田夫代表广东向中央书记处作汇报，谈认识。梁灵光和其他同志也先后作了发言。他们详细汇报了广东出现的走私贩私、投机倒把、贪污受贿的情况，以及省委对上述情况所采取的措施，也谈了实行特殊政策、灵活措施以来所取得的成就和下一步的打算。任仲夷提出，“中央在广东实行特殊政策的决策是正确的，如果坚持下去，再有几年，广东的面貌就会有显著的变化。”希望中央不要收回给予广东的特殊政策。同时，任仲夷、刘田夫还提出：应当划清因经验不足而造成工作失误和违法犯罪的界限；走私贩私、投机倒把同正确实行特殊政策、灵活措施的界限；在处理罪责时，应划清个人贪污与非个人贪污的界限。基层一些干部出现工作失误，有的跟省的政策有关，应由省委、省政

---

[1] 《胡耀邦同志在广东、福建两省座谈会开始时的讲话》（1982 年 2 月 11 日），中共广东省委办公厅编：《中央对广东工作的指示汇编（1979—1982 年）》，第 247 页。

府承担责任。[1]

2月12日，谷牧、胡乔木、余秋里先后作了发言。谷牧同志讲了3点意见：一、反走私斗争与两省实行特殊政策、灵活措施和试办4个经济特区的关系。由于反走私斗争，中央对两省实行特殊政策的决心会不会改变？这一点可以放心，不会变。中央对两省的政策，只有总结经验，继续前进，不会改变。二、对前段反走私斗争形势怎么估计？反走私是长期斗争，只要国际上，在我国周围有资本主义社会存在，只要我国经济发展水平还比较低，我们不得不采取保护政策，那么这种斗争就是不可避免。完全不出现走私是不可能的。对两个省出现的走私问题怎么估计？一是同意两省的看法，现在是在缩小，不是在发展。二是前段走私贩私问题的严重性，在政治上、经济上，各方面造成的破坏，受到的腐蚀，绝不可低估，要纠正过来，还要作很大的努力。三、前段走私发展这么严重，有经验教训。见事迟，我们抓慢了，我分工管这项工作，管对外经济。这事抓慢了，对前段发生的情况没有认真对待，如能提早半年抓，情况可能好得多。这次会议不是全面总结两省的工作，两省的工作成绩是主要的，这没问题。一是特殊政策、灵活措施是对的，但对外经济活动的领导权要集中在省委（特区例外）。二是特殊政策、灵活措施不能向邻省特殊、灵活。[2]

胡乔木同志说：我认为，对反走私贩私的斗争不能孤立地看，应该看成是我们当前全国在政治上、经济上、文化上面临的一场资本主义思想腐蚀与社会主义思想反腐蚀的严重斗争当中的一个重要环节。我认为，这是在社会主义条件下阶级斗争的一个重要的现象。资产阶级自由化问题更大的是在经济战线方面，经济战线上实实在在存在着极其严重的资产阶级自由化现象。我们进行了这个斗争，我们的经济特区，我们的特殊政策、灵活措施就会成功；不进行这个斗争，就会失败。[3]

余秋里同志讲两点意见：一、我到浙江去，看到温州地区的问题比广东情况更严重。二、不要怕问题似乎没有办法解决，干坏事的人毕竟有两怕，一是怕群众，二是怕干部觉悟。[4]

---

[1] 《先走一步真先走：任仲夷访谈录》，第30页。

[2] 《谷牧同志在广东、福建两省座谈会上的发言》（1982年2月11日），中共广东省委办公厅编：《中央对广东工作的指示汇编（1979—1982年）》，第248—252页。

[3] 《胡乔木同志在广东、福建两省座谈会上的发言》（1982年2月12日），中共广东省委办公厅编：《中央对广东工作的指示汇编（1979—1982年）》，第248—252页。

[4] 《余秋里同志在广东、福建两省座谈会上的发言》（1982年2月12日），中共广东省委办公厅编：《中央对广东工作的指示汇编（1979—1982年）》，第259—260页。

2月13日，韦国清、姚依林、彭冲、胡耀邦等作了发言。韦国清同志说：两省汇报的情况军队都有，有些甚至更严重。这是全国性的问题。一、要抓干部中现行案件的处理，特别是对处理不下的积案要抓紧。二、同意乔木同志意见，走私贩私不是孤立现象，是阶级斗争的反应。三、广东、福建、浙江、云南四省要有统一部署，统一政策。地方要由省来统一。四、特殊政策、灵活措施如何具体执行要有个范围。执行特殊政策、灵活措施出了点问题，不要大惊小怪，不要碰到一点问题就缩回来，不对的地方改正过来就是了。五、农副产品出口要减少，工业品要逐年增加。对走私严重的犯罪，要使之人财两空，同时教育人民拒腐蚀。缉私奖金不能乱发。[1]

姚依林同志讲了4点：一、关于贯彻中央《紧急通知》问题。我同意乔木、鹤寿和谷牧同志关于打击走私贩私的意见。现在不是搞运动，是处理大案，但会有很多问题要冒出来，有不少政策问题要研究。二、要注意总结经验。我同意仲夷同志讲的，要强调总结经验。我觉得特区问题好办，就是那一块地方，当然也可以考虑深圳特区是不是范围划得大了些。我同意杨德元同志讲的，要把特区的二线很快搞起来。比较难的是实行特殊政策、灵活措施，这个政策要坚持，难的是搞到什么程度。中央过去发的文件总的精神是对的，但不是说每个条文不能改变，有的经过实践证明不行的，也可以改变的。三、管理工作要跟上。两省的经济活动，有相当多的部分，没有纳入到计划中去。我觉得高度分权，缺少必要的管理是不行的。四、两省的对内经济政策也要研究总结。我不是否定广东的工作，广东的工作成绩是主要的，但又有许多问题要研究。[2]

彭冲同志说：这次会议叫两个省来开，要解决的问题实际上是全国性的问题。一、问题已发展到很严重了，如果认识不足，危害很大，集中力量搞一段，问题是可以解决的。二、打击的重点要明确。要分清犯罪行为和工作中失误的界线。要打击的是犯罪行为。[3]

胡耀邦同志最后作了总结讲话。他讲：座谈会开了三天，广东、福建的同志作了

---

[1] 《韦国清同志在广东、福建两省座谈会上的发言》（1982年2月13日），中共广东省委办公厅编：《中央对广东工作的指示汇编（1979—1982年）》，第284—285页。

[2] 《姚依林同志在广东、福建两省座谈会上的发言》（1982年2月13日），中共广东省委办公厅编：《中央对广东工作的指示汇编（1979—1982年）》，第286—288页。

[3] 《彭冲同志在广东、福建两省座谈会上的发言》（1982年2月13日），中共广东省委办公厅编：《中央对广东工作的指示汇编（1979—1982年）》，第289—291页。

汇报，乔木同志和其他一些同志讲了话，我认为很好。来开会的是两省的同志，但讨论和解决的，实际上是涉及全党、全军、全国范围内的重大问题。接着胡耀邦讲了三点意见：一、必须做坚定的、清醒的、有作为的马克思主义者。我认为必须明确地毫不含糊地认识到，这是一个关系我们党的生死存亡，关系我们国家兴旺还是衰败的极其重大的问题。二、必须坚定不移地对党内特别是某些党员负责干部的腐败现象，作严肃认真、顽强到底的斗争。三、必须端正对外经济活动的指导思想，促进对外经济工作健康地向前发展。广东的工作，无论是仲勋、尚昆同志主持的时期，还是仲夷和灵光同志去了以后，都是做得很好的，成绩是主要的，这是不成问题的。现在的问题是，我认为广东的对外经济工作，确实需要进一步地总结经验。[1]

3月1日，中共中央下发《批转〈广东、福建座谈会纪要〉的通知》（中发[1981]27号文），将《纪要》和胡耀邦、胡乔木同志在会议上的发言一并印发全党。该文件指出，关于进一步打击经济领域中违法犯罪活动的精神，完全适用于全党、全军和全国各地，要求各地区、各部门和各单位的党组织，结合实际情况，作出具体部署，坚决贯彻执行。一、必须充分认识经济领域犯罪活动的严重性、危害性和危险性，一定要在反对资本主义腐蚀的斗争中，做坚定的、清醒的、有作为的马克思主义者。二、必须加强党的领导，正确掌握方针政策，坚定不移地把打击经济领域中违法犯罪活动的斗争进行到底。三、必须认真总结经验，端正对外经济活动的指导思想，促进对外经济活动健康发展，继续试办经济特区。《纪要》还特别提出：坚持以计划经济为主，市场调节为辅。强调对外经济活动的统一管理。除国家规定的单位，按国家规定的原则和程序进行以外，严禁任何单位和个人进行对外经济活动。这样一来，就把原来在改革开放中，建立特区时已经下放给特区的一些权力给取消了。

这一次，广东省、福建两省承受了巨大压力，尤其是广东省首当其冲。根据任仲夷后来在接受采访时提到：会议休息期间，福建省委第一书记项南在我耳边，半开玩笑悄悄地说：仲夷呀，开了两天会，这会儿我才明白，原来福建是来“陪绑”的。他的意思是中央批评的主要是广东，福建原来是做“配角”的。想不到在第二天，中央书记处有位书记批评说，福建走私贩私，比广东有过之而无不及。项南吓得再也

[1] 《胡耀邦同志在广东、福建两省座谈会上的发言》（1982年2月13日），中共广东省委办公厅编：《中央对广东工作的指示汇编（1979—1982年）》，第261—278页。

不敢讲调皮话了。李岚清同志在其《突围：国门初开的岁月》一书曾提到："一些受极'左'思潮影响较深和习惯于僵化垄断体制的人，把走私等问题的产生的原因归结于对外开放，对广东、福建和深圳经济特区扣上种种帽子，说什么'资本主义又一次向我们的猖狂进攻'，'是水货之源'，甚至声称'广东这样搞下去，不出三月就得垮台'，有的甚至说：宁可让业务上受损失，也要把这场斗争进行到底！并提出收回已经下放的这样那样的权力，规定这样那样限制措施，甚至要求中央取消'特殊政策、灵活措施'、停办特区。那时，两省和特区的压力之大可想而知。"[1]

北京座谈会结束时，任仲夷曾找胡耀邦，专门请示回去如何传达贯彻的问题。任仲夷说：这两天中共书记处、国务院那么多领导同志讲了话，但没有一个传达提纲，我回去后是否要全部传达。尤其是有的领导同志言语很尖锐，我认为不妥当。比如有位领导同志仍然像"文化大革命"的时候那样，说这场斗争又是资产阶级向我们猖狂进攻；有位领导同志说：宁可业务上受到损失，也要把这场斗争进行到底。我认为类似这样的话，都不好公开传达。广东离香港、澳门很近，如果传出去，不仅可能引起广东干部思想混乱，而且在港澳海外也可能产生"政策变了"的错觉。胡耀邦很干脆地说：哪些可以传达，哪些不可以传达，由你自己定。[2]座谈会结束后，广东、福建两省负责同志火速赶回本省，迅速传达中央书记处座谈会的精神以及中央领导同志在会上的重要讲话，立即展开了声势浩大的打击经济领域违法犯罪斗争。刘田夫后来谈道：当时受到这么尖锐的批评，政治压力确实很大。照我看，中央对广东提出批评，用意是好的，是希望广东改革开放不要走上邪门歪道。但外省对广东误解很深，好像真的搞了自由化，真的搞了资本主义。深圳一下子由门庭若市，变得冷冷清清，门可罗雀。座谈会后，为加强管理，中央及有关部门将下放给广东的一部分权力收了回去。而内地一些省市区，也采取一些措施来对付广东。把广东运往各地的许多物质当作走私品扣押、冻结。有的省、区对我们实行封锁，我们只好舍近就远，到内地一些地方去采购粮食、煤炭和其他农副产品，以满足市场需要。[3]吴南生后来也说："当年我们受到的压力确实很大。由于长期的闭关锁国和'左'的指导思想的影响，从中央到地方，对试办经济特区，一开始就有不同意见，疑虑很多，阻力很大。到 1982

[1] 李岚清：《突围：国门初开的岁月》，第 136—137 页。
[2] 《先走一步真先走：任仲夷访谈录》，第 30—31 页。
[3] 中共广东省委党史研究室编：《广东改革开放决策者访谈录》，第 138 页。

年初，‘寒流’滚滚南下，明枪暗箭，纷至沓来，对广东——尤其对经济特区的压力，发展到极为严重的地步。”[1]

1982年1月18日，邓小平乘专列离开北京前往广东休假，20日抵达广州，2月9日回到北京。在这期间，邓小平在广州珠岛宾馆接见了广东省委、省政府及广州军区负责人，并合影留念。

中共广东省委第一书记任仲夷专门前去看望邓小平，并乘此机会向邓小平汇报了工作。任仲夷向邓小平汇报了他来广东后的工作情况，特别是深圳、珠海特区的发展情况。任仲夷说，中央对广东实行特殊政策、灵活措施、办特区效果很好，取得了不少成绩，也遇到了困难和问题。邓小平只听任仲夷说，很少说话，只是简单明确地讲了他的意见。他说："这说明中央确定的政策还是正确的，如果你们认为好，就坚持搞下去。"[2] 邓小平这个时候来到广东休假，当然与这里温暖的气候有关，是否也与这个时候的政治气候有关呢？后来任仲夷说：他不说“上面认为好”，而是说“你们认为好，就坚持搞下去”，这是对我们省委最大的信任和支持。[3]

2月18日，中共中央政治局常委会召开，听取中央书记处汇报两省座谈会情况，讨论广东问题和香港问题。小平同志出席常委会，一言未发。2月18日，胡耀邦亲自打电话给任仲夷，说：今天中央书记处将会议情况向中央政治局常委作了汇报，政治局常委对广东的同志思想通不通，还很不放心。本来想亲自到广东和你直接谈一谈，由于实在抽不出时间，所以还是请你到北京来一趟。原来，中央政治局常委听了汇报后，有些常委认为广东的同志对开展打击走私贩私斗争缺乏认识，检查也“不深刻”，还有些问题“没讲清楚”。因此，特召任仲夷再度进京。任仲夷提出：自己到广东时间不久，对情况不太熟悉，希望刘田夫同我一起去。胡耀邦表示同意。

2月19日，任仲夷和刘田夫再度进京。当天晚上，胡耀邦等在中南海接见了他们，并进行了谈话。胡耀邦说：昨天下午，常委碰了头。根据下边的反映，中央担心：广东的同志首先是省委主要负责同志对这个问题认识清楚了没有？广东的现状严重程度究竟如何？能不能按照中央的要求下决心转变这个局势？现在广东干部中的风气、受腐蚀的情况究竟怎么样？省委抓案件的班子，应当充实加强。仲夷同志应亲自

[1] 《吴南生同志访谈录：经济特区是怎样杀出一条血路来的》，载《南方日报》2008年4月7日。
[2] 《先走一步真先走：任仲夷访谈录》，第24页。
[3] 同上。

抓。中央领导还认为：常委要求很严格。广东这个地方，要有像金刚钻一样的人，才能顶得住。常委担心，这次《紧急通知》中提到的问题，你们能不能那么办？特殊政策、灵活措施问题，现在回过头来看，我们没有经验，经济上有所得，政治上有所失。不能天天讲灵活。有活的一面，还要有严的一面。政治局常委认为：第一，广东的工作不是“活”得不够，而是“活”过了头。对下面要严加管理。第二，广东应先把反走私贩私这场斗争发动起来，省委不要忙于先搞政策界限。总之，又要开放，又要警惕。在广东不但要思想解放，而且要十分清醒。思想不解放，不能执行特殊政策，如果不清醒，又会产生另一方面的问题。你刚去时，强调搞活是对的，现在应当强调另一方面。广东最大的问题是社会风气，干部下水的情况可不要低估。[1]

接着，胡耀邦问任仲夷：仲夷同志，你是否讲过提倡投机倒把的话？任仲夷回答说：我到广东之后，作过不少报告，记不清是否讲过了，可以查一查。任仲夷回到广州后，查到他于 1981 年在对外经济工作会议上的讲话曾经讲道：我们总是在甘蔗丰收、国际糖价下降时出口糖，而在甘蔗歉收、糖价升高时进口糖，很吃亏。应该反过来，争取低进高出。国内不许搞投机倒把，在国际贸易中要学会搞点投机倒把。过了两个月后，任仲夷到北京。向胡耀邦解释“投机倒把”一事，胡耀邦说：这个问题不存在了，是小题大做。胡耀邦接着提出：仲夷同志，你给中央政治局写个自我检查好不好？任仲夷同志说：我们认真执行了中央的方针政策，怎么检讨呀？胡耀邦接着又说：“总之你们要好好想想，写个检讨。” 他说：“我和紫阳都检讨了啊！”任仲夷马上说：当然可以。当天晚上，任仲夷通宵写了一共四页纸的检查书，对“放宽搞活”考虑得多，对“管”想得少作了检讨，并主动承担了责任。第二天，任仲夷把检讨书送给了胡耀邦。[2]2 月 22 日，回到广州的任仲夷主持召开常委会议，任仲夷、刘田夫传达了中央政治局常委的重要指示。省委常委研究了进一步贯彻中央指示的部署，并决定加强反腐蚀斗争的领导，任仲夷亲自抓，刘田夫以更大精力抓这项工作，其他省委常委、副省长也要抓好各自分管部门的这方面的工作。

谷牧作为中央分管对外开放和特区工作的负责同志，处于风口浪尖上，也承受着巨大压力。对于对外实行开放政策和创办特区，本来一直就存在着争论，其中有一个论点，就是当时曾有人竟把办经济特区与帝国主义用大炮将我们的国门轰开，强行在

---

[1] 《先走一步真先走：任仲夷访谈录》，第 30—31 页。

[2] 同上。

中国搞的租界相提并论，甚至画上等号。当时党内有人把走私贩私归罪于对外开放的政策和举办特区的措施。不同寻常的是，在这次座谈会上，印发了一份由中共中央书记处研究室编写的《旧中国租界的由来》的材料。并附上了一位当时中央主要领导人的批示："此件发全国各省市。对于经济特区，要警惕这类问题。"2 月 13 日，一位中央书记处书记还在座谈会上对此解释说："书记处研究室编的《旧中国租界的由来》这个材料，值得看一下，也可以发下去。那些外国租界，本来不是条约明确规定的，而是糊里糊涂地上了外国人的当，愈陷愈深，最后成了'国中之国'。这对我们，特别是现在搞特区的各省市，很有教育意义。"[1] 实际上 1981 年 7 月 19 日，中共中央、国务院以中发 [1981]27 号文件进行了批转的《广东、福建两省和经济特区工作会议纪要》，就特别澄清了特区与租界的区别，"有些同志有疑问：特区会不会变成租界，是不是殖民地？会议认为，这些疑问是没有根据的。我国特区是经济特区，不是政治特区。特区内全面行使我国家主权，这和由不平等条约产生的租界、殖民地在性质上根本不同。"显然，印发这一材料与此前中共中央、国务院的精神相左。这说明当时在党内高层对特区认识存在严重分歧，仍有人对特区不放心。特别是《旧中国租界的由来》这一材料随同会议纪要一起被印发全党，使人们很自然地把经济特区和过去的租界联系起来了。3 月 29 日，上海《文汇报》公开发表了一篇署名"黎选"的《旧中国租界的由来》一文，影射特区把土地有偿提供给外商使用有变成旧中国租界之嫌。北京媒体纷纷以突出版面高规格转发。4 月 8 日，上海《解放日报》又在《读史札记》栏目刊登丁凤麟撰写《痛哉！〈租地章程〉》的文章，指责经济特区搞土地有偿使用，引进外资，是给海外资本家提供奴役和剥削我国劳动人民的独立王国，是搞变相租界"卖国"。与此相呼应又连续发表文章批判中国历史上的洋务运动及其失败教训，矛头直指深圳，影射深圳特区是新的"租界"。有的文章作者甚至危言耸听地告诫人们，要警惕中国出现新买办和李鸿章式的人物。据深圳市原副市长、海南省原副省长邹尔康回忆：当初办经济特区，谷牧的身份是中央书记处书记，国务院副总理，具体指导办经济特区和对外改革开放。即使是如此，当时谷牧仍然面临很大压力。有人称他是"李鸿章"，专门跟洋人打交道。为什么呢？ 1949 年，新中国是在赶走帝国主义后成立的，随后又遭遇了"十年浩劫"，整个国家的经济几乎到了崩溃的边缘。在这种情形下讲对外开放，国内争议很多。一个争论的焦点就是：把一些以前侵略过我们的国家请进来，

[1] 参见中共广东省委办公厅编：《中央对广东工作的指示汇编（1979—1982 年）》，第 248—252 页。

会不会影响中国的主权？会不会重新来掠夺中国？甚至有些反对意见是来自中央层面的。记得 1982 年，有一次我们正在开会，突然来了个文件，《旧中国租界的来由》，北京一个研究机构发来的，上面有中央的领导批示：办经济特区的人要特别警惕。当时，谷牧同志就说，"不要管它。"谷牧为大家顶住了压力，让大家坚定了信心。[1]

谷牧后来也说：对于改革开放，一开始就有不同意见，尤其对举办经济特区。社会主义国家举办主要是同资本主义国家发展经贸关系的经济特区，马列主义的著作中没有讲过，其他社会主义国家无此先例。它是一项重要的创举和试验。因之，一些人对之心存疑虑，多有非议之词。比如"特区是国际资产阶级的'飞地'"，"香港市场'水货'之源"，"走私的主要通道"，甚至比拟为"旧中国上海的'租界'"，如此等等。所有这些，给特区创办工作增加了困难，建设发展步履艰难。我是分管经济特区和对外开放工作的，深感压力不小。特别是 1982 年上半年，很有些"秋风萧瑟"的味道。[2] 后来谷牧在其《回忆录》中又说："在当时，党中央、国务院严肃提出开展打击经济领域里违法犯罪的斗争，并为此采取有力的措施是完全必要的。由于那次走私贩私的泛滥主要是在开放地区发生的。有些人就对开放画问号了，特别对举办特区的这件事摇头了。""本来应当进入草木芳菲阳春季节的经济特区，却有点风雨萧瑟的味道。"[3]1982 年初，谷牧对参加刚组建的国务院特区组的几位同事无不悲壮地说："对办特区的认识并不是那么统一，议论很多，很敏感，我是准备让人家火烧赵家楼的。但是，我认为大概不会出现这样的前景。你们谁要有顾虑，不愿做这个工作，及时提出，可以另行分配。我不勉强你们哪一个。不过，我也告诉你们，不论出什么问题，板子不会打到你们身上，只算我一个人的账。我这话不是无的放矢，他们当中确有人受到这样的忠告：你们上了特区这条船，就不怕船翻了？"[4]"作为中央书记处和国务院分管开放和特区工作的负责干部，我想，实行对外开放已经列为实行社会主义现代化战略部署的重要组成部分，写进党的历史性决议；大家都知道举办经济特区是小平同志倡议、中央决定、全国人大常委会立法、国务院组织实施的一桩大事。所有这些，都没有改。""我还是要坚持把这桩事向前推进。"[5] 谷牧同志虽然面临巨大压力，

---

[1] 《深圳市老领导方苞、邹尔康追忆谷牧》，载《晶报》2009 年 11 月 9 日。

[2] 谷牧：《小平领导我们抓开放》，载《百年潮》1999 年第 11 期。

[3] 《谷牧回忆录》，第 361—362 页。

[4] 同上，第 363 页。

[5] 同上，第 362 页。

但并没有因此动摇信心和决心。据谷牧长子刘念远回忆，1983 年 4 月，谷牧在视察途中看望正在中山休假的中共中央副主席、全国人大委员长叶剑英。叶剑英问谷牧："听说你最近的日子不好过？"当时由于不知道是谁跟叶剑英把话说到什么程度，谷牧没接话，只是点了点头。叶剑英接着说道："听说你遭围剿了。我们有些同志到底是怎么想的，为何不允许你在经济开发区搞试点？"不等谷牧回话，叶剑英紧接着用广东话问了一句："谷牧，你有料搞定吗？"谷牧当时没听懂："您说什么？""我问你顶得住吗？"谷牧激动地说："只要中央不调整分工，仍然让我抓改革开放，管特区，我一定把特区干出个名堂！"叶剑英说："那就好，那就好！记住，如果再遭围攻，你顶不住了，就来电话，我叶剑英立即调飞机飞回北京，旗帜鲜明地支持你搞改革开放！"[1]

1982 年 2 月 25 日，邓小平在会见摩洛哥首相马蒂·布阿比德时在谈到中国对外开放问题时指出："中国将继续实行对外开放政策。我们主要是引进先进的技术和管理知识，吸收对我们有用的资金。但是，贪污、盗窃、贿赂、走私这些资本主义世界腐朽的东西决不能引进来。这些事在资本主义世界不奇怪。既然开放，接触多了总会有影响，既不要大惊小怪，又要认真抵制，采取有效的手段包括法律手段，消除这些坏的东西。"邓小平的话是有针对性的。他的思想很明确，即使出现问题，也继续坚持实行对外开放的政策。

1982 年 3 月 3 日，王震在广州对广东省委负责同志进行了谈话。他说："打击走私贩私、贪污受贿，不能一个高潮接一个高潮，不要伤人。""我担心有些中央领导同志个别尖锐的语言传下去，有的同志不太理解。要抓大案，没有大案不要硬抓。""小平同志说，如果经济没有个增长速度，我们这些人都要下台。不要把个别同志在个别问题上的尖锐的语言，作为对整个形势的估计，转移了中心工作。""打击走私贩私，要认真查处一些大案，用以教育干部和群众。更多的力量，还是要抓生产，千万不要放松和影响生产。""广东整个工作有成绩，而且显著。"[2]

1982 年 3 月 5 日，邓小平在北京住地同彭真、胡乔木谈话。指出："对打击经济领域的犯罪活动要给武器，现在刑法规定太轻了，要加重，对经济领域的犯罪要狠狠

[1] 《叶剑英曾要求谷牧杀出血路搞特区》，载《扬子晚报》2009 年 11 月 7 日。

[2] 《王震同志接见广东省委负责同志的谈话要点》（1982 年 3 月 3 日），参见中共广东省委办公厅编：《中央对广东工作的指示汇编（1979—1982 年）》，第 312—313 页。

打击，不狠狠打击不行。要在这次人大常委会上提出修改刑法的条文，一周内搞出，彭真主持，乔木参加。”[1]

1982年3月8日，根据打击经济犯罪活动的需要，第五届全国人大常委会第二十二次会议通过《关于严惩严重破坏经济的罪犯的决定》，对《中华人民共和国刑法》的一些相关条款作了相应的补充和修改。对经济犯罪量刑从重，对国家工作人员从严，情节特别严重的可以判处无期徒刑或死刑。

1982年3月24日，邓小平在住地同胡乔木、王鹤寿、邓力群谈打击经济领域犯罪问题。表示赞同召开中央政治局会议研究打击经济领域犯罪问题，并说：“四月份不干别的，专干这件事。”[2]

1982年3月24日到4月14日，国务院副总理谷牧受中央委托由中共广东省委书记吴南生陪同，到广东的佛山、南海、新会、江门、中山、珠海、深圳等地特区检查工作。3月27日，谷牧在珠海特区说：七九年七月发了50号文件，说要办特区。不到三年，中央先后发了四个文件，很重视。我上次来是八〇年十二月。一年来，样子变了。珠海的成绩是很大的。应该给你们创造办特区的条件，中央同意省包干了，省里应该给出路，给你们支持。[3]3月28日至4月3日，谷牧视察深圳特区。在听取深圳市委的汇报后，谷牧说：两年多时间，国家、省没有给多少钱，就是靠中央给的方针、政策，平地起家，搞成这个局面很不容易。我认为成绩是很大的。我来三次了，每来一次，样子都有变化，而这一次的变化最大。实践证明，中央试办特区的决策是正确的。同志们按中央的政策办，一定会取得更大的成绩。到现在为止，还没有发现什么丧权辱国，或吃大亏、上大当的事情，没有发生什么办不下去的问题。因此，不能对我们走的这条路子发生怀疑。怀疑特区搞不下去，这是不合实际的。[4]4月14日，谷牧同广东省委负责同志进行了谈话。谷牧说：我要向中央如实反映情况。你们开了会，贯彻了中央的精神，广东的问题你们可以解决。成绩很大，问题也很突出，有些问题相当严重。成绩发展很快，问题也来得很猛。中央解决广东问题的决心下得及时，完全正确。在总结经验的基础上，把特殊政策、灵活措施贯彻好，把特区办好，是完全有信心的。评头论足、看热闹，不积极帮助是不对的。看了你们的情况，了解

[1]　中共中央文献研究室编：《邓小平年谱（1975—1997）》，第803页。

[2]　同上，第805页。

[3]　同上，第321—323页。

[4]　参见中共广东省委办公厅编：《中央对广东工作的指示汇编（1979—1982年）》，第326—327页。

了省委开会的情况，我有信心，省委是能够解决问题的。谷牧还对特区发展作了一个初步总结。他说：一、我们要办成一个什么的经济特区。我们前几次会议，已经有一个标准的说法，要搞一个综合性的经济特区。一是我们特区建设主要是靠利用外资。二是特区建设，要由小到大，由一般到先进，由旅游业、劳动密集型的来料加工，逐步提高到引进大的项目、先进的技术，学到先进的管理经验。三是特区建设最重要的是要从利用外资、引进先进技术、学习外国的先进管理经验，研究外国的管理体制方面，对全国作出贡献。在政治上，把特区搞好了，对稳定港澳人心，争取台湾回归祖国，造成更有利的条件。四是特区产品以外销为主，内地需要大量进口，特区又能生产的，就可以内销。五是搞特区建设，电讯、交通建设应先行。六是特区在人口规划上，要坚持小城市的方针。二、有步骤地开发，还是全面开花？看来，只有分期分批，一部分一部分地开发。这就提出了一个问题，要有一个总体规划。三、体制问题。特区的现行管理体制不改革，就不成特区。要独立于现行体制之外，要闯出一条新路子。特区体制改革，不能等全国体制定下来以后再改，要先走一步。四、在经济建设的同时，要注意精神文明的建设。整个特区文化建设，包括学校、广播、电视、出版事业都要加强。[1]谷牧回京后向中央正面反映了广东和深圳的情况，但是，海关、税收、对外经济活动方面仍然作了不少收权的规定，有关部门还是回收了一些权力，使得外商对政策变化产生了疑虑。胡耀邦对此有不同的意见，他对谷牧说："什么都改，什么都收回来，那怎么行？"

1982 年 4 月 3 日，邓小平在同胡乔木、邓力群谈话，就实现社会主义现代化的组织保障问题发表意见。他指出："这几年实行对外开放、对内搞活经济的政策，是有成绩的。""我们必须有两手，不能只有一只手。一手是坚持对外开放、对内搞活经济的政策。这一政策的正确性已经得到实践的证明，我们不能有丝毫的动摇。实践证明需要改进的一定要认真改进。另外一手要头脑清醒，提高警惕，长期地、坚持不懈地抓好打击经济领域犯罪活动的斗争。""对待资产阶级思想腐蚀、对待经济领域的严重犯罪活动，认识一定要清醒，态度一定要严肃，绝不能麻木不仁，敷衍搪塞，消极怠工。同时，方法、步骤、措施要非常慎重。""打击经济领域的严重犯罪活动，不是一次两次，也不是一年两年可以完成的，要长期反复地进行下去。"[2]

[1] 参见中共广东省委办公厅编：《中央对广东工作的指示汇编（1979—1982 年）》，第 339—346 页。
[2] 中共中央文献研究室编：《邓小平年谱（1975—1997）》，第 810 页。

1982年4月7日，邓小平会见缅甸共产党中央主席德钦巴登顶时指出："我们现在在做4件大事。第一件事是体制改革。通过体制改革精简机构、提高效率，同时在各行各业有意识地配备年轻干部，接替老同志的工作。这不是一件很容易的事，要贯彻始终，一直抓住不放。第二件事是打击经济领域的犯罪行为。要搞四个现代化，不实行开放政策不行。为了坚持开放政策，必须打击经济犯罪分子。因此，我们坚持两手，一手坚持开放政策，一手坚决打击经济犯罪分子。这两手都不是搞一天两天、一年两年就行的，要坚持到底。第三件事是抓精神文明建设。随着经济的发展，如果不注意精神文明建设，就有很大危险。第四件事是加强党的领导。"[1]

1982年4月10日，邓小平出席中共中央政治局会议，讨论《中共中央、国务院关于打击经济领域中严重犯罪活动的决定》，他指出："《决定》是一个重要的文件，这是讲打击经济犯罪活动，实际上我们要看得更深一点。对对外开放和对内搞活经济政策以来出现的经济犯罪活动，要有足够的估计。""这股风来得很猛。如果我们党不严重注意，不坚决刹住这股风，那么，我们的党和国家确实要发生会不会'改变面貌'的问题。这不是危言耸听。应该提得更高一点，看得更深一点。在同经济犯罪活动的斗争中，有一部分同志的思想上没有认识到这个问题的严重性。现在刹这股风，一定要从快从严从重，没有一点气势不行。""我们要有两手，一手就是坚持对外开放和对内搞活经济的政策，一手就是坚决打击经济犯罪活动。没有打击经济犯罪这一手，不但对外开放政策肯定要失败，对内搞活的政策也肯定要失败。有了打击经济犯罪活动这一手，对外开放、对内搞活经济就可以沿着正确的方向走。"[2]

1982年4月13日，中共中央、国务院发出《关于打击经济领域中严重犯罪活动的决定》。《决定》尖锐地指出，打击经济领域中严重犯罪活动是我国社会主义社会在新的历史条件下阶级斗争的重要表现，要集中力量抓大案要案，重点抓与国家机关、企业事业有关的案件。同时明确提出："工作中要注意决不要把这场斗争的范围任意扩大到广大城乡的普通工人、农民和其他劳动群众中去。一定要正确掌握政策，严格区分和正确处理两类不同性质的矛盾。"5月31日，万里在中纪委召开的中央党政军机关负责干部会议上讲话，要求各单位把打击经济领域中严重犯罪活动的斗争，认真开展起来。7月23日，中纪委派出司局级以上干部154名，分赴各地充实、加强打击

---

[1] 中共中央文献研究室编：《邓小平年谱（1975—1997）》，第814页。
[2] 同上。

经济领域犯罪活动的办案力量，直接参与大案要案的调查处理工作。

1982年5月6日，邓小平在会见利比里亚国家元首塞缪尔·卡尼翁·多伊时说："我们现在正一心一意搞建设，力争经济有较快发展。目前，我国实行经济开放政策，争取利用国际上的资金和先进技术，来帮助我们发展经济。这一政策已开始有些效果。"

1982年7月6日至19日，广东省委书记、副省长王全国到北京汇报工作。国务委员谷牧、张劲夫主持汇报会，有关主管部门的负责同志吕东、王丙乾、金熙英、甘子玉、贾石、王润生、王斗光、崔平、史敏、李灏、勇龙桂、张世尧和国务院副秘书长吴庆彤、田纪云听取了汇报。在京的广东省委第一书记任仲夷、省长刘田夫同志也参加了第一天的会议。国务院有关部门与省的同志交换了意见。最后会议认为：广东、福建实行特殊政策、灵活措施，是中央的重要决策。从总体来看，三年来贯彻执行的效果是好的，也确实出现一些问题，这就需要认真总结经验，发扬成绩，纠正缺点，更好地执行中央制定的方针政策。广东省的同志正在做这方面的工作，要继续抓紧。广东、福建在中央总的方针、政策的指引下，还是要"特殊"一些，"灵活"一些，以便把两省的优势发挥出来，通过对外经济活动的开展，把整个经济搞得更好些，发展得更快些。[1]

1982年8月17日，国务院下发《关于加强对广东、福建两省进口商品管理和制止私货内流的暂行规定》，提出要加强对广东、福建两省用留成外汇进口商品的管理；同时，应当采取措施，制止东南沿海地区走私进口物品继续内流。

1982年9月14日，国务委员谷牧主持会议，继续研究广东省在汇报经济工作中提出的问题，来京参加党的十二大的广东省负责同志任仲夷、刘田夫、王全国、梁灵光，国务院有关部委负责同志王磊、甘子玉、田一农、贾石、王斗光、李灏、勇龙桂、陈一平和国务院副秘书长吴庆彤、田纪云出席会议。谷牧同志指出，中央决定在广东、福建实行特殊政策、灵活措施，试办经济特区的方针政策是坚定不移的，这个方针也是符合十二大精神的。现在的任务是要在总结经验的基础上，更好地执行中央的方针政策，把两省的事办好，把特区的事办好。这次对广东经济工作中存在的实际问题，国务院有关部门采取了积极帮助的态度，得到比较好的解决。任仲夷在会上表示，中央各部委帮助广东解决问题，是对广东工作的大力支持，属于广东自己工作中的问题，我们一

[1] 参见中共广东省委办公厅编：《中央对广东工作的指示汇编（1979—1982年）》，第354—358页。

定要认真清理，努力改进，进一步做好工作，更好地担负起中央赋予广东的任务。[1]

1982 年 11 月 2 日至 8 日，中共中央总书记胡耀邦在中共中央书记处书记胡启立、候补书记郝建秀、国务院电子工业部副部长江泽民、水电部副部长李鹏以及商业部、中国农科院和团中央等部门的负责同志和福建省委书记项南等陪同下视察厦门经济特区，考察了厦门东渡码头、湖里出口加工区和国际机场工程。胡耀邦指出：中央对福建、广东采取的特殊政策、灵活措施，搞好四个经济特区，这个方针是不变的。“坚持开放政策，打击经济犯罪，是两个不同概念，不能认为经济犯罪是开放政策带来的，二者没有必然的因果关系。我们不能像京剧《法门寺》里唱的‘眉邬县在马上心神不宁’那样，而是要快马加鞭，把对外开放搞好。”[2]

1982 年 12 月 1 日至 2 日，全国人大常委会副委员长彭冲视察深圳特区。他对深圳短短两年多取得显著成绩表示称赞，说；中央试办经济特区是下决心的，对外开放是坚定不移的，办特区要大胆创新，敢于突破旧的东西，要办好社会主义第一个特区，要搞好特区立法工作。

1982 年 12 月 22 日，邓小平阅原中央纪委副书记、时任中共中央顾问委员会委员章蕴于 12 月 20 日给胡耀邦、邓小平的信，作出批示：“可印发政治局、书记处各同志。”来信反映了在广东了解的一些情况，对广东和特区的工作基本是肯定的，提出要继续清除‘左’的影响，对行之有效的政策要保持稳定性。[3]

1983 年 1 月 3 日，邓小平阅章蕴 1982 年 12 月 31 日给胡耀邦、邓小平的信，作出批示：“这个情况应该引起重视，请国务院、财经小组一议。”来信反映 1982 年以来，广东的上缴任务一再加码，“条条”限制日益增多，特殊、灵活政策措施的余地越来越小。[4]

1982 年 12 月、1983 年 1 月，邓小平两次批示，强调中央有关部门应重视广东执行特殊政策、灵活措施的余地问题，可见小平同志对此问题的重视。任仲夷后来说：“中央纪委（副）书记章蕴，1982 年为了解检查广东的工作，专门住了半个月，了解广东的情况。有一次，王震到广东来了，我去接他，一下飞机就说，小平同志批了。我说批了什么？章蕴的报告，批给常委传阅。常委传阅这个章蕴的报告，对广东基本

[1] 参见中共广东省委办公厅编：《中央对广东工作的指示汇编（1979—1982 年）》，第 360 页。
[2] 王硕：《特事特办：胡耀邦与经济特区》，《炎黄春秋》2008 年第 4 期。
[3] 中共中央文献研究室编：《邓小平年谱（1975—1997）》，第 877 页。
[4] 同上，第 879 页。

上（肯定），当然也有缺点了，但总的是好的。”[1]1983年2月，胡耀邦在视察海南时问任仲夷：“你知道小平同志为什么把章蕴给中央写的报告批给中央常委阅吗？”任仲夷对此事本来有个想法，但为了听一听胡耀邦怎样讲这个问题，就说了一句“不清楚，反正对广东工作有利”。任仲夷讲了之后，胡耀邦却没有再讲什么。1982年50号文件以及邓小平的最新批示，使广东和特区的政治压力减轻不少。[2]

1983年1月18日至21日，中共中央政治局委员王震视察深圳特区，听取了深圳市委的工作汇报，他说：深圳特区三年间变化巨大，成绩显著，这都是党的十一届三中全会制定的对外开放政策带动的结果。办特区是党的既定政策，是不会变的。他鼓励大家在党中央和省委领导下，继续努力，为开创特区建设的新局面作出更大的贡献。

1983年2月6日至14日，中共中央总书记胡耀邦在中央书记处候补书记郝建秀和广东省委和广州军区负责人任仲夷、刘田夫、尤太忠、林若、吴南生、杜瑞芝、宋志英等同志陪同下视察了广东韶关、深圳特区、海南和湛江等。2月7日至9日，胡耀邦视察深圳特区。深圳市委书记梁湘向胡耀邦全面汇报了特区工作。胡耀邦作了重要指示，他说：特区是新事物，同志们搞得不错，敢于创新，是很有成绩的，干部是努力的。有什么压力没有？应当心情愉快嘛。你们已经闯开了一个新局面，比较出色地完成了中央意图。同志们做出了很大的贡献。特区应按新办法来搞。应该新事情走新路子，新事新办嘛，特事特办嘛。这有普遍意义，将来全中国都要新事新办。新事新办，特事特办，立场不变，方法全新，立场，共产党员的立场是不能变的，方法是全新的。新事老办怎么行！新事老办办不下去，回过头来又要搞改革。希望你们创造新的东西。要把办特区的总目标、总目的研究清楚，搞明确。前几年说不清楚可以，现在要搞清楚。[3]

1983年3月2日，邓小平在同胡耀邦、万里、姚依林等谈话谈道：“最近香港有个报道，说广东的速度放慢了，是什么原因？上海的同志问我，对中美和中苏谈判的立场应该不冷不热是什么意思？我说，我懂你们问的意思了。我指的是政治上的态度，至于开放政策是不变的，不受这个态度的束缚。是不是有的地方也受了所谓不

---

[1]　《永远的春天——邓小平与广东改革开放》电视专题片解说词，南方网2004年8月。

[2]　王硕：《特事特办：胡耀邦与经济特区》。

[3]　参见中共广东省委办公厅编：《中央对广东工作的指示汇编（1979—1982年）》，第22、23页。

冷不热的束缚，如有，这说明我们有些同志对开放政策仍是有顾虑的，也要加以注意。”[1]

1983 年 3 月，王震到广州视察。期间，他特地派身边工作人员到深圳进行调查。当听说北京有人到深圳考察后认为建立特区就是发展了资本主义时，王震生气地说：“这些人比清末那些办洋务的还落后，还不如那时的郑观应。说什么走私增多了，资产阶级思想腐蚀了。不开放时就没有走私啦？照样有，关键看你怎么管。一定要对外开放，闭关自守只能造成落后。”[2]

1983 年 4 月 6 日至 18 日，谷牧副总理及国务院特区办领导一行在深圳考察。4 月 4 日，谷牧一行先到广州，与省委领导任仲夷、梁灵光、林若、吴南生等人，谈考察计划和工作安排。谷牧在会上谈到深圳面临的很多重大问题，大意是：经济特区现在并非已为全党、全国人民所承认，中央机关知道特区是怎么一回事的还不多。任仲夷接着说：“我认为经济特区的特殊政策还是要搞的，特区要坚持办下去。王震副总理在湖南对我说，有的人对搞经济特区有‘三怕’，怕香港化，怕洋化，怕资产阶级化！”他又进一步阐述说：“不要认为‘香港化’什么都不好，‘苏维埃＋香港有用的东西’，有了这些内容，共产主义运动就更加丰富了！”任仲夷还再次提出应该多给特区自主权：“对经济特区，中央、省该管什么，给下面哪些自主权，定出几条来就有章法了。省里是该帮的帮，该管的管，帮多管少。”

1983 年 4 月 25 日，中共广东省委第一书记任仲夷同志在广东省委常委会上说：“搞特区不是走资本主义道路，不会损害社会主义，而是大大地有利于社会主义。”他还提出了一个著名的观点，叫做“排污不排外”，“有所引进、有所抵制”。

1983 年 6 月 15 日，邓小平在北京住地听取谷牧同志汇报特区情况。同日下午谷牧在北京接见广东省有关负责同志，传达了邓小平同志的重要指示。6 月 15 日上午，小平同志找谷牧去，同谷牧谈了一个多小时。谷牧向小平同志汇报了特区的情况。小平同志着重讲了两点：一、特区要坚决办下去。现在，对特区说好话的多了。谷牧说：说坏话的也还有。小平同志说，我这里听到的都是好话，说坏话的是个别的。反正特区要坚决办下去，不能动摇。谷牧说：我们利用外资办特区搞基建，要另行统计。办特区的同志说有人要把特区抹掉。小平同志说，现在办得不错，中外承认，不

[1] 中共中央文献研究室编：《邓小平年谱（1975—1997）》，第 893 页。
[2] 《王震传》，人民出版社 2008 年版，第 580 页。

存在抹掉不干的问题。二、特区的发展，有个同香港统一规划的问题，不要本来香港已经有了很多的东西，特区又办，重复了，会成为包袱。谷牧说，廖公过去谈特区的方针，要成为香港的后勤基地。我不完全同意他的看法。小平同志说，我还是第一次听到。从日本、西德的经验看一个国家，15 至 20 年就可改变基本形势。我们办特区，也能办出新的形势。谷牧说，特区经济上是发展的。有先进的技术和管理水平，生活上又是另外一套，多了个社会主义精神文明建设，这些比资本主义高明。到 1997 年，深圳、珠海本身的繁荣、文明，榜样摆在那里，同香港是不可比拟的，有说服力。小平同志指出，特区的大问题就是要规划好，不要同香港重复，他缺什么，我们发展什么，将来就能互为依托。现在可以两家联合起来打进国际市场。总之，要统一规划。[1] 此时，中英关于香港问题的谈判已见明朗，邓小平指出了深圳经济特区如何利用香港和促进香港的新课题。

1983 年 6 月 30 日，邓小平出席中共中央工作会议时指出："我们过去提出，进行社会主义现代化建设，要实行对外开放政策，这是正确的，但是必须有两手。一手是坚持对外开放政策，这个不能变。要变，只能是越变越开放。另一手是必须打击经济犯罪活动，后来加了个'其他犯罪行为'。"[2]

1983 年 7 月 25 日至 26 日，第六届全国人大常委会举行委员座谈会，座谈严惩严重破坏经济的犯罪问题。中纪委向会议提交《关于打击经济领域中严重犯罪活动工作的报告》。《报告》指出：从 1982 年 1 月至 1983 年 4 月底，全国已揭露并依据党纪国法立案审查的各类经济犯罪案件共约 19.2 万多件，案件中涉及党员 7.1 万多人；现已结案 13.1 万多件，依法判刑近 3 万人，在案件所涉及的党员中被开除党籍的 8500 多人；全国投案自首、坦白交代各种经济违法犯罪问题的共有 2.44 万人；追缴赃款赃物 4.1 亿多元。

1983 年 9 月 15—19 日，福建省经济特区工作会议在厦门召开，中共福建省委第一书记项南在会议上，提出特区要实行"四特"：特殊的任务、特殊的政策、特殊的环境和特殊的方法。这个讲话以《特区要"四特"》为名经香港《中国经济特区年鉴》创刊号发表后，《香港经济导报》、日本《中国经济动向》等先后转载，收到很好的社

[1] 谷牧：《经济特区的发展要与香港互为依托》（1983 年 6 月 15 日），参见中共广东省委办公厅编：《中央对广东工作的指示汇编（1979—1982 年）》，第 67、68 页。

[2] 中共中央文献研究室编：《邓小平年谱（1975—1997）》，第 918 页。

会效应。9 月 25 日，中共福建省委、省政府印发了《关于厦门经济特区工作若干问题的规定》。《规定》指出：必须明确特区的特殊任务，实行特殊政策，创造特殊环境，运用特殊方法，切实解决体制、立法、政策和基础条件等方面问题。各地区、各部门要关心和支持特区建设，把特区建设推向新阶段。

邓小平和中央的意见很明确，现代化建设包括经济特区建设必须坚持两手抓，一是对外开放，对内搞活经济；二是坚决打击经济领域犯罪活动。两者都不可偏废。从今天看，这场反走私贩私的活动，尽管对广东、福建两省实行特殊政策、灵活措施和试办特区工作带来了一定的冲击，甚至走了一点回头路。但是当年中央下决心开展这场大规模的打击走私贩私活动，是非常有远见的和必要的。如果没有这一行动，后来的广东特区发展都不会有这么顺利和这么快。后来的海南特区汽车走私大案和汕头走私问题，就对海南和汕头特区的改革开放和发展带来了长期的负面影响。历史的教训是深刻的。

认真总结经济特区经验

1981 年 12 月 22 日，陈云在省、市、自治区党委第一书记座谈会上（这次会议本来是讨论农业问题的）指出："广东、福建两省的特区及各省的对外业务，要总结经验。现在还没有好好总结经验。""既要看到特区的有利方面，也要充分估计到特区带来的副作用。""现在第一位的任务是认真总结经验。"[1]1982 年 1 月 25 日，陈云邀请国家计委负责人到中南海家中座谈时，又指出："特区第一位的问题是总结经验。"[2]

在陈云指示下，中共中央、国务院要求两省对试办经济特区以来的经验进行认真总结。1982 年 3 月 1 日，中共中央下发《批转〈广东、福建两省座谈会纪要〉的通知》指出：必须认真总结经验，端正对外经济活动的指导思想，促进对外经济活动健康发展，继续试办好经济特区。只有总结经验，才能更好地执行特殊政策和灵活措施，进一步试办好经济特区。按照陈云同志的这个意见，谷牧用了较多的时间、较大的功夫进行调查研究，决心把特区的几个重要问题进一步搞清楚。1982 年 3 月 27 日，谷牧

[1] 《陈云文选》第 3 卷，第 306—307 页。
[2] 同上，第 311 页。

同志在珠海特区指出：陈云同志提出特区要总结经验，很重要。你们要认真总结。一面建设一面总结。特区如何总结经验。特区什么都可以"特"，思想政治工作、执行党的准则不能"特"，要"特"就是"特别严格"。你们要安下心来总结经验，这是积极态度。[1]4 月 3 日，谷牧在深圳特区又指出：陈云同志讲，特区第一位的问题是总结经验。讲得很好，很重要。当然，不是一切工作停下来去总结经验，而是在继续前进中，拿出较多的时间和精力去总结经验。当前，总结经验主要是两个方面：一个是总结积极活动方面的经验，一个是总结意识形态、政治思想工作方面的经验。我们这次来，也是为了总结经验，为了更好地帮助特区同志把工作做好。[2]6、7 月，谷牧约深圳、珠海、汕头、厦门四个特区的负责干部，分别到北京汇报、研究。9 月 4 日，谷牧同志在党的十二大广东代表团一组发言中指出：前段两省在总结经验方面做了大量工作，但是你们的总结到现在还没有报来，应当进一步加深对陈云同志指示的理解。抓紧把总结工作做好。我赞同中央几位领导同志一再讲的：两省总还是要特殊一些，灵活一些，特区一定要办好。[3] 这段时间，谷牧同志调查研究的重点有：一、关于我国经济特区的性质和功能；二、关于举办经济特区初步实践的评价；三、关于经济特区管理的自主权；四、关于经济特区的基本建设。1983 年 11 月 27 日，谷牧同志在深圳特区还指出：建议你们将办特区四年（从 1980 年办特区以来）的实践认真总结一下，写出十条、二十条经验和教训，并提出今后如何进一步办好特区的意见来。这是一项具有重要意义的工作，一定要抓好。通过不断总结经验教训，促进特区发展，已成为谷牧同志领导特区建设的一个重要方法。

1982 年 6 月 7 日至 14 日，根据中共广东省委书记吴南生指示，广东省社会科学院、广东省社会科学联合会和深圳市经济学会在深圳联合主办了"广东省经济特区学术讨论会"，会议主要内容有：探讨我国试办经济特区的一些理论和实践问题；探讨如何更好地贯彻执行党中央、国务院关于建设特区的方针政策；总结经验，加快经济特区建设。同时，吴南生抓紧组织撰写了一个理论联系实际、总结三个经济特区创办经验的材料。

1982 年 9 月 25 日，中共深圳市委、市政府向广东省委、省政府并中共中央、国

---

[1]　参见中共广东省委办公厅编：《中央对广东工作的指示汇编（1979—1982 年）》，第 322—325 页。

[2]　同上，第 327—330 页。

[3]　同上，第 367 页。

务院呈送了《深圳经济特区试办情况的初步总结》，报告了办特区以来的主要情况、取得的初步成效、几点体会和有待解决的几个问题。

1982年10月22日，中共广东省委、省政府向中共中央、国务院呈报了《关于试办经济特区的初步总结》（粤发[1982]62号文）的报告，前后一共写了13稿。该报告指出：自从陈云同志作了“特区第一位的任务是认真总结经验”的重要指示后，省委和特区党委进行了认真的学习、讨论和贯彻落实。为了总结试办特区的经验，省委常委多次进行了讨论。现在这份总结报告，仍然是初步的，对许多问题的认识还不深，今后需要进一步实践和总结。两年多来，试办经济特区的工作，是边规划、边立法、边建设的情况下进行的，成绩是显著的、主要的，也存在不少问题。该报告分三部分：一、试办特区的成绩。经过两年多的努力，各特区的建设已取得明显的成绩。除汕头特区起步较晚以外，深圳、珠海特区已初步打开局面，在国内外引起了好评。深圳、珠海原来是荒僻的边陲县镇，现已成为初具规模的城市。特别是深圳的蛇口，仅两年的时间即从一片荒凉的海滩变成一个欣欣向荣的港口工业区。具体讲：（1）引进了一批外资和技术。（2）特区的基本建设已经展开。（3）促进了工农业生产的发展。（4）加强了教育文化事业的建设。（5）初步进行了经济体制和机构改革。（6）改善了人民生活，稳定了边境秩序，密切了党和群众的关系。二、工作中的主要缺点和问题。（1）在引进工作方面，虽然总的来说，还没有发现吃大亏、上大当的事，但是也有一些毛病，有些合同订得不够完善。其原因是我们经验不足，对香港和国外的情况了解不够，引进工作中存在一定的盲目性。（2）在规划和基本建设方面，几个特区的总体规划至今还未正式确定下来。（3）管理工作跟不上。深圳、珠海特区，由于紧邻港澳，内外渠道多，给市场、物价、金融等方面的管理工作带来一系列问题。人民币、外汇券、港币同时流通的紊乱现象，尚未很好解决。（4）经济领域违法犯罪问题相当突出。三、几点初步体会：（1）必须通过实践，不断总结经验，提高认识。大家都来关心特区、支持特区，这是特区建设顺利进行的重要的条件。（2）办特区一定要坚持十一届三中全会的路线，实事求是，解放思想。（3）特区建设必须脚踏实地，稳步前进。（4）特区更应注意抓好社会主义精神文明的建设。（5）与内地实行联合，是加快特区建设的一项重要措施。（6）要十分重视加强特区的领导和管理。在特区管理上，必须妥善处理宽与严的界限。特区的政策是放得比较宽的，正因为如此，管理就必须特别严。从根本上来说，必须着重抓好两条：一是建立一整套严格管理的规章制度，切实加强社会主义法制；二是按照已确定的范围，尽快建立特区与非特区的分界线，实行有效的隔离。

1982年10月30日，陈云同志对广东省委、省政府给中共中央、国务院上报的《关于试办经济特区的初步总结》作批示：“看了广东10月22日试办特区初步总结，很好。”“特区要办，必须不断总结经验，力求使特区办好”。[1]同日，陈云看到新华社简报反映“广东沿海走私活动重新抬头，省政府及时采取措施予以打击”的报道。文中提到：“对现有的案件要进行排队，该追究刑事责任的要追究，不能‘以罚代刑’。”陈云当即将该份简报批给中央领导，说：“看了广东十月二十二日试办特区的初步总结，很好。要不断总结，因走私分子会用各种方法。此件上说的不能‘以罚代刑’，很好。必须既有罚，又有刑。”[2]

1982年11月，谷牧同志在福州调研时形成了一个向中央汇报的《汇报提纲》。这时中共中央总书记胡耀邦正在福建视察工作，谷牧与胡耀邦交换了意见，取得了共识。同时商定：中央书记处召开一次专门会议，讨论特区工作。谷牧在返京途中，又约广东有关同志到上海汇合，对《汇报提纲》再一次进行推敲斟酌。

1981年11月15日，中央书记处召开特区工作会议。胡耀邦和书记处其他领导同志出席了会议。广东的刘田夫、曾定石，福建的马兴元、张遗和深圳、厦门特区的负责同志参加了会议。谷牧在中央书记处会议上汇报了试办经济特区的工作情况。他的汇报分两部分：一、关于试办经济特区。（1）试办经济特区的由来。（2）三年来的主要工作。（3）试办过程中出现的缺点和问题。（4）继续试办好特区当前需要解决的几个问题。二、关于广东、福建实行特殊政策和灵活措施。（1）经过认真贯彻中央十七号文件，前一段出现的问题已经基本上得到纠正。（2）两省要继续实行特殊政策和灵活措施，争取走在四化建设的前列。[3]大家经过讨论，表示对《汇报提纲》中提出的问题表示同意，会议建议由谷牧同志同国务院有关部门再商量一下，发个《纪要》下去。陈云、李先念也听取了汇报。11月16日，陈云说：上次批语（指10月30日）中说，必须不断总结经验的意思是：走私分子、投机倒把分子以及各种经济犯罪分子会针对我们工作的不断改善而不断变化。因此，我们不能满足于总结一次二次经验，也必须针对出现的新情况、新问题，

---

[1]　广东省政协文史资料研究委员会编：《经济特区的由来》，第54页。

[2]　中央文献研究室编：《陈云传》（下），中央文献出版社2005年版，第1670页。

[3]　《广东、福建实行特殊政策、灵活措施和试办经济特区的情况——中央书记处会议汇报提纲》（1982年11月15日），参见中共广东省委办公厅编：《中央对广东工作的指示汇编（1979—1982年）》，第390—409页。

不断拿出新办法。李先念说：这个意见，对于我国国民经济计划的实现，是很有意义的。[1]

1982年11月16日和20日，谷牧同志根据中央书记处会议的指示精神，先后两次召集国务院有关部门负责同志开会，广东、福建来京的同志也到会，传达中央书记处15日会议讨论特区工作的精神，研究特区发展中的具体方针政策，讨论国务院办公厅特区组整理的《会议纪要》。

1982年12月3日，中共中央、国务院发出《关于批转〈当前试办经济特区工作中若干问题的纪要〉的通知》（中发[1982]50号文），肯定了试办特区3年来的成绩，对特区的性质及其地位作了阐述，回答了当时一些人对特区的种种疑问。通知指出，试办经济特区，是我国在新的历史时期贯彻执行对外开放政策的一项重要措施。广东、福建两省和国务院有关部门都要加强对特区工作的指导，不断总结经验，加强协作配合，提高工作效率，及时解决前进中出现的新问题，力求使特区办好。中央书记处和国务院分工由谷牧同志具体负责。中央和国务院有关部门，也都要确定一位负责同志分管本部门与特区有关的工作。办好经济特区，对收回香港、促进台湾回归，实现祖国统一大业，也具有重要意义。《纪要》主要内容有：一、三年来做的主要工作。（1）在吸收外资上初步打开了局面。（2）以首先搞好基础设施为重点展开基本建设。（3）引进了一些先进的技术和设备。（4）较快地发展了工农业生产。（5）加强社会主义精神文明建设，打击经济领域犯罪活动。（6）改善了人民生活。二、试办过程中出现的缺点和问题。（1）与外商和港澳商人签订的经济合同，有的存在不同程度的缺点和问题。（2）在基本建设上，深圳特区摊子铺得大了一些。（3）深圳、珠海、汕头、厦门都曾到内地抬价收购工矿、农副产品，进口某些高档消费品低价转销内地，还发生了一些走私贩私、偷税漏税问题，影响很坏。（4）货币流通比较乱。三、当前需要解决的几个问题：（1）特区要有更多的自主权。（2）各特区的总体发展规划，由国务院审批。投资规模在1亿元以上的项目，应报省人民政府审核后转报国务院审批；轻工业3000万元以上、重工业5000万元以上的项目，经省审核后转报国家计委审批；在此限额以下，建设条件和生产条件能够自选平衡的，可以自己安排。（3）各特区建设所需物资，人民生活必需的商品，国家尽量给以支持。不足部分允许通过4条渠道

---

[1] 《陈云、李先念同志听取书记处关于广东、福建实行特殊政策、灵活措施和试办经济特区情况汇报时的指示》，参见中共广东省委办公厅编：《中央对广东工作的指示汇编（1979—1982年）》，第409页。

解决。⑷ 各特区本身的进出口贸易，在国家统一政策指导下自主经营。(5) 各特区建设发展资金来源，主要依靠吸收利用港澳资金、侨资、外资，根据发展需要，可有步骤有选择地批准外资银行到特区开业。(6) 特区的各种税收应实行优惠待遇。(7) 珠海、汕头、厦门旧市区老企业利用外资进行技术改造，可享受特区的某些优惠政策。(8) 加速制订和完善经济立法。(9) 帮助特区解决所需的干部和专门人才。(10) 各特区一定要坚决贯彻中央的各项方针政策，切实执行国家的各项法令规定，深入开展打击各种经济犯罪活动的斗争，反对任何崇洋媚外的意识和损害国家、民族利益的行为。

1983 年 1 月 29 日，中共福建省委、省政府向党中央、国务院上报了《关于福建省贯彻执行特殊政策、灵活措施的情况报告》。该报告汇报了福建省开办厦门特区和在对外经济活动中实行特殊政策、灵活措施的情况。厦门经济特区 1980 年 10 月开始筹建。首先抓了湖里加工区的第一期工程，包括五通一平、外部配套工程的建设、1 平方公里的工业区和一个居住区。与此同时，结合厦门市老企业的改造，与外商、侨商签订了 18 个独资、合资、合作生产项目协议，已履约 10 项。特区经济立法、特区建设人才的培养，都在积极进行。

这一段时间经济特区的经验总结为：成效是很大的。第一，在对我国经济特区的性质和功能的认识上取得了共识。这就是：我国试办经济特区，是根据对外开放的要求，参考国外经验提出来的。它是我国人民民主政权管辖下的一个行政区域，在政治、思想、文化上坚持社会主义方向，在经济上坚持以社会主义经济为领导，允许多种经济成分存在，在对外经济活动中采取更加开放的方针，实行特殊的经济管理体制和特殊的经济政策，即：(1) 特区经济运行是在国家计划指导下以市场调节为主。(2) 特区建设以吸收外资为主。(3) 给外商投资者以较多的优惠政策。(4) 国家给特区较大的自主权。按照规划目标，深圳、珠海特区要逐步办成兼营工、商、农、牧、住宅、旅游业的综合性特区；厦门、汕头特区则以加工出口为主，同时发展旅游业等。第二，进一步总结了经济特区建设取得的成绩、主要经验和面临的问题。第三，进一步明确了国家对经济特区建设的具体政策（十大政策）。这对于继续推进办经济特区工作，把经济特区办好，具有重要而深远的意义。谷牧同志在其回忆录中说：“这是有关经济特区的第四个中央文件，也是我分管开放工作期间唯一的专讲特区工作的中央文件。中央发出的第一个有关特区工作的文件，是中发[1979]50 号，我们把前者叫‘老 50 号文’，后者称‘新 50 号文’。中央在批语中指出：‘举办经济特区，是我国在新的历史时期贯彻实行对外开放的重要措施。中央书记处和国务院分工由谷牧同志具体负责。’这个文件对于特区建设的方针、政策和重要措施，又有新的发展。”“这个文件发下去以后，特区的干部和群众受到很大的鼓舞。据说在深圳还有鸣放鞭炮表示庆贺的。特区要办，并且一定要办好的鲜明旗帜又举起来了。”[1]

第七节　邓小平第一次视察经济特区

关于要不要办特区和办特区是对是错的争论，犹如一股来势汹汹的强台风席卷而来。特区究竟办得怎么样？邓小平脑子里一直装着的这个大问号，促使他南下特区来看个究竟。按谷牧同志的话说：“在对外开放艰苦行进之时，小平同志亲自出马了。”[2]

中央高层密集造访特区

在邓小平来深圳特区视察之前的1983年，有个现象值得关注：那就是中央高层密集地造访经济特区。1983年1月18日至21日，中共中央政治局委员王震视察深圳特区。2月7日至9日，中共中央总书记胡耀邦视察深圳特区。2月16日至17日，中共中央政治局委员、全国人大常委会副委员长廖承志、杨尚昆视察深圳特区。1983年4月6日至18日，国务院副总理谷牧视察深圳、珠海、汕头3个经济特区，他指出，国家没给多少钱，又在认识不那么一致的情况下，短短几年内打开这样的局面很不简单。前几年还怀疑特区能不能站得住脚，现在看可以站得住了。要认真总结经验，不断前进，大胆创新，大胆试验，走出一条新路子来。5月23日至6月3日，国务委员、国家经委主任张劲夫视察深圳特区。8月30日，国务委员陈慕华视察深圳特区。11月25日至28日，中共中央书记处书记、国务委员谷牧再次视察深圳特区。他指出，深圳特区建设成绩很大，但困难还很多。要坚持开发一片，成功一片，收益一片的方

[1] 《谷牧回忆录》，第366—367页。
[2] 谷牧：《小平领导我们抓开放》，载《百年潮》1999年第11期。

针。要认真总结经验和教训供别的特区学习和借鉴。10月25日，国家主席李先念视察厦门经济特区。11月30日至12月2日，国务院副总理田纪云视察深圳特区。田纪云说：我没有来过特区，只看过特区的一些材料，没有感性认识。来之前想象中的特区是一片工地，现在一看，打开了我们的眼界，特区的基础工程建设搞得不错，发展速度很快，可以说是一日千里，不是年年变，而是月月变，日日变，对外已产生了吸引力，特区发展前途光明。现在，特区建设已引起了世人的关注，办好办坏，对内对外影响都很大。希望你们继续努力，把特区办好。1984年1月9日至10日，中共中央书记处书记胡启立视察深圳特区。胡启立说：我是第一次来深圳特区，增加了很多感性认识。总的感觉，党的十一届三中全会以来，我们实行的对外开放政策，在这里发生了巨大的变化，确实显示出巨大的威力。这说明中央关于举办经济特区的决定是完全正确的。我认为把特区办好，对促进祖国统一和收回香港主权都将产生积极的影响。相反，如果特区办得不好，对祖国统一和收回香港主权都会带来很大的阻力，所以，你们一定要认真总结经验，继续前进，把特区办好。中央是很关心深圳特区的建设的，叶帅、赵总理、胡耀邦总书记，都来过深圳特区视察，这就充分说明中央是下了决心把这件事办好的。希望你们要振奋精神，开创新局面，继续把特区办好，而且在探索进行具有中国特色的社会主义建设方面，特别是在工资改革、物价体制、劳动人事体制改革方面，结合特区的实际提出改革意见，为中央提供参考。[1]

1984年2月4日至5日，中共中央总书记胡耀邦在中央政治局委员余秋里、张廷发和中央书记处书记郝建秀的陪同下视察汕头经济特区，他指出：特区的政策是没有问题的，你们放心大胆去干。[2]

这是否意味着一股寒流过后，一个温暖的春天将要来临？

邓小平视察深圳经济特区

1984年1月22日晚上，中共中央政治局委员、中央军委主席、中央顾问委员会主任邓小平，在中共中央政治局委员王震、杨尚昆，中央顾问委员会委员刘田夫陪同

---

[1] 《胡启立同志在市委汇报会上的讲话》（1984年1月9日），中共深圳市委办公厅编：《党和国家领导人视察深圳讲话资料汇编》。

[2] 《胡耀邦同志在汕头市直机关局以上干部会议上的讲话》（1984年2月5日），中共广东省委办公厅编：《中央对广东工作的指示汇编（1983—1985年）》，第110页。

下，乘专列离开北京，前往深圳、珠海、厦门经济特区和上海等地视察，开始了他第一次具有历史意义的南方视察之旅。邓小平同志的陪同人员还有王汉斌（中共中央委员，全国人大常委会秘书长）、丁关根（全国人大常委会副秘书长）、吴蔚然（中央候补委员、北京医院院长）等同志。

1月24日上午10时，专列抵达广州火车站。邓小平在专列上接见梁灵光、林若、宋志英等广东省委负责同志。刘田夫要把小平同志接到广州珠岛宾馆休息。但邓小平坚持要先到深圳特区去看一看。邓小平对刘田夫、梁灵光等人说，“办经济特区是我倡议的，中央定的，是不是能够成功，我要来看一看。”[1] 在广东省省长梁灵光陪同下邓小平前往深圳经济特区视察。

24日中午12点50分左右，小平同志一行抵达深圳，下榻迎宾馆桂园。这是邓小平第一次踏上深圳经济特区这片热土。当天下午邓小平等听取了广东省副省长、中共深圳市委书记、市长梁湘同志的工作汇报。下午3时30分，小平同志走进迎宾馆二楼会议室坐下，手里拿着一张打印好的名单，由梁湘介绍，逐一认识市委常委会委员。邓小平同志说，建设经济特区是中央提倡的，这次来看看特区建设得怎么样。梁湘同志说：特区是在小平同志倡议下，中央作出决定举办的，大家都盼望您能亲自来看一看特区。您的到来，我们很受鼓舞，感到是很大的支持。杨尚昆同志说，小平同志这次来主要是休息，是利用到广东休息的机会到特区来看一看。你们扼要说一下主要的情况，然后出去走一走，看一看。

梁湘站在深圳特区规划示意图面前，先介绍深圳特区的范围、位置、土地面积、人口和自然环境，然后汇报办特区4年来引进外资和基本建设工程的进展情况。梁湘同志主要汇报了4个问题：一、事实证明，党的十一届三中全会以来的路线和对外开放政策，以及举办经济特区的决策是完全正确的，并列举引进了一批外资和先进技术设备，工农业生产有较大的发展，城乡人民生活水平显著提高的事实来说明。二、经过4年实践，我们对举办经济特区的目的和意义更加明确。三、经济特区经过几年的努力，已具有较大的对外吸引力，列举了投资环境逐步改善，实行了优惠政策，制订了各项经济法规，狠抓了社会主义精神文明建设等事实加以证明。四、当前特区建设有几个问题需请中央给予解决：（1）关于金融货币问题；（2）关于商品内销问题；（3）关于改革特区行政体制问题；（4）关于解决人才缺乏问题。在汇报中，小平同志

[1] 中共中央文献研究室编：《邓小平年谱（1975—1997）》，第954页。

时有插话。当汇报到土地开发时，他说："一定要研究一下收土地税问题，收土地税比收土地使用费还好，这是一个外国经济学家提出来的，说我们现在收取使用费吃亏太大。"当汇报到金融货币时，邓小平同志问："发行特区货币后，人民币是否会吃亏？现在特区内的货币流通情况又怎么样？"当汇报到特区缺乏专业人才时，邓小平说："有一位美籍华裔学者提出一个建议，中国应按美国的教育办法办一所大学，由国际知名的人士担任校长，聘请国际有名望的教授任教，招收华侨、华裔和港澳同胞子弟入学，这所大学最好放在深圳来办。""可以吸引外侨投资来办。华侨在这里办大学，由他们聘请国外水平高的教授，从国外购买教学设备，这样可以给我们培养一批人才。"当时，杨尚昆插话：这是管理问题。刘田夫也插话：这里办了一所深圳大学。邓小平同志接着说，那所大学比这所大学大得多。

当汇报结束时，梁湘同志说：请小平同志给我们作指示。这时邓小平微笑着说："你们汇报的问题很复杂，我都装进脑子里去了。"这时，杨尚昆插话说：小平同志很关心特区，这次主要是来广东休息，有关问题我们回京后吹个风，让国务院有关部门研究解决。

下午4时10分，宾主一行走出会议室，乘车离开宾馆去游览市容。邓小平看到沿途附近山头光秃秃的，对陪同人员说："好多山头不种树。我们经过韶关时，看到那里山头也都是这样。荒山、水域，这些都是潜力很大的发展生产力的广阔天地。"下午4时50分，邓小平一行登上建成开业不久的罗湖国际商业大厦，来到22层的顶楼天台，从东南西北不同方向，眺望初具规模的罗湖新城区。小平同志询问了罗湖新城的规模、设计、施工效率、质量等情况。梁湘介绍说，罗湖新城区计划兴建100多幢高层楼房，是目前全国高楼群最集中的地方，已成为市区最繁华的金融商业中心宝地。邓小平指着西北角马路对面一幢被脚手架和安全网裹罩着的工地问梁湘，那幢楼要建多少层？梁湘回答说，那幢楼叫国际贸易中心大厦，设计要求建48层，顶部设有旋转观光圆形大厅，是目前国内最高的建筑物，而且是施工难度最大的建筑工程。邓小平听后满意地点着头。他对梁湘说，都看清楚了。邓小平一行离开天台下楼来到马路边，早在半个小时之前，已有许多市民意外地发现了他们，喜出望外的群众，一直在大楼外面等候着，消息传开后，人群越聚越多，当邓小平一行乘车离开时，满怀崇敬爱戴之情的群众用热烈的掌声夹道欢送。然后宾主一行乘车又去了笋岗路，看了立交桥。沿途梁湘介绍了罗湖、上埗24平方公里新城区特别是上埗、八卦岭工业区建设情况，参观了怡景花园住宅区。梁湘说：这些别墅和其他商住楼是卖给港澳同胞、华侨和外商居住的。邓小平问："这些房子卖完了没有？"梁湘回答说：基本上卖完了。接着邓小平又问梁湘："深圳特区建设速度这样快，是什么原因呢？"梁湘说，特区的工程建设主要抓了三个问题：一是设计搞评比，择优录取，保证了设计的质量和出图时间；二是施工采用招标，保证了施工质量、速度和合理的造价；三是工程承包，完成的奖，完不成的罚，用经济手段管理施工。在路经基建工程部基地时，梁湘汇报说，特区已进2万名工程兵。邓小平问："积极性怎么样？"梁湘回答说，刚进来时，由于体制还未变动，施工速度不快，质量也不高。现在体制改变了，施工速度和质量都跟上来了。在视察深圳大学校址时，梁湘汇报说：深大第一期工程要在今年八月份完工交付使用，九月份深大要搬进新校址去办公和上课。看见新校址还是一片荒芜，邓小平问："深圳大学今年能否搬进来开学？"梁湘说：可以。希望负责基建工作的同志要抓紧，确保如期开学。回到北京，邓小平跟人说，深圳要用几个月的时间建一座大学，这就是"深圳速度"。所以，深圳速度的提法，最开始是用来形容深圳大学建设的。

1月25日上午10时30分，邓小平等中央领导参观富甲全省农村的渔民村，到渔民村党支部书记吴柏森家了解情况。村党支书吴柏森早早就站在村口迎接贵客。邓小平一下车，他便快步走上前去，紧紧握着邓小平的手久久不放，突如其来的惊喜使他兴奋激动得不知道说什么好，想了好一阵子才说出"欢迎您，欢迎您！"梁湘提醒他说：你请小平同志到家里坐下来慢慢谈谈吧。吴柏森连声说好好好，兴冲冲地把贵客们领进自己的家里参观。吴柏森领着客人走遍楼上楼下，两个客厅各有一台大彩电和其他家用电器，卧室里的家具被褥全是新的，10多平方米的厨房里，冰箱、洗衣机、煤气炉、电饭煲、热水器一应俱全。邓小平参观完之后来到客厅坐下，他询问了吴柏森的家庭经济收入情况。吴柏森兴奋地说："我现在生活上什么都不缺了，家里什么都有了，真是连做梦都没有想到我们这些穷苦的渔民，能过上今天的幸福生活。现在村民都说：翻身不忘共产党，致富不忘邓小平，感谢邓伯伯的好政策。"邓小平纠正说：应当感谢党中央。吴柏森接着汇报了渔民村的变化。他说：60年代以前我们靠出海捕鱼为生，村民住的是茅棚，吃不饱穿不暖，生活十分贫困，公社化后渔民村也没有什么变化，那时没有资金买不起机械渔船，近海的鱼越来越少，收入越来越差。办特区以后，改革开放的富民政策使渔民村最先得益，我们利用与香港新界只有一河之隔的优越条件，同港商合作搞来料加工，兴办工厂，开办餐厅、商店和其他服务业，还购买了十多辆泥头车搞土石方运输。几年来渔民村集体经济发展很快，1981

年全村户户收入过万元，成为全省第一批万元村；1982年全村由集体统筹建房，每户建一幢两层六房两厅小洋楼，资金由集体负担三分之一,三分之二由集体先垫付，村民分期还款，不到两年家家都还清了；1983年全村人均收入达到2300元，吴柏森还向客人亮了家底，1983年他一家平均每人月收入达500多元。坐在邓小平旁边的邓榕怕听力不好的父亲听不清，便大声说：老爷子，比你的工资还高呢。走出客厅，邓小平等来到村里的花坛假山前面，高兴地同吴柏森等村干部一起合影留念。告别渔民村时，邓小平沉思着说：全国农村要达到渔民村这个水平恐怕要100年。有陪同人员表示异议认为用不了那么长时间，邓小平却坚持说：我们国家大，情况复杂，至少要到本世纪末，还要再努力奋斗50年时间。

1月25日下午，邓小平等视察了上埗工业区中国航空技术进出口公司深圳工贸中心，该公司是一家合资企业，主要生产微型电脑、电脑软件和电脑外壳等。邓小平等仔细听取了他们关于引进国外先进技术生产电脑设备和软件的汇报。他们介绍最早在深圳办的电子厂，几年间这家工厂集中力量开发电脑软件，产品已经打进了港澳市场。邓小平听后高兴地称赞他们的做法，他说，软件占80%，硬件占20%，这就要靠脑子。杨振宁说美国都是十六七岁的娃娃搞软件，好多尖端技术都是娃娃搞出来的。还说：要积极培训青少年。搞软件，我们有条件，中国有大批好的娃娃。现在不少下象棋、围棋的都是娃娃。[1]

晚上，深圳市委负责同志和邓小平等一起共进晚餐。

通过第二天的视察，邓小平同志身边工作的同志告诉梁湘等市委领导说："小平同志来一次特区非常不容易。凡是来过特区的同志都对特区有好评。上次耀邦同志来后，他到处宣传特区。最近胡启立同志来了，他回北京后，就特区建设情况，还专门向小平同志、耀邦同志作了报告，对特区评价很高。这样，小平同志决定来特区看一看。这次来后，他老人家特别高兴。你们安排这几个点也很好，24平方公里的土地都开发了，都规划了，连建的房子基本上都卖完了，很鼓舞人心。不要看他老人家不发表意见，他心中有数，很高兴。"[2]

---

[1] 中共中央文献研究室编：《邓小平年谱（1975—1997）》，第955页。

[2] 引自《邓小平同志视察深圳特区的情况及讲话要点》(1984年1月27日)，中共深圳市委办公厅编：《党和国家领导人视察深圳讲话资料汇编》，第114—118页。《我们建立经济特区的政策是正确的——王震同志关于陪同邓小平同志视察广东、福建、上海的情况报告》(1984年2月27日)，中共广东省委办公厅编：《中央对广东工作的指示汇编（1983—1985年)》，第128—136页。

1月26日上午，邓小平与深圳市委负责人合了影，还与工作人员、服务人员照了相，随后就乘车前往蛇口工业区视察。原计划蛇口工业区参观一个上午，然后从蛇口前往珠海。9时30分，邓小平一行驱车来到深圳湾滨海的蛇口工业区办公大楼。袁庚同志把贵宾们领到办公大楼七楼会议室。袁庚首先请邓小平与接待人员合个影，邓小平随即高兴地和大家合影留念。这里居高临下，背山面海，视野开阔。邓小平边看工业区全景模型边听袁庚汇报工业区的建设情况。他走到窗前，指着蛇口港码头问袁庚，这个码头什么时候建成的？能停靠多少吨位的船？袁庚回答说：1979年春天创办工业区的第一项工程就是移山填海兴建码头。我们花了近一年时间建成了600平方米的码头泊位，现在已使用快四年了，可停靠5000吨以下的货船，与香港互通的航班客轮，也已营运了两年了。邓小平听后称赞说："你们搞了个港口，很好！"当袁庚汇报工业区基本建设投资花1.5亿元时，邓小平问："是人民币吗？"袁庚回答：是，其中1亿元是贷款，5000万元是招商局5年不上交的1/10利润。杨尚昆同志插话说："他们好处是一家说了算，没有人干涉，他们也不希望别人干涉。"邓小平满意地笑了，说："怎么，去看一看吧。"

袁庚请求再讲五分钟，邓小平同志欣然答应。接着袁庚简要地汇报了工业区几年来进行经济体制、机构、干部制度、工资制度、用工制度及住房政策改革的情况。当袁庚同志说到"我们这里进行了一点冒险，不知道是成功还是失败"时，梁湘同志说："应该说是成功的，蛇口是深圳特区各项改革的先行点。"当袁庚介绍我们的口号是"时间就是金钱，效率就是生命"时，邓小平的小女儿毛毛（邓榕）提示说："我们在进来的路上看到了。"邓小平说："对。"袁庚自言自语地说：不知道这个口号犯不犯忌？我们冒的风险不知道是否正确？我们不要求小平同志当场表态，只要求允许我们继续实践实验。邓小平和在场的同志都笑了起来。其实，袁庚开始的口号是6句话："时间就是金钱，效率就是生命，顾客就是皇帝，安全就是法律，事事有人管，人人有事管。"后来有人对后面几句有异议，所以就改用前面两句作为口号。有人曾说，袁庚这家伙，真是"要钱也要命"，蛇口在宣扬拜金主义。

袁庚接着说：工业区有很大自主权，办事不需要左请示右请示，看准了就可以拍板定案。想当厂长、经理的人也没有什么后门可走，全部实行招聘制，靠本事吃饭，靠群众民主选举产生等。袁庚把由群众选举产生的年仅36岁的工业区党委副书记乔胜利介绍给邓小平认识，邓小平高兴地说："啊，这么年轻！"邓小平说：现代化没有年轻人不行，要鼓励年轻人挑起重担，多干工作。

汇报结束后，邓小平等人首先登上微波通讯大楼，从山顶俯瞰整个蛇口工业区。接着参观了合资经营的华益铝厂。邓小平向陪同的企业负责人了解了资金和设备引进、产品销路、职工收入和人才培训情况。

离开铝厂，袁庚请中央领导到“海上世界”做客。“海上世界”是由一艘豪华旅游船“明华轮”改装成的我国首座海上旅游中心，内设有酒楼、宾馆、商场和文化娱乐场所。邓小平兴致勃勃地登上了九层高的“明华轮”。稍事休息后，观看了船上的旅游服务设施，并在船上和大家共进午餐。他极口称赞蛇口工业区在开展旅游事业上开辟了新路子。就餐结束后，几个年轻人拿来了事前准备好的笔墨和宣纸摆上桌面，女经理鼓着勇气走上前去请求邓小平题字。邓小平高兴地欣然挥毫写下“海上世界”四个字。1984 年 2 月 24 日，邓小平回到北京后说：深圳的蛇口工业区更快，原因是给了他们一点权力，五百万美元以下的开支可以自己做主。他们的口号是“时间就是金钱，效率就是生命”。[1]1984 年 10 月 1 日，新中国 35 周年的阅兵式和群众游行队伍中，反映蛇口工业区建设成就的彩车上悬挂着醒目标语：“时间就是金钱，效率就是生命”。通过电视屏幕，海内外观众看到了这一震撼人心的口号。

下午两点多钟，邓小平一行登上一艘海军炮艇离开深圳前往珠海。

邓小平视察珠海经济特区

11 月 26 日下午，邓小平结束对深圳经济特区的视察，乘坐一艘海军炮艇渡过伶仃洋，抵达珠海特区。中共珠海市委书记吴健民到唐家湾部队码头迎接邓小平同志一行。邓小平按计划前往中山市，下榻于由香港知名人士霍英东先生和中山市合资兴建的中山县温泉宾馆。到了宾馆后，邓小平随行人员告诉吴健民：先在这里休息三天，29 日一早你们再来，首长要上珠海看看。

28 日上午 9 时，邓小平在中山市委书记谢明仁等人陪同下登温泉宾馆北面三乡镇的罗三妹山，一直登上山顶。下山时，道路崎岖不平，工作人员建议原路返回，比较好走。邓小平意味深长地说：“不走回头路。”[2] 目前罗三妹山已经成为旅游景点，

---

[1] 《邓小平同志视察蛇口工业区》（1984 年 1 月 26 日），香港招商局编：《广东省深圳特区招商局蛇口工业区文件资料汇编》，第 4 集，1984 年 12 月。

[2] 中共中央文献研究室编：《邓小平年谱（1975—1997）》，第 956 页。

山腰处有块巨石刻有“不走回头路”几个大字。晚上，在温泉宾馆，邓小平会见港澳知名人士霍英东、马万祺夫妇以及澳门南光公司总经理柯正平等。邓小平说：“办特区是我倡议的，不晓得成功不成功？”[1] 霍英东、马万祺先生认为试办特区是成功的，试办特区的政策是对头的。邓小平听后很高兴说：“看来路子走对了”。

29日早上，吴健民、梁广大等珠海市委负责人赶到中山温泉宾馆，接邓小平到珠海视察。前往珠海经济特区途中，吴健民在车上摊开小地图向邓小平作了工作汇报。吴健民介绍了珠海市和特区发展情况。在谈到引进外资工作时，吴健民说：五年间，还是引进了675宗投资项目，其中特区的项目37个。邓小平问：“为什么在特区的项目这么少？”吴健民回答说：因为特区的范围划得小，才15平方公里多一点，特区投资的环境条件，在建设中只能逐步完善。开始引进的项目，多放在各个公社中去。接着邓小平视察拱北海关和正在兴建中的九洲港、直升机场、石景山旅游中心和香洲毛纺织厂、狮山电子厂以及珠海市容。在视察珠海特区最早引进的毛纺厂时，邓小平仔细参观了洗毛、混合、梳毛、走锭、纺纱、合股、成件、包装各个工序。邓小平问：“这些设备是哪里的？”该厂厂长说：是从西德、瑞士、日本引进的。邓小平又问：“原料是哪里的？”答：是从澳大利亚进口的。邓小平再问：“产品销往哪里？”答：全部出口。我们是一家“三来一补”的企业。

接着又参观楼上的一家狮山电子厂。这是一家自行设计、生产收录机、音响的工厂。年轻的厂长李振介绍了工厂的情况。邓小平询问，是那个学校出来的。当听说是自学的，邓小平马上称赞说：“是自学成才的啊。好！”接着询问李振多大年纪，当得知只有28岁时，邓小平高兴地说：“好！年轻人管理工厂好。年轻人办事好。”

中午，珠海市委负责人与邓小平等在珠海宾馆共进午餐。为让小平同志对珠海有个整体印象，珠海市委领导还向他汇报了珠海下一步的大概规划。汇报准备怎么搞电厂，怎么搞水厂，怎么搞通讯，等等。珠海这座空气清新、环境幽静、有山有海、繁花似锦的旅游城市，给邓小平留下了良好的印象。邓小平说：“这里发展旅游的条件比深圳好”[2]。吴健民请邓小平题词留念。邓小平询问写什么？吴健民马上说，对珠海经济特区评价之类的话。他说：好啊。珠海宾馆早已在屏风背后准备了文房四宝，拉开屏风，小平往后走了两三步，拿起笔来问：写什么呢？想了一下，就写了“珠海

[1] 中共中央文献研究室编：《邓小平年谱（1975—1997）》，第956页。

[2] 同上。

经济特区好”七个字。大家热烈鼓掌。这对于特区建设者们来说，无疑是一个极大的鼓舞。

下午，邓小平离开珠海，在前往广州途中视察顺德。在顺德广东四大名园之一的清晖园听取了中共顺德县委书记欧广源的工作汇报。在谈到发展养鱼业时，邓小平说：塘鱼产量高、值钱。各种糠皮都可以养鱼。我在泰国访问时，看到他们的饲料都是糠皮加鱼粉，便宜得很。小平问欧广源，你们年产塘鱼 1.5 亿斤，多少人口？欧广源答 81 万。邓小平说：那就是平均每人 180 斤，没有日本多，日本是每 10 人就有 1 吨鱼，所以日本人的体质好。邓小平还问欧广源每年出口塘鱼多少万斤？欧广源答 1000 万斤。邓小平说：山和水能解决大问题。我们的山用得还可以，水就用得很少。[1]

当日，邓小平一行抵达广州，住进珠岛宾馆。

珠海题词的消息立即传到了深圳，梁湘等市领导深深感到了压力。他们发现自己错过了一个千载难逢的机会，后悔没有主动请邓小平题词。深圳市委领导曾准备了一卷上好的宣纸，就放在小平同志住处的办公台上，希望他老人家能写下点什么。可是，直到邓小平离开，这张纸上仍是一片空白。梁湘焦急之中打电话向省里求助，询问到的消息说，邓小平 29 日下午离开珠海回广州，将在广州过春节。深圳市委紧急召开常委会议，决定派人到广州请求邓小平给深圳题词。深圳的同志急匆匆地赶到省委珠岛宾馆，先找到杨尚昆说明来意，拜托他安排。深圳同志说：小平同志给珠海题词，肯定了珠海，可对深圳没有评论，我们想让首长题个词。杨尚昆要他住下来等候消息，表示会尽快找机会转达深圳市的要求。一天过去了，还没有回音，第二天仍然没有消息。深圳方面不断来电话催问。杨尚昆找机会对邓小平说：“你说珠海经济特区好，深圳经济特区不是更好吗？”上午10时左右，邓小平的女儿邓楠就问：爸爸，深圳的字还没写啊，深圳的同志还在这里等着。邓小平说：不是回北京写吗？邓楠说：现在他回不去，拿不到题词这个春节不好过。上午 10 点钟左右，这一天是大年三十，邓小平来到会客厅，走到台前，提起手腕悬肘挥动手中那支蘸满墨汁的毫笔，写下“深圳的发展和经验证明，我们建立经济特区的政策是正确的”。这 25 个浓墨遒劲的大字跃然纸上，最后的落款，他特意把时间写为“1984 年 1 月 26 日”，表明还在深圳时已经有这个评价。显然，题词的内容是邓小平在深圳经过两天考察后得

[1] 《广东改革开放决策者访谈录》，第 180—182 页。

出的结论，是他几天来深思熟虑的结果。一直在盼望消息的深圳市领导纷纷赶到会议室听邹尔康连续重复念了三遍题词内容，大家都喜出望外，欢欣鼓舞，深刻体会到邓小平对深圳的评价，寄托着一份大海般深沉的厚爱。第二天，大年初一，邓小平为深圳特区的题词，通过深圳电视、广播及报纸公布了。大年初一上午的黄金时间，香港电视台立即转播，并且反复播放。邓小平的题词在海内外引起强烈反响。这一题词，不仅充分肯定了特区的建设成就和方向，同时为有关特区的争论作了权威性的总结。

晚上，邓小平出席中共广东省委、省政府在广州军区礼堂举行的春节联欢晚会，同各界人士一起欢度春节。在广州期间，邓小平还参观白天鹅宾馆，说："白天鹅好！"白天鹅宾馆，是霍英东投资兴建的五星级宾馆，1983 年建成开业。当时一些人对白天鹅宾馆的经营方式持不同意见，认为这是在搞资本主义。2 月 2 日，邓小平还为即将竣工开业的广州花园酒店题写酒店名"花园酒店"。在珠岛宾馆，邓小平还接见了广东省五套领导班子成员，和他们一起合影留念。

邓小平视察厦门经济特区

2 月 5 日晚上，中共中央政治局常委、中央顾问委员会主任、中央军委主席邓小平，在中央政治局委员王震的陪同下乘专列离开广州前往福建。2 月 7 日上午，专列抵达厦门经济特区。中共福建省委第一书记项南和福州军区司令员江拥辉、福建省省长胡平以及厦门市领导，早早来到厦门火车站月台上，迎接邓小平的到来。在从厦门火车站到厦门宾馆的路上，邓小平一面听取项南对厦门市情的简要介绍，一面不时向窗外两边张望，心情显得格外开朗和喜悦。项南简要地向邓小平、王震汇报了厦门经济特区的创办情况。邓小平对项南下决心抓基础设施建设表示首肯："这个抓得对，要下本钱。栽得梧桐树，引得金凤凰嘛，要努力改善我们的投资环境。"邓小平还说："最好能吸引外资参加基础建设。"

安排邓小平下榻于厦门宾馆 5 号楼后，项南的心无法平静。要向邓小平汇报的问题，项南和省市领导早已研究过，但怎么提，在什么地方提，项南没有把握。晚上，项南来到王震下榻的房间，和王震请教向邓小平汇报的方案。项南说，厦门岛有 131 平方公里，比香港本岛大了近一倍；厦门四面环海，办特区，海就是天然屏障；再者，厦门与台湾地缘相近，血缘相亲，语言相同，习俗相连，与金门隔海相望，最近处仅千来米；开放厦门有利于与台湾“三通”，就对台工作而言，任何一个特区都没有这样的优势。所以，福建省委想把经济特区扩大到厦门全岛。王震认为这个想法很好，出个主意：“依我看，明天你就在游艇上汇报，有什么想法尽管说出来，到时我给你敲边鼓助阵。”

2 月 8 日上午，邓小平在项南和福州军区司令员江拥辉、福建省长胡平及厦门市委书记陆自奋、市长邹尔均等主要领导的陪同下，和王震来到东渡港，视察正在建设中的几个万吨级深水泊位码头。邓小平朝港区 1 号泊位驳岸走去，关切地询问工程负责人：“工程进展好吗？”工程负责人回答：“报告首长，首期 4 个泊位已经建成，现在正抓紧储运仓库和港区道路建设。”邓小平连声说了两个“好”后，又问及泊位的堆场建设情况。当听说 1 号泊位已由杂货码头改为集装箱码头时，赞许道：“要得，这一步有远见嘛！”来到 2 号、3 号泊位，看到数台 10 吨级龙门吊一字排开，邓小平微笑着对身旁的省市领导说：“就是要按现代化港口标准来建设。”当得知眼前这一岸式杂货码头的规模乃国内最大时，邓小平说：“发展经济特区，一定要基础设施先行。”参观港口快结束时，邓小平嘱咐大家：“形势很好呀，希望你们扎实干，干得更好些。”

离开东渡港，邓小平一行来到厦门码头，登上“鹭江”号游艇。船舱较窄，一边只能摆下两张沙发。邓小平和随行的女儿邓楠坐一排，王震和项南坐对面一排。游艇航行了一程后，王震暗示身旁的项南向邓小平汇报工作，并怂恿说：“小平同志耳背，你应该坐过去。”项南则谦让请王震坐过去。王震大声说：“是你汇报，还是我汇报？”声音惊动了邓小平，他扭头问邓楠：“他们两个在争什么？”邓楠笑着说：“胡子伯伯要项南书记坐过来，向你汇报工作呢。”王震不失时机地说：“昨天晚上，我和项南同志谈了一个晚上，他对厦门经济特区建设有很多很好的想法，我想光我听不行，还得向你详细汇报才好。你看是不是现在就让项南同志汇报？”邓小平向项南招招手：“那就请坐过来吧。”

项南在邓小平身边落座后，摊开早已准备好的厦门地图，介绍大致的地形后，直奔主题：小平同志，厦门特区现在只有 2.5 平方公里，实在太小了，太束缚手脚了，即使很快全部建成，也没有多大的实际意义。邓小平看了看项南：“你们有什么具体想法？”项南说：最好能把特区扩大到全岛，使整个厦门岛都成为特区，这对引进外资和技术，对改造全岛的老企业，对加强海峡两岸的交往，都可以起到更大的作用。邓小平思索一阵后，以肯定的语气说：“我看可以。厦门这地方很方便，弄两个游艇在金门巡逻，就可以算隔离带了，不像深圳、珠海那样，要搞铁丝网。我看你们可以大胆做，这没得啥子问题嘛！”接着，项南又说：厦门岛四面是海，是天然的隔离带。厦门全岛建成特区，这对开展对台工作也有利。厦门离金门最近的距离只有1000多米，一开放，再搞一个落地签证，“三通”不通也通了。所以厦门工作做好了，对将来祖国统一也有利。邓小平说：“对了，就是应该这样考虑问题嘛。”又问：“特区扩大后你们想怎么个搞法？”项南回答：中央给福建特殊政策、灵活措施，厦门又是特区，希望中央给的权再大一些，让我们去闯一闯，最好把厦门特区建成自由港。现在台湾同胞到大陆，都不是直来直去，而要从香港或日本绕道来，实在太麻烦了。如果把离台湾、金门最近的厦门特区搞成自由港，实行进出自由，这对海峡两岸人民的交往，将会起很大的促进作用。邓小平问：“什么是自由港？”项南和厦门市领导陆自奋、邹尔均等把从香港调查得来的资料作了概括性的汇报后，邓小平一脸平静，良久不语。王震可就有点急了在旁插话：“应该考虑这个问题”。邓小平说：“可以考虑。自由港都实行哪些政策呢？”项南说：这个问题我们议过，我看可以参考香港的做法，无非就是三条，一是货物自由进出，二是人员自由来往，三是货币自由兑换。邓小平听后，语气温和地说：“前两条还可以，可后一条你拿什么跟人家兑换呢？”项南答：可以印发“特区货币”。邓小平微微地摇了摇头说：“这不容易，但没有关系。特区货币问题没解决前，可以实行自由港的某些政策。”

项南进而提出：“单有厦门特区的发展，还解决不了福建由穷变富的问题，最好是闽南厦、漳、泉三角地区也能对外开放。”邓小平表示：“这个问题，要等回北京后，跟第一线的同志们一起研究。”汇报中还谈到，美国有个科学家曾经建议我们划一个小岛给他们建科学城，由他们自由搞科研，把研究成果提供给我们。王震快人快语：“这个我赞成。你们向总理汇报了吗，他对此有什么意见？”“总理听了汇报后，说可以研究研究。”邓小平语声轻缓地说：“那就研究研究吧。”

不觉地，游艇环岛一周了，在鼓浪屿码头靠岸。邓小平游览风景如画的鼓浪屿，很快就被人认出来了。鼓浪屿顿时欢腾了起来。邓小平高兴地频频向街道两旁群众挥手、致意。行进中，忽然从欢迎的人群中传来一声稚童的声音：“邓爷爷好！”邓小平弯着身子慈祥地和这位小朋友拉拉手，摸了摸他可爱的小脸蛋说：“小朋友好！”然后心情愉快地继续往前走，一步一步地向日光岩攀登。邓小平说：“厦门是个好地方。像鼓浪屿这样的地方不多，要好好保护。”[1]

---

[1] 中共中央文献研究室编：《邓小平年谱（1975—1997）》，第958页。

日光岩是鼓浪屿的制高点。从日光岩步行返回游艇的路上，邓小平突然询问项南："厦门机场为什么叫'国际机场'？"原来厦门特区创办初期，充分运用中央赋予的特殊政策和灵活措施，利用科威特的一笔优惠贷款修建的厦门国际机场，经过一年左右的高速建设，已于1983年10月正式通航，它一开始就被命名为"厦门国际机场"。这时项南思维敏捷地立即回答说："搞经济特区，就应该与海外建立更为广泛的联系，叫'国际机场'就是为了不仅与内地和香港，还要与东南亚、日韩、欧美等世界各国通航，只有大胆飞出去，才能打开局面。"邓小平对项南的快速反应和圆满回答深感满意。说："就是应当飞出去嘛！"同一天，邓小平、王震与项南等人还特意到中国人民海军东海舰队厦门驻地码头，亲切看望了水警区官兵，并和他们合影留念。

邓小平在厦门上午参观，下午和晚上休息，并接见有关人员。2月9日上午8时30分，邓小平在项南等省市领导陪同下，驱车来到著名的五老峰下的厦门大学，与厦门大学校、系、部门的负责人和著名教授、先进工作者以及学生代表200多人见面，和大家一起合影留念。

离开厦门大学，邓小平和项南等人随即驱车来到湖里工业区。作为厦门经济特区的发祥地，湖里工业区当时还只是一个正在建设的大工地。眼前的景象，让刚从深圳过来的邓小平明显地感受到了厦门特区与深圳特区的距离。邹尔均介绍说，由于厦门一直地处前线，基础设施落后，2.5平方公里的特区就要推掉9座山头。尽管如此，比深圳晚起步一年的厦门在短短3年时间内就完成了780万土石方的平整工作，建成了40多万平方米的厂房。邹尔均还着重介绍了厦门的远景规划。为增强印象，邹尔均请邓小平到12层的白鹭宾馆楼顶看看。站在管委会楼顶上，放眼望去，一览无余。邹尔均说："首长您看，我们一眼就望穿了，特区太小了！"心知其意的邓小平点点头，笑了笑。回到会议室，大家请邓小平讲话。邓小平说："说好不讲了嘛。"项南一旁说："那就请小平同志给厦门特区工作题词作指示。""题什么？""邓小平同志题什么，我们都一样高兴。"邓小平健步走到已摆好纸墨笔砚的桌前，拿起毛笔挥毫题写："把经济特区办得更快些更好些。"邓小平的这一题词连同为深圳、珠海特区的题词，贯穿了他这样一条思路：特区政策是正确的，办特区的做法是好的，不仅要办下去，还应当办得更快更好。

从湖里工业区出来，邓小平又到厦门国际机场。离开机场后，他特意视察了陈嘉庚生前倾资创办的集美学村，邓小平先后参观了集美鳌园、陈嘉庚故居和归来园，得知今年是陈嘉庚110周年华诞，特地为陈嘉庚的纪念画册题词：“华侨旗帜民族光辉陈嘉庚”。随后，他在归来堂听取集美校委会负责人关于集美学村发展过程和今后规划的汇报。在勉励办好集美学村后，邓小平以陈嘉庚的爱国情操为例，把话题转到广大华侨支持祖国四化建设的爱国爱乡精神上来，指示省市领导要进一步贯彻好侨务政策，并认真听取了福建省和厦门市的侨务工作汇报。项南汇报说：省委重视侨务工作，把做好侨务工作，同发展经济、做好对台工作并列为八十年代福建的三大任务。邓小平频频点头，这很好，说明他们确实意识到做好侨务工作，对巩固和发展爱国统一战线、加快改革开放和现代化建设、推进祖国和平统一大业、促进同世界人民友好往来将起到的重要作用。得知省市在落实华侨房屋政策的任务还相当艰巨时，邓小平以不容置疑的语气说：“华侨的房子，要先承认他们的所有权，然后分期交还。”

2月9日下午，原本安排休息的邓小平，忽然提出要到云顶岩观看。云顶岩海拔300多米，是厦门制高点，在1958年“8·23”炮击金门时，这里是福建前线指挥所。借助云顶岩指挥所的高倍望远镜，大小金门清晰地出现在邓小平眼中。观看完指挥所里的沙盘作业，邓小平亲切地跟云顶岩哨所的同志们握手问候。接着，小平同志还热情地与厦门特区党政军领导干部，各民主党派和台商台胞代表，以及港澳和华侨华人代表亲切见面、愉快交谈。全国台联副会长、福建省台联会长朱天顺，原台湾成功大学教授、1981年回大陆定居的厦大物理系教授沈持衡受到邓小平的亲切接见。

2月10日上午，邓小平在项南等省市领导陪同下，冒着蒙蒙细雨来到著名而颇具特色的厦门风景区——万石植物园。邓小平种的是一株香樟树苗。项南告诉他这是从四川成都运来的一种千年树，是南国佳木。王震则选择了另一棵南国佳木——南洋杉。项南和其他省市领导也分别种了10棵樟树和南洋杉。种完树，雨沙沙地下了起来。邓小平望着灰蒙蒙的天空说：“今天种下的几棵树，这下包活了。”

随后省市领导又陪同邓小平和王震一行，来到厦门火车站，依依不舍地欢送他们登车北上。在临上专列、与省市领导挥手告别前，以他沉稳有力的语气说：“你们讲的两个问题，我带回去，让一线的同志来决定。”[1]

---

[1] 参考钟兆云：《1984：邓小平视察厦门特区》，载《福建党史月刊》2004年第7期。

邓小平视察上海

2月11日下午，邓小平乘专列抵达上海，下榻西郊宾馆。2月14日，邓小平和王震、陈丕显（中共中央书记处书记、中共中央政法委员会书记、全国人大常委会副委员长）等听取上海市委负责人陈国栋、胡立教、杨堤、阮崇武等的汇报。他指出："我这次看了几个经济特区，看了几个饭店。中山温泉宾馆是霍英东独资经营的，每年赚两千万元，几年后产权归我们。像这样的事，你们也可以搞嘛！现在看，开放政策不是收的问题，而是开放得还不够。""上海要搞十个大饭店，也可以让海外国外的人搞独资，包括建筑材料也从国外进口。旅馆可以利用外资。你们要加快速度，条件可以放宽一些。"在谈到汽车工业发展时，邓小平说："要搞一个汽车设计研究院，经常改改样子，搞得新一些，怪一些也可以。"在谈到建筑体制问题时，邓小平说："现在我们的建筑体制，特别是住宅的建设，住房商品化，一下子还改不过来。我们的建筑速度慢得很，像蜗牛爬。深圳蛇口因为采取责任制，建筑速度快，几天一层楼。建筑队伍还是那些人，只是办法改了一下。我们的一些制度要改，吃大锅饭不行。"在谈到上海人才情况时，邓小平说："现代化和干部年轻化有关，没有年轻人不行。"[1]

2月15日，邓小平等视察了正在建设中的上海宝山钢铁总厂，听取了冶金部副部长黎明的汇报。邓小平指出："宝钢二期工程肯定要上，问题是什么时候上。原来国家计委考虑宝钢二期工程在'七五'期间上，如果一九八五年只要两个亿，还可以考虑上得快一些，不要耽误时间。""我们要把日本的技术学过来"。邓小平还专门为宝钢题词："掌握新技术，要善于学习，更要善于创新"[2]。

2月16日，邓小平参观上海市微电子技术及其应用汇报展览，听取了工作人员对电子器件、基础材料、设备、人才培养、科研开发、计算机应用等各个部门的介绍。邓小平指出："计算机的普及要从娃娃做起。"[3] 邓小平还参观了上海交通大学，接见了学校主要领导和部分师生。还接见了中共上海市委、市政府负责人。

2月17日，邓小平乘专列回到北京。

---

[1] 中共中央文献研究室编：《邓小平年谱（1975—1997）》，第960页。

[2] 同上，第961页。

[3] 同上。

邓小平与中央领导同志谈话

1984 年 2 月 24 日，也就是视察特区和上海回到北京的第七天，邓小平同胡耀邦、万里、杨尚昆、姚依林、胡启立和宋平等几位中央负责同志进行了谈话，商讨如何进一步办好经济特区和增加对外开放城市的问题。

邓小平指出："最近，我专门到广东、福建，跑了三个经济特区，还到了上海，看了宝钢，有了点感性认识。""这次我到深圳一看，给我的印象是一片兴旺发达。深圳建设速度相当快，盖房子几天一层，一幢大楼没有多少天就盖起来了。那里的施工队伍还是内地去的，效率高的一个原因是搞了承包制，赏罚分明。深圳的蛇口工业区更快，原因是给了他们一点权力，五百万美元以下的开支可以自己做主。他们的口号是：'时间就是金钱，效率就是生命。'"他还说，"听说深圳治安比过去好了，跑到香港去的人开始回来，原因之一是就业多，收入增加了，物质条件也好多了，可见精神文明说到底是从物质文明来的嘛！"

"我们建立经济特区，实行开放政策，有个指导思想要明确，就是不是收，而是放。""特区是个窗口，是技术的窗口，管理的窗口，知识的窗口，也是对外政策的窗口。特区成为开放的基地，不仅在经济方面、培养人才方面使我们得到好处，而且会扩大我国的对外影响。""厦门特区地方划得太小，要把整个厦门岛搞成特区。这样就能吸收大批华侨资金、港台资金，许多外国人也会来投资，而且可以把周围地区带动起来，使整个福建省的经济活跃起来。""厦门特区不叫自由港，但可以实行自由港的某些政策，这在国际上是有先例的。只有资金可以自由出入，外商就会来投资。我看这不会失败，肯定益处很大。""除现在的特区外，可以考虑再开放几个港口城市，如大连、青岛。这些地方不叫特区，但可以实行特区的某些政策。我们还要开发海南岛，如果能把海南岛的经济迅速发展起来，那就是很大的胜利。""要让一部分地方先富裕起来，搞平均主义不行。这是个大政策，大家要考虑。"[1]

谈话结束时，邓小平指定姚依林、宋平将谈话的内容，"向陈云汇报一下"。[2] 陈云看了邓小平在视察中和回京后的谈话记录，又于 3 月 14 日专门听取了姚依林、宋

[1] 《邓小平文选》第 3 卷，第 51—52 页。

[2] 中共中央文献研究室编：《邓小平年谱（1975—1997）》，第 963—964 页。

平等的汇报，明确表示赞成邓小平有关扩大对外开放的意见。[1]

1984 年 2 月 27 日，陪同邓小平视察的王震给中央提交了《我们建立经济特区的政策是正确的——王震同志关于陪同邓小平同志视察广东、福建、上海的情况报告》。王震同志除汇报了邓小平视察活动和发表的重要讲话，还谈到他随同邓小平同志视察的体会：一、小平同志提倡的党的十一届三中全会确立的对外开放政策及兴办经济特区的决策是完全正确的。我们应该继续坚定不移地积极贯彻和执行对外开放的政策，并十分注意研究和解决实行对外开放政策中遇到的新问题，进一步解放思想，尽快解决小平同志指出的开放得还不够的问题。二、国内政治、经济形势很好。不仅特区形势好，从广东、福建、上海和沿途看，可以说国内的政治、经济形势都很好。三、党中央在群众中享有崇高的威望。[2]

1984年3月5日，国务院特区办公室负责同志专程到厦门传达邓小平的谈话精神。

1984 年 3 月 18 日，中共中央总书记胡耀邦在会见日本客人时郑重宣布：中共中央决定厦门经济特区由 2.5 平方公里扩大到厦门全岛 131 平方公里。

1984 年 3 月 26 日至 4 月 6 日，中共中央书记处和国务院在北京召开沿海部分城市座谈会。到会的有：天津、上海、大连、烟台、青岛、宁波、温州和北海八市，深圳、珠海、汕头、厦门四个特区和海南行政区，辽宁、山东、浙江、福建、广东和广西壮族自治区的负责同志，中共中央、全国人大常委会、国务院有关部门和总参的负责同志。中央和国务院的领导同志出席了会议。3 月 28 日下午，根据会议安排，深圳市委书记梁湘和蛇口工业区董事长袁庚在会上发言，介绍了深圳建立经济特区以来发生的变化，汇报创建特区 4 年来的做法、经验和体会。梁湘、袁庚的发言，得到与会同志的普遍重视和肯定，第二天就打印成会议资料，发到与会者手中，供大家学习、参考。4 月 6 日，邓小平和李先念等同志会见了全体参加沿海部分城市座谈会的同志，并在怀仁堂后园的草地上同大家一起合影。邓小平高兴地说，“特区的队伍已经这样大啊！要选明白人当家。这是很重要的一条。”[3] 根据邓小平的建议，会议决定：将厦门经济特区扩大到全岛，并实行自由港政策；决定开放由北至南的大连、秦皇岛、天津、烟台、青岛、连云港、南通、上海、宁波、温州、福州、广州、湛江、北海 14 个沿海

[1] 《陈云传》，第 1672 页。

[2] 《我们建立经济特区的政策是正确的——王震同志关于陪同邓小平同志视察广东、福建、上海的情况报告》，参见中共广东省委办公厅编：《中央对广东工作的指示汇编（1983—1985 年）》，第 128—136 页。

[3] 深圳市史志办公室：《中国经济特区的建立与发展》（深圳卷），第 167 页。

港口城市；讨论了进一步搞好海南岛开发建设。

1984 年 4 月 23 日，中共中央书记处书记、国务委员谷牧在北京为老干部举行我国对外开放和经济特区建设方针的报告时说：特区的“特”主要表现在：（1）特区的经济发展主要是吸收和利用外资，产品主要出口，以中外合资、合作、独资企业为主；（2）特区的经济活动要充分发挥市场的调节作用；（3）对前来投资的外商在税收、出入境等方面给予优惠和方便；（4）实行与内地不同的管理体制，有更大的自主权。

1984 年 4 月 25 日，谷牧同志专程到杭州向陈云同志汇报，听取陈云同志对《沿海部分城市座谈会纪要》的意见。陈云说：“《纪要》看了两遍，是很用心看的。我同意这个《纪要》。”“《纪要》中有两点我很注意。一点是说，要有‘拳头’产品。现在，特区还没有‘拳头’产品，深圳也没有。但是，深圳有新的管理办法，这也是‘拳头’。这样管理。发展得很快呀！另一点，要有一定比例的内销。国内市场不能不让出一些，否则对外资没有吸引力。问题是让多少，‘一定比例’可大可小。”[1]

1984 年 5 月 4 日，中共中央、国务院转发《沿海部分城市座谈会纪要》（中发[1984]13 号），决定把厦门经济特区的范围扩大到全岛（包括鼓浪屿），面积 131 平方公里，并逐步实行了自由港某些政策。指出“厦门经济特区扩大到全岛，实行自由港的某些政策，是为了发展我国东南部的经济，特别是加强对台工作，促进祖国统一大业而作出的重大部署”。批准了会议关于进一步开放沿海 14 个港口城市的建议。这 14 个沿海城市是：天津、上海、大连、秦皇岛、烟台、青岛、连云港、南通、宁波、温州、福州、广州、湛江和北海。指出：沿海开放城市的建设，主要靠政策，一是给前来投资和提供先进技术的外商以优惠待遇；二是扩大这些城市的自主权，让他们有充分的活力去开展对外经济活动。为了认真执行邓小平同志的重要意见，贯彻落实《纪要》，中央和国务院决定，委托谷牧同志监督、检查执行情况，并协调、仲裁执行中可能出现的矛盾。为此，国务院特区办公室的力量也要加强。这次沿海部分城市工作座谈会的召开，是中国改革开放的一座里程碑，也是经济特区发展史上的一座里程碑，使经济特区建设进入一个新阶段。

1984 年 5 月 23 日，邓小平会见斯里兰卡总统朱尼斯·理查德·贾亚瓦德纳时指出：“你们在国内采取了好的政策，发展很快。我们同你们想到一块了，我们建了四

---

[1] 《陈云文集》第 3 卷，第 535 页。

个经济特区，像你们的自由贸易区一样很见效。我们好起来是最近五年的事。”[1]

1984 年 5 月 23 日至 24 日，中共中央总书记胡耀邦在广东省委第一书记任仲夷，广东省委书记、省长梁灵光陪同下从广州到达深圳。胡耀邦是在专程来深圳为南斯拉夫共产党中央主席马尔科维奇送行期间再次视察深圳经济特区的。他参观了香密湖、八卦岭工业区、怡景花园等，并登上国际商业大夏楼顶，俯瞰特区建设新貌，同谷牧、梁灵光、梁湘等座谈了特区的工作，并题词：“特事特办，新事新办，立场不变，方法全新。”

1984 年 6 月 1 日，谷牧在深圳召开经济特区工作会议上指出：还是那句话，前段同志们干得不错，得到中央的肯定，人民的赞扬，不容易啊！下一步的困难更大，难度体现在如何才能发挥四个窗口的作用。如能做到这一点，取得经验，那对国家的贡献就更大了。还会有非议和批评，我们要欢迎，对那些挖苦的，我们一笑置之。但脑子里不能发烧，这个问题表现在宣传工作上，要冷一冷。前一段有些东西不应吹得太多，少宣传为好。我看，我们要多做少说，先做后说，有的做了也不说。总之，千秋功罪，自有后人评论。[2]6 月 9 日，谷牧在听取广州、湛江两市负责同志汇报工作时指出：深圳的同志很有信心，他们提出到 1990 年人均达到 5000 美元，即达到香港现在的水平。海南也提出 20 年赶上台湾。这件事我要回北京组织专家们议论一下，究竟根据、理由是否充足。希望省委的同志研究一下这个问题。还有一点，深圳以及其他特区的体制改革问题。我曾经多次讲，梁湘要真正成为深圳的“总督”，要给梁湘更大的自主权，才能在国家统一的方针政策下独立自主地解决深圳这块地方的问题。这件事讲了几年，但这次到深圳看，基本上没有什么进展。一方面是上面不容许他当“总督”，条条框框不少，干扰不少；另一方面他自己那个制度也当不了“总督”，他那一套管理办法基本上是内地的管理办法。如果梁湘还是当不了“总督”，那么广东怎么能当排头兵？我主张首先给梁湘“松绑”，做个榜样，全国就好办。[3]

1985 年 3 月 28 日，国务院批转《关于广东、福建两省继续实行特殊政策、灵活措施的会议纪要》。该《纪要》指出：1979 年 7 月 15 日，中共中央、国务院批转广

[1] 中共中央文献研究室编：《邓小平年谱（1975—1997）》，第 977 页。

[2] 《谷牧同志在特区工作会议结束时的讲话》（1984 年 6 月 1 日），参见中共深圳市委办公厅编：《党和国家领导人视察深圳讲话资料汇编》，第 129 页。

[3] 参见中共广东省委办公厅编：《中央对广东工作的指示汇编（1983—1985 年）》，第 168—169 页。

东省和福建省的报告，确定两省实行特殊政策、灵活措施，定期5年，到1984年底期满，会议建议批转广东、福建两省在今后5年内（即到1989年）继续实行特殊政策、灵活措施。凡属过去5年实践证明是行之有效的各项具体政策措施，要继续实行；同时，要根据形势发展的新情况和党中央、国务院的有关新部署，增添必要的新内容。

中国改革开放总设计师邓小平首次视察经济特区，这是中国改革开放历史发展航程中，具有深远历史意义的重要事件。邓小平题词和讲话，再次表明他对举办经济特区的决策和实践的肯定，给深圳等经济特区作了公正的评价，及时纠正了当时党内外存在的否定经济特区的倾向，从而使围绕着要不要办特区、办特区是对是错这个长达4年之久的是非之争得以结束，从而有力地推动了经济特区继续向前发展。原中共深圳市委书记、市长李灏同志曾说："没有小平拍板也不会建立特区，没有小平同志1984年那么坚定的话，我们特区早就收摊了，就不会有后面的实践和经验"[1]谷牧同志后来说："小平同志这次南方重要讲话的发表，上述中央文件的发出（指中发[1984]13号文），意义和作用十分重大。'是放不是收'的指导思想深入人心，给那些有关举办经济特区是是非非的议论，基本画上了句号，迎来了对外开放的春天。"[2]李岚清后来也说："这不仅是中央又一次对特区工作的肯定和阶段性的总结，也是进一步扩大对外开放的里程碑。这次重要谈话，由中央办公厅以白头文件的方式，发至党中央、国务院各部门和地方领导同志，对统一全党思想，坚定对外开放的信心，起了历史性的作用。1984年中国的春天，成为一个对外开放的绚丽而灿烂的春天而载入史册。"[3]田纪云也说："在中国创办经济特区，举步十分艰难。从起步到建设，一直存在激烈争论，坚决反对的同志，坚持不同意见的同志不少，一直争论不休，主要是担心资本主义。但小平同志十分坚定，亲自视察，明确表示支持广东、福建先走一步，为我国发展经济'杀出一条血路'。"[4]

1987年6月12日，邓小平在会见南斯拉夫客人时也谈到这次特区之行。他说："当时我们决定先搞深圳经济特区，除了深圳以外，还有珠海、汕头、厦门。一共四个经济特区，广东省占了三个，福建省占了一个。我去过一次深圳，那里确是一派兴

---

[1]《老特区，新作为——访中共深圳市委原书记、市长李灏》，载《中国城市经济》2008年第1期。

[2] 谷牧：《小平领导我们抓开放》，载《百年潮》1998年第1期。

[3] 李岚清：《突出：国门初开的岁月》，第156页。

[4] 田纪云：《改革开放的伟大实践——纪念改革开放三十周年》，新华出版社2009年出版，第440页。

旺气象。他们让我题词，我写道：‘深圳的发展和经验证明，我们建立经济特区的政策是正确的。’当时我们党内还有人采取怀疑的态度。香港舆论界不论是反对我们的还是赞成我们的，也都有人持怀疑态度，不相信我们是正确的。”[1]

2008年8月2日，江泽民同志说：“当年抓创办经济特区，现在看来对整个改革开放起了重要作用。创办经济特区是我国社会主义建设的新生事物，是我国改革开放的伟大创举，是破天荒的事。一些人充满希望，一些人有些忧虑。但是，在邓小平同志指导下，经过努力，我们对经济特区建设的指导思想，对经济特区的性质、功能、地位、作用以及如何管理等重大问题，逐步都搞清楚了。近30年来，经济特区作为改革开放的‘窗口’和‘排头兵’，在对外开放、体制创新、产业升级等方面发挥了重要的辐射和带动作用。实践充分证明，创办经济特区的决策是完全正确的。”[2]

[1] 《邓小平文选》第3卷，第239页。
[2] 刘向东主编：《对外开放起始录》，第2页。

第四章

经济特区的转型与发展

以邓小平第一次视察经济特区为标志，中国经济特区发展进入到一个新时期，也就是从过去的铺摊子、打基础转到抓生产、上水平、求效益上来，进入一个“以工业为主、工贸技结合、综合发展”的新阶段。中国经济特区不仅在数量上不断扩展，而且在质量上上了新台阶。

第一节　经济特区范围的扩大

随着经济特区建设的不断推进，珠海、汕头、厦门 3 个特区原来划定的范围已不能适应特区快速发展的需要。在邓小平关于“我们建立经济特区，实行开放政策，有个指导思想要明确，就是不是收，而是放”的指示精神指引下，国务院适时对经济特区的面积进行了多次调整，进一步扩大了经济特区的范围。

珠海经济特区范围的扩大

1980 年 8 月 26 日，第五届全国人民代表大会常务委员会第二十五次会议批准，在珠海设立经济特区。特区面积先是 6.81 平方公里，包括拱北、湾仔小部分地区，分东、中、西三个部分 6 个小功能区 。可见珠海当初划定特区范围时是极为谨小慎微的，那 3 块不相连的荒滩和荒坡，加起来只有 6.81 平方公里。

1981 年 7 月 19 日，中共中央、国务院下发《批准〈广东、福建两省和经济特区工作会议纪要〉通知》(中发 [1981]27 号文)指出：深圳、珠海的特区应建成兼营工、商、农、牧、住宅、旅游等多种行业的综合性特区。珠海市委、市政府经过反复讨论后，认为珠海特区范围太小，同建设综合性特区的目标不相适应，需要扩大特区范围。这时，有人主张扩大，应将拱北、湾仔、前山、南屏、香洲包括进去。有人主张不宜过大，待取得经验后再调整，担心会带来边防管理、走私等方面的新问题。也有人提出问题：深圳、珠海经济特区同属于综合性特区，为什么深圳特区的范围可以划 327.5 平方公里，而珠海特区的范围只能划 6.81 平方公里。

1981 年 11 月，珠海市委常委会作出决定，由市委政策研究室进行调查研究，就特区范围扩大问题，广泛征求意见。当时归纳了这么几个问题：(1) 特区范围内可供选择的范围小，有的土地条件差，基础设施建设投资大，外商不愿要。(2) 特区范围外虽有广阔的土地，但享受不到特区的优惠政策，外商望而却步。(3) 珠海特区范围小地理条件差，难以实现“综合性特区”的战略要求。(4) 珠海经济特区范围这样小，难以成为市委、市政府工作的中心。当时珠海就特区范围扩大提出了三个方案：一、以下栅、上涌两个边检站为界，将珠海市的内陆绝大部分地域划入特区。二、从银坑蚝场南部起，沿凤凰山东南麓至界涌为界，南部和西南部的内陆地区（包括香洲、前山、拱北、吉大、南屏、湾仔等地）划入特区。珠海市委、市政府经过反复讨论研究，拟定一个包括香洲、吉大、拱北在内的面积 37.71 平方公里的特区范围方案。[1]

1983 年 3 月 23 日，珠海市委、市政府向广东省政府提交调整特区隔离线范围的请示报告，认为原计划 6.18 平方公里的范围不够合理，靠澳门三块互不相连的沿海荒坡或低洼地带，与中央 27 号文要“建成兼工商、农牧、住宅、旅游等多种行业的综合性特区”的要求很不适应，难以形成综合性的特区，要求扩大特区范围。不连片的分散的小范围的特区既不能满足外商大面积的投资需求，也不利于统一规划、统一管理、合理布局。报告要求扩大特区范围到整个香洲区。珠海市委除行文向广东省政府、国务院报告外，还数次派人到省、北京汇报请示。

1983 年 4 月 15 日，谷牧同志视察珠海特区，珠海市委、市政府向谷牧同志提出把整个香洲地区划为特区的方案。为此，谷牧同志就珠海经济特区的管理范围问题发

---

[1] 唐榕达：《英雄须有用武之地》，参见全国政协文史和学习委员会编：《经济特区的建设》，中国文史出版社 2009 年版，第 418 页。

表了重要指示。他指出：关于经济特区的范围如何划？是划大一些，还是划小一些，几位同志都发表了意见。怎样把经济特区划得更合理一点，是一件很复杂的工作。它涉及政治和经济等许多问题。不能理解为可以简单地从地图上画出一条线，把它画成方形或条形，画得整齐好看一点。关于特区的范围，有些同志问，为什么深圳特区可以划得大一点？其实，正如吴南生同志所说，深圳是在万不得已的情况下，才不得不采取这样的措施。深圳因为地形关系，无法另画一条线，所以才不得不下大决心，大一点就大一点。对此，国内外不少人都有看法，那些反对经济特区的人，其中一条理由就是说，全世界的特区加起来，都没有你们深圳特区那么大。深圳由于范围较大，乱七八糟，现在虽然好一些，但至今仍有很多问题未能解决，问题很复杂。对深圳的问题，我们不后悔。但要持慎重态度，包括特区货币和二线问题。要采取"摸着石头过河"的办法，稳步前进。谷牧同志还说：我们认为，其他特区如果划得不合理，都可作小的调整，不作这种大的变动。我们党，我们的国家办特区，一定要办好。在大家都没有很大把握的前提下，应当采取稳步前进的办法。划得不够合理，可以调整一下。但你们提出那一个把特区范围扩大的方案，我是根本反对的。我们试办它两三年，然后再作调整是可以的。你们那边的问题还未解决，没有经验，又扩展到新的地区，这等于是自己给自己制造一大堆新的矛盾。我总觉得，你们提出这个大方案，划得那么大的范围，将会造成一连串的问题。我是不敢设想的，中央也是不能接受的。现在提出试办经济特区，本来就有很多人怀疑，而你又办这么大的特区，我作为中央分管试办经济特区工作的，也觉得没有把握。总的来说，我不同意你们提出的大调整方案，根本不考虑你们的方案。我的意见是，同意你们作适当的小调整，也就是将原来的东、中、西部连成一片再作些小调整，向西面适当扩展一点。这已经比澳门大了。对这次的具体调整方案，可组织一个小组细致地研究，报省委审查，然后再报国务院审批确定。[1]4 月 25 日，谷牧在中共广东省委常委会议上再次谈到这个问题，他说：珠海的同志开始坚持要划大特区范围，要把香洲全部划为特区，搞成 60 多平方公里。我问他们，特区主要是对外国人的，你们现在引进的外资还不多。搞这么大的特区，怎么管法？他们说，很简单，深圳怎么管，我们就怎么管。我说，由于各方面的原因，我们办特区，需要有大一点的，有中等一点的，也需要有小一点的，蛇口不

---

[1]　谷牧：《关于珠海经济特区的管理范围问题》（1983 年 4 月 15 日），参见中共广东省委办公厅编：《中央对广东工作的指示汇编（1983—1985 年）》，第 44—47 页。

就是只有 1 平方公里吗？这件事你们省委注意一下。我们与他们交换意见的结果是这样：你要划多大范围，你就提出意见向省委报告，省委同意怎么定就怎么办。最后他们同意只扩大到 10 多平方公里。[1]

可见，当时谷牧同志是反对珠海市委提出把整个香洲全部划为特区的方案，但同意珠海特区范围作小的调整。

1983 年 6 月 29 日，国务院批准调整珠海经济特区范围，将原有划定的东片和中片连成一体，面积从 5.75 平方公里扩大为 14.10 平方公里（包括吉大、拱北整个地区和前山部分地区）；原西片 1.06 平方公里仍按原定区域，不作变动。调整后的特区总面积由 6.81 平方公里扩大到 15.16 平方公里，包括香洲、吉大、拱北、前山、南屏、湾仔地区。这一特区范围比原来的面积增加了 8.35 平方公里，而且基本上连片，有利于规划和开发。

此后，珠海经济特区的范围又作过两次整顿。

1988 年 4 月 15 日，国务院下发《关于调整珠海经济特区范围的批复》（国函[1988]52 号），批复指出：一、同意按报告中第三方案调整珠海特区范围。调整后的特区范围包括上涌、下栅两个边防公安检查站以南的陆地和珠海市北面的淇澳岛，总面积为 121 平方公里。特区陆上边界：东面、南面临海；西面北起下栅检查站，沿凤凰山东南麓 20 米等高线至上涌检查站，再由上涌检查站向南沿中山市界延伸至西江出海口。二、划入特区的淇澳岛，应主要用于建设不宜建在陆地的能源及其他基础工业项目。三、要继续贯彻开发一片，建成一片，收益一片的方针，对新区要坚持做好规划，逐步开发。在近期仍应把建设重点放在已开发区域内，注重上水平、求效益。四、特区范围调整后，对特区管理线的设置及所需增加的编制、设施等，请珠海市人民政府组织有关方面进行研究，提出方案，按有关规定报批。这样，珠海经济特区由原来的 15.16 平方公里扩大到 121 平方公里，扩大了将近 7 倍。

2009 年 8 月 14 日，国务院正式批复《横琴总体发展规划》，将面积 106.46 平方公里的横琴新区纳入珠海经济特区范围，对口岸设置和通关制度实行分线管理，使珠海经济特区面积达到 228 平方公里。

---

[1] 《关于经济特区工作的几个问题——谷牧同志在广东省委常委会议上的讲话》（1983 年 4 月 25 日），参见中共广东省委办公厅编：《中央对广东工作的指示汇编（1983—1985 年）》，第 55 页。

汕头经济特区范围的扩大

中共中央、国务院下发《批准〈广东、福建两省和经济特区工作会议纪要通知〉》(中发 [1981]27 号文) 指出：汕头经济特区“目前应建成以加工出口为主的，同时发展旅游等行业的特区”。1981 年 10 月 16 日，经国务院批准，在汕头市郊区龙湖村周围划出 1.6 平方公里，建立汕头经济特区。当时中央和广东省给汕头经济特区的任务主要是发展出口加工区、利用外资改造市区老企业和发展旅游业。广东省结合汕头的实际情况，确定划出 19.3 平方公里作为农业控制区；划出 1.7 平方公里作为港口预留区筹建码头。

1984 年春，邓小平视察深圳经济特区以后，发表了重要讲话，我国对外开放进一步推进，开放了沿海 14 个港口城市。由于汕头经济特区面积小，经营行业单一，对外资的吸引力受到很大的限制，致使汕头经济特区发展缓慢。1984 年 2 月 25 日，谷牧同志主持召开了国务院经济特区工作联合办公会议，会议指出：“为了便于今后管理广澳湾外商独资石油化工联合企业以及今后陆续兴建的其他外资企业，广澳湾可考虑划为特区的一部分，这个问题和汕头特区为引进农业先进技术规划的农业区是否划入特区问题，都由广东省人民政府通盘研究，征求各方面的意见，提出调整汕头经济特区区域范围的方案，上报国务院审批。”[1] 汕头市委、市政府根据谷牧同志的指示，在广东省委、省政府的领导下，组织力量进行调整研究和论证，提出了调整汕头经济特区区域范围的方案。1984 年 5 月 23 日，中共汕头市委向中共广东省委、省政府上报《关于调整汕头经济特区区域范围的请示报告》，提出了调整汕头经济特区的方案。1984 年 8 月 2 日，广东省政府组织力量对汕头经济特区区域调整方案进行了实地勘查和评议，在征求各方面的意见后，将方案上报国务院。

1984 年 11 月 29 日，国务院正式批准汕头经济特区的区域范围作适当调整。调整后汕头经济特区面积由原 1.6 平方公里扩大为 52.6 平方公里。其中龙湖片区（含妈屿岛）22.6 平方公里，广澳片区 30 平方公里。汕头经济特区开始朝着建立以工业为主，出口农业、交通运输、金融、商业、旅游、房地产各业并举的方向综合发展。

随着汕头经济特区建设的向前推进，汕头市区与特区“一城两制”的问题和矛盾日益突出，成为束缚汕头进一步改革开放和经济发展的主要因素之一。1988 年，海南

[1]　中共汕头市委党史研究室编：《中国经济特区的建立与发展》(汕头卷)，中共党史出版社 1996 年版，第 71 页。

建省办特区，1990年开发开放上海浦东，对于汕头经济特区发展是个极大鼓舞。为理顺汕头经济特区的管理体制，促进外向型经济的发展，汕头市委、市政府向广东省、国务院呈送了《关于进一步扩大汕头经济特区范围的请示报告》，要求把经济特区范围扩大到整个汕头市范围。在江泽民、李鹏等中央领导同志的关怀下，汕头经济特区区域范围扩大的问题，很快得到解决。

1991年4月6日，国务院下发《关于扩大汕头经济特区范围的批复》，批复指出：一、同意将汕头经济特区的范围扩大到汕头市区。扩大后的汕头经济特区界线是：东部以韩江支流新津河为界，南部以海岸线为界，西北部以桑埔山分水岭为界，西南部以濠江为界，北部以龙坑山分水岭为界，总面积约234平方公里。原达濠区的棉花村、马窖街道办事处、浔洄村以及北部的葫芦市地区，因不便监管，划在特区范围之外，但仍属汕头市管辖。二、汕头经济特区范围扩大到市区后，现行汕头市的行政区划需作相应调整。请广东省根据实际情况和国家有关规定，提出具体方案报国务院审批。三、汕头经济特区的范围扩大后，汕头市原承担的财政、外汇上缴任务和对原所辖各县的补贴不变。四、按照精简、高效的原则，调整特区管理机构。继续坚持"开发一片、建成一片、获益一片"的方针，有重点、分期分批地进行开发建设。努力改善投资环境，加快老企业的改造。五、进一步加强管理，搞好监管工作。海关需要增加的人员、装备和设施，提出具体方案报国务院审批。调整方案从1991年11月1日起实施。1991年9月14日，国务院批准同意汕头市将安平、同平、公园、金砂、达濠、郊区6个市辖区调整为龙湖、金园、升平、达濠4个市辖区。1991年12月，国务院批准将汕头市管辖的潮汕地区8县1市调整为汕头市、潮州市和揭阳市三大行政区划。调整后汕头市管辖潮阳、澄海、南澳3个县和5个市辖区。

这次调整，使汕头经济特区范围基本上包括整个原汕头市区，同时带潮阳、澄海、南澳3个县。这样就基本上理顺了汕头特区的领导体制，实现汕头特区与市区的统一，利于汕头市委、市政府统一规划，集中人力、财力和物力，加快经济特区开发与建设，使汕头经济特区朝着一个多功能城市综合体方向发展。

厦门经济特区范围的扩大

1980年10月7日，国务院批准厦门岛西北部的湖里划出2.5平方公里设立厦门特区。1981年7月15日，中共中央、国务院批转《广东、福建两省和经济特区工作会议纪要》，确定厦门经济特区“目前应建成加工出口为主，同时发展旅游等行业的特区”。

1981 年 10 月 15 日，厦门经济特区湖里工业区正式动工兴建。在为特区命名时，湖里加工区的正式定名是“厦门经济特区湖里加工区”，而没有使用“厦门湖里经济特区”。显然在项南和特区创办者的心中，已不把特区理解为湖里的 2.5 平方公里，而是着眼于厦门全岛。厦门经济特区动工后，大家立即感到 2.5 平方公里太小，有些项目无法放进特区。项南据此向李先念作了汇报，请求扩大特区范围。李先念不好表态，只说：你们不要死啃 2.5，哪个地方有利就放在哪里。项南也就有了办法，指示特区建设者可以在2.5平方公里以外建工厂，吸收外资，享受特区待遇。[1]1981年7月，福建省和厦门市收到闽籍泰国华侨李引桐关于厦门特区建设的意见信函。李引桐根据自己多年在国外的见闻，认为厦门特区太小，门开得不够，门槛又太高，倡议在厦门建设“自由港”。项南看到信后，要求厦门市委书记陆自奋陪李引桐到省里来，他亲自主持省委常委会，听取李引桐讲对自由港的看法。

1984年2月8日，项南向在厦门视察的邓小平提出，把经济特区扩大到厦门全岛，并实行自由港政策，得到了邓小平的首肯。

1984 年 3 月，中央决定把厦门经济特区从 2.5 平方公里扩大到全岛（包括鼓浪屿共 131 平方公里）。5 月，原特区（湖里）正式定名为湖里工业区。

1984 年 3 月 20 日，中共福建省委召开常委扩大会议，认为中央决定扩大厦门经济特区范围是一项重大决策，要紧跟中央的部署，开创经济特区建设的新局面，进而把全省的经济工作带上去。会议研究了厦门经济特区范围扩大后应立即抓紧进行的工作，决定派出以胡平、马兴元、黄长溪、温附山、侯林舟、倪松茂等 6 人为领导成员、省直各有关单位领导干部参加的强大工作组，赴厦门帮助搞好规划、立法和洽谈等工作，并代表省委、省人民政府全权处理特区工作的各项事宜。

1985 年 1 月 16 日，福建省政府向国务院作了《关于报审厦门经济特区实施方案的报告》。6 月 29 日，国务院正式批准：(1) 厦门经济特区的区域范围，调整为厦门全岛和鼓浪屿全岛，面积131平方公里。(2) 厦门经济特区应当建成以工业为主兼营旅游、商业、房地产业的综合性、外向型的经济特区，并加强同福建省和内地的经济联系与技术协作，充分发挥“窗口”作用。特区内的工业建设要逐步做到以利用外资为主，

[1]　钟兆云：《改革开放的闯将项南》，载《炎黄春秋》2004 年第 12 期。

产品要以大部分进入国际市场为目标，积极扩大出口，外汇收支要致力于及早实现自身平衡，进而为国家作贡献。

1989年5月20日，国务院批准厦门经济特区及厦门市的海沧、杏林地区，作为台商投资区，面积120平方公里，根据中央政策，台商投资区内的外资企业享受经济特区现行的政策待遇。由此，厦门经济特区的面积由此扩大到了251平方公里。

1992年12月31日，经国务院批准，厦门集美台商投资区正式设立。投资区辖集美、后溪两镇，规划面积78平方公里，投资区享受厦门经济特区的各项优惠政策。这样，厦门特区建设由岛内向岛外扩展、由最初的2.5平方公里扩展到329平方公里。这样整个厦门市已形成岛内特区、岛外台商投资区和同安县沿海经济开放区的全方位、多层次的开放格局。

2009年12月，福建省政府已向国务院提出《关于把厦门经济特区范围延伸到厦门全市的请示》，争取中央批准扩大特区范围，实现行政区、经济特区、台商投资区“三区合一”。

修订经济特区发展规划

随着特区发展的需要和特区范围的扩大，各特区又对原有的规划进行了调整和完善。1982年底，深圳市委、市政府在编制城市建设总体规划的基础上，又组织完成编制深圳《经济特区社会经济发展大纲》。1984年9月，深圳市开始酝酿编制《深圳经济特区总体规划》。11月，《深圳经济特区总体规划》编制工作正式全面铺开。1985年底，《深圳经济特区总体规划》完成。《深圳经济特区总体规划》将深圳经济特区定位为：一个以工业为重点的外向型、多功能、产业结构合理、科学技术先进、高度文明的综合性经济特区。工业发展方向以“轻、小、精、新”为主。2000年，城市人口规模为常住人口80万人，暂住人口30万人，城市建设用地规模123万平方公里。根据自然地形，以梧桐山、笔架山、大小南山以及福田河、小沙河和大沙河的自然分界，将整个特区用地规划为6个城市组团：（1）罗湖、上埗组团。东片以商业、住宅和工业、仓库为主；西片以行政、工业和住宅综合发展。（2）福田组团。以国际性的金融、商业、贸易、会议中心和旅游设施为主，工业和住宅综合发展。（3）沙河组团。包括华侨城和实验大学。华侨城以旅游文化设施和工业、住宅综合发展。（4）南头组团。包括蛇口工业区、南海后勤深圳服务基地、科技工业园、深圳大学、南头镇。(5) 沙头角、盐田组团。由大小海滨旅游胜地、盐田港区和商业、住宅为主。(6) 妈湾组团。总体规划安排15片工业区，总用地18.48平方公里。179片住宅小区，总用地3042公顷。同时，还对道路、港口、机场、供排水、邮电通讯、绿化、社会事业等方面重新进行了规划。1985年11月20日，深圳市委、市政府制订和颁布《深圳经济特区社会主义精神文明建设大纲》(试行草案)，把特区精神文明建设提到城市发展和建设的重要议事日程。

1980年10月，珠海市委、市政府组织完成编制《珠海市市区总体规划》。1985年开始，珠海市委、市政府根据特区范围扩大等情况，对《珠海市市区总体规划》进行了修订。1988年经广东省政府批准实施。修订后总体规划将城市性质确定为：以工业为重点，兼营旅游、商业、贸易、农（渔）牧业的外向型综合性经济特区和高度文明的对外开放的现代花园式海港城市。城市规划范围扩大至50.15平方公里，城市布局结构为8个组团构成的“一主两翼”格局，其中环绕板樟山的香洲、吉大、拱北、前山组团为市区主体，唐家、下栅（金鼎）组团为北翼，南屏、湾仔组团为南翼。各组团功能各有侧重，间以山峦、水体或绿化带，以城市干道连通。各组团相对独立，相互依存，有机联系，协调发展。1988年，国务院批准珠海经济特区范围扩大至121平方公里。为合理利用珠海西部地区和东部海岛区的地理与自然条件，1988年，珠海市委、市政府在“经济发展远景规划”中明确提出：今后市区的发展逐步向西推进，重点开发金湾区，同时开发东区，发展两翼，带动全局；实施发展大港口带动大工业，以大工业促进大经济，大经济带来大繁荣的战略。此后，珠海市对总体规划进行多次修订。

1984年11月，国务院批准汕头经济特区范围扩大到52.6平方公里。1985年开始，汕头市委、市政府着手对龙湖片区进行总体规划编制工作。将龙湖区分为工业区、农业区、住宅区、旅游区、金融商业区、行政科研文体卫生事业区、港口仓库区，同时预留控制用地。工业区分为三个小片区，主要发展经济效益高、耗能少、污染少的食品、陶瓷、电子等轻型加工业。农业区占地10多平方公里，重点发展具有潮汕优势的水果蔬菜生产，以及进入国际市场创汇高的禽畜产品和其他农副产品。住宅区分龙湖居住区和珠池居住区。根据“规划一片，开发一片、收益一片”的原则，确定在1990年前重点开发建设2平方公里。广澳片区确定以发展石油化学工业和为南海石油开发后勤服务发展为重点，带动其他工业和商业、金融、旅游业、交通运输业等多功能、多元化的综合发展。同时，汕头市委、市政府又组织编制和修订了《汕头市市区城市建设总体规划》，提出了汕头市发展目标和城区建设具体规划。

厦门市委、市政府根据经济特区扩大到全岛的实际情况，对发展规划进行了修订。厦门经济特区除着重开发湖里工业区外，还要重点发展位于岛东的江头工业区、筼筜新区（规划建成高层建筑群和住宅区）、4个旅游区（鼓浪屿风景旅游区、万石岩避暑游览区、湖里山度假旅游区和杏林温泉疗养区）。产业规划方面，重点发展电子、微电脑、精密仪器、仪器仪表、新型建筑材料、精细化工、轻纺、食品工业等技术密集和知识密集型产业，以及信息、光导纤维、海洋化工、生物工程等新型技术；发展科研、智力开发事业；发展旅游业；抓紧现有企业的技术改造和技术进步，逐步使厦门成为现代化工业、运输业、转口贸易、金融业、旅游业和房地产业等多种产业结构和多种经济成分并存的经济特区。

第二节 建立深圳经济特区管理线

关于建立特区管理线的问题，是特区建设中所遇到的一个非常重要的课题。此课题牵涉上下很多精力，也令中央高层很费心思。在特区建立之初，曾设想“放开一线、管住二线”，把经济特区办成大保税区（自由贸易区）。在最初建立的4个特区中，只有深圳特区在全线建有“二线”管理设施，而珠海、汕头和厦门3个特区没有“二线”工程，只是在通往内地的陆地通道上设站检查而已。1985年，中央赋予厦门经济特区逐步实行自由港的某些政策，曾酝酿设置特区管理线，但后来没有搞成。后来建立的海南经济特区，也没搞“二线”工程。虽然深圳“放开一线、管住二线”的目标未实现，但它却催生我国另一种经济特区形式——保税区的产生。对于这段历史，值得一叙。

“二线”建设是伴随着中央决定将深圳、珠海划为经济特区开始的。修建“二线”的主要目的是为了防止偷渡、防止走私。同时对“一线”也起一个缓冲作用。所谓“一线”是指粤港、粤澳边界管理线。其中粤港一线，即广东与香港的边界线，东起深圳龙岗区南澳坝光，西至深圳宝安区东宝河口。粤澳一线，即广东与澳门的边界线，东起珠海香洲区唐家镇金鼎鱼牧海堤，西至崖门水域与江门交界处。所谓“二线”是指经济特区管理线。其中深圳“二线”于1986年4月经国务院批准正式启用，它东起深圳盐田区梅沙背仔角，西至宝安区南头安乐。珠海“二线”则成立于 1994 年 1 月，北起香洲区唐家镇金鼎鱼牧海堤，南至香洲区南屏镇鹤洲北检查站。

1980 年 8 月 26 日，全国人大常委会批准颁布了《广东省经济特区条例》，标志着我国经济特区正式诞生。《条例》第 13 条规定：“特区企业进口生产所必需的机器设备、零配件、原材料、运输工具和其他生产资料，免征进口税；对必需的生活用品可以根据具体情况，分别征税或者减免进口税。上述物品进口和特区产品出口时，均应向海关办理申报手续。”

1980 年 5 月 16 日，中共中央批转的《广东、福建两省会议纪要》指出：“经济特区海关，在管理上实行‘内紧外松’的原则。特区所需的机器设备、零部件、原材料等生产资料允许免税进口；生活用品原则上应以国内供应为主，国内确实难以供应的生活必需品，经过批准，可以免征或减免税进口。特区产品和进口商品一般不得内销，必须内销的，应按规定补征关税。请广东省根据上述原则起草《经济特区海关管理和关税法》，报国务院批准实施。”

1980 年 9 月 26 日至 11 月 7 日，由国家进出口管理委员会副主任江泽民同志率代表团考察国外经济特区，考察回国后向中央提交了考察报告。考察报告建议深圳特区参照菲律宾的巴丹自由贸易区和墨西哥边境自由区的经验，作为自由贸易区性质的经济特区来建设。

1981 年 4 月 14 日，国务院副总理万里视察深圳特区，当吴南生、梁湘同志汇报到特区尚未形成，后面第二道也没有封起来时，万里说：“怎么样封起来，看一段再说。”[1]

1981 年 7 月 19 日，中共中央、国务院批转的《广东、福建两省和经济特区工作会议纪要》明确规定：“海关对特区进口货物、物品，要给予特殊的关税优惠。特区与非特区的分界线进行了严格的管理控制后，凡经批准进口供特区使用的生产资料和消费资料，除烟、酒按最低税率减半征税，少量物品照章征税外，其他均免征关税。特区运往内地的货物、物品，应按一般进口的规定征税。在分界线未建好之前，按海关暂行办法执行。”“要尽快设立特区与非特区的分界线，由人民边防武装民警部队组织巡逻。特区分界线要设立标志，有步骤地建设巡逻公路，在必要的地段架设铁丝网。通往非特区的铁路、公路的通道上，由海关和武装民警设联合检查站，人行便道由武装民警设哨卡。鉴于特区分界线上的检查、监督、巡逻的工作量很大，两省应会

---

[1]　参见中共广东省委办公厅编：《中央对广东工作的指示汇编（1979—1982 年）》，第 144 页。

同公安部、海关总署尽快提出需要增加的编制及由此增加的基建、设施用款，报国务院专案解决。"

由此可见，创办深圳经济特区之初，中央最初的设想是通过实现管好“二线”，放开“一线”的战略部署，把深圳经济特区办成特殊关税区。深圳经济特区与香港之间的边境线为“一线”，即从香港进来的货物可以免税进入特区。特区与非特区之间设置的隔离线为“二线”，即从特区进入内地的货物，需照章征税。在深圳特区范围内，通过优惠政策吸引外资建厂，产品出口，赚取外汇。由于引进加工区的原材料、机器设备、交通工具和生活用品等都是免税的，因此，要将其用高墙或铁丝网与内地分开，以免走私。正是根据上述精神，深圳开始酝酿设立经济特区管理线，也就是我们通常所说的“二线”。

深圳经济特区建立之前，早在新中国成立初期，国家已将深圳宝安县划为边境管理地区，其边境线是原宝安县与周边地县接壤的行政分界线。按照边境管理规定实施严格管理，进入边境地区的人员必须持中华人民共和国边境通行证方可进入。

1980 年，经过国务院批准的深圳经济特区的范围是根据深圳一带的地理特征来划定的，以梧桐山、羊台山脉的大岭古、打鼓嶂、大洋山等山脊划线，面积大概有 300 多平方公里。从 1979 年下半年到 1980 年初，深圳市委托中国海洋直升机公司进行了航测，中国海洋直升机公司经过 3 次航测，计算出深圳经济特区的面积为 327.5 平方公里。到 1980 年 8 月底 9 月初，就开始考虑建设管理线的问题。

1982 年 2 月 4 日，深圳市成立了以甄锡培副市长为指挥长，舒成友为副指挥长的二线建设指挥部。指挥部请广东建筑设计院、西南建筑设计院、北京建筑设计院、上海建筑设计院、广东水电设计院、中南设计院 6 家单位对特区管理线进行设计，最后由武钢设计院进行汇总。最后确定二线全长 84.6 公里，东起大鹏湾的码头，西至珠江口的姑婆角码头。工程要求沿山脊设置高 2.8 米的铁丝网，修建一条沿线巡逻公路，并辅以高压供电、低压照明、通讯、供水等设施。管理线设置背仔角、盐田、沙湾、布吉、白芒、南头 6 个联检站、29 个耕作口、163 个岗楼、165 个涵洞。共有 85 个单项工程，总预算 1.15 亿元人民币。二线的管理单位有口岸办、海关、特检、武警七支队 (1985 年全国武警整编前称武警广东省支队)、武警市支队。[1] 特区管理线东起大鹏湾畔的背仔角，西至珠江口边的南头安乐村，全长 86 公里，分别在

[1]　参见舒成友口述：《亲历深圳特区管理线建设》，载《深圳特区报》2008 年 10 月 29 日。

南头、沙湾、布吉、白芒、盐田、背仔角 6 个公路口上设立特区检查站，由边防公安和海关进行管理。

1982 年 2 月 5 日，国家计委、国家进出口委、财政部、公安部、国家编委、海关总署联合向国务院呈报《关于广东省深圳市经济特区和二线设防管理方案意见的报告》。

1982 年 6 月 2 日，国务院发出《国务院同意广东深圳市经济特区二线设防和管理方案的意见》（国发 [1982]92 号文），批准了深圳经济特区管理线建设方案。明确提出：一、应全线设防（不以天然屏障作为防线），严密控制，综合管理。其建设速度应与特区建设速度相适应，整个工程需全面规划，分期实施，争取两年基本建成，第三年扫尾。二、特区二线设防位置，原则上与特区分界线一致。可以沿深圳特区分界线内侧山脚下设立防线。宝安县直机关及其家属区，应设在特区范围之外，不宜设在南头。三、二线建设基建投资压缩为 9000 万元，其中国家补助 3000 万元，不足部分由地方统筹解决。整个工程由广东省组织实施。四、同意特区二线增加人员编制 5440 人，其中公安部 3560 人，海关总署 1880 人。五、特区二线的管理应做到严密控制、综合管理。宝安县自 1982 年起，由省划为边防区。广东省政府应制订二线具体管理方法和法规。深圳市委书记兼市长梁湘同志也在文件上批示："我们要以高度负责的精神，把管理线建设作为一项历史任务来完成。限期三年，建成使用。这是军令状！"

1983 年 4 月 15 日，谷牧同志在珠海视察工作时指出：深圳的同志说，二线主要工程已搞得差不多了，年底可搞完。我经过实地了解，曾一再考虑，怀疑管理线隔离究竟能否管得住？按照原来的设想，相对来说，一线管得稍微宽一些，二线严格管起来。这么长的一条管理线，地形如此的复杂，我们总不能搞成一条像香港那样的铁丝网般的"长城"，也不能全条线都排满部队防守。我问过海关和边防部队的同志，这样一条二线，究竟能否管得住？大家都说，没有完全把握。所以，我认为一线也要严，只是比二线可宽一点而已。只有在比较有把握的情况下，才可以放松一线的管理。如果管不好，走私可能比现在多得多，可能发生很多问题。总之，二线在未搞好，没有把握以前就不能开放。[1]

1983 年 4 月 6 日至 18 日，谷牧同志在视察深圳特区时指出：要切实做好二线实

---

[1]　参见中共广东省委办公厅编：《中央对广东工作的指示汇编（1983—1985 年）》，第 44、45 页。

施管理的各方面准备工作。这是事关重大的问题，一定要做到不留后遗症，保证一线开放后二线不出任何乱子。你们市委好几位同志也向我提出，在二线建成初期，一线不能放得过宽。这的确是个值得重视的问题，要把困难考虑多一点，把各方面的工作做细一点，总的要求是不能出乱子。就像打仗那样，从战略、战役、战术等方面作好部署，一环扣一环，绝不能含糊。最后由中央审批、对外公布。这些问题如果没有准备好，即使二线建成了，也不一定马上使用。[1]

4 月 25 日，谷牧同志在中共广东省委常委会会议上再次指出：特区管理线问题，我们也要采取很慎重的态度。深圳的同志提议，二线建成了，第一线也不要下来，要有个过渡的时间，一线那里还是要管死。待二线有了实践经验，各项制度、办法都比较完备了，那时一线才能放松。走私贩私问题，现在还是很严重。二线管不好，可能发生“战争”。[2]

1983 年 12 月，广东省公安边防总队深圳经济特区检查站成立，并担负起管理二线检查站的使命。

1984 年 3 月 11 日至 13 日，根据国务院副总理谷牧同志的指示，由国家计委召集国务院特区组、国务院口岸办、公安部边防总局、海关总署、卫生部、劳动人事部、农牧渔业部 8 个中央单位以及省市有关单位 30 余人组成的国家验收委员会，对深圳特区二线工程进行评估和验收。最后深圳经济特区管理线通过了国家验收。

1984 年 5 月 4 日，中共中央、国务院批准的《沿海部分城市座谈会纪要》指出：深圳要针对届时外商、外资、外货更多地进来可能出现的新情况、新问题，认真抓好特区管理线（二线）的建设和验收使用，在市场、物价、金融、外汇的管理上，在人员、货物的出入监管上，做好周密的准备。

1984 年 8 月 1 日，深圳特区管理线投入试运行。

1985 年 2 月 26 日，谷牧同志在深圳经济特区工作座谈会上指出：当前有两个关键性的问题摆在深圳特区的面前：一个是发行特区货币问题，一个是特区管理线正式实施管理问题。这两个问题的难度都很大，可以说是两道关。二线管理，总的精神是，二线的“管”和一线的“放”要同步进行，前面要搞得更活，后面要管得更严。当然前面活到什么程度，还要看怎样对我们有利，也要一步一步来。前面更活是深圳

[1] 参见中共深圳市委办公厅编：《党和国家领导人视察深圳讲话资料汇编》，第 84 页。
[2] 参见中共广东省委办公厅编：《中央对广东工作的指示汇编（1979—1982 年）》，第 53 页。

的优势，别的地区没有这个优势；后面管严，让不法分子和投机商没有空子可钻。下一步珠海特区怎样管理，要认真考虑。[1]

1985 年 2 月 28 日，谷牧同志在珠海视察工作时指出：我们这次来，就是要研究深圳二线怎么管，珠海又怎么管。随着经济特区的发展，二线怎么搞，你们可以大胆设想。有的港商说，深圳二线搞起来，我们就去珠海，他要找管不住的地方，我们则要想办法管住。深圳非管不可，后边管住，前面更开放。如果管不住，出现了大乱子，像海南那样就不好办。所以，深圳二线要启用。[2]

1985 年 8 月 30 日，国务院下发《关于深圳、珠海经济特区边防管理若干问题的规定》，主要规定如下：一、调整边境管理区和边防禁区的范围，取消边防半禁区。深圳经济特区管理线（二线）正式使用后，即将原宝安县边境管理区线调整到经济特区管理线，同时撤销沙湾、葵冲、白芒、布吉、松岗公安检查站。珠海市暂按现行办法管理。撤销中山市、斗门县边境管理区。将原罗湖桥头、文锦渡、拱北关闸口边防禁区改为口岸管理区，由边防检查站实施监管，无关人员不准进入；因特殊需要，必须进入者，要经该边防检查站批准。保留深圳市沙头角镇和珠海市茂生围边防禁区，出入两个边防禁区证件的签发验查，仍按现行规定执行。撤销深圳市边防半禁区和蓬塘、九径口两个边防半禁区检查站。二、简化出入深圳、珠海经济特区（边境管理区）手续，放宽边防证件签发范围。前往深圳、珠海经济特区，须向县以上公安机关申请签发《中华人民共和国边境管理区通行证》，并在前往目的地栏内注明“前往深圳、珠海经济特区”字样。广东省宝安、中山、斗门等邻近深圳、珠海经济特区的县、市，签发前往经济特区证件权限下放到派出所。海外华侨、港澳台同胞和外国人出入深圳、珠海经济特区，凭本人入出境有效证件。深圳、珠海市人民政府对一线巡逻路、执勤岗楼、照明、通信等边防设施应一并纳入特区建设规划，逐步解决。

1985 年 12 月 25 日至 1986 年 1 月 5 日，国务院在深圳召开经济特区工作会议。1982 年 2 月 7 日，国务院批准《经济特区工作会议纪要》，该《纪要》指出：深圳特区管理线已经试管一年，效果较好，建议从 1986 年 4 月 1 日起正式启用。按照既方便与内地的正常经济交流、人员往来，又防止违法活动的原则实施管理。以广东省为

[1] 参见中共深圳市委办公厅编：《中央对广东工作的指示汇编（1983—1985 年）》，第 368—369 页。
[2] 同上，第 357 页。

主成立管理线工作协调小组，负责处理出现的问题。珠海、汕头特区由于紧靠市区，受地形限制，特区管理线不在全线设置固定管理设施，而采取对企业或工业区派驻海关人员监管，并在特区通往内地的通道设站检查等措施，加强管理。厦门特区采取路上通道设站检查，海上加强巡逻，对企业或工业区派驻海关人员监管等办法，实施全线管理。各特区现行的一线对外口岸货物、行李物品监管和关税征收减免等有关办法，在今后一个时期不作变动。

1986 年 2 月 22 日，广东省六届人大常委会批准通过《深圳经济特区与内地人员来往管理规定》。同年 3 月，深圳市人民政府出台了《深圳经济特区与内地之间人员往来管理规定实施细则》，进一步规范特区管理线的日常管理工作。

1986 年 4 月 1 日，深圳经济特区管理线经国务院批准正式启用。深圳经济特区管理线东起大鹏湾背仔角，西至宝安区安乐村的双界河出海口，全长 86 公里。整个管理线沿梧桐山支脉从背仔角、大望村、布心纹帐岭、银湖、梅林、长岭皮、黄金坑等山脉连绵延伸至同乐到南头，利用天然的山脉东西走向，并沿山脚修建形成管理线。管理线设有隔离铁丝网和巡逻公路和武警执勤岗楼。开始设有南头、白芒、布吉、沙湾、盐田坳、背仔角 6 个检查站，后来又增设同乐、蛇口（码头）、梅林、溪冲 4 个检查站。海上设有姑婆角、背仔角两个检查站。此外还有 29 个陆地人行、机耕便道口以及若干车站、码头检查管理站。沿线设置了有线通信、供电设施以及管理、查验单位的办公、生活用房配套设施。当时兴建管理线的目的，是为了更好地管理特区，使经济特区发展更加完善，更有利于特区外引内联，为客商提供更好的投资环境，方便在深圳投资的客商往来，并利于港澳与特区之间及在特区实施一些特别的经济政策。

1990 年 6 月 23 日，中共中央总书记江泽民在深圳说：你们最大的问题是二线要管好，一线怎么放开。1997 年一眨眼就要到了，这个问题要逐步地想办法解决。怎么解决，在方向上要定下来，二线要逐步逐步地管好，一线要逐步逐步地放松。这一点，在 27 号文件里就论证过了，现在已经到了这个时候，不能再讲原则的话了。要作具体的可行性研究，要分步实施了，要有个分步的实施计划。[1]

后来由于上下对二线管住没有把握，原来设想的“一线放开，二线管住”的目标

---

[1] 《江泽民同志在听取深圳市负责同志汇报工作后的讲话》（1990 年 6 月 23 日），参见《党和国家领导人视察深圳讲话资料汇编》。

设想最终没有实现，特区“一线”管理的模式也没有改变，深圳特区并没有成为自由贸易区和特殊关税区。当时深圳市领导设想：既然不能把327.5平方公里的深圳经济特区搞成自由贸易区，那可不可以划一小块地方做个试验，成功了进而推广到整个特区？于是，深圳市领导按照管严“二线”，放松“一线”思路，提出在盐田区选址一小块区域建成小型保税区的设想。1987年10月10日，沙头角区委、区政府向深圳市委、市政府提交《关于在沙头角试办保税出口加工区的报告》和《关于沙头角保税出口加工区的管理办法（草案)》，提出建立沙头角出口加工区（后更名为沙头角保税工业区)。1987年12月，深圳市政府批准设立“沙头角保税工业区”。在与香港接壤的沙头角镇，全国创建最早、投入实际运作最早的保税工业区在一块0.2平方公里用围网封闭的填海土地上诞生了。1988年，深圳市政府颁布《深圳市沙头角保税工业区暂行管理规定》。1991年5月28日，经国务院批准并改称沙头角保税区。此后国务院又先后批准在沿海港口城市设立了14个保税区。这也许是深圳特区管理线建设带来的一个“溢出”结果。

当然，对于深圳特区管理线的存废，至今仍然有不同意见。主张取消者有之，主张继续保留也大有人在。2000年6月，国务院组成了国家体改委、公安部、国家海关总署人员参加的调研组赴深圳调研。调研组调研结果是：深圳经济特区管理线并不影响深圳的经济发展，深圳经济的成功经验已充分证明这一点。特区内外税收政策没有什么差别：一是海关税一样；二是国税一样；三是地税一样，国家并没有什么倾斜政策，不会制约深圳市的经济发展。因此，深圳经济特区管理线暂时不能撤，政治意义大于经济利益。调研组还认为，即使二线不存在，为了维护国家的安宁和香港的繁荣稳定，国家将深圳作为边境地区的管理方式也不可能因此而消失。

2001年6月，国务院体改办特区司联合公安部、海关总署等部门，组成“深圳二线北移调研组”，再次南下深圳进行实地调研，得出结论：“二线作用不小，暂不能撤。”

2003年4月11日，国务院、中央军委正式批准广东边防推出重大改革。一、简化办证手续，内地居民前往深圳、珠海凭身份证直接申办一年有效《中华人民共和国边境管理区通行证》，取消介绍信等手续。二、部分群体免办《中华人民共和国边境管理区通行证》进入深圳、珠海特区。60岁以上男性公民、55岁以上女性公民直接凭居民身份证进入深圳、珠海特区。三、取消《机动车辆进出经济特区查验证》及每车3元收费。四、取消《车辆进入特区优检证》及每年120元查验管理费，实行《进入深圳、珠海特区特别公务车证》。五、取消深圳、珠海两地往返客运船舶人员的检查。六、放宽二线耕作口的通行限制，实行24小时通行。七、取消沙头角边境特别管理区宵禁，区内实行24小时通行。八、取消省内自定的下海作业证，在深圳、珠海周边海域从事近海放排、养殖作业的群众凭身份证（深圳、珠海以外居民凭边防证）下海作业。九、放宽部分地段和海域"上山"、"下海"旅游限制，深圳盐田、南澳等海域可划定海上旅游区，珠海万山、桂山、担杆休闲渔业摩托艇的马力可适当放宽限制。

我们认为，当年中央对深圳特区管理线的启用采取慎重处理的方针，是非常正确的。深圳与其他地区相比，最大的优势是毗邻香港。而与香港比较，深圳最大的优势是后向优势，也就是与内地之间的人、财、物等要素能够实现自由流动。这也是深圳经济社会能够实现快速发展的重要因素。如果当年"二线"封关，实行"一线放开，二线管死"，深圳与内地联系就被自然隔绝了。前些年有人对深圳重提建立自由贸易区，我们是反对的。因为这样做得不偿失。就目前而言，特区管理线的存在，象征性意义大于实际意义。我们认为深圳特区管理线继续保留为好。

第三节 发行特区货币决策始末

按照谷牧同志的话说：在特区建设中，最担心、最复杂、最需要慎重处理的两个问题是：一是二线问题；二是特区货币问题。实际上特区货币问题比前者更复杂，中央高层对之介入之深比前者有过之而无不及。[1]

"特区货币"的设想，最早可追溯到1979年下半年，在中央决定试办深圳、珠海、汕头、厦门4个经济特区之后，便有人提出应该发行特区货币，以便运用金融手段管好特区及促进特区经济发展。由于深圳与香港两地物质生活和关税税率的巨大差距，香港商品走私逐渐活跃。香港人到深圳消费以至购买房产等皆多用港币，建立经济特区后，外资企业主要以港币支付工资，港币流入因此增多。1980年4月，国家

---

[1] 王硕：《改革开放史上的特区货币问题》，载《百年潮》2008年第1期；周溪舞：《深圳拟发特区货币的前前后后》，载《百年潮》2006年第12期；梁宗华：《20年前发行特区货币的探索》，载徐庆全编：《中国经验：改革开放30年高层决策回忆》，山东人民出版社2008年版。

发行外汇券。在深圳特区，人民币、港币、外汇券三种货币同时流通，人民币地位低下，港币备受青睐。港币不仅合法流通，而且优于外汇券，外汇券又优于人民币，人民币遭排斥，贬值，黑市买卖外汇风行，100 元港币最高可兑换 55 元人民币，高出外汇牌价 19.6 元。用人民币买外汇券要加价 30%。由于"非法入侵"的港币以压倒性的优势在深圳的市场上"横行"，加上人民币不能自由兑换，汇率偏低，对国内引进外资和扩大出口十分不利，引起政府的关注与忧虑。为防止深圳成为香港的金融附庸，保护人民币的利益，因此，深圳市领导层产生了发行一种可自由兑换的特区货币与港元竞争的想法，限制深圳经济特区只可使用深圳特区货币。

1979 年 11 月 14 日，中共广东省委第一书记习仲勋主持召开的省委常委会议上，已正式提出"特区内使用什么货币也要考虑"。

1980 年 9 月 24 日至 25 日，在中央书记处讨论广东如何实行特殊政策、灵活措施的会议上，姚依林对习仲勋说，"打个比方，广东是个独立国，你是总统，你这个'国家'如何发展？""我甚至想过，广东可不可以单独发行票子？国务院领导讲中国银行广州分行同时也是广东省银行，我看也可考虑单独成立广东省银行。这事将来要考虑，甚至可以单独发行货币。不这样独立来考虑，很多优势发挥不起来。"

1981 年 5 月 24 日，中共广东省委、广东省政府向党中央和国务院呈报了《关于我省试办经济特区的情况报告》，报告由吴南生主持起草，正式提出发行专用的特区货币的问题。该报告指出："从长远着想，发行使用专用的特区货币，可能是个好的选择。从深圳、珠海特区的现实考虑，为了方便群众，又能多吸收外币，可先按照沙头角的办法，允许特区在指定范围内和一些经批准的商店、单位直接使用外币。"

1981 年 7 月 19 日，中共中央、国务院批转的《广东、福建两省和经济特区工作会议纪要》指出：特区货币目前以人民币为主，外币限制在指定范围流通使用，同时由人民银行负责研究，提出首先在深圳发行特区货币的方案。在这次会议上，著名经济学家薛暮桥、许涤新对于发行特区货币问题，提出要认真研究、谨慎行事。

1981 年 11 月末，深圳提交了《关于尽快研究发行特区货币及批准外资银行来深圳经济特区设置分支机构的报告》，该报告提出当年区内共有约 800 万港元流通，约占货币流通量十分之一，如不尽早研究发行深圳货币，港元流通范围可能不断扩大。

1982 年 1 月，中国人民银行副行长尚明带领联合调查组到深圳特区调研，回京后提出近期不发行特区货币的意见。中国人民银行总行向国务院报告说，此事关系重大，涉及方面也较多，不宜仓促定论。认为发行不发行特区货币，决定的因素不是货币的具体政策，而是特区经济的性质和中央对特区的总政策，包括特区究竟“特”到什么程度，以及我国对香港的政策。这些重大问题，在中央没有正式决策之前，还有待于在实践中探究。该报告同时表示不发行特区货币不会对吸引外资造成障碍。

1982年10月22日，中共广东省委、广东省政府在向中共中央、国务院上报的《关于试办经济特区的初步总结》中提出：“关于深圳发行特区货币问题，建议中央有关部门尽快研究，提出方案。”

1982年12月3日，国务院批转的《当前试办经济特区工作中若干问题的纪要》指出：“货币流通比较乱。深圳特区处于两个市场和两种价格体系的交接点上，港币通过各种渠道流入。目前深圳居民手中的港币估计在1亿元以上，暗中与人民币、外汇券同时流通，同一种商品多种价格并存。”“有人主张在深圳发行一种能自由兑换的特区货币，来制止港币在特区的流通。这是个大题目，有关部门要抓紧调查研究，提出方案。”

1983年1月，钱俊瑞、宦乡带领由国务院经济研究中心等部门组成的调查组赴深圳、珠海研究特区货币问题，并去澳门研究澳币发行情况。广东省、深圳市、招商局主张尽早发行，珠海要求不迫切，港澳工委不主张发行。1月20日，调查组向广东省委领导通报情况，赞成发特区货币。宦乡说：中央领导同志讲什么是“特”，“特”就是要独立于我们的现行体制之外，这点做得还很不够，做得比较好的是蛇口。调查组认为，发行特区货币有一系列问题要解决，特区要下工夫研究。

1983年2月7日至9日，胡耀邦视察深圳经济特区。当梁湘同志汇报到发行特区货币时，胡耀邦说：我要你简单的说明，哪些经济学家主张发行特区货币，要采取什么手段才能站得住脚，他们从理论和实际上解决了这些问题没有？你们要发多少？票面的价值是向港币看齐，还是向人民币看齐？要采取什么措施，使货币站得住脚，谁能够说？发行特区货币采取什么措施要研究清楚。如果要发行，就必须重视物资储备。关键是票面与票值相一致。

1983年3月，谷牧在北京召集国务院系统的经济专家研究特区货币事宜，许涤新、薛暮桥、钱俊瑞、宦乡、徐雪寒等人纷纷表示支持，人民银行、中国银行也表示支持发行特区货币。谷牧要求与会者花半年时间，为发行特区货币工作提供依据，然后用两个月时间向中央讲清楚这个问题，请中央尽快作出决策。

1983年4月4日，国务院副总理田纪云召集会议，宣布成立“国务院特区货币研究小组”，由中国人民银行副行长刘鸿儒任组长。田纪云指示：小组的任务不是研究发不发特区货币，而是研究如何发行最好，并指示小组立即开展工作。随后派调查组到深圳等特区和港澳进行调研。谷牧对调查组负责人刘鸿儒说：如果你们调查结果，认为发行特区货币不行，那也可以，但必须提出解决这个问题的办法。

1983 年 4 月 6 日至 18 日，谷牧视察深圳时强调说：关于发行特区货币问题。这事搞不好，也可能出现乱的情况。现在越来越明显，不发行特区货币是不行了，因为外商进来特区以后，必然会带来各种货币，怎么处理呢？要换成人民币，但人民币的汇率是我们自己定的，和外币兑换的实际币值并不一致，外商就会感到吃亏。如再不解决，外商就不会来投资。当然，小的投资，如搞些简单的来料加工仍然会有的，而大的投资，真正搞事业的，就不可能进来。[1] 特区要不要发行特区货币，要认真进行调查研究，反复论证，由中央去决定。[2]

1983 年 10 月，著名经济学家千家驹写信给胡耀邦、陈云、薄一波，谈他对经济特区货币问题的意见。10 月 15 日，胡耀邦批示："陈云同志是行家，建议请陈云同志考虑定。"10 月 23 日，陈云批示："我不同意发行特区货币。"

1983 年 11 月 30 日，田纪云在视察深圳特区时指出：发行特区货币问题。看起来，这是特区建设中的一个大问题。中央书记处和国务院对此还没有进行认真研究，只是我们下面进行了一些探讨和议论。但在探讨和议论当中，已有两种不同的看法，一种主张发行，一种主张不发行，分歧很大，而且主张发行和反对发行的都是一些经济界的权威。有一种理论，我还没有想通，说是发行特区货币会把深圳变成"第二个香港"。但我担心的是，如不发行特区货币，特区会不会变成外币流通的市场。如果会的话，那么特区不是真正变成了"第二个香港"吗？所以，是发行特区货币好，还是让外币在这里流通好？这就值得认真研究。特区的情况变化如此之快，连我们这些思想比较解放的人都还跟不上形势，感到新情况新问题不断发生，何况有些权威根本就没有来过特区，也没有深入真正研究这个问题。国务院已组织了一个研究特区货币小组，正在积极研究这个问题，尽量把工作做到前面，当中央一旦决定要发行时，我们的工作就不至于被动了。从长远来看，人民币逐步向国际货币靠拢，那是对的。如是这样，不发行特区货币也可以。但在短期内是不可能解决这个问题的。因为根本的问题是我们国内的生活水平还不高，一下子难以达到国际水平。目前，发行特区货币

[1] 参见中共深圳市委办公厅编：《党和国家领导人视察深圳讲话资料汇编》，第 73、74 页。

[2] 同上，第 84 页。

虽然有困难，但如让外币占领特区市场，而人民币被排斥在外，这种状况就更坏。总之，对发行特区货币问题，要反复论证，权衡利弊，提供情况，让中央来决定。[1]

1984 年 1 月 19 日，在邓小平视察深圳前夕，深圳市委市政府向中央和省里上报了《关于经济特区金融货币政策的请示报告》，明确提出国家支持在特区范围内发行一种能够自由兑换的货币。

1984 年 1 月 24 日，邓小平在视察深圳特区时指出：要发行一种新货币，关键问题是考虑对人民币的打击怎么样！你们要研究一下。2 月 9 日，邓小平在视察厦门特区时指出：如果搞自由港，货币怎么办？是你们单独发行货币，还是几个特区联合起来发行一种货币？[2]2 月 24 日，邓小平回到北京同中央几位领导同志谈话，邓小平说：特区要搞特区货币，因为人民币不能浮动。搞特区货币外币就可以自由兑换，这样才能调动外商、华侨来投资的积极性。深圳不搞自己的货币经济发展不起来。国务院领导插话说：深圳要搞活，没有自己的货币不行吗，现在深圳不发行货币，实际上以港币计算。发行特区货币一要有中国银行担保，二要受中国银行监管。有这两条就没有危险。我担心的是对人民币的冲击究竟有多大，是深圳、珠海搞一种货币，厦门、汕头搞一种货币；还是几个特区发行一种货币，可以研究，失败了也不要紧。[3]

1984 年 4 月 7 日，谷牧召集 4 个特区负责人开会说，深圳现在“就差一个货币，如解决，就是一个自由港”。

1984 年 4 月 22 日，谷牧就《沿海开放城市座谈会纪要》问题离京到杭州向陈云同志汇报。陈云请谷牧带一些有关经济特区货币问题的材料来。4 月 25 日，谷牧同志向陈云汇报工作。陈云主动向谷牧谈了他对特区货币问题的看法。陈云说：我不赞成有些人所讲，解放初期就是两种货币并存。那时的情况和现在不一样嘛。当时饶漱石、曾山在华东，主动提出保留华东的货币。我说，你们要多少机动财力就提嘛，我尽量支持你们，但发行权要收到中央。谷牧说：关于经济特区货币问题，我们商量过，还要拿出两个月时间，听取各方面的意见，然后再向中央提出方案。陈云说：货币问题不简单。姚依林同志说还有个印刷问题，他说得对，印刷问题确实很重要，印得不好，人家就很容易伪造，假票子就进来了。接着，陈云又问：特区货币究竟怎么

[1]　参见中共深圳市委办公厅编：《党和国家领导人视察深圳讲话资料汇编》，第 106、107 页。

[2]　中共广东省委办公厅编：《中央对广东工作的指示汇编（1983—1985 年）》，第 133 页。

[3]　周溪舞：《我经历深圳发展的几件大事》，全国政协文史和学习委员会编：《经济特区建设》，第 208 页。

办，是一个特区发，还是每个特区发？你们没有讲。当谷牧汇报了主张发行特区货币的理由和正在研究中的一些想法后，陈云又说：如果特区货币只在特区内发行，也没有什么了不得的问题。如果各个特区都发货币，那么实际上就是两种货币并存。而两种货币并存，人民币的“腿”会越来越短，特区货币的“腿”就会越来越长。因为“优币驱赶劣币”，这是货币的客观规律。你们要研究两个月，那好嘛。有时间可以再仔细考虑考虑。如果大家坚持要搞，经济特区货币发行权一定要集中到中央。他又说：我看了人民银行的方案，规定了发行权在中央。准许发行特区货币，这是灵活性；发行权在中央，不在地方，又有统一的控制。[1]

1984 年 5 月 4 日，中共中央、国务院批转的《沿海部分城市座谈会纪要》指出：发行特区货币，允许外资自由进入特区，是吸引外商和华侨更多地前来投资，引进先进技术的重要措施。由中国人民银行等单位组成的特区货币研究小组，正在拟订发行货币方案，并考虑接受几个我驻港澳银行、侨资银行、外资银行到特区开业的具体方案。这个方案报请中央和国务院审批后，先在深圳实施。

1984 年 5 月 26 日，陈云在中国银行总行工作人员反映经济特区货币发行问题的一封信上批示：特区货币发行权必须在中央。决不能让特区货币与人民币在全国范围内同时流通。如果不是这样做，就会出现国民党时期法币发行前的状况。[2]

1984 年 6 月，人民银行总行在深圳轻工业区买下两座工业大楼，准备用作印制特区货币的深圳光华印钞造币公司厂房。下半年，深圳人民银行同英国和澳大利亚草签引进造纸、印制设备和技术的意向书，造纸厂也开始征地。

1984 年 6 月 13 日，胡耀邦对《日本经济新闻》代表团说：“最近我们已经决定，在经济特区发行单独的货币，从明年开始，首先在深圳经济特区试验发行。”

1984 年 8 月 10 日，国务院北戴河会议同意深圳发行特区货币。切断人民币流通，时间越短越好，最好不要过渡期，并同意货币图像印黄帝（轩辕氏）像。

1984 年 10 月 8 日，深圳市政府向广东省及国家有关部门呈交了《关于如何发行好特区货币问题的请示报告》，提出发行可自由兑换的特区货币，停止港币和外汇兑换券流通，解决外资自由进出和实行合理汇价，疏通引进外资渠道，促使整个经济向外向型发展。在加强特区管理线实施管理的前提下，扩大免税进口范围，把香港部分

---

[1]　《陈云传》，第 1675、1676 页。

[2]　同上，第 1676 页。

购买力吸引到深圳来。

1984 年 10 月，国务院特区货币小组向中共中央政治局汇报 3 个方案，即让港币流通、让外汇券流通、发行特区货币并可于香港回归后在香港流通 3 种选择。中央政治局支持了发行特区货币的方案。

1984 年 10 月 3 日，在邓小平接见香港国庆观礼团时，全国政协常委、香港知名实业家安子介询问，“现在开放十四个城市，还要发行特区货币，是否二十几个开放城市都发行货币？我认为各个城市的物价不能差距太大。否则货币就会乱。”邓小平回答说，“这个意见好，我们不会在二十几个城市都发行货币，我们只在深圳、厦门发行特区货币，这也只是个试验，试验不成功再改回来。”

1984 年 10 月 27 日，谷牧、刘鸿儒在向陈云汇报特区货币工作。陈云提出了两点意见：第一，发行权归中央；第二，只能在特区流通。那时，特区货币的票样已印制出来了，纸币面额分 5 元、10 元、50 元、100 元、500 元 5 种，图案用的是黄帝像；硬币面额分 1 分、2 分、5 分、1 角、5 角、1 元 6 种，图案用的是飞禽图。特区货币最初打算将炎黄二帝的头像作图景，后长发、头上有角的“野人模样”炎帝被弃用，只选用了黄帝头像。取用黄帝头像的深义在于他是全球华人公认的始祖，有利于团结广大港、澳、台、侨胞，也有利于对外经济的开展。

1984 年 11 月 12 日，中央书记处会议讨论国务院特区货币小组《关于发行特区货币的报告》，刘鸿儒向书记处汇报。会议原则同意发行特区货币，认为此事讨论几年，因为是在有限范围试验，不会出什么大问题。这个试验很重要，国内经济、金融改革，可以从中吸取经验，可以通过深圳观察世界金融变化。会议提出，因有一批年轻专家写信反对，要再请专家论证。书记处要求修改有关文件，经济和金融政策调整文件送国务院讨论，外资银行管理条例、特区货币条例等法律文件送全国人大常委会讨论。

1985 年 1 月，国务院特区货币研究小组将修改后的《关于发行特区货币的报告》呈报国务院，提出特区货币由中国人民银行发行，采用独立汇价，与包括美元、日元、港元、英镑的一篮子货币作浮动汇率，以人民币为依据，而不与任何国际货币直接挂钩。该报告同时提出发行时间为 1985 年 10 月 1 日。货币小组受委托草拟的《国务院关于提请全国人民代表大会常务委员会做出发行特区货币决定的意见》呈送国务院。

1985 年 2 月 18 日，谷牧同志在视察珠海经济特区时指出：三角洲开放后，特区货币、二线管理问题，更迫切需要研究解决。现在特区同时流通几种货币，人民币在特区不值钱，这不行。深圳特区要发行特区货币，其他特区不发了，等深圳发行货币成功后，其他特区和十四个沿海城市的货币问题再作研究。[1]

1985 年 2 月 26 日，谷牧邀港澳工委、华润公司和香港中资银行有关人士座谈，与会者对特区货币表态慎重，有人提出了一些意见，有人表示怀疑。同日，谷牧在深圳特区工作座谈会结束时讲话说：关于发行特区货币问题，人民银行的刘鸿儒同志已经讲了一些很好的意见，大家也都同意，就按他的意见作准备，决心不能动摇。发行特区货币的三年之内，国家要给予深圳特区必要的支持，主要是政策支持，使深圳特区不致出现大的经济萎缩现象，小的波动我们不怕。问题本身确实很复杂，要在这里做出什么结论，条件还不成熟。[2] 国家外管局的态度是：国家外汇相当紧张，发行特区货币外汇平衡是个基础，而深圳外汇还不能平衡，特区货币发行以后，要求中央在三年内每年给深圳 1.5 亿美元外汇额度，特区货币要发行多少，现在还不能说非常清楚，三年中，每一年需要多少外汇，要搞得非常准确。

1985 年 4 月 1 日，国务院特区办公室主任何椿霖在京接受港澳记者采访时说：发行特区货币正在研究中。为什么要发行特区货币？一是从金融货币管理上进一步改善投资环境，吸引更多外资进入特区；二是解决事实上存在的三种货币并存，同一种商品多种价格的问题。

1985 年 4 月 27 日，国务院副总理姚依林视察深圳经济特区，当梁湘汇报说发行特区货币时，姚依林说：发行特区货币和二线管理问题，我们的想法没有变。发行特区货币要积极准备，什么时候发要商量。我同意梁湘同志的话，发行特区货币要有利于特区经济向外向型转变，要与这个转变相适应。所以，香港记者问我，何时发行特区货币，我没有正面回答他。[3]

1985 年 5 月下旬至 6 月上旬，谷牧 4 次召集老中青专家会议，征求对《关于发行特区货币的报告》修改稿的意见。之前支持发行的人没有放弃主张。但是主张缓行，理由是：国家外汇储备形势严峻，对马上发行特区货币难以形成有力支持；深圳正处于转折时期，经济走向有待进一步观察。反方除原来的人外，中国香港、日本、新加

[1] 中共广东省委办公厅编：《中央对广东工作的指示汇编（1983—1985 年）》，第 358 页。

[2] 同上，第 369 页。

[3] 中共深圳市委办公厅编：《党和国家领导人视察深圳讲话资料汇编》，第 204 页。

坡等地友好人士也大都反对发行特区货币。日本小林实向时任中央财经领导小组秘书长张劲夫反映意见，认为一个国家不宜搞两种货币，张劲夫把意见传达给国务院领导同志，他们认为这意见很重要。新加坡吴庆瑞态度坚决，认为发行特区货币冒险性太大。国务院的经济顾问大来佐武郎先生，也反对发行特区货币，其理由是，中国目前仅人民币即至少有两重汇率，还有兑换券，也是至少两重汇率，如果发行特区货币，也至少两重汇率，中国最终是要统一货币的，因此，没有必要发行特区货币。[1] 谷牧还请特区货币"主发派"代表人物之一的千家驹到香港调研，调研结果是，各方面均认为客观条件不成熟或不赞同发行。千家驹向国务院及谷牧如实汇报了这些情况后认为，暂时不宜发行特区货币。1985 年 6 月，全国人大常委会会议对发行特区货币提出了反对意见，主要原因是一个国家不宜搞两种货币。

邓小平在向谷牧等人综合了解情况之后，于 1985 年 7 月 15 日表明了他的看法。他说：深圳的发展很快，但毕竟是个试验，还有些未解决的问题，例如货币问题，引进技术和出口创汇还不理想。但建设特区才 3 年多一点，再花 3 年时间，这些问题是会得到解决的。[2]

1985 年 8 月 15 日，谷牧对中国人民银行报送的特区货币样品批示："同意，但暂缓印刷。"特区货币问题就这样被搁置起来。

1986 年 1 月 5 日，谷牧在国务院召开的特区工作会议上说：去年，我在这里讲过，1985 年内要争取解决深圳特区的货币问题。现在情况如何呢？我们对此一直没有放松，一直在进行研究。去年对这个问题我们就开了五六次座谈会，请各方面专家进行研究。但是，考虑到这个问题不只涉及深圳，也涉及其他特区，其他开放城市和开放地区，问题很复杂，归根结蒂是币制改革走什么路的问题。我们要采取十分慎重的态度。因此，特区货币问题，要通盘研究考虑后，再下决心解决。[3]

1986 年的春天，谷牧在北京就经济特区问题答中外记者时谈到，深圳流通三种货币，原来准备发行一种"特区货币"来解决这个问题，但这个问题太复杂，即使解决了深圳的问题，也不等于解决了其他特区和沿海开放城市还可能面临的共同问题。所以，我们要采取很慎重的态度，再推迟一段时间来解决。

---

[1] 张云方：《邓小平与中日经济交流》，载《中日经济信息周刊》2008 年 11 月。
[2] 王硕：《改革开放史上的特区货币问题》，载《百年潮》2008 年第 1 期。
[3] 中共深圳市委办公厅编：《党和国家领导人视察深圳讲话资料汇编》，第 218 页。

1987 年 12 月 18 日，陈云与胡启立同志谈话，他说：我虽然没有到过特区，但我很注意特区问题。1984 年我专门把谷牧和刘鸿儒找来谈货币问题。我讲，如果大家坚持搞，我提出两条：一条是特区货币发行权属于中央；另一条是封关以后，特区货币只能在特区流通，不能在其他地方流通。那时，特区货币都印好了。后来，特区同志自己感到这件事不那么简单，就搁置起来了。[1]

1987 年 12 月，刘鸿儒向深圳市委领导通报情况：特区货币搞了四五年，样票都有了，设计图纸也有了，最后未发，主要是条件问题，主要担心和内地的关系，不利于和内地的往来，不利于依靠内地推动深圳的经济。深圳现在并不是完全靠国际市场就可以和内地搞进出口关系了。将来是不是发行和港币一对一的货币，主要是看外汇储备，自己的外汇储备有基础才行，靠国家拿外汇不行。

这一段关于内地和香港学术界就是否发行特区货币问题展开了激烈讨论。主张发行特区货币的人认为，这是发展特区经济的一着好棋，其理由大致有：（1）经济特区处于内地和港澳两个市场、两种物价的交换点，人民币和外汇券难以满足经济特区商品流通的需要，港币必然流入特区市场，发行与外币自由兑换的特区货币，可解决人民币、外汇券和港币三币并存，一种商品多种价格的问题。（2）深圳以引进外资为主、出口为主的外向型经济，而人民币不能自由兑换，使特区经济发展受影响，而发行特区货币可解决这一问题。（3）1997 年，香港将回归祖国。因此，必须采取措施保持香港市场的稳定繁荣。而特区货币可以起到必要的作用。（4）只要不在特区开放像香港那样的自由买卖外汇的市场，就可以把投机控制在尽可能小的程度。（5）关于一个国家不应发行两种货币问题。当时外汇券实际上已成为第二种货币，特区货币取代外币，比外汇券更有利于对外开放。反对者认为，发行特区货币弊多利少，甚至是“多币即多弊”，其主要理由有：（1）一个统一国家不应发行两种货币。（2）世界上经济性特区有几百个，没有哪一个单独发行货币。（3）发行特区货币，将大大影响特区与内地的经济联系，影响特区的财政收入和稳定性。（4）发行特区货币，国家每年需要拿出大笔储备外汇来支持，与办经济特区的指导思想不符。（5）发行特区货币必然使人民币的信誉受损，造成不良影响。[2]

特区货币最终没有发行，我们想主要原因有：一是一个国家（一个关税区内）同

[1]　《陈云传》，第 1677 页。

[2]　罗木生：《中国经济特区发展史稿》，广东人民出版社 1999 年版，第 105—108 页。

时发行多种货币还没有先例。二是货币问题非常复杂，存在诸多不确定因素，有较大风险。三是特区货币是与原来设想的“一线放开，二线管住”自由港或自由贸易区的特区定位相适应的。既然深圳没有建成全封闭的大保税自由港或自由贸易区，发行特区货币的问题自然也就不存在了。三是随着生活水平提高，深圳居民对港元的需求下降，人民币在深圳恢复了主导地位。特别是1985年11月深圳市成立的外汇调剂中心，充分发挥了在外汇调剂市场的作用，货币流通混乱局面逐步得到解决。特区货币发行与否，已不再显得迫切。四是当时遇到的货币问题还有其他更为稳妥的替代措施来解决。曾经历此事的深圳市老领导周溪舞曾撰文指出：“不采取发行特区货币的办法，而是在全国范围内有计划、有步骤地实行金融改革，逐步与国际惯例接轨，解决当年在货币方面所碰到的问题。经过实践的检验，这也是正确的”[1]。刘鸿儒后来在接受采访时指出：后来特区经济发生了很大变化，特区货币是否继续发行，人们有了新的思考和看法。影响决策的一个重要因素是“二线封关”思路作了调整，大家认为，如果实行“二线封关”，就等于把内地同特区隔绝开来，离开了内地的支持，经济特区的优势也就失去了。综合考虑各种因素之后，发行特区货币的事情就停下来了。[2]后来谷牧同志在其回忆录中谈到这一问题，他说：这个问题，从1981年就提出来了。从那时起到1985年的4年中，反复作过研究，时任中国人民银行副行长的刘鸿儒同志，对此花了不少工夫。一些经济学者、金融专家都参加过调查论证，甚至还做了币样设计（图案是炎黄二帝像）。从特区的发展看，发行一种在特区流通的可以自由兑换的法定货币，有其一定的作用，但是需要国家提供巨额外汇作为发行基金，而且发行之后如何管理，是只在深圳发行还是四个特区都发行，如果在四个特区发行，就将在其他开放地区以至全国引起连锁反应，涉及面很宽，问题相当复杂。再三考虑，还是暂且搁置为宜。[3]

我们认为，虽然特区货币最后没有发行，但却给我们留下了许多宝贵的遗产。那就是在关于发行特区货币长达多年的决策过程中体现出来的科学民主气氛，以及对科学、知识和专家的尊重精神，值得我们今天学习和发扬。

---

[1] 周溪舞：《我经历深圳发展的几件大事》，全国政协文史和学习委员会编：《经济特区建设》，中国文史出版社2009年版，第213页。

[2] 《深圳是全国金融改革探路先锋——访中国证监会首任主席刘鸿儒》，载《深圳特区报》2010年3月18日。

[3] 《谷牧回忆录》，第365—367页。

第四节 向外向型经济爬坡与转型

经济特区发展再起风云

1985年初开始，深圳经济特区建设又遭遇了新形势和新问题。第一，特区建设面临全国宏观调控的影响。1984—1985年，由于基建规模、社会消费需求、货币信贷投放急剧扩张，中国经济出现了过热的现象。1985年，生产者价格指数PPI同比上涨8.7%，消费者价格指数CPI同比上涨9.3%。从1984年11月到1985年10月，国务院为抑制通货膨胀，发布了一系列紧缩性的宏观调控措施，如加强外汇管理、紧缩银行信贷、压缩基本建设投资等。中央宏观调控的政策出台，自然对刚刚进入新一轮大规模开发和建设的经济特区受到较大影响。

第二，特区在快速发展过程中也存在许多问题。1981年至1985年，深圳经济取得快速发展，国内生产总值从4.96亿元增长到39.02亿元，年均增长51.06%，工业总产值从2.67增长到24.67亿元，年均增长56.0%；固定资产投资从3亿元增长到33.3亿元，年均增长61.83%，特区人口从几万人发展到40万人。虽然1981年梁湘出任深圳市长后，确认深圳特区经济要“四个为主”，即：“资金以引进外资为主，企业以三资为主，生产以工业为主，产品以出口为主。”但政府主要在忙于进行基本建设，以及如何确保基本的物资供应，虽开始引进外资设立工业，但经济发展的主流其实是贸易及流通业，城市基础设施的建设也对经济有较大的拉动。深圳特区在高速发展中确实存在一些问题，谷牧同志后来对特区存在的问题作了总结：第一是基本建设战线拉得太长，摊子铺得大了，深圳尤为如此。1984年基本建设达20亿元，而且非生产性项目摆得多，造成经济生活绷得过紧。第二是产品出口上得慢，1984年4个特区加起来才4亿多美元，办起来的许多项目，产品内销部分较多。当年进口大于出口10亿多美元。第三是利用国内外差价，做到手生意，违法经营牟利的情况时有发生，引起内地的非议。第四是对党中央、国务院规定的特区发展方向，产生了不同议论。[1]

1985年5月，香港《广角镜》杂志第152期发表香港大学亚洲研究中心陈文鸿博士题为《深圳的问题在哪里？》的文章，该文用大量的数据推论出两个重要观点：一，深圳的发展速度是靠大量的基建投资才产生的，比如1983年深圳的7.2亿工业总

[1] 《谷牧回忆录》，第360页。

产值中，建筑业占了6亿多元，真正的工业总产值才1亿多元；其二，1979年建特区以来，深圳的社会商品零售总额比工农业总产值为大，1983年社会商品零售总额超出工农业总产值50%，1984年上半年则超出工农业总产值56%，反映深圳的经济结构并不是以工业为主，而是以贸易为主。该文指出，1979年以来深圳的经济结构不是以工业为主，而是以贸易为主；深圳的经济是依赖贸易，而在贸易中又主要是对国内其他地方的转口贸易，由此而产生的高额利润支撑了深圳5年来的表面繁荣，也就是说深圳只是赚了内地的钱。陈文鸿的观点在海内外引起巨大反响，激起了一场关于深圳的大讨论，其中尤以海外媒体为甚。1985年7月12日至26日，香港《信报》连续发表针对深圳得到"十二评"，全盘否定深圳，认为深圳的发展是建立在"假大空"基础上的。《美国华侨日报》也刊载了一篇题为《深圳试验得失的评估》的文章，该文指出：深圳建设成绩是应当肯定的，但确实还存在不少问题，有的问题还很严重。第一，工业比重太低。现在所吸引的外资，多数投放到房地产业和旅游业，投资于工业的还不够。第二，深圳没有引进多少先进技术。目前所建立的大多是劳动密集型工业，远未能达到通过经济特区为中国引进先进技术的目的。第三，在对外开放政策方面，还有许多严重的偏差，甚至把西方的一些糜烂的东西引进来。此外，黑市外汇买卖盛行，禁之不绝，扰乱了中国的金融和币制稳定。由此引发了一场有关特区建设到底是成功还是失败的争论。正是由于上述问题的存在，中央决定开始对特区进行调整。

深圳特区存在的问题，引起中央高层的密切关注。1984年12月7日，谷牧同志在广东、福建两省会议上说：北京很关心和希望两省不要再发生[1982]17号文件之前一度出现过的那类问题。我说得难听一点，靠贩卖舶来品，去赚人家的钱，或者靠偷漏税去发家，这不光彩。宁肯发展慢一点，也不走这个路子。最近有人反映，特别是广东，不只是深圳市三种货币流通、倒卖外币很严重，已经发展到珠江三角洲一些市、县，都有炒卖港币的黑市活动。我们一定要警惕，切实防止和纠正。[1]

1985年2月7日，薄一波在视察深圳特区时指出：要想把深圳特区的文章做好，继续当好对外开放的"排头兵"，重要的是要按照小平同志提出的经济特区要起到4个"窗口"的作用的指示去做，在特区发展知识密集型和技术密集型产业，使特区能够起到对外对内辐射的两个扇面的作用。"四个窗口"、"两个密集型"、"两个扇面"，是根据你们的经验提出来的，但又绝不是简单地重复你们的经验。小平同志是从全局

---

[1] 中共广东省委办公厅编：《中央对广东工作的指示汇编（1983—1985年）》，第240—241页。

的角度，对你们的经验作了更高层次的总结和概括。你们有些已经做了，取得了初步成绩，而有些则还没有做，总的来说还有相当的差距，在某些方面甚至有很大的差距。特区究竟以什么为中心，我认为你们提出的要把工业突出出来是对的。旅游要发展，贸易要发展，但必须建立自己的工业基础，特别是骨干企业，以便生产出拳头产品打进国际市场。没有工业做后盾，就没有力量，现在的好形势就不能持久，就会成为“软骨美人”，当然也就更谈不上起到“窗口”和“扇面”作用。值得注意的是，一些人利用职权钻改革的空子，贪污受贿，倒买倒卖紧俏物资，炒买炒卖外汇，用损害国家和人民利益的手段发横财。对这股新的歪风，必须引起足够的警惕。[1]

1985 年 2 月 26 日，谷牧同志在深圳特区工作座谈会上指出：对深圳的工作，人们也提出了不少意见，有些意见是对的。比如，深圳特区还没有真正形成外向型的经济，这个意见就很好。要使深圳特区真正办成一个外向型的综合性经济特区，对国家有很大的贡献，必须要有个发展过程。由于我们对改革和开放还缺乏经验，具体工作中也出现了一些始料不及的不利情况。主要就是消费基金增长过快，票子发多了，外汇管理不善，结存数字下降较多，有些失控了。香港对内地的外汇黑市买卖，反映十分强烈。加上我们有几个地区利用实行开放后的优惠政策，利用手中的自主权，搞一些违法乱纪的事情，进口紧俏商品，倒卖到内地，搞投机倒把，发不义之财。海南岛倒卖汽车的问题，都程度不同地牵涉到几个特区。全国对这类事情很不满，可以说，已达到众愤难平的程度。在新形势下，出现上面那些引起各方面注意的问题，深圳的同志要十分警惕。深圳要办成以出口为主，以工业为主真正外向型的综合性的经济特区。产业结构必须尽快向外向型转化。当然，搞“两个密集型”，实现以出口创汇为主的外向型经济，难度是很大的。真正技术、知识密集型的项目，不是那么容易就能引进来的。[2]

1985 年 4 月 25 日，国务院副总理姚依林视察蛇口工业区时说：这个建设速度（指蛇口的建设速度）是难能可贵的。特区的经济发展光靠国家的长期“输血”来维持是不可能的，现在要果断地拔掉“针头”。[3]4 月 27 日，姚依林副总理在深圳特区又指出：去年下半年以来，特别是第四季度，出现了人民币投放和外汇使用失控的问题，

---

[1]　中共广东省委办公厅编：《中央对广东工作的指示汇编（1983—1985 年）》，第 323、324、327 页。

[2]　中共深圳市委办公厅编：《党和国家领导人视察深圳讲话资料汇编》，第 189—201 页。

[3]　香港招商局编：《广东省深圳特区招商局蛇口工业区文件资料汇编》第 5 辑，1986 年 1 月。

这不只是特区的问题，而是全国的问题。紧急刹车后，我就意识到广东会出现问题，而且困难会比外省大一些。这里完全不涉及我们对特区的根本政策的问题。只感到“城门失火，会殃及池鱼”。希望你们克服困难，争取更大的成绩。[1]

1985年6月29日，邓小平在会见阿尔及利亚民族解放阵线代表团时说：“深圳经济特区是个试验，路子走得是否对，还要看一看。它是社会主义的新生事物，搞成功是我们的愿望，不成功是个经验嘛。”[2]“搞社会主义的中心任务是发展生产力。一切有利于发展社会主义生产力的方法，包括利用外资、引进先进技术，我们都采用。这是个很大的试验，是书本上没有的。”[3]

1985年7月15日，邓小平在会见特立尼达和多巴哥总理乔治·迈克尔·钱伯斯时指出：看来，我们建立经济特区的政策还是正确的。深圳的发展还是很快，但毕竟是个试验。我们的开放政策，一系列的政策以及我们搞的全面经济体制改革，都是一种试验。不搞改革，不坚持开放政策，我们的发展战略目标就不可能实现。任何这样的事情的结果无非是两个，一个成功，一个失败。我们相信会成功。中间一定会有曲折，甚至犯大大小小的错误。那不要紧，有了错就纠正。这种办法不成功，就改一种办法。“开放政策和经济改革是要坚持到底的，不会变化。变，就没有出路。”[4]

1985年8月1日，邓小平在会见日本公民党第13次访华代表团时说：“我们特区的经济从内向转向外向，现在还是刚起步，所以能出口的好的产品还不多。只要深圳没有做到这一步，它的关就还没有过，还不能证明它的发展是很健康的。不过，听说这方面有了一点进步。”[5]“前不久我对一位外国客人说，深圳是个试验，外面就有人议论，说什么中国的政策是不是又要改变，是不是我否定了原来关于经济特区的判断。所以，现在我要肯定两句话：第一句话是，建立经济特区的政策是正确的；第二句话是，经济特区还是一个试验。这两句话不矛盾。我们的整个开放政策也是一个试验，从世界的角度来讲，也是一个大试验。总之，中国的对外开放政策是坚定不移的，但在开放过程中要小心谨慎。我们取得了一些成绩，但一定要保持谦逊态度。”[6]

---

[1] 中共深圳市委办公厅编：《党和国家领导人视察深圳讲话资料汇编》，第202—205页。

[2] 《邓小平文选》第3卷，第130页。

[3] 同上。

[4] 中共中央文献研究室编：《邓小平年谱（1975—1997）》，第1060页。

[5] 《邓小平文选》第3卷，第133页。

[6] 同上。

邓小平为什么反复说，深圳是个试验。我们认为，邓小平此时对特区办得是否成功还持保留意见。在他看来，能否实现“四个为主”是特区取得成功的关键，即：经济建设以吸收外资为主、经济运行以市场调节为主、产业发展以工业为主，对外贸易以出口为主。

1985年8月29日广东省政府发出通知：经国务院批准，免去深圳市市长梁湘的职务。由国务院副秘书长李灏同志接任深圳市市长。中共广东省委决定：李灏任中共深圳市委副书记。8月30日，广东省第六届人民代表大会第四次会议选举李灏为广东省副省长。1986年5月15日，中共广东省委发出通知：经中央批准，梁湘任中共广东省顾问委员会副主任。中共广东省委决定：李灏任中共深圳市委书记，免去梁湘中共深圳市委书记职务。梁湘在离职讲话中，表示没有虚度年华，希望大家继续保持改革开拓精神，自己余生将定居在深圳。深圳经济特区进入由李灏主政的又一个时期。

中央力促特区加快转型

1985年2月24日至26日，中共中央书记处书记、国务委员谷牧主持召开深圳经济特区工作座谈会，讨论深圳今后进一步发展的重要政策措施。谷牧指出：在这三天的时间里，研究了一些很重要的问题。对深圳特区如何在现有的基础上，再努一把力，爬一个相当困难的坡，更上一层楼，真正成为一个以工业为主，以出口创汇为主的外向型的综合性的经济特区。[1] 他还说：深圳特区究竟要办成什么样的一个特区？我看41号文件的提法到现在还是正确的，就是以出口为主，以工业为主的综合性经济特区。这个提法站得住。以出口为主，以工业为主，兼营商贸、农牧、旅游，全面发展，形成真正外向型的综合性经济特区，现在一下子还做不到，但要朝这个方向前进。[2]

1985年3月，中国社会科学院副院长刘国光受国务院的委托和深圳市委、市政府的邀请，率10多名研究人员到深圳对深圳特区经济、社会发展战略的有关问题进行全面深入的调查研究，撰写了《深圳经济特区经济、社会发展战略问题研究报告》。该报告认为：深圳经济特区发展的战略目标应该是外向型的，以先进工业为主，工贸

---

[1]　中共广东省委办公厅编：《中央对广东工作的指示汇编（1983—1985年）》，第359页。

[2]　同上，第368页。

并举、工贸技结合的综合性的经济特区。外向型经济的主要标志是：(1) 资金来源以外资为主，只要外资在工业投资中的比例超过 50%，便是以利用外资为主。与此相适应，工业企业的所有制，以中外合资、外商独资企业的工业企业为主。(2) 产品以外销为主，出口的经济特区产品逐步达到经济特区企业商品产值的 70% 以上。(3) 进出口贸易的外汇收支应有顺差。同年 5 月，深圳市委、市政府又邀请宦乡、刘国光、孙尚清、周光召、侯自强、蒋一苇等国内著名专家学者举行座谈会，进一步研究探讨深圳特区经济、社会发展战略问题。与会专家学者认为，特区经过 5 年的建设，在基础设施建设方面，已取得很大成绩，现在正跨入一个新的开拓发展阶段，主要任务是要转到发展外向型经济方面来。1985 年 8 月 9 日，中国社会科学院副院长刘国光在《人民日报》发表题为《深圳特区的发展战略目标》文章。他将深圳经济特区发展的战略目标概括为：把深圳建成外向型的，以先进工业为主的，工贸并举，工贸技结合，兼营金融、旅游、服务、房地产和农牧渔等业的综合性经济特区；建成产业结构合理，科学技术先进，人民生活富裕的，具有高度的物质文明和精神文明的新型城市，为内地和全国的社会主义建设作出越来越大的贡献。文章认为，深圳经济发展，只有“以工业为主”才是正确的。深圳将经历一个传统工业与新兴工业并存，劳动密集型产业向技术、知识密集型产业过渡的时期，逐步建立以先进技术为主的技术结构。[1]

1985 年 11 月 5 日至 10 日，国务院特区办公室在深圳召开深圳经济特区发展外向型工业座谈会，会议由周建南和何椿霖主持，与会的有中央 18 个部、总公司和各特区负责人。会议指出，要发挥深圳的地理和政策优势，不断完善投资环境，外引内联，扬长避短，依靠国内技术和资源优势，重点发展新型、轻型、小型的专业化工厂，建立合理的企业结构，开发一个有应变能力的外向型工业体系。香港一个刊物刊登了一则消息，说中央大员南下挽救深圳。谷牧后来说：“挽救”这种说法是错误的，如果说中央许多部门的负责同志南下来帮助深圳、支持深圳，那是符合事实的。[2]

1985 年 12 月 16 日至 17 日，中共广东省委书记林若主持召开广东省委常委会，专门听取深圳市委的工作汇报，讨论深圳特区工作。会议认为，应充分肯定深圳特区取得的成绩。深圳特区的实践证明，党中央、国务院试办特区是英明、正确的，深

---

[1]　刘国光：《深圳特区的发展战略目标》，载《人民日报》1985 年 8 月 9 日。

[2]　中共广东省委办公厅编：《中央对广东工作的指示汇编（1986—1987 年）》，第 10 页。

圳特区是全国的特区、全省的特区，办好特区不仅是深圳市委的任务，也是省委的任务。对存在的问题不应当忽视、轻视，对经验和问题都要认真进行总结。深圳今后的任务，总的要求是发挥“四个窗口”、“两个扇面”的作用。

1985年12月25日至1986年1月5日，受国务院委托，由中共中央书记处书记、国务委员谷牧在深圳主持召开全国特区工作会议，国务院29个部委的负责人及广东、福建两省和深圳、珠海、汕头、厦门4个特区的负责人近200人参加。中共广东省委书记林若、省长叶选平、前省长梁灵光参加了会议。会议对建立经济特区5年来的工作作了认真的回顾和总结，就如何进一步办好经济特区和特区今后发展的方向、目标等问题进行深入研究和讨论。会上还下发事先由谷牧同志组织国务院特区办草拟的《关于经济特区发展情况和今后意见的研究提纲》，供会议讨论。1月5日，谷牧同志发表了讲话。谷牧说：深圳在四个特区中，建设起步早、发展快，工作成果和经验也比较多。小平、耀邦、紫阳等中央领导同志都对深圳的工作给予肯定的评价。我过去也多次讲过，深圳的这些成绩是谁也否定不了的。我对深圳的成绩和发展前途从来也没有怀疑过，管你香港发表什么“十评”、“十二评”，你发表多少评，也丝毫动摇不了我对深圳建设成就的评价和发展前途的信心。在充分肯定成绩的同时，当前更重要的要严肃地正视和认真地解决发展中的问题。我看深圳当前主要的问题是：改革和管理工作不适应特区建设新阶段客观形势发展的需要。客观形势的发展，要求深圳把工作重点放到建立以工业为主的外向型经济上，由铺摊子、盖楼房转到上水平、求效益上来。国家加强宏观经济控制，也要求特区建设放在全国这个大局中来考虑。去年春节，我在这里开过会。提出“爬好一个坡”，“更上一层楼”，就是要深圳的同志认清形势，实现工作重点的转变。对基建规模过大，投资结构不尽合理的问题，深圳应引起足够的注意。基本建设规模压不下来，其他很多问题就很难得到解决。预期在“七五”期间工作成果的基础上，再经过十年，到本世纪末或者再长一点时间，我们的经济特区，要成为产业结构合理、科学技术先进、生活文明富裕、以先进工业为主的，工贸结合、旅游、农牧渔业等各业并举的，各有特色的外向型综合经济特区（各个特区不一定完全一个模式）。在这次会议上，我们进一步明确提出了这样的口号：“特区是全国的特区，全国支持特区，特区服务全国”。[1]

[1] 谷牧：《在经济特区工作会议上的讲话》（1986年1月5日），中共广东省委办公厅编：《中央对广东工作的指示汇编（1986—1987年）》，第10—24页。

1986年2月7日，国务院批转《经济特区工作会议纪要》，《纪要》指出：5年多来，经济特区的建设已经取得很大进展，打下较好的基础。今后的任务是，建成以工业为主、工贸结合的外向型经济，把更多的先进技术引进来，使更多的产品进入国际市场，更好地发挥“四个窗口”的作用。为此，要进一步做好外引内联工作，内联是为了增强外引能力，外引内联都要落实到建立外向型经济上。会议提出：

第一，建立外向型经济的目标。经过几年打基础的工作，特区在“七五”期间应当坚决贯彻中央和国务院的指示精神，努力建设以工业为主、工贸结合的外向型经济，进一步发挥“四个窗口”作用和“两个扇面”的作用。(1) 特区产业结构以具有先进技术水平的工业为主，工业投资以吸引外资为主。(2) 产品以出口为主，瞄准国际市场的需求，开发一批竞争力强、稳定适销的“拳头”产品，争取工业制品60%以上能够外销。外汇收支平衡，并有节余。(3) 千方百计提高经济效益，确保国民收入、财政收入的不断增长，特区的人均国民收入进入全国前列，在财政上缴、外汇上缴方面为国家多作贡献。(4) 加强智力开发和文化建设，培养和引进人才，全面轮训干部，大力提高职工队伍的素质，培养一大批中高级技术工人。(5) 深入进行经济体制改革，进一步搞活企业、搞活经济。

第二，特区领导的指导思想和工作重点要放在建立以工业为主的外向型经济上，要从前几年的铺摊子、打基础转到抓生产、上水平、求效益方面来，切实做好几个方面的工作：(1) 制订经济特区经济中长期规划和“七五”期间分年度安排；(2) 根据扩大出口的要求，认真筛选工业项目。(3) 继续搞好内联，推动经济特区外向型工业的发展。(4) 积极开拓国际市场。(5) 以提高经济效益为中心，切实加强企业管理。(6) 坚决反对和制止违法经济活动。(7) 经济特区在完善投资环境方面，除了继续搞好基础设施的配套以外，尤为重要的要在健全经济立法、提高办事效率、加强人才培养这些“软件”上下工夫。(8) 要加快经济体制改革的步伐，深入探索微观放开搞活与宏观加强管理密切相结合的经验。

第三，会议预期，在“七五”期间工作的基础上，再经过10年，到本世纪末或者再长一点时间，我们的经济特区建成以先进工业为主、工贸结合、旅游、农牧渔业并举、各有特色的高水平外向型特区，既是产业结构合理、科学技术先进、生活文明富裕的经济发达地区，又是万商云集、通向世界的出口基地。

会议还确定国家为支持特区发展外向型经济而需要采取的一些政策性措施，主要有：

第一，特区的内联企业按 15% 的税率在特区缴纳企业所得税，在获利年度 5 年内。在特区税后的利润，如留在特区扩大生产或兴办外向型工业，免除在内地补缴所得税和调节税；如解往内地，按 20% 补缴所得税。从第 6 年开始，在特区税后的利润不论是否解往内地，均按账面所得额补缴 20% 的所得税，但免征调节税。非生产性企业不享受上述优惠。

第二，特区外商投资企业的出口收汇和经营业务收汇，全部保留现汇；国有、集体企业凡经营进出口业务的，都可按业务需要报请批准后保留部分现汇。特区结汇后的自有外汇额度可允许使用。增加的用汇指标不占广东、福建两省的用汇指标。

第三，积极支持特区工业制品出口，国家实行配额、许可证管理的出口产品，要简化手续，由主管部门到特区就近审批发证。特区企业的产品必须以出口为主。特区生产的属于国家需要进口的短缺产品，可以有适当比例内销。凡含有进口料件的均应照章补缴关税、进出环节的产品税和调节税。

第四，特区进口供应区内市场销售的物资、商品（不含国家控制进口目录中的商品），每年由广东、福建两省审定限额，报国务院特区办。海关总署核准进口，并减半征收关税，但不得销往内地。特区组建经营区内产品出口和区内自用物资进口的外贸企业，由特区人民政府审批。

第五，对特区发展外向型生产，国家银行在信贷资金上给予支持，安排给特区的信贷指标，不计入广东、福建两省的信贷控制，由中国人民银行单独审批。

根据党中央和国务院的要求，深圳经济特区确立了新阶段的发展目标：进一步完善投资环境，更集中更有效地搞好“外引内联”，建成以出口加工工业为主、农牧渔业、商业外贸、金融、旅游综合发展的外向型经济特区。1986 年开始，深圳特区进入一个探索在计划经济体制之外发展外向型经济和全面进行市场取向经济改革的新阶段。

第一，在基础设施和对外开放等方面：一是进一步完善投资环境，建设了一批新的工业区、仓库区和住宅区，城区建成面积进一步扩大。二是利用外资和技术兴建了赤湾港、蛇口港、东角头码头、蛇口油库、市话工程、沙角 B 电厂、华侨城、大亚湾核电站和广深高速等一批基础设施。同时启用罗湖新联检大楼，开始皇岗口岸、福田新市区、深圳机场（1988 年开始建设，1991 年通航）等建设。三是扩大招商引资力度，利用境外资本和技术积极发展“三来一补”企业和“三资”企业。到 1991 年，外商投资企业工业产值达到 189 亿元，占全市工业总产值的 69.1%。四是积极开展同内地实行跨地区、跨行业、多层次、多形式的横向联合，建立了一大批内联企业，弥补了资金、技术、人才的不足，成为深圳经济发展的重要力量之一。五是与中国科学院合作，1985年创建科技工业园，开始发展高新技术产业。六是1987年、1992年分别创建沙头角、福田两个保税工业区，促进外向经济发展。七是组建一批外贸骨干企业，积极发展转口贸易和远洋贸易。八是开放妈湾码头、皇岗口岸、盐田港口岸、深圳机场。九是开辟香港、澳门等20多条旅游线路，形成西丽湖、石岩湖、香蜜湖和深圳湾、小梅沙为主体的旅游网点。十是兴建了图书馆、科技馆、博物馆、体育馆等多项大型文化设施，科教文卫事业有较大发展。通过这一系列开放措施，迅速形成了以工业为主、工贸结合的外向型经济。1987年，深圳出口贸易大于进口贸易，扭转逆差局面。1988年，深圳出口总额居广东省首位，全国大中城市第三。1992年开始，深圳进出口贸易总额一直居全国大中城市第一位。

第二，全面推进市场取向的经济体制改革。为加快特区发展和外资引进，深圳市委提出特区改革从局部改革转向全面改革，从单项改革转向系统改革，从初步改革转向深入改革，要逐步向配套、综合、全面方向发展。改革的主要举措：一是率先进行国有企业股份制改革（1986），创新国有资产管理体制（1987），实现企业承包制、股份制，推行产权转让和破产制等。二是改革金融体制，建立多层次、开放型的金融市场。包括又引进一批外资银行（1982），创办招商银行（1987）、深发展银行（1987）等区域性股份制银行；成立全国第一家外汇调节中心（1985）；建立有色金属期货市场（1991）；公开发行股票（1987），建立证券交易所（1990）。三是推行国有土地有偿使用管理体制改革，首次进行土地公开拍卖（1987）。四是改革住房制度（实行商品房、微利房、福利房制度），逐步实现住房商品化（1988）；五是政府行政机构调整和公务员制度试点改革（1988）；六是深化劳动、工资制度改革，实行劳动合同制，建立社会保障制度（1986）。七是鼓励和支持民间科技企业发展，中兴（1985）、华为企业（1988）、创维（1988）等一批民间科技企业诞生。这一阶段的主要特点是配套改革、全面推进。通过这些改革，旧体制的框架基本被打破，初步形成了以市场调节为主、计划调节为辅的经济体制和运行机制。

经过这一阶段改革，深圳外向型工业，由最初的来料加工为主，逐步转变为进料—加工—增值—出口的外向型经济模式；从收购内地产品出口为主，逐步转为自己办实业，实行工农技贸相结合，以自产产品出口为主。外向型工业成为深圳国民经济发展的"龙头"。由此深圳经济发展开始起飞，工业化步伐加快，城市建设突飞猛进，本地生产总值以年均30%左右的速度增长，1987年突破50亿元，1989年突破100亿元，“四个窗口”的作用进一步显现。深圳成为全国最重要的对外贸易进出口基地。除深圳特区外，珠海、汕头、厦门等特区，也按照中央的指示精神，开始把工作重点放在发展以工业为主的外向型经济上来。

谷牧同志后来总结说：这次会议是经济特区开拓前进的新起点。各经济特区从此在发展外向型经济的道路上迈开了坚实的步伐。到“七五计划”结束的1990年，4个特区工农业总产值，由1985年的61.8亿元上升到305.6亿元（其中工业总产值296亿元），翻了两番多，是全国经济增长最快的地方；累计实际利用外资，由1985年的10.8亿美元上升到41.7亿美元，接近翻了两番，成为全国吸收外商投资的热点；年外贸出口额，由1985年的8.17亿美元增长到46.8亿美元，翻了两番，当年出口大于进口12亿多美元，成为全国的新外贸基地。外向型经济初步入轨上路，基本实现了1986年特区工作会议提出的目标。

1986年8月21日，邓小平在视察天津新港和天津经济技术开发区时指出：“对外开放还是要放，不放就不活，不存在收的问题。”并为开发区题词：“开发区大有希望。”[1]

1987年5月24日，邓小平在会见朝鲜领导人金日成时说：“金主席去过深圳没有？下次有机会可以去旅行。最近深圳技术比较高的产品可以打入国际市场。开放政策的成功就要看这一条，这是真正的成功。深圳只用六七年时间，从一个小城变为一个现代化城市，经验是很宝贵的。”[2]

1987年6月12日，邓小平在会见南斯拉夫客人时高兴地谈道：“深圳搞了七八年了，取得了很大的成绩。当然一个完全新的事物不允许犯错误是不行的，有一点错误也是很小的。他们自己总结经验，由内向型转为外向型，就是说能够变成工业基地，并能够打进国际市场。这一点明确后，也不过两三年的时间，就改变了面貌。深圳的同志告诉我，那里的工业产品百分之五十以上出口，外汇收支可以平衡。”“最近有的同志告诉我，厦门经济特区的发展速度比深圳还理想。”“现在我可以放胆地说：我们建立经济特区的决定不仅是正确的，而且是成功的，所有的怀疑都可以消除了。”[3]

---

[1] 中共中央文献研究室编：《邓小平年谱（1975—1997）》，第1131页。

[2] 同上，第1191页。

[3] 《邓小平文选》第3卷，第239页。

现在看来，当年中央作出要求经济特区“爬坡”，发展以工业为主的外向型经济的决策是非常正确的、及时的。深圳特区发展重点和发展方向的转变也是及时的、成功的。这次转型对深圳特区发展的意义重大。深圳特区如果没有这次重大转变，其后的各项改革和发展就不会有那么顺利，发展也就不会有今天这样一个局面。反观我们有些特区今天发展之所以差强人意，与那次没有“爬上坡”，就掉了队有关。

第五章

创办海南大经济特区

作为我国第二大岛海南岛的开发和建设问题，其实很早就提出来了。而海南岛真正走上开发开放之路，是上世纪 80 年代初的事情，几乎是与中国经济特区发展同步。

第一节　海南岛可比照特区做法

历史上，海南岛是一个被历代封建统治者视为流放谪臣的蛮荒之地。鸦片战争以后，英、法、美等国列强凭借不平等条约踏入海南岛，进行以资源掠夺和经济侵略为主的所谓“开发”。清末两广总督张之洞和总理衙门大臣曾纪泽，从其崇尚洋务、整治边域的洋务派主张出发，曾提出过在海南“开辟道路以为各种建设之张本”的主张，并正式向清政府提出海南建省的意见。孙中山在辛亥革命后多次提出海南设省、抓紧开发建设的问题，并陈述其理由在于巩固海防，开发天然资源，振兴实业，方便行政等。

1949 年 4 月 1 日，国民党政府在海南岛设立“海南特别行政区”和“海南建省筹备委员会”。

1950 年 4 月 30 日，海南岛解放。此后冯白驹将军提出在海南岛建省的建议，遗憾的是这个建议立即被当作搞“地方主义”而被否定。

1957 年 1 月，朱德视察海南期间，即致函中共中央主席毛泽东：海南地上和地下的资源十分丰富，极有发展前途，应积极组织力量“从速进行开发”。

1958 年 2 月，王震在海南视察工作并作报告时指出：“海南岛要贯彻以橡胶为纲的建设方针，要以最高的速度来开发和建设海南，大力发展橡胶以及各种热带作物的生产以支援全国的经济建设和国防建设。”

1959 年 11 月和 1960 年 2 月，刘少奇和周恩来分别视察海南。周恩来指示海南争取在 8 年时间内把热带作物搞到 1200 万亩，粮食面积 650 万亩，林带 350 万亩，水库 200 万亩，到那时海南满目青山绿水，“到处是热带作物，到处是花园芬芳，真是南海一明珠”。

1960 年 1 月，中共中央书记处总书记、国务院副总理邓小平和中央政治局委员彭真、李先念等视察海南岛。邓小平对海南优越的自然环境和独特的热带自然资源留下了十分深刻的印象，并表示要把海南岛好好地开发起来，使之成为我国重要的热带作物基地。

1963 年 1 月，朱德再次视察海南，指示海南“将来还是要以发展热带经济作物为主，因为许多热带经济作物，全国只有海南岛等少数地方能种植”，可以进口粮食，“以进养出”。

1978 年 11 月 8 日，广东省委第一书记习仲勋在中央工作会议上建议把海南开发作为重点时说：“海南岛的面积 32200 平方公里，比台湾才少 3000 多平方公里，人口不及台湾的三分之一，自然条件比台湾要好，又是老革命根据地，但目前经济建设落后，市场紧张，群众生活贫困，这不能不值得我们深思。建议国家把海南的开发作为重点，大力发展橡胶、剑麻等热带植物。”[1]

1980年5月下旬至6月上旬，中共广东省委第一书记习仲勋，前往海南检查工作。习仲勋说：海南岛是祖国的一个宝岛，我们要充分利用海南优越的自然条件，充分发挥优势，加速广东经济的发展，为国家多作贡献。[2]

1980 年 6 月 11 日，习仲勋主持召开中共广东省委常委会，会议研究了吴南生、龚子荣、罗天、曾定石等同志主持起草的《关于加快海南经济建设几个问题的提议（草案）》，决定其中属报请中央、国务院解决的问题，由刘田夫同志带去汇报。刘田夫利用到北京参加全国五届人大二次会议期间就广东省委关于加快海南建设的问题向中央领导人作了汇报。

1980 年 6 月 30 日至 7 月 11 日，在北京召开了海南岛问题座谈会，国家农委、国

[1] 《习仲勋文选》，中央文献出版社 1995 年版，第 283 页。
[2] 《习仲勋主政广东》，第 123—124 页。

家民委、农垦部、林业部、水利部、民政部、交通部、国家水产总局、国务院侨办和解放军总后勤部等11个部委负责人和广东省的刘田夫、罗天、薛光军以及海南行署、海南黎族苗族自治州、省农垦总局的负责人参加。会议的主题是如何加速海南岛的建设。座谈会指出，当前主要靠发挥政策的威力，放宽政策，把经济搞活。7月8日，万里、余秋里、方毅、谷牧、康世恩、陈慕华、薄一波听取了刘田夫、罗天和薛光军和国务院有关部门负责人的汇报，并作了重要指示。万里说：文件上要加个旅游事业，创造条件，开展旅游事业。方毅说：加上一个旅游，美国人建议我们，海南可以作为世界上最好的冬季旅游的地方。[1]

7月24日，国务院批转《海南岛问题座谈会纪要》（国发[1980]202号文），正式拉开了海南岛对外开放的历史序幕。该《纪要》不但对海南岛解放30年来的开发建设进行了历史性的全面总结，而且明确了加快海南岛开发建设的方针和政策。座谈会纪要一开始就将海南与台湾比较说："海南岛是我国少有的热带宝地之一，面积同台湾岛相近。"这是新中国成立后首次把海南同台湾联系起来，是对加快海南岛开发建设对实现两岸统一重大意义认识的发端。提出要对海南岛"放宽政策，把经济搞活"，对外经济活动可参照深圳、珠海市的办法，给予较大的权限。同时，决定从1981年起，由中央和广东省每年调进粮食4.5亿斤，5年不变，以便海南腾出手来大力发展热带经济作物和热带珍贵林木。所以后来有学者认为，海南大特区的起步建设实际上与深圳、珠海基本同步。同时，建议给予海南8条政策：（1）对外经济活动可参照深圳、珠海市的办法，给予较大权限，外贸和其他外汇收入的增长部分，可给海南留成多一些，以利于以进养出；（2）调整粮食征购任务；（3）农副产品的统派购要灵活一些；（4）进行专拨扶持社队发展热带作物的长期低息贷款；（5）在海南的中央和（广东）省属企业，其利润应适当留成一部分给海南地方使用；（6）中央和（广东）省要多支持海南一些化肥，以提高热带作物和粮食产量；（7）财政体制应适当放宽，多给海南岛以机动权；（8）农场、社队和其他企业单位，都可以利用自己的条件，打破所有制界限和行业界限，同（广东）省内外的经济单位实行种种形式的联营，产品或利润按比例分成，有外汇收入的还可以实行外汇分成等。

1980年8月12日至18日，中共广东省委第一书记习仲勋和第二书记杨尚昆在

[1] 《国务院领导同志听取海南岛问题座谈会汇报时的谈话》（1980年7月8日），载《中央对广东工作的指示汇编（1979—1982年）》，第72—75页。

广州主持专门会议，贯彻落实国务院批转的《海南岛问题座谈会纪要》的精神，参加会议的有省委、省政府以及海南区党委、自治州委等负责人，会议就贯彻民族区域自治，解决场社纠纷，支援海南岛经济建设，加强和改善党的领导等问题作出了决定。

1980年9月24日、25日，中央书记处召开会议，专门听取广东工作汇报，广东省委领导习仲勋、杨尚昆、刘田夫在中南海向中央书记处汇报工作。当谷牧提到，广东最大的优势，是热带、亚热带作物的发展，这是全国别处所没有的。而万里插话说：夏威夷比海南岛小得多，但他们旅游搞得很好，赚很多钱，海南如果搞得像那样子，每年搞10亿美元都不止。[1]

1981年4月10日，中共广东省委第一书记任仲夷看望正在广州的中共中央副主席叶剑英。叶剑英说：王震意见，海南要以岛养岛。任仲夷说：去年国务院发的202号文件中有句话，说海南也可以采取类似深圳、珠海的做法，政策要放宽一点。海南一个是搞好团结，一个是放宽政策，这样海南的工作能上去，会成为宝岛。叶剑英说：对，海南很有前途。[2]

1981年5月18日，任仲夷在关于特区建设和对外经济工作的讲话中，提出："要把办特区的政策扩大到海南岛。国务院[1980]202号文件已明确规定：海南岛'对外经济活动可参照深圳、珠海市的办法'，'应让海南有更多一些自主权'。中央指示我们要积极落实。目前，寄希望于国家或省向海南岛大规模投资，是不可能的。我们主要靠政策，用开放促进开发。例如可以像特区一样，在海南岛实行生产资料和部分生活资料进出口免税，引进外资给予优惠，加大海南对外经济活动的审批权限，简化人员进出手续等等。海南岛可以吸收外资搞综合开发，包括基础建设。"[3]

1981年6月7日，任仲夷在中共广东省委常委扩大会议上说：要给海南更多的自主权。开发海南主要靠政策，海南要以开放促开发。

1982年1月17日至31日，中共中央政治局委员王震和全国人大常委会副委员长廖承志奉中央之命，赴海南岛慰问各族人民。在座谈中，王震多次指出：海南岛是我国的第二大岛，地势平坦，土地潜力很大；它地处热带、亚热带，气候温暖，雨量和日照充足，是理想的热带作物种植园；矿产资源丰富，特别是莺歌海、北部湾油田前

---

[1] 中共广东省委办公厅编：《中央对广东工作的指示汇编（1979—1982年）》，第98页。

[2] 《叶剑英同志的一次谈话》(1981年4月10日)，载中共广东省委办公厅编：《中央对广东工作的指示汇编(1979—1982年)》，第136—137页。

[3] 《谷牧与海南1980—1987》，载《海南周刊》2009年11月20日。

景很好；三亚和大小东海等地，风景优美，适合发展旅游事业。有了现在的改革开放政策，又有23年的红旗不倒的老革命根据地的光荣传统，海南岛理应对国家的四化建设作出较大的贡献。[1]

1982年3月3日，王震在广州接见广东省委负责同志时说：现在橡胶利润包干4年上交5亿元。叶帅说，最好不要拿走，以岛养岛。要发展养牛，多种橡草，要逐步改变食物构成。要大力发展渔业。海南岛的环岛铁路要修。[2]

1982年9月21日，中美合作在中国南海莺歌海盆地部分海域勘探，合作开发和生产石油和天然气的合同在北京签订。

1982年11月初，受国务院领导委托，中共中央政治局委员王震在广州主持“关于加快海南岛开发建设问题座谈会”，同广东省和海南行政区的领导探讨加快开发海南岛的问题。王震在会上作了专题讲话，通过座谈讨论，大家对开发建设海南岛必须采取的方针政策，取得了初步意见，首次提出“开放促发展”的海南岛发展方针。12月，王震同志专门就海南开发问题写报告给中央。

1982年12月，在兴办经济特区初步走上正轨后，中共中央、国务院委托谷牧组织有关部门进一步研究海南岛的开放开发问题。谷牧对中央的指示非常重视，他当即派人去了解情况，酝酿工作方案。

1982年12月12日，谷牧和王震在北京召开一个小型座谈会，张劲夫、任仲夷、刘田夫、熊复和农林部门的有关同志参加了座谈会，讨论开发建设海南岛的问题。会议认为，海南岛加速开发建设的根本问题，是给政策、给自主权，要比广东、福建两省宽，比特区严些。座谈会决定由国务院特区组合广东省委组织调研，然后向中央提出建议。

1982年12月13日，谷牧就关于海南岛开发建设问题给中央领导写信，报告了召开座谈会的情况。谷牧说，会上集中议了当前要抓紧办好的三件事：一、燃眉之急是切实解决海南岛的燃料问题，把砍伐森林的现象刹住，保护生态平衡。二、海南岛加速开发建设的根本问题，是给政策、给自主权。海南岛开放到什么程度，给多大的自主权？我考虑要比两省宽、比特区严些，按此杠杠定几条。此事由我负责，已责成国务院办公厅特区组同广东省委的同志立即着手调查研究，提出意见，然后找中央有关

[1] 《王震传》，第592页。

[2] 中共广东省委办公厅编：《中央对广东工作的指示汇编（1979—1982年）》，第314—315页。

部门商量，再报国务院审批发个文件。三、现在海南基础设施太差，港口、道路、电讯都不行，有心投资的侨商、外商到那里一看，大都摇头而去。为了吸引外商，必须努力改变这种状况。大家商定，先在文昌县一带建个码头，把公路修好，海南与香港可考虑开辟空中直达航线。此事由广东省研究规划，所需投资主要靠地方筹集，中央也给点支持补助。这些事都争取一个月左右，做好准备。

1983 年 1 月 18 日至 21 日，国务院总理赵紫阳结束了对非洲 11 国的正式访问并在海南岛稍事停留，对海南区进行了视察。赵紫阳指示海南要充分利用国内外的有利条件，实行对外开放、对内搞活经济的政策，开创加速海南岛开发建设的新局面。他指出，海南岛的优点之一，就是交通方便，沿岛建设可以利用海运方便的条件，海南岛要把港口、交通搞上去，这样内陆的和国外的资源都可以利用。海南这个地方，实行对外开放、对内搞活经济，要加强基础设施建设。海南岛要想实行对外开放，对内搞活经济，首先要把这种严重的无政府主义，坚决反掉。不如此，你们就没有条件开放。正是因为现在要讲开放，对外要适当放宽，因此海南内部的纪律要严格、要整顿，整顿纪律，提高纪律性。

1983 年 1 月 21 日至 27 日，国务委员谷牧陪同国务院总理赵紫阳访问非洲和视察海南后，在海南岛作短期停留，在任仲夷、刘田夫陪同下继续考察工作。21 日，谷牧同志说：海南岛的开放，要提到议事日程上来。海南岛是中国第二大岛，有些资源条件比第一大岛台湾省还好。但是，经济发展不快。那么，海南岛的开发建设要搞得快些，单靠把一些项目列入国家计划的本子上，是很不容易的。海南岛的步子要迈得快一些，唯一的办法，就是让海南岛根据中央的方针政策，有一定的权力，对内独立自主地整顿好，对外开放要更放宽一些。第一，你们汇报中提到请求国务院帮助解决的问题，包括新提的 10 条，我原则上都同意。第二，你们要求国家在财力、物力上给予支持的问题，赵紫阳有批示，提到海南岛孤悬海外，给点支持是必要的。第三，这次对海南岛问题要形成个文件。27 日，谷牧同志又指出：开发海南岛，核心问题就是要加快海南岛的经济建设步伐。赵紫阳考虑，海南岛要搞好，基本出路就是要给海南自主权。开发海南，一定要因地制宜，发挥海南的优势，增加一些投资和技术，扶持他们发展热带、亚热带作物。开发海南需要资金，中央和省要两家给，给海南定个数字。谷牧说，今天所谈的问题，有许多在那个文件上都提到了。但是回过头来检查一下，基本上没有贯彻，没有具体落实，在北京也没有一个综合部门帮助你们解决问题。比如说，可以参照深圳、珠海的做法，解决什么问题，这条就没有落实。这次会议很好，是个开端，解决海南问题有了个路数。顺着这个路子抓下去，就可以找到一个符合海南实际，符合党中央精神的开发海南的方案。[1]1月28日，根据谷牧同志的指示，国务院办公厅特区组与各部（委）联合派员前来海南进行考察，帮助海南加速开发建设。

1983年2月10日至14日，中共中央总书记胡耀邦到海南视察工作，专门召开座谈会，听取海南方面的工作汇报和意见，研究加快海南岛开发建设和对外开放的方针和具体的政策和措施。2月11日，胡耀邦同广东省委、海南区党委负责同志就海南岛的开发建设问题进行了谈话。胡耀邦说：关于海南的开发建设问题，紫阳、谷牧都讲了很好的意见，我都赞成。我们的经济地位与政治地位很不相称。海南的地理条件和台湾差不多，但经济是一比十四，你们心里有这笔账，是很大的一笔账。18年要接近台湾，要翻多少番？那是赶不上的。再加个18年能不能赶上呢？用这个东西来判断是非，一是不要否定我们的成绩；二是离人民的希望还差得远。中央给你们政策，希望海南尽快富裕起来，但能不能尽快富裕起来，还要靠广大干部的努力。如何认识海南岛，优势在哪里？不足在哪里？天不靠，地不靠，还是靠你们自己，自力更生打出去。为了把开放、开发的方针落实下去，中央和省就是要给你们自主权、确保你们的利益所得。中央各部和省的各厅、局，要确保而不妨碍海南的致富。你不给钱不给物不要紧，但不能给绳子和打棍子。[2]

1983年2月9日、3月5日和3月12日，国务委员谷牧按照中央的精神，在北京先后3次召集国务院有关部门领导讨论研究加快海南岛开发建设的问题。座谈会指出，加快海南的开发建设，是全党全国的一项重要任务。它对于支援全国的四化建设，加强民族团结，巩固祖国南海国防、促进台湾回归、完成祖国统一大业，都具有重大意义。中央领导同志指出，中央和广东省要给海南行政区以较多的自主权，放宽政策，让海南行政区按照中央的方针政策，发挥地方、企业和群众的积极性，结合海南实际，放开手脚主动地安排生产建设，改革体制，发展联合，把经济搞上去，尽快富裕起来。这是加快海南开发建设的关键。积极稳妥地利用外资、引进先进技术，发展进出口贸易和旅游事业，以对外开放促进内部开发，是加快海南建设的一项重要措施。

---

[1] 《谷牧同志听取海南区党委汇报工作时的讲话》（1983年1月21日、27日），中共广东省委办公厅编：《中央对广东工作的指示汇编（1983—1985年）》，第6—12页。

[2] 胡耀邦：《关于海南岛的开发建设问题》（1983年2月11日），中共广东省委办公厅编：《中央对广东工作的指示汇编（1983—1985年）》，第26—29页。

1983年3月18日，国务院召开常务会议，讨论通过了《加快海南岛建设问题讨论纪要》。

1983年4月1日，中共中央、国务院批转《加快海南岛开发建设问题讨论纪要》(中发[1983]11号文)，《纪要》指出海南岛战略地位十分重要。开发建设好这个资源丰富的宝岛，对加强民族团结，实现国家四化，巩固南海国防都有重要的意义。提出以实行对外开放促进岛内开发的建岛方针，要求中央和广东省各有关部门要从人、财、物上积极给予必要的直接支持。同时，还决定扩大海南的自主权，在对外经济合作方面，比照经济特区的某些做法。中央给海南的特殊优惠政策主要有：

一、海南的某些重要的矿产资源，报经国家批准，可以由海南行政区同外商合作开发。

二、利用外资的新建项目、技术改造项目，固定资产总投资在500万美元以下，不需要全国、全省平衡生产建设条件，不涉及国家出口配额的，授权海南行政区审批，报广东省人民政府和国务院主管部委备案。

三、海南行政区内的中外合资、合作经营企业和外商独资企业的所得税，从获利年度起，第一、二年免征，第三年起减按15%的税率征收；工商统一税在投产后三年内纳税有困难的，授权海南行政区审批减免。对外商没有在行政区内设立机构所取得的股息、利息、租金和特许权使用费，减按10%征收所得税；从合营企业分得的利润汇往国外时，免征汇出利润的所得税。海南行政区内全民所有制企业直接借用外资贷款项目和补偿贸易项目，其新增产品获得的收益，先用于偿还本息；实行利改税的企业，先还贷款再缴税。利用外资项目需要进口的建筑器材、机械设备、生产原材料和种子、种畜免征进口关税。海南行政区使用中国银行外汇贷款搞的新建项目、技术改造项目，同样享受上列利用外资项目的优惠待遇。

四、海南行政区的产品，凡有国家和广东省安排上调和出口任务的，要核定基数，必须保证完成。超基数部分，凡不涉及国家配额的，海南行政区可以自行组织出口，或委托外贸部门代理出口。在服从协调和最低限价的前提下，属于海南生产的由广东省外贸公司出口的产品，海南行政区可以对外成交出口。国家和广东省在安排出口计划时，对海南特有的出口产品尽量给以照顾。海南行政区可在香港奥海公司内设一精干的商务机构，办理进出口贸易业务。

五、海南行政区可以根据需要，批准进口工农业生产资料，用于生产建设；可以使用地方留成外汇，进口若干海南市场短缺的消费品（包括国家控制进口的17种商品）以活跃市场，保证旅游和侨汇物资的供应。上列进口物资和商品只限于在海南行政区内使用和销售，不得向行政区外转销。对国家控制进口的商品，必须从严掌握审批，每半年要将这类商品进口的数额、销售情况和使用去向，报广东省人民政府和国家经委备案。上列进口物资和商品的关税以及工商统一税，生产资料5年内免征；供应旅游、侨汇的商品按海关总署规定执行；国家控制进口的17种商品和烟、酒照章征收；其他商品试行减半征收。

六、海南行政区可以采取各种有利方式，同外商合作发展海南的旅游事业。同外商合资、合作经营的旅游项目，进口建筑器材和营业用的设备、物品，免征半税。除由中国旅行社、国际旅行社组织游客外，海南行政区也可自行组织游客在岛内旅游。

七、海南行政区的出口换汇成本，由广东省与海南行政区核定。属于省下达出口计划范围的，由省按定额拨补，超过定额的亏损由海南行政区负担。贸易收汇按照广东省根据1978年实绩核定的包干基数，海南行政区对半分成，省下达出口计划内外汇增长部分，5年内全部留给海南行政区。海南行政区自己超计划组织出口的，外汇自用，盈亏自负。来料加工、来件装配、补偿贸易收汇，旅游外汇，华侨、港澳同胞赡家侨汇以及捐赠外汇，全部留给海南行政区。

八、外商到海南进行经济贸易活动和旅游，由海南行政区审查批准其进入海南对外国人开放的地区和其他指定的地区，通知我签证机关核发签证。为了支持海南对外开放，民航部门准备采取包机的办法，尽快实现海口、三亚同香港的空中通航。在此之前，先解决香港—海口—三亚的航空联运问题。对外开放三亚港，开辟海口直通香港的客运航海线，有关联检措施和人员编制由国家经委会同有关部门帮助解决。

1983年5月28日，中澳合作勘探开发琼北福山凹陷石油合同签字仪式在海口举行。

1983年10月18日，由中央书记处书记、国务委员谷牧主持召开了有国务院23部委负责同志参加的联合办公会议，研究如何进一步贯彻中共中央11号文件，加快海南岛开发建设。谷牧同志在会上说，海南岛这一段，执行中央11号文件精神，我看总的情况是不错的，今年能办的事情抓得蛮紧。开发建设海南的意义，文件都说得很清楚，这一段广东省与国务院各部通力合作，大力支持，说明大家对中央的决定抱有正确的态度。第一，海南岛一定要克服无政府主义，制止乱砍滥伐的歪风。第二，海南的开发建设要有个总体规划。第三，既要加快开发步子，又要提高经济效益。海南的建设，我看第一步，还是要集中力量解决交通、能源问题，包括机场。[1]

1983年11月7日，英国《金融时报》刊发了由托尼·沃克写的题为《海南岛向外国投资者开放》的报道。该报道说：今年8月，中央政府发了一个文件，概要地说明了把海南岛建成一个像广东省那样的特别经济区的规划。多年来一直不向来访者开放的海南岛不仅能提供丰富的矿藏和经济作物，而且在旅游业方面也很有发展前途。北京现在向外界开放该岛了。不断有外国实业家到海南岛去，他们带去了一些同中国合办旅游业和共同开发矿藏的计划。海南岛对中国的另一个价值就是它的战略地位重要，这可以部分地说明为什么它长期以来不对外开放。当地官员称海南岛是中国的"眼睛"和"南大门"。

1983年12月1日，邓小平同美国阿科公司董事长安德森就海南岛莺歌海合同区天然气的开发利用问题交换意见。邓小平问：最快什么时候可以生产？合资搞行不行？甚至你们的投资可以占大头。我们是朋友，要好好合作。[2] 邓小平还对石油部负责人说："与美方合作开发南海气田这样的好事，应坚决干，赶快干，一年可增加不少化肥产量，还可以把海南炼铁业搞起来，搞大一点。"[3]

1983年底，谷牧再次到海南视察工作。12月1日，谷牧在东方县八所镇接受记者采访时说：海南是我国的第二大岛。由于种种原因，经济发展比较缓慢，至今还处在这么个落后状态，内外都不满意。台湾也是我国的一个大岛，面积比海南大那么一点，人口比海南岛多。那个岛是蒋介石、蒋经国管的，三十多年来发展比较快。虽然，它有过去日本侵占时期留下的基础，但不管怎么说，它的经济发展比我们要快得多。今年初，耀邦同志视察海南后，中央决心加快海南的开发建设。这不只是个经济问题，对巩固国防，实现祖国统一也关系重大。一、对内搞活。岛内的经济不搞活，外面的支持就发挥不了作用。二、中央支持。基础工程建设主要由国家帮助。这方面

---

[1] 《谷牧同志在讨论海南岛开发建设问题的讲话》（1983年10月18日），中共广东省委办公厅编：《中央对广东工作的指示汇编（1983—1985年）》，第73—77页。

[2] 中共中央文献研究室编：《邓小平年谱（1975—1997）》，第947页。

[3] 海南省委党史研究室：《小平的关怀激励着海南》，载《华南新闻》2004年08月27日。

国务院已有初步安排。三、发展内联。海南要主动一些，想办法把内地的资金、技术、人才吸引进来。12 月 5 日，谷牧同志听取海南区负责同志的汇报又作了讲话。他说：加快海南开发建设，既要有拼搏精神，又要扎扎实实地干。谷牧还讲到了海南的规划、体制、内引外联、人才培养、两个文明建设等问题。[1]

1984 年 2 月 24 日，邓小平同志在视察广东、福建、上海等地回京后同几位中央负责同志谈话时指出："我们建立经济特区，实行开放政策，有个指导思想要明确，就是不是收，而是放。""除现在的特区外，可以考虑再开放几个港口城市，如大连、青岛。这些地方不叫特区，但可以实行特区的某些政策。""我们还要开发海南岛，如果能把海南岛的经济迅速发展起来，那就是很大的胜利。"[2]

1984 年 3 月 26 日—4 月 6 日，中央书记处、国务院在北京召开沿海部分城市座谈会。5 月 4 日，中共中央、国务院批转了《沿海部分城市座谈会纪要》（中发 [1984]13 号文），正式批准开放沿海 14 个港口城市和海南岛，实行经济特区的某些经济政策。会议指出：中央和国务院考虑到海南岛孤悬海外，经济落后，1983 年发出专门文件（中发 [1983]11 号文），确定以对外开放促进岛内开发的方针，授予海南行政区在对外经济活动方面较多的自主权。要求国务院各部门、广东省和海南驻军，从各方面积极支持海南岛的开发建设，并且安排了一批急需的建设项目。当前要帮助海南把港口和机场的扩建、铁路的连接，煤矿、电厂、电讯以及旅游设施的建设及早抓上去，还要抓紧研究利用莺歌海的天然气建设大型石油化工项目的问题。海南行政区要抓紧制订全岛建设规划和近期内的具体安排，运用中央给的政策和权限，积极开展对外经济技术合作。

在此次沿海部分城市座谈会上，还发生了一个小插曲。原来，会议开始时，谷牧传达邓小平指示的 3 个方面内容：一是发行特区货币；二是厦门特区扩大到全岛；三是进一步开放沿海的几个点。出席会议的海南行政区负责人在小组讨论时发言：谷牧同志在会议开始时的讲话指出，小平同志的指示有三个方面。我认为，这三个方面

---

[1] 中共广东省委办公厅编：《中央对广东工作的指示汇编（1983—1985 年）》，第 78—86 页。

[2] 《邓小平文选》第 3 卷，第 52 页。邓小平当时的原话是"如果能用 20 年时间把海南岛的经济发展到台湾的水平"。小平同志的上述谈话，收进《建设有中国特色的社会主义》（人民出版社 1984 年 12 月）中，但修改为："我们还要开发海南岛，如果能把海南岛的经济发展起来，那就是很大的胜利。"又收在《建设有中国特色的社会主义》（增订本）（人民出版社 1987 年 3 月）中。1993 年，小平同志逐篇审定《邓小平文选》第 3 卷时，将这段谈话又作了修改，即增加"迅速"两字，变为我们今天经常引用的："我们还要开发海南岛，如果能把海南岛的经济迅速发展起来，那就是很大的胜利。"

都很重要，但小平同志的指示中，还有一个重要的内容，一个很重要的思想，即“用20年时间把海南岛的经济发展到台湾的水平”。我对报告没有提及这个问题，实在感到太遗憾了。谷牧同志后来在其回忆录中谈到此事：那年3月召开沿海部分城市座谈会，我先作了个引导性的讲话。到会的地区和部门的同志，绝大多数都赞同我讲的内容。唯有海南到会的负责干部不太满意。我讲完休会时，他们就提出：为什么不讲海南20年赶台湾。谷牧解释说：在我的讲话中的确没有引用这些话，这不是无意的疏漏，而是有意暂且不提。其原因，他理解小平同志那次重要谈话，开宗明义地说明他讲些意见，请大家讨论一下。关于开放沿海城市、扩大厦门特区，党中央和国务院领导同志讨论了，决定要办。但是，海南用20年发展到台湾的水平这件事并未讨论，所以，我怎么好讲？海南行政区负责人在小组讨论上表示“太遗憾”后，记录人员在讨论会后把他的发言整理成一份快报送给中央领导参阅。第二天开会时，一位中央领导对他说，你在小组讨论会上的发言，我们都注意到了，你不是说太遗憾吗？海南负责人说，是的，海南岛这么大的一个问题，会议开始没有提及，我感到非常遗憾。如果会议发言可以安排的话，我要求就如何落实小平同志的指示，谈我个人的看法和意见。我是在海南工作的，我应该对20年能不能赶上台湾的问题表个态。几经努力，中央领导同志说，你就在会议上发言吧，这个题目很重要，让大家都听一听。于是，在会议汇报发言的最后一天，原来没有安排发言的海南行政区负责人得以痛痛快快地在大会上讲了一个半钟头。他代表海南人民表示，完全拥护邓小平关于进一步实行对外开放和办好经济特区的思想，拥护邓小平提出的“用20年时间把海南岛经济发展到台湾的水平”的设想。他说，海南岛的许多方面比台湾好，从气候条件、土地资源、矿产资源、海洋资源、旅游资源，以及华侨众多等方面，条件都比台湾好。再加上我们有共产党的领导和优越的社会主义制度，以及全国人民的支持，在经济发展水平上，应当而且完全可以在20年内赶上台湾。[1]

1984年4月6日，中共中央书记处书记胡启立给广东省委书记吴南生、海南区党委副书记、行政区政府主要负责人雷宇谈话。胡启立说：为了落实小平同志“用20年时间把海南岛经济发展到台湾的水平”的指示，这几天，我和许多中央领导同志交换了意见。大家认为，海南岛有许多特殊条件，只有采取更加特殊的政策和措

[1]《谷牧回忆录》，第380—381页。钟一：《纪念谷牧同志：谷牧与海南1980—1987》，载《海南日报》2009年11月19日。

施，用20年时间赶上台湾，是有可能的。当然，也很不容易。这次会议，只是把问题提出来，还不能具体解决。希望你们回去后做好3方面的工作。一、收集和研究一下世界上一些岛国是怎么发展起来的。二、从海南岛本身来说，在社会主义制度下，可以采取一些什么措施能够保证实现小平同志提出来的设想。三、根据本次会议的精神，现在就可以做的事，比如体制改革……在海南岛就可以立即放手去做。[1]

1984年4月18日，邓小平会见英国前首相希思。希思提出准备去海南岛参观，以实现邓小平上次建议他去海南岛看看的愿望。邓小平对希思说："海南岛是个宝岛，现在还未开发，请你先去看看。"[2] 显然，这时的邓小平已经在脑子里集中考虑海南岛的开发问题。

1984年4月24日，中央决定进一步开放沿海14个城市和海南岛。

1984年4月29日，在北京会见美国著名企业家哈默率领的美国西方石油公司代表团时，邓小平向哈默转告了"我们决定开发海南岛"的决定。哈默说："现在做成了一个大项目，我们注意力转到另一个方面：肥料、海洋石油等。阿科石油公司在南海发现了大气田，运到海南岛建立合成氨厂。我将用磷、钾肥同你们交换，进行新的合作。"邓小平说："我们决定开发海南岛。利用天然气还可带动其他行业。这里铁矿丰富，可以发展钢铁工业。"[3] 邓小平还说，海南岛自然条件不比台湾差，面积相当于台湾。[4]

1984年5月31日，第六届全国人民代表大会第二次会议通过《关于海南行政区建置的决定》，决定设立海南行政区，统一管辖海口市、琼山、琼海、文昌、万宁、定安、屯昌、澄迈、临高、儋县和海南黎族苗族自治州及其所属的三亚市、东方、乐东、琼中、保亭、陵水、白沙、昌江县以及西沙群岛、南沙群岛、中沙群岛的岛礁及其海域。海南行政区设人民代表大会和人民政府，是一级地方国家政权机关。行政区人民政府设主席、副主席，由行政区人民代表大会选举产生。海南行政区人民政府归广东省人民政府领导。海南行政区的国家机构的组织和职权另行规定。经广东省人民政府批准，1984年10月1日，召开了成立海南行政区人民政府大会，广东省副省长

[1] 《胡启立同志同吴南生、雷宇同志的谈话要点》（1984年4月6日），中共广东省委办公厅编：《中央对广东工作的指示汇编（1983—1985年）》，第145—146页。

[2] 中共中央文献研究室邓小平研究组编：《开创：决策改革开放史话》，浙江人民美术出版社2008年版，第106页。

[3] 《邓小平十分关注海南的开发建设》，载《海南日报》2004年8月18日。

[4] 中共中央文献研究室编：《邓小平年谱（1975—1997）》，第972页。

李建安代表省政府宣布海南行政区人民政府正式成立。这样海南行政区不再是广东省的派出机构，而是一级地方国家政权机构。

1984 年 7 月 4 日至 6 日，王震陪同参加第二次中日民间人士会议的日本委员会代表向坊隆先生参观访问海南。王震说：海南一年多来，坚持实行对外开放政策，取得了很大的成绩，是符合中央精神的。开发海南岛要有理想。要把理想变成现实，必须有个过程，要付出艰苦的努力。你们看准了就要干，不要怕这怕那。毛主席讲过，要五不怕。中央会支持的。我完全同意把三亚市建成旅游中心。[1]

1984 年 7 月 2 日至 4 日，广东省社会经济发展研究中心召开部分专家、教授参加的研讨会，研讨的主要问题是“海南 20 年赶台湾”。会上，海南方面还简要介绍了海南岛以赶台湾为目标的发展规划，就是把邓小平设想的“用 20 年时间把海南岛的经济发展到台湾的水平”，定位于“用 20 年时间把海南岛的经济发展到台湾 1980 年的水平”，并制定出量化的具体指标。

1985 年 1 月 22 日至 27 日，中共中央政治局委员、书记处书记、国务院副总理万里视察海南岛。万里对海南开发建设问题作出非常重要的指示，他讲了以下几点意见：一、要充分认识海南岛的优势。海南岛是个宝岛，人口少，土地多，资源丰富，自然条件好，发展潜力很大。全国实行长期开放，对外开放，对内搞活，这完全适合于海南。而且海南在这个方面比各省都有优越的条件。海南要重新认识自己，发挥自己的优势。二、调整经济结构，大力发展热带作物。三、发展旅游业大有前途。四、大力发展畜牧业和渔业。五、要尽快解决水、电、路的问题。六、加强民族团结，帮助少数民族勤劳致富。七、关于教育、科研问题。八、关于改革体制、下放权力问题。海南岛的国营农场、林场为什么不可以下放，全权由这里领导，一切由地方做主。所有的农、林、茶场统统下放。九、要给山林休养生息。十、鼓励发展适合当地的加工工业和第三产业。十一、关于区党委的工作和赶台湾的问题。海南岛开发，谷牧同志有个专门机构，专门解决特区、开放城市和海南岛的开发问题。主要是省委领导。赶台湾，是个口号，是鼓你们的劲的，这个事情一下子是不可能办到的，但要鼓劲。海南岛比台湾条件好，然而比台湾发展大大地落后了，不是一般地落后。[2]

---

[1]　中共广东省委办公厅编：《中央对广东工作的指示汇编（1983—1985 年）》，第 172—174 页。

[2]　同上，第 270—286 页。

1986年2月5日—14日，赵紫阳总理再次到海南视察，并同海南负责人商讨了在海南建省的可行性问题。

1986年8月21日，国家计委发出通知，同意海南行政区国民经济和社会发展计划（除财政外）从1987年年度计划起，在国家计划中实行单列，赋予海南行政区以相当于省级的经济管理权限。海南成为全国唯一的计划单列地区。

第二节　海南“倒卖汽车事件”

正当海南开发开放进入到一个关键时刻，却发生了令人震惊的汽车倒卖严重事件。中央批转《加快海南岛开发建设问题讨论纪要》，给予海南较多自主权，同时，要求中央各部从人、财、物上给予必要的直接支持，海南的对外开放进入新的高潮。为加快海南开发建设，让海南快些富起来，中央允许海南可以根据需要，批准进口工农业生产资料，用于生产建设；可以使用地方留成外汇，进口若干海南市场短缺的消费品。但中央明文规定，进出口物资和商品只限于海南行政区内使用和销售，不得向行政区外转销。中央还反复强调，要海南加强纪律，反对无政府主义。但是，海南区负责同志工作上却急于求成，在贯彻中央11号文件的过程中发生了重大失误，结果闯出了大乱子，酿成了一场震惊全国的汽车倒卖严重事件。

进口免税汽车要经过行政区外经贸部门批准，开始卡得比较严。海南开始进口免税汽车时，确实是自已用，没有出岛。由于当时能够用得起汽车的单位也不多，所以进口的不多，出岛的很少。当时国内是很难买到进口免税汽车的，广东和内地一些单位听说海南能进口免税汽车，便开始通过海南的单位进口汽车，海南的单位也从中赚点差价。这样一传十，十传百，很快内地很多地区和单位知道海南可以进口免税汽车，便都跑来海南来买汽车。由于倒卖汽车到内地，有钱可赚，而且来得快。弄到一张批文，倒卖一辆汽车就可以赚个上万元。一时间，全岛陷入疯狂，人人争跑批文，个个都做起了汽车生意。暴利引来汽车走私规模的迅速扩大，当时海南几乎变成了一个汽车岛。1984年上半年，海南进口汽车才2000多辆。到7月，海南区政府就批准进口1.3万辆汽车，比上半年月平均数高出36倍。按照当时的盘算：“进口1.3万辆转卖到内地，赚两个亿就行了。”到此时，海南岛便出现872家公司，大都是做倒卖汽车生意的。甚至有海军动用军舰，以调防名义，把大批汽车运出岛外。一时间，汽车像潮水般涌进海南岛，停在海口市内外的汽车，密密麻麻，一望无际。港口，全停满了等着排队过海的车。海南岛工商当局积极为来自全国各地的买家办理罚款放行手续，罚款几千元，盖上一枚公章，这辆汽车就可以堂而皇之地装船出岛了。事后清查，自1984年1月1日到1985年3月5日，海南共批准进口汽车8.9万多辆，到货7.9万多辆，有1万多辆倒出岛外。在海南区直属的94个单位中，有88个倒汽车。此外，海南还进口了大量的电视机、录像机、摩托车等等大量物资，并进行倒卖。

1984年9月，海南大量进口汽车引起中央关注，国务院派人前来调查。广东省领导发现问题的严重性时，事态的发展已经失控。12月，雷宇被召到广州，广东省委省政府明确命令他停止汽车进口，即使雷宇亲自到码头去制止，也无法阻止倒卖汽车的行为。1985年初，由中纪委、中央军委、国家审计署等机构组成的庞大调查组，进驻海南调查，没有出岛的汽车被全部封存，听后处理。不久后公布的调查数据显示，在一年时间里，海南非法高价从全国21个省市、及中央15个单位炒买外汇5.7亿美元，各公司用于进口的贷款累计42.1亿元，比1984年海南工农业总产值还多10亿元，至案发时尚有21.1亿元未还。立案700多起，牵涉干部两三千人。调查组最后将此事定性为：我国实行对外开放以来，一起地方主要领导干部采取错误做法，大量进口和倒卖汽车等物资的严重违法乱纪事件。

1985年7月，雷宇被撤销中共广东省委委员、海南区党委副书记、行政区政府主要负责人的职务，离开海南。1985年10月，雷宇被任命为广东花县县委副书记。谷牧后来在其回忆录中说：雷宇同志作为海南行政区政府第一把手，在这个严重事件中的确负有领导责任，在工作中犯了大错误。究其本意是想从中赚点钱积累些建设资金，但后来完全失去控制，这是他始料未及的。他在海南是勤恳工作的，个人的操守作风是好的。在对中央的检查中，他承担了领导班子应负的主要责任，受到处分调离之后，他接受了深刻教训，先后在花县、广州市和广西工作，表现也是很好的。[1]
1985年1月22日，中共中央政治局委员、书记处书记、国务院副总理万里视察海南。当海南区委书记姚文绪对万里说，区党委、区政府在进口汽车问题上犯了一个大错误。万里说，工作上的问题，改了就好。看来我们给你们的权力（指进口汽车）大了一点，你们执行中也宽了一点。你们要总结经验教训。姚文绪说：我们辜负了党中央、国务院的期望。万里说，不要紧，吃一堑，长一智嘛，还是要开放的。万里离开

[1]　《谷牧回忆录》，第409—410页。

海南时，又说：汽车问题，回去以后赶快处理，放久了会坏。[1]

1985 年 5 月，谷牧同志约海南区的负责同志到北京谈话，传达了党中央、国务院的有关指示，即海南“倒卖汽车事情”要严肃处理，中央关于开发建设海南的方针政策应坚持继续执行。要求他们在困难面前看到前途，看到光明。

1985 年 6 月 13 日，中央书记处讨论了《中央纪律检查委员会关于海南进口和倒卖汽车等物资问题的调查报告》，并作出指示：一、海南岛发生的进口和倒卖汽车等物资的事件，错误十分严重，在国内外造成了极坏的影响。二、广东省在前几年打击严重经济犯罪中，态度是比较坚决的，取得了一定的成绩。但是广东省委没有充分利用打击经济犯罪活动后出现的大好形势，在全省进行广泛的法制和纪律教育，以消除违法乱纪的各种隐患，致使问题恶性发作，这是发生“海南汽车事件”的重要因素之一。三、海南岛目前出现的一些混乱情况，广东省委必须采取措施尽快扭转。四、对在“海南汽车事件”中违法乱纪、搞不正之风的人和事，都要查清楚，根据情节轻重加以处理。

1985 年 10 月 27 日至 11 月 16 日，谷牧再次受命率领国家计委、国家经委和国务院特区办有关部门负责同志南下海南岛，同广东省、海南行政区的同志一起研究海南岛在“汽车事件”之后，如何总结经验，振奋精神，继续搞好对外开放和开发建设问题。谷牧反复强调，中央 11 号文件不会变，从中央到广东省，都是在研究如何帮助你们渡过难关。对我们海南的同志来说，要大大振作精神，鼓足克服困难的勇气，在切实抓好“倒卖汽车事件”善后及救灾（台风的）工作的基础上，迅速把工作重点转移到抓经济、抓生产，抓“两个文明”建设上来。[2]12 月 16 日，国务院特区办向国务院呈报《关于当前海南岛情况和需要帮助解决的问题的汇报》。

1985 年 12 月 24 日，国务院批转国务院特区办《关于当前海南岛情况和需要帮助解决的问题的汇报》（国发 [1985]142 号文），指出要进一步认真总结“汽车事件”的经验教训，切实抓好“汽车事件”的善后工作和当前的救灾工作，并在此基础上，迅速把工作重点转移到抓经济工作、抓“两个文明”建设上来。汇报的主要内容有：一、这几年海南岛的开放和开发取得了明显的进展；二、海南岛倒卖汽车善后工作的“包袱”很重，加上今年遭受罕见的强台风袭击，当前困难不小。三、海南岛的开发

---

[1]　中共广东省委办公厅编：《中央对广东工作的指示汇编（1983—1985 年）》，第 286 页。

[2]　《谷牧回忆录》，第 411 页。

建设，必须从实际出发，充分发挥当地优势，扎实前进。四、继续执行中央、国务院关于开发建设海南的两个文件，帮助海南岛解决若干具体困难。

1985 年 12 月 30 日至 1986 年 1 月 1 日，中共中央总书记胡耀邦视察海南，他表示：中央给海南的政策不变，中央 11 号文件继续执行。

中央对海南汽车事件的处理是及时的，也是客观的。除了给少数领导人必要的党纪、政纪处分外，对广大干部群众都是正面教育，极大地保护了海南广大干部群众改革开放的积极性。但是，我们要看到这一严重违法乱纪行为，冲击了国家计划，干扰了市场秩序，破坏了外汇管理条例和信贷政策，败坏了党风和社会风气，不仅给国家造成很大的损害，而且干扰和打乱了中央对开发建设海南的部署和安排，也给海南的开发建设增加了困难，延缓了海南岛开发建设的进程。谷牧同志对这一事件的评价非常到位，他说："倒卖汽车事件"是海南工作中带有全局性、方向性的错误，害了干部，坏了名誉，亏了经济，误了时间，还背上了 3 个"大包袱"。一是思想"包袱"，县处级以上干部思想波动，感到错误严重，抬不起头来，不少人谋求调离。二是案件"包袱"，立的经济案件有 700 多起，查处这些案件的干部最多时达两三千人。三是经济"包袱"，大约有烂账五六亿元，还有积压的进口物资 11 亿元。[1]

第三节　海南建省办经济特区

海南经历了"汽车事件"后，在中央和广东省的积极帮助下，经过积极努力，逐渐扭转了困厄状况，形势向好发展。但是，谷牧和中央一些领导同志认为，要加快这个宝岛的开发，还需要进一步采取措施。这样海南单独建省办经济特区的想法逐渐酝酿产生了。

1985 年 12 月 16 日，谷牧以国务院特区办名义向国务院呈报的《关于当前海南岛情况和需要帮助解决的问题的汇报》指出：1983 年以来，国务院各部委对海南岛的交通、能源、通讯等建设项目给予大力支持。但由于计划没有单列，很多支持性的措施不能纳入国家计划渠道。特别是当前国家控制基建规模，海南岛的基建指标受到广

[1] 《谷牧回忆录》，第 382 页。

东省总盘子的限制。因此，要求将海南岛的国民经济和社会发展计划实行单列，或者将基建指标、文教卫生计划、主要物资调拨在广东省之外单独列出。

1986 年 2 月 19 日，国务院副秘书长白美清同志召集国务院有关部门开会，传达了赵紫阳、胡启立、田纪云视察海南的指示，研究了支持海南岛加快开发建设的有关问题，会议赞成海南岛仿照广州市的办法实行计划单列，财政仍在省里。由国家计委与广东省具体研究单列的范围和内容。

1986 年 5 月 31 日，国务院批准将海口市升格为地级市。

1986 年 6 月 12 日，国务院批准设立通什市。

1986 年 8 月 21 日，国家计划委员会发出《关于海南行政区实行计划单列的通知》，同意海南行政区在国家计划中单列户头，赋予海南行政区以相当省一级的经济管理权限。通知指出：海南行政区从 1987 年年度计划起，在国家计划中实行单列，除财政以外，其他都由国家单列。单列形式在广东省的名下列出：其中海南行政区。国家计委和国务院各有关部门在下达分省的中长期计划和年度计划时，均应将海南行政区的计划指标单独列出，同时下达到海南行政区。海南行政区向国家计委和国务院有关部门报送计划建议和计划：草案时，应同时报送广东省计委和有关厅（局）。中央及省属企、事业单位的计划，维持现行计划管理体制，但有关计划的上报下达，应抄送海南行政区。

1986 年 12 月 13 日至 19 日，国务院副总理李鹏来海南考察工作。重点考察了海南的能源、通讯、交通等基础设施建设和工业发展情况，强调继续搞好海南的开放和开发，逐步建立具有海南特色的经济结构。

1986 年 11 月至 1987 年 4 月，邓小平根据王震等人的建议，安排了 3 个人到海南考察，要他们为海南的进一步开放和开发提出建议。这 3 个人是：梁湘、许士杰、许家屯。这项工作都是在悄然下中进行的，但却是经过精心安排的。1986 年 10 月初，王震在海南视察期间，指名要梁湘到海南看看。梁湘对海南工作很熟悉，刚从深圳市委书记任上卸任，调任广东省顾问委员会副主任。王震说："历史上许多有识之士，都提出过海南建省的设想。但由于历史条件的限制，这些设想均未实现。我看现在条件成熟了，现在委托你考察一下，提出意见。"11 月 15 日，67 岁的梁湘和深圳的几位同志悄悄地飞抵海南，对海南作实地考察。11 月 22 日，梁湘向王震提交了题为《加快海南开发建设》的调查报告。调查报告建议：改变海南行政区建制，把海南岛从广东划出，单独建省，直属中央领导；海南岛孤悬海外，毗邻港澳，可实行更加开放的政策，使它成为自由岛，免征关税，资金自由进出，人员来往自由。[1] 王震在报告上作了批示，表示支持，并报给了国务院。王震还把梁湘来信的副本转给中国国际信托投资公司董事长荣毅仁。荣毅仁很快回信："海南的发展潜力是很大的，要是从体制上将海南升格为省一级建制，实施一些特殊政策，是会有利于加速海南经济发展速度的。"[2] 后来梁湘的建议作为提案，上报六届全国人大常委会。

许士杰是原广州市委书记，时任广东省顾问委员会副主任，他曾担任过海南区区党委书记，在海南岛整整工作了7年，对海南情况很熟悉。1987年1月，许士杰与原广东省长、时任广东省顾问委员会主任梁灵光，分别以广东省顾问委员会正、副主任和全国人大代表的身份飞抵海南，进行了10天的考察。他们结束海南考察后，向中央上报一份题为《关于视察海南的情况》的报告。许士杰在报告中指出，海南基础差，要认真打基础。海南有100多万少数民族，有几十万贫困人口，有广大农村，这是深圳等经济特区没有的特殊情况。因此，海南的大规模开发，开始不能太快，要把基础打好。中央不仅要给海南特殊政策，还要多给一些人力、物力、财力等方面的支持，高标准地打好基础，改善投资环境。最终要解决好琼州海峡的通道问题和海南向海外、向世界的通道问题，使海南成为中国西南部和中西部地区经雷州半岛—琼州海峡—海南岛通向世界的又一条大通道，同广州—深圳—香港这条大通道一样，为中国的改革开放和经济发展服务。[3]

许家屯是原江苏省委第一书记，时任新华社香港分社社长。1987年4月，许家屯奉命到海南考察，他离开海南后，很快飞赴北京向中央提交了考察报告，并当面向邓小平汇报了他对加快海南开发建设的设想。许家屯的报告目前还没有公开披露过，但从许士杰、梁湘、许家屯后来的有关谈话中大体得知，这3份报告提出了相同或者相近的建议。一、建议把海南从广东省划出，成立海南省。二、实行比深圳等经济特区更开放、更灵活、更优惠的政策，把全岛办成经济特区。三、利用海南的各种优势，特别是地理优势、政治优势、资源优势，再加上政策优势，把海南办成大试验区，进行改革开放的超前试验。四、在海南大力发展外向型经济，加强琼台合作和琼港合作，落实邓小平再造几个香港的设想。[4]

---

[1] 鲁兵、徐冰：《中国大特区的十年变革》，中共中央党校出版社1998年版，第18页。

[2] 《王震传》，第592页。

[3] 陈克勤：《海南建省》，人民出版社2008年版，第108—109页。

[4] 同上，第108页。

1987 年 4 月，香港的李嘉诚等几位华商向谷牧提出，将整个海南岛辟为特别行政区，采取自由港的管理办法，由港商负责投资开发。李嘉诚表示，如真能这样，他将大力支持海南的发展。5 月，谷牧专程前往广东，与有关同志共同商讨，认为香港几位人士所提办法：一是这个办法近似“租让”，国内各方面难以接受；二是海南经济技术底子薄，基础设施不健全，也不具备办自由港的条件。经过仔细研究和讨论，谷牧最后提出了《关于海南岛进一步开放的一些初步设想》报送中央。谷牧建议，将原来的海南行政区（包括所辖南海诸岛）从广东划出来，单独建省，直辖各市、县，撤销海南黎族、苗族自治州，另建一些民族自治县，同时将海南全省办成经济特区，在经济政策和经济管理体制上更放开一些。邓小平和中共中央、国务院完全同意这个设想，并责成谷牧着手筹办海南岛经济特区。[1]

1987 年 6 月 12 日，邓小平在会见南斯拉夫共产主义联盟中央主席团委员科罗舍茨时，第一次公开提出了建立海南经济特区的思想：“我们正在搞一个更大的特区，这就是海南岛经济特区。海南岛和台湾的面积差不多，那里有许多资源，有富铁矿，有石油天然气，还有橡胶和别的热带亚热带作物。海南岛好好发展起来，是很了不起的。”[2]

1987 年 8 月 24 日，国务院总理赵紫阳在六届全国人大常委会第 22 次会议上，正式向全国人大常委会提出议案，建议撤销海南行政区，授权国务院成立海南省筹备组，开展筹办工作，民政部部长崔乃夫受国务院委托，就设立海南省议案作了说明。9 月 5 日，六届全国人大常委会第 22 次会议通过决定，将国务院提请审议的“关于设立海南省的议案”提请七届全国人大一次会议审议、批准，并授权国务院成立海南建省筹备组，开展筹备工作。

1987 年 9 月 10 日，许士杰、梁湘被召进京，田纪云、谷牧中央领导立即接见他们，宣布了中央的决定，成立海南省筹备组，许士杰任组长，梁湘任副组长，要求他们尽快到海南，半年内完成筹备任务。对于中央这一决定，许士杰、梁湘都感到意外，此时，许士杰已经 68 岁、梁湘已经 67 岁了。9 月 22 日，许士杰、梁湘同机抵达海南，开始了他们一起主政海南的不凡岁月。

1987 年 9 月 24 日，国务委员谷牧同志在北京宣布，海南岛比其他经济特区更加

[1]　谢春涛主编：《改革风云》，上海辞书出版社 2005 年版，第 161 页。

[2]　《邓小平文选》第 3 卷，第 239 页。

开放，在坚持四项基本原则的前提下，准备在海南岛积极采用国际上先进的科学管理经验。

1987 年 9 月 26 日，中共中央、国务院发出《关于建立海南省及其筹建工作的通知》(中发 [1987]23 号文)，通知指出，海南岛是我国第二大岛，地处热带、亚热带，海域广阔，资源丰富，雨量充足，发展潜力很大。为了加快海南的开发建设，国务院提议把海南行政区从广东省划出来，成立海南省。成立海南建省筹备组。筹备组由许士杰、梁湘、姚文绪、孟庆平、王越丰同志组成，许士杰任组长，梁湘任副组长。

1987 年 9 月至 10 月，在谷牧同志的领导下，由国务院特区办和海南省筹备组分头研究，各自开展起草关于海南发展的政策性文件。11 月，在谷牧同志的主持下，综合前述两个文本，反复开会征求各方面的意见，最后形成《关于海南岛进一步加快经济开发的意见》。

1987 年 11 月，中国社会科学院副院长刘国光应海南建省筹备组的邀请，为即将建立的海南经济特区制定经济发展战略。1988 年 2 月，调研组向中央提交了一份题为《海南经济发展战略》的研究报告，该报告提出：坚持改革开放，实行社会主义市场经济，建立以工业为主导，工农贸旅并举，三次产业协调发展的经济体系，力争用 20 年，人均 GDP 达到 2000 美元。

1987 年 12 月 8 日至 13 日，经国务院同意，谷牧在海口主持召开关于海南岛进一步对外开放加快经济开发建设的座谈会。国务院 16 个部门、海南建省筹备组及广东省的负责同志、新华社香港分社及香港中资集团的负责同志参加了会议。会议指出，海南岛地处南海前沿，战略地位十分重要，具有独特的资源优势，是我国的宝岛，又是著名的老革命根据地，有黎、苗等兄弟民族的聚居区。把这里的经济和文教科技事业尽快搞上去，对于实现社会主义现代化，加强民族团结，巩固国防，完成祖国统一大业，有着深远的意义。会议经过讨论形成五点意见：

> 一、海南要立足开发利用岛内资源，大力发展生产，搞活经济，扩大出口，逐步建立有自己特色的外向型经济。
>
> 二、在对外经济贸易活动方面，加大开放力度。赋予海南对外更加放宽的政策，国际上一切行之有效的经济合作办法，都可以试验，一切有利于生产力发展的做法，都可以采用。海南对外商投资实行更为优惠、更加灵活的政策。海南的土地、矿产资源和其他自然资源对投资者实行有偿使用、有偿开发制度。允许投

资者成片开发土地，对国营、集体企业承包、参股和投标购买。对投资港口、机场、公路、铁路、煤炭、电站、水利工程等基础设施项目和农业开发项目，给予更多的优惠。

三、建议国家扩大海南的经济管理权限和外商投资项目的审批限额。除中央统一管理的外事、公安、边防、税收、海关、金融、邮电、民航等，由国务院主管部门根据海南特殊情况制定专项管理办法外，能由地方解决的事情尽量交给海南管理。海南可自行审批3000万美元以下的项目，可从海外筹集资金进行建设，可与其他经济特区开展外汇调剂业务，可在国家批准的额度内自行审批进口国家限制进口的物资。

四、允许海南和国内其他地区的群众，以个人集资或合股举办工业生产企业和零售商业以及其他服务业。允许举办以私有资金为主，雇用农业工人的农场。

五、考虑到海南有个积累资金的过程，建议国家尽可能给以更多的支持。主要有：(1) 从海南征收的能源建设资金1995年前全部留给海南安排建设。(2) 海南生产的含有进口料件的产品销往内地时补交的关税和产品税，超过1987年基数部分，从1988年起5年内全部返还海南用于开发建设。(3) 国家对海南进口供应市场的国家限制进口物资减半征税。(4) 中国人民银行、中国银行每年给海南一定数额的低息开发性贷款和外汇贷款。(5) 国家对海南实行粮食调入包干。(6) 海南所有企业一律按15%缴纳企业所得税。(7) 内联企业从获利年度起10年内，利润解往内地不补交所得税等。

座谈会最后形成《关于海南岛进一步对外开放加快经济开发建设的座谈会纪要》，把中央关于海南的政策基本确定下来，报中央审批。

1987年12月24日至27日，在国务院工作组主持下，广东省与海南省筹备组划定海南省省界。

1988年1月1日，中共中央、国务院决定海南农垦下放由海南建省筹备组直接领导和管理。

1988年1月18日，中央财经领导小组召开会议，中央主要领导人参加了会议。会议讨论和审议了由谷牧负责起草的《关于海南岛进一步对外开放加快经济开发建设的座谈会纪要》。1月23日，中央原则上同意了这个《纪要》，待全国人大完成海南建省办经济特区立法程序后再公布实施。

1988年3月3日，国务院向第六届全国人大常委第二十五次会议提出关于提请审议建立海南经济特区的议案。议案指出：海南建省后，最重要的任务是发展生产力。必须大力加强基础设施建设，开发利用丰富的自然资源，逐步建立具有海南特色的产业结构。海南经济建设，要积极吸收利用外资，引进国外先进技术，面向国际市场，拓展对外贸易，发展外向型经济，在国际大循环中加快经济发展。建议：一、划定海南岛为经济特区，实行特殊的经济政策和新的经济管理体制。二、为了使海南经济特区的经济管理充分适应开发建设的需要，授权海南省人民代表大会及其常务委员会，根据国家有关的法律、法令和政策规定，按照海南经济特区的具体情况和工作需要，制定特区的各项单行经济法规，并报全国人民代表大会常务委员会和国务院备案。3月12日，全国人大常委会第二十五次会议表决通过了国务院关于提请审议建立海南经济特区的议案，提请七届全国人大一次会议审议。

1988年3月25日，国务院总理李鹏在七届全国人大一次会议上所做的《政府工作报告》中宣布："根据海南岛独特的历史、地理和资源条件，国务院建议设立海南省，把海南办成全国最大的经济特区，实行比现有经济特区更加优惠的政策。"

1988年3月31日，国务委员谷牧同志在第七届全国人民代表大会第一次会议上作了《关于提请审议建立海南经济特区议案的说明》，他指出：海南岛是我国的一个重要岛屿，自然资源比较丰富，经济发展有良好的前景。海南单独设省后，最重要的任务是发展生产力，加快海南岛的开发建设。党的十一届三中全会以来，国务院采取了一系列措施，以对外开放促岛内开发，加快了海南岛的经济建设。这几年，海南的工农业生产持续上升，能源、交通等基础设施建设得到加强，对外经济工作也初步打开了局面，全岛经济发展势头良好。但是由于原有的经济基础薄弱，海南与沿海其他地区相比，仍处于比较落后的状况，许多湿热带的独特资源优势没有充分发挥出来，不能更好地为繁荣海南经济、支援国家四化建设服务。加快海南的开发建设，需要国家的支持和全国的支援，还需要采取更加开放、更加灵活的措施，大力吸收利用外资，引进先进技术和人才，拓展对外贸易，扩大对外经济技术合作和交流，在国际大循环中加快经济发展。香港地区和外国的许多客商都表示有参与开发建设海南的意向。因此，国务院建议把海南岛建设为我国最大的经济特区，对外商投资可以给予比现有其他经济特区现行规定更加放宽的政策，经济管理体制也可以更为灵活，以便创造对外商有较大吸引力的投资环境，加速开发建设。4月13日，第七届全国人民代表大会第一次会议审议了国务院关于提请审议建立海南经济特区的议案，通过了《关于建立海南经济特区的决议》，该决议决定：一、划定海南岛为海南经济特区。二、授权海南省人民代表大会及其常务委员会，根据海南经济特区的具体情况和实际需要，遵循国家有关法律、全国人民代表大会及其常务委员会有关决定和国务院有关行政法规的原则制定法规，在海南经济特区实施，并报全国人民代表大会常务委员会和国务院备案。至此，海南经济特区宣告正式成立。

1988 年 4 月 14 日，国务院批转《关于海南岛进一步对外开放加快经济开发建设的座谈会纪要》(国发 [1988]24 号文)，《纪要》指出：在海南岛实行特殊经济政策，建立经济管理新体制，把海南岛建设成全国最大的经济特区，是贯彻沿海经济发展战略，进一步扩大对外开放的重要措施，具有深远的意义。海南岛的开发建设，中央要给予特殊政策，但更重要的是靠海南广大干部、群众团结一致，艰苦创业。特别是在开发初期，条件很差，困难很多，更需要有严格的纪律和艰苦奋斗的精神。开发建设海南岛，要大力吸收外商投资，也要鼓励内地的企业去投资开发。开发工作要有规划、有步骤一片一片地进行，先搞两三块地方，绝不可把摊子铺得太大。要严格控制没有效益的楼堂馆所的建设。办各项事业都要精打细算，讲求经济效益和社会效益。1988 年 4 月 26 日，中共海南省委、海南省人民政府挂牌成立。许士杰任海南省委首任书记，梁湘为海南省省长。

1988 年 5 月 4 日，国务院发布《关于鼓励投资开发建设海南岛的规定》(国发 [1988]26 号文)，国家对海南经济特区实行更加灵活开放的经济政策，授予海南省人民政府更大的自主权。同时指出："要结合海南实际，探索自己的发展路数，不要盲目照搬其他地区的模式。要作好通盘的长期规划和分步骤的实施计划，先从沿海开始，搞两三块地方，一块一块分片开发，开发一片收益一片。"

1988 年 6 月 3 日，邓小平在会见"九十年代的中国与世界"国际会议与会者时发表题为《要吸收国际的经验》的谈话，该谈话指出："现在有一个香港，我们在内地还要造几个'香港'，就是说，为了实现我们的发展战略目标，要更加开放。"[1]

1988 年 7 月 1 日，七届全国人大常委会第二次会议通过了《关于海南省人民代表会议代行海南省人民代表大会职权的决定》。决定：一、在海南省人民代表大会召开以前，由海南省人民代表会议代行海南省人民代表大会的职权。二、由海南省人民代表会议选举海南省人民代表会议常务委员会，行使法律规定的省级人民代表大会常

[1] 《邓小平文选》第 3 卷，第 267 页。

务委员会的职权。三、海南省人民代表会议第一次会议由海南建省筹备组进行筹备。四、海南省人民代表会议常务委员会组成人员、省长、副省长、省高级人民法院院长、省人民检察院检察长的选举办法，由海南省人民代表会议决定。

海南是我国第二大岛，独立建省办经济特区，具备优越的环境和条件。

第一，具有独特的区位优势。海南省位于中国最南端，孤悬于浩瀚的南海之中。所处地理位置，素称“南疆要塞，两广门户”。北隔琼州海峡与广东雷州半岛相对，相距仅 18 海里；西临北部湾与越南相邻，海口市至越南的海防市仅 220 海里；东濒南海与台湾省相望，东南和南边濒临南海和太平洋与新加坡、菲律宾、文莱和马来西亚隔海相望，三亚市到菲律宾的马尼拉仅 650 海里。海南岛地处西太平洋的环带上，处于泛珠三角“9+2”与东盟自由贸易区“10+1”的结合部，3 小时航程范围内包括港澳台、珠三角、长三角、东南亚等地区。海南既是太平洋与印度洋之间交通的必经之地，又是日本、中国台湾到新加坡的中途站，同东北亚和东南亚新兴工业国家和地区交往甚为便利。海南省是祖国的南大门，在维护国家主权和海洋权益方面具有特殊作用。由于海南四周环海，与大陆相隔，其所处的地理位置和环境比深圳、珠海、汕头、厦门经济特区更优越，便于海关实施二线管理，防止走私，最有条件采用自由贸易区类型的经济特区形式。

第二，具有丰富的资源优势。（1）土地资源。海南岛是仅次于台湾的我国第二大岛，海南省的行政区域包括海南岛、西沙群岛、中沙群岛、南沙群岛的岛礁及其海域，是我国陆地面积最小、海洋面积最大和唯一的热带海岛省份。陆地（主要包括海南岛和西沙、中沙、南沙群岛）总面积 3.54 万平方公里（其中海南岛陆地面积 3.39 万平方公里），海域面积约 200 万平方公里。海南岛全岛陆地面积相当于深圳的 16 倍、珠海的 19 倍、汕头的 15 倍和厦门的 20 倍。海南省是全国最大的“热带宝地”，土地总面积 353.54 万公顷，占全国热带土地面积的 42.5%，人均土地约 0.47 公顷。海南岛土地资源远较台湾优越。（2）气候资源。海南岛地处热带北缘，属热带季风气候，年平均温度为 25.3 度，素来有“天然大温室”的美称。海南光热资源丰富，雨量充沛，人均水资源量居全国第一，是我国热带经济作物、冬季瓜菜和良种繁育的主要生产基地。（3）海洋资源。海南是我国唯一的热带海岛省份，海洋面积占我国总海域的 1/3，所管辖的海域面积约 200 万平方公里，海洋资源储量丰富。海岸线长达 1811 公里，大小港湾有 84 处。海洋水产资源丰富，具有海洋渔场广、品种多、生长快和鱼汛期长等特点，是全国发展热带海洋渔业的理想之地。（4）生物资源。海南生物资源十分丰富，素有“绿色宝库”之称，是我国最大的热带自然博物馆、最丰富的物种基因库，具有种类繁多、珍贵稀有和经济价值高的特点。海南岛生长着丰富多彩的热带林木、热带花卉、热带水果和天然药材。全岛拥有各类植物 4200 多种，乔木 1000 多种，其中坡垒、花梨、母生、子京、铁梨木是名贵硬木。海南植物药材资源丰富，有“天然药库”之称，有药用植物 2000 多种，其中特有类 500 多种，最著名的是四大南药：槟榔、益智、砂仁、巴戟。热带作物 500 多种，天然橡胶产量占全国七成，椰子、胡椒、咖啡、可可、腰果、油棕、香茅、剑麻、菠萝、山竹是海南岛特产。海南陆生脊椎动物有 567 种，其中两栖类 37 种，爬行类 104 种，鸟类 344 种，哺乳类 82 种。世界上罕见的珍贵动物有：世界四大类人猿之一的黑冠长臂猿、坡鹿、水鹿、猕猴、黑熊、云豹等也很珍贵。有 7 种国家一级保护动物，22 种省级保护动物。海南岛及南海诸岛周围的广阔海域，水产资源极为丰富，海洋水产在 800 种以上，鱼类就有 600 多种，盛产珍珠、玳瑁、海参等珍贵水产品。（5）矿产资源。海南矿产资源丰富，有矿产资源 88 种，其中探明可以开采的矿产有铁、煤、锰、铬、钛、水晶、石墨、铀、金、锡、铝、石英、白云母、磷矿、海盐等 35 种，石绿铁矿是亚洲品位最高的富铁矿。莺歌海盐场是全国大盐场之一。海域油气资源储量巨大，居我国各海区之首。（6）生态资源。海南生态环境优良，阳光充沛，四季无冬，空气清新，水质纯净，素有“天然氧吧”、“生态大花园”、“健康岛”的美誉，森林覆盖率 56.7%，空气质量居全国第一，是最佳居住地之一。（7）旅游资源。海南是我国唯一的热带省份，拥有丰富的旅游资源，具有“阳光、海水、沙滩、绿色、空气”五大旅游要素。这里有浓郁的热带风光、众多的名胜古迹和独特的民族风情。全岛可供开发利用的旅游点有 200 多处，特别是位于南端三亚市的亚龙湾，可与美国的夏威夷媲美。这里具有独特的热带旖旎风光，四季阳光明媚、气候宜人，林木常青、沙滩洁白，海水清澈，民族风情多姿多彩，是休闲度假、观光览胜和冬季避寒的理想之地。

第三，侨乡优势。海南是全国著名侨乡之一，有海外华侨、华人近 300 万，归侨、侨眷 100 多万。华侨、华人分布在 50 多个国家和地区，以东南亚地区居多，仅泰国就有 100 多万。在世界各地的海南华侨、华人成立社团组织 230 个。主要的侨乡分布于文昌、琼海、琼山和万宁等县。海南华侨具有爱国爱乡的传统，能积极支持家乡的开发和建设。

海南建省办经济特区，是我国改革开放的伟大创举，体现了中央加快改革开放的巨大魄力和坚强决心，具有重要的独特战略意义。

第一，有利于实行更加开放的政策。海南地处中国与东南亚的前沿，是中国南海的最大岛屿，战略地位十分重要，而且资源非常丰富。海南岛所处的重要战略地位、独特的资源优势、海南分隔易于封闭的地理优势有利于实行更加开放的政策，是中央作出海南建省办经济特区决策的主要依据。邓小平和党中央建立海南大特区的初衷，就是要把海南岛建设成为中国最大的开放前沿阵地、我国通往国际市场特别是东南亚的重要桥梁和促进中国南海和平合作的重要基地，以此推进中国对外开放的历史进程，昭示中国实行对外开放的决心和魄力。按照邓小平和党中央建立海南经济特区的战略设想，海南要实行比全国其他地区，包括已有4个经济特区更加开放的政策，成为中国开放度最大的地区。如果海南经济特区能够在这些方面起到它的应有作用，它就会在中国的对外开放的总格局中具有不可取代的、举足轻重的重要作用。

第二，有利于进行更高层次的改革开放试验。邓小平和党中央创办海南经济特区的又一战略意图，就是根据我国改革开放发展的客观要求，利用海南的区位和条件，开辟一个能进行更高层次改革开放的大试验场，使之对全国改革开放产生更普遍、更深远的影响。中央明确指出：在海南岛实行特殊经济政策，建立经济管理新体制，把海南岛建设成全国最大的经济特区，是贯彻沿海经济发展战略，进一步扩大对外开放的重要措施，具有深远的意义。中央也多次指出："其他国际上通行的经济技术合作的好办法，在海南省也都可以试验采用"；"海南省的改革可以有更大的灵活性"等。中央把海南从广东省划出来单独建省办经济特区，主要也是处于让海南有更大的自主权，更有利于海南经济特区在中央的直接领导下进行改革开放试验的考虑。

第三，有利于为我国落后地区开放开发提供重要示范。通过建立经济特区让海南岛经济迅速发展起来，是邓小平和党中央创立海南经济特区战略思想的一个重要内容。邓小平多次强调："如果能把海南岛的经济迅速发展起来，那就是很大的胜利"。[1]"海南岛好好发展起来，是很了不起的"[2]。海南拥有丰富的自然资源，具有巨大的开发潜力。由于种种原因，海南错过了一次又一次发展的机会，长期处于贫穷落后的状态，成为守着金窝、过着穷日子的典型。建省办经济特区之初，海南农村人口占80%，19个县市中有9个国家重点扶持的贫困县和136个贫困乡镇的，贫困面比例之大，全国少有。到20世纪80年代末，海南又面临一次历史上难得的发展机遇。

---

[1] 《邓小平文选》第3卷，第52页。

[2] 同上，第239页。

如果海南通过创办经济特区使经济迅速发展起来，不仅能改变海南长期落后的面貌，而且对于开发海南资源，促进中国现代化进程，都是很了不起的很大的胜利。同时，过去一直是我国的海防前沿阵地，农业人口众多，经济文化长期落后，中央宣布对海南经济特区实行更加灵活开放的政策，授予海南省人民政府更大的自主权，也绝非偶然。与其他特区相比，海南面积大、基础差、起步晚，发展更为艰辛，经验更具典型意义。倘若海南通过经济特区的开放开发，大量吸引外国资金、技术和管理，实现经济起飞和快速发展，就为全国广大落后地区提供重要的范例。

第四，有利于两岸统一和实现祖国统一大业。邓小平和党中央创办海南经济特区的一个重要战略意图，就是要以此作为“一国两制”构想、完成祖国统一大业的战略举措。大陆的经济发展是运用“一国两制”方式解决台湾问题的重要基础。海南岛和台湾岛的资源状况、人文状况有很多相似之处，与台湾相比，海南在资源上还有很多优势。在台湾，人们往往把海南岛作为衡量大陆政治制度优劣，进而思考两岸和平统一的“参照系”。当时大陆和台湾地区的发展有一个很鲜明的对比，就是大陆很穷，台湾很富。邓小平在谈及海南岛的开发建设时，之所以多次拿海南与台湾比较，原因就在于此。换句话说，如果让大陆的经济短时间赶上台湾有点困难，邓小平当时有这样的打算，可以先拿海南做试验，使其全面开放，让海南和台湾比比。只要我们把海南岛建设得跟台湾差不多，社会主义的优越性才是有说服力的。这就是中央决定设立海南特区的一个重要原因。中央决定把海南岛从广东省划出独立建省创办经济特区，就是要让海南岛成为与台湾相同的行政单位，通过经济上的竞争显示社会主义制度的优越性。可见，海南经济特区在我国祖国统一大业中具有独特的地位和重要作用。

第四节　“洋浦模式”与“洋浦风波”

洋浦位于海南西北部的洋浦半岛，面积350平方公里。在150公里海岸线上，可建1万吨到30万吨码头泊位80多个。不少专家评价为“中国少有，世界难得”。由于洋浦港具有得天独厚的建港条件，历史上曾有几个具有远见卓识的历史人物相中洋浦，并提出了建港设想。然而由于各种偶然和必然，洋浦多次错过了机会。

1887年，两广总督张之洞亲赴当时的琼岛视察后，曾上书清政府设立海南省，建设洋浦港。

20世纪初，孙中山在辛亥革命后多次提议海南独立建省，并在1919年拟定的《三民主义概论——建国方略》中，首次提出了在海南岛洋浦地区建设港口以及其他系列开发计划，将洋浦港列入未来中国的大港之一。

1935年，当时的民国政府曾派人到洋浦实地勘探。

20世纪70年代，周恩来总理把洋浦港列入中国拟建设的200个万吨级码头之一，并于1974年成立了南浦港筹备组，派出专家进行了考察和图纸设计。由于政治、资金等方面的原因，以上几次建港设想均未能如愿。

1983年，国务院成立洋浦港筹建办公室。

1987年，交通部投资1.8亿元，开始洋浦港的起步工程。这项工程包括两个2万吨级泊位和一个3000吨级工作码头，还有一条长59.2公里的疏港公路。该项目被列入国家“七五”重点工程。洋浦才正式进入实质性开发阶段。但由于没有找到突破财力瓶颈的开发模式，洋浦港区开发很快就步履艰难。

1988年4月，海南独立建省，创办大特区。建省初始，百废待兴。中共海南省委、省政府确立了“大改革、大开放、大开发、大建设”的方针。许士杰和梁湘曾在一起算过一笔账，海南建省头10年的开发大概需要2000亿元。当时海南自己可用的钱每年只有20多亿，加上中央每年给的5亿元。根据在广州、深圳搞开发的经验，许、梁二人认为只有靠三个办法：一是向国内外银行借贷款；二是用最灵活、优惠的条件公开招商引资；三是把政府手头的土地变成资金。实质上，建省后的海南甚至获得了比深圳、珠海更多的优惠政策。1988年，中央下发的24、26号文件明确规定：海南可自由兑换货币；境内投资者自获利年度起10年内不再补缴所得税；土地使用权出让一次性签约最长70年；可以不提以公有制为主体，允许多种经济成分并存和竞争。

为解决开发资金匮乏的问题，海南省创新开发思路，决定“引凤筑巢”，大胆提出了由外商成片开发洋浦的设想。当时，中共海南省委、省政府曾提出过大特区发展战略的上中下三策供大家讨论：上策，就是将海南彻底推向国际市场，成立特别关税区；中策即选择几个地方突破现有特区政策，实施类似国外“自由港”的决策，以此来带动海南经济腾飞；下策即按部就班遵循现有特区政策开发海南。经过反复权衡之后，海南的决策者剑取中庸，其首选突破口正是洋浦。开放前的洋浦是一片非常贫瘠的土地，经济社会发展非常落后，没有工业基础。开发前的洋浦曾是“三多三少”之地，即石头多、仙人掌多、荒地多，树少、水少、村庄少，荒僻凄清。总人口不到3

万，绝大多数当地人从事渔业和农业。由于土层薄、气候炎热等地质和气候原因，耕地面积仅 3 万亩左右，人均粮食产量不足 200 斤，主要依靠从外界购买。北宋诗人苏轼贬谪儋州后，在洋浦曾写下了“北船不到米如珠”的诗句。根据专家测算，开发 1 平方公里洋浦这样的不毛之地，搞简单的“五通一平”就要 2 亿人民币，如果在生地变熟地之后还要有产生效益的工业项目，盖楼房，买设备，生活设施配套，30 平方公里的洋浦开发区投资需要上千亿元。这对于刚刚建省的海南来说，简直就是一个天文数字。

1987 年 10 月 4 日，海南建省筹备组组长许士杰等领导考察洋浦，提出了开发洋浦的具体设想。

1988 年 5 月，由海南省驻香港机构——香港华海公司牵线，海南省委书记许士杰、省长梁湘率团访问香港，同熊谷组（香港）有限公司副董事长兼总经理于元平会晤，洽谈开发洋浦事宜，谈判进展顺利。6 月，熊谷组（香港）有限公司与海南省政府达成初步协议，即海南在洋浦半岛上划出 30 平方公里的土地作为开发区，其土地使用权一次性出让给熊谷组（香港）有限公司，期限为 70 年；区内一切基础设施建设及招商全部由外商负责。双方达成的协议被称为“洋浦模式”，即在维护国家主权的前提下，让外商成片承包，综合开发，在土地使用上以项目带土地，按建设项目的需要，有偿给予相应的土地使用权，同时实行低地价政策，以低地价赢得高投资、高效益，实现“综合补偿”。

1988 年 8 月 19 日，海南省省长梁湘宣布：海南将成立一个不同于现有国内经济特区的开发区——洋浦开发区，对它的管理实行“一线放开，二线隔离”，由海关实施封闭式监管。省政府将建立统一、精干、高效、权威的政府机构，负责开发区的行政管理；外商在开发区内开发经营的土地，在合同规定的有效期限内，可以转让、出租、抵押、继承；开发区内需要进口的有关商品，可以自行进口，不受国内配额和许可证管理的限制，免征进出口关税。这一消息在《人民日报》及其海外版披露后，立刻引起国内外舆论的广泛传播，被看成是中国政府在改革开放政策上的重大突破。

1988 年 10 月 16 日，海南省政府与熊谷组有限公司签订《海南洋浦地区 30 平方公里土地使用权有偿出让协议书》。协议确定，海南省将把洋浦 30 平方公里的土地使用权有偿出让给海南熊谷组有限公司，由外商投资兴建开发区的基础设施，形成工业用地和其他建设用地条件，并按照有关政策引进工业项目。在 15 年内，外商分三期投入 180 亿港元进行基础设施建设。《协议书》的甲方代表是澹县国土局局长郑卓科，乙方代表是海南熊谷组有限公司甄锡培。

1988 年 12 月 3 至 20 日，国家副主席王震到海南视察工作，先后到海口、澹县、琼海、通什、三亚、万宁等市县了解开发建设、工农业生产和群众生活情况，进行了多次座谈。在视察工作中，王震还就海南办经济特区的新形势，如何发展农垦事业和旅游事业等发表了重要讲话。王震还专门会见了熊谷组（香港）有限公司总经理于元平。王震对他们积极参与海南经济特区的开发表示称赞。于元平说：洋浦开发区的工程建设项目已开始设计，希望在明年三四月份动工。他开玩笑地说：我保证让洋浦三年冒烟。三年不冒烟，就让我的脑袋冒烟！[1]

1988 年 12 月 31 日，海南省政府向国务院上报《关于让外商承包成片开发洋浦的请示》。该报告认为，让外商承包成片开发建设的方法，是符合海南情况的。海南原有基础差，底子薄，经济较落后，一下子全面开发、建设还不具备条件，只有一片一片开发才是比较现实可行的。鉴于国家目前的财力情况，海南开发建设资金的主要来源和出路应是利用外资搞基础设施建设，完善投资环境，吸引外商开发海南资源，发展加工业，以此来偿还本息，政府也通过税收来积累资金，发展经济。利用这样的途径，把洋浦地区开发建设好，对加速整个海南经济开发，无疑将会具有指导意义和深远影响。从资信、实力、诚意来看，由熊谷组（香港）有限公司牵头开发洋浦开发区，是比较理想的。为了使洋浦开发区有一个比较好的投资环境，便于按照国际惯例高效率地开发建设，外商在区内的开发建设经营享有充分的自主权，在人员、资金、货物进出自由方面更加优惠。洋浦开发区采取特殊的管理体制，原则上实行“一线放开、二级隔离”。开发区由国家派驻海关机构，采取必要的手段实行监管。省人民政府派出精干的政府管理机构，负责开发区内公安、边防、外事、税务、工商行政等方面的管理。

1989 年 1 月 17 至 21 日，中共中央政治局委员、书记处书记、国务院副总理田纪云到海南考察论证。随同考察的有国务院副秘书长兼特区办主任何椿霖、国家计委副主任刘中一、对外经贸部副部长李岚清、中国人民银行副行长邱晴、海关总署署长戴杰、国务院特区办副主任胡光宝等。田纪云一行考察了马村电厂、汽车冲压件厂、力神速溶咖啡厂、海德涤纶丝厂、洋浦港和清澜港等单位，听取了海南省委、省政府关于建省一年来工作情况和关于洋浦开发的汇报。考察期间，田纪云还会见了熊谷

[1] 《王震传》，第 593 页。

组（香港）有限公司副董事长兼总经理于元平。田纪云说：海南选择洋浦作为重点发展地区，我个人认为是可行的。洋浦作为成片开发的起步点是比较理想的，条件比较好，一是傍海，有建港口的条件；二是已经和正在建设深水港口，比平地起家好得多；三是土地平整，不要愚公移山，又是个半岛，比较容易管理；四是那里地层是岩石，将来打基础方便，也可就地取材；五是移民少，搞成片开发要选择一个不移民的地点是不容易的。此外，还易于防治污染等等。选择这样一块地方作为经济特区内的一片开发区是很好的。这片开发区，就叫做洋浦经济开发区，不要叫别的名字了。同时，田纪云同志特别交代海南的同志和于元平先生要注意：一、涉外问题。涉及国家与国家之间的关系问题，要遵守我国的法律和对外政策。二、司法、公安的管理，要服从中国的法律。搞好治安，也为了保证开发区的安全。三、海关和税收问题，总的要执行我们经济特区对外资企业的法规。其他如有特殊要求，要另议。金融问题也要专题研究。四、环境保护要服从我国环保法律。五、地下资源问题。如果这个地区发现地下有矿藏，则要另议。地下水开发利用到什么程度，也应事先言明。[1]

1989年1月中旬，全国政协科教文卫委员会五人调研小组来到海南，对洋浦开发问题进行了重点考察。他们到达海南后，没有主动向海南省委、省政府或有关部门全面了解洋浦让外商成片承包的具体情况。当他们听说许士杰、梁湘已陪同田纪云副总理下去考察去了，他们便于1月18日匆匆赶到洋浦。海南省委书记许士杰得知后，电话要求洋浦开发区规划办公室主任黎焕都连夜赶往洋浦，接待全国政协调研组，并向调研组介绍和汇报洋浦开发情况。调研组在洋浦住了一个晚上，拒绝海南方要求汇报工作的请求，便于1月19日上午离开洋浦。全国政协五人调研小组当中包括两院院士、原深圳大学校长、全国政协常委张维教授。全国政协调研组离开海南时，没有向任何人讲他们对洋浦的看法。当时海南省委、省政府领导对于张维一行并没有在意，张维一行是由海南省政协接待的。

1989年2月7日，中共中央总书记赵紫阳在珠海接见海南省委书记许士杰、省长梁湘和副省长邹尔康。赵紫阳听取了许士杰建省以来的工作汇报后指出，中央对海南开放改革的方针、政策不会变。希望海南把工作做得扎实一些。强调海南的开发要一片一片地开发；要抓好流通工作；企业要继续完善承包责任制；普通中学要增加职业教育的内容；增加职业学校的比例。

---

[1] 田纪云：《改革开放的伟大实践——纪念改革开放三十周年》，新华出版社2009年版，第491页。

1989年2月28日，海南省委召开常委会，专题研究了向国务院上报《关于让外商承包成片开发洋浦的请示》，会议一致同意和支持洋浦开发。

1989年3月19日至3月27日，全国政协七届二次会议在北京召开。2月18日，张维等五名全国政协委员通过全国政协正式向国务院提交了“紧急呼吁”，提出了洋浦涉及“主权”和“民族尊严”等重大问题。2月23日，全国政协副主席谷牧在政协礼堂召开洋浦情况介绍会，由国务院特区办公室向五位委员介绍洋浦情况。3月25日，全国政协第七届二次会议举行最后一次大会发言。大会安排了7位发言人，第6位是张维，他代表五位前往海南考察的政协委员联合发言。张维的发言，公开指责“洋浦模式”，对海南引进外资成片开发洋浦的做法表示反对。他在大会上慷慨激昂，将海南特区有偿出让30平方公里土地使用权的商业行为与清朝廷在英国武力胁迫下割让香港的丧权辱国行为相提并论，指责海南特区让外商成片开发洋浦的做法是制造新的租界。他说，“在中国本土又将出现相当于旧北京内、外城三分之一面积的，长达70年的外国租界地，并有引狼入室，开门揖盗之嫌。”“此举若成为事实，将成为中国近代史上新的国耻”。张维发言内容大致摘要如下：

我们5人受政协科技委员会的派遣，于今年1月去海南省进行了为期12天的考察。

在考察中，我们了解到海南拟将洋浦港中心地区大片土地出租给日本企业。我们认为这个问题涉及我国主权问题，极应慎重考虑。

洋浦港是海南岛最大的深水良港。目前，海南省政府拟将洋浦地区最好的中心地带大块土地30平方公里（即45000亩，相当于半个香港岛，或5个澳门）一次性地以每亩人民币2000元，共计9000万元的低价，通过香港华海公司，长期租给日本企业熊谷组，期限长达70年，如双方同意，租期还可再延长70年。土地租借给日方后，其土地使用权、处理权和开发建设权等完全由日方掌握。

我们完全拥护中央的对外开放政策，我们更赞成在一定条件下引用外资，参加中国的建设。但是对这样低价，这样的大块连片土地，这样长的时间，这样出让主权，在中国本土上出现这块租借地，我们不赞成。我们认为此议考虑欠周，它是否符合人大和国务院对海南省发展战略的指示精神，很值得怀疑。现将理由扼要陈述如下：

一、中国人对过去清政府割地赔款的屈辱记忆犹新，每论及过去外国在中国的租借地，均引以为耻。今突然又可能出现新的租借地，人们不能接受。海南省的做法如成为事实，一定会损害我国的主权，令人十分忧虑。

二、海南省是我国南疆的重要军事基地，战略地位十分重要，因此，从国防角度考虑，在本来相互竞争和斗争非常剧烈的西太平洋地区和南中国海，将这一地区中心地带的大块土地长期租借给外国企业，对国防是否有害？

三、我国即将收回香港、澳门。从此中国人民一个半世纪的国耻将得以彻底清洗。但现在海南省领导却又要将本土上大块连片土地租借给外国企业，我中华民族之尊严将何以维持？……现在规划中的铁路线和发电厂也都划在拟议的租借地带之方向，连基础设施都交给外商管理。这样，此港实质上也就成为日本控制全海南岛命脉，吮吸海南省劳动人民血汗的港口，这与“七七”事变前上海是帝国主义和资本家吮吸长江流域亿万人民财富的吸血港口有何差异？以海南省目前干部水平来看，日方如在这块土地上建设污染性工业和精神污染场所，我方实际上怎么能监督和控制得了？这实在是个大问题。日方在这块租借地区上建厂，70年后，这些工厂的生产流程和工艺流程皆已老化，属淘汰型。期满后，即便由我方作价收回，也是近乎一大堆不堪使用之物。

70年是几代人换代的很长时间。我们相信在党中央和国务院的正确领导下，在全国人民的齐心协力下，我国的经济建设在二三十年内肯定会有很大发展，其中当然也包括海南省。难道我们对于这样一个预计，都没有信心吗？在70年甚至140年的长时期，还要主要依靠外力开发海南吗？

综上所述，海南省此议难收增加经济效益之实利，却有丧失国家主权之危险……

张维这段充满着“割地”“帝国主义”等刺激字眼的报告激起强烈反响。第二天早上，在政协委员下榻的酒店、宾馆，在个别人的串联和发动下，200多名政协委员签名，上书国务院，要求制止海南开发洋浦的行为。对于张维的发言，梁湘感到不解：我和他是老相识。创办深圳大学时，我从清华大学请他到深圳大学当校长。既然是老熟人了，对我们的做法有不同意见为什么不当面提？现在省里主要领导都在北京，这么大的事事先不和我们通气，这样做正常吗？更使梁湘迷惑的是，在北京他曾亲自打电话给张维，约他会面就洋浦问题对话，对方竟然拒绝。这究竟是为什么？

1989年3月26日，上海《解放日报》在头版显著位置率先发表了该报驻京记者专稿，报道了张维的发言和会场掌声迭起的“热烈气氛”。30日，《解放日报》又发表署名“萧丁”的文章，该文写道：“海南省拟租给日本人的土地计45000亩，约为香港岛的一半面积，租期70年，必要时还可延长70年，而每亩的租费仅有2000元”，“租南京路商店里的一个柜台，每月的租金也要3000多元左右。而海南岛土地的租金每亩只2000元，租期是70年。45000亩等于半个香港的面积，70年租金总和是多少呢？9000万人民币！”“9000万人民币，只能造一个比较好的宾馆。就是说，半个香港岛大的地方，出租70年，只能造一个比较好的宾馆”。“清政府是战败国，向老牌帝国主义英政府割地赔款，香港的租期是99年。为这99年，中国人民站起来以后还要等50年”，“我们在喜马拉雅山为了保卫神圣的领土，即使流血牺牲，也要寸土必争，而海南岛以2000元一亩出租大片土地，炎黄子孙能不心痛吗？”4月2日，《新民晚报》也发表了署名林放的题为《开门不要揖盗》的文章，将洋浦开发事件在大众媒体上提升到有辱国格的高度。指责海南特区向外商出让洋浦30平方公里土地使用权“首先是国土主权与民族尊严的问题”，是新的国耻，并扬言要把借开放之名，干丧权辱国之实的人钉上历史的耻辱柱。这篇文章编造日本人可以在洋浦“创办日本本土所不允许的污染极为严重的工厂”，“可以在这块地上开妓院，开赌窟”，“可以在租借地设置情报所”等此类莫须有的东西。两家媒体的公开报道，让政协会议上的争论向公众蔓延。原本意在开发海南，引进外资建立洋浦经济开发区的经济事件，却被贴上了“卖国”和“新租界”的标签，一时全国群情激奋。进入4月，全国多省市出现针对洋浦开发的抗议。3月底，日本驻香港总领事接受外务省指示约见于元平，询问投资开发洋浦事，并转告于元平，（香港）熊谷组的日方股东不愿参与涉嫌“侵犯主权”的投资。迫于日方的压力以及尚未知道中央的态度，于元平只得暂时停止投资，回香港休整观望。

与此同时，人民日报、新华社关于张维发言未有一字报道，更无评论。而《光明日报》、《经济日报》、《文汇报》则发表专稿，刊登“许士杰、梁湘申说情由”，正面宣传洋浦。就在张维发言的当晚，首都“海南开发促进会筹备组”聚会，与会者包括著名经济学家于光远、江一真等发言，异口同声批驳张维的发言。4月初，北京举行“改革十年全国中青年理论研讨会”，临时把洋浦问题列为议题，国家体改委副主任高尚全等发言，几乎一面倒地同情和支持海南。

1989年3月27日，许士杰、梁湘约见新华社负责人，就洋浦开发发表谈话。4月3日至4日，新华社《国内动态》连续三期刊发有关洋浦的资料，送呈中央领导同志。

1989年3月28日下午，出席七届人大二次会议的海南省代表团集中讨论了洋浦问题，梁湘作中心发言。梁湘说：设立洋浦开发区基于三方面的考虑：一、海南经济实力薄弱，基础设施差；二、目前海南不具备全面开发的条件，只能选准突破口，一片一片的开发；三、洋浦位于海南澹县，靠近北部湾，有兴建大港的条件。这里是海南省规划中的重化工和建材工业基地。但是，长期干旱，经济十分落后。让外商承包的30平方公里，仅有居民2万多人。因此，在这个既有条件，而经济又十分落后的地区，要靠吸引外资尽快地把经济发展起来。基于以上考虑，初步与熊谷组（香港）有限公司达成协议，让对方成片承包开发。承包者开发的30平方公里，共需投入60亿至75亿元。回收这一巨额投资需要较长时间，因此按国务院规定，土地使用权出让70年。为维护国家主权，当地政府给开发区制订了五条措施，包括外商投资者和开发区的一切外籍人员都必须遵守中国的有关法律、法规、海关和税收政策、环境保护；开发区地下矿藏归国家所有等。当天，大会《简报》详细报道了梁湘的发言。

1989年3月30日，许士杰、梁湘联名向党中央、国务院写了题为《关于海南设立洋浦开发区的汇报》的信，申述有关情况。许士杰、梁湘通过国家副主席王震将材料送达中央和邓小平、国家主席杨尚昆。在这份报告上，王震批示："赵总书记、李总理：洋浦地区30平方公里开发由熊谷组承包事完全可行。谨建议党中央、国务院批准……我参观洋浦开发区，听了汇报，完全同意海南省的决定。"王震还对许士杰、梁湘说："一些同志反对外商承包洋浦开发，是因为一时不了解，你们也可以多做些正面宣传嘛！"[1]

1989年4月6日，中央在中南海召开工作会议，专门研究洋浦问题。许士杰从7个方面陈述了省委对洋浦出租的想法和理由，又驳斥了新闻界不切实际不负责任的指责，也列举了国际间买卖土地并不涉及国家主权的众多例子。国务院主管特区工作副总理田纪云发言说：洋浦的做法，符合已修改了的宪法，也符合国务院给海南的政策。土地有偿出让，成片开发70年是有根据的。不能给人家戴卖国的帽子。时任中共上海市委书记的江泽民同志说：（海南）这样做没什么错嘛，上海也打算这样搞，准备开发浦东。时任天津市委书记的李瑞环也说：这样做有好处，天津也要搞有偿出让，让外国人开发成片土地。我们自己没有钱开发嘛，如果国家拨这笔钱当然好了。国务院总理李鹏说：为避免产生误会，"成片承包开发"的提法宜改为"以项目带动

[1]　《王震传》，第594页。

土地”——工程需要多少土地就租让多少土地。中共中央总书记赵紫阳就洋浦问题最后讲了三点意见：一、政协委员有权对海南的工作说长道短，但批评应实事求是。海南的同志对批评有意见可以辩解，但不要情绪化。二、海南能争取到几十亿美元的外资不容易，但引进外资开发洋浦的做法有待完善，可根据李鹏同志的意见改为：“统一规划，成片开发，分期实施，以项目带土地”，工作要做扎实。三、重申中央给海南的优惠政策不变。

1989 年 4 月 25 日，许士杰在海南省人大会议上作了关于洋浦开发区问题的报告，向人大陈述洋浦所处状况、外资公司背景以及法律依据，以打消人们对开发洋浦的顾虑。他说，引进外资开发洋浦，我们在经济上没有风险，但政治上要冒风险，大概不会挨“棍子”，但“帽子”可能不会少，最吓人的“帽子”无非是“卖国”。为了改革开放，我们不怕戴“帽子”。想保险，就关上门睡大觉，优哉游哉，让荒地继续荒芜，洋浦继续长仙人掌，但仙人掌不能当饭吃。

1989 年 4 月 28 日，邓小平审阅中共海南省委书记许士杰、省长梁湘写给他和杨尚昆的《关于海南省设立洋浦经济开发区的汇报》，并作出批示：“我最近了解情况后，认为海南省委的决策是正确的，机会难得，不宜拖延，但须向党外不同意者说清楚。手续要迅速周全。”邓小平的批示一言九鼎，平息了种种非议，为“洋浦风波”画上了句号。中央办公厅的同志未等下发正式文件，先用电话作了传达。第二天，许士杰主持召开省委常委扩大会议，梁湘宣读小平同志指示，一字一句，一连读了两遍。

1989 年 5 月 31 日，邓小平在同中央领导同志谈话时指出：“我过去说过要再造几个‘香港’，就是说我们要开放，不能收，要比过去更开放，不开放就发展不起来。”[1]

1989 年 7 月 12 日，中共中央总书记江泽民、国务院总理李鹏等中央领导在北京接见了海南省委书记许士杰等省领导，表示大力支持洋浦开发。

1989 年 7 月 14 日，国家副主席王震在北京人民大会堂会见于元平，支持他搞洋浦开发。

1989 年 10 月 25 日，中共海南省委书记许士杰、省长刘剑锋、副省长孟庆平在海口会见熊谷组（香港）有限公司总经理于元平等，就洋浦开发问题再次交换意见。

[1] 《邓小平文选》第 3 卷，第 297 页。

许士杰、刘剑锋重申中共中央、国务院给海南的政策不变，海南成片开发政策不变。许士杰转达了中共中央总书记江泽民，国家主席杨尚昆、副主席王震，国务院总理李鹏、副总理田纪云等中央领导人对海南建设的关怀和支持，以及对开发洋浦的肯定态度。

1990 年 5 月 12 日至 17 日，中共中央总书记、中央军委主席江泽民在海南经济特区考察，随同考察的有中共中央政治局候补委员、书记处书记丁关根，国家计委副主任郝建秀，中共中央政策研究室主任王维澄，中国人民解放军副总参谋长何其宗，中共中央办公厅副主任徐瑞新，农业部副部长刘江，国务院特区办副主任胡光宝。江泽民指出，中央关于兴办海南经济特区的战略决策是正确的，在海南实行的各项政策不变。海南省吸引外商投资，进行成片开发，党中央和国务院是支持的。海南要通过改革开放，加快经济开发，改变经济比较落后的面貌。江泽民在谈到洋浦开发问题时说：海南在洋浦划出一块地方来搞成片开发，吸引外商投资，这是一件大好事，党中央、国务院非常支持。采用引进外资成片开发的形式，不少国家都采用。这种成片开发，纯属商业性行为，完全是在我国法律、法规有效管理之下，不存在损害中国主权问题。在这些地方，领土主权、司法、公安、边防都是我们管的。洋浦这个地方港口条件好，有发展前途，应该很好开发。[1]5 月 16 日，江泽民总书记在视察洋浦时又指出：洋浦的确是个发展工业、特别是重化工业的好地方，你们关于洋浦开发建设的思路是对的。党中央、国务院对洋浦开发是支持的。洋浦港的自然条件很好，有发展前途，开发洋浦是一件好事，应该迅速地开展工作。

1990 年 5 月 19 日，国务院颁布了《外商投资开发经营成片土地暂行管理办法》，使外商投资开发经营成片土地有了法律依据。

1990 年 11 月 27 日，中共中央总书记江泽民在深圳召开的五个经济特区座谈会上指出：我们应该扎扎实实地继续把现有的五个经济特区办好。海南的基础条件比较差，确实有它的难度。在中央经济工作座谈会上，海南的同志提出要赶台湾。我的意思是，提出一个目标，必须是努一把力就能够实现的，不要提得太高。[2]

1990 年 12 月 19 日至 21 日，国务院总理李鹏到海南视察工作，他考察了海口市

---

[1] 鲁兵、徐冰：《中国大特区的十年变革》，第 159—160 页。

[2] 《江泽民同志在五个经济特区座谈会上的讲话》(1990 年 11 月 27 日)。深圳市委办公厅编：《党和国家领导人视察深圳讲话资料汇编》。

金融开发区、永万开发区、金盘开发区和海南汽车冲压件厂，并听取海南省委的工作汇报。李鹏强调，经济特区的政策不变，海南经济特区起步迟，目标高，发展速度可以快一点。要继续本着“以引进外资为主”的方针建设特区。他肯定了海南“统一规划，引进外资，成片开发，综合补偿”的开发建设思路。李鹏指出，要通过洋浦的开发，探索成片开发的路子。洋浦开发要一步一步地搞，要注意为投资者提供政策导向。下大力气搞好能源、交通、通讯等基础设施建设。

1991 年 9 月 16 日，海南省人民政府以海南省投资促进委员会与熊谷组（香港）有限公司签订《关于投资开发经营洋浦开发区 30 平方公里土地项目意向书》。而编制的《外商投资开发经营洋浦开发区 30 平方公里土地项目建议书》提出：用 15 年左右的时间，将洋浦开发区 30 平方公里土地建设成一个公用设施完善的，以外向型工业和出口加工业为主，同时发展对外贸易和转口贸易、港口、仓储、金融以及必要的居民服务等行业的综合性对外开放经济区。区内产业以资本密集型产业为主，注重引进先进科学技术。预计区内年工业总产值达到 135 亿元。区内常住人口 25 万人，暂住人口 15 万人。

1992 年 1 月 17 日至 21 日，邓小平再次视察深圳、珠海经济特区，发表了著名的南方讲话，把我国改革开放进程大大向前推进了一大步，使海南“洋浦风波”造成的僵局最终打破。

1992 年 1 月 22 日至 28 日，中共中央政治局委员、国务院副总理田纪云到海南视察工作，他到海口、三亚、澹县、东方、文昌等市县考察，同基层干部交谈，了解经济发展、港口建设、农业综合开发和旅游业等情况。田纪云指出，海南经济特区建设的实践说明，党的十一届三中全会以来，在邓小平同志的指导下，改革开放的路子是完全正确的，是成功的，今后必须坚定不移地沿着这条路子走下去，而且思想要更解放些，胆子要更大些，工作要更扎实些，步子要更快些，把开放工作搞得更好。田纪云在听取关于洋浦开发的汇报后指出，党中央、国务院领导同志都很关心和支持洋浦的开发。采用由外商投资成片开发的办法，总体上是可行的，海南省政府和各有关方面要本着既积极又稳妥的精神，认真研究可行的实施方案，抓紧落实，尽快启动。可以预料，洋浦的开发势必对海南经济建设，乃至全国的改革开放产生积极的影响。

1992 年 3 月 9 日，国务院正式批准海南省吸收外商投资开发洋浦地区 30 平方公里土地建设洋浦经济开发区。由外商投资开发洋浦地区 30 平方公里土地，是海南经济特区建立以来，吸收外资规模最大的一个项目。按照国务院要求，洋浦经济开发区要建设成以技术先进的工业为主导、第三产业相应发展的外向型工业区；实行封闭式的隔离管理，在区内实施保税区的各项政策措施；海关总署等国家监管部门和海南省政府在洋浦经济开发区设置管理机构，行使统一有效的行政管理和监督。

1992 年 4 月 16 日，国务院副总理朱镕基同志考察洋浦时指示，"要抓住当前有利时机，放心大胆地干，尽快把洋浦开发搞上去"。

1992 年 5 月 25 日，海南省政府常务会议审议通过《洋浦经济开发区土地管理办法》。

1992 年 8 月 18 日，海南省人民政府、熊谷组（香港）有限公司关于"洋浦经济开发区国有土地使用权出让合同"签字仪式在北京举行。国务委员李贵鲜出席签字仪式。海南省省长刘剑锋、熊谷组（香港）有限公司总经理于元平在合同及备忘录上签字。

1992 年 9 月 3 日，以熊谷组（香港）有限公司为首的 7 家海外和内地企业在香港签订协议，组成海南洋浦土地开发有限公司，计划 15 年内投入 180 亿港元在洋浦进行基本建设。洋浦土地开发有限公司股东除熊谷组（香港）有限公司持有 30% 股权外，还有台湾大中华集团有限公司（持 5% 股权）、香港荣高贸易有限公司（持 20% 股权）、香港长江实业集团有限公司（持 10% 股权）、中国工商银行海南省信托投资公司（持 16% 股权）、中国银行海口信托咨询公司（持 14% 股权）、交通银行海南分行（持 5% 股权）。按比例看，外资占股达 65%。合营公司法定股本为 30 亿港元，实际注册资本 10 亿港元。按计划，洋浦的基建发展预期在 15 年内分 3 期完成。工程包括地基、水、电、公路、排水、房屋及医疗设备等基础建设。首 5 年投资额计划 100 亿港元，其中兴建电厂及交通排水工程分别投资 20 亿、30 亿港元。

1992 年 12 月 15 日，洋浦开发区基本建设工程总合同在北京签字，承担基建工程任务的保利房地产开发与工程建筑公司同时在北京成立。中央政治局委员、国务院副总理田纪云、邹家华，中央军委委员迟浩田、张万年、于永波，海南省省长刘剑锋等出席签字仪式。由保利房地产开发与工程建筑公司董事长王军、总经理霍恩俊和海南洋浦土地开发公司董事长、熊谷组（香港）有限公司总经理于元平共同签署的洋浦开发区基本建设工程总合同，包括 27.353 平方公里开发区内的道路工程、排水工程和地盘平整工程。全部工程总造价 45.6 亿港元，计划 10 年内完成。第一期工程包括 850 公顷地盘平整、7 公里道路和临时排水系统，工期为 9 个月，投资约 1 亿港元。

1992 年 12 月 7 日，海南省人民代表会议常务委员会第 23 次会议通过《海南省洋浦经济开发区条例》，该《条例》把国务院关于吸引外商投资开发洋浦地区的批复精神具体化、规范化，主要有以下六个方面的内容：一、实行封闭式隔离管理，在区内实行保税区政策；二、区内土地使用权一次性出让给外商投资企业，期限70年，由外商成片开发和招商；三、实行全面的市场经济，资金、原材料、能源和市场基本不依靠国内；四、以技术先进工业为主导，相应发展第三产业；五、开发区所设立的行政管理机构代表省政府对开发区行使统一有效的职权，并依法定程序设立审判机关和检察机关，行使审判权和检察权；六、真正按市场经济规律办事，保障开发区的企业享有完全的经营管理自主权。

1993年2月28日，海南省政府批准洋浦经济开发区总体规划。

1993年4月10日，海南省人民政府洋浦经济开发区管理局正式挂牌成立。

1993年9月9日，洋浦经济开发区正式“封关”运作，进入招商引资、进行基础设施建设开发阶段。

“洋浦风波”，已成为历史，但值得我们反思和总结的东西却很多。“洋浦风波”，折射出当时中国所面临的时代背景和思想状况，反映出中国实行改革开放和创办经济特区的艰辛历程。它不是一件简单而孤立的事件，而是和当时党内一直存在的有关改革开放和创办经济特区的争议密切相关的。可以说，“洋浦风波”其实就是先前发生的有关经济特区“租界”之说的延续和发展。令人费解和值得深思的是，为什么上海的主要报纸在这两次争议中扮演了“马前卒”角色，率先发表有关“租界”的文章，对争议和风波起了推波助澜的作用？谁是幕后的推手？对于海南而言，这次风波造成的损失是无法估量的。可以说，“洋浦风波”严重损害了海南经济特区对外开放的信誉，动摇了外商对海南经济特区投资的信心，耽误了海南经济特区难得宝贵的发展机遇。由于受“洋浦风波”以及之后的政治形势的影响，洋浦经济开发区直到1993年9月才正式封关运作，洋浦开发被整整延误了4年。比海南特区起步更晚的浦东已经初具规模，原来准备在洋浦落户的大公司和大项目许多转到浦东，全国注意力都集中到浦东。刚刚起步建设的海南这个全国最大的特区，由于“洋浦风波”和后来房地产泡沫的破裂，陷入了长达数年的经济低潮之中。原国务院副总理田纪云在其著作中写道：“不料在我率组去海南考察的同时，全国政协也派出了一个工作组去海南进行考察，我们前边走，他们后边到。我们看什么，研究什么，他们也看什么，研究什么，但他们得出的结论是洋浦开发是一个丧权辱国的方案，是割让新的租界地，并向中央、国务院正式写了报告。由于意见完全相反，我随后向国务院写的报告如石沉大海。就这样洋浦开发被搁置起来，而咒骂丧权辱国之声不绝于耳。1989 年 4 月 28 日，小平同志在中共海南省委关于设立洋浦经济开发区的汇报材料上批示：'我最近了解情况后，认为海南省委的决策是正确的，机会难得，不宜拖延，但须向党外不同意者说清楚。'不久风波发生，洋浦开发也就搁置起来。直至 1992 年，在小平同志南方讲话春风的推动下，海南省终于与熊谷组达成了承包开发协议，条件还是那些，一点没变。但时间耽搁了 4 年，黄金时代的投资机遇已经过去。"[1]

第五节　对海南特区发展的几点认识

海南经济特区的发展起伏跌宕，可谓高潮迭起，低潮不断。通过研究，我们认为：

第一，海南是我国面积最大的经济特区，开发建设周期要较长。我国的经济特区中，海南是目前唯一的省级经济特区。与深圳、珠海、汕头、厦门等城市特区相比，海南不仅面积大，而且基础差，起步晚，农村人口占 80%，少数民族人口占 1/6，呈现典型的二元结构。要在这样一个地区实现经济快速健康增长，同时发挥全国改革开放试验田和排头兵的作用，其面临的挑战和困难可想而知。当年谷牧同志提出慎用赶超台湾的提法，我们认为是有先见之明的。

第二，海南在对外开放中错过了几次重大历史机遇。1980 年，中央在决定给广东、福建两省实行特殊政策和灵活措施，创办深圳、珠海、汕头、厦门四个经济特区的同时，对海南放宽政策，给海南更多自主权。但是海南未能按中央关于海南岛建设方针办，而是采取炒买炒卖外汇和滥发、滥借贷款等错误做法，大量走私汽车和其他物资，然后倒卖出岛，最后酿成轰动全国的"汽车事件"，终使海南岛开放开发进程延缓，错过了一次难得的发展机遇。1988 年建省办经济特区，大量人才和资金涌入海南，又给海南发展带来了重要机遇。但是由于准备不足，人员和资金大量涌入，超过了海南的负荷，最后海南和中央不得不喊停，使海南第二次错过了发展的历史机遇。1988 年，海南决定引进外商成片开发洋浦 30 平方公里土地，即所谓的"洋浦模式"，但最后演变成轰动中外的"洋浦风波"，使洋浦开放开发受租和中断。虽然中央最后同意

---

[1]　田纪云：《改革开放的伟大实践——纪念改革开放三十周年》，第 493 页。

开发开放洋浦。但由于1989年政治风波，洋浦开发计划又暂时被搁置。1992年8月洋浦经济开发区27.35平方公里国有土地使用权出让正式签订合同，但是已错过了开发开放的最佳时机。因为1990年中央决定开放开发上海浦东新区，全国投资热点和视线已转移到上海浦东。1992年邓小平视察南方并发表重要讲话，海南再次掀起投资热潮。由于大量涌入的资金找不到合适的投资场所，结果大量资金扎进房地产，造成房地产泡沫经济，最后海南经济发展又遭受沉重打击。

第三，海南经济特区的资源优势和政策优势没有完全发挥出来。中央赋予海南省不少特殊政策是其他特区所没有的，从而为海南发展后来居上创造了政策和体制优势。然而由于种种原因，致使中央赋予海南的政策优势和体制优势并没有在最佳机遇期内充分发挥出来。这主要在于海南没有抓住开放和发展的最佳战略机遇期，并出现一系列重大决策失误而造成的。这说明，海南要实现从资源大省到经济大省的历史性跨越还存在诸多制约因素。当前，海南洋浦兼具经济开发区、保税区、出口加工区、保税港区等多种功能区政策，面临加快发展的良好机遇和政策优势。特别是2009年，中央又批准海南建设国际旅游岛。可以说，目前海南又一次面临着一次千载难逢的重大发展机遇。改革开放以来，海南从来都不缺机遇。问题是机会来了你能不能抓住。机遇从来就是青睐有准备者的。[1]

[1]　钟坚主编：《中国经济特区发展报告》（2009），社会科学文献出版社2009年版，第230—231页。

第六章
经济特区从一种模式到多种模式

以邓小平第二次视察经济特区发表“南方讲话”为历史起点，我国经济特区发展进入到一个新的历史时期，经济特区发展从一种模式走向多种模式，从沿海发展到内陆和沿边，我国对外开放被推进到一个新的格局。

第一节　邓小平发表“南方讲话”

邓小平再次视察经济特区

时间进入20世纪80年代末90年代初，中国改革开放搞了10年了，中国又到了一个重要时刻，面临着国内国际形势发生重大变化的严峻挑战。在国内，1989年发生政治风波。在国际，西方国家加紧了对原社会主义国家的争夺和渗透，苏联解体、东欧剧变，柏林墙倒塌，西德统一东德，国际社会主义运动出现严重低潮。由于治理整顿，加上外国制裁的因素，中国经济出现下滑，1990年只增长3.56%，处于改革开放以来最低点。面对这一复杂的形势，有些人对党的基本路线产生了疑虑和动摇，认为改革开放犯了方向性错误。蛰伏多年的否定改革开放的“左”的思潮开始滥觞。有人甚至对以经济建设为中心也提出了质疑。舆论上是一片反资本主义自由化的肃杀之声，改革开放和社会主义现代化建设面临极大的困扰和阻力。甚至有人提出所谓的“两种改革观”即社会主义改革和资本主义改革，认为经济特区是在搞资本主义，甚至有人重提阶级斗争。严峻的事实发人深思：今后世界向何处去？社会主义命运将会如何？中国今后怎么办？中国又到了一个历史性的关键时刻。此时，邓小平又一次站出来了。

1990 年 12 月 24 日，邓小平同江泽民、杨尚昆、李鹏谈话。邓小平明确提出来要抓紧时机把经济搞上去，要通过改革开放谋发展，不要把市场经济和计划经济当作区分社会制度的主要标准。邓小平说："我们必须从理论上搞懂，资本主义、社会主义的区分不在于是计划还是市场这样的问题。社会主义也有市场经济，资本主义也有计划控制。不要以为搞点市场经济就是资本主义道路，没有这么回事。计划和市场都得要。不搞市场，连世界上的信息都不知道，是自甘落后。""改革开放越前进，承担和抵御风险的能力就越强。"[1] 邓小平认为要走出历史的阴影唯有深化改革，而且要用大的招数来搞改革开放，认为上海浦东开发开放会带动全国的改革开放。

1991 年 8 月 20 日，邓小平同江泽民、杨尚昆、李鹏、钱其琛谈话。邓小平说："现在中国局势稳定，一个是由于处理一九八九年那场动乱时坚持社会主义，一点也不动摇；再一个是由于坚持改革开放。如果不坚持改革开放，不拿实际行动证明这一点，也不行。坚持改革开放是决定中国命运的一招。这方面道理也要讲够。这一段总结经济工作的经验，重点还是放在坚持改革开放上。没有改革开放十年经济发展的那个飞跃，取得顺利调整是不可能的。""特别要注意，根本的一条是改革开放不能丢，坚持改革开放才能抓住时机上台阶。""我们搞改革开放，把工作重点放在经济建设上，没有丢马克思，没有丢列宁，也没有丢毛泽东。老祖宗不能丢啊！问题是要把什么叫社会主义搞清楚，把怎么样建设和发展社会主义搞清楚。"[2]

1992 年 1 月 17 日至 2 月 21 日，88 岁高龄的邓小平再次南下，视察了深圳、珠海和上海等地，并发表影响中外的南方讲话。1 月 17 日（农历腊月十三）邓小平乘坐专列从北京南下，第一站目的地还是深圳。中央办公厅对邓小平的南方之行还是相当重视。1 月 3 日，由三人组成的先遣小组到了广州作安排。[3]

1 月 18 日早上，邓小平同志所乘坐的专列在武昌火车站停留 20 分钟。邓小平在站台上一边走，一边听取中共湖北省委书记关广富汇报工作。邓小平第一句就问：生产搞得怎么样？以经济建设为中心你们抓得怎么样？关广富汇报后，小平同志说：就

[1] 中共中央文献研究室编：《邓小平年谱（1975—1997）》，第 1323 页。
[2] 同上，第 1330—1331 页。
[3] 参考文献：中共中央文献研究室编：《邓小平年谱（1975—1997）》，第 1334—1341 页。中共中央文献研究室邓小平研究组编：《开创：邓小平决策改革开放史话》，浙江人民美术出版社 2008 年版。

是要抓住以经济建设为中心嘛！现在有一个问题，就是形式主义多。电视一打开，尽是会议。会议多，文章太长，讲话也太长，而且内容重复，新的语言并不很多。重复的话要讲，但要精简。形式主义也是官僚主义。要腾出时间来多办实事，多做少说。我建议抓一下这个问题。

18 日下午 4 时，邓小平的专列到达湖南长沙站。邓小平在站台上听取了中共湖南省委书记熊清泉的工作汇报，当听到 1991 年湖南发生洪涝灾害、南部发生旱灾，但大灾之年仍然取得农业大丰收时，邓小平说：这样的大灾害，不要说第三世界国家受不了，就是发达国家也受不了。只有我们中国，依靠共产党的坚强领导，依靠社会主义制度的优越性，才能战胜这么大的灾害。熊清泉见邓小平兴致很高，又把湖南改革开放的战略、思路、目标作了简略介绍。邓小平高兴地说：构想很好。实事求是，从湖南实际出发，就好嘛！要抓住机遇，现在就是好机遇。他针对湖南前几年改革开放晚、步子慢的情况，严肃指出：改革开放的胆子要大一些，经济发展要快一些，总要力争隔几年上一个台阶。临走时，邓小平高兴地招呼大家合影留念。

1 月 19 日 9 时，邓小平的专列徐徐驶进深圳火车站。广东省委书记谢非、深圳市市委书记李灏、深圳市长郑良玉等省市负责人到车站迎接邓小平。邓小平时隔 8 年之后，又一次踏在处于改革开放前沿的深圳这块热土上。邓小平下榻深圳迎宾馆桂园。

1 月 19 日上午，按原安排邓小平在宾馆休息。邓小平进房子不一会就出来。看到陈开枝，邓小平马上说道：出去转转。陈开枝赶紧解释道：都商量好了，下午再出去，先休息吧。邓小平指了指自己说：我坐不住啊，你不知道？于是赶紧调整日程，安排上午参观市容、新建的火车站和皇岗口岸。邓小平在谢非、李灏的陪同下参观市容。在参观时，邓小平说，当时要搞几个特区，你们深圳靠近香港，珠海靠近澳门，厦门靠近台湾，汕头是侨乡，也是靠近台湾，所以先在你们这些地方搞特区。不搞改革开放，现代化不知要等到哪一年才实现。李灏汇报说：深圳这些年来，除个别年份外，深圳的发展速度都很快，平均年增长超过 20%。利用外资情况也比较好，国有经济和其他经济成分增长也很快。邓小平问：外资比重有多大？李灏说：约占 25%，在总量中不到四分之一。汽车行驶到新建成的火车站。这个火车站规模宏大，现代化水平很高，是深圳市的标志性建筑。火车站的正上方是邓小平 1991 年亲自书写的“深圳”两个大字。在参观时，邓楠开玩笑地说，这是您的专利，也属知识产权。说得邓小平笑了起来。接着邓小平参观皇岗口岸。邓小平在深圳河大桥桥头的边境上，久久地凝视对面的香港。邓小平车队在深圳东南西北地又转了一大圈。邓小平又说，8 年过去了，这次来看，深圳特区和其他一些地方，发展得这么快。我没有想到，看了以后信心增加了。对办特区，从一开始就有不同意见，担心是不是搞资本主义。深圳的建设成就，明确回答了那些有这样那样担心的人。特区姓“社”不姓“资”。从深圳的情况看，公有制是主体，外商投资只占四分之一，就是外资部分，我们还可以从税收、劳务等方面得到益处嘛！多搞点“三资”企业，不要怕。有的人认为，多一分外资，就多一分资本主义，“三资”企业多了，就是发展了资本主义。这些人连基本常识都没有。邓小平斩钉截铁地说：特区姓“社”不姓“资”！当汽车缓缓进入深圳迎宾馆，到了桂园别墅门口，中巴车门打开，邓小平下了车，显然他的话还没有讲完，他踩在车梯上，回头说出一句令人意料不到的话：那些人尽讲屁话！

1月20日上午，邓小平登上深圳国贸大厦五十三层俯瞰深圳市容。国贸大厦共有53层，楼高160米，是中国1992年的第一高楼。邓小平听取了深圳改革开放和经济建设的情况汇报后作了长时间的讲话。邓小平说：要坚持党的十一届三中全会以来的路线、方针、政策，关键是坚持“一个中心、两个基本点”。不坚持社会主义，不改革开放，不发展经济，不改善人民生活，只能是死路一条。基本路线要管100年，动摇不得。为什么“六四”以后我们的国家能够很稳定？就是因为我们搞了改革开放，促进了经济发展，人民生活得到了改善，所以，军队、国家政权，都要维护这条道路、这个制度、这些政策。我们到本世纪末达到小康，有了这一步，再赶上中等发达国家水平，才有希望，我们时间不多呀！世界市场也很紧，不容易竞争。随后邓小平前往深圳市先科激光公司视察，听取了公司董事长叶华明关于公司情况的介绍，并参观激光视盘生产车间。

1月21日上午，邓小平游览深圳华侨城的民俗文化村和锦绣中华微缩景区。上午9时50分，邓小平乘车来到中国民俗文化村东大门广场。民俗文化村顿时沸腾起来。接着邓小平又到锦绣中华微缩景区游览。在布达拉宫前，邓小平同家人及亲属、陪同的负责同志合影留念。在驱车回迎宾馆途中，小平同志和陪同的负责同志亲切谈话。邓小平说，走社会主义道路，就要逐步实现共同富裕。共同富裕的构想是这样提出来的：一部分地区有条件先发展起来，一部分发展慢点，先发展起来的地区带动后发展的地区，最终达到共同富裕。总之，就全国范围来说，我们一定能够逐步顺利解决沿海同内地贫富差距的问题。

1月22日上午，邓小平带领一家三代到仙湖植物园种树和游览，并同先期到达的国家主席杨尚昆见面。先到这里的国家主席杨尚昆，同小平同志热烈握手。接着步入展览厅，观看仙湖植物园模型。杨尚昆主席是1月21日到深圳视察的。邓小平听了关于植物园的情况介绍后，高兴地说："植物园大有可为。"在游览中，邓小平说："这里的环境真优美。"杨尚昆赞叹道："真是天上人间，世外桃源。"邓小平在公园种下一棵常青树——高山榕。

1月22日下午，邓小平和杨尚昆在深圳市迎宾馆接见深圳市五套班子负责人并合影。新华社香港分社社长周南握着小平同志的手，向他问好，并邀请他1997年访问香港。小平同志连声说：好，好。邓小平就抓住机遇、加速发展的问题发表谈话。邓小平说，社会主义的本质是解放生产力，发展生产力，消灭剥削，消除两极分化，最终达到共同富裕。就是要对大家讲这个道理。证券、股市，这些东西究竟好不好，有没有危险，是不是资本主义独有的东西，社会主义能不能用？允许看，但要坚决地试。改革开放胆子要大一些，敢于试验，不能像小脚女人一样。看准了的，就大胆地试，大胆地闯。深圳的重要经验就是敢闯。

1月23日上午，邓小平乘车离开深圳迎宾馆，向蛇口驶去。车到蛇口。邓小平没有下车，乘汽车巡视了蛇口工业区。邓榕指着远处"海上世界"对小平同志说："这是海上世界，是您给题的名。"车子接着到赤湾港，缓慢地行驶。邓小平坐在车上察看赤湾港码头，然后到达蛇口港码头。邓小平下车后，同前来迎接的珠海市委书记、市长梁广大、珠海市委副书记黄静握手。然后，小平同志同深圳市负责人李灏、郑良玉、厉有为一一握别。邓小平向码头走了几步，突然又转回来，向李灏说："你们要搞快一点！"

23日上午9时40分，邓小平乘坐舰艇离开蛇口港，横越伶仃洋，向珠海驶去。在途中听取了谢非、梁广大等关于广东经济发展和特区建设汇报后，邓小平又发表长时间的讲话。邓小平说，改革开放要争取时间，抓住机遇，大胆地试，大胆地闯。现在有右的东西影响我们，也有"左"的东西影响我们，但根深蒂固的还是"左"的东西。有些理论家、政治家，拿大帽子吓唬人，不是右，而是"左"。右可以葬送社会主义，"左"也可以葬送社会主义；中国要警惕右，但主要是防止"左"。

1月23日上午11时左右，邓小平抵达珠海经济特区。抵达珠海后，邓小平随即参观珠海市容。邓小平在珠海一共7天，安排了4次考察。邓小平不仅详细了解全市情况，而且3次乘车参观市容。从吉大旅游区到拱北商业区，从九洲到前山新市区，从香洲老城区到唐家湾，每次沿着不同路线，把珠海蜿蜒数十公里长的带状城市视察了一遍。

1月24日上午，邓小平视察珠海生物化学制药厂。在听取了“凝血酶”的研制生产和工厂发展情况后，邓小平高兴地说：我们应该有自己的拳头产品，创出我们自己的名牌，否则就会受人欺负。这就要靠我们的科技工作者出把力，这样才能摆脱受人欺负的局面。在科学技术方面，中国要有一席之地。你们这个厂的科技成果就是一席之地的一部分。中国应该每年有新的东西，每一天都有新的东西，这样才能占领阵地。尽管我岁数大了，但我感到很有希望。这10年进步很快，但今后进步会比这10年更快。

1月25日上午，邓小平视察亚洲仿真控制系统工程公司。在听取公司总经理介绍情况后，邓小平说：科技是第一生产力，这个论断你认为站得住脚吗？就是靠你们来回答这个问题。我相信这是正确的。近十几年我国科技进步不小，希望在90年代，进步得更快。高科技领域，中国也要在世界占有一席之地。科技的希望在年轻人。我们国家已经穷了几千年了，如今再也穷不起了，如果不重视科技、不重视教育，就会被动、挨打。从中国出去的科学工作者，有很多人想念祖国，这很好啊！要把他们吸引回来。当珠海市的领导人在返回的路上汇报准备重奖有功科技人员的打算时，老人家当即表示：好啊！邻近中午，来到芳园酒店二十九层旋转厅，观赏拱北新貌和澳门远景，听取了谢非、梁广大关于广东和特区发展情况的汇报，并发表谈话。之后，游览珠海度假村，并在途中发表谈话。

1月27日上午，邓小平视察江海电子股份有限公司。在途中说：企业要创名牌，要创出我们中国自己的牌子。要发展就需要人才，不用人才不行。要鼓励用人才，出人才。邓小平在听取公司情况汇报后说：要不断地创造新的东西出来，才有竞争力。在返回途中，邓小平又说：要挖掘人才，要不断造就人才，一年三百六十五天，都要做这件事。只要有人才，就可以创造出技术，事业就兴旺发达。邓小平说，不是有人议论姓“资”姓“社”的问题吗？你们就是姓“社”。接着又对在场的省市领导大声说，你们这里就是姓“社”嘛，你们这里是很好的社会主义！

1月29日上午，邓小平接见珠海市、佛山市、中山市负责人。

1月29日下午3时，邓小平离开珠海前往广州，途中视察顺德容奇珠江冰箱厂。当邓小平听说这个乡镇企业小厂在7年间，产量增加了16倍，排名全国第一，并出口到东南亚一些国家时，高兴地说：我们的国家一定要发展，不发展就会受人欺负，发展才是硬道理。下午5时40分，邓小平乘车抵达广州火车东站，受到广东省、广州军区负责人的热烈欢迎。小平同志与大家在站台上合影留念，并且同大家一一握手。下午6时正，邓小平在广州火车站同中共广东省委、广州市委负责人话别，乘专列离开广东前往上海。

1月30日下午，途经江西鹰潭车站时，邓小平与中共江西省委负责人毛致用、吴官正交谈，听取他们的汇报。在得知江西粮食压库问题严重，库外堆放的粮食有40亿斤时，邓小平指出：在粮食问题上，江西是作了贡献的。你们有困难，可以向中央反映。

1月31日早晨，邓小平乘专列抵达上海。

2月3日晚，和杨尚昆参加上海市新春团拜会，同上海各界人士共迎新春佳节。

2月7日上午，邓小平视察新建成的南浦大桥和正在建设中杨浦大桥。

2月8日晚上，邓小平乘船游览黄浦江，观看上海夜景。邓小平对陪同的吴邦国、黄菊说：21世纪是年轻人的。干部要年轻化，用人也要解放思想，胆子要大一点。人无完人，年轻人有这样那样的缺点，老同志就没缺点？老同志也是这样走过来的。年轻化要从基层搞起来，现在的基层比过去更大，宝钢也算是一个基层。要提拔一批年轻人，这样才能后继有人。

2月10日上午，邓小平视察上海贝岭微电子有限公司，观看了公司简介录像，听取了公司情况汇报，在高倍显微镜下观看了芯片。邓小平说：对外开放就是要引进先进技术为我所用。

2月12日上午，邓小平视察闵行开发区和上海县马桥乡旗忠村。邓小平说：到本世纪末，上海浦东和深圳要回答一个问题，姓“社”不姓“资”，两个地方都要做标兵。要回答改革开放有利于社会主义，不利于资本主义。这是个大原则。要用实践来回答，农村改革是一大创举。家庭承包责任制的问题是用实践来回答的，城市改革的问题也要用实践来回答。实践这个标准最硬，它不会假。要用上百上千的事实来回答改革开放姓“社”不姓“资”，有利于社会主义，不利于资本主义。上海要回答这个问题，要靠大家努力。

2月15日下午，邓小平在住地观看建设中的上海西郊宾馆水族馆模型和浦东开发区模型。

2月17日下午，邓小平听取吴邦国、黄菊关于浦东开发和发展规划的汇报。邓小平说：浦东开发晚了，但可以借鉴广东的经验，可以搞得好一点，搞得现代化一点，起点高一点，关键是思想起点要高。后来居上，我相信这一点。

2月18日晚，邓小平视察上海市第一百货商店。

2 月 20 日，邓小平乘专列离开上海。途经南京、蚌埠时作短暂停留。在南京火车站同中共江苏省委负责人沈达人、陈友焕等谈话。邓小平说，要抓住时机，把经济搞上去，步子可以快一点。我现在就怕丧失时机。江苏应该比全国平均速度快一点。

2 月 21 日，邓小平回到北京。

邓小平南方讲话主要精神

邓小平这次南下特区与 1984 年有很大的不同。1984 年邓小平主要是看，听汇报，除了对深圳、珠海、厦门三个特区的题词外，几乎没有发表讲话。而这次，邓小平每到一地，必讲。中共中央对邓小平的南方讲话迅速做出反应。1992 年 2 月 28 日，中共中央将邓小平在武昌、深圳、珠海、上海等地的讲话要点作为中央 1992 年第 2 号文件下发，在党内引起了强烈的反响。3 月 9 日至 10 日，中共中央总书记江泽民主持召开中共中央政治局会议。会议认为邓小平南方讲话不仅对当前的改革和建设，对开好党的十四大，具有十分重要的指导意义，而且对整个社会主义现代化建设具有重大而深远的意义。6 月 9 日，中共中央总书记江泽民在中共中央党校省部级干部进修班作题为《深刻领会和全面落实邓小平同志的重要谈话精神，把经济建设和改革开放搞得更快更好》的重要讲话，全面系统地阐述了邓小平南方讲话精神。要求深刻领会全面落实邓小平最近的重要谈话精神，进一步发挥广大干部群众积极性、主动性和创造性，使之成为加快改革开放和经济发展的强大动力。

3 月 26 日，《深圳特区报》一版头条发表通讯《东方风来满眼春》，接着《羊城晚报》、上海《文汇报》、《中华工商时报》、《光明日报》、《北京日报》均全文转载《东方风来满眼春》一文。3 月 30 日，新华社向全世界全文播发《东方风来满眼春》。3 月 31 日，《人民日报》等国内各主要报纸都在头版主要位置转载《深圳特区报》的这篇长篇通讯。同日，中央电视台在当晚《新闻联播》之后，用 45 分钟全文播发了这篇文章。与此同时，国外各大通讯社和其他主要媒体或转载，或播发有关报道，邓小平南方之行和发表的南方讲话在海内外产生了巨大的影响。

邓小平讲话的内容可以分为两部分：一是对经济特区的总结和要求；二是对中国改革开放和现代化建设的总结和要求。

邓小平对经济特区问题，主要讲了四方面内容：

第一，全面总结和肯定了经济特区的建设成就。邓小平指出："一九八四年我来过广东。当时，农村改革搞了几年，城市改革刚开始，经济特区才起步。八年过去了。这次来看，深圳、珠海特区和其他一些地方，发展得这么快，我没有想到。看了以后，信心增加了。”[1]“这十多年真是干了不少事。深圳和你们这里就是一九八〇年干起来的，变化真大呀！”[2]他还特别指出：“深圳的重要经验就是敢闯。”“深圳的建设成就，明确回答了那些有这样那样担心的人。特区姓‘社’不姓‘资’”。他在上海讲话中指出：“浦东开发晚了，但可以借鉴广东的经验。”[3]

第二，对特区工作提出了原则性要求。邓小平要求坚持讲效益和质量的外向型经济、特区建设“必须始终坚持四项基本原则”，“特区搞建设，花了十几年时间才有这个样子，垮起来可是一夜之间啊。”“要坚持两手抓，一手抓改革开放，一手抓打击各种犯罪现象，手软不得。”“广东二十年赶上亚洲‘四小龙’，不仅经济要上去，社会秩序、社会风气也要搞好，两个文明建设都要超过他们，这才是有中国特色的社会主义。”要求先富地区要带动后发展地区共同富裕。他说：如果富的越来越富，穷的越来越穷，两极分化就会产生，而社会主义制度就应该而且能够避免两极分化。解决的办法之一，就是先富起来的地区多交点利税，支持贫苦地区的发展。邓小平对经济特区发展提出新的要求。

第三，要求经济特区要搞快一点。他指出：“抓住时机，发展自己，关键是发展经济。”“广东，要上几个台阶，力争用二十年的时间赶上亚洲‘四小龙’。”他还要求，“经济发展得快一点，必须依靠科技和教育。”在即将离开深圳前往珠海的时候，他叮嘱深圳市委：“你们要搞快一点。”[4]

第四，要做有利于社会主义的标兵。邓小平在上海讲话时指出：“到本世纪末，上海浦东和深圳要回答一个问题，姓‘社’不姓‘资’，两个地方都要做标兵。要回答改革开放有利于社会主义，不利于资本主义。这是个大原则。要用实践来回答。”[5]

邓小平还结合深圳经济特区的实践和苏联东欧的剧变，围绕什么是社会主义以及如何建设社会主义这条主线，阐述了社会主义生存权、发展权和改革权三个相互联系的核心问题。

---

[1]　《邓小平文选》第3卷，第370页。
[2]　中共中央文献研究室编：《邓小平年谱（1975—1997）》，第1336页。
[3]　同上，第1340页。
[4]　同上，第1336页。
[5]　同上，第1340页。

第一，捍卫社会主义生存权。社会主义作为一种世界历史性的存在，它既表现为一种历史的必然，又表现为一种历史的矛盾。社会主义作为一种先进社会制度，它代表着资本主义明天，而现实社会主义发展水平却尚处在资本主义国家（发达国家）的昨天。这种代表资本主义明天的制度进步性与处在发达资本主义昨天的生产力落后性之间的矛盾，正是现实社会主义所面临的巨大历史矛盾。这个历史矛盾直接关系到社会主义制度的生死存亡问题，苏联东欧的巨变就很说明问题。对于社会主义的生存权，邓小平提出以下精辟观点：

（1）坚持党的基本路线一百年不动摇。邓小平指出："基本路线要管一百年，动摇不得。只有坚持这条路线，人民才会相信你，拥护你。谁要改变三中全会以来的路线、方针、政策，老百姓不答应，谁就会被打倒。这一点，我讲过几次"。他还说："当然，随着实践的发展，该完善的完善，该修补的修补，但总的要坚持不移。即使没有新的主意也可以，就是不要变，不要使人们感到政策变了。有了这一条，中国就大有希望。"在邓小平看来，坚持党的基本路线，是我们社会主义事业能够经受风险考验，顺利达到目标的最可靠保证。

（2）警惕右，但主要是防止"左"。曾三次饱尝"左"倾迫害的邓小平，深悟出"左"的危害性和反"左"的必要性。他提出："现在，有右的东西影响我们，也有'左'的东西影响我们，但根深蒂固的还是'左'的东西。""'左'的东西在我们党的历史上可怕呀！一个好好的东西，一下子被他搞掉了，右可以葬送社会主义，'左'也可以葬送社会主义。中国要警惕右，但主要是防止'左'。"他指出："有些理论家、政治家，拿大帽子吓唬人的，不是右，而是'左'。""把改革开放说成是引进和发展资本主义，认为和平演变的主要危险来自经济领域，这些就是'左'。"

（3）依靠国家政权保卫社会主义制度。邓小平指出，依靠无产阶级专政保卫社会主义制度，这是马克思主义的一个基本观点。"运用人民民主专政的力量，巩固人民的政权，是正义的事情，没有什么输理的地方。""所以，军队、国家政权，都要维护这条道路、这个制度、这些政策。"

（4）要坚持两手抓，两只手都要硬。邓小平指出："要坚持两手抓，一手抓改革开放，一手抓打击各种犯罪活动。这两只手都要硬。打击各种犯罪活动，扫除各种丑恶现象，手软不得。"对于关系到社会主义和执政党"人亡政息"的腐败问题，邓小平特别指出："在整个改革开放过程中都要反对腐败。对干部和共产党员来说，廉政建设要作为大事来抓。"他还指出，反腐败不能像过去那样搞群众运动，"还是要靠法制，搞法制靠得住些”。

（5）关键是我们共产党内部要搞好。邓小平指出：“正确的政治路线要靠正确的组织路线来保证。中国的事情能不能办好，社会主义和改革开放能不能坚持，经济能不能快一点发展起来，国家能不能长治久安，从一定意义上说，关键在于人。”“帝国主义搞和平演变，把希望寄托在我们以后的几代人身上。我们这些老人呜呼哀哉后，谁来保险？所以，要把我们的军队教育好，把我们的专政机构教育好，把共产党员教育好，把人民和青年教育好。中国要出问题，还是出在共产党内部。对这个问题要清醒，要注意培养人，要按照革命化、年轻化、知识化、专业化的标准，选拔德才兼备的人进班子。我们说党的基本路线要管一百年，要长治久安，就要靠这一条。真正关系到大局的是这个事。”

（6）始终注意坚持四项基本原则。邓小平指出，“在整个改革开放的过程中，必须始终坚持四项基本原则。十二届六中全会我提出反对资产阶级自由化还要搞20年，现在看来还不止20年。资产阶级自由化泛滥，后果极其严重。”他针对经济特区说：“特区搞建设。花了十几年时间才有这个样子，垮起来可是一夜之间啊。垮起来容易，建设就很难。在苗头出现时不注意，就会出事。”在邓小平看来。只要社会主义还未赢得对资本主义的比较优势，反对资产阶级自由化的斗争就不能松懈。这充分体现了邓小平的战略家眼光和政治责任感。

第二，抓住社会主义发展权。邓小平讲：“世界和平与发展这两大问题，至今一个也没有解决。”正因为如此，世界各国把发展作为治国之本或基本国策。对于现实社会主义而言，发展问题尤为突出和重要。为了解决好社会主义的发展，邓小平特别提出了以下主要观点：

（1）抓住时机，发展自己，关键是发展经济。巨人的伟大，就在于他能高瞻远瞩，运筹帷幄。邓小平指出：“现在，周边一些国家和地区经济发展比我们快。”“要抓住机会，现在就是好机会。我就担心丧失机会。不抓呀，看到的机会就丢掉了，时间一晃就过去了。”他还从深层次上指出，“只要我们的生产力发展，保持一定的经济增长速度，坚持两手抓，社会主义精神文明就可以搞上去。”

（2）力争隔几年上一个台阶。邓小平指出：“我国的经济发展，总要力争隔几年上一个台阶。”“能发展就不要阻挡，有条件的地方要尽可能搞快点，只要是讲效益，讲质量，搞外向型经济，就没有什么可以担心的。低速度就等于停步，甚至等于后退。”他还从国内外的经验谈到这个问题：“从我们自己这些年的经验来看，经济发展隔几年上一个台阶，是能够办得到的。”20 世纪 90 年代以来中国的发展证明了小平的战略眼光。

(3) 经济发展得快一点，必须依靠科技和教育。邓小平说：“我说科学技术是第一生产力。近一二十年来，世界科学技术发展得多快啊！高科技领域的一个突破，带动一批产业的发展，靠科学才有希望”。“近十几年来我国科技进步不少，希望在 90 年代，进步得更快……高科技领域，中国也要在世界占有一席之地。”他还特别指出：“希望大家通力合作，为加快发展我国科技和教育事业多做实事，搞科技，越高越好，越新越好。越高越新，我们也就越高兴。”

(4) 要由先富逐步实现共富。邓小平指出：“共同富裕的构想是这样提出的：一部分地区有条件先发展起来，一部分地区发展慢点，先发展起来的地区带动后发展的地区，最终达到共同富裕。”他认为：“现在不能削弱发达地区的活力，也不能鼓励吃‘大锅饭’。什么时候突出地提出和解决这个问题，在什么基础上提出和解决这个问题，要研究。可以设想，在本世纪末达到小康水平的时候，就要突出地提出和解决这个问题。”“到那个时候，发达地区要继续发展，并通过多交利税和技术转让等方式大力支持不发达地区。”“就全国范围来说，我们一定能够逐步解决沿海同内地贫富差距的问题。”

(5) 精神文明建设也要搞上去。邓小平提出：“广东 20 年赶上亚洲‘四小龙’，不仅经济要上去，社会秩序、社会风气也要搞好，两个文明建设都要超过他们，这才是有中国特色的社会主义。”他还特别提出：“新加坡的社会秩序算是好的，他们管理严，我们应当借鉴他们的经验，而且比他们管得更好。”只要“坚持两手抓，社会主义精神文明就可以搞上去”。

第三，把握社会主义改革权。改革开放是世界历史的潮流。社会主义基本制度的建立，并不等于其优越性就会与之俱来，就能够创造出比资本主义更高的劳动生产率，它只是为中国社会经济发展提供了基本的制度条件。而在一定历史条件下形成的具体制度，不一定都能适应社会生产力的发展，甚至还有可能阻碍社会生产力的发展。因此，中国就必须不断地根据生产力发展的要求，推进体制改革和对外开放，形成能够不断促进生产力发展的、充满生机和活力的社会主义市场经济体制。正是基于这一认识，邓小平提出了以下重要观点：

(1) 改革也是解放生产力。邓小平认为：“革命是解放生产力，改革也是解放生产力。”“社会主义基本制度确立以后，还要从根本上改变束缚生产力发展的经济体制，建立起充满生机活力的社会主义经济体制，促进生产力的发展。所以改革也是解放生产力。过去，只讲在社会主义条件下发展生产力，没有讲还要通过改革解放生产力，不完全。应该把解放生产力和发展生产力两个讲全了。”

（2）改革开放要解放思想，敢闯敢干。改革开放是前所未有的“第二次革命”，没有敢为天下先的胆识和气魄是不行的。邓小平指出：“改革开放胆子要大一些，敢于试验，不能像小脚步女人一样。看准了的，就大胆地试，大胆地闯。”“没有一点闯的精神，没有一点‘冒’的精神，没有一股气呀、劲呀，就走不出一条好路，走不出一条新路，就干不出新事业。”他认为：“不解放思想，不敢放开手脚，结果是丧失时机，犹如逆水行舟，不进则退。”

（3）改革的目标是建立市场经济体制。邓小平指出：“计划多一点还是市场多一点，不是社会主义与资本主义的本质区别。计划经济不等于社会主义，资本主义也有计划；市场经济不等于资本主义，社会主义也有市场。计划和市场都是经济手段。”这实际上为中国改革指明市场经济的发展方向。

（4）以开放促进改革。社会主义不仅是一个改革的社会，而且是一个开放的社会。“社会主义要赢得与资本主义相比较的优势，就必须大胆吸收和借鉴人类社会创造的一切文明成果，吸收和借鉴当今世界各国包括资本主义发达国家的一切反映现代社会化生产规律的先进经营方式、管理方法。”他还指出：“引进外资，多搞点‘三资’企业，不要怕。”“证券、股市，这些东西究竟好不好，有没有危险，是不是资本主义独有的东西，社会主义能不能用？允许看，但要坚决地试。”

（5）改革开放重在实践。邓小平指出：“不搞争论，是我的一个发明。不争论，为了争取时间干。一争论就复杂了，把时间都争掉了，什么也干不成。不争论，大胆地试，大胆地闯。农村改革是如此，城市改革也应如此。”“实事求是是马克思主义的精髓。要提倡这个，不要提倡本本。我们改革开放的成功，不是靠本本，而靠实践，靠实事求是。”“实践是检验真理的唯一标准。我读的书并不多，就是一条，相信毛主席讲的实事求是。过去我们打仗靠这个，现在搞建设、搞改革也靠这个。我们讲了一辈子马克思主义，其实马克思主义并不玄奥。马克思主义是很朴实的东西，很朴实的道理。”

（6）改革开放要允许试验，允许犯错误。改革开放是前无古人的事业。在这个过程中，行差踏错在所难免。无论成功还是失败，都是一种贡献。正如邓小平所说：“不冒点风险，办什么事情都有百分之百的把握，万无一失，谁敢说这样的话？一开始就自以为是，认为百分之百正确，没那么回事，我就从来没有那么认为。每年领导层都要总结经验，对的就坚持，不对的赶快改，新问题出来抓紧解决。”他谈到证券、股市问题还说：“社会主义能不能用？允许看，但要坚决地试。看对了，搞一两年对了，放开；错了，纠正，关了就是了。关，可以快关，也可以慢关，也可以留一点尾巴。怕什么，坚持这种态度就不要紧，就不会犯大错误。”

(7) 改革开放要克服“恐资症”。邓小平指出：“改革开放迈不开步子，不敢闯，说来说去就是怕资本主义的东西多了，走了资本主义道路。要害是姓‘资’还是姓‘社’的问题。”“判断的标准，应该主要看是否有利于发展社会主义社会的生产力，是否有利于增强社会主义国家的综合国力，是否有利于提高人民的生活水平。”“社会主义的本质，是解放生产力，发展生产力，消灭剥削，消除两极分化，最终达到共同富裕。”可以说，邓小平提出的“三个有利于”思想，突破了姓“资”姓“社”“新凡是”的束缚。在邓小平看来，社会主义也好，资本主义也好，都是手段不是目的。只要是符合“三个有利于”的，即使是我们过去认为是资本主义的东西拿来也无妨，而不符合“三个有利于”的，即使是我们过去认为是社会主义的东西也要抛去。这把我们过去本末倒置的东西拨乱反正过来，回答了什么是社会主义或者干社会主义为了什么。这是继他1978年倡导和支持的关于“实践是检验真理的唯一标准”大讨论冲破“两个旧凡是”以来的又一次重大思想解放。邓小平南方讲话对中国20世纪90年代的经济改革与社会进步起到了关键的推动作用。[1]

1992年春，邓小平发表南方讲话后，陈云同志非常关注特区的发展，他专门委托秘书许永跃去广东了解特区发展情况。原陈云秘书、原国家安全部部长许永跃这样回忆说：

1992年，邓小平同志发表南方讲话后，陈云就让我去南方了解乡镇企业的情况，根据陈云同志指示，当时我去了苏州、无锡、常州和南京。回来之后，我把调研情况详细地向他作了汇报。看完这些地方之后，陈云同志又让我去广东了解特区情况。4月25日，我把自己的安排和准备报告陈云同志。他说，你去了之后，就说是我让你去的，你是代表我去的。4月27日，我和中顾委的一个处长

[1] 本节邓小平的讲话引自《在武昌、深圳、珠海、上海等地的谈话要点》（1992年1月18日至2月21日），《邓小平文选》第3卷，第370—383页。

从上海出发，前往广东。在广州、东莞、深圳、珠海、中山、顺德、佛山和汕头等地，我们看了珠江三角洲的100多个企业，在珠江三角洲一共待了25天。后来我又去了闽南，从漳州、厦门到泉州、福州，我在福建又待了22天，也看了上百个企业。

回京之后，我用了3个半天向陈云同志作了详细的汇报。汇报过程中，他特别注意两个问题，一个是出口创汇能力，一个是科学技术和经济发展所带来的变化。当我讲到深圳看了一家特别大的企业集团——康佳集团的所有生产线时，老人家听得非常认真，问得也非常仔细。他让我把康佳两个字写得大大的。他对改革开放后的新技术尤其是电子信息技术给中国产业结构带来的变化特别感兴趣。……

其实，陈云同志让我前期做的那些工作，都是为了自己要在政治上明确表态而做的准备。他要向全党告知，陈云是支持小平同志的，是和小平同志的意见一样的，是关心改革开放和发展特区建设的。这是政治家的政治表态，他要告诉全党，告诉整个国际社会，在改革开放问题上，在支持特区发展问题上，他和小平同志是没有任何分歧的。[1]

1992年7月21日，陈云发表了一篇悼念李先念同志的文章。李先念同志于1992年6月21日因病在北京逝世，享年83岁。陈云在文章中说：

先念同志和我虽然都没有到过特区，但我们一直很注意特区建设，认为特区要办，必须不断总结经验，力求使特区办好。这几年，深圳特区经济已经初步从进口型转变成出口型，高层建筑拔地而起，发展确实很快。现在我们国家的经济建设规模比过去要大得多、复杂得多，过去行之有效的一些做法，在当前改革开放的新形势下很多已经不再适用。这就需要我们努力学习新的东西，不断探索和解决新的问题。[2]

---

[1] 刘金田等编著：《图说陈云》，华夏出版社2008年版，第187—189页。

[2] 陈云：《悼念李先念同志》，载《人民日报》1992年7月23日。实际上李先念同志曾于1983年11月1日到厦门经济特区视察。1979年招商局蛇口工业区也是在李先念直接批准下建立的。

1992年邓小平发表南方讲话，是中国改革开放历史进程中一件大事件，其产生的影响和作用是深远和巨大的。如果说邓小平1978年发表的“北方谈话”使中国共产党作出改革开放历史决策的话，那么邓小平这次发表“南方讲话”，则把中国改革开放和经济特区建设推进到一个新阶段。1992年10月，中共中央总书记江泽民在其作的十四大报告中，根据邓小平南方讲话的精神，从9个方面概括了建设有中国特色社会主义理论的主要内容。1997年9月，中共中央总书记江泽民在中共十五大报告中指出：“1992年邓小平南方讲话，是在国际国内政治风波严峻考验的重大历史关头，坚持十一届三中全会以来的理论和路线，深刻回答长期束缚人们思想的许多重大认识问题，把改革开放和现代化建设推进到新阶段的又一个解放思想，实事求是的宣言书。”[1]1998年10月，田纪云同志指出：“大家知道，邓小平同志1992年初视察南方一些地区，主要是深圳、珠海。他老人家亲眼看到了他倡导并且一贯支持的改革开放、建立经济特区的政策所结出的丰硕果实，非常高兴，发表了令人振奋、令人鼓舞、令人向往的极为重要的谈话。这个谈话，可以说是当代中国历史的最强音。这个谈话，也为建设经济特区是姓‘资’还是姓‘社’的问题画了一个句号，作了历史性的结论。这个谈话，道出了全国人民的心声和强烈愿望，就如一股强劲的春风吹拂着祖国大地，万象更新，使我们的国家，尤其是特区的建设增添了新的生机与活力。对此，国内外反应强烈，举国上下，欢欣鼓舞，精神振奋。特别是各级领导，更是一扫心中的忧虑，根据小平同志的谈话精神，放手深化改革，扩大开放，从而把我国经济建设推向了一个新的发展阶段。”[2]

第二节 开发开放上海浦东新区

在改革开放总设计师邓小平的积极倡导下，经过中国共产党第三代和第四代领导集体的积极推动下，经济特区已经从一种形式发展到多种形式，从沿海扩展到内陆和沿边，得到快速发展。

上个世纪80年代末90年代初，国内外政治经济风云突变。国际上，东欧、苏联发生剧变，1988年中国经济出现波动，1989年发生“六四风波”，主要西方国家对我

[1] 江泽民：《高举邓小平理论伟大旗帜，把建设有中国特色社会主义事业全面推向二十一世纪》，1997年9月12日。
[2] 田纪云：《改革开放的伟大实践——纪念改革开放三十周年》，第434页。

国进行制裁。中国的改革开放事业和经济特区发展又面临严峻的挑战。在这一历史背景下，为树立中国改革开放的形象，走出困难局面，加快经济发展，邓小平和中央开始酝酿开发开放上海浦东新区。[1]

浦东是指上海黄浦以东地区，南临杭州湾，东北抵长江口，西靠黄浦江。浦东的自然条件和地理位置使它成为东部沿海地区极具经济开发潜力的地区。由于历史上黄浦江两岸没有桥梁和隧道沟通，浦东虽然与繁华的上海外滩、南京路仅一江之隔，但浦东经济发展远远落后于上海老市区。开发浦东地区是由来已久的夙愿。1919 年，孙中山先生在《建国方略》就提出过浦东、浦西统一规划建设东方大港的设想。改革开放后，开发浦东逐渐被列入议事日程。1980 年前后，上海和北京的许多有识之士就提出了开发浦东的各种设想。之后，上海市委和市政府的几届领导曾经反复研究浦东开发的大政方针，并组织专家进行了详细的考察和论证。

1984 年 12 月，上海市政府和国务院调研组联合向国务院、中央财经领导小组上报《上海经济发展战略汇报提纲》，正式提出东进跨越黄浦江、开发浦东的构想，提出上海的城市工业布局“重点是向杭州湾和长江口南岸南北两翼展开，创造条件开发浦东、筹划新区的建设”。

1985 年 2 月，国务院批复《上海经济发展战略汇报提纲》，对开发浦东的构想予以肯定，指出要创造条件开发浦东，筹划新市区的建设。

1986 年 7 月，上海市委、市政府上报中共中央、国务院《上海市城市总体规划方案》，提出了开发浦东新区的设想：有计划地积极建设和改造浦东地区，规划出一定地段发展金融、贸易、科技、文教、信息和商业服务设施，在陆家嘴附近形成新的金融、贸易中心，成为上海市中心的延伸部分。同时，通过精心规划使浦东成为上海对内、对外开放都具有吸引力的优美的社会主义现代化新区。

1986 年 10 月，国务院批复《上海市城市总体规划方案》，明确提出：“当前特别要注意有计划地建设和改造浦东新区，要尽快修建黄浦江大桥及隧道等工程，在浦东发展金融、贸易、科技、高校和商业服务设施，建设新居住区，使浦东新区成为现代化新区。”

1987 年 7 月，上海市政府成立由副市长倪天增任组长的开发浦东联合咨询小组，聘请陈国栋、胡立教、汪道涵、李国豪等原市领导以及一批专家担任高级顾问，还聘

[1]　参考钟坚主编：《中国经济特区发展报告》（2009），社会科学文献出版社 2009 年版。

请美籍华人科学家林同炎等一批积极倡议和支持开发浦东的海外知名人士为海外顾问，对浦东开发进行大量的可行性研究、论证、规划和筹备。

1988 年 5 月，上海召开“浦东新区开发国际研讨会”。中共上海市委书记江泽民、市长朱镕基、市政府顾问汪道涵等领导与来自国内外的 140 多位专家、学者共商开发浦东大计。江泽民指出：“上海作为全国最大、位置最重要的一个开放城市，应该更进一步改革开放，开发浦东，加快向外向型经济发展，建设国际化、枢纽化、现代化的世界第一流新市区，是完全符合党的十三大精神的，我们一定要把这件事办好。”他还提出要再造“上海经济中心功能和对内外枢纽的功能”，深化了对开发浦东的认识。

1988 年 9 月 30 日，江泽民、朱镕基、汪道涵在北京向中央领导专题汇报上海开发浦东新区准备工作情况，中央领导强调指出：浦东开发的主要方针是利用外资，并同意成立开发浦东的筹备机构。

1988 年 11 月，上海市政府成立开发浦东新区领导小组。

1989 年 5 月 31 日，邓小平同李鹏、姚依林谈话。邓小平说：改革开放政策不变，几十年不变，一直要讲到底。要继续贯彻执行十一届三中全会以来的路线、方针、政策，连语言都不变。十三大政治报告是经过党的代表大会通过的，一个字都不能动。[1]

1989 年 6 月 9 日，邓小平在接见首都戒严部队军以上干部时指出：“改革开放这个基本点错了没有？没有错。没有改革开放，怎么会有今天！”“八十年代初建立经济特区时，我与广东同志谈，要两手抓，一手要抓改革开放，一手要抓严厉打击经济犯罪，包括思想政治工作。就是两点论，但今天看来，出现了明显的不足，一手比较硬，一手比较软，一硬一软不相称，配合得不好。”“我说，我们原来制定的基本路线、方针、政策，照样干下去，坚定不移地干下去。”[2]

1989 年 6 月 16 日，邓小平同江泽民、李鹏、乔石、姚依林、宋平、李瑞环、杨尚昆、万里谈话，邓小平指出：“要把进一步开放的旗帜打出去，要有点勇气。”“要多做几件有利于改革开放的事情。外资合作经营要搞，各地的开发区可以搞。多吸引外资，外方固然得益，最后必然还是我们自己得益。”“现在国际上担心我们回收，我

[1] 中共中央文献研究室编：《邓小平年谱（1975—1997）》，第 1277 页。
[2] 《邓小平文选》第 3 卷，第 306、307 页。

们就要做几件事情，表明我们改革开放的政策不变，而且要进一步地改革开放。”[1]

1989年10月，中共上海市委书记、市长朱镕基在上海市市长国际企业家咨询会议上，向与会者表示要加速开发浦东，使其在建设新上海中起战略作用，欢迎外商前往浦东投资。

1990年1月21日—2月13日，邓小平在上海过春节。邓小平说，提请上海的同志思考一下，能采取什么大动作，在国际上树立我们更加改革开放的旗帜。[2]2月13日，邓小平在上海与朱镕基谈到浦东开发时说：“你们搞晚了。但现在搞也快，上海的条件比广东好，你们的起点可以高一点。从八十年代到九十年代，我就在鼓动改革开放这件事。胆子要大一点，怕什么。”在谈到浦东开发需要优惠政策时他说：我赞成，你们应多向江泽民同志汇报。[3]

1990年2月17日，邓小平在接见香港基本法起草委员会的全体会员前，对江泽民、杨尚昆、李鹏等中央领导谈到浦东开发问题时说：“我已经退下来了，但还有一件事，我还要说一下，那就是上海的浦东开发，你们要多关心。”他对李鹏说：“你是总理，浦东开发这件事，你要管。”[4]

1990年2月，中共中央、国务院立即委派时任国务委员兼国家计委主任的邹家华赶赴上海，考察浦东。

1990年2月26日，上海市委、市政府正式向中共中央、国务院上报了《关于开发浦东、开放浦东的请示》，提出将浦东新区的规划范围扩大至黄浦江、长江口、川杨河所包括的地区，实行总体规划，分步实施，把浦东建成高起点、高层次的新区；以外向型经济为主，采取各种形式吸引国外资金；把浦东新区开发和浦西老区改造有机地结合起来，建设成为具有合理的发展布局结构、先进的综合交通网络、完善的城市基础设施、便捷的通讯信息系统以及良好的自然生态环境的现代化新区。

1990年3月3日，邓小平在同江泽民、杨尚昆、李鹏等谈话时说：“现在要特别注意经济发展速度滑坡的问题，我担心滑坡。世界上一些国家发生问题，从根本上说，都是因为经济上不去。如果经济发展老是停留在低速度，生活水平就很难提高。”“假设我们有五年不发展。或者是低速度发展，这不只是经济问题，实际上是个政治

---

[1]　《邓小平文选》第3卷，第313页。

[2]　中共中央文献研究室编：《邓小平年谱（1975—1997）》，第1307页。

[3]　同上，第1308页。

[4]　同上。

问题。”[1]“要实现适当的发展速度，不能只在眼前的事务里面打圈子，要用宏观战略的眼光分析问题，拿出具体措施。机会要抓住，决策要及时。比如抓上海，就是一个大措施。上海是我们的王牌，把上海搞起来是一条捷径。”[2]“上海的浦东开发，你们要多关心。”他指出：“浦东开发晚了，但还来得及。上海民心比较顺，这是股无穷的力量。上海在人才、技术和管理方面都有明显的优势，辐射面宽。”[3]

1990年3月28日至4月7日，国务院副总理姚依林受中共中央、国务院的委托，率领国务院有关部门负责人到上海，就浦东开发问题作专题调查，并形成《关于上海浦东开发开放几个问题的汇报提纲》，报国务院。

1990年4月10日，李鹏总理主持国务院会议听取了姚依林副总理关于浦东开发开放问题的汇报。

1990年4月12日，中共中央总书记江泽民主持中央政治局会议，原则上同意了国务院提交的关于浦东地区开发的计划。

1990年4月18日，中共中央、国务院作出开发开放浦东的重大决策。国务院总理李鹏在上海大众汽车公司成立5周年庆祝大会上宣布：“中共中央、国务院同意上海市加快浦东地区的开发，在浦东实行经济技术开发区和某些经济特区的政策。”同时强调，“这是我们为深化改革、扩大开放作出的又一重大部署。”

1990年4月19日，党中央、国务院正式宣布开发开放浦东的一天之后，中共中央总书记江泽民同志在中南海会见斐济总理时说，在上海浦东建立新开发区，这向全世界表明，中国将进一步实行改革开放的政策。

1990年5月4日，上海市委、市政府正式向中共中央、国务院上报《关于开发浦东、开放浦东的请示》，对开发、开放浦东的方针、政策、措施提出了具体意见。

1990年6月2日，中共中央、国务院发出《关于开发和开放浦东问题的批复》（中发[1990]100号文），指出开发和开放浦东是深化改革，进一步实行对外开放的重大部署，开发和开放浦东是一件关系全局的大事，一定要切实办好。

1990年9月10日，上海市政府举行新闻发布会，中国人民银行总行、财政部、国家海关总署和上海市政府等发布了浦东新区开发、开放的9个法规文件，包括：

---

[1] 中共中央文献研究室编：《邓小平年谱（1975—1997）》，第1310页。
[2] 同上，第1310页。
[3] 上海市地方志办公室编：《上海人民政府志》，上海社会科学院出版社2004年版。

（1）在上海对外资和中外合资的金融机构实施行政管理措施；（2）对企业收入的税收减免和工商企业增值税减免的规定，以鼓励外商在上海浦东新区投资（由财政部颁布）；（3）《中华人民共和国海关物流控制的措施》（由海关总署颁布）；（4）《上海市关于鼓励外商投资浦东新区的规定》；（5）《上海外高桥地区的行政管理措施》；（6）《上海市浦东新区土地管理若干规定》；（7）《上海市浦东新区建设和管理的项目措施规定》；（8）《上海市浦东新区外资企业的审批措施》；（9）《对上海浦东新区的产业发展和投资方向指导》。

1990 年 12 月 25 日，李鹏总理强调指出，近几年集中力量办好上海浦东新区。

1991 年 1 月 27 日至 2 月 20 日，邓小平在上海视察工作。他在谈到浦东开发时说：浦东开发至少晚了五年。浦东如果像深圳经济特区那样，早几年开发就好了。开发浦东，不只是浦东的问题，是关系上海发展的问题，是利用上海这个基地发展长江三角洲和长江流域的问题。[1] 那一年确立四个经济特区，主要是从地理条件考虑的。深圳毗邻香港，珠海靠近澳门，汕头是因为在东南亚国家的潮州人多，厦门是因为闽南人在外国经商的很多，但是没有考虑到上海在人才方面的优势。上海人聪明，素质好，如果当时就确立在上海也设经济特区，现在就不是这个样子。十四个沿海开放城市有上海，但那是一般化的。[2] 他指出：抓紧浦东开发，不要动摇，一直到建成。我们说上海开发晚了，要努力干啊！[3]

1992 年 1 月 15 至 18 日，中共中央总书记江泽民在上海考察。他指出：把上海建设好，搞好浦东开发，将对全国的发展起重要的作用。党中央、国务院非常关心、支持上海的工作和浦东新区的开发。

1992 年 1 月 24 日，国务院发出通知，给予上海浦东开发五项优惠政策：一、授权上海市自行审批在外高桥保税区设立中资、外资从事转口贸易的外贸企业。二、授权上海市自行审批浦东新区内国营大中型生产企业产品的进出口经营权。三、扩大上海市有关浦东新区内生产性项目的审批权限。四、扩大上海市有关浦东新区内生产性项目的审批权限，总投资在 2 亿元以下的，上海可自行审批。五、授权上海市在中央核定的额度范围内自己发行股票和债券，同时允许全国各地发行的股票在上海上市交易。

---

[1] 上海市地方志办公室编：《上海人民政府志》，第 1325 页。
[2] 同上，第 1327 页。
[3] 同上，第 1328 页。

1992年1月31日至2月20日，邓小平再次视察上海。他在听取上海市负责同志关于浦东开发和发展规划的汇报后指出：浦东开发晚了，但可以借鉴广东的经验，可以搞好一点，搞得现代化一点，起点可以高一点。起点高，关键是思想起点要高。后来居上，我相信这一点。[1]“浦东开发只能进，不能退，你们也没有退路，照现在这样速度干下去，到了1995年，浦东就会有大变化。”[2]

1992年4月3日，李鹏总理在政府工作报告中指出：“上海浦东新区是今后十年开放开发的重点。要进一步加强基础设施建设，创造良好的投资环境，建设一些投资效益好的项目，通过上海浦东的开放开发，带动长江三角洲地区乃至整个长江流域经济的发展，逐步使上海发展成为远东地区经济、金融、贸易中心之一。”

1992年4月26日，中共上海市委书记吴邦国、市长黄菊看望住在上海的陈云同志并汇报工作。陈云说：“上海大有希望。你们要解放思想，大胆实践，善于总结，按照党的‘一个中心、两个基本点’的基本路线，狠抓振兴上海、开发浦东的各项工作的落实，为建设有中国特色的社会主义作出新贡献。”陈云笑着对黄菊说：“不是有新闻记者向你打听陈云对开发开放浦东的态度吗？你回答得很好，我非常赞成开发浦东，开放浦东。”[3]

1992年10月12日，中共中央总书记江泽民在党的十四大报告中提出：“以上海浦东开发开放为龙头，进一步开放长江沿岸城市，尽快把上海建成国际经济、金融、贸易中心之一，带动长江三角洲和整个长江流域地区经济的新飞跃。”

1992年11月15日至22日，中共中央总书记江泽民在上海和浦东新区视察，并指出：中共十四大把开发开放浦东列为我国90年代经济建设的重点，这是我国扩大对外开放的重要标志。浦东开发开放是从整个国家经济发展战略出发提出来的。一定要集中力量把浦东开放这件大事办好。党中央、国务院和邓小平同志都对此寄予厚望，希望大家继续努力，不断使浦东开发开放工作跃上新高度。

1993年5月11日，中共中央总书记江泽民视察浦东新区，并宣布“中央对开发开放浦东的决心和政策不会改变”。

1994年4月28日，江泽民总书记视察浦东新区，他指出：党中央、国务院关于

---

[1] 中共中央文献研究室编：《邓小平年谱（1975—1997）》，第1328页。
[2] 上海市地方志办公室编：《上海人民政府志》，上海社会科学院出版社2004年版。
[3] 刘金田编著：《图说陈云》，第186页。

开发开放浦东的决策坚定不移，政策坚持不变。开发开放浦东不仅关系到上海的发展，并且是中国改革开放的重要标志。开发开放上海浦东四年来，有力地推动了上海的经济建设，也带动了整个长江流域经济的发展。实践证明，中央关于开发开放浦东的决策是完全正确的。我们一定要按照邓小平同志所说的“抓紧浦东开发，不要动摇，一直到建成”的指示，把浦东开发这项跨世纪的伟大工程搞好。

1994年5月23日，国务院总理李鹏视察浦东新区，他指出：开发开放浦东是邓小平同志的重大决策，是国家整体发展的需要。全国要支持浦东的开发开放，浦东要为全国的改革开放和经济发展服务。强调中央关于浦东开发开放的决策坚定不移，浦东目前正处于开发的建设阶段，因此中央还需要对浦东开发开放给予政策上的支持，要保持浦东开发开放政策的连续性。

1995年3月8日，中共中央总书记、国家主席江泽民在出席八届全国人大三次会议的上海代表团小组会时指出，浦东开发进展顺利，已经取得很大的成绩，中央是满意的。党中央、国务院关于开发浦东的基本政策不变，把浦东办成沿江开发的“龙头”的目标和决心不变。

1995年4月19日，国务院总理李鹏考察上海浦东外高桥保税区、陆家嘴金融贸易区，指出：浦东开发开放取得了很大进展，实践证明，党中央、国务院关于浦东开发开放的战略决策是正确的。

1995年5月16日至23日，江泽民总书记在沪考察时指出，中央对上海寄予很大期望，希望上海在率先建立现代企业制度方面先走一步，创造经验，并把浦东开发开放搞得更好。其间江泽民视察了外高桥保税区、金桥出口加工区、陆家嘴金融贸易区，并登上东方明珠广播电视塔俯瞰浦江两岸。

1995年6月20日，国务院颁发《关于“九五”期间上海浦东新区开发开放有关政策的通知》，赋予浦东“九五”期间一系列新的功能性政策。

1996年4月18日至21日，国务院总理李鹏在上海考察了浦东新区。李鹏指出，浦东开发开放5年来取得了有目共睹的成绩，在国内外产生了很大影响。党中央、国务院关于开发开放浦东的基本政策不变，浦东应努力发挥开发开放的“龙头”作用，进一步带动长江三角洲乃至长江流域的改革开放和经济发展，更好地为全国服务。

1998年8月12日，经国务院批准，中国人民银行决定继续扩大外资银行在浦东经营人民币业务的试点。

2003年8月29日，温家宝总理在浦东视察时强调，继续支持上海浦东新区开发开放的方针，希望浦东新区要继续在制度创新和扩大开放等方面走在全国的前列。

2004 年 7 月 26 日至 29 日，中共中央总书记、国家主席胡锦涛在上海考察工作，他在浦东视察时强调：要继续搞好浦东开发开放，加快体制创新，不断提高外向型经济层次，努力在更高的起点上实现快速发展。

2005 年 6 月 21 日，国务院总理温家宝主持召开第 96 次国务院常务会议，批准上海浦东新区进行综合配套改革试点，要求浦东综合配套改革要着力转变政府职能、着力转变经济运行方式、着力改变城乡二元经济与社会结构。把改革和发展有机结合起来，把解决本地实际问题与攻克面上共性难题结合起来，把实现重点突破与整体创新结合起来，把经济体制改革与其他方面改革结合起来，率先建立起完善的社会主义市场经济体制，为推动全国改革起示范作用。

2008 年 9 月 7 日，国务院发出《关于进一步推进长江三角洲地区改革开放和经济社会发展的指导意见》(国发 [2008]30 号文)，强调："继续推进重大改革试验。深化上海浦东综合配套改革试点，推广相对成熟、行之有效的改革政策。"

2009 年 4 月 14 日，国务院发布《关于推进上海加快发展现代服务业和先进制造业、建设国际金融中心和国际航运中心的意见》(国发 [2009]19 号文)，浦东新区成为上海"两个中心"建设的核心功能区。

2009 年 5 月 6 日，国务院批复上海市《关于撤销南汇区建制将原南汇区行政区域划入浦东新区的请示》，同意撤销上海市南汇区，将其行政区域并入上海市浦东新区。这样浦东新区面积达到 1210.41 平方公里。

开发开放上海浦东新区，是邓小平同志和党中央在我国改革开放关键历史时期，经过深思远虑之后作出的重大战略抉择。开发开放上海浦东新区，具有重大的战略意义。

第一，有利于维护中国在国际上继续改革开放的形象。上世纪 80 年代后期，我国改革开放面临巨大困难，物价"闯关"造成严重通货膨胀，国有企业改革处于困境中，经济增长大起大落。1989 年"六四风波"和"东欧剧变"，使我国的国内外环境发生重大变化，社会主义事业、对外开放和现代化建设都面临前所未有的挑战。为了解除国际上以为我们会收的担心和打破少数几个西方发达国家对我们采取的所谓经济制裁。为此，邓小平相继发表了一系列重要讲话，指出："我们原来制定的基本路线、方针、政策，照样干下去，坚定不移地干下去。"[1]"不但这一届领导人要坚持，下一

[1] 《邓小平文选》第 3 卷，第 307 页。

届都要坚持，一直坚持下去。”[1] 反复强调：“我们要做几件事情，表明我们改革开放的政策不变，而且要进一步地改革开放”，“要把进一步开放的旗帜打出去”。[2] 正是在邓小平的倡议和推动下，中共中央、国务院作出开发开放上海浦东的重大决策。

第二，有利于振兴上海，加快我国现代化建设进程。上海在我国经济社会发展中具有举足轻重的地位，上海的兴衰关系到我国现代化建设的全局。邓小平说：抓机遇，“关键是发展经济”，“有条件的地方要尽可能搞快点”。“比如上海，目前完全有条件搞得更快点。上海在人才、技术和管理方面都有明显的优势，辐射面宽。回头来看，我的一个大失误就是搞四个经济特区时没有加上上海。要不然，现在长江三角洲，整个长江流域，乃至全国改革开放的局面，都会不一样。”[3]“上海是我们的一张王牌，把上海搞起来是一条捷径”[4]，并强调“开发浦东这个影响就大了。不只是浦东的问题，是关系上海发展的问题，是利用上海这个基地发展长江三角洲和长江流域的问题”[5]。为此，邓小平要求：“抓紧浦东开发，不要动摇，一直到建成。”[6] 正是在这样的历史背景下，中共中央、国务院从国家发展的战略全局出发，作出了浦东开发开放的重大战略决策。开发开放上海，意味着重新振兴上海，以上海带动长江流域以至全国的经济发展。为此，党中央提出：以浦东开发开放为龙头，进一步开放长江沿岸城市，尽快把上海建成国际经济、金融、贸易、航运中心，带动长江三角洲和整个长江流域地区经济的新飞跃。1990 年 12 月 21 日，新加坡《联合早报》对浦东开发开放作出这样的解读：选择上海及中国东部沿海经济发达地区作为 90 年代中国对外开放的新基地，应当说是中国对外开放走向成熟及向纵深发展的体现。

第三，有利于提升参与国际竞争的能力和水平。上海曾经是远东最大的贸易、金融中心，历来是人流、物流、资金流、技术流、信息流的交汇中心，是国内外商品的重要集散地和转运中心，享有“东方巴黎”的美誉。中国加快发展，必须走向世界，利用好两种资源和两个市场。上海是连接中国市场与世界市场的最佳结合部，不仅是

[1] 《邓小平文选》第 3 卷，第 347 页。
[2] 同上，第 313 页。
[3] 同上，第 376 页。
[4] 同上，第 355 页。
[5] 同上，第 366 页。
[6] 同上。

中国通向世界的重要窗口，而且又是世界连接内地的重要枢纽。进入20世纪90年代，为了把我国对外开放提到新的水平，迎接日益严峻的国际竞争和挑战，邓小平以一个伟大战略家的眼光，提出了开发开放上海浦东的倡议，中共中央作出开发开发上海浦东的重要决策，而且明确指出，要通过浦东开发开放，尽快把上海建设成为国际经济、金融、贸易、航运中心。

上海浦东新区主要经济发展指标（2009）

项目	上海浦东新区
成立时间	1990
面积（平方公里）	1210
常住人口（万人）	419
本地生产总值（亿元）	4001
工业总产值（亿元）	7038
工业增加值（亿元）	1582
实际利用外资（亿美元）	39
财政收入（亿元）	380

资料来源：上海浦东新区 2009 年统计公报。

第三节 开发开放天津滨海新区

1979 年 8 月 7 日至 10 日，邓小平视察天津，他对天津发展作出重要指示："天津的市场要面向全国，而不是光面向全市。"[1]"要考虑天津的发展方向，搞一个总体规划，把方向定下来，就可以搞得活一点，发展快一点。"[2]

1984 年 5 月 4 日，中共中央、国务院批转《沿海部分城市座谈会纪要》，决定开放天津、上海、大连等 14 个沿海港口城市，并在这些城市中有条件的地方设立经济技术开发区。

1984 年 12 月 6 日，国务院下发《关于天津市进一步实行对外开放的报告的批复》（国函 [1984]172 号文），指出："天津市是我国重要的中心城市和华北地区的主要对外

[1] 中共中央文献研究室编：《邓小平年谱（1975—1997）》，第 545 页。

[2] 郑质英主编：《天津市四十五年大事记》，天津人民出版社 1995 年版，第 366 页。

贸易口岸，工业基础好，科技力量强，铁路、公路、水路等运输系统配套；郊区及周围地区有比较丰富的石油、天然气、煤炭和盐等自然资源，沿海和海河两岸还有大片可供开发的土地，经济腹地广阔；现已初步形成兄弟省（区、市）开展经济协作的网络，在对外经济活动方面也取得了较好的成果，积累了一定的经验。要充分发挥这些优势，认真抓好改革和开放，努力把天津市逐步建设成为技术先进、工业发达、文化昌盛、商业繁荣的经济中心和国际性的贸易港口城市。”同时，批准设立天津经济技术开发区，规划面积33平方公里。

1985年4月22日，天津市市长李瑞环在天津市第十届人民代表大会第三次会议上，提出了“一条扁担挑两头”的构想，即“整个城市以海河为轴线，改造老市区，作为全市的中心，工业发展重点东移，大力发展滨海地区”，并“开辟海河下游新工业区”，“建设发展滨海新区”。

1986年5月，天津市参与成立了环渤海地区经济联合市长联席会议，建立“环渤海经济区”，共同发展跨地区、跨所有制、跨城乡的横向经济联合，促进环渤海地区经济的发展和繁荣。

1986年8月4日，国务院原则批准《天津城市总体规划方案》，《方案》明确天津的城市建设布局为“一条扁担挑两头”，即整个城市以海河为轴线，保护和改造老市区，作为全市的中心；工业发展重点东移，大力发展滨海地区。国务院在批复中强调天津市工业发展的重点要东移，要大力发展滨海地区，逐步形成以海河为轴线，市区为中心，市区和滨海地区为主体的发展格局。

1986年8月19日至21日，邓小平视察天津经济技术开发区。他指出：“对外开放还是要放，不放就不活，不存在收的问题。天津开发区很好嘛，已经创出了牌子，投资环境有所改善，外国人到这里投资就比较放心了。”“你们在港口和城市之间有这么多荒地，这是个很大的优势，我看你们潜力很大，可以胆子大点，发展快点。你们这里有些基础设施比上海好，有些事情办起来可能容易些。”[1] 并为天津经济技术开发区题词：“开发区大有希望”。

1987年6月，国务院批准天津市在第七个五年计划（1986—1990）期间计划外扩大利用外资10亿美元，发展天津的外向型经济和加强城市基础设施建设。批准给予天津扩大项目审批权、财政上缴和外汇留成方面实行优惠办法在内的特殊政策和措

[1] 《邓小平文选》第3卷，第165页。

施，以保证天津在资金筹措方面具有自筹、自借、自还、自负盈亏的能力。

1992 年 2 月 21 日，邓小平同志在视察上海后返京时途经天津西站，并接见了天津市委、市政府主要领导同志，亲自了解 6 年来天津的发展变化情况。邓小平说：你们一定要大胆地干，大胆地闯。

1992 年 6 月，中共天津市委、市政府制定了《关于加快改革开放促进经济发展的若干意见》，提出天津加快改革开放的基本目标是：以开放带动改革，以改革促进开放。通过大开放，促进大开发，实现大发展。天津对外开放的总体布局是：继续坚持市区、滨海地区、农村整体开放的方针，以加快发展现有的保税区、经济技术开发区和新技术产业园区为重点，抓紧建设以出口加工和国际贸易为主的滨海开发带，以重化工业为主的沿海河开发带，以高新技术产业为主的沿高速公路开发带，以金融、商贸和信息等第三产业为主的市中心区，以经济开发小区为支点的农村开放区域，通过各开发开放地带的辐射与联合，带动产业结构的调整和老企业的改组、改造与发展，形成全市、全面、全方位的开放格局。

1992 年 10 月 12 日，中共中央总书记、国家主席江泽民在党的十四大报告中提出："加速环渤海湾地区的开放和开发"。

1993 年 10 月 25 日，天津市政府研究滨海地区总体发展规划，提出必须以新的思路、新的招法加快形成新的最大的经济增长点。力争用 10 年左右，把滨海新区建成以高科技、外向型为主导，重化工为基础，商贸金融协调发展的综合性新经济区。

1994 年初，天津市委、市政府为落实党中央、国务院改革开放的战略部署，从服务环渤海及我国北方经济发展的战略高度，结合天津实际，作出开发开放滨海新区的战略决策，提出了一个"三、五、八、十"的发展目标："三"就是提前三年，到 2000 年国民生产总值翻一番；"五"就是 5 到 7 年的时间，把天津成片的危楼平房改造；"八"就是用 8 年的时间进行国企改造；"十"就是用 10 年左右的时间基本建成滨海新区。天津市委、市政府决定将天津东部临海地区的天津港、天津经济开发区、天津港保税区、塘沽区、汉沽区、大港区和东丽区、津南区的部分区域组合在一起，利用 10 年左右的时间，建成天津滨海新区，力争到 2003 年，滨海新区地区生产总值、外贸出口总值占全市的比重分别达到 40% 和 50% 以上。

1994 年 3 月 2 日，天津市人大十二届二次会议通过决议，提出："用 10 年左右的时间基本建成滨海新区"。其基本构想是，以天津港、开发区、保税区为骨架，现代工业为基础，外向型经济为主导，商贸、金融、旅游竞相发展，形成基础设施配套、服务功能齐全、面向新世纪的高度开放的现代化经济新区。

1996年，中共中央在发布的《关于制定国民经济和社会发展“九五”计划和2010年远景目标的建议》中明确提出，要建立“以辽东半岛、山东半岛、京津冀为主的环渤海经济圈”。

1997年12月20日，国务院总理李鹏代表党中央、国务院明确了天津的城市发展定位，即“天津是环渤海经济中心，要努力建设成为现代化港口城市和我国北方重要的经济中心。”

1999年10月8日至10日，中共中央总书记、国家主席江泽民视察天津滨海新区，他指出：“滨海新区的战略布局思路很正确，把工业集中在这样一个新区，从战略和长远的构思发展新区，肯定大有希望。”

2000年3月10日，国务院副总理温家宝在参加全国九届人大三次会议天津代表团审议政府工作报告时，指出：“天津在现有基础上要实现更大的发展，就必须做好滨海新区建设这篇大文章”。

2000年6月18日，中共中央书记处书记胡锦涛考察滨海新区时指出：“从1994年你们作出开发开放滨海新区的决定以来，经过6年的时间，整个滨海新区的建设取得了显著进展，这些成绩应该充分加以肯定。”“天津对外开放继续扩大，滨海新区发展很快，势头良好”。

2001年3月5日至15日，九届全国人大四次会议批准的《国民经济和社会发展第十个五年计划纲要》提出，进一步发挥环渤海等经济区域在全国经济增长中的带动作用。

2001年5月13日，国务院副总理温家宝在天津考察工作时指出：“滨海新区是天津的希望所在。加快滨海新区建设，不仅对天津，而且对我国北方的发展都具有全局性的战略意义。”

2004年3月3日，出席全国政协十届二次会议的52名在津全国政协委员联名向大会递交了《关于请国务院批准天津滨海新区整体发展规划的建议》的提案。提案介绍了滨海新区的发展情况、发展设想，并建议国家对滨海新区的发展给予帮助和支持。提案指出，滨海新区作为天津改革开放的前沿和最大的经济增长点，肩负着带动天津乃至我国区域经济发展的历史重任。提案列举了新区的发展优势和潜力：地处世界经济最具活力的东北亚地区的中心地带，海、陆、空立体交通网络发达，拥有“三北”辽阔的辐射空间、跻身世界20强的深水大港和大量可供开发的滩涂荒地，油气资源丰富，工业基础雄厚，产业聚集和传递效应明显，体制创新和技术创新能力很强，已经建立起与国际经济接轨的市场经济运行机制，正在成为科技人才的创业基地。充分发挥这些优势和潜力，将会更大地带动和促进天津及周边地区发展。

2004 年 11 月，全国政协向国务院报送了《关于进一步发挥天津滨海新区在振兴环渤海区域经济中的作用》的报告，建议中央政府尽快规划和建设天津滨海新区，在规划审批、项目审批、土地利用、财政税收、自由贸易区建设等方面，给予天津滨海新区更灵活、更优惠的政策扶持，带动环渤海地区经济发展。11 月 24 日，温家宝总理在这个建议上作出重要批示："规划建设好天津滨海新区不仅关系天津的长远发展，而且对于振兴环渤海区域经济有着重要作用。"要求国家发展与改革委员会"结合制定经济社会发展'十一五'和长远规划予以统筹研究"。

2005 年 3 月 6 日，国务院总理温家宝参加在人民大会堂天津厅举行的天津代表团全体会议，与代表们审议《政府工作报告》。温家宝对天津市近年来的经济社会发展，特别是滨海新区的快速崛起表示充分肯定。他说，"开发和建设天津滨海新区是小平同志最早提出来的"。东部地区的发展，在全国总体发展战略中占有重要地位，对于带动中西部地区的发展也有重要作用。长江三角洲、珠江三角洲和环渤海地区区位优势明显，发展潜力很大。天津滨海新区开发，不仅关系天津的长远发展，而且对于振兴环渤海区域经济有着重要作用。

2005 年 3 月 18 日，由全国政协人口资源环境委员会和天津市政协共同主办的"振兴环渤海区域经济与加快天津滨海新区发展"论坛在天津举行。全国政协主席贾庆林在贺信中说，"振兴环渤海区域经济与加快天津滨海新区发展"论坛的召开，是一件非常有意义的事情。党中央、国务院对振兴环渤海区域经济与加快开发建设滨海新区高度重视。规划和建设好天津滨海新区，不仅关系到天津的长远发展，而且对于振兴环渤海区域经济和北方地区经济有着重要作用。这是国家发展战略的重要组成部分，也是天津和环渤海地区发展的历史机遇。在党中央、国务院的领导下，经过各方共同努力，天津滨海新区和环渤海地区的发展目标一定能实现。

2005 年 5 月 14 日至 15 日，国家发展与改革委员会主任马凯，副主任刘江、张国宝带领国家发改委有关负责同志深入天津滨海新区进行调研。马凯表示，规划建设好滨海新区不仅关系天津的发展，而且关系环渤海区域经济振兴。20 世纪 80 年代，深圳经济特区的开发开放带动了珠三角地区的发展；90 年代浦东新区的开发开放，带动了长三角地区的发展；目前我们规划建设滨海新区，必将带动环渤海地区的经济发展。为此，我们要按照科学发展观的要求，坚持高起点，要有国际大视野，要准确定位，抓住重点，要有必要的政策支持。

2005年6月13日，国家建设部部长汪光焘率建设部有关负责人到天津调研。他表示，要充分发挥天津及滨海新区在全国战略布局中的重要作用，精心做好天津城市总体规划修编和滨海新区长远发展规划编制工作。

2005年6月26日，国务院总理温家宝视察天津滨海新区。他指出：加快天津滨海新区开发开放是环渤海区域及全国发展战略布局中重要的一步棋，走好这步棋，不仅对天津的长远发展具有重大意义，而且对于促进区域经济发展、实施全国总体发展战略部署、实现全面建设小康社会和现代化宏伟目标，都具有重大意义。党中央、国务院一直高度重视天津特别是滨海新区的开发和建设，天津历届市委、市政府做了大量卓有成效的工作，特别是1994年设立滨海新区以来，成绩尤为突出，不仅带动了天津全面快速的发展，而且在京津冀和环渤海地区的发展中占有十分重要的地位。滨海新区具备多方面的比较优势和发展的有利条件，包括良好的区位环境、比较丰富的资源、较为完善的交通网络、比较雄厚的产业基础、有力的技术和智力支撑。要抓住机遇，发挥优势，鼓励、支持和推进滨海新区的改革开放和开发，把滨海新区建设成依托京津冀，服务环渤海，辐射“三北”，面向东北亚的现代化新区。温家宝强调，党中央、国务院高度重视加快天津滨海新区开发开放和建设。希望天津市委、市政府加强领导，精心组织；解放思想，勇于创新；科学论证，搞好规划。国务院有关部门要积极配合，给予支持。

2005年10月1日，中共中央总书记胡锦涛专程来到滨海新区进行实地考察。在听取开发建设情况汇报后，胡锦涛说：为了实现全面建设小康社会的宏伟目标，必须统筹区域发展。要推动全国一些条件较好的地区加快发展，以带动区域发展。他希望滨海新区牢牢把握难得的发展机遇，把滨海新区建设成为依托京津冀、服务环渤海、辐射“三北”、面向东北亚的现代化新区。

2005年10月11日，在党的十六届五中会通过的《中共中央关于制定国民经济和社会发展第十一个五年规划的建议》中提出：“珠江三角洲、长江三角洲、环渤海地区，要继续发挥对内地经济发展的带动和辐射作用，加强区内城市的分工协作和优势互补，增强城市群的整体竞争力。继续发挥经济特区、上海浦东新区的作用，推进天津滨海新区等条件较好地区的开发开放，带动区域经济发展。”以党的十六届五中全会为标志，天津滨海新区进入了一个新的发展阶段。

2005年11月，国家六部委批准天津开发区成为首批国家循环经济试点单位之一。在钢铁、有色、化工、建材等重点行业探索循环经济发展模式，树立一批循环经济的典型企业；在重点领域完善再生资源回收利用体系，建立资源循环利用机制；在开发区和产业园区试点，提出按循环经济模式规划、建设、改造产业园区的思路，形成一批循环经济产业示范园区；探索城市发展循环经济的思路，形成若干发展循环经济的示范城市。

2005年11月10日，中共天津市委第八届八次全会上通过了《关于加快推进滨海新区开发开放的意见》，对滨海新区建设进行全面部署。

2006年3月14日，十届全国人大四次会议批准《国民经济和社会发展第十一个五年规划纲要》.《纲要》指出："继续发挥经济特区、上海浦东新区的作用，推进滨海新区开发开放。"开发开放天津滨海新区正式列入国家整体发展规划。

2006年3月22日，国务院总理温家宝主持召开国务院常务会议，审议并原则通过《天津市城市总体规划(2005—2020年)》，会议指出：要突出天津的发展特色和比较优势，进一步推进滨海新区的开发开放，增强和完善滨海新区为区域服务的综合功能，充分发挥天津在环渤海区域的服务、辐射和带动作用。会议指出：要突出天津的发展特色和比较优势，进一步推进滨海新区开发开放，增强和完善滨海新区为区域服务的综合功能，充分发挥天津在环渤海区域内的服务、辐射和带动作用，努力把天津建设成为国际港口城市、北方经济中心和生态城市。

2006年4月26日，国务院总理温家宝主持召开国务院常务会议，审议并原则通过了《关于推进天津滨海新区开发开放有关问题的意见》，会议指出，推进天津滨海新区开发开放，是在新的历史条件下，党中央、国务院从我国经济社会发展全局出发作出的重要战略部署，对于提升京津冀乃至环渤海地区的国际竞争力，促进东部地区率先发展，形成东中西互动、优势互补、相互促进、共同发展的区域协调发展格局具有重要意义。天津滨海新区经过十多年的开发与建设，已经具备进一步加快发展的条件和基础。要抓住机遇，发挥优势，努力把滨海新区建设成为我国现代制造业和研发转化基地、北方的国际航运中心和现代国际物流中心，逐步成为经济繁荣、社会和谐、环境优美的宜居生态型新城区。继上海浦东新区获批后，天津滨海新区成为我国第二个综合配套改革试点区。

2006年5月26日，国务院下发《国务院推进天津滨海新区开发开放有关问题的意见》(国发[2006]20号文)，批准滨海新区为全国综合配套改革试验区。该《意见》

指出："推进天津滨海新区开发开放，是在新世纪新阶段，党中央、国务院从我国经济社会发展全局出发作出的重要战略部署。""推进天津滨海新区开发开放的主要任务是以建立综合配套改革试验区为契机，探索新的区域发展模式，为全国发展改革提供经验和示范。"天津滨海新区建设目标："依托京津冀、服务环渤海、辐射'三北'、面向东北亚，努力建设成为中国北方对外开放的门户、高水平的现代制造业和研发转化基地、北方国际航运中心和国际物流中心，逐步成为经济繁荣、社会和谐、环境优美的宜居生态型新城区。"这标志着天津滨海新区作为国家级经济新区正式进入了实施阶段。

2006 年 5 月 30 日，受中共中央、国务院的委托，中共中央政治局委员、国务院副总理曾培炎在天津主持召开推进天津滨海新区开发开放座谈会，中共中央、国务院 24 个部门负责人参加了会议。曾培炎指出，推进天津滨海新区开发开放，是新世纪新时期党中央、国务院从我国经济社会发展全局出发作出的重要战略部署，是贯彻落实党的十六届五中全会精神和国家"十一五"规划纲要的重大举措，是实施区域协调发展总体战略的重要步骤。他强调，滨海新区开发开放，必须按照中央要求，高水平地体现科学发展观，提高综合实力、创新能力、服务能力和国际竞争力，实现又快又好的发展。

2007 年 5 月 28 日，滨海新区与国家开发银行贷款合同签字仪式在津举行。滨海新区首期 6 个利用国家开发银行贷款项目的《借款合同》及《质押合同》全部签订，贷款总额达 165 亿元。在"十一五"期间，国家开发银行计划为滨海新区的基础设施建设提供总计 500 亿元的政策性贷款。2007 年 12 月 7 日，滨海新区管委会与国家开发银行签署协议，共同出资 20 亿元设立滨海新区创业风险投资引导基金，这是目前国内规模最大的政府创业风险投资引导基金。

2007 年 7 月 27 日，国务院发出《关于天津市城市总体规划的批复》(国函[2006]62 号文)，该《批复》指出：天津市是我国直辖市之一、环渤海地区的经济中心。天津市的发展建设，要按照经济、社会、人口、资源和环境相协调的可持续发展战略，以滨海新区的发展为重点，不断增强城市功能，充分发挥中心城市作用，将天津市逐步建设成为经济繁荣、社会文明、科教发达、设施完善、环境优美的国际港口城市、北方经济中心和生态城市。切实做好滨海新区的规划工作，建设若干特色鲜明的功能区，构建合理的空间布局。滨海新区的发展要坚持科教优先，不断推进综合改革和对外开放。要充分发挥滨海新区对于振兴环渤海区域经济的重要作用，增强和完善滨海新区为区域经济服务的综合功能。加强对包括天津港、天津经济技术开发区、天津港保税区、塘沽、汉沽、大港在内的现有各类资源进行整合，不断提高综合实力、创新能力、服务能力和国际竞争力，将滨海新区建设成为我国北方对外开放的门户、高水平的现代制造业和研发转化基地、北方国际航运中心和国际物流中心，以及宜居生态型新城区。

2007 年 9 月 11 日，中国银监会主席刘明康在天津滨海新区开发开放与金融改革创新高峰会上作表示：推进滨海新区开发开放、鼓励滨海新区进行金融改革和创新，是从整个国家经济发展全局出发，作出的重要战略部署。天津滨海新区综合配套改革试验重点工作中，金融改革和创新摆在首要位置。国家金融企业、金融业务、金融市场和金融开放等方面的重大改革，今后原则上将安排在天津滨海新区先行先试。

2007 年 8 月 20 日，中国国家外汇管理局宣布在天津滨海新区进行试点，允许境内居民以自有外汇或人民币购汇直接投资海外证券市场。

2007 年 11 月 14 日，中国保监会和天津市人民政府联合下发《关于加快天津滨海新区保险改革试验区创新发展的意见》（保监发 [2007]110 号文），提出坚持从实际出发，在保险企业、保险业务、保险市场、保险开放等方面的重大改革措施，原则上均可以安排在试验区先行先试，以推动试验区的建设和发展。天津滨海新区保险改革试验区创新发展的主要任务是：通过建设天津滨海新区保险改革试验区，探索区域保险创新发展的新模式和服务地方经济社会发展的新途径，为全国保险改革发展提供经验和示范，更好地服务天津滨海新区开发开放。天津滨海新区成为全国首个保险改革试验区。

2007 年 11 月 18 日，国务院总理温家宝与新加坡总理李显龙在新加坡共同签署了中新两国政府关于在中国天津建设生态城的框架协议。中新生态城选址滨海新区，面积 30 平方公里。这是继苏州工业园之后，中国与新加坡的第二个政府间合作项目。中新天津生态城中方投资联合体于 2007 年 12 月 24 日在滨海新区正式成立，中方投资联合体由天津泰达投资控股有限公司牵头组建，国家开发银行、天津市房地产集团公司、天津塘沽城市建设投资公司、天津市汉滨投资有限公司、津联集团（天津）资产管理有限公司参加，注册资本 30 亿元。

2007 年 12 月 31 日，中共中央总书记、国家主席胡锦涛到天津视察工作。胡锦涛希望天津紧紧抓住国家支持东部地区率先发展、推进天津滨海新区开发开放的宝贵机遇，立足发展的新起点，顺应人民的新期待，继续解放思想，坚持改革开放，开创天津各项工作新局面，努力在贯彻落实科学发展观、推动经济社会又好又快发展方面走在全国前列，在保障和改善民生、促进社会和谐方面走在全国前列。

2008 年 3 月 17 日，国务院发出《国务院关于天津滨海新区综合配套改革试验总体方案的批复》（国函 [2008]26 号文），原则同意《天津滨海新区综合配套改革试验总体方案》，正式批准天津滨海新区成为全国综合配套改革试验区，综合推进滨海新区的体制机制创新和对外开放，先行试验一些重大改革开放措施。选择天津滨海新区围绕开发开放开展以金融体制、土地管理体制、对外开放体制、财税体制改革等为主要内容的综合配套改革试点。包括设立全国性非上市公众公司股权交易市场（OTC）在内的重大改革创新举措将在天津滨海新区推开。

2009 年 11 月，国务院批准撤销天津市塘沽区、汉沽区、大港区，设立天津市滨海新区行政区，以原塘沽区、汉沽区、大港区的行政区域为滨海新区的行政区域，面积为 2270 平方公里。

中央决定开发开放滨海新区，是据以天津滨海优越的区位优势和条件。滨海新区位于天津东部沿海，包括塘沽区、汉沽区、大港区三个行政区和开发区、保税区、天津港以及东丽区、津南区的部分区域，规划面积 2270 平方公里，海岸线 153 公里。天津滨海新区开发开放，具备开发开放的优势和条件，有巨大发展潜力。

第一，区位优势。滨海新区地处当今世界经济发展最活跃的东北亚地区的中心地带和欧亚大陆桥的东起点，是中国与蒙古共和国签约的出海口岸，也是哈萨克斯坦等内陆国家可利用的出海口，拥有“三北”辽阔的辐射空间。滨海新区地处山东半岛和辽东半岛之间，环渤海湾中心位置，海河流域下游，与日本和朝鲜半岛隔海相望，滨海新区依托北京天津两大直辖市，是京津冀经济圈和环渤海湾城市群的交汇点，辐射华北、西北和东北三大区域，腹地广阔，服务面波及 2 亿人口，是我国北方地区进入东北亚、走向太平洋的重要门户和对外通道，具有比较强的对内吸引和向外输出的有利条件。

第二，资源优势。滨海新区自然资源丰富，这里有大量开发成本低廉的荒地和滩涂，具有丰富的石油、天然气、原盐、地热、海洋资源等，渤海海域石油资源总量 98 亿吨，其中已探明石油地质储量 32 亿吨、天然气 1937 亿立方米，原盐年产量 240 多万吨，年直接利用海水 3.6 亿吨，地热资源丰富，年可开采 2000 万立方米，拥有国家级七里海湿地自然保护区和我国最大的、蓄水面积达 150 平方公里的平原水库。特别是土地资源，滨海新区有 1214 平方公里可供开发的土地，相当一部分是不适宜耕种的重度盐碱地，可以作为建设用地的空间很大，这在国内特别是沿海大中城市中是极为少有的。可以说，滨海新区蕴藏着巨大的开发和发展潜力。

第三，交通优势。天津已基本形成海陆空兼备的综合运输体系和现代物流体系。2005 年天津港吞吐量 2.4 亿吨，位列世界第 9 位。港口航线通达世界 170 多个国家和地区的 300 多个港口，港口 70% 以上的货物吞吐量和 55% 的口岸进出口货值来自其他省市。天津滨海国际机场是我国重要的干线机场和北方重要航空货运中心。滨海新区海、陆、空立体交通网络发达，是连接海内外、辐射“三北”的重要枢纽。同时拥有跻身世界 20 强深水大港的天津港，是中西部重要的海上大通道。

第四，工业基础优势。滨海新区是全国重要的大型石化基地和冶金基地，高新技术产业和信息制造业也居全国前列。海洋化工历史悠久，生产规模和产品质量世界知名、全国领先。石油套管产量跻身世界四强。产业基础雄厚，已经形成了石化、冶金、机械、IT 制造、生物医药等优势比较突出的主导产业。世界 500 强企业已经有 70 多家在新区投资了 150 多个项目，全国有几千家企业为新区提供产品配套。

第五，体制优势。滨海新区拥有国家级开发区、保税区、海洋高新区、出口加工区等一批功能经济区，已经建立了适应经济快速发展的政府管理体制和与世界经济接轨的市场经济运行机制，在利用国际国内两种资源和两个市场方面积累了丰富经验，培养了一批掌握国际先进技术和通晓现代管理的外向型人才。

第六，智力优势。滨海新区背靠京津两大科技重镇，科教实力较强，拥有一大批高等院校、科研机构、创新孵化器、企业研发中心，以及一大批掌握先进技术和现代管理技术经验的人才。此外，滨海新区自身也已经拥有一大批国家级和市级的科研机构、创新孵化器、企业研发中心和博士后工作站，多层次的科技创新体系和科技人才创新基地均已初具规模。大量外资企业还培养吸引了一大批掌握国际先进技术和现代管理经验的人才。

中央作出开发开放滨海新区的决策，具有重要的战略意义：

第一，推进天津滨海新区开发开放，有利于实施全国区域协调发展总体战略。完善我国区域协调发展的战略布局，关键是要促进东中西互动、优势互补、相互促进、共同发展。沿海地区交通便利、开放条件优越，是扩大对外交流合作、提高国际竞争力的重要依托。经过十多年的发展，天津滨海新区的综合实力不断增强，服务功能进一步完善，是继深圳经济特区、浦东新区之后，又一带动区域发展的新的经济增长极。因此有必要在继续鼓励东部地区率先发展的同时，要把推进环渤海地区的发展放到重要位置，加快环渤海经济的发展和区域经济的形成，使之成为继长江三角洲、珠江三角洲之后又一个支撑全国发展的经济密集区域。天津滨海新区的开发开放，必将带动京津冀乃至环渤海地区的发展，从而促进沿海地区优化开发，有利于促进我国东部地区率先实现现代化，从而带动中西部地区加快发展，特别是“三北”地区发展，形成东中西互动、优势互补、相互促进、共同发展的区域协调发展格局。所以说，滨海新区开发开放具有浦东开发带动长江三角洲地区等同的作用。

第二，推进天津滨海新区的开发开放，有利于探索新时期区域发展的新模式。入世后过渡期即将结束，我国将在更大程度上融入国际经济，并将受到世贸规则的约束，原来特区和开发区等实施的一些优惠政策将逐步淡出。此外，随着经济全球化进程不断推进，其他发展中国家和地区纷纷采取措施，放宽外资准入门槛，扩大优惠政策，吸引外资的竞争空前加剧。因此，在经济全球化和区域经济一体化进程加快，我国全面建设小康社会和构建社会主义和谐社会的新形势下，把握国际国内形势的变化特点，用新的思路和发展模式推进天津滨海新区的开发开放，有利于全面落实科学发展观，实现人与自然和谐相处，走出一条区域创新发展的新路子。

第三，推进天津滨海新区开发开放，有利于探索新形势下深化改革开放的新经验。经过 20 多年的努力，我国经济体制改革在理论和实践上取得重大进展，社会主义市场经济体制初步建立，各方面的运行机制和管理体制有了一个基本框架，全方位、宽领域、多层次的对外开放格局基本形成。但制约经济社会发展的一些深层次矛盾仍然存在，改革仍处于攻坚阶段，对外开放中也面临不少新问题，坚持不懈地推进经济体制改革，不断提升对外开放水平仍是今后的重点任务。把握国内外形势变化的新特点，发挥天津滨海新区对外开放的窗口作用，先行试验一些重大的改革措施，探索新的思路和发展模式，可以为全国提供有益的经验。特别是中央赋予滨海新区即按照中央部署并从天津滨海新区的实际出发，先行试验一些重大的改革开放措施，通过坚持重点突破与整体创新相结合、经济体制改革与其他方面改革相结合、解决当地实际问题与攻克面上共性难题相结合，不断拓展改革的领域。

第四，推进天津滨海新区开发开放，有利于发挥天津市和滨海新区特有的优势。滨海区位条件良好，交通设施健全，土地资源相对充足，近海油气等资源也比较丰富，具有独特的发展优势。同时，天津作为环渤海地区的特大城市，发展的潜力巨大。加快滨海新区的开发开放，可以进一步发挥天津特有的区位优势、资源优势和产业优势，拓宽发展的空间，增强发展后劲，提升发展水平。

第五，滨海新区优势突出、潜力巨大，有条件发展得更快更好。一是地理区位优越，位于京津冀城市群和环渤海经济区，依托京津，背靠“三北”，面向东北亚；二是土地资源丰富，有1200多平方公里的盐碱荒地，其中相当一部分是不宜耕种的盐碱地，建设用地空间大；三是交通设施完备，作为我国北方重要的航运中心，已基本形成了综合运输体系和现代物流体系，是华北地区货物进出口的重要基地；四是产业基础雄厚，是全国重要的大型石化基地和冶金基地，高新技术产业和信息制造业也居全国前列。

第六，推进天津滨海新区的开发开放，有利于提升京津冀乃至环渤海地区的国际竞争力。改革开放以来，珠江三角洲、长江三角洲在加快发展和扩大开放的同时，区域经济一体化步伐大大加快，整体竞争实力明显增强。相对而言，作为我国三大经济区域之一的环渤海，区域经济一体化步伐不如其他两大区域。原因之一是缺乏像上海浦东、广东深圳那样的带动区域经济形成、辐射整个区域的核心增长极。滨海新区具有联系环渤海南北各方的枢纽功能，依托“三北”广阔腹地，与周边地区的互补性强，特别是背靠京津两大科研和人才优势突出的直辖市，综合优势明显。加快滨海新区开发和开放步伐，提升对周边地区的辐射功能，有利于把天津建成我国北方特别是环渤海区域的重要经济中心、国际港口和现代化大都市，有利于加强京津冀之间的产业分工与产业布局，有利于形成以京津冀为中心、辽东半岛和山东半岛为两翼的环渤海经济圈，有利于提升京津冀及环渤海地区的国际竞争力。[1]

天津滨海新区主要经济发展指标（2009）

项目	天津滨海新区
成立时间	2005
面积（平方公里）	2270
常住人口（万人）	202
本地生产总值（亿元）	3811
工业总产值（亿元）	8224
工业增加值（亿元）	2386
实际利用外资（亿美元）	58
财政收入（亿元）	456

资料来源：天津滨海新区 2009 年统计公报。

[1] 参考钟坚主编：《中国经济特区发展报告》（2009），社会科学文献出版社 2009 年版。

第四节　经济特区向多形式发展

创办国家级高新技术开发区

高新技术开发区是指我国在一些知识密集、技术密集的大中城市和沿海地区建立的发展高新技术产业的开发区。1985 年 4 月，国家科委提出在北京中关村、上海、武汉东胡、广州天河等地试办新技术产业开发区的设想。1988 年 5 月，国务院批准在北京海淀区中关村建立国家级北京市新技术产业开发试验区。1991 年 3 月 6 日，国务院颁布《关于批准国家高新技术产业开发区和有关政策规定的通知》(国发 [1991]12 号文)，通知如下：一、国务院批准经国家科委审定的下列 21 个高新技术产业开发区为国家高新技术产业开发区：武汉东湖新技术开发区、南京浦口高新技术外向型开发区、沈阳市南湖科技开发区、天津新技术产业园区、西安市新技术产业开发区、成都高新技术产业开发区、威海火炬高技术产业开发区、中山火炬高技术产业开发区、长春南湖——南岭新技术工业园区、哈尔滨高技术开发区、长沙科技开发试验区、福州市科技园区、广州天河高新技术产业开发区、合肥科技工业园、重庆高新技术产业开发区、杭州高新技术产业开发区、桂林新技术产业开发区、郑州高技术开发区、兰州宁卧庄新技术产业开发试验区、石家庄高新技术产业开发区、济南市高技术产业开发区。二、上海漕河泾新兴技术开发区、大连市高新技术产业园区、深圳科技工业园、厦门火炬高技术产业开发区、海南国际科技工业园分别设在经济技术开发区、经济特区内，也确定为国家高新技术产业开发区。1992 年 11 月 18 日，国务院下发《关于增建国家高新技术产业开发区的批复》(国函 [1992]169 号文)，同意苏州、无锡、常州、佛山、惠州、珠海、青岛、潍坊、淄博、昆明、贵阳、南昌、太原、南宁、乌鲁木齐、包头、襄樊、株洲、洛阳、大庆、宝鸡、吉林、绵阳、保定、鞍山等 25 个城市建立国家高新技术产业开发区。1997 年 7 月 29 日，国务院批准成立杨凌国家级农业高新区。这是国务院批准成立的、我国唯一的国家级农业高新技术产业示范区。2007 年 1 月，国务院下发《关于同意宁波省级高新技术产业开发区升级为国家高新技术产业开发区的批复》(国函 [2007]2 号文)，批准成立宁波国家级高新区。至此，我国国家级高新技术产业开发区达到 54 个。建立国家高新区，是党中央、国务院为发展我国高新技术产业、调整产业结构、推动传统产业改造、增强国际竞争力作出的重大战略部署。这些高新区作为国家高新技术产业发展战略的重要组成部分，在中央和地方政府的重视和支持下，得到了快速、健康发展，已成为中国高新技术产业化发展的重要基地。2008 年，我国 54 个国家级高新区聚集了 52631 家企业，其中收入超过 1 亿元的有 5996 家，年末从业人员达 716.5 万人，实现工业增加值 12507.0 亿元，利润 3304.2 亿元，上缴税额 3198.7 亿元，进出口总额 3308.5 亿美元，其中出口创汇 2015.2 亿美元，拥有发明专利 53585 件，累计实际利用外资 978.8 亿美元，为我国高科技产业和经济发展作出了重要贡献。[1]

我国国家高新技术产业开发区发展情况

项目＼年份	2001	2002	2003	2004	2005	2006	2007	2008
区内企业数（万个）	2.4	2.8	3.3	3.9	4.2	4.6	4.8	5.3
年营业总收入（亿元）	11928	15326	20939	27466	34416	43320	54925	65985
净利润（亿元）	645	801	1029	1423	1603	2129	3159	3304
实交税金（亿元）	640	766	990	1240	1616	1977	2614	3199
出口创汇（亿美元）	227	329	510	824	1117	1361	1728	2015

资料来源：国家科技部。

创办国家级保税区

保税区是经中央政府批准的开展国际贸易和保税业务的区域，类似于国际上的自由贸易区，区内允许外商投资经营国际贸易，发展保税仓储、加工出口等业务，是我国目前具有较大开放度和自由度的经济区域。1990 年 6 月，国务院批准设立了我国第一家保税区——上海外高桥保税区。1991 年 2 月 13 日，李鹏、田纪云同志批示，原则上批准在天津、深圳、广州、大连试办保税区，先在天津、深圳试办。具体方案由海关总署和特区办商定后，逐个报国务院审批。1991 年 5 月 12 日，国务院批准建立天津港保税区。1991 年 5 月 28 日，国务院批准设立福田保税区和沙头角保税区。1992 年 5 月 13 日，国务院批准建立大连保税区和广州保税区。1992 年 10 月 15 日，国务院批准建立厦门象屿保税区。1992 年 10 月 16 日，国务院批准设立张家港保税区，这是全国唯一的内河港型保税区。1992 年 11 月 19 日，国务院批准建立青岛保税区、

[1]　数据来源：国家科技部。

福州保税区和宁波保税区。1993 年 1 月 11 日，国务院批准汕头经济特区设立汕头保税区。1996 年 9 月 27 日，国务院批准设立盐田港保税区。1996 年 11 月 12 日，国务院批准设立珠海保税区。目前我国 15 个国家级保税区，总面积达 38.62 平方公里。截至 2009 年底，区内累计批准设立外商投资企业 50736 家，全国保税区累计合同外资 567.78 亿美元，实际利用外资 280.46 亿美元，外资利用率达到 49.4%。2009 年，全国保税区实现增加值 2352.69 亿元，销售收入 14638.72 亿元，进出口额 1144.26 亿美元，全年商品销售额 10623.15 亿元，为国家和地方贡献各类税收 1217.99 亿元，成为我国带动区域外向型经济发展的桥头堡。[1]

中国国家级保税区一览表

序号	名称	批准设立时间	规划面积（平方公里）	开发面积（平方公里）
1	上海外高桥保税区	1990.6	10.00	10.0
2	天津港保税区	1991.5	5.00	8.90
3	深圳沙头角保税区	1991.5	0.37	0.27
4	深圳福田保税区	1991.5	1.68	1.35
5	大连保税区	1992.5	5.70	1.25
6	广州保税区	1992.5	2.00	1.40
7	海口保税区	1992.10	1.93	1.93
8	厦门象屿保税区	1992.10	0.63	2.00
9	张家港保税区	1992.10	4.10	2.00
10	宁波保税区	1992.11	2.30	2.30
11	福州保税区	1992.11	1.80	1.30
12	青岛保税区	1992.11	2.50	2.50
13	汕头保税区	1993.1	2.34	2.34
14	深圳盐田港保税区	1996.9	0.85	0.85
15	珠海保税区	1996.11	3.00	3.00

说明：目前深圳沙头角、福田、盐田港保税区已整合成为一个保税区，即深圳保税区。

创办国家级出口加工区

出口加工区是经中央政府批准设立，由海关监管的特殊封闭区域。货物从境内区

[1] 数据资料来源于中国保税区出口加工区协会编：《2009 中国保税区出口加工区年鉴》，中国海关出版社 2009 年版。

外进出加工区视同进口和出口，海关按进出口货物进行监管。出口加工区的功能比较专一，主要是开展出口加工业务，区内企业生产的最终产品，应基本上都是直接出口的。实际上中国第一个出口加工区应是1979年国务院批准举办的蛇口出口工业区。2000年4月27日，国务院批准设立大连、天津、北京天竺、威海、烟台、昆山、苏州工业园、上海松江、杭州、厦门杏林、深圳、广州、武汉、成都、珲春等15个出口加工区。2001年1月，国务院批准设立上海金桥出口加工区。2001年6月15日，国务院批准设立重庆出口加工区。2002年6月21日，国务院又批准设立无锡、宁波、南通、芜湖、西安、秦皇岛、呼和浩特、郑州等8个出口加工区。2003年3月10日，国务院又批准设立上海青浦、上海漕河泾、上海闵行、南京、连云港、苏州高新区、镇江、嘉兴、济南、青岛、潍坊、沈阳、北海、乌鲁木齐等14个出口加工区。2005年6月3日，国务院又批准设立了上海嘉定、江苏常州、吴中、吴江、扬州、常熟、浙江慈溪、广州南沙、惠州、沈阳张士、绵阳、福建福州、福清、泉州、廊坊、昆明、九江、郴州等18个出口加工区。2006年5月8日，国务院批准设立南昌出口加工区和青岛西海岸出口加工区。2007年5月14日，国务院批准正式设立江西赣州出口加工区。2008年3月22日，国务院批准设立江苏淮安出口加工区。2009年6月23日，国务院批准设立江苏武进出口加工区。至此，我国出口加工区数量达到62个。同时，2003年国务院批准设立珠澳跨境工业区和2006年开始兴建的中哈霍尔果斯边境经济合作中心中方配套区也具有出口加工区的性质。截至2009年底，全国出口加工区累计吸引投资总额312.86亿美元，合同外资134.95亿美元，实际利用外资102.18亿美元。2009年，全国出口加工区完成工业总产值7327.97亿元，实现增加值569.60亿元，税收总额91.25亿元，提供直接就业岗位61.05万个。实现进出口1445.3亿美元，其中出口974.47亿美元，进口470.83亿美元。[1]

创办保税物流园区

保税物流园区是指经中央政府批准，在保税区规划面积或者毗邻保税区的特定港区内设立的、专门发展现代国际物流业的海关特殊监管区域。保税物流园区的主要功能有：（1）存储进出口货物及其他未办结海关手续货物。（2）对所存货物开展流通

---

[1]　数据资料来源于中国保税区出口加工区协会编：《2009中国保税区出口加工区年鉴》。

性简单加工和增值服务。(3) 进出口贸易，包括转口贸易。(4) 国际采购、分销和配送。(5) 国际中转。(6) 检测、维修。(7) 商品展示。(8) 经海关批准的其他国际物流业务。园区内不得开展商业零售、加工制造、翻新、拆解及其他与园区无关的业务。2003 年 12 月 8 日，国务院批准上海外高桥保税区港区联动试点，设立上海外高桥保税物流园区，面积 1.03 平方公里。2004 年 8 月 16 日，国务院又正式批准天津、大连、青岛、张家港、宁波、深圳盐田港、厦门共 7 个保税区为"区港联动"新增试点，分别设立保税物流园区。2007 年 12 月 27 日经国务院批准设立福州保税物流园区。至此，我国一共设置 9 个保税物流园区。2008 年，全国保税物流园区实现增加值 135.69 亿元，营业收入 1190.54 亿元，税收收入 210.1 亿元，对外贸易进出口总额 91.35 亿美元。

中国保税物流园区一览表

序号	名称	批准设立时间	规划面积（平方公里）
1	上海外高桥保税物流园区	2003.12	1.03
2	天津保税物流园区	2004.8	1.5
3	大连保税物流园区	2004.8	1.5
4	青岛保税物流园区	2004.8	1.0
5	张家港保税物流园区	2004.8	1.53
6	宁波保税物流园区	2004.8	0.95
7	深圳盐田港保税物流园区	2004.8	0.96
8	厦门象屿保税物流园区	2004.8	0.70
9	福州保税物流园区	2007.12	1.2

创办国家级保税港区

保税港区是指经中央政府批准，设立在国家对外开放的口岸港区和与之相连的特定区域内，具有口岸、物流、加工等功能的海关特殊监管区域，是目前中国开放层次最高、运作模式基本与国际接轨的特殊区域，是国家实施自由贸易区域战略的先行区。保税港区的功能具体包括仓储物流，对外贸易，国际采购、分销和配送，国际中转，检测和售后服务维修，商品展示，研发、加工、制造，港口作业等 9 项功能。保税港区是中国现阶段海关特殊监管区域中功能最强大，政策最开放的区域。2005 年 6 月 22 日，国务院批准设立上海洋山保税港区。2006 年 8 月 31 日，国务院批准设立天津东疆保税港区和大连大窑湾保税港区。2007 年 9 月 24 日，国务院批准设立海南洋浦保税港区。2008 年 2 月 24 日，国务院批准设立宁波梅山岛保税港区。2008 年 5 月 29 日，国务院批准设立广西钦州保税港区。2008 年 6 月 5 日，国务院批准设立厦门海沧保税港区。2008 年 9 月 7 日，国务院批准设立青岛前湾保税港区。2008 年 10 月 18 日，国务院批准设立广州南沙保税港区和深圳前海湾保税港区。2008 年 11 月 12 日，国务院批准设立重庆两路寸滩保税港区，这是我国唯一一个位于中国内陆地区的保税港区，第一个采取“水港 + 空港”的保税港区。2008 年 11 月 18 日，国务院批准设立张家港保税港区，这是第一个位于县域口岸的保税港区。2009 年 9 月 22 日，国务院批准设立烟台保税港区，这是全国第一家以出口加工区和临近港口整合转型升级形成的保税港区。至此，国务院先后批准设立了 13 个保税港区。

中国国家级保税港区一览表

序号	名称	批准设立时间	规划面积（平方公里）
1	上海洋山保税港区	2005.6	8.14
2	天津东疆保税港区	2006.8	10.0
3	辽宁大连大窑湾保税港区	2006.8	6.88
4	海南洋浦保税港区	2007.9	9.21
5	宁波梅山岛保税港区	2008.2	7.70
6	广西钦州保税港区	2008.5	10.0
7	厦门海沧保税港区	2008.6	9.45
8	青岛前湾保税港区	2008.9	9.72
9	广州南沙保税港区	2008.10	7.06
10	深圳前海湾保税港区	2008.10	3.71
11	重庆两路寸滩保税港区	2008.11	8.37
12	江苏张家港保税港区	2008.11	4.10
13	山东烟台保税港区	2009.9	7.26

创办国家级综合保税区

综合保税区是设立在内陆地区的具有保税港区功能的海关特殊监管区域，由海关参照有关规定对综合保税区进行管理，执行保税港区的税收和外汇政策。它和保税港区一样，是我国目前开放层次最高、优惠政策最多、功能最齐全、手续最简化的特殊开放区域。与保税区一字之差的保税港区功能更为齐全，它整合原来保税区、保税物流园区、出口加工区等多种外向型功能区后，成为更为开放的一种形态，也更符合国际惯例。2006 年 12 月 17 日，国务院正式批准设立苏州工业园综合保税区。2008 年 3 月，国务院批准设立天津滨海新区综合保税区，规划面积 195.63 公顷，是滨海新区继综合配套改革试验总体方案获批后，获得的又一重要政策支持，空客 A320 系列飞机总装线项目等一大批重大工业项目就坐落其中。2008 年 7 月 23 日，国务院批准设立北京天竺综合保税区，位于首都机场西北部，是全国首家空港型综合保税区。2008 年 12 月 19 日，国务院批准设立广西凭祥综合保税区。2008 年 12 月 22 日，国务院批准设立海口综合保税区。2009 年 4 月 21 日，国务院正式批准建立绥芬河综合保税区，规划面积 1.8 平方公里。2009 年 7 月 3 日，国务院批准设上海浦东机场综合保税区，规划面积 3.59 平方公里。2009 年 12 月 20 日，国务院正式批准昆山出口加工区转型升级为综合保税区。2010 年 2 月 15 日，国务院批准设立重庆西永综合保税区，占地 10.3 平方公里，是中国规划面积最大的综合保税区。至此，国务院批准先后设立了 9 个综合保税区。此外，国务院还批准在保税区规划面积或者毗邻保税区的特定港区内设立了一些保税物流园区，是我国专门发展现代国际物流业的海关特殊监管区域。

中国国家级综合保税区一览表

序号	名称	批准设立时间	规划面积（平方公里）
1	苏州工业园综合保税区	2006.12	5.28
2	滨海新区综合保税区	2008.3	1.96
3	北京天竺综合保税区	2008.7	6.88
4	海南海口综合保税区	2008.12	1.93
5	广西凭祥综合保税区	2008.12	8.50
6	绥芬河综合保税区	2009.4	1.80
7	上海浦东机场综合保税区	2009.7	3.59
8	江苏昆山综合保税区	2009.12	2.85
9	重庆西永综合保税区	2010.2	10.3

第五节　经济特区肩负历史新使命

1984 年，邓小平在考察经济特区后指出：“特区是个窗口，是技术的窗口，管理的窗口，知识的窗口，也是对外政策的窗口。”[1]这是邓小平对上世纪 80 年代经济特区在我国改革开放和现代化建设中的地位和作用的精辟概括，对创办经济特区的目的和意义的深刻揭示。随着经济特区不断发展和中国改革开放和现代化建设的持续推进，中央不断赋予经济特区新的历史使命。

90年代要求发挥着“四大作用”

随着全国多层次、多形式、全方位对外开放的新格局的形成和发展，随着原来在经济特区实行的某些优惠政策和灵活做法在内地的不少地方逐步推行并取得显著成效，于是在特区的一些干部和群众中，出现了特区已经不“特”，特区还要不要“特”，还要不要继续发展的议论。江泽民在经济特区创办之初就曾参与过创办经济特区的决策和实际工作，是经济特区的早期创办者之一。1989 年江泽民出任中共中央总书记以后，一如既往地重视、关心和支持经济特区的工作，经常亲临经济特区视察工作，发表了一系列有关经济特区的重要讲话。1994 年 6 月 20 日，中共中央总书记江泽民视察深圳、珠海经济特区时指出：“我认为有必要代表党中央、国务院郑重地加以重申：中央对发展经济特区的决心不变；中央对经济特区的基本政策不变；经济特区在全国改革开放和现代化建设中的历史地位和作用不变。要把发展经济特区贯穿于社会主义现代化建设的整个过程，基本实现国家的现代化要搞多久，经济特区就要搞多久。对这一点不能有任何动摇。就是说，经济特区不仅要继续办下去，还要办得更好；对经济特区实行的基本政策要坚持下去；经济特区不仅要继续发挥‘窗口’作用、‘试验’作用、‘排头兵’作用，而且要发挥得更充分。那种认为在全国形成全方位对外开放格局的新形势下，经济特区的地位和作用可以削弱甚至可以逐步消失的看法，是不对的。”[2]1995 年 12 月 7 日，中共中央总书记江泽民再次视察深圳特区，为深圳特区建立 15 周年题词：“增创新优势，更上一层楼”。江泽民指出，“在更高的层次和更宽的领域进一步深化改革、扩大开放，努力增创各个方面的新优势，更好发挥深圳经济特区对外开放的‘窗口’作用，经济体制改革的‘试验场’作用，对内地的

---

[1] 《邓小平文选》第 3 卷，第 51—52 页。

[2] 江泽民：《坚定不移地把经济特区办得更好》（1994 年 6 月 20 日），《十四大以来重要文献选编》（上册），人民出版社 1999 年版，第 865—866 页。

示范、辐射和带动作用，对保持香港繁荣稳定的促进作用。”[1]这“四个作用”，是党中央和江泽民同志在新的发展时期，对经济特区地位和作用的新概括。

第一，对外开放的“窗口”作用。邓小平始终把经济特区同我国实行和扩大对外开放联系在一起。他除了提出经济特区“四个窗口”作用外，还特别提出经济特区建设的指导思想是“不是收，而是放”[2]，经济特区的开放度要大些，实行开放政策也要灵活些。在新的历史条件下，党中央和江泽民同志也多次强调要继续发挥经济特区“四个窗口”的作用。随着世界经济的全球化和中国对外开放深度和广度的提高，经济特区对外开放的窗口作用不仅没有削弱，反而会更加增强。

第二，经济体制改革的“试验场”作用。中国要实现现代化，靠传统的社会主义模式是不行的，照搬西方模式更不行，必须通过体制改革，走出一条适合本国国情的有中国特色的社会主义现代化道路。邓小平指出：“过去搞民主革命，要适合中国情况，走毛泽东同志开辟的农村包围城市的道路。现在搞建设，也要适合中国情况，走出一条中国式的现代化道路。”[3]他要求：“在全国的统一方案拿出来之前，可以先从局部做起，从一个地区、一个行业做起，逐步推开。中央各部门要允许和鼓励它们进行这种实验。”[4]而创办深圳等经济特区，正是我国从局部做起，探索中国式现代化道路改革方案的一个重要举措。邓小平指出：“深圳经济特区是个试验，路子走得是否对，还要看一看。”[5]这实际上是说，通过举办经济特区，为改革探索新路子，为全国改革提供新经验。在邓小平眼里，办经济特区更深层次的意义，是要冲破旧的思维方式，冲破旧的体制框架，走出一条有中国特色的社会主义现代化建设的新路。这是我国举办经济特区的重要目的之一，也是时代赋予我国经济特区的重大历史使命。建设有中国特色的社会主义，实现社会主义现代化目标，是一项前无古人的伟业，是一项复杂的系统工程。我们既不可能从本本上找到现成的答案，也不可能照抄照搬别人的已有模式。这就需要我们在实践中具体探索如何建设有中国特色社会主义的各种问题，取得经验，由点到面，推广全国。办经济特区，归根结底就是为建设有中国特色的社会主义探索新路子。经济特区是一个相对独立的新经济区域，旧体制影响较小，

---

[1]　《人民日报》2000年8月28日。

[2]　《邓小平文选》第3卷，第51页。

[3]　《邓小平文选》第2卷，第163页。

[4]　同上，第150页。

[5]　《邓小平文选》第3卷，第130页。

束缚不多，加上中央给予的特殊政策和灵活措施，因而能超前进行体制改革的试验。同时，经济特区是我国实施对外开放政策时间最早、开放程度最高的区域，是联结国内外的纽带，有较多外商直接投资的企业，比较容易引进、吸收和借鉴西方发达国家现代化管理、社会化大生产和市场经济的知识和经验，加上知识和人才比较密集，有许多条件进行各种仿效性的改革试验。改革成功了，将有利于推动全国的改革；即使失败了，影响也只局限于较小范围，不会带来全局性的影响。

第三，对内地的“示范、辐射和带动”作用。实现共同富裕是社会主义的根本原则，但我国是一个幅员辽阔的大国，由于历史和地理的原因，整个经济发展极不平衡，地区差别相当悬殊，中国经济在相当长时期内只能采取梯次发展战略，因此要求全国各地同步发展、同步富裕是不现实的。这就决定了我国现代化进程的长期性、复杂性和阶段性，其发展的重心在相当长时间内只能实行全国统一规划下梯次推进的办法，采取地区倾斜政策，先让一部分地区和一部分人富起来，然后通过先富地区示范、辐射和带动后富地区的发展，最终实现共同富裕。邓小平早在十一届三中全会的准备会上就曾指出：“在经济政策上，我认为要允许一部分地区、一部分企业、一部分工人农民，由于辛勤努力成绩大而收入先多一些，生活先好起来。一部分人生活先好起来，就必然产生极大的示范力量，影响左邻右舍，带动其他地区、其他单位的人们向他们学习。这样，就会使整个国民经济不断地波浪式地向前发展，使全国各族人民都能比较快地富裕起来。”[1] 而创办经济特区，正是贯彻和落实邓小平提出的让一部分地区先富起来，以带动全国共同富裕的“大政策”的战略性措施之一。深圳等经济特区突破了世界经济性特区小型化的一般模式，突破了世界经济特区结构与功能单一的模式，培植了大型化、外向型的综合性经济区域，从而迅速发展成为中国新的具有较强辐射能力的经济增长点。如果说经济特区在发展之初，主要任务是发展自己，发挥“窗口”作用的话，那么，当经济特区自己发展起来以后，就应该对周边地区和内地的发展发挥更好的“示范、辐射和带动”作用。

第四，对保持香港、澳门繁荣稳定的“促进”作用。实现祖国的和平统一对我国现代化建设有极其重要的意义。“一国两制”是邓小平提出的实现祖国和平统一大业的伟大构想。它的提出和实施，使得香港和澳门问题得以顺利解决。但是，我们应该认识到，“一国两制”的最终胜利应表现为：实现祖国的统一；保证和促进港澳地区

---

[1] 《邓小平文选》第 2 卷，第 152 页。

的经济持续繁荣和社会长期稳定；显示社会主义制度的优越性和吸引力。而深圳经济特区毗邻香港，处于实现“一国两制”构想前沿的对接点，它的建立和发展，对于促进香港经济繁荣与稳定具有极为重要的战略意义。1994年江泽民总书记在视察深圳、珠海时指出：“由于深圳、珠海毗邻港澳的这种特殊的经济地理位置，对于促进香港、澳门的稳定和发展，具有其他地区不可替代的作用。”“经济特区尤其是深圳、珠海特区要继续为香港、澳门政权的顺利交接和保持香港、澳门的长期繁荣做出更多的贡献。”[1]1995年江泽民在深圳又指出：“现在离香港1997年回归只剩500多天了。深圳一定要在恢复对香港行使主权方面起到促进作用，在保持香港繁荣稳定方面起到促进作用。这是一项长期的任务。实际上十几年来深圳一直在积极有效地发挥这个作用。”[2]由于深圳、珠海毗邻港澳的地理位置和深港、珠澳两地长期形成的特殊经济联系，使深圳、珠海对于促进香港、澳门的繁荣稳定，发挥了其他地区不可替代的作用。利用经济特区促进国家的统一，这是中央赋予经济特区的新功能和新内涵，具有国际创新意义。

以邓小平南方讲话和党的十四大为标志，深圳等经济特区发展进入到一个增创新优势与跨越式发展的新阶段。1996年4月1日至4月3日，国务院在珠海市召开了经济特区工作会议。国务院总理李鹏到会发表讲话，国务院副总理李岚清在会议结束时讲话。会议在总结“八五”经验的基础上，着重研究在新形势下，经济特区如何增创新优势，更上一层楼的问题。李鹏总理要求，今后经济特区必须把自己的思想和工作重点从主要依靠优惠政策转到依靠两个根本转变上来，以二次创业的精神，充分利用现有基础，增创新优势，更上一层楼。深圳、珠海、汕头、厦门、海南等五大经济特区按照党中央关于进一步办好经济特区和经济特区要增创新优势，更上一层楼的战略和国务院召开的经济特区工作会议的精神，结合自己的实际提出了增创新优势的思路和举措。为此深圳特区提出，加快实现“三个根本性转变”：一是经济体制从传统的计划经济体制向社会主义市场经济体制转变；二是经济增长方式从粗放式向集约式转变；三是特区发展从主要依靠特殊政策向提高整体素质、增创新优势转变。提出增创“五大新优势”：增创体制创新、扩大开放、产业升级、城市功能、依法治市新优势，

---

[1] 江泽民：《坚定不移地把经济特区办得更好》（1994年6月20日），《十四大以来重要文献选编》（上册），人民出版社1999年版。

[2] 《江泽民同志在接见深圳市负责人时的讲话》（1995年12月7日），深圳市委办公厅编：《党和国家领导人视察深圳讲话汇编》。

把深圳建设成为有中国特色社会主义示范市。这一阶段深圳经济特区在体制改革方面，在所有制改革、建立现代企业制度、价格改革、完善市场体系、分配制度改革、社会保障制度改革、行政审批制度改革等方面取得新突破，不断推进党的建设、社会主义民主法制建设和精神文明建设，初步建立起社会主义市场经济体制的基本框架。在对外开放方面，进一步提高引进外资的质量，优先引进高技术和知识密集型企业；率先对外商和外籍人实行国民待遇，努力与国际惯例接轨；深化口岸体制改革，提高通关效率，继续推进深港合作。提高对外贸易质量和水平，实施走出去战略，对外贸易取得快速发展。这一时期，深圳经济社会实现跨越式发展，经济保持年均 20% 左右的增长速度，高新技术产业、现代物流业和现代金融业异军突起，成为三大支柱产业，城市功能不断完善，社会各项事业全面进步，人民生活大幅提升，综合经济实力跃居全国大中城市前列。其他各经济特区也积极深化改革和扩大开放，在发挥“四大作用”方面作出了新贡献。

世纪初要求“五个带头”

进入新世纪，我国进入全面建设小康社会、加快推进社会主义现代化的新的发展阶段。世界政治多极化、经济全球化和科技进步的继续发展，为我们的现代化建设提供了难得机遇。到本世纪中叶实现我国现代化建设的第三步战略目标，即人均国民生产总值达到中等发达国家水平，基本实现社会主义现代化，是关系到建设有中国特色社会主义伟大事业非常关键的一步。我国是发展中大国，由于历史和自然的原因，地区间发展极不平衡，体制转换任务还非常艰巨。在实现现代化第三步战略目标的过程中，仍然需要一些地区先行先试，提供新的经验。以江泽民同志为核心的第三代领导集体要求经济特区继续当好改革开放和现代化建设的排头兵，勇于做到“五个带头”，2000 年 11 月，江泽民同志在深圳经济特区建立 20 周年庆祝大会上提出：“在新的历史条件下，经济特区要认真总结成功经验，抓紧解决存在的问题，继续‘增创新优势，更上一层楼’，努力创造新的业绩，率先基本实现现代化。发展经济特区，是建设有中国特色社会主义事业的重要组成部分，将贯穿我国改革开放和现代化建设的全过程。发展是硬道理。经济特区要继续当好改革开放和现代化建设的排头兵，继续争当建设有中国特色社会主义的示范地区，继续充分发挥技术的窗口、管理的窗口、知识的窗口和对外政策的窗口的作用，努力形成和发展经济特区的中国特色、中国风格、中国气派。”[1] 要发挥“五个带头”的作用。从“试验”到“示范”，从“四个作用”到“五个带头”。中央又赋予了经济特区新的历史使命。

第一，“经济特区要带头加快体制创新，率先为全国建立比较完善的社会主义市场经济体制积极探索和实践。”江泽民同志指出，进行体制创新的重要目的，就是要克服生产关系和上层建筑中妨碍生产力发展的因素，不断解放和发展生产力。要坚持公有制为主体、多种所有制经济共同发展的基本经济制度，继续推进国有企业改革，鼓励、支持、引导个体和私营企业健康发展，加强市场体系建设，加快政府职能转变，实行依法行政，深化分配制度改革和完善社会保障制度，同时深入研究当代经济科技发展提出的新要求，加快建立和完善发展社会主义市场经济所必需的一整套制度和机制。要适应我国加入世界贸易组织的新形势，把“引进来”和“走出去”紧密结合起来，不失时机地实施“走出去”战略，更好地利用国内外“两种资源、两个市场”，在更大范围内进行专业化、集约化和规模化的跨国经营，努力形成我们参与国际市场竞争的新优势和占据有利地位。全国各地都应努力这样做，经济特区更应走在前面。[2]

第二，“经济特区要带头大力推进科技创新，在加快结构调整和产业优化升级、实现经济增长方式的根本转变上创造新鲜经验。”[3] 江泽民指出：科技的进步和创新已成为推动经济社会发展的重要决定性因素。要全面实施科教兴国战略，密切跟踪世界科学技术发展的最新成果，大力增强核心技术和重要应用技术的创新能力，努力开拓科技创新的新领域，实现技术跨越式发展。要继续探索科技与经济紧密结合的新路子，加强以企业为主体的技术创新体系建设，建立和完善能够优化配置国内外科技资源的技术开发体制，强化知识、信息、资源、人才的聚集效应。抓紧建立风险投资机制，发展资本市场，支持高新技术产业化。通过科技创新和经济结构的战略性调整，形成新的经济、产业、技术优势，抢占高新技术及其产业化的制高点，努力把经济特区建设成为重要的高新技术研究开发基地、成果转化基地、产品出口加工基地和成果交易中心。[4]

---

[1] 江泽民：《在深圳经济特区建立二十周年庆祝大会上的讲话》（2000 年 11 月 14 日），《十五大以来重要文献选编》（中册），人民出版社 2001 年版。

[2] 同上。

[3] 同上。

[4] 同上。

第三，“经济特区要带头增强服务全国的大局意识，加强与内地的经济技术交流与合作，积极支持实施西部大开发战略。”[1] 江泽民指出：经济特区要带头增强服务全国的大局意识，加强与内地的经济技术交流与合作，积极支持实施西部大开发战略。党中央决定实施西部大开发战略，与兴办经济特区一样，都是为推进全国改革开放和现代化建设而作出的重大战略决策。经济特区的发展，始终离不开全国人民的支持。要充分发挥经济特区在资金、技术、人才、信息、管理等方面的优势，按照市场经济的客观规律，支持企业到西部投资，实现资源优势互补。继续加强对西部欠发达地区的对口扶持，做好扶贫帮困工作，为逐步实现全国人民的共同富裕多作贡献。[2]

第四，“经济特区要带头始终不渝地坚持‘两手抓，两手都要硬’的方针，大力加强社会主义精神文明建设，交好物质文明建设和精神文明建设两份答卷。”[3] 江泽民指出：经济特区处于改革开放的前沿，搞好社会主义精神文明建设尤为重要。要做到既善于学习和借鉴人类文明的一切优秀成果，又善于继承和发扬中华民族一切优秀的思想、道德、文化传统，有效抵御各种消极腐朽思想文化的侵蚀，始终保持社会主义的精神风貌。要坚持进行“致富思源、富而思进”教育，把广大干部群众的力量凝聚到率先基本实现社会主义现代化上来。要坚持贯彻执行党和国家的各项方针政策，坚持依法治国、依法办事、依法治理，下大力气创造良好的民主法制环境，保持社会安定团结。

第五，“经济特区要带头按照‘三个代表’的思想，加强党的建设，不断提高党组织的战斗力和凝聚力，增强拒腐防变的能力。”[4] 江泽民指出：搞好党的建设，是我们实现社会主义现代化的根本保证。要紧密结合实际，不断探索新的历史条件下加强和改进党的思想、组织、作风建设的新路子。要坚持党要管党和从严治党的方针，搞好党风廉政建设和反腐败斗争。大力培养和锻炼一支特别能吃苦耐劳、特别能开拓前进、特别能尽职尽责的党员和干部队伍，领导干部尤其要模范地遵循党的宗旨，全心全意为人民服务，自觉做到廉洁自律，坚决抵制各种腐朽思想的侵蚀和金钱美色的诱惑，努力在实践“三个代表”方面发挥表率作用。[5]

---

[1] 江泽民：《在深圳经济特区建立二十周年庆祝大会上的讲话》（2000 年 11 月 14 日），《十五大以来重要文献选编》（中册）。

[2] 同上。

[3] 同上。

[4] 同上。

[5] 同上。

当前要求“四个先行先试”

2003年10月，在党的十六届三中全会上，以胡锦涛为总书记的党的第三代中央领导集体提出了“坚持以人为本，树立全面、协调、可持续的发展观，促进经济社会和人的全面发展”；强调“按照统筹城乡发展、统筹区域发展、统筹经济社会发展、统筹人与自然和谐发展、统筹国内发展和对外开放的要求”，推进改革和发展。党中央提出的科学发展观和建设和谐社会的重要思想，是指导全面建设小康社会、加快推进社会主义现代化的世界观和方法论的集中体现。在新的历史条件下，如何全面落实科学发展观，促进经济社会全面、协调和可持续发展，建设社会主义和谐社会，率先实现社会主义现代化，迫切需要经济特区作出新的探索和新的试验，提供新的经验。

2003年4月11日至12日，中共中央总书记胡锦涛视察深圳特区时指出，深圳经济特区成立以来，高举邓小平理论伟大旗帜，坚持实践“三个代表”重要思想，取得了很大成就。今后深圳还要加快发展、率先发展、协调发展，继续走在全国的前列，这样深圳经济特区的历史作用才能更充分地得到发挥。2005年9月9日至13日，国务院总理温家宝视察珠海、深圳特区和广东其他地方，并在深圳主持召开全国经济特区工作座谈会，发表讲话。他指出，“在新的历史条件下，经济特区的地位和作用不能削弱，更不能消失。中央已多次重申：发展经济特区的决心不变；经济特区的基本政策不变；经济特区在全国改革开放和现代化建设中的历史地位和作用不变；经济特区不仅要继续办下去，还要办得更好。因此，经济特区要顺应新形势，继续当好建设中国特色社会主义的示范地区，继续充分发挥改革‘试验田’作用和对外开放‘窗口’作用。”“经济特区在新的历史条件下，要肩负起新的使命，攀登新的高峰，率先基本实现现代化，就必须在全面落实科学发展观方面走在全国前列。”[1]2006年12月，中共中央总书记胡锦涛在同海南省委书记卫留成谈话时指出：海南是全国最大的、也是唯一全省性的经济特区，一定要突出“特”字，在经济方面要构建具有海南特色的经济结构。要坚持改革开放，大胆创新，创建有利于科学发展的体制机制。总之，要突出特色，创出自己的特点。在发展新型工业、热带高效农业、旅游业和高新技术产业等方面都要有自己的特色。2007年10月24日，中共中央总书记胡锦涛在党的

---

[1] 温家宝：《顺应新形势　办出新特色　继续发挥经济特区作用》（2005年9月13日），载《国务院公报》2005年第31号。

十七大提出："要更好发挥经济特区、上海浦东新区、天津滨海新区在改革开放和自主创新中的重要作用"。2008 年 4 月 7 日至 9 日，中共中央总书记胡锦涛在视察海南经济特区时指出，海南建省办经济特区 20 年来，经济社会发展取得了引人瞩目的成就，城乡面貌发生了深刻变化。实践充分证明，中央关于海南建省办经济特区的决策是完全正确的。胡锦涛要求海南着力转变经济发展方式，进一步提高经济发展的质量和效益；着力抓好"三农"工作，推进社会主义新农村建设；着力建设生态文明，进一步增强可持续发展能力；着力深化改革开放，构建有利于科学发展的体制机制；着力保障和改善民生，进一步促进社会和谐；着力加强党的作风建设，进一步改进党的作风。

为进一步落实中央关于要更好发挥经济特区、上海浦东新区、天津滨海新区在改革开放和自主创新中的重要作用的指示精神，中央接着推出了一系列改革开放的新举措，使经济特区发展走上新台阶。2009 年 5 月 27 日，国家发改委下发《关于印发深圳市综合配套改革总体方案的通知》（发改经体 [2009]1263 号文），将深圳经济特区定位为"一区四市"，即综合配套改革实验区、全国经济中心城市和国家创新型城市、建设国际化城市和中国特色社会主义示范市。要求深圳按照国家改革发展的战略部署，做到"四个先行先试"：一是对国家深化改革、扩大开放的重大举措先行先试；二是对符合国际惯例和通行规则，符合我国未来发展方向，需要试点探索和制度设计先行先试；三是对深圳经济社会发展有重要影响，对全国具有重大示范带动作用的体制创新先行先试；四是对国家加强内地与香港经济合作的重要事项先行先试。力争在重要领域和关键环节取得新的突破，在全国率先形成科学发展的体制机制，为发展中国特色社会主义创造新鲜经验。该方案提出综合配套改革的"六大任务"：一是深化行政管理体制改革，率先建成公共服务型政府；二是全面深化经济体制改革，率先建立完善的社会主义市场经济体制；三是积极推进社会领域改革，加快构建社会主义和谐；四是完善自主创新体制机制，加快建设国家创新型城市；五是以深港紧密合作为重点，全面创新对外开放和区域合作的体制机制。该方案同时要求建立金融改革创新综合试验区，争创国家教育改革综合改革示范区。

2009 年 8 月 14 日，国务院下发《关于横琴总体发展规划的批复》（国发 [2009] 号文），提出以合作、创新和服务为主题，充分发挥横琴地处粤港澳结合部的优势，推进与港澳紧密合作，融合发展，逐步把横琴建设成为带动珠三角、服务港澳、率先发展的"一国两制"下探索粤港澳合作新模式的示范区，深化改革开放和科技创新的先行区，促进珠江口西岸地区产业升级的新平台。把横琴纳入珠海经济特区范围，实施“分线管理”的通关创新制度。横琴新区发展目标是：经过10到15年的努力，把横琴建设成为连通港澳、区域共建的“开放岛”，经济繁荣、宜居宜业的“活力岛”，知识密集、信息发达的“智能岛”，资源节约、环境友好的“生态岛”。国务院赋予横琴在制度创新、科学技术创新、管理体制创新、发展模式创新、金融创新、产业和信息化政策、社会管理制度和土地管理制度改革等方面的先行先试权。这是继上海浦东新区、天津滨海新区之后，第三个由国务院批准的国家级新区。这既是中央对珠海经济特区提出的新要求和新使命，同时也为珠海经济特区的未来发展注入了强大动力。

2009年12月31日，国务院下发《国务院关于推进海南国际旅游岛建设发展的若干意见》（国发[2009]44号文），提出要进一步解放思想，深化改革，扩大开放，构建更具活力的体制机制，走生产发展、生活富裕、生态良好的科学发展之路；积极发展服务型经济、开放型经济、生态型经济，形成以旅游业为龙头、现代服务业为主导的特色经济结构；着力提高旅游业发展质量，打造具有海南特色、达到国际先进水平的旅游产业体系；注重保障和改善民生，大力发展社会事业，加快推进城乡和区域协调发展，逐步将海南建设成为生态环境优美、文化魅力独特、社会文明祥和的开放之岛、绿色之岛、文明之岛、和谐之岛。将海南定位为：（1）我国旅游业改革创新的试验区。（2）世界一流的海岛休闲度假旅游目的地。（3）全国生态文明建设示范区。（4）国际经济合作和文化交流的重要平台。（5）南海资源开发和服务基地。（6）国家热带现代农业基地。要求海南充分发挥海南的经济特区优势，积极探索，先行试验，发挥市场配置资源的基础性作用，加快体制机制创新，推动海南旅游业及相关现代服务业在改革开放和科学发展方面走在全国前列。国家对海南的生态文明建设、产业发展、基础设施建设、社会事业建设等各个领域提出了方向和要求，并从投融资、财税、开放、土地等方面给予海南许多特殊政策支持。《国务院关于推进海南国际旅游岛建设发展的若干意见》发布，标志着国际旅游岛建设正式上升成为国家战略，同时也意味着海南在未来10年内，将进入一个新的十分重要的战略机遇期。

对于汕头、厦门特区和上海浦东、天津滨海新区的改革与发展，中央和省市都分别给予了新的要求和新的部署。

总之，在新时期，中央赋予经济特区新的内涵和新的使命，对经济特区的改革开放和现代化建设提出了新要求和新任务。我们相信未来经济特区在我国改革开放和自主创新中将发挥越来越重要的作用，取得更辉煌的。

第七章

经济特区创办与发展中的几个问题

在我国经济特区的创办与发展过程中，总是伴随着这样或那样的争论。我们认为，很多争论是源于对经济特区认识的误解。

第一节　经济特区发展的世界性问题

过去我们许多人认为经济特区是中国一国所独有的现象，认为经济特区的存在是违背国际惯例的，认为在西方发达国家没有经济特区。其实经济特区是一个普遍的世界经济现象，在世界各国和地区都普遍存在。中国经济特区是在借鉴世界其他国家和地区举办经济特区的做法和经验基础上创办的。相对于世界经济特区而言，中国的经济特区还是新生儿。实际上经济特区早在13世纪就已诞生了。“经济特区”是中国的叫法，但并不说明世界其他国家和地区没有类似的经济特区，世界经济性特区的问世已有数百年的历史。

世界经济特区的产生和发展，大致经历了三个时期：（1）1228年至20世纪50年代，是自由港和自由贸易区在世界范围内的发展时期。经济特区的最初形式是自由港和自由贸易区，其历史可以追溯到古希腊时代。1228年法国马赛港自由贸易区被认为是世界上最早的经济特区。1547年意大利热亚那自由港是世界上第一个正式以“自由港”命名的经济特区。中国的香港、澳门分别于1841年和1845年宣布实行自由港。（2）20世纪50年代至70年代中期，是出口加工区在世界范围内出现和发展的时期。出口加工区在欧洲最先出现。1959年爱尔兰香农自由加工区被认为是世界上第一个出口加工区。典型的出口加工区出现在亚洲，1966年中国台湾高雄加工出口区，被认为是世界上第一个正式以“加工出口区”命名的出口加工区。中国大陆于20世纪90年代和本世纪初分别设立了保税区和出口加工区。目前世界上许多国家和地区，特别是发展中国家和地区都设有许多出口加工区（目前世界加工出口区协会把“出口加工区”更名为“经济加工区”）。(3) 20世纪70年代末至现在，是世界经济特区向科学化、综合化和跨国化发展时期。1951年美国斯坦福研究园（后发展成为闻名于世的“硅谷”）是世界科技性经济特区的始祖，七八十年代以来，随着科技革命浪潮席卷，各类科技性经济特区（科学园、技术城、大学园、研究园、科学工业园区、高新技术产业园区等）在世界范围内得到蓬勃发展。中国台湾、新加坡分别于1980年设立新竹科学工业园区和肯特岗科学工业园区，中国大陆于20世纪80年代中期起设立了众多的高新技术产业园区。与此同时，世界经济特区的另一种重要形式——综合性经济特区也在广大发展中国家和地区涌现出来。创办较早的综合性经济特区有新加坡裕廊工业区、巴西马瑙斯自由贸易区、印度尼西亚巴浩岛自由贸易区以及中国深圳、珠海、汕头、厦门、海南等经济特区。此外，随着世界经济的全球化，经济特区向跨国化方向发展，如欧洲自由贸易区、北美自由贸易区和东盟自由贸易区等。

透过世界经济特区发展的历史轨迹，我们至少可以获得以下启示：(1) 经济特区的发展已经超越了自然地域范围的限制，它从西欧扩展到世界五大洲，除大洋洲以外，亚、非、欧、美都各有数以百计的各类经济特区。(2) 经济特区的发展已经超越了经济发展水平的限制，无论是美国、日本、德国、英国等工业发达国家，还是韩国、新加坡、巴西、墨西哥、中国台湾和香港等新兴工业化国家和地区，抑或是泰国、印度尼西亚、马来西亚、印度、中国等准工业化国家，或者是经济极为落后的南太平洋岛国斐济，都设立了各类经济特区，利用经济特区促进本国和地区的经济发展。(3) 经济特区的发展已经超越了经济体制的界限，无论是欧美市场经济高度发达和市场主导体制的国家，还是像韩国、新加坡、中国台湾等市场比较发达和政府主导体制的国家和地区，抑或是像中国这样正向市场经济过渡的国家，或者是像朝鲜这样完全实行计划经济的国家，都设立或者正在准备设立经济特区。(4) 经济特区的发展已经超越了社会经济制度的界限，20世纪70年代以前，经济特区只存在于资本主义和带有浓厚前资本主义色彩的国家。进入70年代以后，一些社会主义国家也相继兴办了各类经济特区。

从世界经济特区的发展看，主要有下列一些普遍做法和经验：

第一，重视区位选择。世界各国和地区一般都能根据经济特区的性质要求，选择理想的设区地址，做到因地制宜，发挥所长。因此，世界上大多数经济特区往往都占有优越的地理位置，处于优异的自然环境之中。它们大多设在：(1) 国际海运港附近；(2) 国际航空港附近；(3) 内陆交通十分发达地区；(4) 内陆大型城市附近。一般而言，特区多分布在一国的沿海、沿江（包括湖泊）、沿线（铁路、高速公路）和沿边（边境）地区，那里铁路、公路、水运、空运四通八达，通讯设备、信息网络相对齐全，和境外和国外有着广泛的经济联系，是设置经济特区比较理想的区域。对于一些富有特殊性质的经济特区，如旅游经济特区、农牧业经济特区、开发特殊资源的经济特区等，则是依据所创办经济特区的性质，选择拥有丰富的旅游资源或具备开发农牧业条件，或具有某种值得大力开发的资源的地区。科技型经济特区，一般设在著名高等学府、科研机构和信息集散中心周围，同时生活服务设施齐全、空气清新和环境幽雅的地区。经济特区选择合适的设区地点，往往可以事半功倍，可使经济特区在较短的时间内收到较明显的建设、经营以及经济效果，加速经济特区的发展。

第二，创造良好的环境。环境是指一国或地区的政治、经济、社会等方面的环境。政治环境由政权稳定程度、政策连续性、政府对外资的态度等因素组成。经济环境主要是指基础设施、行政管理效率、市场条件、劳动资源及工资水平、物价水平等因素。其中基础设施包括水力、电力、能源供给、交通运输、电讯网络、金融保险服务、文化、娱乐或市政设施等便于外商生产和生活的各项服务。社会环境主要是指社会治安状况、居民文化素质、居民对外资的态度等。良好的环境是经济特区有竞争力的基本条件。许多经济特区之所以成功，就在于创造了易于投资者经营并赢利的环境。由此，许多经济特区逐步从优惠条件的竞争转向投资环境的竞争，以总体环境的改善为目标。此外，外商对设区国家和地区的政治环境也相当敏感。没有政治保证，不管其他条件如何优惠，外商是不愿投资的。因此，政局稳定，政策持久，是设置经济特区的起码条件。此外，建立精简高效的经济特区管理机构，对增强外商的投资信心，吸引更多的外资具有相当重要的作用。经济特区的管理机构一般都级别高、权力大，具有决策权，办事迅速、效率高。

第三，制定发展规划。制定经济特区的发展规划，即总体规划，是关系经济特区建设并具有先行性的一项重要工作，对经济特区建设的成效具有关键性意义。经济特区的发展规划应包括远期、中期及近期计划。它必须建立在对经济特区所在地诸方面条件的全面调查的基础上，确定经济和社会发展等各方面的具体任务、具体指标，包括人口规划、经济结构规划，基本建设和基础结构设施建设规划、投资规划，以及产值、劳动生产力、国民收入、经济效益诸方面的规划与指标。同时，还必须提出实现各项规划和规定任务的主要措施、方法。经济特区发展规划的制定，是一项涉及经济特区存在、建设、发展的政策性、全局性的工作，而且又必须先行于经济特区建设，是一项政策性、原则性很强的综合工程。因此，各设区国或地区在制定经济特区的发展规划时，往往开展广泛的调查研究，组织专门的班子，聘请国内外有关专家进行认真的分析、研究、评议、论证，使规划尽量具有科学性，做到合理、完善、详细与具体。

第四，提供法律保障。经济特区是引进外资集中的地方，对外经济联系、外事活动频繁。据此，许多国家或地区在未设置经济特区之前或在设置过程中，就制定了明确的有关特区的投资法令和法律法规，乃至实施细则，从法律上界定外国公民和外资企业在经济特区投资或以其他形式经济合作的利益，增加其对投资活动的安全感和对前景的信心。按照国际惯例，这类法律法规一般包括三个方面：(1) 特区行政管理方面，包括特区设置、行政机构的设立与权限、海关管理、商品进出口管理、房地产、劳动工资、商标、广告、仲裁等。(2) 外商权利义务方面，包括投资申请、审批程序、企业注册、合同、破产、财产所有权、资金转移、雇佣和解雇工人、合理盈利、应缴纳的税金种类和比例等。(3) 特区优惠待遇方面，包括投资奖励、税收减免、再投资鼓励、土地、厂房租金、外汇自由汇出、补贴、优惠贷款、加速折旧等。此外，为了保证和协调投资企业、设区国家或地区与投资国家或地区三者的利益，设区国家或地区一般由政府出面和投资国家或地区签订征税协议，避免投资企业向设区国或地区和投资国或地区交纳双重税收，造成不必要的障碍。

第五，不断调整与改革。经济特区是设区国或地区经济发展战略的产物，又与国际市场接轨，这要求经济特区的政策和功能必须适应国际环境，对国际经济有较强的应变力和适应力，才能服务于国内经济发展的各个阶段。因此，调整与改革往往成为经济特区发展的主旋律。许多国家或地区的调整改革政策都从有利于经济特区发展为出发点，着重于总结经验教训，趋利避害，以保持、提高或恢复经济特区在国际商品和资本流通中的吸引力、竞争力和扩散力。同时，许多国家都把经济特区作为全国对外开放的重点工程，逐步提高开放度。总之，经济特区是在适应国际国内环境的不断调整改革中求得发展的。某些经济特区之所以只能维持一个较短的期限，就在于采取过于静态的方针，应变能力太差。

由此可见，经济特区现象本身就是一个国际经济惯例。那种把经济特区仅仅看成中国唯一的现象，认为设立经济特区就违反了国际惯例，并以国外没有经济特区而否认中国经济特区存在合理性的观点和取消经济特区的政策主张，是不正确的，是对“世界知识”的无知。中国的经济特区实际上是世界经济特区群体中的一个重要组成部分。如果我们多以一点“世界的眼光”来审视和认识中国的经济特区，或许我们对中国经济特区的认识就不会有那么多的偏见或误解。

第二节 经济特区的发展模式问题

无论是过去还是现在，很多人在谈论经济特区的时候，往往想到是深圳、珠海、汕头、厦门、海南冠名为“经济特区”的五大经济特区，认为除此之外，其他都是非经济特区。其实经济特区的形式是多种多样的，中国几乎囊括了世界经济特区的所有形式。

所谓经济特区，是指主权国家或个别地区在其境内划出一定范围，实行特殊开放政策和特殊管理体制，以此实现特定经济目标的特殊区域。正因为经济特区举办有其特定的经济目标，所以其存在的形式也多种多样。世界存在各种经济特区，尽管称谓、类型、规模不同，其内部存在着诸多差异，但同世界上非经济特区的一般区域相比，又具有许多共同之处。各类经济特区具有的共同特征有：

第一，设区目的的经济性。各类经济特区的设立，无一不是以获取一定经济利益为目的。例如，自由港和自由贸易区，其设区目的是为了从扩大国际贸易中获益；出口加工区，则是为了吸收外资，扩大就业，增加外汇收入；科技型特区，是为了引进先进技术，开发新产品、新工艺，促进科技进步和现代化建设；综合型特区，是为了吸引外资于各类经济事业，促进本国经济的全面起飞。经济特区的这一特征，是它不同于一般行政区域的主要特征。一般行政区域主要是根据地理特征与政权管辖来划分的。

第二，特定区域的隔离性。各类经济特区为了有效地在区域内实施有别于其他区域的特殊政策，一般划定有明确地理界线的区域范围，并以关卡或某些障碍将其与其他地区隔离开来，成为独立的特殊经济区域。例如，自由港是划在本国关境以外，不归属国家海关管辖，所有居民和旅客均享受关税优惠的“独立关税区”；自由贸易区是在本国关境以外的隔离地区，它对进入区内的货物给予免税或免受海关监督的便利；出口加工区指的是进口原料或元器件、辅料等可以免税或免办海关手续并进行指定加工作业的隔离区。这种特定区域的隔离性，构成了经济特区独特的区域地理特征。

第三，经济政策的特殊性。经济特区，“特”在实行不同于一般地区的特殊政策与管理方法。特殊政策的核心内容就是为鼓励外商投资和经营提供各方面的优惠措施，一般包括：(1) 对进出口货物豁免关税；(2) 减免企业所得税及产品流转税，加速折旧（一般为 5—10 年）；(3) 允许外商将资本、利润自由汇入、汇出；(4) 积极提供信贷支持；(5) 建立精干高效的管理体制机构，为开展各种业务活动提供一揽子服务；(6) 提供完备的基础设施，且收费低廉；(7) 提供低廉、充足的劳动力。为此，经济特区一般不实行国内的海关管制、外汇管制与价格管理等。

第四，经济活动的更为开放性。经济特区是设区国或地区采取更为开放的政策的特殊区域，是设区国或地区对外开放的最前沿阵地，其经济活动更为开放。这种更为开放性，表现为经济活动的自由性与外向性。各类经济性特区都通过其在经济政策、海关管制方面的优惠，或经济管理体制上的特殊，使区内对经济活动的各种干涉减少到较低的程度，为外商在投资贸易以及其他经济活动中提供比国内其他地区更为广阔的自由。区内的投资者与经营者主要是外籍厂商；区内的经济活动主要是面向出口生产、贸易等活动；区内生产所需的机械设备、原材料与元器件、先进的工艺技术和管理方法、产品的销售市场，基本上立足于国外；区内所需的高级技术和研究人员，也大都来自国外。这一特征，使经济特区成为国际贸易活动与国际资本流动的特殊场所。

世界上各国和地区存在的经济特区，主要有五种类型：

第一，贸易型经济特区。这是一种以减免关税为主要优惠政策，吸引外商、外贸、外轮和各种商品，发展对外贸易和转口贸易，以商业盈利为主要目标的经济特区。自由港、自由贸易区、自由关税区、自由边境区、自由银行区、自由保险区、自由企业区和海关仓库等均属此类。这类经济特区是对在国际航海线上条件优越的港口或城市，实行特别的关税管理制度，以促进本国和本地区经济发展的一种经济管理模式。它规定外国商品在该区可以免税进出，自由存储、分类、包装转运和简单加工，借以吸引外国船只和商品进入港区，发展贸易和转口贸易。由于其经营范围主要是商业、金融、保险等流通领域，往往不能同中心城市或毗邻地区的工业发展有效地协调起来，因而也就不能最大限度地发挥其向附属地区“传播效益”的功能。自由港、自由贸易区等形式的经济特区主要集中在发达国家和地区。

第二，工贸型经济特区。这是一种以减免关税和所得税为主要优惠政策，吸引外商直接在区内投资、生产和出口各种加工制品，以生产收入为主要目标的经济特区。这类经济特区把贸易型和生产型两种经营结合起来，兼具工业生产与出口贸易两种功能。它的基本形式是出口加工区，此外还有自由工业区、投资促进区、经济技术开发区和保税工业区等。这类经济特区的经营范围主要是工业、农业等生产领域，对毗邻地区经济能产生辐射、扩散效应，具有作为宏观经济促进器的作用，因而往往被看作刺激国内经济发展的基地或“增长极”。这类模式多见于经济发展水平和工业化程度都不甚高，但又有一定工业基础的发展中国家和地区。目前，工贸型经济特区处于相对饱和时期，它正经受着相持阶段的稳定和产业结构升级的考验。

第三，科技型经济特区。这是一种以大学和科研机构为依托，通过吸引外资、外国技术建立高新技术出口产业，以研究、出口和生产高新技术产品为主要目标的经济特区。它的典型形式是科学工业园区，类似的称谓还有工业科学园、科研工业区、新技术开发区、高技术园区、科学公园、大学研究园、大学科技园、科学城、技术城等。科技型经济特区有三个显著特点：(1) 科技型经济特区所依托的是高等学府和科学研究机构，它的发展主要侧重于人才和知识，而不是依赖自然资源和一般劳动力资源；(2) 科技形经济特区对技术和知识的集约程度要求比较高，而对劳动密集型与资源密集型的企业则采取限制以至拒绝的态度；(3) 科技型经济特区对东道国或地区的科技发展，工业化以及经济发展将发挥更为巨大的促进作用。因为它能实现产业、科研、教育“三位一体”的发展，在促进设区国或地区的产品更新换代和产业结构调整与升级中起先导作用，因而已成为当今世界经济特区发展的主要方向。

第四，综合型经济特区。这是一种以一业为主，多业经营，具有多层次的产业结构，多功能和规模比较大的经济特区。它是在贸易型、工贸型基础上形成和发展起来的一种更先进的新型经济特区。它横跨生产、流通两个领域，既可以生产出口商品为主，也可以发展商品贸易为主，同时发展工、商、农、牧、旅游、金融、高技术等各项业务。由于具有多行业、多部门、多功能的优势，与一般的自由港、自由贸易区和出口加工区比较，具有更强的竞争能力和应变能力，对毗邻地区乃至全国经济的影响更广泛。虽然，目前世界上综合型经济特区为数极少，但却代表了经济特区未来的发展方向。从各国实践来看，综合型经济特区的建立必须经过一定的发展过程，在条件不具备时，一味追求设区的“大而全”，是搞不成功的。综合经济特区没有统一的称谓，有的称工业区，有的称自由贸易区，在我国则称为经济特区。如巴西马瑙斯自由贸易区，新加坡，中国的香港、深圳、厦门、汕头、珠海、海南、上海浦东等。

第五，跨境型经济特区。这是由一个关境范围内的自由贸易区延伸或扩大而形成的经济特区（关税同盟）。根据关贸总协定第 24 条第 8 款（甲）项规定：“关税同盟应理解为以一个单位的关税领土代替两个或两个以上的关税领土。因此：(1) 对同盟的组成领土之间的贸易，或至少对这些领土产品的实质上所有贸易，实质上取消关税和其他贸易限制。(2) 同盟的每一个成员对于同盟以外领土的贸易，已实施实质上同样的关税或其他贸易规章。”根据这个定义，这种跨境型经济特区有两个基本特征：一是经济特区内取消一切内部关税壁垒和关税措施，即取消关境；二是经济特区对外采取统一的关税壁垒和非关税壁垒。所以对世界范围而言，它属于经济特区的范畴。如欧洲自由贸易区、北美自由贸易区、东盟自由贸易区等。

在中国，香港、澳门都是自由港，台湾有高雄、楠梓、台中等加工出口区和新竹、台中、台南等科学工业园区。中国大陆实际上除了深圳、珠海、汕头、厦门、海南、上海浦东、天津滨海等 7 大综合性经济特区以外，自 20 世纪 80 年代中期以来设立 54 个国家级高新技术产业园区，自 20 世纪 90 年代以来设立了 15 个国家级保税区，自 2000 年后设立了 62 个国家级出口加工区和 9 个保税物流园区，2005 年后设立了 13 个国家级保税港区。2006 年以来，又设立 9 个综合保税区。中国大陆经济特区的模式主要有：

第一，贸易型经济特区。这类经济特区是一种在国际航海线上条件优越的港口国家及地区，实行特别的关税管理制度，以促进本国和本地区经济发展的一种经济管理模式。我国目前设立的 9 个保税物流园区、13 个保税港区和 9 个综合保税区就属于这种贸易型经济特区。保税港区享受保税区、出口加工区、保税物流园区相关的税收和外汇管理政策。主要有：国外货物入港区保税；货物出港区进入国内销售按货物进口的有关规定办理报关，并按货物实际状态征税；国内货物入港区视同出口，实行退税；港区内企业之间的货物交易不征增值税和消费税。保税港区叠加了保税区和出口加工区税收和外汇政策，在区位、功能和政策上优势更明显。我国大陆保税港区的功能定位与国际上自由港概念最接近，不仅在地域范围上大于普通保税区，而且享受港口与保税区的联动效应。

第二，工贸型经济特区。我国目前设立 15 个国家级保税区和 62 个国家级出口加工区就属于这种工贸型经济特区。保税区与出口加工区的区别主要有：(1) 功能不同：出口加工区功能单一，仅限于产品外销的加工业务；而保税区则具有加工、贸易、仓储及展览等功能。(2) 退税政策不同：国内原料、物料进入出口加工区视同出口，海关按照对出口货物的有关规定办理报关手续，并在货物办理入区报关环节签发出口退税报关单，区外企业凭报关单出口退税联及有关凭证向税务部门办理出口退(免)税手续；而进入保税区的国内货物，必须等货物实际离境后，才能办理出口退税手续。(3) 成品内销政策不同：加工区销往境内区外的货物，海关按照对进口货物的有关规定办理报关手续，并按制成品征税；保税区内销的货物，海关根据货物的实际情况，作分别处理。只有当内销成品完全由进口料件组成时，才按成品征税。(4) 分布区域不同，出口加工区分布在我国沿海到内陆，而保税区则分布在我国沿海港口城市。

第三，科技型经济特区。我国设立的 54 个国家级高新技术产业开发区、众多的省级高新技术产业开发区以及许多国家级、省级大学科技园区等都属于这种类型的经济特区。一般而言，对科技型经济特区的选址和条件要求比较高，一般要设在具有较完善基础设施、较强经济实力和较好科教发展基础的大城市。当然在我国，一些经济实力较弱，科教基础较差的中小城市也设有国家级高新区。至于省级高新区的选址和设立，就差强人意了，似乎有遍地开花的味道。所以，我国目前有很大一部分高新区发展效果很差，也就是意料之中的事了。因为这些地方，根本就没有条件设立这样类型的经济特区。

第四，综合型经济特区。在我国，这类经济特区既包括深圳、珠海、汕头、厦门、海南等 5 大经济特区，同时也包括上海浦东新区和天津滨海新区。它们具有范围大、功能多、辐射强等特征。特别是海南作为一个省设立经济特区在世界上也属罕见。由于面积大，功能多，其开发周期需要较长时间。

第五，跨境型经济特区。在我国，已与香港、澳门签订的 CEPA，即将与台湾签订的 ECFA，中国—东盟自由贸易区就属于这类跨境型经济特区。此外，珠澳跨境工业区，中哈霍尔果斯边境经济合作区也属于跨境型经济特区。这里讲的跨境是指跨的“关境”而非国境。

可见，经济特区在中国的发展，已从一种形式到多种形式，从沿海到内陆，甚至西安、成都、乌鲁木齐等内陆和边远地区都设立了不同形式的经济特区。过去我们一谈到经济特区，就是指深圳、珠海、汕头、厦门、海南等冠名为“经济特区”的五个经济特区，而把其他更具有经济特区属性的各类经济特区则排除在外，这未免太“机械”了。如果把经济特区仅仅看成是东部沿海个别地区的个别现象，显然有失偏颇，也无益于我们全面地认识和把握经济特区。

第三节　经济特区发展的性质问题

经济特区究竟属于什么性质？这是我国理论界自创办经济特区以来争论较多的一个重大理论问题。如邓小平南方讲话中指出的：“对办特区，从一开始就有不同意见，担心是不是搞资本主义。”[1] 为什么总有人担心、怀疑甚至否定我国经济特区的社会主义性质，而认为它姓“资”呢？这主要存在以下三种误解：

第一，认为特区大量引进外资，改变了公有制的主体地位，甚至认为特区是搞了私有化。我国经济特区尽管引进外资，大量兴办“三资”企业，非公有制经济成分有较快发展，但能源、交通、电业、银行等主要经济部门还是公有制经济。即使“三资”企业占了主体，也不足为怕，也不能说特区姓“资”不姓“社”。这是因为，一方面“三资”企业不等于资本主义，而是在我们社会主义国家领导下的国家资本主义，即具有社会主义性质的国家资本主义；另一方面从全国整体而言，公有制经济对其还起主导作用。1984 年 6 月，邓小平在会见香港人士时说，“大陆开放一些城市，允许一些外资进入，这是作为社会主义经济的补充，有利于社会主义生产力的发展。比如外资到上海去，当然不是整个上海都实行资本主义制度。深圳也不是，还是实行社会主义制度。中国的主体是社会主义。”[2]1992 年初南方视察时邓小平又指出：“多搞点‘三资’企业，不要怕。只要我们头脑清醒，就不怕。我们有优势，有国营大中型企业，有乡镇企业，更重要的是政权在我们手里。有的人认为，多一分外资，就多一分资本主义，‘三资’企业多了，就是资本主义的东西多了，就是发展了资本主义。这些人连基本常识都没有。”[3] 至于分配方面，外资企业中存在剥削，这是事实，但这是我国现阶段生产力发展水平所决定的，是我国宪法和法律所允许的，是按劳分配制

[1] 《邓小平文选》第 3 卷，第 372 页。
[2] 同上，第 59 页。
[3] 同上，第 372—373 页。

度的有益补充，是调动各种积极因素，加速我国经济发展的必要措施。正如邓小平所说："我们现阶段的'三资'企业，按照现行的法规政策，外商总是要赚一些钱。但是，国家还要拿回税收，工人还要拿回工资，我们还可以学习技术和管理，还可以得到信息、打开市场。因此，'三资'企业受到我国整个政治、经济条件的制约，是社会主义经济的有益补充，归根到底是有利于社会主义的。"[1]

第二，认为特区允许外商成片承包开发土地，会损害中国主权。经济特区与殖民地、租界具有根本不同的性质。区分两者，一个最根本的原则，就是要看在那里能否全面行使我们国家的主权。经济特区是我国在坚持独立自主的前提下，实行对外开放政策，具有一定特殊性和灵活性的一个区域，它的一切经济活动都置于我们国家的管理、监督和调节之下。我们既然肯定特区经济中的"三资"企业属于国家资本主义，那么，它在特区全面行使我国的主权，也是毫无疑问的了。只有不了解经济特区这个最本质的特征的人，才会把它同旧中国的租界和殖民地混为一谈。

我们在特区提供给客商使用的土地，有的是采取出租的形式，收取租金；有的是采取投资的形式，同客商合作经营，分得利润。这些都是在平等互利的原则下进行的。对于采取这些形式提供的土地，客商只能在按照我们国家法律规定的期限内，取得使用权，而所有权仍然归我们国家所有。这同采取不平等条约，实行强占和掠夺的租界和殖民地具有根本不同的性质。1988 年 12 月，全国七届人大常委会第五次通过修改的《中华人民共和国土地管理法》规定："国有土地和集体所有的土地的使用权可以依法转让"，"国家依法实行国有土地的有偿使用制度"。可见，吸收外资进行土地成片开发，不仅为我国法律所允许，而且受到我国法律的鼓励与保护。外商成片开发经营土地只是一种商业行为，在法律上属财产关系，与国家领土主权分属不同的范畴，不会影响我国在该区域内的主权。外商根据成片开发协议，只能取得一定区域土地的一定时期的使用权或经营权，这种权利及开发行为都是在我国的主权管辖之下。成片开发中的协议不具有国际法上的任何效力，它只受东道国法律的管辖。正是基于这种原因，许多国家都利用这种形式吸引外资，以促进本国经济的发展。因此，怀疑特区土地成片开发会丧失国家主权是杞人忧天。土地的成片开发不仅不会丢失国家主权，还会加速经济的发展，增强我国的综合国力。而我国于 1989 年发生的"洋浦风波"就是典型一例。

---

[1] 《邓小平文选》第 3 卷，第 373 页。

第三，认为特区改革开放新事新办、特事特办，是采用了资本主义的做法。经济特区作为全国改革开放的试验场，率先改掉了诸如单一的公有制、计划经济等这样一些传统的东西，实行了诸如承包、租赁、抵押、兼并、破产、招标投标、发行股票、有偿转让土地使用权、建立证券交易所、建立劳务市场等等措施和做法，特别是在率先建立社会主义市场经济方面作出了贡献。但我们不能在没有作具体分析的情况下，就用传统的观念和僵化的思维方式来判定它姓“资”。改革开放正是要改掉阻碍社会主义社会生产力发展的东西，借鉴和引进适应、促进社会主义社会生产力发展的东西。不能因为单一的公有制、计划经济等曾被社会主义国家用过就认为是社会主义的东西而加以固守，不能因为市场经济、市场调节等被资本主义国家使用就认为是资本主义的东西而拒之门外，更不能把那些本来就不姓“资”也不姓“社”的东西（如股票、证券等）错误地定为姓“资”而弃之不用。邓小平南方讲话中就明确指出：“计划多一点还是市场多一点，不是社会主义与资本主义的本质区别。计划经济不等于社会主义，资本主义也有计划；市场经济不等于资本主义，社会主义也有市场。计划和市场都是经济手段。社会主义的本质，是解放生产力，发展生产力，消灭剥削，消除两极分化，最终达到共同富裕。就是要对大家讲这个道理。证券、股市，这些东西究竟好不好，有没有危险，是不是资本主义独有的东西，社会主义能不能用？允许看，但要坚决地试。……总之，社会主义要赢得与资本主义相比较的优势，就必须大胆吸收和借鉴人类社会创造的一切文明成果，吸收和借鉴当今世界各国包括资本主义发达国家的一切反映现代社会化生产规律的先进经营方式、管理方法。”[1] 本世纪初，当资本主义列强正包围着苏维埃国家，企图扼杀这刚刚诞生的红色政权的时候，列宁就大胆地说过：“社会主义实现得如何，取决于我们苏维埃政权和苏维埃管理机构同资本主义最新的进步的东西结合的好坏。”[2] 办特区，归根到底，就是为建设中国特色的社会主义探索新路子。经济特区自创办以来，始终抓住经济建设这个中心不放，大胆改革，敢于闯不合时宜的政策法规的“禁区”，敢于闯前人未敢涉足的“盲区”，敢于闯矛盾错综复杂令人望而却步的“难区”；勇于开放，大胆吸引外资，引进外国的先进技术和经验，包括资本主义发达国家的先进技术和管理方法。结果，他们闯出了经济特区发展的新路子，闯出了经济特区发展的新局面，成为全国改革开放的重要示

---

[1] 《邓小平文选》第 3 卷，第 373 页。

[2] 《列宁选集》第 3 卷，人民出版社 1972 年版，第 511 页。

范区。我们怎么能凭空怀疑特区的实践呢？邓小平南方讲话中一针见血地指出："改革开放迈不开步子，不敢闯，说来说去就是怕资本主义的东西多了，走了资本主义道路。要害是姓'资'还是姓'社'的问题。判断的标准，应该主要看是否有利于发展社会主义社会的生产力，是否有利于增强社会主义国家的综合国力，是否有利于提高人民的生活水平。对办特区，从一开始就有不同意见，担心是不是搞资本主义。深圳的建设成就，明确回答了那些有这样那样担心的人。特区姓'社'不姓'资'。"[1]

从理论上搞清楚这个问题，对于我们进一步解放思想，积极办好经济特区，继续深化改革和扩大对外开放，具有重要的指导意义。经济特区的性质是什么？有各种不同的看法。大致说来，有这样一些观点：第一种观点认为，我国经济特区的性质完全是社会主义性质的。其理由：(1) 经济特区只是我国主动划出一小块土地，实行某些特殊的经济政策，并不是社会经济制度方面的特区，而只是经济政策、经济管理体制方面的特区；(2) 经济特区不仅普遍存在着社会主义公有制企业，在"三来一补"的经营方式中也并没有改变我国企业的社会主义性质；(3) 即便是在中外合营企业中，由于有我国社会主义劳动者的劳动投入，也有我国社会主义的资金参加，同时还有我国社会主义的组织力量存在，因而不能说已是国家资本主义性质。[2] 第二种观点认为，经济特区的性质是新民主主义的。其理由：根据毛泽东在《新民主主义论》中论述的，国营经济、合作经济、私人资本主义经济、个体经济和国家资本主义经济并存就构成了新民主主义经济形态的观点，认为多种经济成分并存的特区经济也应该是新民主主义的经济形态。[3] 第三种观点认为，经济特区的性质是国家资本主义的。其理由：能体现特区经济本质的就是国家资本主义，没有国家资本主义经济就没有特区。[4] 第四种观点认为，经济特区的性质是社会主义国家中的资本主义经济。其理由：特区内独资企业在经济上是独立的，并不与我国发生内在联系，其性质应是私人资本主义企业，并且这种经济成分在特区内的比重会有所增大。[5] 第五种观点认为，经济特区是在社会主义国家管理（领导）下，以国家资本主义为主要成分的多种经济并存的综合体。其理由：把特区经济性质完全说成是社会主义的确与事实不符，同

[1] 《邓小平文选》第 3 卷，第 372 页。

[2] 于光远：《谈谈对深圳经济特区的几个问题的认识》，载《经济研究》1983 年第 2 期。

[3] 千家驹、卢祖法主编：《特区经济理论问题论文集》，人民出版社 1984 年版，第 27 页。

[4] 孙孺主编：《前进中的中国经济特区》，中国财政经济出版社 1983 年版，第 2 页。

[5] 符大榜：《对特区经济性质的认识》，载《暨南学报》1981 年第 4 期。

样，仅仅用国家资本主义这个概念概括特区的经济性质，则忽略了特区中的社会主义公有经济与个体经济，也没有突出社会主义国家的管理，故也与事实不符。[1]

应该说，上述看法尽管各异，但都有一定的理由和根据。然而，由于各自的视角不同，观察深浅不一，其中有些看法难以服人，甚至站不住脚，需要我们在深层次上加以澄清和探讨。要认清经济特区的性质，有必要分清特区的社会性质和特区的经济性质。社会性质和经济性质是相互联系的，但又有区别。人们对特区性质问题的认识，往往因为把这两个概念混在一起而难以把问题说清楚。把特区的社会性质和经济性质区别开来，既符合客观现实，又有利于统一人们的认识。

社会性质和经济性质是两个不同的概念。社会性质是针对社会的经济基础和上层建筑的统一而言；而经济性质是仅仅就经济基础而言。一般说来，社会的经济基础决定社会的上层建筑，因此，一个社会的经济性质也就决定了该社会的社会性质。但是，由于我国的经济特区是在社会主义国家划出一小块地方，在经济上实行某些特殊政策，而在政治上并不特殊，因此，我国经济特区的经济性质并不等同于社会性质。就我国特区的社会性质来说，无疑是社会主义的。这主要是因为：我国经济特区是我们社会主义国家的一个组成部分，中国共产党是特区建设的领导核心，经济特区在政治上坚持四项基本原则，并且要建设社会主义精神文明，要维护社会主义法制的统一和尊严。具体来说，经济特区的“特”并不意味着给予投资者以任何政治特权，而只是按照国际上办经济特区的习惯做法，并结合我国的具体情况，给予投资者以规定的优惠和方便，并保护其合法权益。其目的是为了更有效地利用外资。引进先进技术和管理经验，加速我国的社会主义现代化建设。正如邓小平所指出的：“我们要有计划、有选择地引进资本主义国家的先进技术和其他对我们有益的东西，但是我们决不学习和引进资本主义制度，决不学习和引进各种丑恶颓废的东西。”[2] 由此可见，我国的经济特区不是政治特区。毫无疑问，我国经济特区的社会性质是社会主义的。

就我国特区的经济性质而言，是指它的生产关系即经济关系的性质，也就是指它的所有制结构的性质。在经济特区，存在着全民所有制的国有企业、集体所有制企业、中外合资企业、中外合作企业和外资企业，以及私营企业、个体工商户、专业户等。这些经济形式以及它们之间的各种联合体共同构成特区经济。特区的这些经济

---

[1]　千家驹：《体制改革和对外开放不可分割》，载《人民日报》1984 年 5 月 23 日。

[2]　《邓小平文选》第 2 卷，第 168 页。

形式与全国其他地区相比，并无什么不同。所不同的是，在这几种经济形式当中，特区经济是以中外合资企业、中外合作企业和外资企业为主。这就决定了特区的经济性质既不是纯粹的资本主义经济，也不是完全的社会主义经济。从形式上看，我国的经济特区与资本主义国家的经济特区颇有类似之处，也是划出一小块地区，实行优惠待遇，来吸引外资，以达到发展经济的目的。但是，不同社会制度下的经济特区，其性质是根本不同的。资本主义国家的经济特区，是以生产资料私有制为基础，目的是为了利用外国资本来发展和巩固本国经济，为资本主义服务，而我国的经济特区是在社会主义条件下创办的，目的是为了利用资本主义，为社会主义现代化建设服务。如果把我国的经济特区看成是“一块资本主义地区”，显然是与客观实际不符的。在我国经济特区内，存在着为数可观的社会主义性质的国有企业和集体企业。我们引进外资，允许外商租赁土地、雇用工人、经营企业，意味着在不同程度上引进外国资本主义的经营方式。既然存在资本主义因素，资本主义的经济规律就要在生产、流通和分配过程中发生一定程度的作用。外商在特区投资是为了获利，甚至是千方百计地占有更多的便宜，这是事实。但是，这种资本主义已经不是原来意义上的、完全的、能够为所欲为的资本主义，而是一种受到限制的资本主义。外商在特区不能自由设厂、任意生产、随意流通，其一切活动要遵守我国的法律、法规和特区的有关条例，它们的经济活动范围在一定程度上必须受我国政府的管理和约束。1980 年，全国人大常委会第十五次会议批准实施的《广东省经济特区条例》第二条明文规定：“特区的企业和个人，必须遵守中华人民共和国的法律、法令和有关规定。”在这里，价值规律也好，剩余价值规律也好，都不能像在资本主义条件下那样完全自发地发生作用。可见，我国经济特区并非是“一块资本主义地区”。

当然，把我国特区经济看成是完全社会主义性质的，也不符合实际情况。从引进外资来看，目前主要存在着中外合资经营、合作经营、外商独资经营、来料加工、补偿贸易等形式。在特区的发展初期，社会主义全民所有制和集体所有制经济成分所占的比重必然较大。由于利用外资、发展经济是我们兴办经济特区的重要目的之一，经济特区的存在和发展将是长期的。因此，随着经济特区的发展，外资将会被越引越多，其所占比重也会越来越大，“三资”企业将成为经济特区经济的主体。从生产资料所有制来看，我们肯定不能把中外合资企业、中外合作企业和外商独资企业说成是社会主义所有制；从分配形式来看，剩余价值规律还在发生作用，劳动者多少要受到外资的剥削。虽说中外合资企业同新中国成立初期的公私合营企业有类似之处，但毕竟不可同日而语。前者是把私人资本主义改造为社会主义的过渡形式，过渡期不长，而后者不属于这种改造的过渡形式，它存在的期限要长得多。当年公私合营企业的性质尚不属社会主义性质而属于国家资本主义，如今也就难把经济特区中的中外合资企业说成是社会主义性质。尽管特区经济属于我国整个社会主义国民经济总体的一个组成部分，但只要“三资”企业本身并不体现一种社会主义的生产关系，就不能因此而肯定特区经济的性质完全是社会主义的。正如不能把我国现有的个体经济本身说成是社会主义一样。尽管新宪法第十一条还规定，国家对城乡劳动者个体劳动的合法权利和利益加以保护，但它只是社会主义公有制经济的补充，其本身并不是社会主义的。综上所述，我国特区的社会性质和经济性质是两个互有联系的不同概念，特区的社会性质是社会主义的，而经济性质则既不属纯粹的资本主义，也不是完全的社会主义。

在我国的特区经济结构中，既然兼有社会主义经济与资本主义经济两种因素，其性质就既不属于纯粹的社会主义，也不属于纯粹的资本主义了。那么，特区经济究竟属于什么性质呢？这就需要我们从理论上去作进一步的探讨。我国特区的经济性质，从理论上说，应属于社会主义制度下以国家资本主义为主、多种经济成分并存的综合体。这是作者的观点，也是理论学术界较为认同的观点。我们知道，社会主义制度下的国家资本主义，是列宁首先提出来的。他指出：社会主义制度下的国家资本主义，就是“受无产阶级监督与调节的资本主义”[1]，“就是我们能够加以限制、能够规定其活动范围的资本主义”[2]。列宁认为，国家资本主义是同国家相联系的，国家性质不同，这种资本主义的性质与作用也有所不同。他说：“在政权属于资本的社会的国家资本主义和无产阶级国家的国家资本主义，这是两个不同的概念。在资本主义国家中，国家资本主义为国家所承认并受国家监督，它有利于资产阶级和反对无产阶级。在无产阶级国家里，国家资本主义也为国家所承认并受国家监督，但它有利于工人阶级，目的在抵抗依然很强大的资产阶级并和他们作斗争。”[3]在列宁看来，社会主义国家的国家资本主义，具有社会主义和资本主义的双重属性。一方面，这种国家资本主义具有资本的属性，也就是存在资本主义剥削，但这种“剥削”是无产阶级国家所允许的，按马克思、恩格斯的话说，就是对资产阶级的“赎买”，列宁则称之为向资产

[1] 《列宁全集》第4卷，人民出版社1995年版，第541页。
[2] 同上，第670页。
[3] 《列宁全集》第32卷，人民出版社1995年版，第477—478页。

阶级所交的“贡款”，或者说是向资产阶级学习如何组织大企业所交的“学费”，或者说是所付出的“代价”。列宁就说过：我们不惜破费地“付给国家资本主义较多的贡款，不仅不会葬送我们，反会使我们通过这一最可靠的道路走向社会主义。”[1] 另一方面，这种国家资本主义具有社会主义性质。一是它与无产阶级国家相联系并受它限制。列宁曾说过：“这种由于政权实际已转到工人手中而产生的法律上的可能性，就是社会主义因素。”[2] 二是社会主义经济与之相结合。以列宁称之为“最简单、明显、清楚和一目了然”[3] 的国家资本主义形式——租让制来说，就是苏维埃政权同先进国家中的先进财政资本的经济合作。无产阶级国家只是把自己所有的生产资料租让给资本家，资本家作为承租者对这部分生产资料拥有支配权和使用权，但没有所有权。正如列宁所指出：租让是一种租借合同。根据合同，资本家在一定期限内是一部分国家财产的承租者，但不是所有者。所有权属于国家。可见，这种经济形式是社会主义经济与资本主义经济的结合，其社会主义性质也可以说是清楚和一目了然的。毛泽东在这个问题上则有更为明确的论述，他说：“这种资本主义经济已经不是普通的资本主义经济，而是一种特殊的资本主义经济，即新式的国家资本主义经济。它主要地不是为了资本家的利润而存在，而是为了供应人民和国家的需要而存在。……是带着很大的社会主义性质的，是对工人和国家有利的。”[4] 如果说当年列宁着重强调了这种国家资本主义经济是无产阶级国家同资本主义经济的外部结合的话，毛泽东则更明确地指出了它是社会主义与资本主义经济的内部结合。当然，这种国家资本主义经济的具体形式又是多种多样的。总之，列宁和毛泽东关于社会主义国家的国家资本主义具有社会主义与资本三义双重属性的论断，对我们分析和认识特区的经济性质仍然具有指导性意义。

从目前来看，我国经济特区的经济成分主要有：（1）社会主义国有经济；（2）社会主义集体经济；（3）中外合资、合作经济；（4）外商独资经济；（5）个体经济。此外，还有“三来一补”企业以及各种形式的内联企业。从特区各种经济成分所占的比重看，“三资”企业的比重呈上升趋势。合资和合作经营企业以及“三来一补”这些经济形式，都是在社会主义国家领导下的资本主义经济与社会主义经济的合作。尽管

---

[1] 《列宁选集》第4卷，第521页。
[2] 《列宁全集》第32卷，第323页。
[3] 《列宁选集》第4卷，第521页。
[4] 《毛泽东文集》，第282页。

客商的投资方式、经营范围、盈利分配不同，即合作形式不同，但都要服从我国社会主义国家的监督、管理和调节。显而易见，它们是属于国家资本主义性质的。对此，似乎不会有多大争议，因为类似这种合营性质的国家资本主义，在新中国成立初期就曾经存在过，人们比较熟悉，易于理解。仍存在较大争议的，则是对特区经济中的外商独资企业的经济性质问题。有一种观点认为，它的性质不属于国家资本主义，而应当属于资本主义。其理由是，它同新中国成立初期仍然保留的私人资本主义企业相似。这其实是不对的。大家知道，新中国成立初期存在的那种私人资本主义企业，是从旧社会刚刚遗留下来的，其全部生产资料仍归私人所有。尽管社会条件发生了变化，它已受无产阶级国家的监督和调节，但是它的所有制关系尚未改变。所以，它仍然保留原来的资本主义性质。外商独资企业，从其生产和流通的经济活动来说，是由资本家自主经营的，初看起来，它像是属于资本主义性质。但实际上，外商独资企业是我们国家根据现代化建设的需要，有计划、有目的地从国外引进来的，它在社会主义制度下，不仅其经营活动受到无产阶级国家的监督和调节，而且其生产资料的所有制也发生了新的变化。这种企业必须使用的土地，有的还包括厂房等，都是由我方提供的。实际上，我方还占有这种企业很重要的一部分生产资料。而我方为外资企业提供的这种生产资料，他们只有使用权，没有所有权。他们使用这部分生产资料，必须按照国家规定的收费标准，向我方交纳使用费。可见，它与新中国成立初期那种私人资本主义企业并不相同。它的性质，也就不再属于原来的资本主义，而应当属于国家资本主义。当前，在我国经济特区引进外资，由我方与之合作建立起来的经济，无论是采取我方同外商合资合营的形式，还是外商独资经营的形式，都应当看作具有国家资本主义性质的。

由上述对特区经济成分的考察来看，经济特区既有社会主义经济，也有国家资本主义经济，而在引进外资和技术的企业中，大多数属于国家资本主义性质的有中外合资、中外合作和外商独资企业，因而国家资本主义经济是特区经济的主要力量之一。可见，那种把特区的经济性质概括为社会主义性质的或资本主义性质的观点，都不够全面、不切实际。那么，能否就把特区的经济性质概括为国家资本主义性质呢？恐怕也不能简单断言。这一概括虽然抓住了主要方面，但不够全面且对国家资本主义的性质也缺乏剖析。因为国家资本主义经济本身并不是一种独立的经济形态，它不是依附于社会主义经济，就是依附于资本主义经济。依附于社会主义国家的国家资本主义经济具有社会主义性质，依附于资本主义国家的国家资本主义经济，就具有资本主义性质。所以，仅仅用这种本身不表明确切社会性质的国家资本主义来概括经济特区的经济性质，也很难把特区的经济性质说清楚。更何况，特区内的社会主义经济还占有相当的比重。

有人认为，特区经济的性质是一种特殊形式或过渡形式的社会主义。这种看法也不妥当。因为：(1) 举办经济特区是党中央关于实行对外开放战略决策的一个重要组成部分，而不是权宜之计。它既顺应了国际经济关系发展的潮流，又符合我国的具体国情。这种政策是不会随便改变的，在相当长的时期内，根本就谈不上将特区经济转变为社会主义经济的问题。(2) 由于特区的建设资金是以引进外资为主，因而可以肯定，随着特区建设的发展，国家资本主义经济势必会得到长期和长足的发展，特区经济的成分，必然会形成以中外合资、合作经营和外商独资企业为主的经济成分。(3) 我们办经济特区的目的，就是要更有效地吸收外资，引进先进的技术和设备，学习经济发达国家的经营管理经验，加快我国的现代化建设。可以这样说，如果国家资本主义经济不能得到较大的发展，就说明我们的经济特区对外资的吸引力还不大，引进的外资仍不多，我们办特区的目的还未真正达到。既然举办经济特区是加快社会主义建设的重要措施，为什么要急于把特区经济中的国家资本主义成分去掉而使经济特区不复存在呢？在相当长的时期内，我们对国家资本主义既不能够限制，更谈不上改造，而是如何更好地利用和发展的问题。把经济特区的经济性质概括为一种特殊形式或过渡形式的社会主义的观点，对当前落实对外开放政策，引进外资也是有害的。因为怕“变”，是当前投资者比较普遍存在的一种心理状态。因此，对特区经济性质准确的表述，应能体现我国举办经济特区政策的稳定性和长期性。

由上述分析，特区的经济性质可以表述为：在社会主义国家领导下，以国家资本主义为主的多种经济成分并存的综合体。之所以用这一表述，是因为：(1) 它严格地将社会主义经济特区和资本主义经济特区区分开来，和其他类型国家的经济特区区分开来，它是在社会主义国家领导下的国家资本主义。(2) 它较准确地体现了特区经济本身的这种社会主义经济和资本主义经济之间的相互关系，它们不是简单的混合，而是社会主义经济“能够加以限制，能够规定其活动范围的资本主义”。(3) 它同时还反映了整个社会主义国民经济和特区经济的相互关系是领导与被领导的关系，通过这种领导，特区经济被纳入社会主义国民经济的轨道之中，成为其组成部分，并朝着有利于社会主义经济的方向发展。

综上所述，我们至少可以说明以下几点：第一，我国举办经济特区不会丧失主权，经济特区不会变成殖民地，也不会变成新的“租界”；第二，我们举办经济特区不是复辟资本主义，不会使特区资本主义化，而是利用资本主义建设社会主义的重要举措；第三，我们举办经济特区不会妨碍社会主义精神文明的建设，不存在“经济上有所得，政治上有所失”的问题。其实邓小平在“南方讲话”中，说得非常明白。他指出：“改革开放迈不开步子，不敢闯，说来说去就是怕资本主义的东西多了，走了资本主义道路。要害是姓‘资’还是姓‘社’的问题。”“判断的标准，应该主要看是否有利于发展社会主义社会的生产力，是否有利于增强社会主义国家的综合国力，是否有利于提高人民的生活水平。”“社会主义的本质，是解放生产力，发展生产力，消灭剥削，消除两极分化，最终达到共同富裕。”在邓小平看来，社会主义也好，资本主义也好，都是手段，不是目的。只要是符合“三个有利于”的，即使是资本主义国家的东西拿来也无妨。相反，如果不符合“三个有利于”的，即使是社会主义的东西，也要抛弃。任何东西，首先要问的是是否符合“三个有利于”，而不是问姓“资”还是姓“社”，否则又重犯过去那种“宁要社会主义的草，不要资本主义的苗”的教条主义和虚无主义的错误。

第四节 经济特区与市场经济关系问题

多年来，不少学者认为经济特区的经济是“特权经济”，是与市场经济原则相违背的。有学者认为：“经济特区的特字实质上是一种特权或垄断权，具有破坏公平竞争的消极作用。”“高收入的经济特区再享受中央优惠政策，继续占便宜，实在毫无道理。”[1] 此前，这位学者还在一份国情报告中提出：为了创造公平竞争的市场环境，取消各种减免税和优惠政策，取消不利于缩小地区差别、优惠于某些地区的经济特区特权。中央政府是市场竞争规则的制定者和监督者，不应带头破例对某些地区实行优惠政策和提供垄断。

经济特区，顾名思义就是要有特殊的经济政策和管理体制，实行特事特办。但是有些人却把经济特区的做法与市场经济对立起来，认为经济特区违反了市场经济公平竞争的原则，是“特权经济”。其实，经济特区与市场经济分属于两个不同性质的范

[1] 《为什么我主张“特区不特”》，（香港）《明报》1995 年 8 月 23 日。

畴，经济特区是一种区域经济发展的经济形式，是区域政策的产物；而市场经济是一种社会资源的配置方式，是与计划经济相对应的一个概念。经济特区在计划经济和市场经济条件下都可以实行。一般来说，欧美发达国家特别是美国的经济特区是市场经济发展的产物，如美国的硅谷，政府一般不大参与；而日本和绝大多数发展中国家和地区的经济是政府计划的产物，如日本的筑波、中国台湾的新竹等。中国的经济特区也基本上属于政府行为的产物。但是无论如何也与“特权经济”画不上等号。如果按照某些人的观点和逻辑，把经济特区享有一定的优惠政策看成是“特权经济”，那么，中国有许多高新技术企业也享有国家和地方政府的许多优惠政策，是不是高新技术产业也是“特权产业”？国家对西部开发也实行了某些特殊政策，是不是未来的西部经济也是“特权经济”？改革开放前的上海、北京，有国家大量投资，而在广东、福建沿海作为前线却少有国家投资，如果按照这位学者的逻辑，那时的上海经济、北京经济是否也是特权经济呢？再者北京地区有这么多高等院校和科研院所，是否这是一种特权和垄断呢？显然不能这么说，否则连基本常识都没有。把国家的区域发展战略与所谓特权等同起来，既不符合学理，也不符合实际。如果这样，大家只有同步走，才会公平。而实践证明，这是行不通的。

也有些人把经济特区出现的某些严重腐败现象和走私行为，作为经济特区的一大罪状，并由此推断特区经济是“特权经济”，这种观点也是站不住脚的。因为腐败现象和走私行为不是经济特区独有的现象，其他非经济特区照样出现腐败现象和走私行为，腐败现象和走私行为不是经济特区的必然产物。有些人以市场经济国家没有经济特区为依据，主张取消中国的经济特区，显然是对世界知识的“无知”。一些人对经济特区这个新生事物不甚了解，就武断地下结论，显然不是学术上所应有的作风。

从目前看，几乎所有发达市场经济国家和地区都设有经济特区（形式有多样，如美国的对外自由贸易区），经济特区的发展并没有阻碍这些国家和地区市场经济的正常运行。中国经济特区是中国市场经济发育和与国际经济接轨最好的区域，无论经济自由度和对外开放度，还是体制市场化程度和经济国际化程度，均属全国最高地区之一。

第五节　经济特区政策与WTO关系问题

目前我国不少人认为经济特区的政策与 WTO 的规则不相符，中国入世，经济特区自然就不应存在了。有的学者曾指出“一是WTO的规则要求中国的体制和国际惯例接轨；二是社会环境的变化使经济特区不再拥有先走一步的探索权。也就是说，不仅WTO要求无差别待遇，即使没有WTO，中国体制改革本身的进程也不允许某些地区搞特殊、吃小灶。”其实，这是对WTO规则的一个严重误解。经济特区与WTO规则可以并行不悖。

第一，经济特区的设立符合WTO的宗旨。1995年成立的世界贸易组织的宗旨是，试图在互惠互利的基础上大幅度地削减关税及其他方面的贸易障碍，消除国际贸易中的差别待遇，有效地建立稳定和透明的国际贸易环境，逐步实现贸易自由化，扩大货物和服务的生产和贸易，以实现全球资源的最佳配置，提高生活水平，保证充分就业。WTO的目标就是要维护贸易市场公正、自由、公开的贸易秩序，实现世界贸易的自由化。世界各类经济特区的设立和发展，是符合WTO宗旨的。中国设立经济特区，不仅实现了经济特区自身经济的快速增长，而且加快了中国对外开放的进程，促进了中国与国际经济的接轨，推动了中国对外贸易和整体经济的发展，增加了中国居民的就业机会。这些与WTO的宗旨是一致的。此外，经济特区实行更加开放的体制和一系列优惠措施，与WTO的实现世界自由贸易、降低关税、弱化关税壁垒以及消除非关税壁垒的宗旨也是相吻合的。

第二，经济特区的存在符合WTO的规则。无歧视原则是WTO最基本的法律原则，它包括国民待遇原则和最惠国待遇原则。但是WTO允许关税同盟和自由贸易区是个例外，允许它们可以为自己的成员制定更优惠的贸易政策。比如欧洲联盟和东盟，盟内成员享受比盟外国家更优惠的关税待遇，甚至盟内成员互免关税。一国境内的经济特区不同于跨国关税同盟和自由贸易区，因为它们是向全世界开放的。无论是国内人还是国外人，一旦进入经济特区就平等地享有经济特区的优惠待遇，因而它比跨国自由贸易区和关税同盟更符合国民待遇原则。既然WTO允许关税同盟和自由贸易区的存在，就必然允许其他经济特区的存在。只要经济特区的优惠政策是公平的，并公开地给予本国人和外国人，就不违背国民待遇的原则。经济特区与非经济特区之间的差异是一个国家和地区区域经济发展战略和区域发展政策的使然，是不违背WTO的原则的。否则，就无法解释世界上许多WTO成员国和地区都设有经济特区的现象。

第三，经济特区的政策与WTO规则并不冲突。优惠政策是经济特区的生命线和核心内涵。从世界范围看，各国和地区的经济特区均为特殊优惠政策的产物。美国在全国设立了 400 多个对外自由贸易区，它们都采用了一定的优惠措施，如：入区的货物无需报关或交纳关税；货物运出区外，如进入关税区才需完税，美国货物经海关许可进入外贸区，即视同出口。其他国家和地区的经济特区也都实行程度不等的特殊优惠政策。经济特区实行特殊优惠政策，已成为世界通行的国际惯例。那种把经济特区实行特殊优惠政策说成违背了 WTO 规则的认识是不妥的。WTO 只限制其成员可能阻碍或扭曲正常国际贸易的做法，除此之外，对成员的国内措施并无限制。一个国家为实现某种战略目标在全国范围内划定一些区域建立经济特区，实施包括税收优惠在内的特殊优惠政策，这是一种国家让利行为，是一国主权的体现，只要不造成国际贸易的扭曲就行。WTO 要求实行国民待遇原则，但并不限制其成员设立经济特区，实施特殊优惠政策，实行经济特区内和外的差别待遇。如果按照这种思维来推断，中国运用地区倾斜政策开发中西部地区，是不是也与 WTO 规则相违背？中国内地与香港、澳门实行 CEPA，中国大陆与台湾实行 ECFA 是不是也与 WTO 相违背？显然不是。美国各个州的经济政策未必都相同，是不是也违背了 WTO 规则？那种认为中国入世经济特区就自然该取消的看法，既是对经济特区的误解，也是对世界贸易组织规则的误解。

第六节　经济特区的发展前景问题

在有关经济特区的认识上，还有一个误区就是经济特区发展“过时论”，即认为中国现在全面实行市场经济和全面实行对外开放，特别是中国入世后，经济特区就自然失去了存在的价值。《凤凰周刊》2001 年第 39 期发表署名文章认为：“现在，中国大陆的经济发展，已经到了局部试验性的阶段，向普遍改革推进的时代。搞市场经济、对外开放、与国际市场接轨，已经成为全中国的要求，不能再把优惠局限于几个特殊的区域。而这意味着，在中国加入 WTO 的背景下，经济特区正在越来越失去其特殊性。尽管每一个经济特区都不愿放弃其特殊性，但它们仍然不能不接受一个越来越明显的现实：经济特区在中国的历史使命已经完结。”固然，经济特区发展存在阶段性，一般经过 15—20 年就必须转型与升级，甚至有些经济特区由于办得不成功而逐渐衰退，但我们不能因为个别经济特区建设成效不理想，就完全否定经济特区这一世界普遍运用的发展形式，经济特区在中国仍然大有作为。从实际上来看，中国的经济特区已从一种形式发展到多种形式，从沿海发展到内陆和延边，已成为实现“东部率先”“中部崛起”“西部开发”“东北振兴”战略目标的重要支撑点，将在我国对外开放从沿海到中西部全面展开的梯次发展进程中发挥越来越重要作用。中国实施从沿海到内陆的经济梯次发展战略，不可能全面铺开，仍然必须按照从“点”到“线”再到“面”的发展过程。而做好“点”的文章，经济特区是做好“点”的最佳形式。中国内陆许多城市应集中力量办好高新区、出口加工区等形式的经济特区，使之成为推动各地工业化和城市化发展的重要引擎。特别是要通过设立经济特区以吸引国内和国外资金的进入，通过由点到面以带动中西部地区的经济发展。此外，我国东部许多经济特区被国家赋予了新的使命和政策，仍然还具有很大的发展空间。此外，中国内地需要继续深化与香港、澳门更紧密的经贸关系（CEPA），中国大陆要与台湾签订两岸经济合作架构协议（ECFA）。同时，加快建立中国与东盟自由贸易区和中日韩自由贸易区。而这些都是经济特区发展的新形势。我们有理由相信，经济特区将在中国新一轮改革开放和现代化建设中继续发挥越来越重要的作用。

最近中央考虑在新疆的喀什建立经济特区，我们认为是可行的。新疆开发开放，不可能全面铺开，必须从点到线再到面。目前新疆发展必须重点作“点”的文章，而建立经济特区是最后的形式。建议如下 ：第一，建立大型综合性经济特区，以培育经济增长极，以带动新疆经济发展；第二，实行比当年深圳等经济特区更优惠的政策和更灵活的管理体制，比如企业所得税为10%，以吸引境外和我国东部资本、技术、人才的进入。以使在短时期内取得更大的成就。

参考文献

《马克思恩格斯选集》第 1—4 卷，人民出版社 1995。

《列宁选集》第 1—4 卷，人民出版社 1995。

《毛泽东选集》第 1—4 卷，人民出版社 1991。

《邓小平文选》第 1—3 卷，人民出版社 1994、1993。

中共中央文献研究室编：《邓小平年谱（1975—1997）》（上、下），中央文献出版社 2004。

中共中央文献研究室编：《邓小平思想年谱》（1975—1997）（上、下），中央文献出版社 1998。

《江泽民文选》第 1—3 卷，人民出版社 2006。

《周恩来经济文选》，中央文献出版社 1993。

《周恩来年谱》（上、中、下），中央文献出版社 1997。

《叶剑英选集》，人民出版社 1996

《陈云文集》第 1—3 卷，中央文献出版社 2005。

《李先念文选》（1935—1988），人民出版社 1989。

《薄一波文选》（1937—1992），人民出版社 1992。

《习仲勋文选》，中央文献出版社 1995。

《三中全会以来中央文献选编》（上、下），人民出版社 1982。

中央文献研究室编：《十二大以来重要文献选编》（上、中、下），人民出版社 1986。

中央文献研究室编：《十三大以来重要文献选编》（上、中、下），人民出版社 1991、1993。

中央文献研究室编：《十四大以来重要文献选编》（上、中、下），人民出版社 1996、1997、1999。

中央文献研究室编：《十五大以来重要文献选编》（上、中、下），人民出版社 2000、2001、2004。

中央文献研究室编：《十六大以来重要文献选编》（上、中、下），中央文献出版社 2005、2006、2008。

中央文献研究室编：《江泽民论中国特色社会主义》（专题摘编），中央文献出版社 2002。

中共中央党史研究室第三研究部编：《邓小平与改革开放的起步》，中共党史出版社 2005。

中共文献研究室邓小平研究组编：《开创：邓小平决策改革开放史话》，浙江人民美术出版社 2008。

蒋映光：《邓小平对外开放思想研究》，辽宁人民出版社 1992。

中共深圳市委宣传部编：《一九九二年春：邓小平与深圳》，海天出版社 1992。

杨润时主编：《邓小平特区建设思想研究》，中央文献出版社 1993。

高尚全、迟福林：《增创新优势——中国经济特区的进一步发展》，中国经济出版社 1996。

彭立勋：《邓小平经济特区建设理论与实践》，湖北人民出版社 1999

罗木生：《中国经济特区发展史稿》，广东人民出版社 1999。

俞可平、倪元辂主编：《海外学者论中国经济特区》，中央编译出版社 2000。

广东省委宣传部编：《永远的春天：邓小平与广东改革开放》，岭南美术出版社 2004。

谢春涛主编：《邓小平写真》，上海辞书出版社 2005。

谢春涛主编：《改革风云》，上海辞书出版社 2005。

陈开枝：《起点：邓小平南方之行》，中国文史出版社 2008。

李岚清：《突围——国门初开的岁月》，中央文献出版社 2008。

田纪云：《改革开放的伟大实践——纪念改革开放三十周年》，新华出版社 2009。

雷厉：《历史风云中的余秋里》，中央文献出版社 2006。

《陈云传》（上、下），中央文献出版社 2005。

《王震传》，人民出版社 2008。

《叶飞传（1914—1999）》（上、下），中央文献出版社 2007

《谷牧回忆录》，中央文献出版社 2009。

《习仲勋主政广东》，中共党史出版社 2007。

《曾生回忆录》，解放军出版社 1992。

《刘田夫回忆录》，中共党史出版社 1995。

《李灏深圳工作文集》，中央文献出版社 1999。

张岳琦、李次岩主编：《任仲夷论丛》（第 1—3 卷），广东人民出版社 2000。

李春雷：《木棉花开：任仲夷在广东》，广东人民出版社 2008。

卢荻等：《李建安传》，花城出版社 1999。
向明：《改革开放中的任仲夷》，广东教育出版社 2000。
虹霓：《走近中国高层政要》，当代中国出版社 2006。
刘向东主编：《对外开放起始录》，经济管理出版社 2008。
于光远：《1978：我亲历的那次历史大转折》，中央编译出版社 2008。
程中原、王玉祥、李正华：《1976—1981 年的中国》，中央文献出版社 1998。
李正华：《中国改革开放的酝酿与起步》，当代中国出版社 2002。
中共中央党史研究室第三研究部：《中国改革开放史》，辽宁人民出版社 2002。
中共中央党史研究室第三研究部编：《中国沿海城市的对外开放》，中共党史出版社 2007。
李妍：《对外开放的酝酿与起步》，社会科学文献出版社 2008。
徐庆全编：《中国经验：改革开放 30 年高层决策回忆》，山东人民出版社 2008。
程中原、李正华、王玉祥、张金才：《新路——十一届三中全会前后到十二大》，河北人民出版社、当代中国出版社 2009。
吴思、李晨主编：《转折：亲历中国改革开放》，新华出版社 2009。
陈冠任：《17 个省、自治区和直辖市改革启动纪实》，中共党史出版社 2009。
广东省经济特区研究中心编：《广东经济特区要览》，1982。
广东省经济特区研究中心编：《广东经济特区要览（1983—1984)》，1985。
《中国经济特区年鉴》（1984），香港中国经济特区年鉴出版社 1985。
林雨如主编：《中国经济特区简志》，广东人民出版社 1990。
珠海市委政策研究室编：《珠海特区十年》，广东科技出版社 1990。
深圳市档案馆编：《深圳市十年大事记》，海天出版社 1991。
中共深圳市委党史研究室编：《中国经济特区的建立与发展》（深圳卷），中共党史出版社 1996。
中共珠海市委党史研究室编：《中国经济特区的建立与发展》（珠海卷），中共党史出版社 1996。
中共汕头市委党史研究室编：《中国经济特区的建立与发展》（汕头卷），中共党史出版社 1996。
中共厦门市委党史研究室编：《中国经济特区的建立与发展》（厦门卷），中共党史出版社 1996。
中共海南省委党史研究室编：《中国经济特区的建立与发展》（海南卷），中共党史出版社 1996。
高同星、胡德、方真主编：《中国经济特区大辞典》，人民出版社 1996。
陈聪辉主编：《厦门经济特区辞典》，人民出版社 1996
广东省汕头市地方志编纂委员会编：《汕头市志》，（1—4 册），新华出版社 1999。
中共海南省委党史研究室编：《海南改革开放二十年记事》，海南出版社 1999。

中共广东省委党史研究室编：《中国共产党广东历史大事记》（1949 年 10 月—2004 年 9 月），广东人民出版社 2005。
广东省政协文史资料研究委员会编：《经济特区的由来》，广东人民出版社 2002。
广东地方史志办公室：《当代广东简史》，当代中国出版社 2005。
孙孺主编：《前进中的中国经济特区》，中国财政经济出版社 1983。
方生主编：《深圳特区经济问题》，深圳大学特区经济研究所 1985。
陈禹山：《希望之窗》，光明出版社 1984。
千家驹、卢祖法主编：《特区经济理论问题论文集》，人民出版社 1984。
中共广东省委办公厅编：《中央对广东工作指示汇编》（1979—1982 年），1986。
中共广东省委办公厅编：《中央对广东工作指示汇编》（1983—1985 年），1986。
中共广东省委办公厅编：《中央对广东工作指示汇编》（1986—1987 年）（上、下），1988。
香港招商局编：《广东省深圳特区蛇口招商局工业区文件资料汇编》（第 1—4 集），1981、1982、1983、1984。
招商局蛇口工业区管委会办公室：《招商局蛇口工业区文件资料汇编》（第 5 集），1986。
招商局蛇口工业区总经理办公室：《招商局蛇口工业区文件资料汇编》（第 6—19 集），1988—2001。
邱震源、林启东等：《汕头经济特区问题探索》，广东人民出版社 1989。
汕头市地方志编纂委员会办公室：《汕头大事记》（下）（1949 年 10 月—1987 年 12 月），1989。
陶光元：《来自改革开放前沿的报告》，新华出版社 1994。
厉有为、邵汉青主编：《深圳经济特区探索之路》，广东人民出版社 1995。
钟坚：《大试验：跨世纪的中国经济特区》，武汉出版社 1995。
周叔莲、卢国英主编：《珠海经济特区好》，中共中央党校出版社 1996。
吴健民：《创办珠海特区五年的回忆》，广东人民出版社 1998。
梁广大、黄龙云主编：《跨世纪的珠海发展之路》，广东人民出版社 1998。
张振立：《走进珠海：面向新世纪的思考》，中共中央党校出版社 1998。
鲁兵、徐冰：《中国大特区的十年变革》，中共中央党校出版社 1998。
廖月晖：《中国经济特区发展史》，海天出版社 1999。
深圳市人民政府编：《崛起的深圳》，海天出版社 2000。
深圳市史志办公室编：《深圳市大事记》，海天出版社 2001。
苏东斌主编：《中国经济特区史略》，广东经济出版社 2001。

钟坚：《世界硅谷模式的制度分析》，社会科学出版社 2001。

钟坚：《台湾经济性特区的发展与转型研究》，中国经济出版社 1999。

彭瑞高：《邓小平在上海过年》，文汇出版社 2004。

陈禹山、陈少京：《袁庚之谜》，花城出版社 2005。

刘中国主编：《记事——深圳经济特区 25 年》，海天出版社 2006。

钟坚：《世界经济特区发展模式研究》，中国经济出版社 2006。

陈宏：《1979—2000 深圳重大决策和事件民间观察》，长江文艺出版社 2006。

胡政主编：《招商局与深圳》，花城出版社 2007。

政协广东省委员会办公厅、广东省政协学习和文史资料委员会编：《广东经济特区的创立和发展》，中共党史出版社 2007。

林祖基主编：《邓小平与深圳经济特区》，海天出版社 2008。

[美] 刘海善：《中国经济特区——从深圳到上海的特区政策变迁与现代化新路径》，上海人民出版社 2008。

陶一桃、鲁志国主编：《中国经济特区史论》，社会科学文献出版社 2008。

广东省档案馆编：《图说广东改革开放 30 年》，广东人民出版社 2008。

广东省档案馆编：《广东改革开放三十年重要档案文献》（1—5 卷），中国档案出版社 2008。

深圳市政协文史和学习委员会编：《深圳：一个城市的奇迹》，中国文史出版社 2008。

中共广东省委党史研究室编：《广东改革开放决策者访谈录》，广东人民出版社 2008。

中共福建省委宣传部、福建省档案局编：《福建省改革开放三十年重要文献选编》（上、下），福建人民出版社 2008。

深圳经济特区研究会等编：《深圳 28 年改革纵览》，海天出版社 2008。

涂俏：《袁庚传：改革现场（1978—1984）》，作家出版社 2008。

陈克勤：《海南建省》，人民出版社 2008。

黄浩主编：《路是这样走出来的——广东改革开放风雨录》，广东人民出版社 2008。

张树军：《中国历史大转折——十一届三中全会实录》，深圳报业集团出版社 2008。

《福建改革开放 30 年大事记（1978—2008）》，中共党史出版社 2008。

胡政主编：《春天的故事》，花城出版社 2008。

钟坚主编：《中国经济特区发展报告（2009）》（经济特区蓝皮书），社会科学文献出版社 2009。

深圳史志办公室编：《深圳改革开放记事》（1978—2009），海天出版社 2009。

全国政协文史和学习委员会编：《经济特区的建设》，中国文史出版社 2009。

后记

2010年是中国经济特区创办与发展30周年。30年来，经济特区在中国的发展，已从一种形式到多种形式，从沿海到内地，成为中国区域经济发展的重要形式，在中国改革开放和现代化建设中发挥了重要作用，成为我国改革开放30年发生巨大历史变迁的一个重要缩影。经济特区在中国的发展，有成功，也有挫折；有肯定和颂扬，也有质疑和争议；潮起又潮落，一直成为世界关注中国和中国了解世界的一个重要窗口，成为中国改革开放政策的晴雨表。

中国改革开放的总设计师邓小平曾反复说过，经济特区是一个试验。从世界的角度来讲，也是一个试验。1989年，中国对外开放和经济特区建设的早期领导者谷牧为汕头特区题词时曾引用北宋改革派王安石的诗句："看似寻常最奇崛，成如容易却艰辛"，其情切切，其意深长。这是对中国经济特区创办和发展的艰辛历程最恰当不过的描述了。深圳作为我国起步最早的经济特区，一直处于风口浪尖上，往往成为关注和争议的焦点。深圳特区创造了世界工业化、城市化、现代化的罕见奇迹，也创造了世界创办经济特区的奇迹，其发展成就和发展影响最大，但其受到责难和磨难也最多。深圳未来发展目标是现代化、国际化的先进城市，要为中国"再造香港"、"再造新加坡"作贡献。珠海特区尽管发展成绩斐然，但是有许多东西值得总结，城市发展定位摇摆不定，发展目标或高或低，发展节奏或快或慢，是制约其进一步发展的主要因素。珠海特区近几年经济社会发展明显加快，未来前途无量。而汕头特区发展值得总结的东西就更多了，其发展特区的优势和条件明显，但其在办特区过程中存在的问题和不足却更明显，其地位30年不进反退，有愧特区这块金字招牌。打好"特区牌"、"侨牌"和"台球"，加快经济发展，是其未来30年需要重新考虑的重要课题。

海南是我国举办的最大的经济特区，在世界范围内也是如此。大特区发展不乏大机遇，但遭遇几次大磨难。事实告诉我们，做任何事，急不得，也快不得，对海南而言更是如此。海南特区发展优势和条件非常好，但需要从长计议，一步一步来，脚踏实地，快不得。从历史看，福建实行特殊政策、灵活措施和试办特区的步子明显慢于广东，其招数、举措明显少于广东。厦门特区发展最大的遗憾，就是没有把邓小平提议和中央决定的实行自由港某些政策的决策落实到位，造成了政策无形资源的浪费。由于两岸已经实现直接"三通"，厦门特区未来发展前途无量。邓小平曾经说过，举办特区，是社会主义的新生事物。搞成功是我们的愿望，不成功是一个经验嘛。许多东西需要我们把它放到历史中去审视、去反思、去研究。研究经济特区，是一件非常有现实意义和历史价值的事情。中国经济特区创办 30 年的历史，有很多东西值得我们去认真研究和总结。

多年来，本人一直尝试从历史角度对中国经济特区作综合研究。一是从各种渠道和途径收集、积累大量有关历史文献资料；二是积极申报各级有关研究课题，近几年先后获得并主持国家社会科学基金项目："中国共产党创办经济特区的历史与经验研究"（09BDJ009）；教育部人文社科重点研究基地项目："我国经济特区发展的历史与经验研究"（08JJD790154）、广东省哲学社会科学"十一五"规划年度项目："广东经济特区发展历程与经验研究"（07P01）、广东省人文社会科学重点研究基地项目："我国经济特区建设的历史与经验研究"和深圳市哲学社会科学"十一五"规划年度项目："深圳经济特区建立 30 周年历史与经验研究"（115D006）等课题的研究；三是开展撰写本书的工作。呈现在广大读者面前的这部拙作，是本人历时两年多，几经酝酿、几经调研、几经反复，从历史角度来研究经济特区而完成的一部著作。本书对各经济特区改革开放的具体实践涉及较少，而是把研究重点放在中国经济特区创办的重大决策和重大举措上，涉及一些重要的历史人物和历史事件。本书的构思、写作从 2007 年底开始，原以为一年半载就能完成，但没有想到写作工作的推进却异常艰难，时断时续，主要是受历史文献资料不足的制约。在即将迎来中国经济特区建立 30 周年之际，经过艰苦努力，本书才得以最终完稿。本书的撰写与出版，既是本人上述一些课题研究的一项阶段性成果，也是本人作为一位特区研究者献给经济特区建立 30 周年的一份礼物。在这部书中，本人最想表达的主要有两点：一是本人对经济特区创办的决策者、领导者和参与者一份真诚的尊敬之意；二是对这段精彩历史岁月的一点点不成熟的看法和理解。本书写作和出版，虽已完成，但本书所涉及的问题还远远没有得到圆满解决，需要今后不断学习，不断思考，不断探求。由于本人水平有限，加之受有关资料不足的影响，书中存在诸多疏漏和不足，甚至错误。在此，祈盼得到学术界同行和广大读者的批评指正。

本书的撰写和出版得到了有关方面的指导、帮助和支持。上述课题的各级主管机构对于本课题的研究给予了有力指导和支持。深圳大学领导和社会科学处对本课题研究和本书出版给予了有力指导和支持。在本人进行有关实地调研和文献资料收集过程中得到了许多朋友、同行的帮助和支持。本书的出版得到商务印书馆的指导和支持。在此谨致以最衷心的感谢！同时，对于给予诸多启发和帮助在此未能一一述及姓名的师友，也致以最诚挚的谢意！

钟坚

2010 年 4 月 30 日

深圳大学学术著作出版基金资助
Subsidized by Shenzhen University Foundation for the Production of Scholarly Monographs